U0330723

龚维明　戴国亮　万志辉◎著

# 大型深水桥梁灌注桩后压浆技术与工程实践

中国建筑工业出版社

**图书在版编目（CIP）数据**

大型深水桥梁灌注桩后压浆技术与工程实践/龚维明，戴国亮，万志辉著．—北京：中国建筑工业出版社，2023.5

ISBN 978-7-112-28690-4

Ⅰ.①大…　Ⅱ.①龚…②戴…③万…　Ⅲ.①桥梁基础－深基础－灌注桩－压浆法　Ⅳ.①U443.13

中国国家版本馆CIP数据核字（2023）第078089号

责任编辑：石枫华　刘颖超
责任校对：芦欣甜
校对整理：张惠雯

**大型深水桥梁灌注桩后压浆技术与工程实践**
龚维明　戴国亮　万志辉　著
*
中国建筑工业出版社出版、发行（北京海淀三里河路9号）
各地新华书店、建筑书店经销
唐山龙达图文制作有限公司制版
天津画中画印刷有限公司印刷
*
开本：787毫米×1092毫米　1/16　印张：22¾　字数：565千字
2023年6月第一版　2023年6月第一次印刷
定价：**98.00**元

ISBN 978-7-112-28690-4
（41143）

# 作者简介

龚维明教授

龚维明，男，汉族，1963 年 11 月生。东南大学教授、博士生导师，信息与海洋工程研究院副院长，国务院政府特殊津贴获得者，国家一级注册结构工程师和注册土木工程师（岩土），长期从事桩基承载力测试理论与应用、桩基后压浆技术、嵌岩桩、地下连续墙、深水桥梁基础、锚碇基础、海上风电桩基础、FRP 组合基础、软土地区被动桩承载力特性等方面研究。兼任中国公路学会桥梁和结构工程常务理事、中国土木工程学会桥梁与结构工程理事。主持和参与了国家科技支撑计划项目、973 计划项目、863 项目、国家自然科学基金面上项目、“十二五”交通运输重大科技专项项目、交通运输建设科技项目、西部交通科技项目等重大科研项目与工程项目，其中包括港珠澳大桥、印尼苏马拉都跨海大桥、莫桑比克马普托跨海大桥等 10 多座跨海大桥及 10 多座长江大桥的深水基础科学研究及其现场工程测试。出版学术专著 5 部，主、参编行业规范 10 余部，发表学术论文 300 余篇。创新性的系列研究成果荣获国家科技进步一等奖 1 项和国家技术发明二等奖 1 项（2019 年，第 1 完成人）、江苏省科技进步一等奖（2000 年，第 1 完成人）、中国公路学会特等奖等。

戴国亮教授

戴国亮，男，汉族，1975 年 9 月生。东南大学教授、博士生导师，国家“万人计划”科技创新领军人才，现任东南大学土木与市政设计院院长，国家一级注册结构工程师和注册土木工程师（岩土），长期致力于桩基础、海上风电基础、沉井、基坑工程等相关的研究和技术咨询工作。兼任中国建筑学会地基基础分会理事、国际地质灾害与减灾协会（ICGdR）委员、江苏省工程师学会地下与基础工程专业委员会主任委员、国际期刊 Environmental disasters 编委。主持和参与 973 计划课题、国家自然科学基金、国家重点研发计划专项、国家科技支撑计划、交通运输部重大专项等纵向项目 20 余项，并主持和参与国际及国家重大工程等横向项目 30 余项。近年来，以第一作者或通讯作者发表学术论文 150 余篇，其中 SCI、EI 检索 80 余篇，出版专著、教材 6 部；已授权发明专利 30 余项；主、参编国家和省部级行业规范、标准 11 部。创新性的系列研究成果获江苏省科技进步三等奖 1 项（2022 年，第 1 完成人）、国家技术发明二等奖 1 项（2019 年，第 2 完成人）、广西科技进步一等奖 1 项（2018 年，第 3 完成人）、教育部科技进步二等奖 1 项（2017 年，第 2 完成人）、吉林省科技进步二等奖 1 项（2014 年，第 7 完成人）、江苏省科技进步二等奖 1 项（2012 年，第 2 完成人）。获国家“万人计划”科技创新领军人才（2022 年）、江苏省杰出工程师（2021 年）、江苏省“六大人才高峰”高层次人才培养项目（2018 年）。

万志辉副教授

万志辉，男，汉族，1990 年 9 月生。南京工业大学副教授、硕士生导师，中共党员。2019 年毕业于东南大学土木工程专业获工学博士学位，现任职于南京工业大学交通学院。主要从事桩基后压浆理论与工程应用、复合桩基设计理论及其实践等方面的研究。兼任中国土木工程学会土力学及岩土工程分会青年工作委员会委员、中国岩石力学与工程学会环境岩土工程分会委员、江苏省工程师学会地下与基础工程专业委员会副秘书长、南京市土建学会岩土工程专业委员会委员。主持国家自然基金、中国博士后科学基金面上、省自然基金以及重大横向项目共 10 项，参与国家 973 项目、国家重点研发计划等纵向项目 10 余项；已发表学术论文 48 篇，其中以第一作者或通讯作者发表 SCI/EI 论文 26 篇；申请国家发明专利 26 项（授权发明专利 12 项），软件著作权 3 件；出版专著 2 部，参编规范 3 部。先后获中国公路学会科技奖 1 项、中国安全生产协会安全科技进步奖 1 项、江苏省岩土力学与科学技术奖特等奖 1 项（2022 年，第 1 完成人）、江苏省工程师学会优秀青年工程师奖（2022 年）、江苏省高等学校土木工程学科优秀博士学位论文（2020 年）等。

# 序

钻孔灌注桩基础在高层建筑、大跨桥梁、海上风电等工程中广泛应用，近年来随着工程规模不断加大、建设条件更为复杂，正逐步向大直径、超长方向发展，而成孔时间更长、缩颈塌孔率更高使大直径超长灌注桩基础的工程质量与安全均面临巨大技术挑战。如何突破大直径超长灌注桩端部阻力无法有效发挥、施工质量难以控制、工程风险高及施工效率低等技术瓶颈，已成为行业发展重大技术难题。后压浆技术作为可以显著提高桩基承载力的一种手段，具有工艺简单、成本低廉等优点，已在大直径超长灌注桩基础中得到应用。苏通长江公路大桥桩基础采用桩底循环式后压浆技术，实测桩基承载力提高幅度超40%，设计中考虑桩基承载力提高作用，每根桩桩长减少 5～6m，节省桩长共计 1441m，产生了巨大的经济效益。

1991 年龚维明教授团队开始研究桩基后压浆技术，先后参加了苏通长江公路大桥、东海大桥、杭州湾跨海大桥、张靖皋长江大桥、乐清湾跨海大桥、石首长江公路大桥、印度尼西亚苏拉马都跨海大桥等数十个重大桥梁工程，积累了 700 余根大直径后压浆灌注桩的现场静载试验资料，建立了试验数据库，在此基础上对后压浆的承载力提高机理及压浆参数取值等进行了深入研究，形成了设计理论方法和施工技术。与此同时，龚维明教授团队还开展了大量的室内试验、原位测试、理论研究、技术研发、工艺创新、装备研制与工程应用，率先提出了智能化后压浆技术，研制了系列核心压浆装置，建立了后压浆桩实用设计方法，完善了深水桥梁大直径后压浆灌注桩基础理论和技术体系。

随着国家海洋强国战略及“一带一路”倡议的深入实施，规模更大、数量更多深水基础设施的建设需求十分旺盛，大直径灌注桩后压浆技术将大有可为。本书论述深入浅出、内容丰富翔实、实测资料丰富，它是作者长期以来开展后压浆技术研究的成果总结，促进了桩基工程学科的发展，也必将对我国后压浆技术的专业化、标准化、规模化应用和产业化发展起到积极的推动作用。

张喜刚

**中国工程院院士、中国交通建设股份**
**有限公司总工程师**
**2023 年 5 月**

# 前　　言

自 20 世纪 90 年代以来，我国自主建设了大量的大跨径桥梁，无论规模、数量、跨径均已经名列世界前茅，举世公认我国已步入了世界桥梁大国行列。随着跨江河湖海大型桥梁工程建设的日益增多，深水桥梁灌注桩由于承载力大、成桩不受地层条件限制、施工设备可靠、适应性强等特点，应用非常广泛。但单一工艺的钻孔灌注桩，由于成孔工艺的固有缺陷等因素（如桩底沉渣和桩侧泥皮的存在），导致桩端阻力和桩侧摩阻力显著降低。而且影响因素具有很大的随机性，使得深水桥梁钻孔灌注桩的单桩承载力往往表现出很大的离散性。

钻孔灌注桩后压浆技术是成桩时在桩底或桩侧预置压浆管路和压浆装置，待桩身达到一定强度后，通过压浆管路，利用高压压浆泵压注以水泥为主剂的浆液，根据浆液性状、土层特性和压浆参数等不同，压力浆液对桩端沉渣、桩侧泥皮及桩周土体起到渗透、填充、置换、劈裂、压密及固结等不同作用，对孔底沉渣和桩侧泥皮进行固化，从而消除传统灌注桩施工工艺所固有的缺陷，通过改变土体的物理力学性能及桩土间边界条件，以达到提高桩的承载力、减少沉降量，并提高桩身质量和桩承载力可靠性的一种科学、先进的技术方法。钻孔灌注桩后压浆技术是一种资源集约型的桩基技术，是实现建造绿色低碳的重要技术手段。

作者对后压浆技术的基本原理，提高承载力机理，设计、施工和检测成套技术进行了深入的探讨，并成功应用于多项重大桥梁工程的深水基础，为优化设计提供了依据，节约了工程造价并取得了良好的经济效益。本书研究成果已纳入中华人民共和国行业标准《公路桥涵地基与基础设计规范》JTG 3363—2019 及工程建设团体标准《公路桥梁灌注桩后压浆技术规程》T/CECS G：D67-01—2018。

在编制该书过程中，作者得到了各位前辈及同行的鼓励和支持，也得到了中国地质大学（武汉）黄生根教授，南京航空航天大学程晔副教授，三江学院于清泉副院长，博士生胡涛、时仓艳与硕士生段畅、祁凯、刘明帝、臧诗齐、邵智琦、李成键以及已毕业研究生李昌驭、王秀哲、张浩文、朱建民、黄挺、刘鹭、马天抒、竺明星、王磊、陈祉阳、邓会元、孔锴、孙浩、陈雪映、朱铮、徐艺飞、解江、钱晓楠等的帮助，更得到了众多设计人员、施工单位、检测单位以及建设单位的鼎力相助。由于给予帮助的人实在太多，作者难以在此一一致谢，敬希鉴谅。

鉴于问题的复杂性，该技术的许多方面还有待于进一步研究和经验积累，真诚期待各位读者的批评指正，作者深信在广大同行的共同努力下，后压浆技术必将日臻完善，在我国桩基工程中得到广泛应用。

**作者**

**撰于东南大学**

**2023 年 4 月 10 日**

# 目　　录

# 第1章

# 绪 论

## 1.1 概述

桩基础是一种重要的基础形式，在重要工业与民用建筑和大、中型桥梁等工程中有广泛的应用，它承托上部结构，并将上部荷载传给地基。

国内自从1950年开始，钢筋混凝土桩和预应力混凝土桩代替木桩成为工程桩的主要类型。1963年，钻孔灌注钢筋混凝土桩在河南省安阳公路桥首次试用后，经过不断改进而逐步发展成一种深基础的形式。钻孔灌注桩属于非挤土桩，随着高层建筑、桥梁工程、港口工程建设的日益增多，钻孔灌注桩由于承载力大、成桩不受地层条件限制、施工设备可靠、适应性强等特点，且能将所有上部结构传来的动载和静载较均匀地传递到深层稳定的土层，从而大大减少了桥梁结构基础的沉降和不均匀沉降，现在已经被公认为安全可靠且极为有效的基础形式之一，目前在我国公路桥梁建设中所占的比例超过了80％。

随着交通建设的迅速发展，到目前为止，我国在大江、大河及大海上修建的大量大跨径桥梁均采用钻孔灌注桩，桩径、桩长在不断加大。目前，长度超过50m、直径大于2m的超长大直径钻孔灌注桩已十分普遍。1985年河南省郑州黄河大桥，桩长70m，桩径220cm；1989年修建的武汉长江公路桥，桩长65m，桩径250cm；1990年修建的安徽铜陵长江大桥，桩长100～108m、桩径280cm；1994年修建的江苏江阴长江大桥，桩长85m、桩径200～300cm；1996年南昌八一大桥中采用桩径400cm的钻孔桩；1997年修建的安徽芜湖长江大桥，桩长47.7～60.2m、桩径300cm；1998年修建的湖北荆州长江大桥，桩长77.5～108m、桩径250cm；1999年修建的浙江钱塘江六桥，桩长105～114.5m、桩径200～230cm；2001年修建的安徽安庆长江大桥，桩长84～91m、桩径300cm；2003年修建的浙江瑞安飞云江三桥，桩长109m、桩径250cm；2003年修建的江苏五河口大桥，桩长90～95m、桩径250cm；2003年修建的湛江海湾大桥桩长104.6m、桩径250～290cm；2003年修建的杭州湾跨海大桥，桩长125m、桩径250～280cm；2005年修建的浙江钱塘江九桥，桩长100m、桩径250cm；2005年修建的浙江临海大桥，桩长80.8m、桩径250cm；2006年修建的广东深圳海湾大桥，桩长90m、桩径250cm；2007年修建的武汉阳逻江长江大桥，桩长96m、桩径300cm；2018年修建的湖北燕矶长江大桥，桩长46～76m、桩径320cm；2018年修建的鱼山大桥，桩长148.2m、桩径220～

600cm；2021年开始建设的通苏嘉甬铁路杭州湾跨海铁路大桥，桩长80m、桩径220cm；2021年开始建设的马鞍山长江公铁大桥，桩长60m、桩径400cm。

国外在1995年修建的诺曼底大桥采用28根直径210cm的钻孔桩；2018年建成的中马友谊大桥主塔基础施工水深约为41.7m，采用35根直径320～360cm的钻孔桩。目前，国内外已经修建的大型桥梁深水桩基础一览表如表1.1-1所示。

**国内外部分大型桥梁深水桩基础一览表** **表1.1-1**

| 桥梁名称 | 跨径(m) | 主塔基础形式 | 建成时间 |
|---|---|---|---|
| 诺曼底大桥 | 856 | 28根直径2.1m的钻孔桩 | 1995年 |
| 白沙洲长江公路大桥 | 618 | 40根直径1.55m摩擦桩,桩长83m,施工水深6～12m | 2000年 |
| 福州市青州闽江大桥 | 605 | 8根直径2.5m钻孔桩,施工水深2～3m | 2000年 |
| 南京长江二桥 | 628 | 21根直径3.0m摩擦桩,桩长83m,施工水深20m | 2001年 |
| 湛江海湾大桥 | 480 | 62根桩径2.5～2.9m钻孔桩,桩长104.6m,施工水深17.2～20.5m | 2003年 |
| 南京长江三桥 | 648 | 30根直径2.9m摩擦桩,桩长约85m,水深25m | 2005年 |
| 苏通大桥 | 1088 | 131根直径2.5～2.8m摩擦桩,桩长117m,水深20～25m | 2008年 |
| 昂船洲大桥 | 1018 | 28根直径2.8m的钻孔桩 | 2008年 |
| 印尼苏拉马都大桥 | 434 | 直径2.2～2.4m,桩长104m | 2009年 |
| 湖北鄂东长江大桥 | 926 | 33根直径2.5m的钻孔桩,桩长65m | 2010年 |
| 荆岳长江公路大桥 | 828 | 28根直径3.0m摩擦桩,桩长67m,施工水深15m | 2010年 |
| 中马友谊大桥 | 760 | 35根直径3.2～3.6m摩擦桩,桩长110m,施工水深41.7m | 2018年 |
| 石首长江公路大桥 | 820 | 58根直径2.5m摩擦桩,桩长119m | 2019年 |
| 马鞍山长江公铁大桥 | 392 | 60根桩径4.0m摩擦桩,桩长60m,施工水深24m | 在建 |
| 通苏嘉甬铁路杭州湾跨海铁路大桥 | 450 | 桩长80m,桩径2.2m,施工水深15m | 在建 |
| 张靖皋长江大桥 | 2300 | 194根桩径2.8m摩擦桩,桩长103～106.5m,施工水深2.5～3.5m | 在建 |

桩基成孔工艺包括人工挖孔和机械钻孔，对于大型水中群桩基础则采用机械钻孔进行施工。美国在20世纪初、欧洲于20世纪40年代初已开始使用，但当时的钻孔工艺和设备尚不完善，钻孔直径也较小，桩的承载力受到限制，推广使用较少。近年来国内外大直径钻孔设备开发应用得较多，现有的设备规格及品种多样，性能差异较大。我国在公路桥梁上采用钻孔灌注桩始于20世纪50年代末期，最初是河南省首创的人工转动钻头钻孔，后逐渐在全国发展到冲抓锥、冲击锥、正反循环回转钻、潜水电钻等多种设备和成孔工艺，且成孔施工过程中为保证孔壁稳定采用泥浆进行护壁，应用规模不断扩大。截止到目前，钻孔灌注桩直径已超过600cm，桩长也达到150m左右，并向大直径、多样化、大规模、超长度的方向发展。钻孔工艺水平的不断提高，使得钻孔桩以及群桩基础承载力得到了长足发展，适用范围愈来愈广泛。

钻孔灌注桩发展至今，其钢筋笼安装已经发展为分节接高、整节安装或者一次性将整节钢筋笼安装到位的施工技术；钢筋笼接长由原来的焊接接长发展为目前的直螺纹连接技术；吊装设备也由原来的小型设备发展成大型的吊装设备。

钻孔灌注桩混凝土灌注技术已经由原来的分散拌合分散灌注发展为集中拌合集中灌注。灌注速度越来越快，灌注质量越来越高。同时，钻孔灌注桩成孔、成桩施工质量控制标准发展要求越来越高。例如，苏通大桥已经发展为：①倾斜度全部控制在规范要求的1/200范围内；②轴线偏位全部控制在50mm以内，小于规范要求的100mm；③成孔时间控制72h以内，泥浆采用优质泥浆；④桩底沉淀厚度均控制在5cm以内，小于规范要求的20cm；⑤桩身强度全部合格。

但单一工艺的钻孔灌注桩，由于成孔工艺的固有缺陷（如桩端沉渣和桩侧泥皮的存在），导致桩端阻力和桩侧摩阻力显著降低。为了消除桩端沉渣和桩侧泥皮等隐患，国内外把地基处理灌浆技术引用到桩基工程中，采取对桩端（孔底）和桩侧（孔壁）实施压力压浆措施，即所谓的后压浆技术，以达到提高单桩承载力，减小桩顶沉降的目的。

## 1.2　后压浆技术的产生

伴随着土木建筑工程向大型化、群体化发展及城市改造向超高层建筑发展，各种类型灌注桩的使用也愈来愈多，但单一工艺的灌注桩往往不能满足上述发展的要求，存在许多不利于承载力的因素，主要表现在以下几个方面：

（1）桩侧泥皮

在成孔过程中，为维持孔壁稳定，避免出现坍塌和缩径现象，一般采用优质泥浆护壁。泥浆中的黏土颗粒在循环过程中吸附于孔壁，形成泥皮，从而起到保护孔壁的作用。但泥皮的存在，阻碍了桩身混凝土与桩间土的粘结，相当于在桩土间涂了一层润滑油，不同程度地降低了桩侧摩阻力。摩阻力降低的程度与泥皮的质量、厚度等有关，泥皮质量越好，厚度越大，摩阻力越低。

（2）桩周土体应力松弛

成孔后，地层中形成了较大的自由面，改变了地层的初始应力状态，桩周土体向孔中心产生不同程度的位移，引起地层侧压力的降低，使桩土间的法向应力减小，桩侧摩阻力降低。此外，孔壁受水浸泡，使桩周土的抗剪强度降低及桩身混凝土收缩等均会导致桩侧摩阻力的降低。

（3）桩端沉渣

施工过程中，由于使用泥浆作为冲洗介质，无论采取何种清孔工艺，很难将孔内沉渣全部带出至地表。特别是当孔内泥浆相对密度、黏度较大，清孔不彻底时，沉渣往往较厚。孔底沉渣的存在是影响钻孔灌注桩承载力的重要因素之一。

以上影响因素具有很大的随机性，使钻孔灌注桩的单桩承载力往往表现出很大的离散性。有试验资料表明，对同一个施工场地、相同结构的桩，其承载力相差较大，不仅造成资源的严重浪费，还使钻孔灌注桩的工程质量具有很大的不确定性。

为解决上述问题，主要通过以下措施减少对其承载力的影响：①尽量缩短成孔时间；②严格控制泥浆质量；③成孔至设计标高后要进行扫孔以控制泥皮；④进行钻孔灌注桩后压浆。而后压浆技术被认为是解决上述问题、提升桩基承载性能的有效手段。后压浆技术是指在钻孔灌注桩成桩后，通过预设于桩身内的压浆导管及与之相连的桩侧、桩端压浆器，采用压浆泵压入的浆液对桩侧泥皮、桩端沉渣及桩端持力层起到渗透、压密、劈裂等作用来增强桩侧土和桩端土的强度，从而达到提高桩基承载力、减少沉降量的一项技术。根据百余根钻孔灌注桩试验资料总结给出了桩基阻力发挥过程与 $Q$-$s$ 曲线的一般情况，如图 1.2-1 所示，表明通过后压浆技术能有效地改善桩基承载特性。其中，采用桩端后压浆可抬高 $C$ 点的位置，而利用桩侧后压浆可延后 $B$ 点的位置。因此，后压浆技术能减小钻孔灌注桩施工造成的影响，改善桩基荷载传递特性，并增强桩端土体和桩侧土体的强度和刚度，从而达到提高桩基承载力、降低桩基沉降的目的。

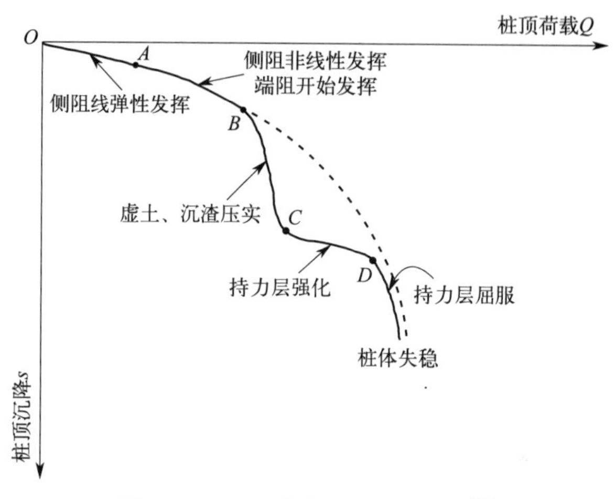


图 1.2-1　$Q$-$s$ 曲线全过程示意图[1]

后压浆技术自问世以来在国内外积累了大量的工程经验，压浆装置和施工工艺不断得到发展与完善。目前，在美国、英国、法国、越南、泰国、马来西亚、印度尼西亚等许多国家得到了广泛应用，并且该技术已被编入英国规范《Execution of special geotechnical work—Bored piles》BS EN 1536：2000。在我国，该项技术已纳入《建筑桩基技术规范》JGJ 94—2008 和《公路桥涵地基与基础设计规范》JTG 3363—2019，使其近年来在许多工程中得到了广泛应用，取得了显著的经济和社会效益。

## 1.3　后压浆桩的分类

### 1.3.1　后压浆桩的含义

所谓后压浆桩（亦称为后处理压浆桩、后压力压浆桩或后压浆桩），是指在成桩后对桩端或桩侧土体进行压力压浆的桩型。钻孔灌注桩后压浆技术是成桩时在桩底或桩侧预置压浆管路和压浆装置，待桩身达到一定强度后，通过压浆管路，利用高压压浆泵压注以水泥为主剂的浆液，根据浆液性状、土层特性和压浆参数等不同，压力浆液对桩端沉渣、桩侧泥皮及桩周土体起到渗透、填充、置换、劈裂、压密及固结等不同作用，对孔底沉渣和桩侧泥皮进行固化，从而消除传统灌注桩施工工艺所固有的缺陷，通过改变土体的物理力学性能及桩土间边界条件，以达到提高桩的承载力、减少沉降量，并提高桩身质量和桩承载力可靠性的一种科学、先进的技术方法。属于这类桩型的有桩端后压浆桩、桩侧后压浆桩、桩端桩侧组合后压浆桩。

桩端后压浆桩是指钻孔成桩后，利用预埋在桩身的压浆管，通过地面压力系统，将以水泥为主剂的固化液，经桩端压浆装置均匀地压入桩端地层的桩型，如图 1.3-1(a) 所示。压力浆液对桩端土层、桩端沉渣及桩端附近的桩周土体起到渗透、填充、置换、劈裂、压密及固结等不同作用，通过改变土体的物理力学性能及桩土间边界条件，从而提高桩端承载力以及浆液上返段桩体的侧摩阻力，并减少桩基的沉降量。

桩侧后压浆桩是指预埋桩侧压浆管，对桩侧高压注入水泥浆，从而加固桩侧泥皮和桩侧土的桩型，如图 1.3-1(b) 所示。桩侧压浆可以改善桩侧与土体的边界条件，提高桩侧土的强度与刚度，增大桩侧剪切界面阻力和粗糙度，从而提高桩的抗压侧摩阻力。

桩端桩侧组合后压浆桩指同一根桩既采用桩端又采用桩侧压浆提高承载力的桩型，如图 1.3-1(c) 所示。超长灌注桩承受竖向荷载时，桩身侧摩阻力先发挥，侧摩阻力发挥完毕后，端阻力开始发挥作用。组合后压浆能同时提高桩端阻力与桩侧摩阻力，压浆效果明显优于一般桩端与桩侧分别压浆的桩，可以极大提高灌注桩承载力并减小沉降。

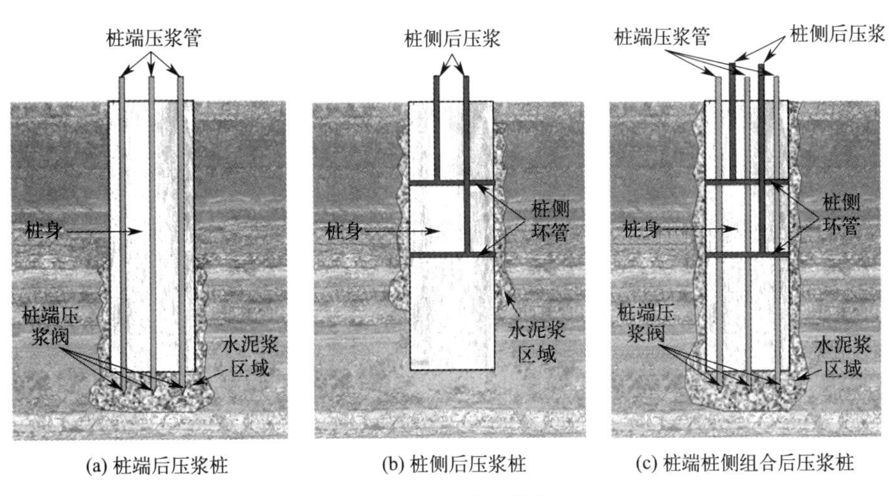


(a) 桩端后压浆桩　(b) 桩侧后压浆桩　(c) 桩端桩侧组合后压浆桩

图 1.3-1　后压浆桩

## 1.3.2 后压浆施工工艺分类

### 1. 桩端后压浆

桩端后压浆是指通过压浆管仅对桩端土层进行压浆，桩端压浆后不仅会提高桩端土的性状，而且会提高浆液上返段桩体的侧摩阻力。桩端后压浆又可根据压浆工艺和压浆管埋设方法进行分类。

1）按压浆工艺分类

按压浆工艺可分为闭式压浆和开式压浆两类。

(1) 闭式压浆

闭式压浆工艺是将预制的、弹性良好的腔体（又称承压包、预压包、压浆胶囊等）或压力压浆室随钢筋笼放入孔底，成桩后在压力作用下，把浆液注入腔体内；随压浆压力和压浆量的增加，弹性腔体逐渐膨胀、扩张，在桩端土层中形成浆泡，浆泡逐渐扩大、压密沉渣和桩端土体，并用浆体取代（置换）部分桩端土层；随着压浆压力和压浆量的加大，扩大头逐渐形成，压密区范围也逐渐增大，直至达到设计要求为止。闭式压浆示意图如图 1.3-2(a) 所示。

国内外已开发出多种预留压力压浆室，大致可分为预留压力压浆室、预留承压包、预留压浆空腔、预留压浆通道及特殊压浆装置等。具体结构可能有一些差异，但工作原理均相同。

(2) 开式压浆

开式压浆工艺是把浆液通过压浆管（单、双或多根），经桩端的预留压浆空腔、预留压浆通道或预留的特殊压浆装置等，直接注入桩端土层、岩体中，浆液与桩端沉渣和周围土体呈混合状态，呈现出渗透、填充、置换、劈裂等效应，在桩端显示出复合地基的效果。开式压浆示意图如图 1.3-2(b) 所示。

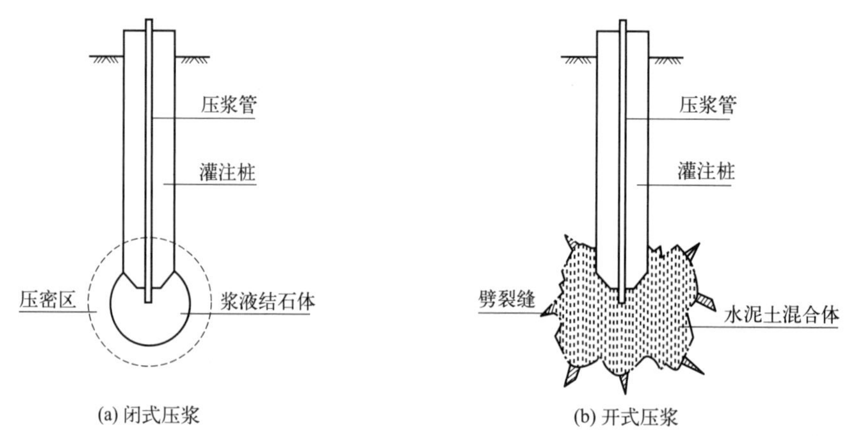


图 1.3-2　闭式与开式压浆示意图

2) 按压浆管埋设方法分类

按压浆管埋设方法可分为桩身预埋压浆管法和钻孔埋管压浆法，后者又可细分为桩身中心钻孔压浆法和桩外侧钻孔压浆法。

(1) 桩身预埋压浆管

桩身预埋压浆管是指在桩身混凝土灌注前预先将压浆管放置好，灌注桩身混凝土后，再压浆。桩身预埋压浆管压浆又可分为单向压浆和循环压浆。

单向压浆，每一个压浆系统由一个进浆口和桩端或桩侧压浆器组成。压浆时，浆液由进浆口到压浆器的单向阀，再到土层，呈单向性。压浆管路不能重复使用，不能控制压浆次数和压浆间隔，如图 1.3-3(a) 所示。

循环压浆，也称为 U 形管压浆。每一个压浆系统由一根进口管、一根出口管和一个压浆装置组成。压浆时，将出浆口封闭，浆液通过桩端压浆器的单向阀注入土层中。一个循环压完规定的浆量后，将压浆口打开，通过进浆口以清水对管路进行冲洗，同时桩端压浆器的单向阀可防止土层中浆液回流，保证管路和畅通，便于下一循环继续使用，从而实现压浆的可控性，如图 1.3-3(b) 所示。

(2) 钻孔埋管压浆

钻孔埋管压浆一般是在桩身承载力不能满足要求和进行桩基事故处理时采用的方法，可分为桩身中心钻孔埋管和桩外侧钻孔埋管。桩身中心钻孔埋管压浆是在成桩后，在桩身中心钻孔埋设压浆管，并深入到桩端以下约 1～2 倍桩径范围，然后压浆。桩外侧钻孔埋

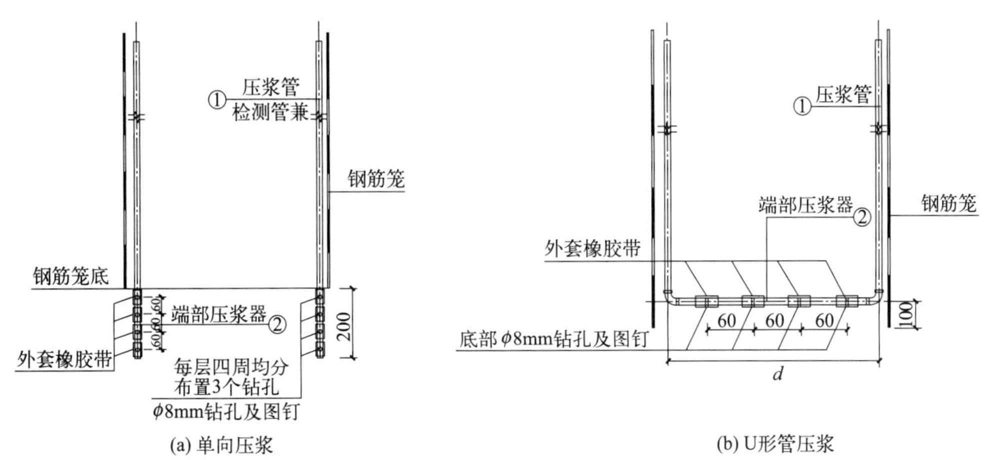


(a) 单向压浆　　(b) U形管压浆

图 1.3-3　桩身预埋压浆管示意图

管压浆是指在成桩之后，沿着桩身四周 0.2～0.5m 的间距钻孔并压浆，如图 1.3-4 所示。

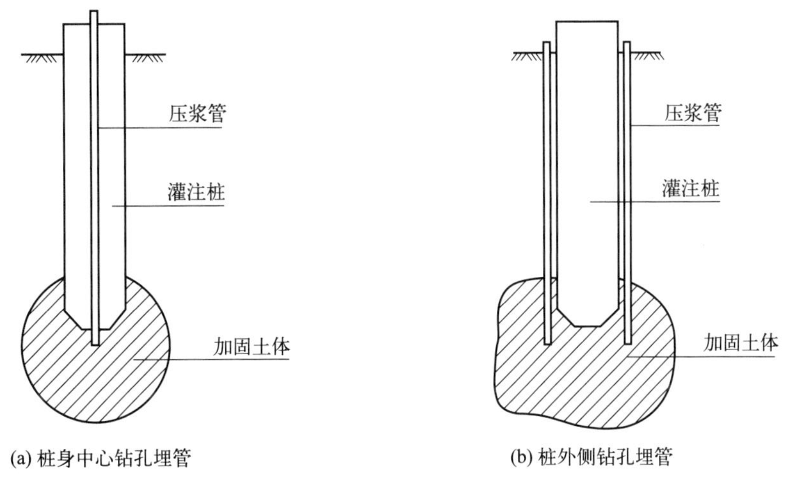


(a) 桩身中心钻孔埋管　　(b) 桩外侧钻孔埋管

图 1.3-4　钻孔埋管压浆示意图

**2. 桩侧后压浆**

桩侧后压浆是指仅在桩侧沿桩身的某些部位进行压浆。在桩侧压力压浆设计中，按桩侧压浆管埋设方法可分为桩身预埋管压浆法和钻孔埋管法。桩身预埋管压浆法是在下放钢筋笼时，将固定在钢筋笼外侧的桩侧压浆管一起放入桩孔内；钻孔埋管压浆法是成桩后在桩身外侧钻孔，成孔后放入压浆管，进行桩侧压力压浆。

按桩侧压力压浆装置形式可分为：①沿钢筋笼纵向设置压浆花管方式；②根据桩径大小沿钢筋笼环向设置压浆花管方式；③沿钢筋笼纵向设置桩侧压力压浆器方式。在桩侧设置不同深度的单管环形管进行压浆，装置如图 1.3-5(a) 所示；沿着直管在桩侧某些部位设置几个压浆孔，形成多孔源的双管桩侧壁压浆，装置如图 1.3-5(b) 所示；在桩侧某些部位设置压浆环管，环管外侧均匀分布若干个压浆孔，形成环状的桩侧压浆，装置如图 1.3-5(c) 所示。

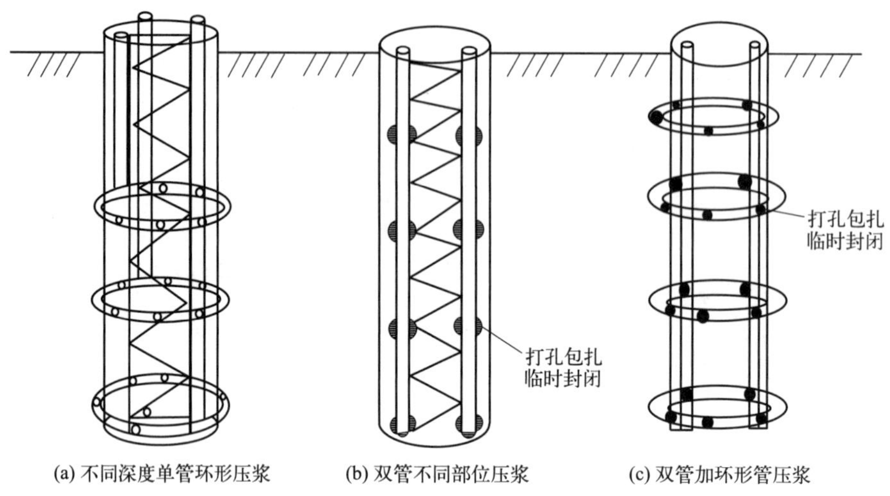


图 1.3-5 桩侧后压浆装置

**3. 桩端桩侧组合后压浆**

桩端桩侧组合后压浆是指在桩侧沿着桩身某些部位和桩端均进行压浆，如图 1.3-6 所示。桩端桩侧组合后压浆能够大幅度提高桩基承载力，并减小沉降。

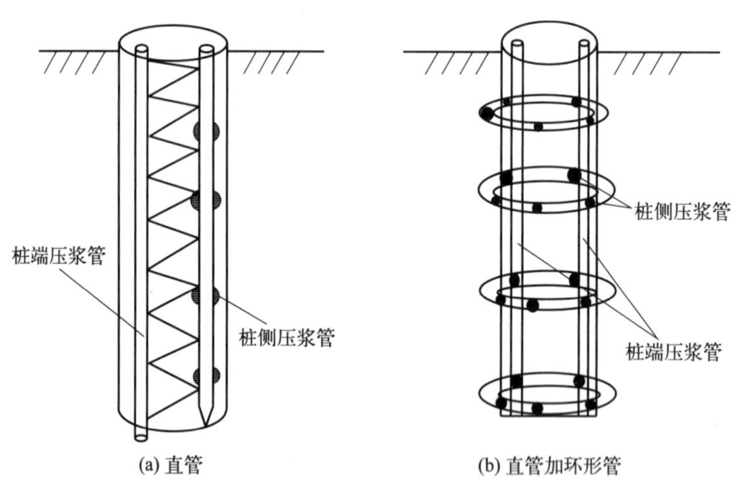


图 1.3-6 桩端桩侧组合后压浆装置

## 1.4 后压浆技术的研究现状

后压浆技术最早于 1958 年应用于委内瑞拉的 Maracaibo 桥的桩基础施工中，通过对钻埋预制桩的底部进行压浆提高桩基承载力[2-3]。随后这一技术逐渐在世界各地桩基工程中被广泛应用，并得到不断的创新和发展。

Bolognesi 和 Moretto[4] 采用砾石篮装置对 Parana 运河大桥的桥梁桩基础进行端部压浆，并通过压浆时间、压浆量及压浆上抬量等关键参数控制压浆过程（图 1.4-1）；Lizzi 等[5] 介绍了一种预留压力压浆腔室的闭式压浆装置，该装置主要由两块带孔的圆形钢板和定距块或肋板组成（图 1.4-2）；Sliwinski 和 Fleming[6] 首次在桩端放入砾石，并将连接好钢板的 U 形管压浆装置放置其上，桩端部分采用直径为 30cm 橡胶密封的穿孔钢管，该装置属于开式压浆工艺（图 1.4-3）；Bruce[2] 报道了 1985 年泰国在斜拉桥桩基中采用了一种固定在钢筋笼并放置于桩端的简化 U 形管压浆的装置（图 1.4-4）；Mullins 和 Dapp 等[7,8] 详细介绍了闭式压浆（与 Lizzi 介绍的装置类似）、U 形管压浆（与 Bruce 介绍的装置类似）及带钢板的 U 形管压浆（与 Sliwinski 介绍的装置类似）三种装置；Lin 等[9] 报道了某个工程所采用的三种桩端压浆装置，分别为闭式压浆、U 形管压浆及改进的 U 形管压浆的装置；Thasnanipan 等[10] 介绍了在泰国曼谷普遍使用的 U 形管和钻孔直管两种桩端压浆装置。

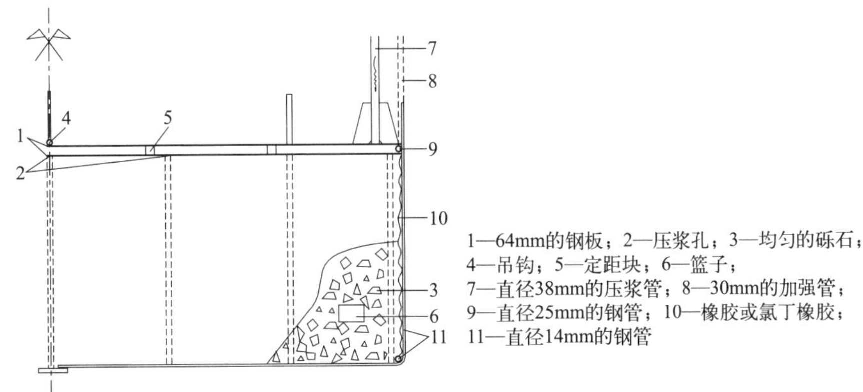


图 1.4-1 Parana 河桩端预留荷载箱压浆装置（Bolognesi & Moretto[4]）

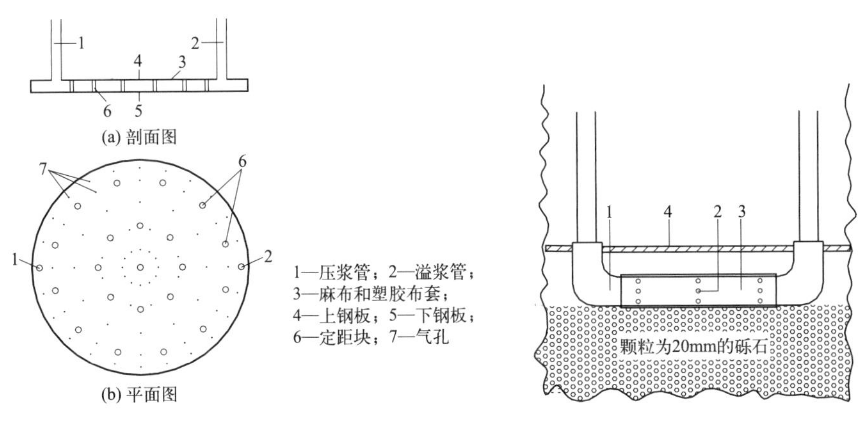


图 1.4-2 压力压浆室详图（Lizzi 等，1981）

图 1.4-3 桩端 U 形压浆管装置（Sliwinski & Fleming，1984）

桩侧后压浆的实践应用相比桩端后压浆要稍晚一些。Gouvenot 和 Gabaix[11] 最早提出了一种桩侧压浆装置，在钢桩内放入管径 160mm 的压浆管，每米布置压浆孔，单孔压浆时其他孔通过双隔离板的充水膨胀系统处于密封状态；Stocker[12] 介绍了一种袖阀管

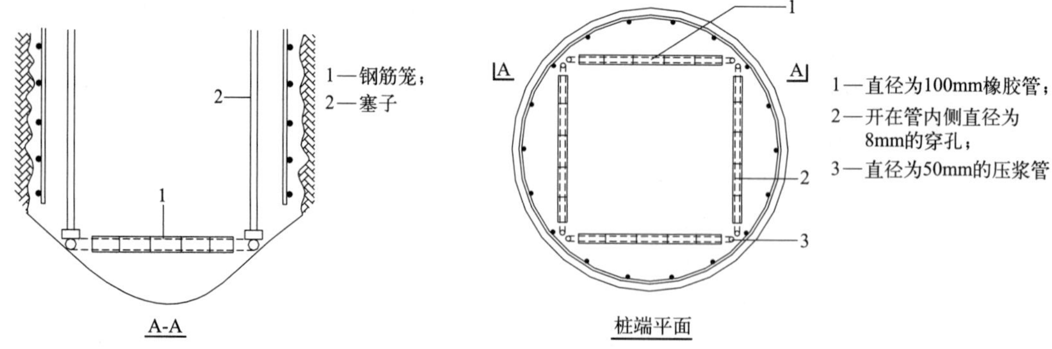


图 1.4-4　泰国桩端压浆装置（Bruce，1986）

结合压力腔的组合压浆装置，试验表明经过该装置压浆后桩基承载力能提高 1 倍（图 1.4-5）；Joer 等[13] 研发了一种在钙质砂中打入桩的桩侧压浆模型试验装置，其压浆系统由压浆泵和压浆管组成，其中压浆管固定在桩身内侧，向侧壁外压浆，通过阀门对压浆压力和压浆量进行压浆过程的控制；Sze 和 Chan[14] 介绍了某工程中在方桩或地下连续墙内沿着钢筋笼纵向布置压浆花管的桩侧压浆装置，压浆装置布设在钢筋笼外侧，并对其出浆孔进行临时封闭以防止灌注混凝土而造成堵塞；Thiyyakkandi 等[15,16] 设计了一种预制桩的桩侧压浆装置，桩侧压浆系统可根据桩长分为不同压浆区域，每个区域都有独立的管路，且每根桩侧压浆管都具有进浆口和出浆口，每根压浆管在下半部分以间隔 127mm 钻出了一系列出浆孔，并使用橡胶膜覆盖，为了防止浆液沿着软弱路径运动，在桩身附着了弹性腔体薄膜。Thiyyakkandi 等[17] 介绍了在无黏性土中开展的新型喷射压浆预制桩的施工及现场静载试验的情况，试验结果表明采用该压浆工艺的桩基承载力是同尺寸钻孔灌注桩的 2.5 倍以上。

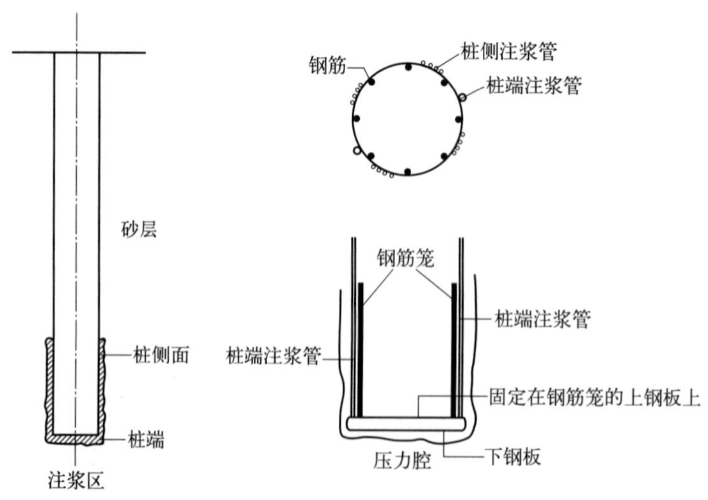


图 1.4-5　袖阀管/压力腔联合压浆装置（Stocker，1983）

20 世纪 70 年代初，天津塘沽新港的桩基工程进行了对桩间土加固的压浆试验，结果表明单桩竖向极限承载力提高了 50%。北京建筑工程研究院在 1983 年率先研发出预留空腔式的桩端压浆法[18]，静载试验表明该法对提升桩基承载力的效果较为显著。进入20世纪90年代后，桩端压力压浆技术得到蓬勃发展，具体表现在作为桩端压力压浆施工工艺的核心部件—桩端压力压浆装置形式众多，目前已有16种桩端压力压浆装置。图1.4-6[19] 为工程中常用的桩端压浆装置，图1.4-7[20] 为经过改良的桩端压浆装置。

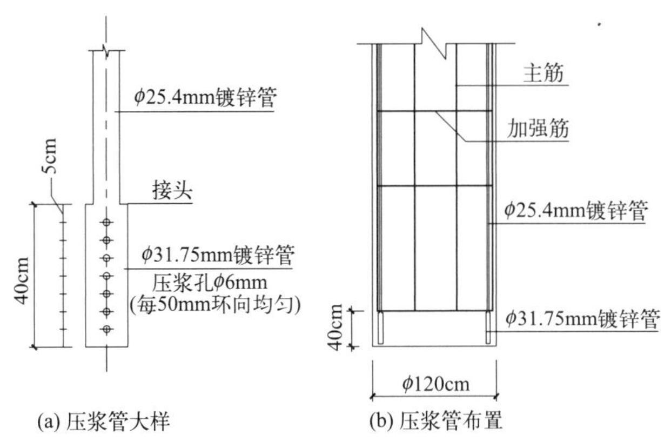


图1.4-6　常用的桩端压浆装置

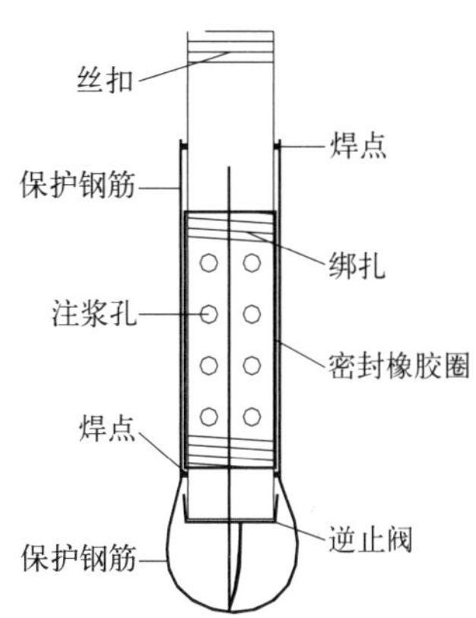


图1.4-7　改良的桩端压浆装置

杨耕和易良[21] 研制开发出人工挖孔桩桩端压力压浆工艺，其特征是在灌注混凝土形成桩体前预埋压浆导管，在压浆前用工程地质钻机在压浆导管中打入压浆花管或袖阀管至桩端以下一定深度，然后进行压力压浆。南通市房屋建设开发公司[22] 研制开发出泥浆护壁钻孔灌注桩的简易桩端压力压浆装置。中国建筑科学研究院地基基础研究所祝经成[23] 研制开发出压浆管壁径向间隔设置压浆孔、外壁上压接包有双层胶套、管底部设有封堵钢板、外部包有保护编织物的桩端压力压浆装置。武汉地质勘察基础工程（集团）总公司于1996年研制开发出独特的桩端压力压浆装置与桩侧埋管压浆法，该装置构造合理，使用方便，压浆成功率100%[24]。刘金砺[25] 介绍了中国建筑科学研究院开发的泥浆护壁灌注桩后压浆技术，并分别分析了桩端压浆、桩侧压浆的经济效益。应权和沈保汉于1997年研制开发出YQ桩端中心压力压浆装置和压浆工艺[24]，其中YQ压浆系统由以下四部分组成：桩顶上部的置换控制阀；桩身部分的压浆管；桩端中心调节器；桩端适量填料，其中上部装置和桩端中心调节器为主要部分，见图1.4-8。

进入21世纪后，随着技术的进步和建筑物更高要求，桩端（侧）后压浆技术得到了广泛应用。傅旭东等[26] 对以往的压力灌浆技术进行了改进，采用橡胶囊作为桩底压浆容器进行桩端压浆，并采用袖阀管和压浆管的组合组成桩侧压浆装置。东南大学于2004年研制出一套循环压浆装置，并在多项桥梁深基础工程中成功运用并取得了良好的效果[27]。王卫东等[28] 分别介绍了环向点式压浆及纵向线式压浆两种桩侧压浆方式的装置和工艺特点，并开展了后压浆桩抗拔承载力足尺现场试验。龚维明等[29] 研制了适用于海上大直径钢管桩桩侧后压浆装置，在多项桥梁桩基工程的运用中收获了良好的效果。2020年，万志辉等[30-31] 研制出一套分布式后压

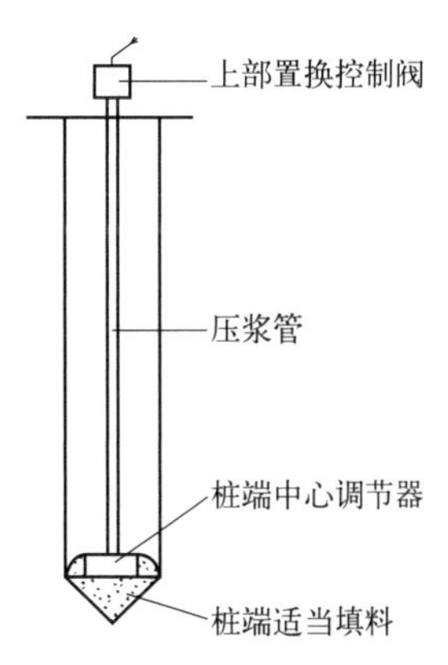


图1.4-8　YQ压浆系统简图

浆装置，该装置利用提升定位装置将压浆芯管置于不同深度处进行多断面分布式压浆，使得压力浆液对桩身实现全桩身覆盖，形成紧密协同工作的桩-土体系。该技术已陆续应用至河南安罗高速公路、山东小清河复航工程、四川卡哈洛特大桥等重要工程，且实践证明分布式后压浆桩具有显著的优势[32-33]。

随着后压浆工艺和方法的不断发展与完善，目前桩侧后压浆装置应用较为广泛的两种类型分别为沿着钢筋笼纵向设置直管法和沿着钢筋笼环向设置环管法[34]，如图 1.4-9 所示；而桩端后压浆装置有直管法（单向压浆法）和 U 形管法（循环压浆法）[34]，如图 1.4-10 所示。

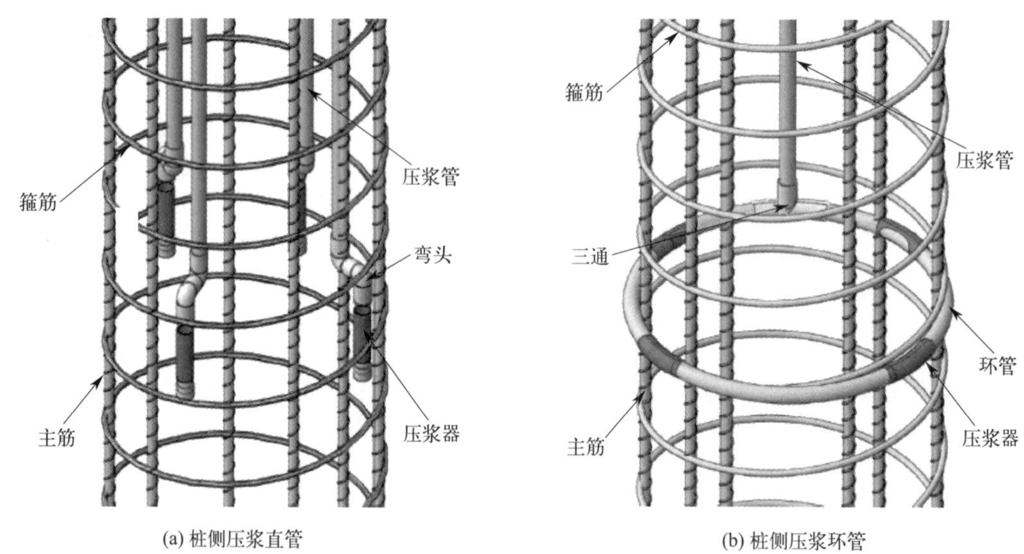

(a) 桩侧压浆直管　(b) 桩侧压浆环管

图 1.4-9　桩侧后压浆装置

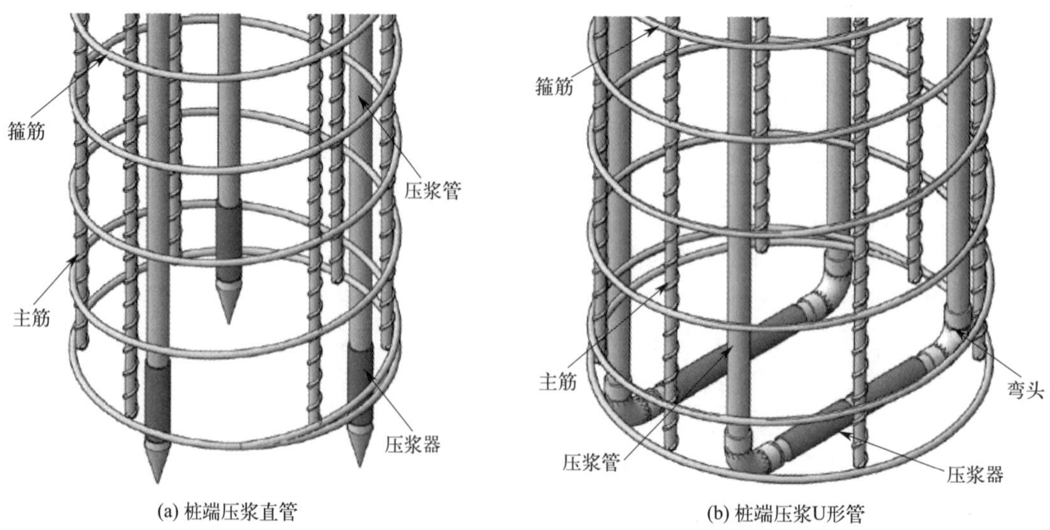

(a) 桩端压浆直管　(b) 桩端压浆U形管

图 1.4-10　桩端后压浆装置

# 1.5 后压浆桩的优缺点

## 1.5.1 优点

后压浆桩的优点是：

(1) 具有普遍灌注桩的优点；

(2) 大幅度提高桩的承载力，技术经济效益显著；

(3) 通过资源集约型的后压浆技术，可解决大型深水桥梁桩基桩径大、桩长超长、资源需求高、污染大等问题，推动深水桥梁桩基技术资源集约型发展，助力深水桥梁建造绿色低碳发展；

(4) 采用桩端桩侧压力灌浆工艺，可改变桩底虚土（包括孔底扰动土、孔底沉渣土、孔口与孔壁回落土等）、桩侧泥皮的组成结构，可解决普通灌注桩桩底虚土、桩侧泥皮这一技术难题，对确保桩基工程质量具有重要意义；

(5) 压力压浆时可测定压浆量、压浆压力和桩顶上抬量等参数，既能进行后压浆桩质量管理，又能预估单桩承载力；

(6) 技术工艺简练，施工方法灵活，压浆设备简单，便于普及。

## 1.5.2 缺点

后压浆桩的缺点是：

(1) 须精心施工，否则会造成压浆管被堵、地面冒浆和地下窜浆等现象；

(2) 须注意相应的灌注桩成孔与成桩工艺，确保其施工质量，否则将影响压力压浆工艺的效果；

(3) 压力压浆必须在桩身混凝土强度达到一定值后进行，故延长施工工期，但当施工场地桩数较多时，可采取合适的施工流水作业以缩短工期。

# 第 2 章

# 后压浆提高灌注桩承载力的原理

## 2.1 概述

钻孔灌注桩承载性能与桩侧摩阻力和桩端阻力大小及作用特性有关，而桩侧摩阻力和桩端阻力的大小及作用特性除与土层条件、桩的几何尺寸有关外，还受施工工艺影响。钻孔灌注桩一般采用泥浆护壁，成桩质量不稳定，其中孔壁泥皮和孔底沉渣是影响桩基承载力的主要因素。传统灌注桩的施工工艺缺陷体现在以下两个方面：①无论采用何种二次清渣工艺，由于施工时使用泥浆作冲洗介质，不可能将钻渣完全携带至地面，同时在灌注桩身混凝土前的第二次清渣与桩身混凝土首次灌注工序之间有一定的时间间隔，在此期间，孔内泥浆中的部分钻渣将沉淀于孔底，形成孔底沉渣，孔底沉渣的存在使桩端岩土持力层性质发生了变化，形成高压缩的“软垫”，是影响泥浆护壁钻孔灌注桩单桩承载力的重要因素之一；②在灌注桩身混凝土时，由于灌注导管长而细，且管内充满泥浆液体，桩身混凝土首灌时在导管内落差大，流动时间长，会导致首灌混凝土离析，在桩底处会产生“虚尖”、“干渣石”等情况，使桩端混凝土强度降低，因而影响单桩承载力。

总之，由于施工工艺、施工方法、现场管理、施工操作及地层土质等因素影响，泥浆护壁钻孔灌注桩在工程实践中，上述现象屡见不鲜，暴露出许多问题，具体概括为：

（1）孔壁的完整性不好

原因如下：①钻具的导向性差，钻杆在钻进过程中会向摆动方向运动；②土层的结构不是很严密，土层有孔隙、孔洞；③钻具上下提动会产生抽吸力、压力等作用；④地下渗水压力引起土层流砂现象等。

（2）泥皮效应

在成孔过程中，为了保持孔壁稳定，不致产生塌孔和缩颈现象，一般需要采用特制泥浆护壁。泥浆中的黏土颗粒在循环过程中吸附于孔壁，形成泥皮，厚度约 2～5cm，在孔壁形成一层保护膜，阻碍了桩身混凝土与桩周土的粘结，相当于在桩侧涂了一层润滑剂，这种涂抹作用不同程度地降低了桩侧摩阻力。摩阻力降低的程度与泥皮的质量、厚度等有关，泥皮质量越好，厚度越大，摩阻力降低越大。

（3）浆体浸泡作用

在成孔过程中，由于桩孔内充满泥浆液体，桩周与桩底土层受到泥浆中自由水的浸泡而变得松软，使桩周一定范围土层的抗剪强度降低。特别是水敏感性地层以及成孔时间较长的桩，长时间受泥浆液体的侵蚀会引起桩周岩土层抗压强度降低，从而降低摩阻力及端承力。

（4）孔底沉渣影响

成孔时产生的钻屑和泥浆混合在一起形成悬浊液，当孔内循环终止时，就会产生沉渣。桩端沉渣的存在不仅降低桩端阻力，还对一定范围的桩侧摩阻力产生弱化作用。因此，孔底沉渣是影响灌注桩承载力重要因素之一。

（5）应力释放作用

成孔后，在地层中形成了较大的自由面的压力平衡，改变了地层的初始应力状态，桩周土体向孔中心产生不同程度的位移，引起地层压力向自由面释放应力，地层侧压力降低，破坏了土层本身，严重的甚至引起孔壁坍塌，而且随时间的延长更加明显且严重。

（6）混凝土的影响

在灌注桩身混凝土时，由于灌注混凝土的导管长而细，桩身混凝土首灌时在导管内落差较大，会导致首灌混凝土离析，在桩底处会产生“虚尖”、“干渣石”等弊端，使桩端混凝土强度降低，从而影响单桩承载力；在向钢筋笼内灌注混凝土时，由于混凝土的流动性，会充填于钢筋笼内，但同时箍筋会与混凝土产生一定的密实差，出现“瓶颈”，甚至出现缩颈、露筋现象。导致单桩承载力减小；同时，钻孔灌注桩在桩身混凝土凝结后，会发生体积收缩，使桩身混凝土与孔壁之间产生间隙，减小侧摩阻力。

由于存在上述一系列问题，使桩基础的优点未能得到充分的发挥，造成施工中一些工程事故的发生或是缺陷的存在。此类降低单桩承载力因素的存在，导致产生以下问题：①为了满足设计承载力的要求，往往需要增加桩长或加大桩径，结果使每立方米桩体积所提供的极限承载力偏低，其数值只有相应的打入式钢筋预制桩的一半甚至不足一半；②桩端沉渣和桩侧泥皮成为钻孔灌注桩的两大症结，使钻孔灌注桩的承载力显著降低，因而使其使用范围被加以限制。

## 2.2　泥皮、沉渣对灌注桩承载力的影响

近年来，桩-土界面性状对后压浆桩承载力的影响引起了很多学者的注意，其中以泥皮的影响最为主要。国内外一些学者就其与钻孔灌注桩承载力方面的问题进行了论述，本节从理论、工程试验或实例等方面作系统论述，同时分析了成孔时间对其影响。

### 2.2.1　泥皮对灌注桩承载力的影响

桩侧泥皮的存在，改变了桩土摩擦力的发挥，往往导致桩侧摩阻力的降低，目前已有大量的研究。如 Hosoi 通过试验得出混凝土与存在泥皮间摩阻力明显小于其与同种无泥皮间的摩阻力，泥浆护壁钻孔桩的泥皮在灌注混凝土时不能完全被清除，侧摩阻力应考虑泥皮的影响；霍凤民[35] 通过钢筋应力计现场实测，发现泥皮过厚的钻孔桩侧摩阻下降近50%；刘俊龙[36] 实测了不同泥皮厚度时强风化层中的桩侧摩阻力，结果发现泥皮厚度较大的桩侧摩阻力比泥皮较薄的桩下降近 40%；李小勇等[37] 对泥皮产生的机理进行了分析，对钻孔桩泥浆护壁性状进行了实验研究；乔建伟[38] 通过列举几组典型的试桩进行分

析，提出桩侧泥皮对灌注桩承载力有重要影响作用。

**1. 理论分析**

成桩过程中，护壁泥浆与周围土体结合，形成一层隔水膜，吸附于孔壁四周。这种隔水膜像是一层润滑剂涂抹于孔壁上，减小了桩身与桩周土之间的摩擦，因而降低了桩侧摩阻力。

泥皮厚度较大时，泥皮硬化不充分，抗剪强度较低，桩土剪切破坏面将发生在泥皮与土体的接触面或泥皮中，侧阻充分发挥所需的桩土相对位移加大，同时剪切面也易发生滑移，侧阻损失而降低，桩侧土层强度不能得到正常发挥。

成孔时，由于孔壁侧向应力解除，钻孔灌注桩会出现侧向松弛变形，孔壁土的松弛效应将导致土体强度削弱，桩侧摩阻力则随之降低。

泥浆护壁层的物理力学性状的改变。在泥浆的包围、渗透下，孔壁周围土发生了一系列的物理化学变化，包括：桩间土对泥浆的吸附作用；在灌注桩的施工过程中，由于地层丧失水分，泥浆胶体中的微细粒凝聚于孔壁；在钻孔过程中，由于高速旋转，其所形成的离心力、水力梯度产生的动水压力加强了泥浆向土层凝聚和附壁作用；在施工过程中，灌注混凝土使泥浆稠度、黏聚性由下向上增大，加大了泥浆粘着于土层能力。泥浆在钻孔灌注桩施工过程的不同阶段，在多种压力下与孔壁土体胶结、渗透，使细粒土流失，从而使得桩周土体的物理力学性状发生了如下的变化：①含水量增大、孔隙比提高，液性指数提高；②压缩模量变小；③内摩擦角和黏聚力减小；④强度降低。

因为泥皮的存在，使桩与地基土之间的摩擦变成了桩与泥皮之间的摩擦。由于桩周土体的物理力学性能发生了如上的变化，泥皮的力学性能较桩间原状土要差，并且有一定的润滑性。当该层泥皮达到一定厚度时，就使桩周摩阻力大幅度降低。

**2. 试验数据论证**

为了了解泥浆护壁的工程性状，文献［39］记载了相关方面的试验，在20个钻孔灌注桩工程实例现场取样，进行室内试验，试验类别包括：①颗粒分析试验；②含水量、天然密度、液塑限等常规物理指标试验；③压缩试验和三轴抗剪强度试验。对泥浆护壁与桩间黏土的压缩模量以及不排水三轴抗剪强度指标进行了对比；此外还对泥浆护壁进行了三轴不排水与固结不排水抗剪强度指标对比。其物理指标与力学指标分别见表2.2-1与表2.2-2。

**泥浆护壁的物理指标** **表2.2-1**

| 编号 | 泥浆护壁 | | | | | | | 原始泥浆 | |
|---|---|---|---|---|---|---|---|---|---|
| | 含水量(%) | 天然密度($g/cm^3$) | 液限(%) | 塑性指数 | 孔隙比 | 不均匀系数 | 砂粒含量(%) | 不均匀系数 | 砂粒含量(%) |
| 1 | 22.1 | 1.901 | 23.8 | 6.0 | 0.80 | 3.5 | 25 | 5.5 | 6.3 |
| 2 | 22.9 | 1.902 | 24.9 | 6.9 | 0.82 | 3.5 | 24 | 5.4 | 5.5 |
| 3 | 22.5 | 1.939 | 26.4 | 8.3 | 0.75 | 3.9 | 16 | 5.8 | 5.5 |
| 4 | 23.2 | 1.895 | 24.0 | 7.5 | 0.88 | 3.0 | 21 | 5.1 | 5.0 |
| 5 | 20.5 | 1.820 | 23.5 | 6.2 | 0.90 | 3.6 | 25 | 5.3 | 6.5 |

续表

| 编号 | 泥浆护壁 | | | | | | | 原始泥浆 | |
|---|---|---|---|---|---|---|---|---|---|
| | 含水量(%) | 天然密度 (g/cm$^3$) | 液限(%) | 塑性指数 | 孔隙比 | 不均匀系数 | 砂粒含量(%) | 不均匀系数 | 砂粒含量(%) |
| 6 | 21.9 | 1.900 | 23.4 | 7.8 | 0.82 | 3.2 | 20 | 5.7 | 6.5 |
| 7 | 23.6 | 1.997 | 24.3 | 7.1 | 0.85 | 3.8 | 18 | 5.6 | 7.0 |
| 8 | 22.8 | 1.950 | 23.6 | 7.5 | 0.78 | 3.6 | 20 | 5.4 | 5.5 |
| 9 | 22.6 | 1.932 | 24.2 | 8.0 | 0.79 | 3.2 | 16 | 5.2 | 6.5 |
| 10 | 23.6 | 1.929 | 25.7 | 8.2 | 0.80 | 3.1 | 20 | 5.5 | 7.0 |

**泥浆护壁的力学指标　　　　表 2.2-2**

| 编号 | 泥浆护壁 | | | | | 桩间黏土 | | |
|---|---|---|---|---|---|---|---|---|
| | 三轴不排水试验 | | 三轴固结不排水试验 | | 压缩模量 (MPa) | 三轴不排水试验 | | 压缩模量 (MPa) |
| | 黏聚力(kPa) | 摩擦角(°) | 黏聚力(kPa) | 摩擦角(°) | | 黏聚力(kPa) | 摩擦角(°) | |
| 1 | 10.2 | 10.5 | 15.2 | 13.5 | 6.5 | 30.6 | 12.6 | 13.5 |
| 2 | 10.8 | 15.0 | 13.6 | 18.9 | 6.0 | 32.5 | 18.1 | 12.5 |
| 3 | 8.5 | 10.8 | 12.8 | 16.2 | 7.0 | 20.3 | 13.6 | 13.0 |
| 4 | 6.8 | 13.5 | 10.6 | 18.6 | 5.5 | 28.5 | 18.2 | 12.5 |
| 5 | 9.6 | 10.8 | 10.5 | 14.5 | 5.0 | 19.9 | 15.8 | 11.5 |
| 6 | 5.8 | 10.0 | 9.6 | 12.6 | 6.5 | 15.2 | 13.2 | 12.5 |
| 7 | 5.0 | 12.5 | 10.2 | 15.8 | 6.0 | 12.9 | 16.1 | 12.0 |
| 8 | 8.9 | 13.8 | 11.5 | 18.2 | 7.0 | 21.5 | 18.9 | 14.5 |
| 9 | 10.5 | 14.6 | 14.8 | 19.6 | 6.5 | 25.1 | 19.1 | 13.5 |
| 10 | 5.9 | 12.8 | 10.1 | 12.8 | 6.0 | 12.6 | 15.9 | 11.5 |
| 11 | 7.5 | 13.5 | 11.5 | 15.6 | 5.2 | 15.6 | 14.5 | 12.5 |
| 12 | 7.3 | 13.0 | 12.5 | 15.6 | 5.6 | 18.9 | 12.8 | 12.9 |
| 13 | 6.5 | 14.1 | 10.8 | 16.1 | 7.0 | 20.1 | 12.4 | 11.8 |
| 14 | 6.3 | 14.0 | 11.1 | 15.8 | 6.4 | 15.6 | 14.7 | 11.0 |
| 15 | 7.4 | 13.8 | 13.1 | 16.2 | 5.9 | 19.7 | 12.1 | 13.1 |

从表 2.2-1 和表 2.2-2 所示试验结果可以得出泥浆的性状：

(1) 泥浆护壁的塑性指数小于 10，而制备泥浆的黏性土塑性指数一般大于 10；

(2) 泥浆护壁的含水量略小于液限，处于软塑状态；

(3) 泥浆护壁的不均匀系数小于 5，属均匀土，级配不良；而泥浆的不均匀系数大于 5，属不均匀土，级配较好；

(4) 泥浆护壁的压缩模量明显低于桩间黏土的压缩模量，压缩性指标较高；

(5) 泥浆护壁比桩间土的抗剪强度低，泥浆护壁的黏聚力指标较小；泥浆护壁的固结不排水抗剪强度比不排水抗剪强度得到显著提高。

综上所述，桩侧所形成的泥皮土，由于其结构成分不同于桩间土，从而导致了其应力-应变关系也不同于桩间土，泥皮土强度低于桩间土，而且易于软化，软化后残余强度低于桩间土，形成了桩土间的一层薄弱层，进而导致侧摩阻力的降低。

## 2.2.2 沉渣对灌注桩承载力的影响

### 1. 理论分析

钻孔灌注桩在施工过程中，还会在桩底产生沉渣。在桩基施工过程中，桩端沉渣对承载力的影响是比较突出的重要因素[40]。沉渣的存在，直接影响钻孔灌注桩承载力能否达到设计要求以及能否保证其沉降不超过允许限度。

孔底沉渣属松散结构，会形成一个可压缩的软土层，其强度一般比桩端土层端阻力低，当沉渣厚度较大时，犹如桩底存在“软垫”，桩端阻力由于可压缩的“软层”作用而未能充分地发挥出来。沉渣对桩端的承载力的影响因素是其厚度和性质。对同种孔壁或是泥浆护壁来说，沉渣厚度对承载力的削弱影响起决定作用，桩端极限承载力随沉渣厚度增大而减小。

通常用清底系数来衡量孔底沉渣对桩端阻力的影响。清底系数为受沉渣影响的端阻力与原始土层的端阻力之比。以苏通大桥为例进行引证，表 2.2-3[41] 为苏通大桥各期试桩沉渣厚度实测值以及清底系数反算值。

沉渣厚度实测值与清底系数反算值　　表 2.2-3

| 桩号 | 直径(m) | 压浆前(kPa) | 计算值(kPa) | 清底系数 | 清孔后沉渣厚度(cm) |
|---|---|---|---|---|---|
| S1 | 1.5 | 1650 | 3963 | 0.42 | 16 |
| S3 | 1.5 | 344 | 1959 | 0.18 | 30 |
| N2 | 1.0 | 1250 | 4000 | 0.31 | 19 |
| N3 | 1.8 | 1421 | 4048 | 0.35 | 18 |
| sz4 | 2.5 | 1729 | 3000 | 0.58 | 12 |
| NII-1(NII-2) | 1.2 | 1840 | 1946 | 0.95 | 0 |
| NII-4(NII-3) | 1.5 | 1493 | 1912 | 0.78 | 0 |

由表 2.2-3 数据可得到的清底系数与沉渣厚度之间的关系，如图 2.2-1 所示，两者具有很好的相关性。

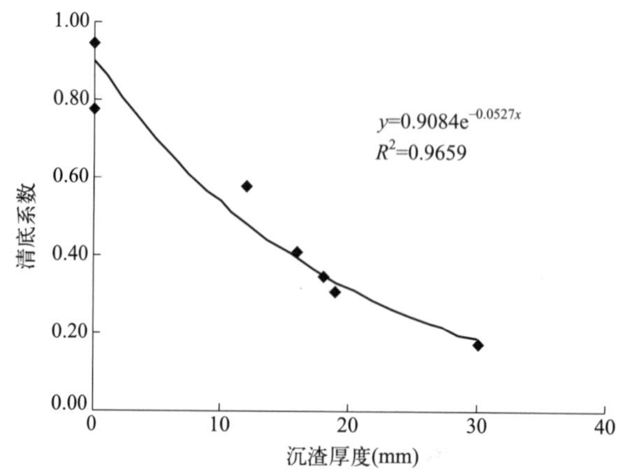


图 2.2-1　清底系数与沉渣厚度之间的关系

由图 2.2-1 可以很明显地看出，清底系数随沉渣厚度的增大而减小；根据清底系数的定义，沉渣厚度很大程度上影响桩端阻力。

**2. 工程实例验证**

刘俊龙[40] 曾对桩端沉渣对超长大直径钻孔灌注桩承载力影响做了试验研究，对一项工程中选取工程地质性能相近的两根试桩（S1 与 S3）进行分析，其中试桩 S1 在主要土层分界面埋设钢筋应力计和超声波管，并在静载试验后进行了超声波检测及钻孔取芯检验。S3 与 S1 相距较近，桩周土层相似，两桩主要施工参数见表 2.2-4。

**试验桩主要施工参数**　　　　**表 2.2-4**

| 桩号 | 孔深(m) | 桩径(m) | 持力层 | 充盈系数 | 沉渣厚度(cm) | 施工方法 | 泥浆相对密度 |
|---|---|---|---|---|---|---|---|
| S1 | 62.28 | 1.00 | 强风化层 | 1.25 | 39.67 | 正循环 | 1.25 |
| S3 | 62.23 | 1.00 | 强风化层 | 1.17 | 8.00 | 反循环 | 1.13 |

试桩 S1 在第一循环测试后卸荷回零，再做第二循环试验。在经两循环加载后，桩的残余沉降为 11.67cm，之后通过取芯检测得残留沉渣 28cm，故实际沉渣厚度为 39.67cm。两根试桩加载后，测得两次 S1 和 S3 试桩的 $Q$-$s$ 曲线，如图 2.2-2 所示。

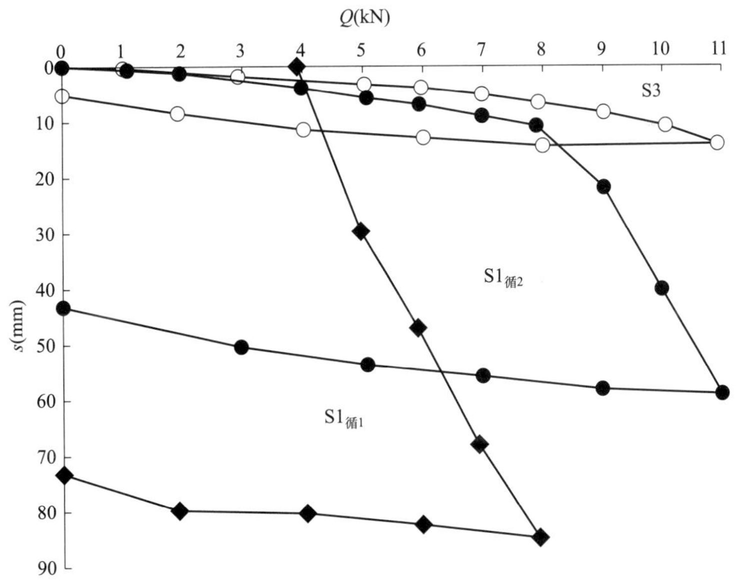


图 2.2-2　S1、S3 试桩 $Q$-$s$ 曲线

从图 2.2-2 可以看出，S1 桩端沉渣厚度为 39.67cm 时，第一循环测试单桩极限承载力为 4000kN，经卸荷回零后残余沉降为 7.3cm，即此时残余沉渣厚度约为 32.30cm。第二循环测试单桩极限承载力增加为 10000kN，增长幅度为 150%。对试桩 S1 的两个不同循环过程而言，相同沉降量所对应的承载力相差甚大，如取沉降 $s=30$mm，循环 1 对应的荷载值为 5000kN，循环 2 对应的达到 10000kN，相差 1 倍的承载力值。同样，相同的荷载作用下，对应的沉降值相差很多。

可见，随着沉渣的压缩，单桩极限承载力迅速提高。但是，对沉渣厚度小的灌注桩而言，如此试验中的试桩 S3（沉渣厚度仅为 8cm），在相同荷载下偏大很多，单桩极限承载力同样就低得多。因此，在相同的工程地质及成桩条件下，桩端沉渣厚度越大，桩顶沉降量越大，单桩极限承载力越低。所以，必须要严格控制沉渣的厚度，以达到满足承载力的要求。

**3. 对沉渣采取的措施**

（1）清孔方式

影响桩端沉渣厚度的因素主要是清孔方式，清孔是为了降低孔底沉渣的厚度、解除孔壁侧向应力和减少侧向松弛，所以清孔在灌注桩施工中也是一项很重要的施工作业，要针对具体情况采取有效的清孔方式。

正循环钻进的泥浆循环速度较慢，为了减少钻进过程中钻渣的重复破碎，就只能采用相对密度大的泥浆挟渣；反循环钻进流量大、流速慢、挟渣清底的效果相对就较好，泥浆的重度就可相应减少，相应的孔壁泥层厚度比正循环的薄些，这对增加桩的摩擦力是有利的。所以，相比较而言，采用反循环钻进清孔比正循环效率高。但对砂性土层中使用反循环时应谨慎，以防塌孔，造成工程事故。

（2）控制成孔时间

由沉渣的产生原因可知，在钻孔时，由于器械与孔壁之间的摩擦与切削，孔壁会有一些土屑落至孔底，这部分的沉渣厚度与土层性质和钻孔工具及钻孔速度有很大关系，对同样孔壁和同样的钻孔工具而言，钻孔的速度会影响成孔时间和沉渣的厚度。

钻孔结束后，孔壁土由于受力不平衡，孔壁表层的一些土屑会在重力作用下脱离孔壁至孔底，而且随时间变长，孔底沉渣越多；除此之外，孔壁土在泥浆、水等浸泡之下，软化之后强度降低，会塌落形成沉渣。显然，沉渣的厚度会随着成孔时间的推进而加大。

现以苏通大桥的实测数据来加以验证说明。图 2.2-3 是二期工艺试桩中沉渣厚度与成孔时间的实际关系，由图 2.2-3 可见，沉渣厚度与成孔时间呈递增关系，后逐渐变缓，最后渐渐趋于水平。也即表达沉渣厚度随成孔时间的增长不断变厚，增长幅度随时间的推进逐渐变小，最终基本不再增加。因此要严格控制成孔时间。

（3）成孔时间

1）理论分析

对钻孔灌注桩承载力的影响，主要表现在下面几个方面：

①由于孔壁侧向应力解除，钻孔灌注桩在成孔过程中会出现侧向松弛变形。孔壁土的松弛效应将导致土体强度削弱，桩侧摩阻力则随之降低。成孔时间越长，松弛效应就越明显，桩侧摩阻力降低量越大。

②成孔时间越长，孔壁浸泡软化现象越严重，孔壁四周土体的物理力学性能将会比原状土相差更多。润滑作用越明显，与桩身周围的摩擦减小，从而降低了桩侧摩阻力。

③成孔时间将会影响泥皮的厚度。成孔时间越长，泥皮越厚。所以，成孔时间会通过泥皮对钻孔灌注桩承载力产生不利影响。

④成孔时间对沉渣厚度产生影响。当泥浆性能一定时，时间越长，沉渣越厚。

2）力学分析

孔壁钻孔后，桩周土体会发生向孔内的缩颈现象。文献［42］对桩周土体进行分析，利用圆柱孔扩张理论，同时结合黏弹性理论中的厚壁圆筒问题理论解，分析了成孔时间对

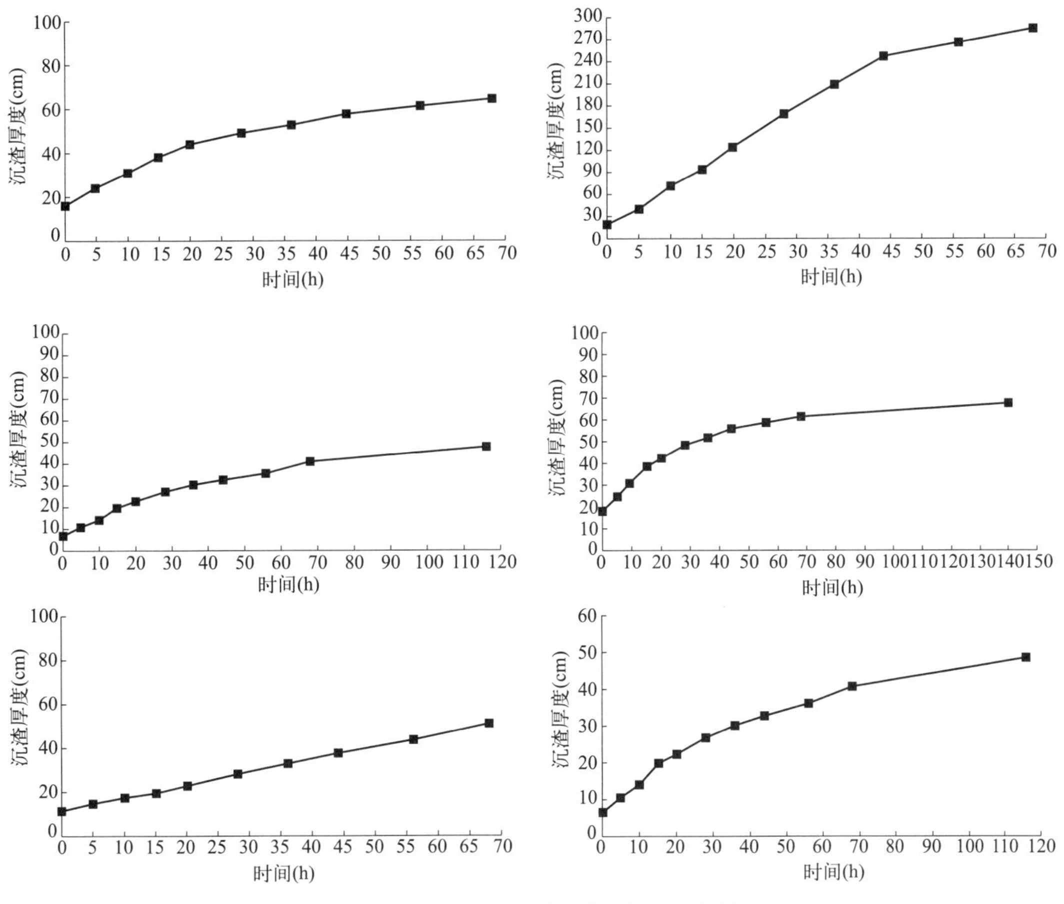


图 2.2-3　沉渣厚度随成孔时间变化曲线

桩土界面法向应力 $P_a(t)$ 的影响，其中 $P_a(t)$ 为孔壁内压力：

$$P_a(t)=P_0+P_0\frac{18G}{6K+G}\exp(-at)-\frac{u_0G}{a}\exp\left(\frac{G}{\eta}t\right) \tag{2.2-1}$$

其中：

$$a=\frac{6KG}{(6K+G)\eta} \tag{2.2-1a}$$

$$G=\frac{E}{2(1+\mu)} \tag{2.2-1b}$$

$$K=\frac{E}{3(1-2\mu)} \tag{2.2-1c}$$

式中：$P_a$ 为桩周法向应力（kPa）；$\mu$ 为泊松比；$\eta$ 为流变参数；$G$ 为剪切模量（GPa）；$K$ 为体积模量（kPa）。

由式(2.2-1) 可知，时间 $t$ 与 $P_a$ 成反比关系，即 $P_a$ 随成孔时间 $t$ 的增长而逐渐减小。而在滑移段桩长内，桩土间发生了相对滑动，桩周土的侧摩阻力不再随桩土位移的增加而增加，土体抗剪强度发挥到了极限。则桩侧摩阻力的计算可为：

$$\tau_f=P_a\tan\varphi+c \tag{2.2-2}$$

式中：$\varphi$ 为桩周土的内摩擦角（°）；$c$ 为黏聚力（kPa）。

由式(2.2-2）可知，影响侧摩阻力的因素主要是孔壁桩周法向应力和桩土间接触面的性质。而由式(2.2-2）可知，随着成孔时间的增长，法向应力将进一步降低；土的法向应力决定着土的抗剪强度，也即为桩周土的法向应力影响桩侧摩阻力的大小。所以，成孔时间过长，会导致桩侧摩阻力降低。

3）工程实例验证

文献［43］给出了成孔时间不同的钻孔灌注桩的承载力对比 $Q$-$s$ 曲线，如图 2.2-4 所示。S3 试桩在成孔中，因钢筋笼掉进孔底，下笼时间长达 5d，其承载力为 6MN，仅是正常桩 S4 的 50%。而文献［44］也曾报道一根超长嵌岩桩，其成孔时间长达 888h，从而使得泥皮厚度大，沉渣数量多，实测单桩极限承载力仅为设计值的 10%。

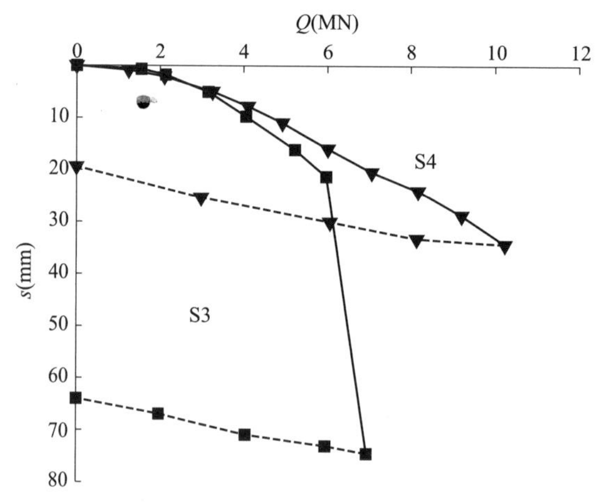


图 2.2-4　不同成孔时间试桩 S3、S4 的 $Q$-$s$ 曲线

综上所述，成孔时间直接或是间接地对钻孔灌注桩极限承载力有很大的影响。在施工中，要注意控制成孔时间，尽可能地缩短成孔时间。

## 2.3　提高承载力的机理分析

### 2.3.1　压浆适应的地层及其选择

基于结构松散或裂隙较为发育及粗粒土层较细粒土层压浆增幅大，压浆效果好的原则如下：

(1）对于结构松散、孔隙发育的第四系地层后压浆地层的选择次序为：砾卵石、砂砾石、中粗砂、细砂、粉砂、黏性土。

(2）对于非嵌岩桩，其桩尖持力层即桩端压浆地层应尽可能选择在中密或密实状态的砾卵石层中，若同时进行桩端桩侧压浆，则桩端压浆地层和桩侧压浆地层至少相距 15m，以免距离太近相互影响浆液的渗扩。

(3）对于嵌岩桩，其桩尖持力层一般选择在中微风化岩层，且嵌入深度不小于桩径的 1 倍，对于基岩破碎带，则用桩端后压浆进行破碎带的加固，通过浆液的渗扩、加密、胶结、固化等来确保桩基持力层是一种行之有效的解决办法。

当灌浆材料的颗粒尺寸 $d$ 小于土的有效孔隙尺寸 $D_p$，即 $D=D_p/d>1$ 时，表明土体具有容纳浆粒的空间，浆液才是可灌的。在压浆过程中，如果浆液浓度较大，材料往往以两粒或多粒的形式同时进入孔隙，出现“挤粒”现象，导致渗透通道的堵塞。

研究表明：设粒径级配曲线中 15% 的颗粒粒径为 $D_{15}$，浆液的粒径级配曲线中 85% 的颗粒粒径为 $G_{85}$，当 $N=D_{15}/G_{85}$ 为 15～25 时，浆液对该土层是可渗透的。对普通水泥浆而言，其颗粒粒径范围为 0.06～0.10mm，这时土的渗透系数要求大于 $5\times10^{2}$cm/s。能够直接以渗透方式进入的土层，仅包括中砂、粗砂、砾石等少数土层。由于渗透方式对浆液的扩散较为有利，可以使浆液渗入土体后较均匀地生成结石体，增加灌注桩的桩径、桩长及桩端截面积等，因此较大幅度地提高桩的承载力。

对于颗粒粒径比砾石更大的土层，如卵石、碎石土等，其密实度如果过小，会由于浆液渗透系数过大而产生流动，在这种土层中压浆，浆液的走向随机性较大，无法有效控制，因而不宜设作压浆土层。

对不能直接渗透压浆的土层，其总厚度往往占桩身长度的较大比例，在这些土层中压浆，往往以劈裂、挤密、推排充填等方式注入。

### 2.3.2 灌注理论

岩土中压浆的基本目的如下：一是通过压浆改变岩土体的结构，达到提高土体的力学性能，如变形模量和强度极限；二是通过压浆堵塞孔隙，达到堵水和防渗的目的。桩基后压浆除了上述的第一目的外，更主要的在于改善排土桩与周围土的特殊关系，这也是桩基后压浆的特有目的。灌注理论是借助于流体力学和固体力学的理论发展而来的，对浆液的单一流动形式进行分析，建立压力、流量、扩散半径、压浆时间之间的关系。

浆液扩散机理随土层类别、性质、上覆压力、边界条件等而变化，可分为充填压浆、渗透压浆、压密压浆、劈裂压浆四种情况。在实际压浆过程中，并不是某一种浆液扩散形式单独作用，而是以一种或两种扩散形式为主，其他形式为辅，同时作用。浆液在地层中往往以多种形式运动，而且这些运动形式随地层的变化、浆液的性质和压力变化而相互转化或并存。如在渗透压浆过程中存在劈裂现象，在劈裂压浆过程中存在渗透流动，在压密压浆过程中存在劈裂或渗透流动。

**1. 充填压浆**

指注入浆液充填土层内大孔隙、大空间的压浆，如卵石层、碎石层、砂砾层中压浆，浆液固结形态与土层内的原有空洞相同。

**2. 渗透压浆**

渗透压浆是在不足以破坏地层构造的压力（即不产生水力劈裂下），把浆液注入粒状土的孔隙，从而取代、排出其中的空气和水。一般渗透压浆的必要条件是满足可注性条件。渗透压浆浆液一般均匀地扩散到土颗粒间的孔隙内，将土颗粒胶结起来，增强土体的强度和防渗能力。

地层结构基本不受扰动和破坏，浆液在压力作用下，克服浆液流动的各种阻力，渗入土的孔隙和岩土裂隙中，将孔隙中的自由水和气体排挤出去，浆液凝固后把土颗粒粘结在

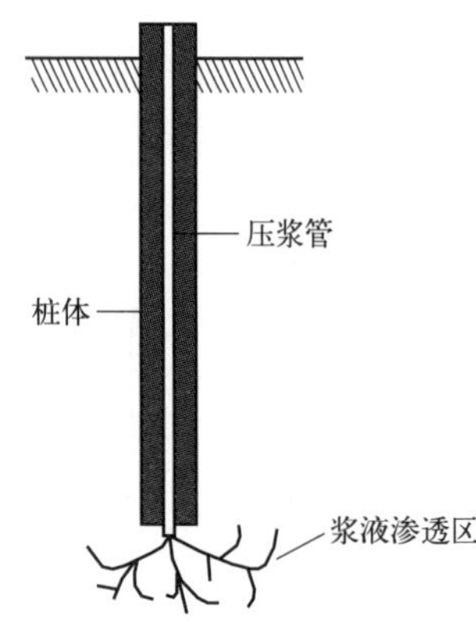

图 2.3-1　渗透压浆示意图

一起，形成水泥土结石体，使土层的抗压强度和变形模量得以提高，其渗透压浆示意图如图 2.3-1 所示。相对而言，压浆压力较小，通常只适用于中砂以上的砂性土和有裂隙的岩石。

渗透压浆的理论前提条件为：

$$R=D_p/d>1 \tag{2.3-1}$$

式中：$R$ 为净空比；$D_p$ 为地层的裂隙尺寸（mm）；$d$ 为浆液的颗粒尺寸（mm）。

由于在压浆过程中，尤其在浆液的浓度较大时，浆液往往以两粒或多粒的形式同时进入缝隙，导致渗透通道的堵塞。因此，在确定 $R$ 时，必须考虑群粒堵塞作用带来的附加影响。

迄今普遍认为，当净空比 $R\geqslant3$ 时，由群粒形成的结构是不稳定的，易被灌浆压力击溃而导致灌浆通道堵塞，即：

$$R=D_p/d\geqslant3 \tag{2.3-2}$$

浆液的 $d$ 值容易求出，为确定 $D_p$ 值，引入有效孔隙比 $e_E$ 的概念：

$$e_E=D_p/D \tag{2.3-3}$$

式中：$e_E$ 为有效孔隙比；$D$ 为土层的颗粒直径（mm）。

根据数学统计结果，有效孔隙比 $e_E$ 多在 0.195～0.125 之间变化，可取 0.2，因此，式(2.3-3) 可简化为：

$$D_p=0.2D \tag{2.3-4}$$

把式(2.3-4) 代入式(2.3-2)，可得浆液在地层中实施渗入性灌浆的条件为：

$$D/d\geqslant15 \tag{2.3-5}$$

由于土层和各种浆液都是由大小不等的颗粒组成，怎样选用 $D$ 和 $d$ 就成为复杂的问题。如果 $D$ 采用最小值和 $d$ 采用最大值，理论上就能把所用孔隙封闭，但这样做就要采用颗粒尺寸很小的浆液材料，不但造价昂贵而且大规模地把材料磨细也十分困难。相反，若选用的 $D$ 值偏大或 $d$ 值偏小，就可能使过多的孔隙不能接受灌浆，灌浆效果大大降低。文献［45］以 7 种砂砾石和 4 种灌浆水泥为例，做了计算：①若以 $D$ 最小和 $d$ 最大计算，所有的水泥和砂砾石都不能满足式(2.3-5) 的要求；②若以 $D_{10}$ 和 $d_{90}$ 计算，只有超细水泥能满足所有砂砾石可灌性要求；③若以 $D_{15}$ 和 $d_{85}$ 计算，所有水泥和所有砂砾石都能满足式(2.3-5) 的要求。

因此，从效果和经济性出发，工程中常用 $D_{15}$ 代替 $D$，用 $d_{85}$ 代替 $d$，式(2.3-5) 变为：

$$D_{15}/d_{85}\geqslant15 \tag{2.3-6}$$

式中：$D_{15}$ 为土层中含量为 15%的颗粒尺寸（mm）；$d_{85}$ 为浆液中含量为 85%的粒径尺寸（mm）。

渗透压浆一般只适用于中砂以上的砂性土和有裂隙的岩石。

渗透压浆扩散范围理论有：球面扩散理论、柱面扩散理论及袖套管法理论，其中球面扩散理论较为广泛采用。

压力浆液在土体中的流动规律与其黏滞性密切相关，在忽略浆液性质随时间因素而可能发生微小改变的情况下，依照浆液的黏滞性指标可将其划分为牛顿流体和非牛顿流体。对于牛顿流体，其满足牛顿内摩擦定律，流体的剪切应力与速度梯度成正比例函数关系；对于非牛顿流体，比如常见的宾汉姆（Bingham）流体，由于其剪切应力比相同速度梯度下的牛顿流体要大一些，因此扩散渗透时产生的流动阻力也比较大。渗透压浆的性状是牛顿流体并符合 Darcy 渗透理论，而浆液扩散形状取决于压浆方式。当仅桩端部压浆时，压浆孔较深，相当于点源，浆液呈球面扩散，见图 2.3-2(a)；当花管式桩侧分段压浆，浆液呈柱面扩散，见图 2.3-2(b)。

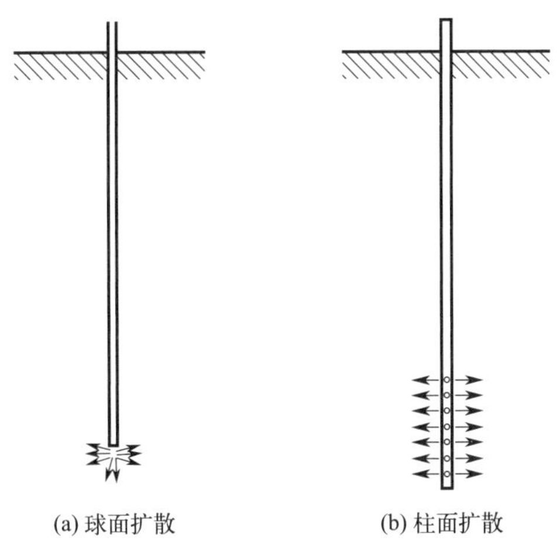


图 2.3-2　浆液的扩散形状

Magg（1938）按球面扩散理论推导出浆液在砂层中的渗透公式[46]：

$$r_1=\sqrt[3]{\frac{3kh_1r_0t}{\beta t}} \tag{2.3-7}$$

式中：$r_1$ 为浆液的扩散半径（cm）；$k$ 为砂土的渗透系数（m/s）；$h_1$ 为压浆压力水头（cm）；$r_0$ 为压浆管半径（m）；$t$ 为压浆时间（s）；$\beta$ 为浆液黏度与水黏度之比。

式(2.3-7) 是在以下四点假设下推导的：①被压浆砂土为均质和各向同性的；②浆液为牛顿流体，其流变曲线为一自原点开始的直线；③采用填压法压浆，浆液从压浆管底端注入地层；④浆液在地层中呈球面扩散。

式(2.3-7) 成立的前提是浆液流型是牛顿流体，其特征是应力与应变速率成正比，即其黏度随时间不变。实际上在压浆过程中，后压浆液往往是克服先压浆液的黏聚力，在流道中间开辟新通道继续注入，而非推动先压浆液整体向前移动，故水泥浆的应力与应变速率应呈非线性关系。众多学者曾对浆液的流型进行过研究，而文献［47］统计的实际工程中后压浆桩结果表明，浆液水灰比分布在 0.5～0.7 范围内更能保证压浆效果，且后压浆的水泥浆液基本属于幂律型流体。阮文军[47] 曾对不同浆液的流型作了较系统的试验研究，结果显示水灰比为 0.5～0.7 的水泥浆流型应为幂律型流体，其中水灰比为 0.7 的水泥浆黏度时变性方程如式(2.3-8) 所示：

$$\eta_{0.7}(t)=19.67e^{0.0178t} \tag{2.3-8}$$

假定时变性浆液黏度的平均值等于各时刻黏度值除以总时间[49]，则浆液的平均黏度如式(2.3-9) 所示：

$$\bar{\eta}=\frac{\int_{0}^{t}\eta_{0.7}(t)\mathrm{d}t}{t}=\frac{19.67}{0.0178t}(\mathrm{e}^{0.0178t}-1) \tag{2.3-9}$$

则浆液黏度与水的黏度之比 $\beta$ 为：

$$\beta=\frac{19.67(\mathrm{e}^{0.0178t}-1)}{0.0178t\eta_{\mathrm{w}}} \tag{2.3-10}$$

将式(2.3-10) 代入式(2.3-7)，则考虑浆液黏度时变性的球面扩散半径为：

$$r_1=\sqrt[3]{\frac{3\times0.0178kh_1r_0t^2\eta_{\mathrm{w}}}{19.67n(\mathrm{e}^{0.0178t}-1)}} \tag{2.3-11}$$

根据文献［46］，建立与式(2.3-7) 对应的柱面扩散理论公式，如式(2.3-12) 所示，各符号物理含义与前述一致。将式(2.3-10) 代入式(2.3-12) 得到考虑浆液黏度时变性的柱面扩散理论公式如式(2.3-13) 所示：

$$t=\frac{n\beta r_1{}^2\ln\left(\frac{r_1}{r_0}\right)}{2kh_1} \tag{2.3-12}$$

$$r_1=\sqrt{\frac{2\times0.0178kh_1t^2\eta_{\mathrm{w}}}{19.67n(\mathrm{e}^{0.0178t}-1)\ln(r_1/r_0)}} \tag{2.3-13}$$

综上所述，式(2.3-11) 与式(2.3-13) 只能近似地估算浆液有效扩散半径，一般应以现场压浆试验确定影响浆液扩散范围。

**3. 压密压浆**

压密压浆是一种半适应性半强制性压浆，其特点是通过压力浆液对砂土和黏土中孔隙等软弱部位起到压密作用。压密压浆在压浆处形成浆泡，压力浆液扩散对周围土体进行压缩。当浆泡较小时，压浆压力基本上沿着孔的径向即水平向扩展，当继续压入浆液，浆泡体积不断增大，产生较大的上抬力，此时围绕空穴的球形区域进入塑性状态，而塑性区域外的土体基本保持弹性，浆泡对周围的土体进行挤压，挤密程度比较大，而在距离浆泡较远的土体则基本上只发生弹性变形，而不使土体发生水力劈裂，这是压密压浆与劈裂压浆的根本区别。压密压浆能够使浆液沿着应力薄弱的桩-土界面流动，使桩端附近的桩周界面条件得以改善，并在桩周产生负摩阻力，使桩端阻力得以提前发挥。

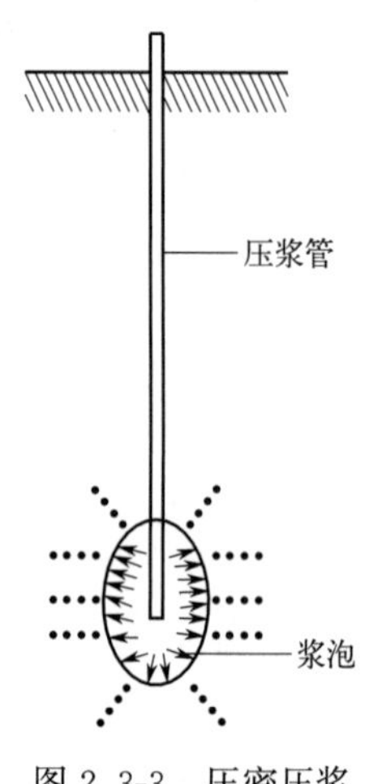

图 2.3-3 压密压浆示意图

压密压浆是用极稠的浆液（坍落度＜25mm），通过钻孔挤向土体，取代并压密压浆点土体，在压浆管端部附近形成“浆泡”，浆体的扩散靠一定的压力对周围土体进行压缩，如图 2.3-3 所示。当浆泡的直径较小时，灌浆压力基本上沿钻孔的径向扩展。随着浆泡尺寸的逐渐增大，便产生较大的上抬力而使地面抬动。经研究证明[50]，向外扩张的浆泡将在土体中引起复杂的径向和切向应力体系。紧靠浆泡处的土体将遭到严重破坏和剪切，并形成塑性变形区，在此区内土体的密度可能因扰动而减小；离浆泡较远的土则基本上发生弹性变形，因而土的密度有明显的增加。

压密压浆常用于中砂地基，黏土地基中若有适宜的排水条件也可采用。

**4. 劈裂压浆**

劈裂压浆是目前应用最广泛的一种压浆方法，其理论远远滞后其应用。劈裂压浆是在钻孔内施加液体压力于弱透水性地基中，当液体压力超过劈裂压力时土体产生水力劈裂，也就是在土体内出现裂缝，吃浆量突然增加。

在压力作用下，浆液克服地层的初始应力和抗拉强度，引起土体结构的破坏和扰动，使其沿垂直于小主应力的平面上发生劈裂，使地层中的裂隙或孔隙张开，形成新的裂隙或孔隙，浆液进入到孔隙中，形成纵横交叉的脉状网络。劈裂压浆，浆液的可灌性和扩散距离增大，所用的灌浆压力相对较高。

①砂和砂砾石地层。可按照有效应力的莫尔-库仑破坏标准进行计算：

$$\frac{\sigma_1'+\sigma_3'}{2}\cdot\sin\varphi'=\frac{\sigma_1'-\sigma_3'}{2}-\cos\varphi'\cdot c' \tag{2.3-14}$$

式中：$\sigma_1'$ 为有效大主应力（kPa）；$\sigma_3'$ 为有效小主应力（kPa）；$\varphi'$为有效内摩擦角（°）；$c'$为有效黏聚力（kPa）。

在灌浆压力的作用下，土层的有效应力减小，当灌浆压力 $P_e$ 达到式(2.3-15)，就会导致地层的破坏：

$$P_e=\frac{(\gamma h-\gamma_w h_w)(1+K)}{2}-\frac{(\gamma h-\gamma_w h_w)(1-K)}{2\sin\varphi'}+c'\cdot\cos\varphi' \tag{2.3-15}$$

式中：$\gamma$ 为土层的重度（$kN/m^3$）；$\gamma_w$ 为水的重度（$kN/m^3$）；$h$ 为灌浆段深度（m）；$h_w$ 为地下水位高度（m）；$K$ 为主应力比，$K=\sigma_3'/\sigma_1$。

②黏性土层。在黏性土层中，水力劈裂将引起土体固结及挤出等现象，在只有固结作用的条件时，可用下式计算注入浆液的体积 $V$ 及单位土体所需的浆液量 $Q$：

$$V=\int_0^a(p_0-u)m_v\cdot 4\pi r^2\mathrm{d}r \tag{2.3-16}$$

$$Q=p\cdot m_v \tag{2.3-17}$$

式中：$p_0$ 为灌浆压力（kPa）；$u$ 为孔隙水压力（kPa）；$m_v$ 为土的压缩系数；$p$ 为有效灌浆压力（kPa）。

### 2.3.3　影响后压浆桩承载力的主要因素

影响后压浆桩承载力的因素十分复杂，大体可分为两类：一是灌注桩自身的因素，包括桩端与桩侧土层性质、桩长、桩径和桩身质量等；二是后压浆施工因素，包括压浆装置的形式、压浆时间的选择、管路系统的可靠性、浆液的类型、压浆量、压浆压力等。

**1. 土层性质**

根据大量实测资料的分析，桩端土层对后压浆桩承载力有着很大的影响。一般来说，在其他条件相同的情况下，桩端为卵砾石、砂砾石、砂等粗粒土时比桩端为粉细砂等细粒土时的承载力提高的幅度大。

在粗粒土（孔隙率较大的卵砾石、中粗砂等）中压浆时，浆液渗入率高，通过渗透、部分挤密、填充及固结作用，大幅度提高持力层扰动面及持力层的强度和变形模量，并形成水泥土扩大头，增大桩端受力面积，故极限承载力增幅大，增幅约在50%～260%范围内。

在细粒土（黏性土、粉土、粉细砂等）中压浆时，浆液渗入率低，实现劈裂压浆，土体被网状结石分割加筋成复合土体，它能有效地传递和分担荷载，极限承载力增幅通常在14%～88%的范围内，个别桩的增幅可达106%～138%，其增幅较在粗粒土中压浆时小。

以杭州某工程试桩为例[51]，桩端持力层为砂卵砾石层。1号桩为未压浆桩，桩长48.60m，桩径800mm，其$Q_u$值为8000kN；2号桩为桩端压力压浆桩，桩长48.30m，桩径800mm，压浆压力2.2MPa，水泥注入量1500kg，其$Q_u$值为16000kN，与1号桩相比，$Q_u$增幅100%；3号桩是在1号桩试压后实施桩端压力压浆工艺的，压浆压力和水泥注入量与2号相同，其$Q_u$值为20800kN，增幅160%（此增幅值包含1号桩复压的影响），如图2.3-4所示。

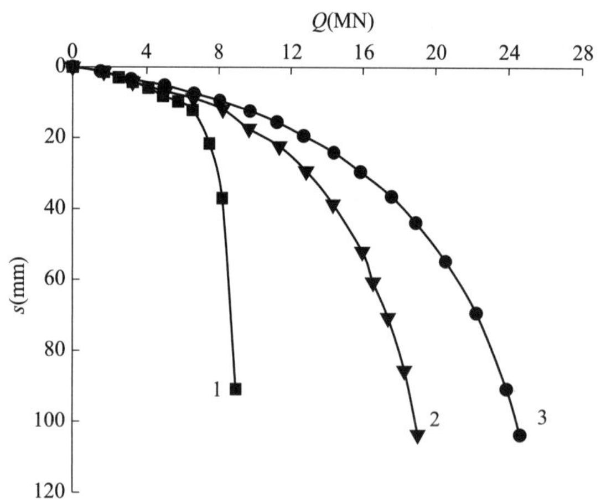

图2.3-4　桩端为粗粒土条件下后压浆 Q-s 比较

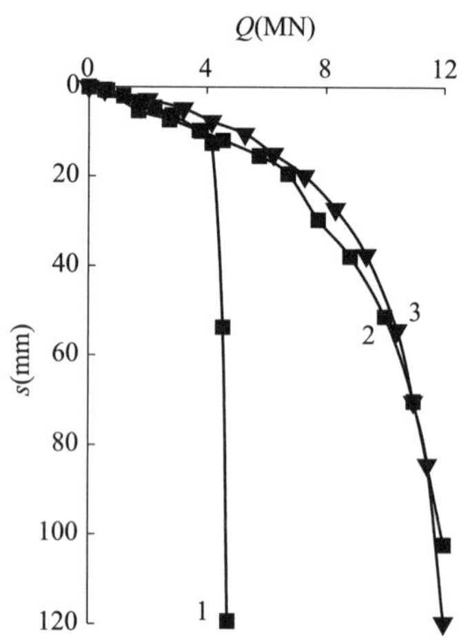

图2.3-5　桩端为细粒土条件下后压浆 Q-s 比较

以温州某工程试桩为例[51]，桩端持力层为粉质黏土。1号桩为未压浆桩，桩长为49.60m，桩径为750mm，其$Q_u$值为4160kN；2号桩和3号桩为桩端压力压浆桩，桩长分别为49.80m和49.40m，桩径为750mm，压浆压力为0.9MPa，水泥注入量为1000kg和1400kg，其$Q_u$值均为7800kN，比1号桩增幅为88%，如图2.3-5所示。

表2.3-1[52] 是不同地区、不同土层条件下桩端后压浆承载力提高比例的统计结果。

**不同地区、不同土层条件下桩端后压浆承载力提高比例统计表　　表2.3-1**

| 地区 | 桩长(m) | 桩径(m) | 桩端土层 | 桩端土层承载力提高比例(%) |
|---|---|---|---|---|
| 北京 | 6.4 | 0.4 | 卵石含砂、砾石 | 135～213 |
| 北京 | 11.1 | 0.4 | 中砂 | 167 |
| 安徽 | 18.6 | 0.4 | 粉细砂 | 70 |
| 上海 | 21.0 | 0.6 | 黏土 | 54 |

此外，桩端土层的密实程度对后压浆桩承载力有着重要的影响，桩端土层的初始孔隙

越大，结构越松散，浆液的渗透效果就越好，则桩端阻力和桩侧摩阻力提高幅度越大。

**2. 压浆量（水泥量）**

在土层性质、压力压浆装置形式、桩体尺寸、压浆工艺及压浆压力等条件相同的前提下，对于后压浆桩而言，压浆量多者，承载力增幅一般也大。

武汉地区两根试桩，桩径 800mm，桩长分别为 46.00m 和 46.10m，桩端进入粉细砂层 3.5m 和 3.1m，桩侧土层十分接近。两者均采用桩外侧钻孔压浆法，即成桩后，在桩径外侧沿桩侧周围相距 0.3m 处各钻一个直孔，成孔后放入压浆管及压浆装置，进行桩端压力压浆，压浆压力 1.5MPa，1 号和 2 号的水泥注入量分别为 1100kg 和 1600kg。试桩极限承载力分别为 8580kN 和 11220kN，2 号桩的极限承载力比 1 号桩增幅 30.5%。这两根桩及相应的未压浆桩的 $Q$-$s$ 曲线见图 2.3-6[51]。

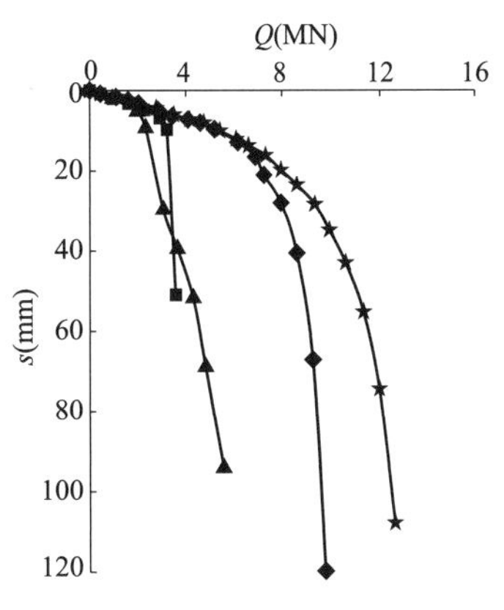


图 2.3-6　不同压浆量时承载力对比图

南通地区的两根试桩，桩径 900mm，桩长 14.00m，桩端持力层为粉细砂，压浆压力 0.5MPa，桩端水泥注入量分别为 400kg 和 285kg。试桩结果表明，两根桩极限承载力分别 3200kN 和 2400kN，即压浆量多的桩的极限承载力比压浆量少的桩增加 33.3%[51]。

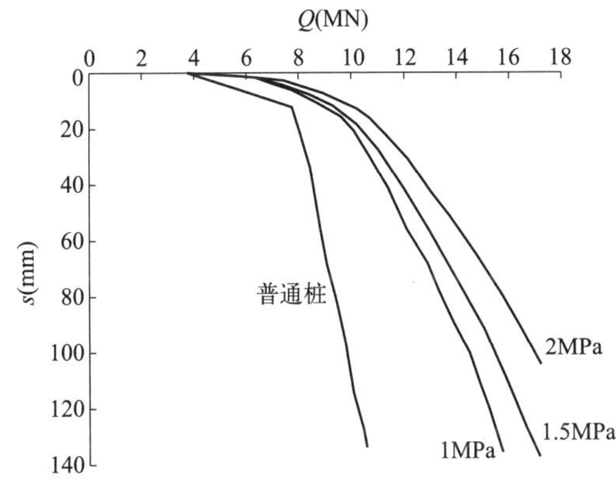


图 2.3-7　不同压浆压力时承载力对比

**3. 压浆压力**

压浆压力对开式压浆工艺的桩端压浆桩的极限承载力也有一定影响。

天津地区的两根试桩，桩径 800mm，桩长 56.00m，桩端为中密粉砂，桩端注入水泥量 500kg，压浆压力分别为 0.3MPa 和 1.2MPa，两根桩极限承载力分别为 14000kN 和 15000kN。表明当其他条件相同时，极限承载力随压浆压力的增大而略有提高，如图 2.3-7[52]。

**4. 浆液种类**

实现渗入性压浆工艺的基本要求是浆液必须渗入土体的孔隙，即浆材颗粒尺寸应远小于孔隙尺寸。

普通水泥最大颗粒尺寸约在 60～100μm（0.06～0.10mm）之间，其浆液难于进入渗透系数 $k<5\times10^{-2}$cm/s 的砂土孔隙或宽度小于 200μm 的裂隙。

为了提高水泥浆液的可注性，国外常采用把普通水泥浆材再次磨细的方法，从而获得平均粒径小于 3～4μm 的超细水泥。由这种浆材配制的浆液的渗入系数可从原来的 $5\times10^{-2}$cm/s（粗砂层），提高到 $10^{-4}$～$10^{-3}$cm/s（细砂层）。

超细水泥浆液与普通水泥浆液相比，具有更强渗透能力；超细水泥的比表面积远大于普通水泥，故化学活性好，固化速度快，结石强度高；超细水泥分散性大，故具有抗离析能力强、沉淀少等优点。由于上述特点，采用超细水泥浆的桩端压力压浆对未压浆桩的承载力增幅远远大于普通水泥浆的桩端压力压浆桩对未压浆桩的承载力增幅。

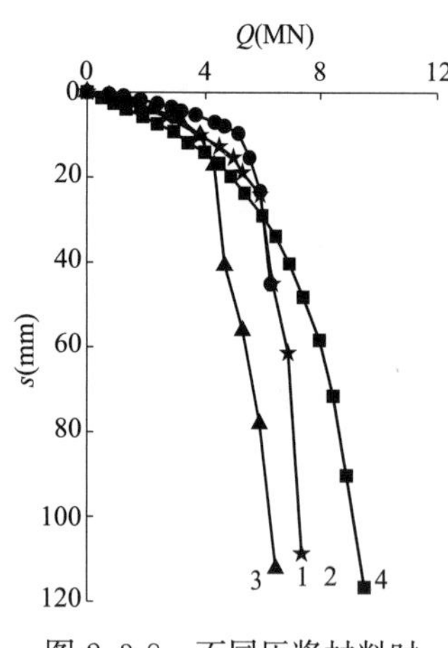

图 2.3-8　不同压浆材料时承载力对比

图 2.3-8 中 2 号桩，桩径 600mm，桩长 46.00m，桩端持力层为细砂层，桩端注入水泥量 300kg，其单方极限承载力（$Q_u/V$）较同条件的未压浆 1 号桩增幅为 30%。而 4 号桩为采用湿磨超细水泥浆液的桩端压力压浆桩，桩径 600mm，桩长 45.40m，桩端持力层为粉质黏土，桩端注入超细水泥量 1900kg，其单方极限承载力较 3 号未压浆桩（桩径 850mm，桩长 44.60m，桩端持力层为砂质粉土）增幅为 131%。上述 4 根桩的 $Q$-$s$ 曲线见图 2.3-8[51]。

**5. 桩长**

引入单位水泥所提供的桩单方极限承载力 $Q_{vc}$ 来评价桩端压浆对提高桩承载力的贡献。其定义为：

$$Q_{vc}=\frac{Q_u}{VG_c} \tag{2.3-18}$$

式中：$Q_{vc}$ 为每千克注入水泥量所提供的单方极限承载力（$kN/m^3\cdot kg$）；$Q_u$ 为单桩竖向抗压极限承载力（kN）；$V$ 为桩的体积（$m^3$）；$G_c$ 为水泥注入量（kg）。

对桩端压浆桩而言，如果其他条件相同时，桩端压浆之后，短桩比长桩承载力提高的比例要高。这是因为：在一般情况下，当桩长较短时，桩的侧阻力所占极限承载力的比例较小；当桩长较长时，桩的侧阻力所占极限承载力的比例较大。由于桩端压浆对桩端阻力提高的幅度较对桩侧阻力提高的幅度大。因此，短桩比长桩承载力提高的比例高。

表 2.3-2 提供了不同桩长条件下压浆前后承载力提高对比[53]。

**不同桩长条件下压浆前后承载力提高对比　　表 2.3-2**

| 桩长(m) | 压浆前承载力(kN) | 压浆后承载力(kN) | 承载力提高比例(%) |
|---|---|---|---|
| 5 | 400 | 690 | 72.5 |
| 10 | 700 | 1120 | 61.4 |
| 20 | 1050 | 1610 | 53.3 |
| 30 | 1600 | 2250 | 40.6 |

文献［51］统计了天津地区桩端压浆桩。为了便于分析，桩径均选 800mm，桩端持力层为细粒土（粉土夹粉砂、粉砂、粉质黏土、粉细砂、粉土），均采用同一种桩端压力压浆装置。图 2.3-9 显示随桩长增大，$Q_{vc}$ 值明显减少，即桩端压浆对承载力的贡献率明显减少。

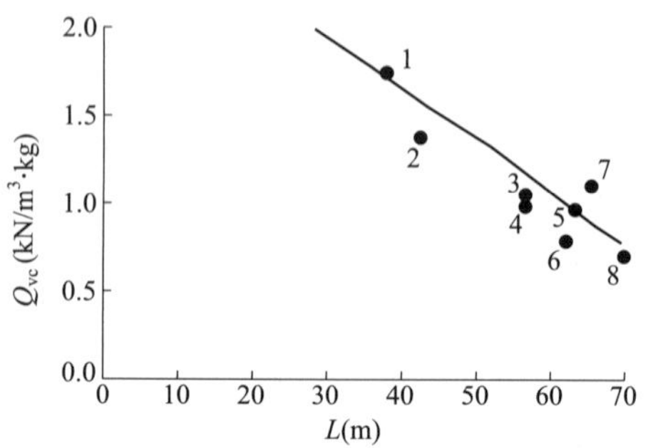

图 2.3-9　不同桩长 $L$-$Q_{vc}$ 关系

**6. 桩径**

在实施桩端压浆工艺时，根据浆泡理论，在相同条件下浆液加固范围相同，因此直径小的桩承载力增幅大，亦即 $Q_{vc}$ 大。

表 2.3-3 提供了不同桩径条件下桩端压浆桩与未压浆桩承载力对比[53]。

不同桩径条件下压浆前后承载力对比　　表 2.3-3

| 桩径(m) | 压浆前承载力(kN) | 压浆后承载力(kN) | 承载力提高比例(%) |
| --- | --- | --- | --- |
| 0.5 | 1500 | 2590 | 72.7 |
| 0.6 | 2800 | 4450 | 58.9 |
| 0.8 | 3500 | 5120 | 46.3 |
| 1.0 | 4500 | 5950 | 32.2 |
| 1.2 | 6000 | 7480 | 24.7 |

## 2.4　后压浆提高灌注桩端阻力的机理

### 2.4.1　桩端压浆提高承载力的作用

桩端压浆是在灌注桩桩端通过预先埋设的压浆管将水泥浆液注入桩端土体中，浆液对沉渣、桩端扰动的土体进行充填、渗透和固结，形成强度较高的水泥土加固体，从而改善桩端承载不利情况。随着压浆量的不断增加，水泥浆液在压力作用下向受泥浆浸泡而疏松的桩端土层进行渗透、挤密，在桩端形成球状浆泡的水泥土加固体，从而增大了桩端的承压面积[54]。当压浆压力不断升高时，压入的水泥浆液会沿着桩侧壁上返，加固泥皮并充填桩土接触面的缺陷，从而有效地改善桩侧与土体的边界条件，提高桩侧摩阻力。当桩端处的渗透能力受到约束时，形成的球状浆泡内的浆液压力不断升高，将在桩端产生一个双向压力，对桩端由下而上施加了一个预应力，能使桩身微微上抬，在桩土界面处产生负摩阻力，使桩端阻力提前发挥，从而有效地控制单桩沉降量。桩端压浆加固机理示意图如图 2.4-1 所示。

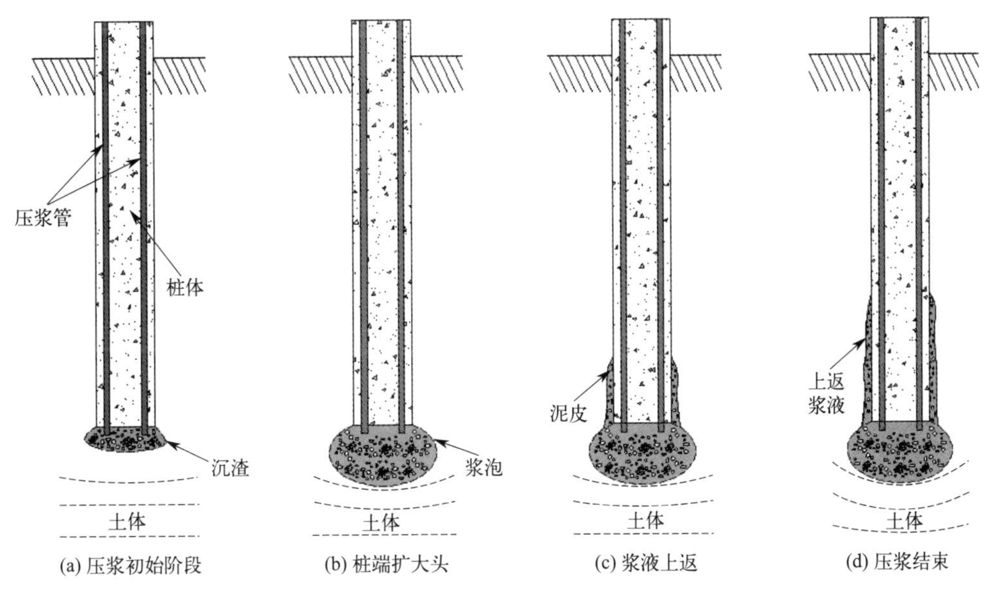


图 2.4-1　桩端压浆加固示意图

总之，桩端后压浆对桩基工程特性的加固作用主要表现在以下四个方面：①浆液对桩端土体的加固作用，主要是浆液压入后在渗透、压密、劈裂等不同作用下对桩端沉渣和桩端土体进行加固，有效地改善桩端承载条件；②压浆形成桩端扩大头，增大桩端的承压面积，从而提高桩端承载力；③浆液上返对桩侧加固作用，压入的浆液沿着桩土界面上返，加固桩侧泥皮和挤密桩周土体，增大桩侧剪切界面阻力和粗糙度，从而提高桩土界面的剪切强度；④桩端压浆的预压作用，浆液在高压作用下会造成桩基预压缩而形成负摩阻力，使桩端阻力提前参与作用，从而改善桩基的工程特性。在上述加固作用下，桩端后压浆对灌注桩实现加固，进而改善桩基承载特性。

### 2.4.2 压浆对桩端阻力的提高

一般认为桩端压浆可以消除桩端沉渣，改善桩端承载条件，同时由于桩端沉渣的存在，使浆液的扩散类似于在整个桩端向外扩散形成桩端扩大头，从而提高桩端承载力。目前，桩端压浆对桩端沉渣和土体的加固被认为是最主要的加固机理，而桩端形成扩大头也已被证明是进一步提高桩端阻力的重要因素。Mullins 和 Winters[55] 通过开展桩端后压浆桩的室内试验，根据开挖实测浆泡半径大小给出了浆泡半径与桩身半径比的取值范围1.15～1.9；李昌驭[56] 根据浆液扩散理论以每个压浆孔为中心，浆液呈球形扩散并形成扩大头，建立了桩端承载力的计算模型；Au 等[57] 通过室内压浆试验和数值模拟手段，对黏土中注入压力浆液形成椭圆形浆泡进行了研究，并引入了浆泡长宽比来描述腔体的形状；Ruiz 和 Pando[54] 基于已有的研究成果，考虑桩端扩大头并修正桩端荷载传递函数，研究了浆泡半径对桩端后压浆桩的承载变形特性影响；Thiyyakkandi[58] 在无黏性土中开展了桩端后压浆单桩与多桩的模型试验，试验结束后开挖模型地基，图 2.4-2 为开挖取出的桩端扩大头。可见，桩端压浆过程虽受许多复杂因素影响，但形成桩端扩大头已成为较普遍的现象。

(a) 桩端扩大头

(b) 球形浆泡

图 2.4-2 桩端压浆形成的扩大头[58]

然而，上述研究多采用模型试验对桩端形成的扩大头进行观测剖析，尚未有从理论上给出浆泡半径的解析解，使桩端形成扩大头对提高桩端阻力不能进行定量的分析。研究桩端压浆形成桩端扩大头对分析提高桩端承载力具有重要意义，同时对完善后压浆桩理论有着现实意义。

根据已有的研究表明，双曲线函数能较好地模拟桩端荷载发挥特性，因此采用双曲线函数作为桩端荷载传递函数。由于桩端压力浆液有效地加固了桩端沉渣、桩端土体，从而提高了桩端阻力。桩端初始刚度及桩端阻力的增强系数表达式如下：

$$\alpha_b=\frac{k_b'}{k_b},\ \beta_b=\frac{q_{bu}+\Delta q_b}{q_{bu}} \tag{2.4-1}$$

式中：$\alpha_b$、$\beta_b$ 分别为桩端初始刚度与桩端阻力的增强系数；$k_b$、$k_b'$ 分别为未压浆桩与压浆桩的桩端土初始刚度（N/m）；$q_{bu}$ 为未压浆桩的极限端阻力（kN）；$\Delta q_b$ 为压浆后桩端阻力增量值（kN）。

由未压浆桩端阻力的荷载传递函数可知：

$$q_b=\frac{s_b}{a_b+b_b s_b} \tag{2.4-2}$$

则压浆桩端阻力的荷载传递函数为：

$$q_b'=\frac{s_b'}{a_b/\alpha_b+b_b/\beta_b s_b'} \tag{2.4-3}$$

式中：$q_b$、$q_b'$ 分别为未压浆桩与压浆桩的端阻力值（kN）；$s_b$、$s_b'$ 分别为未压浆桩与压浆桩的桩端沉降（mm）；$a_b$、$b_b$ 分别表示桩端土的荷载传递参数，$a_b$ 物理意义为双曲线初始切线刚度的倒数，$b_b$ 物理意义为双曲线极限值的倒数。

荷载传递函数的参数取值对计算结果有着较大的影响。在荷载传递函数计算过程中需要确定的参数包括桩端土的荷载传递参数 $a_b$、$b_b$，桩端土初始刚度及桩端阻力的增强系数 $\alpha_b$、$\beta_b$。其中荷载传递参数可通过现场静载试验得出，若没有实测数据可按下式近似计算[59]：

$$k_b=\frac{4G_b}{\pi r_0(1-\mu_b)},\ q_{bu}=N_q\sigma_{vb}' \tag{2.4-4}$$

式中：$G_b$ 为桩端土层的剪切模量（GPa）；$r_0$ 为桩的半径（m）；$\mu_b$ 为桩端土层的泊松比；$N_q$ 为与土体内摩擦角有关的参数；$\sigma_{vb}'$ 为桩端处土体有效应力（kPa）。

由于桩端压浆过程的复杂性和不确定性，对桩端阻力增强系数造成较大的离散性，并且不同土层的桩端阻力增强系数也是不同的。为了能合理给出桩端土初始刚度及桩端阻力的增强系数 $\alpha_b$、$\beta_b$ 的取值，戴国亮和万志辉[60] 对台州湾大桥及接线工程 10 根试桩压浆前、后端阻力变化进行统计分析，得到了黏土、粉质黏土及粉砂层的桩端土初始刚度的增强系数 $\alpha_b$ 分别为 1.64、2.37、2.46；而端阻力的增强系数 $\beta_b$ 分别为 2.35、2.18、2.28。

因此，通过对桩端土的荷载传递参数 $a_b$、$b_b$ 及桩端土初始刚度、桩端阻力的增强系数 $\alpha_b$、$\beta_b$ 的确定，则可根据式(2.4-3) 计算得到压浆加固桩端土体而提高桩端阻力值。

### 2.4.3　压浆形成的桩端扩大头

为了能合理给出浆泡半径，根据 Vesic（1972）在摩尔-库仑（Mohr-Coulomb）屈服准则基础上提出的球形孔扩张理论，进一步获取浆泡半径的解析解。根据前述的桩端压浆加固机理分析可知，浆液在桩端以一点或多点向外扩散，但由于桩端沉渣的存在，使浆液的扩散类似于在整个桩端向外扩散。因此，可近似地采用轴对称的半无限体球孔扩张的弹塑性理论分析压浆过程中压力浆液对桩端土体渗透挤密的应力应变状态，如图 2.4-3 所

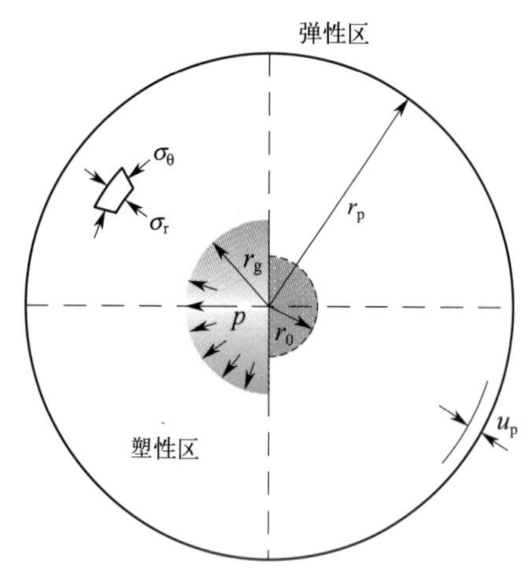

图 2.4-3　球形孔扩张示意图

示。为了简化计算，作如下假定：①土体为各向同性的均质的弹塑性体，服从 Mohr-Coulomb 屈服准则；②浆液为不可压缩、均质、各向同性流体；③浆液在桩端以球形方式扩散，或压密土体形成球状浆泡[54]。

在球形孔扩张问题中，根据力学平衡方程，在任意一点处的土体应力有如下关系：

$$\frac{\partial \sigma_r}{\partial r}+2\frac{\sigma_r-\sigma_\theta}{r}=0 \tag{2.4-5}$$

式中：$\sigma_r$、$\sigma_\theta$ 分别为径向和环向应力（kPa）；$r$ 为计算点处的半径（m）。

在塑性区，土体变形服从 Mohr-Coulomb 屈服准则，其屈服条件可表示为

$$\sigma_\theta=\sigma_r\frac{1-\sin\varphi}{1+\sin\varphi}-\frac{2c\cos\varphi}{1+\sin\varphi} \tag{2.4-6}$$

式中：$c$、$\varphi$ 分别为土的黏聚力（kPa）和内摩擦角（°）。

将式(2.4-6) 代入平衡方程（2.4-5），并考虑边界条件：$\sigma_r=p$，$r=r_g$，则可求得径向应力为

$$\sigma_r=(p+c\cos\varphi)\left(\frac{r_g}{r}\right)^{4\sin\varphi/(1+\sin\varphi)}-c\cos\varphi \tag{2.4-7}$$

式中：$p$ 为压浆终止压力（kPa）；$r_g$ 为浆泡半径（m）。

球形孔扩张后其体积变化等于弹性区的体积变化加上塑性区的体积变化，则有

$$r_g^3-r_0^3=r_p^3-(r_p-u_p)^3+(r_p^3-r_g^3)\Delta \tag{2.4-8}$$

式中：$r_0$ 为桩的半径（m）；$r_p$ 为塑性区最大半径（m）；$u_p$ 为弹塑性交界处的径向位移（m）；$\Delta$ 为塑性区的平均体积应变（kPa）。

在弹性区边界，当 $r=r_p$ 时，则有 $\sigma_r=\sigma_p$，$u=u_p$，并考虑土中初始应力 $\sigma_0$，因此可计算得

$$u_p=\frac{1+\mu}{2E}r_p(\sigma_p-\sigma_0) \tag{2.4-9}$$

式中：$\mu$ 为土的泊松比；$E$ 为土的弹性模量（MPa）。

根据边界条件：$\sigma_r=\sigma_p$，$r=r_p$，由式(2.4-7) 可得

$$\sigma_p=(p+c\cos\varphi)\left(\frac{r_g}{r_p}\right)^{4\sin\varphi/(1+\sin\varphi)}-c\cos\varphi \tag{2.4-10}$$

在弹塑性交界面 $r=r_p$ 处，$\sigma_r$、$\sigma_\theta$ 应满足 Mohr-Coulomb 屈服条件，还应符合 $\sigma_\theta=-1/2\sigma_r$，则有

$$\sigma_p=\frac{4c\cos\varphi}{3-\sin\varphi} \tag{2.4-11}$$

将上式代入式(2.4-10) 可得

$$(p+c\cos\varphi)\left(\frac{r_g}{r_p}\right)^{4\sin\varphi/(1+\sin\varphi)}=\frac{3(\sigma_0+c\cos\varphi)(1+\sin\varphi)}{3-\sin\varphi} \tag{2.4-12}$$

将式(2.4-8)、式(2.4-9)、式(2.4-10) 和式(2.4-12) 整理化简可得

$$p=\frac{3(1+\sin\varphi)}{3-\sin\varphi}(\sigma_0+c\cos\varphi)\left(\frac{r_p}{r_g}\right)^{4\sin\varphi/3(1+\sin\varphi)}-c\cos\varphi \tag{2.4-13}$$

$$\frac{r_p}{r_g}=\sqrt[3]{I_{rr}} \tag{2.4-14}$$

式中：$I_{rr}$ 为修正刚度指标，$I_{rr}=I_r/(1+I_r\Delta)$；$I_r$ 为刚度指标，$I_r=E/[2(1+\mu)(c+\sigma_0\tan\varphi)]$。

将式(2.4-13) 代入式(2.4-10) 可得

$$\sigma_p=\frac{3(1+\sin\varphi)}{3-\sin\varphi}(\sigma_0+c\cos\varphi)-c\cos\varphi \tag{2.4-15}$$

再将上式代回式(2.4-9) 可得

$$\frac{u_p}{r_p}=\frac{1+\mu}{2E}\left(\frac{4\sin\varphi}{3-\sin\varphi}\right)(\sigma_0+c\cos\varphi) \tag{2.4-16}$$

根据修正刚度指标换算可得

$$\Delta=\frac{1}{I_{rr}}-\frac{1}{I_r} \tag{2.4-17}$$

对式(2.4-9) 两边同时除以 $r_g$，整理化简可得

$$\left(\frac{r_0}{r_g}\right)^3=1-\left(\frac{r_p}{r_g}\right)^3\left[1-\left(1-\frac{u_p}{r_p}\right)^3+\left(1-\frac{r_g^3}{r_p^3}\right)\Delta\right] \tag{2.4-18}$$

因此，将式(2.4-14)、式(2.4-15) 和式(2.4-16) 代入式(2.4-17) 可得

$$\left(\frac{r_0}{r_g}\right)^3=a_1I_{rr}+\frac{1}{I_{rr}}-\frac{1}{I_r} \tag{2.4-19}$$

$$a_1=\frac{1}{I_r}-1+\left[1-\frac{1+\mu}{2E}\frac{4\sin\varphi}{3-\sin\varphi}(\sigma_0+c\cot\varphi)\right]^3 \tag{2.4-20}$$

$$I_{rr}=\left(\frac{p+a_2}{a_3}\right)^{a_4} \tag{2.4-21}$$

$$a_2=c\cos\varphi，a_3=\frac{3(1+\sin\varphi)}{3-\sin\varphi}(\sigma_0+c\cos\varphi)，a_4=\frac{3(1+\sin\varphi)}{4\sin\varphi} \tag{2.4-22}$$

式中：$a_1$、$a_2$、$a_3$、$a_4$ 为常数，而修正刚度指标 $I_{rr}$ 由式(2.4-13) 和式(2.4-14) 整理化简得出。

由式(2.4-19) 可求解出浆泡半径 $r_g$，其表达式为

$$r_g=\frac{r_0}{\left(a_1I_{rr}+\frac{1}{I_{rr}}-\frac{1}{I_r}\right)^{\frac{1}{3}}} \tag{2.4-23}$$

因此，通过上式可确定桩端压浆形成的球状浆泡半径 $r_g$，浆泡半径 $r_g$ 的增大将扩大桩端的承压面积 $A_g$，从而提高桩端承载力。

综上所述，桩端压浆可加固桩端沉渣和桩端土体而改善桩端承载条件，同时在桩端形成扩大头而提高桩端承载力，则压浆后的桩端承载力 $P_b'$ 与桩端位移 $s_b'$ 的关系可按下式求得：

$$P'_b=\frac{A_g s'_b}{a_b/\alpha_b+b_b/\beta_b s'_b} \tag{2.4-24}$$

由式(2.4-24)可知，计算压浆后桩端承载力的关键是获得合理的桩端土初始刚度、桩端阻力的增强系数 $\alpha_b$、$\beta_b$ 和桩端扩大头的承压面积 $A_g$。因此，根据式(2.4-24)可研究后压浆桩桩端承载力的发挥特性。

## 2.5 后压浆提高灌注桩侧摩阻力的机理

### 2.5.1 桩侧压浆提高承载力的作用

桩侧压浆是在灌注桩桩身通过预先埋设的压浆管将水泥浆液注入桩周土中，浆液能破坏桩侧泥皮且能减少其对侧阻的削弱作用，改善桩土间的相互作用性状。压入的浆液充填、挤密桩侧与土体间的间隙且渗入桩周土体的薄弱处，形成水泥土加固体，增强桩侧与土体间的黏结力并改变原状土的物理力学特性，从而提高桩侧摩阻力。随着压浆量和压浆压力的增加，桩侧充填、渗透、压密的范围逐渐扩大，改变桩周土体的应力路径和固结状态，使桩周土体的水平向应力有较大的增加，从而对桩侧摩阻力的提高产生积极影响。在压浆压力持续作用下，浆液沿着桩侧壁上返、下渗，同时横向向桩周土体内充填、渗透、挤密，浆液固化后形成强度较高的水泥土加固体，相当于增大了桩身直径，从而增加桩侧承载力的贡献。桩侧压浆加固机理示意图如图 2.5-1 所示。

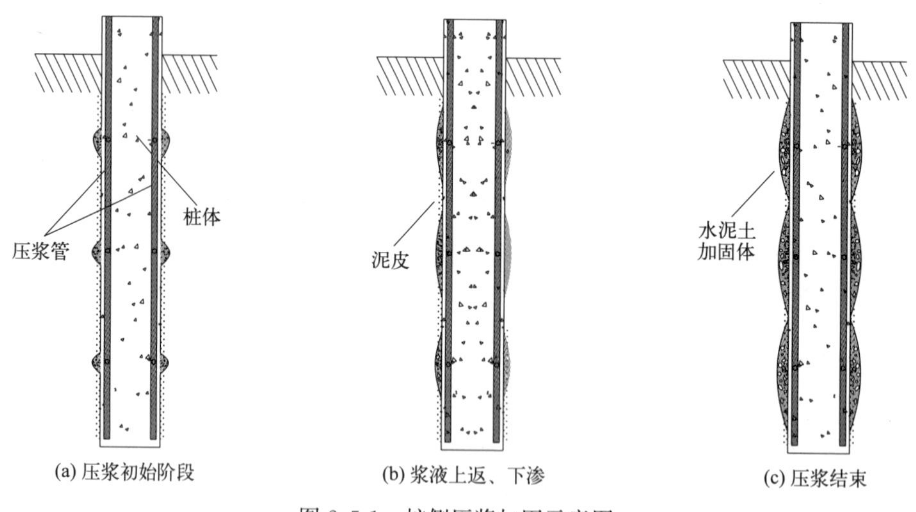


图 2.5-1 桩侧压浆加固示意图

总之，桩侧后压浆对提高桩侧承载力的作用主要包括以下三个方面：①浆液对桩侧泥皮的加固作用，压力浆液固化桩侧泥皮并充填挤密桩土间的间隙，有效地改善桩侧与土体的边界条件，提高桩侧土的抗剪强度。②压浆对桩侧土体的固化效应，浆液与桩周土体混合固化，改变土体的物理力学性质，增加桩周土体的水平有效应力。③桩侧压浆的扩径效应，压力浆液上返、下渗及横向扩散与桩周土体形成环向的水泥土加固体，使桩侧面积增大，从而提高桩侧承载力。桩侧后压浆通过上述的加固作用改善桩土界面的性状，增强桩侧摩阻力，进而提高桩基承载力。

### 2.5.2 浆液上返高度理论推导

一般认为，桩端压浆主要对桩端加固，然而桩端压力浆液上返的高度，影响着后压浆桩承载力的定量计算，是确定压浆对桩侧加固作用的重要参数。浆液上返的现象普遍存在于后压浆工程中，是增强后压浆桩侧摩阻力的主要加固作用。由于压浆过程影响因素的复杂性，使浆液上返的理论研究滞后于工程实践。目前，规范[61-62] 对桩端后压浆的浆液上返段给出了相应的经验取值范围，但国内外对桩端后压浆的浆液上返理论研究较少。国内仅有张忠苗等[63] 研究了幂律型桩端后压浆的浆液上返高度的影响因素，黄生根[64] 和房凯[65] 分别推导了宾汉姆流体桩端后压浆的浆液上返高度计算公式，且均未考虑浆液时变性的影响。实践研究表明[48,66]，忽略浆液黏度的时变性特征，对建立的压浆扩散模型计算其理论值有较大影响，将不利于指导压浆设计。因此，研究黏度时变性的桩端压力浆液上返的理论具有重要意义。基于此，戴国亮等[47] 对考虑黏度时变性的桩端压力浆液上返的理论进行了研究。在考虑黏度时变性条件下，建立幂律型流体桩端压力浆液上返高度计算模型，并给出成层土中浆液上返高度的迭代算法，最后结合台州湾杜下浦大桥的桩基后压浆工程验证该模型的合理性。

#### 2.5.2.1 浆液流型及基本假定

浆液存在不同的流型，而不同的浆液流型对桩基加固范围有显著的影响，因此，建立浆液上返模型的基本前提是选择合理的浆液流型。研究表明[48,67]，水灰比为 0.5～0.7 的水泥浆液为典型的幂律型流体，水灰比为 0.8～1.0 的水泥浆液为宾汉姆流体，而水灰比大于 2.0 的水泥浆液为牛顿流体。为了合理地给出后压浆的浆液流型，文献［47］统计了国内不同地区的 63 个工程 335 根后压浆桩的浆液水灰比，其统计分布如图 2.5-2 所示。从统计结果中可以看出，水灰比的分布范围在 0.35～0.85，其中水灰比在 0.5～0.7 的桩数占统计总桩数的 90.15%。由此可见，在后压浆工程实践中采用该范围内的水灰比更能保证压浆效果，且后压浆的水泥浆液基本属于幂律型流体。

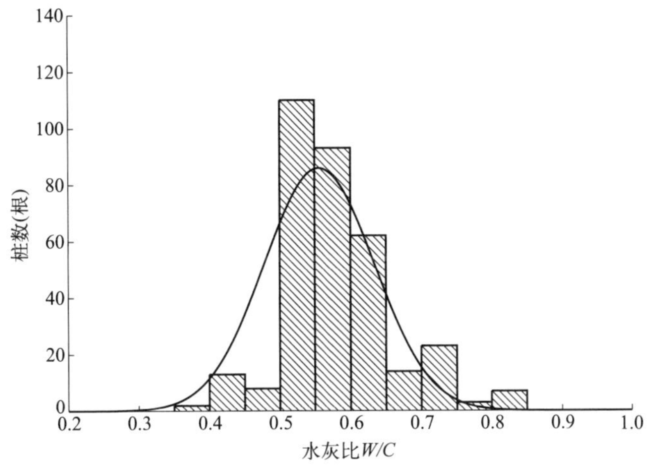


图 2.5-2　浆液水灰比的统计分布

根据上述分析，基于幂律型流体建立浆液上返高度计算模型，而建立该模型需作如下假定：①土体为各向同性体；②浆液为不可压缩、均质且各向同性的流体，在压浆过程中其流型保持不变；③考虑浆液黏度的时变性；④忽略桩侧壁的粗糙程度，假设桩身是规则的圆柱面，且浆液上返形成的环形水泥浆脉呈均匀分布[60,63]。

### 2.5.2.2 考虑时变性的浆液流变方程

幂律型流体的流变方程[68] 为：

$$\tau = c\gamma^{n} \tag{2.5-1}$$

式中：$\tau$ 为剪切应力（Pa）；$c$ 为稠度系数（Pa・s）；$n$ 为流变指数；$\gamma$ 为剪切速率（$s^{-1}$），$\gamma = -\mathrm{d}v/\mathrm{d}r$。

在压浆过程中水泥浆液的黏度随时间逐渐增大，而浆液黏度的时变性对桩基加固范围有着较大的影响。根据阮文军[48,67] 的研究成果可知，幂律型流体的稠度系数随时间呈指数函数关系 $c(t)=c_0\mathrm{e}^{kt}$，而水泥浆液的流变指数随时间变化不大，可认为非时变性，即 $n(t)\approx n$。因此，根据式(2.5-1) 可得到考虑时变性的幂律型流体的流变方程为：

$$\tau = c(t)\gamma^{n(t)} = c_0\mathrm{e}^{kt}\gamma^{n} \tag{2.5-2}$$

式中：$c(t)$ 为水泥浆液在第 $t$ 时刻的稠度系数（Pa・s）；$n(t)$ 为水泥浆液在第 $t$ 时刻的流变指数；$c_0$ 为初始稠度系数（Pa・s）；$k$ 为时变系数；$t$ 为压浆时间（min）。

基于上述分析，浆液流型和浆液黏度有无时变性对计算桩端后压浆的浆液上返高度有着较大影响。若不考虑浆液流型或忽略浆液黏度的时变性，计算所得到的浆液上返高度会与实际值有较大出入。

### 2.5.2.3 浆液上返高度推导

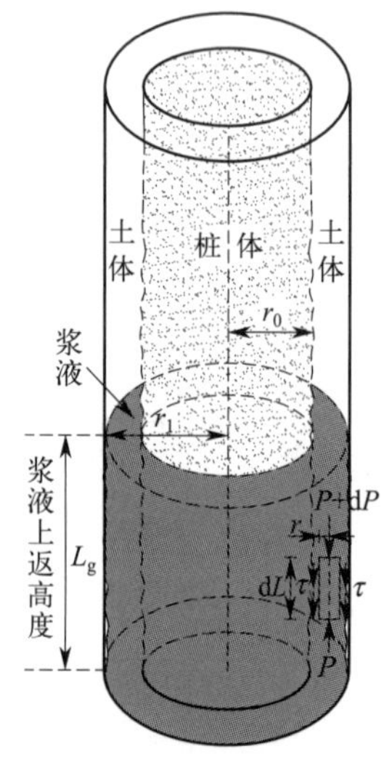


图 2.5-3 桩端压力浆液上返模型示意图

后压浆工程中浆液上返的现象普遍存在，其对增强侧摩阻力具有重要的作用，并成为提高桩基承载力的主要加固作用。为了能合理地计算桩端后压浆的浆液上返高度，建立了桩端压力浆液上返高度计算模型如图 2.5-3 所示。取浆液上返段任意长度为 $\mathrm{d}L$，厚度为 $2r$ 的环状流体微元段进行分析。水泥浆液达到稳定时，微元段在竖直方向的受力平衡关系为：

$$\pi\left[\left(\frac{r_1+r_0}{2}+r\right)^2-\left(\frac{r_1+r_0}{2}-r\right)^2\right]\left[(P+\mathrm{d}P)+\gamma_{\mathrm{g}}\mathrm{d}L-P\right]+\tau\left[2\pi\left(\frac{r_1+r_0}{2}+r\right)+2\pi\left(\frac{r_1+r_0}{2}-r\right)\right]\mathrm{d}L=0 \tag{2.5-3}$$

将上式化简可得：

$$\tau = -\left(\frac{\mathrm{d}P}{\mathrm{d}L}+\gamma_{\mathrm{g}}\right)r \tag{2.5-4}$$

式中：$r_0$ 为桩的半径（m）；$r_1$ 为桩体中心至环状浆液边缘的距离（m）；$P$ 为微元段底端的压力（kPa）；$\mathrm{d}P$ 为微元段上的压力差（kPa）；$\gamma_{\mathrm{g}}$ 为浆液重度（$N/m^3$）。

将式(2.5-4) 代入式(2.5-2) 可得：

$$\gamma=-\frac{\mathrm{d}v}{\mathrm{d}r}=\left[-\frac{1}{c_0\mathrm{e}^{kt}}\left(\frac{\mathrm{d}P}{\mathrm{d}L}+\gamma_g\right)\right]^{\frac{1}{n}}r^{\frac{1}{n}} \tag{2.5-5}$$

采用分离变量法对式(2.5-5) 积分，并考虑边界条件 $r=\frac{r_1-r_0}{2}$，$v=0$，可求解得：

$$v=\frac{n}{n+1}\left[-\frac{1}{c_0\mathrm{e}^{kt}}\left(\frac{\mathrm{d}P}{\mathrm{d}L}+\gamma_g\right)\right]^{\frac{1}{n}}\left[\left(\frac{r_1-r_0}{2}\right)^{\frac{n+1}{n}}-r^{\frac{n+1}{n}}\right] \tag{2.5-6}$$

由此可得水泥浆液在整个界面上单位时间流量为：

$$Q=\int_{r_0}^{r_1}2\pi rv\mathrm{d}r=\int_{\frac{r_1-r_0}{2}}^{0}-2\pi\left(\frac{r_1+r_0}{2}-r\right)v\mathrm{d}r+\int_{0}^{\frac{r_1-r_0}{2}}2\pi\left(\frac{r_1+r_0}{2}+r\right)v\mathrm{d}r \tag{2.5-7}$$

将上式化简后可得：

$$Q=\frac{2\pi(r_1+r_0)n}{2n+1}\left[-\frac{1}{c_0\mathrm{e}^{kt}}\left(\frac{\mathrm{d}P}{\mathrm{d}L}+\gamma_g\right)\right]^{\frac{1}{n}}\left(\frac{r_1-r_0}{2}\right)^{\frac{2n+1}{n}} \tag{2.5-8}$$

当桩端注入的浆液压力大于桩土界面的起裂压力时，浆液即可沿着桩身向上运动；当上返浆液的压力等于桩土界面的起裂压力时，表明桩端压力浆液达到了最大上返高度。一般认为[63]，桩土界面的起裂压力等于土体的水平侧向静止土压力，可按下式计算：

$$P_c=K_0\gamma_m(L-L_g) \tag{2.5-9}$$

式中：$K_0$ 为桩周土体的静止侧压力系数；$\gamma_m$ 为浆液最大上返高度以上位置的土体平均重度（$\mathrm{N/m^3}$）；$L$ 为桩长（m）；$L_g$ 为浆液上返高度（m）。

因此，通过变换式(2.5-8) 可求解得到桩端压力浆液上返高度的理论计算值为：

$$L_g=\frac{P_b-P_c}{\left[\frac{Q}{\pi(r_1+r_0)}\right]^n\left(\frac{2n+1}{n}\right)^n\frac{2^{n+1}c_0\mathrm{e}^{kt}}{(r_1-r_0)^{2n+1}}+\gamma_g} \tag{2.5-10}$$

式中：$P_b$ 为在桩端出浆口浆液的压力（kPa）。

由式(2.5-10) 可以看出，浆液上返高度由桩端出浆口的浆液压力 $P_b$，桩土界面的起裂压力 $P_c$，浆液流量 $Q$，流变参数 $c_0$、$n$、$k$ 等因素共同决定。

## 2.5.3　模型参数的确定及成层土中浆液上返的迭代计算

### 2.5.3.1　参数的确定方法

考虑黏度时变性的桩端压力浆液上返高度的计算公式对其各个参数的确定方法如下：

(1) 时变性幂律型流体的流变参数 $c_0$、$n$、$k$ 可通过开展浆液的黏度测量实验测定，没有试验条件的情况下可根据已有的研究成果获取[67,69-70]。

(2) 考虑到桩端压浆过程中的压力损失情况，桩端出浆口浆液的压力一般小于地面压浆泵压力表的实测值，而桩端出浆口的浆液压力可通过下式计算得：

$$P_b=P_t+P_g-\Delta P \tag{2.5-11}$$

式中：$P_t$ 为地面压浆泵的终止压力（MPa），即压浆结束时持荷 5min 的平均压力（MPa）；$P_g$ 为浆液静压力（MPa），可表示为 $P_g=\gamma_g L$；$\Delta P$ 为压力损失（MPa），可表示为 $\Delta P=\xi S$，$\xi$ 为浆液沿压浆管道的阻力损失（MPa/m），$S$ 为压浆管道全长（m），一般认为 $S=L$。

由于浆液在管道运输过程中能耗包括了浆液与管壁之间的摩擦、颗粒沉降及颗粒碰撞的 3 种阻力损失，造成浆液沿管道的阻力损失计算复杂。为了便于设计取值，笔者收集了国内外 20 余根桩端压浆桩，通过现场测得的地面压浆泵的终止压力与桩端出浆口的浆液压力得到了压力损失与桩长的关系，如图 2.5-4 所示。从图中可知，$\Delta P$ 与 $L$ 的离散性较大，但浆液沿压浆管道的阻力损失 $\xi$ 在 0.021～0.062MPa/m 范围内，且按一次线性拟合 $\Delta P=0.037L$（$R^2=0.9054$）取得了较好的效果。因此，在无试验数据的情况下，可参考拟合值确定。

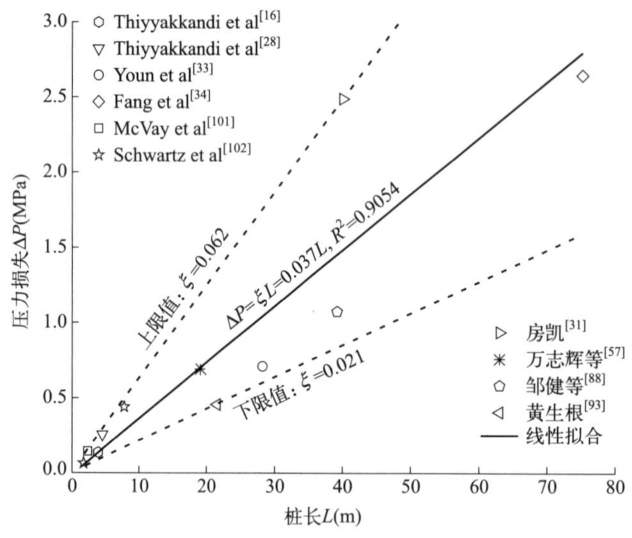


图 2.5-4 压力损失与桩长的统计关系[34]

(3) 桩体中心至环状浆液边缘的距离 $r_1$ 可根据桩的半径与桩土间环状水泥浆脉的厚度求得，考虑到桩端压力浆液沿着桩身上返挤压桩侧土体所引起的径向位移较小，可视为桩侧土体处于弹性状态，则桩土间环状水泥浆脉的厚度可根据弹性力学公式计算求得：[71]

$$u=\frac{P-P_0}{2G_s}r_0 \tag{2.5-12}$$

式中：$P_0$ 为桩侧土体的初始应力（kPa）；$G_s$ 为桩侧土体的剪切模量（GPa）。

(4) 压浆流量 $Q$ 可采用现场监测数据取平均值或根据经验设计选取，而压浆时间 $t$ 可根据现场自动控制系统记录值或工程实际情况确定。

因此，通过对上述各参数的确定，可根据式(2.5-10) 计算得到考虑黏度时变性的桩端压力浆液上返的理论高度。

### 2.5.3.2 成层土中浆液上返的迭代计算

在实际桩基后压浆工程中，基桩会穿过不同的土层，由于不同土层的参数各不相同，使得桩端压力浆液沿着桩身上升挤压桩周土体形成不同厚度的环状水泥浆脉。因此，考虑桩侧不同土层对桩端压力浆液上返理论模型的影响，对桩侧土体进行分层研究。首先，将桩侧土体及相应的水泥浆液划分为 $n$ 个分段，各分段长度可以相同也可以不同，可根据计算要求确定，但不同土层分界面需为分段单元的分界面。然后，按照上述的浆液上返理论模型对第 $n$ 分段单独分析，其中作用在第 $n$ 分段底面的力即为桩端出浆口的浆液压力。

最后，考虑每个分段交界处浆液压力的连续性，即可对各分段进行分析。

对第 $i$ 分段进行分析，桩土间环状水泥浆脉的厚度 $u_i$（$u_i=r_{1i}-r_0$）可根据式(2.5-12) 变换求得：[65]

$$u_i=\frac{\bar{P}_i-P_{0i}}{2G_{si}}r_0 \tag{2.5-13}$$

$$\bar{P}_i=\frac{P_i+P_{i-1}}{2} \tag{2.5-14}$$

式中：$\bar{P}_i$ 为第 $i$ 分段的平均浆液压力（kPa）；$P_{0i}$ 为第 $i$ 分段桩侧土体的初始应力（kPa）；$G_{si}$ 为第 $i$ 分段桩侧土体的剪切模量（GPa）。

则第 $i$ 分段 $L_{gi}$ 的大小可通过下式计算求得：

$$L_{gi}=\frac{P_i-P_{i-1}}{\left[\dfrac{Q}{\pi(r_{1i}+r_0)}\right]^n\left(\dfrac{2n+1}{n}\right)^n\dfrac{2^{n+1}c_0\mathrm{e}^{kt}}{(r_{1i}-r_0)^{2n+1}}+\gamma_g} \tag{2.5-15}$$

成层土中桩端压力浆液上返高度的迭代计算具体步骤如下：

(1) 根据场地土层情况将桩侧土体划分为 $n$ 个分段，每分段的长度为 $L_{gi}$。

(2) 假设第 $n$ 分段顶面的浆液压力为 $P_{n-1}$，而第 $n$ 分段底面的浆液压力 $P_n=P_b$，根据式(2.5-14) 和式(2.5-15) 可计算得到第 $n$ 分段桩土间环状水泥浆脉的厚度 $u_n$。

(3) 根据式(2.5-15) 计算得到的 $P'_{n-1}$ 与前面假设的 $P_{n-1}$ 一般是不相等的，因此，将计算得到的 $P'_{n-1}$ 作为 $P_{n-1}$，重复 (2) 步并代入式(2.5-15) 计算得到新的 $P''_{n-1}$，直至两者相等为止。

(4) 按照上述步骤依次向上计算各分段，如果第 $i$ 分段顶面的浆液压力大于式(2.5-9) 计算的桩土界面起裂压力，则继续下一分段计算；如果第 $i$ 分段顶面的浆液压力小于式(2.5-9) 计算的桩土界面起裂压力，则将计算得到的桩土界面起裂压力作为 $P_{i-1}$，代入式(2.5-15) 可计算得到浆液在第 $i$ 分段的上返高度。

(5) 根据 (2)～(4) 步，可迭代求解计算得到浆液最大上返高度 $L_g$。

### 2.5.4　计算实例

为了验证本书建立的桩端压力浆液上返高度计算模型的适用性，选用文献［46］中的杜下浦大桥工程 7# 墩-2# 桩作为算例，该桩桩径 1.5m，桩长为 56m，桩端持力层为粉质黏土层。该桩桩端后压浆浆液的水灰比 $W/C=0.5$，压浆水泥用量为 3.0t，压浆终止压力为 3.66MPa，其桩长范围内各土层分布及其参数见表 2.5-1。

**各土层物理力学参数**　　**表 2.5-1**

| 土层名称 | 层厚(m) | $w$(%) | $\gamma$(kN/m$^3$) | $e$ | $I_p$ | $I_L$ | $E_s$(MPa) | $c$(kPa) | $\varphi$(°) | $K_0$ |
|---|---|---|---|---|---|---|---|---|---|---|
| ①$_0$ 填土 | 1.0 | | | | | | | | | |
| ①$_1$ 粉质黏土 | 0.9 | 33.8 | 18.23 | 0.949 | 13.4 | 1.05 | 4.24 | 12 | 8.2 | 0.54 |
| ②$_2$ 淤泥质黏土 | 5.2 | 43.5 | 17.54 | 1.189 | 18.6 | 1.10 | 3.08 | 8 | 3.4 | 0.72 |
| ②$_3$ 淤泥质黏土 | 6.5 | 50.2 | 16.95 | 1.379 | 21.2 | 1.20 | 2.31 | 11 | 9.3 | 0.72 |

续表

| 土层名称 | 层厚(m) | $w$(%) | $\gamma$(kN/m$^3$) | $e$ | $I_p$ | $I_L$ | $E_s$(MPa) | $c$(kPa) | $\varphi$(°) | $K_0$ |
|---|---|---|---|---|---|---|---|---|---|---|
| ②$_3^2$ 淤泥质粉质黏土 | 5.2 | 36.3 | 17.64 | 1.052 | 13.7 | 1.20 | 2.85 | 7 | 4.3 | 0.67 |
| ②$_4$ 粉土 | 8.2 | 26.6 | 18.82 | 0.780 | 9.9 | 0.93 | 8.48 | 13 | 26.0 | 0.33 |
| ③$_4$ 黏土 | 8.1 | 34.4 | 18.42 | 0.952 | 19.7 | 0.54 | 3.98 | 35 | 9.0 | 0.54 |
| ④$_1$ 粉质黏土 | 5.9 | 31.8 | 18.72 | 0.877 | 15.6 | 0.69 | 4.17 | 30 | 3.7 | 0.43 |
| ④$_2^1$ 粉质黏土 | 10.1 | 32.6 | 18.33 | 0.929 | 15.8 | 0.72 | 6.03 | 27 | 8.5 | 0.43 |
| ④$_3^1$ 粉土 | 1.5 | 27.3 | 18.13 | 0.858 | 9.2 | 0.80 | 9.29 | 14 | 26.6 | 0.33 |
| ④$_4$ 粉质黏土 | 3.4 | 24.1 | 19.40 | 0.699 | 11.8 | 0.46 | 5.00 | 31 | 14.0 | 0.43 |

现根据本书建立的浆液上返理论模型对其进行计算与分析，参数取值如下：浆液流量 $Q=70\text{L/min}$，压浆时间 $t=35\text{min}$，浆液沿压浆管道的阻力损失 $\xi=0.037\text{MPa/m}$，压浆管道全长 $S=L=56\text{m}$，水泥浆液流变参数：$c_0=45\text{Pa}\cdot\text{s}$，$k=0.01$，$n=0.15$。采用本书提出的成层土中桩端压力浆液上返高度的迭代算法，并利用上述给出的参数，计算得到该桩的桩端浆液上返高度为 9.2m；若不考虑浆液黏度时变性计算得到的浆液上返高度为 12.7m，大于实测值（约 10m）。考虑黏度时变性的桩端压力浆液上返高度的计算值与实测值较为接近且略低于实测值，表明本书建立的考虑黏度时变性的桩端压力浆液上返高度理论计算得到的结果偏于安全且具有一定的适用性。

此外，采用本书统计的浆液沿压浆管道阻力损失的下限值 $\xi=0.021\text{MPa/m}$ 进行计算，可得到考虑黏度时变性的桩端压力浆液上返高度为 13.1m，亦大于实测值。因此，从设计角度考虑，可以保守地将浆液沿压浆管道阻力损失的拟合值作为工程设计使用。

本书建立的考虑黏度时变性桩端压力浆液上返高度的理论计算公式物理意义明确，对完善后压浆桩承载力设计的理论有着实际工程意义。通过统计得到的浆液沿压浆管道的阻力损失虽有较好的拟合效果，但试桩资料有限，仍需积累更多的试验数据，使其更加完善并便于工程设计人员使用。此外，实际桩端后压浆工程中，由于浆液上返高度与土层性质、压浆参数及地层的横向连通性等因素有关，使每根桩可能形成不同的浆液上返高度，因此可以通过现场试压浆试验来探明场地地质的情况以及选择合适的压浆参数。

# 第3章

# 大型深水桥梁灌注桩后压浆长期性状试验分析

## 3.1 概述

随着国家“一带一路”倡议中“海上丝绸之路”的实施，跨海大桥、港口码头、海洋平台等大跨度、大体量的海上建（构）筑物不断涌现，而桩基础以其承载力高、稳定性好以及沉降均匀等特点广泛地应用于上述设施的基础工程中。在实际工程中，后压浆桩的承载力检测一般在压浆完成 20d 后进行。对于大直径长桩由于入土深度几十米甚至超过百米，采用桩端或桩侧压浆后在短期范围内并不能形成强度较高的水泥土加固体。实践研究表明，水泥土加固体的强度随着时间的增长将有所提高。然而，稳定的水泥土加固体的形成是长期过程，由于地下环境的复杂性和地下水与气体之间的相互作用，在成桩后至形成稳定水泥土加固体的过程中必然存在着压力消散、浆液流失等情况。在上述复杂环境作用下后压浆桩的长期承载力如何发展，对结构的耐久性有何影响，目前国内外对此类问题的研究甚少，值得深入研究。本章主要介绍一系列室内压浆模型试验、后压浆桩长期承载特性现场试验以及后压浆桩长期效应数值模拟分析等研究成果。

## 3.2 室内压浆模型试验分析

室内压浆模型试验主要从以下五个方面进行了研究：①饱和与非饱和土压浆效果；②不同压浆压力下压浆机理、压浆效果；③固化物强度随时间的发展变化规律；④压浆添加剂；⑤不同外界条件下压浆效果。

### 3.2.1 饱和与非饱和土压浆效果研究

#### 3.2.1.1 试验概况

通过对饱和与非饱和土进行桩端压浆，研究浆液扩散范围、固化物形状并对土中的应力的变化情况进行测量研究。

**1. 试验装置与材料**

（1）试验装置主要有：试验箱、压浆设备、测量系统。

①试验箱：试验箱形状为长方体，箱内空间尺寸为长×高×宽=1800mm×1500mm×1000mm，底板为12mm厚钢板，构架为L50×50×4角钢。为便于观察，四壁安装1cm厚有机玻璃，为保证箱体平整度和有机玻璃能够承受一定的压力，在有机玻璃外侧纵横方向加支撑角钢。

②压浆设备：包括压浆泵、压浆管道、搅拌桶等。压浆泵可提供的压浆压力为0.2～4MPa，压气耗量0.7$m^3$/min，主机重量28kg，外形尺寸0.5m×0.7m×0.5m，排量依图3.2-1的曲线计算。压浆管道包括吸浆管、出浆管、回浆管和压浆管。吸浆管和出浆管直径均为50mm，回浆管直径为25mm，压浆管外径6mm，下端出浆口孔径4.8mm。为最大限度地控制调节压浆压力、减小压浆压力的波动性并保护精密压力表，特将压浆管道增加一条回浆管，使浆液流动的通道形成一个回路。具体设计为：用一个三通连接吸浆管、压浆管和回浆管，在压浆管和回浆管上分别安装一个阀门，每个阀门对应有一压力表监测压力，如图3.2-2所示。压浆时先将回浆管的阀门开到最大，使浆液全部回到容器中，再慢慢关小回浆阀，使压力表的读数达到要求的压浆压力，再将压浆管的阀门打开，调节阀门使压力基本稳定在压浆压力值，进行压浆。搅拌桶为自制铁桶，底面尺寸为200mm×200mm，沿高度方向配有一标尺，便于掌握压浆过程中水泥浆液的消耗量。

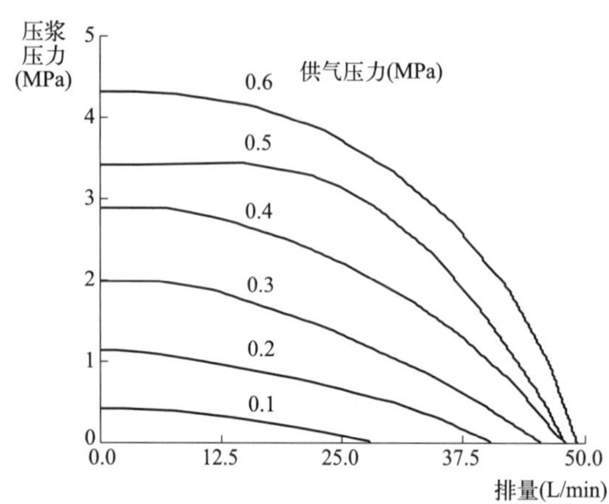


图3.2-1 压浆泵排量计算曲线

图3.2-2 用三通连接的吸浆管、压浆管和回浆管

③测量系统：主要用于土中应力变化情况的测量，包括土压力计、水压力计和江苏靖江东华DH3816应变数据采集仪等。土压力计采用江苏海岩工程材料仪器有限公司生产的应变式微型土压力计，直径28mm，厚度7mm，导线（四芯）长8m。水压力计采用江苏海岩工程材料仪器有限公司生产的应变式微型水压力计，直径28mm，厚度12mm（含透水石厚度），导线（四芯）长8m。

（2）试验材料主要有：浆体材料（采用普通硅酸盐水泥）、粗砂等。

①浆体材料：采用江苏省上坊镇天宝山水泥厂生产的普通硅酸盐水泥，等级32.5。

②粗砂：取土样做参数分析试验（表3.2-1、图3.2-3）。从土样的级配曲线来看，土样的级配连续，但曲线比较平缓，颗粒粒径比较均匀，级配不良，土样不容易获得较大的密实度。

③辅助设备：电子秤、塑料桶、搅拌棒、气泵、钢尺、精密压力表等。

压浆砂土基本参数 表 3.2-1

| | 湿土重(g) | 体积(mL) | 干土重(g) | 天然密度($g/cm^3$) | 干密度($g/cm^3$) | 水的重量(g) | 含水量(%) | 孔隙比 $e$ | 孔隙率(%) | 饱和度(%) |
|---|---|---|---|---|---|---|---|---|---|---|
| 土样1 | 1380.03 | 825 | 1331.13 | 1.673 | 1.613 | 48.90 | 3.67 | 0.643 | 39.1 | 15.12 |
| 土样2 | 1389.39 | 825 | 1336.61 | 1.684 | 1.620 | 52.78 | 3.95 | 0.574 | 36.5 | 16.46 |
| 土样3 | 1387.62 | 825 | 1325.35 | 1.682 | 1.606 | 57.27 | 4.70 | 0.650 | 39.4 | 19.16 |

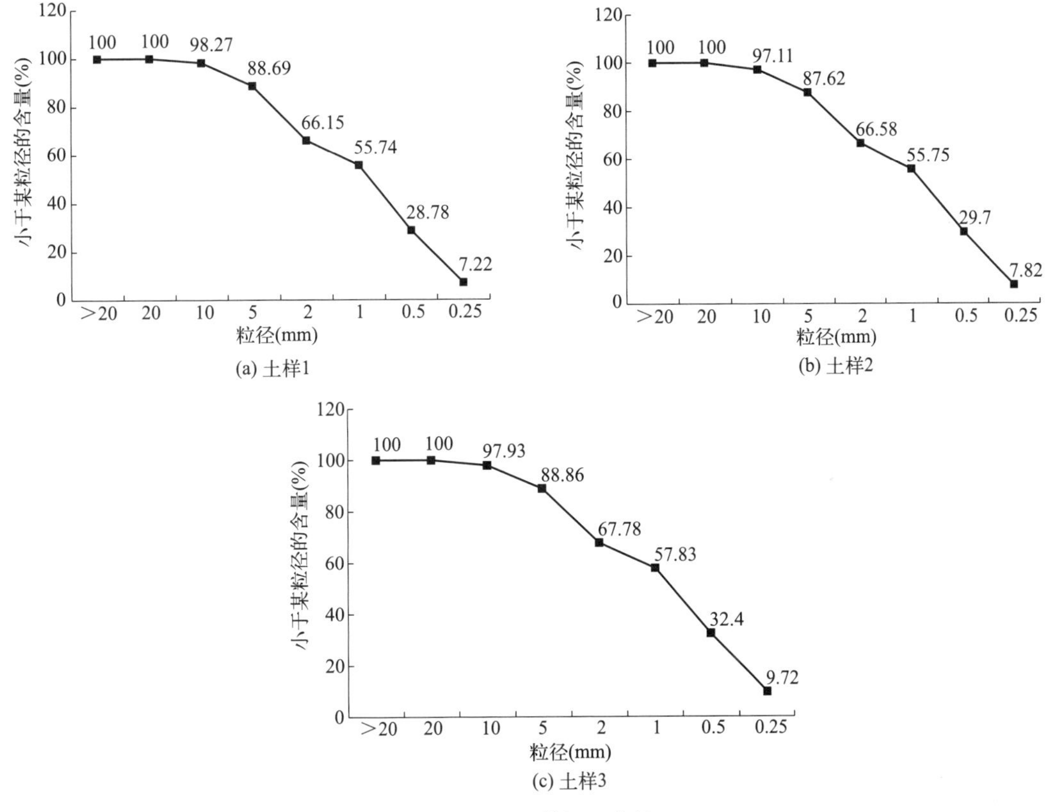


图 3.2-3 土样级配曲线

## 2. 试验基本原理

试验的基本原理是在自制的试验箱中模拟砂土层，然后在砂土中注入水泥浆，使原本松散的砂土胶结成一个整体，从而改善砂土层的性能。

在砂土中的压浆，主要是渗入为主，因此，压浆的基本理论是渗透压浆理论。大多数水泥浆液都是非牛顿流体，其流变行为符合宾汉姆流体的流变规律，属于塑性流体。Lombardi 曾研究过宾汉姆流体的内聚力在压浆中的作用，也有学者认为水泥浆流变性与水泥种类和水灰比有关，一般水灰比较大时为牛顿流体，水灰比较小时为假塑性流体，水灰比居中时为塑性流体，即宾汉姆流体，影响该浆体流动性不仅有浆液的黏度，还有浆液的内聚力或称剪切屈服强度，它只有克服了内聚力后才能流动。因此，水泥浆的流变规律可以采用下式来描述：

$$\tau = \tau_n + \mu_p \gamma \tag{3.2-1}$$

式中：$\tau_n$ 为静切力或剪切强度或宾汉姆塑变值（Pa）；$\mu_p$ 为塑性黏度（Pa·s）；$\gamma$ 为剪切速率或流速梯度（$s^{-1}$）。

**3. 试验安排**

试验的工作内容及数量见表 3.2-2。

**试验的工作内容及数量** **表 3.2-2**

| 工作内容 | | 数量 |
|---|---|---|
| 饱和土中 | 在土样中按顺序插入压浆管(排列示意见图 3.2-4)分别以 0.05MPa、0.1MPa、0.15MPa、0.2MPa、0.3MPa 作为压浆压力压浆，每个压力值压浆四次，即一纵列 4 根压浆管，记录相对应的压浆量，压浆 7d 后挖取固化物，观察浆液的扩散范围、上返高度及固化物的形状 | 20 根×2 次 |
| | 在压浆管的管底和管侧埋设土压力计(图 3.2-5)，并与应变数据采集仪焊接，记录压浆过程和压浆结束后土中应力的变化情况，挖取固化物，观察固化物的形状并与土压力计所测得的数据相比较，得出土中应力变化的规律 | 2 次 |
| 非饱和土中 | 同饱和土 | 同饱和土 |

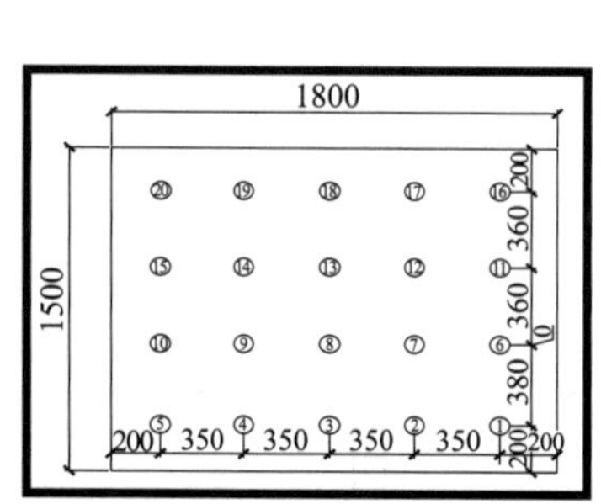


图 3.2-4　压浆管排列示意图（单位：mm）

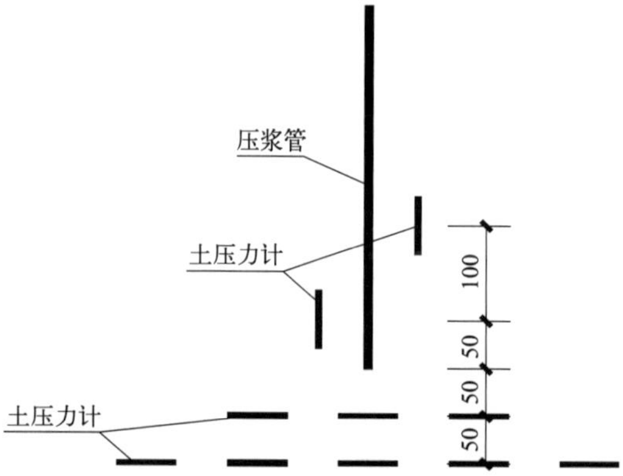

压浆管
土压力计
土压力计
100
50
50
50

图 3.2-5　土压力计整体布置侧视图（单位：mm）

### 3.2.1.2　试验过程

**1. 准备阶段**

（1）非饱和土、不埋设土压力计

①将砂土填入试验箱中，每 20cm 一层，进行适当压实；在填土高度达到 40cm 时，放入取砂土土样的容器；继续填土，分层压实，直至砂土高度达到 95cm。

②安装压浆管道及压力表，进行抽清水试验，检验压浆泵、管道、压力表是否正常工作。

③将压浆管按图 3.2-4 所示排列方式插入土中，在压浆管接触到砂土前，人工将一图钉从压浆管底端按住（图钉在压浆管内，图钉帽不能进入压浆管），插入过程避免上下拔插压浆管，防止图钉在未压浆前脱离压浆管底端，使压浆管失去保护而被砂土堵塞，影响压浆的成功率。另外，压浆管要垂直插入，插入过程应避免摇动，尽量减少压浆管对原有

土样的扰动，压浆管插入后复夯砂土，以减小冒浆的可能。

④制备水灰比 1.0 的水泥浆。

(2) 饱和土、不埋设土压力计

①将砂土填入试验箱中，每 20cm 一层，进行适当压实和均匀洒水；在填土高度达到 40cm 时，放入取砂土土样的容器，继续填土，分层压实洒水，直至砂土高度达到 95cm；最后向试验箱中各位置再均匀洒水，直至水面高度超过砂土土层高度并不再下降，认为制得饱和土。

②～④同 (1) 中②～④。

(3) 非饱和土、埋设土压力计

①为保护土压力计的导线，在土压力计埋入砂土前在导线外穿一塑料管，接口处用溶胶封口，并且为减少土压力计在砂土填入和压浆过程中的位移，桩底土压力计粘贴了铁片，桩侧的增加了连杆，如图 3.2-6。

图 3.2-6　桩底土压力计

②将砂土填入试验箱中，在填土高度达到 25cm 处，进行适当压实，埋入桩底第二层土压力计（距桩底 10cm）；在填土高度达到 30cm 时，适当压实，埋入桩底第一层土压力计（距桩底 5cm），放入取砂土土样的容器；继续填土，埋入桩侧土压力计，继续填土分层压实，直至砂土高度达到 95cm。

③将土压力计的导线与应变数据采集仪焊接，检查每一个土压力计是否能正常工作。

④安装压浆管道及压力表，进行抽清水试验，检验压浆泵、管道、压力表是否正常工作。

⑤将压浆管按图 3.2-4 所示排列方式插入土中，在压浆管插入砂土前，采取措施将压浆管底端封住，以避免被砂土堵塞。在插入过程中，应保证压浆管的垂直度，避免上下拔插及左右晃动压浆管。

(4) 饱和土、埋设土压力计

步骤基本同 (3)，将砂土制备为饱和土。

**2. 压浆阶段**

(1) 将压浆管与压浆管道连接，将压浆管的阀门关闭，打开回路阀门，使浆液充满整个回路，将浆液倒入有刻度的铁桶中，记录初始浆液液面高度，准备压浆。

(2) 调节回路阀门使上方压力表的读数达到要求的数值（0.05MPa、0.1MPa、0.15MPa、0.2MPa、0.3MPa）稳定后，打开压浆管的阀门，开始压浆；同时开始计时，并记录相应时刻浆液的液面高度，埋设土压力计的试验部分，在开始压浆同时，还应开始采集土压力计的数值，直至压浆结束 10min。

(3) 在浆液液面停止下降即压浆量不再增加后，停止压浆，记录压浆结束时，浆液的液面高度和压浆时间。

**3. 观察与记录阶段**

养护 7d，开挖试验箱，观察压浆情况，对浆液的扩散范围、上返高度、固化物形状进行观察和测量，并通过工具剥离等方法，初步确定固化物的强度规律；取出事先埋入土中的铁管测定计算砂土参数，包括密度、干密度、体积等。

**4. 试验现象与结果分析整理**

试验的基本流程如图 3.2-7 所示。

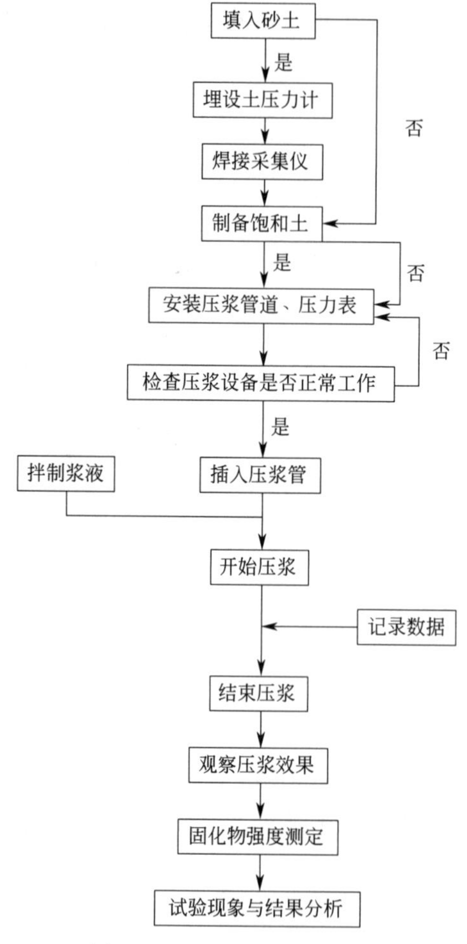


图 3.2-7　压浆试验基本流程

### 3.2.1.3　试验结论

**1. 压浆试验现象**

(1) 冒浆现象。由于模型桩是后插入的，尽管在插入桩之后复夯砂土，但对砂土的扰动仍不可恢复，在桩身与土体间留有缝隙，成为浆液克服阻力流动的薄弱环节。当浆液在桩端的渗流阻力大于浆液沿桩侧向上流动的阻力时，在压力作用下，浆液上返，甚至外溢，出现了冒浆现象。试验过程中出现的冒浆现象，一方面，造成了桩端压浆量的不足，未形成桩端扩大头；另一方面，冒浆使整个桩身与土层的黏结力增强，增大了侧摩阻力。

(2) 串孔现象。若在桩端土附近存在较大的孔隙和裂隙，浆液在压力作用下，渗流可贯穿部分土层。当在 A 桩压浆时，浆液会从邻近的 B 桩冒出。首先，串孔造成了 B 桩压浆管的堵塞；串孔的压浆量也可能会很大，但是注入的浆液并非在桩端形成扩大头，而多用于填充桩端土附近的裂隙，在土层中形成脉状固结体，增大了整个土层的整体性，但是对单桩承载力的提高效果不明显。

（3）压浆压力与压浆量。在试验过程中，观察到压浆压力与压浆量的几种不同变化：

①压浆开始后，压力逐渐上升，但是达不到要求的压力，压浆量大。这种现象多是由于浆液在土层中形成脉状劈裂，或者部分浆液溢出。

②压浆开始后，压力不上升，压浆量少。这是由于浆液在短时间内沿桩侧溢出。

③压浆开始后，压力逐渐上升后突然大幅下降，压浆量较大。这是由于浆液在桩端的扩散突然遇到薄弱位置，或产生了新的脉状劈裂渗透。

④压浆开始后，压力迅速上升，但压浆量却很少。这是由于压浆管堵塞或者桩端土体密实，孔隙率小，浆液难以注入。

⑤压浆开始后，压力稳步上升，最后达到要求的压力，压浆量适中。这表明此次压浆比较成功。

（4）浆液的可注性。在压浆压力、土层参数一定的条件下，浆液的黏度将直接决定注入的成功与否。当水灰比过小，或浆液的搁置时间过长，使浆液的黏度增大，会直接加大注入的难度，甚至无法注入土层。

（5）砂土级配对压浆效果的影响。发现不同级配的土样对压浆效果的影响是十分明显的。当级配良好，砂土容易获得较大的密实度时，土体的孔隙直径小，浆液比较难注入，压浆量较少，桩端浆液的扩散基本上属于渗透扩散；当级配不良，甚至某部分粒径的颗粒缺失时，土体形成的孔隙直径大，浆液的扩散相对容易，压浆量较大，在桩端更容易产生劈裂式扩散。

**2. 结果比较**

（1）平均扩散半径：饱和土中浆液的平均扩散半径大于非饱和土中浆液的平均扩散半径。饱和土扩散半径的范围是 8.83～15.44mm，非饱和土为 5.82～8.81mm，饱和与非饱和土的半径比约为 1.5 倍以上，见图 3.2-8。

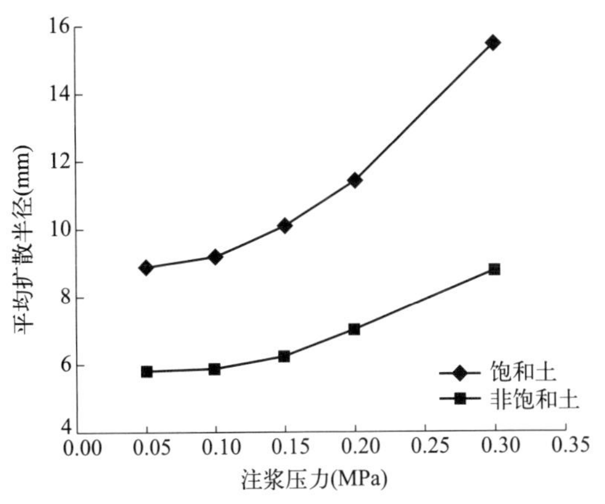


图 3.2-8　饱和土与非饱和土平均扩散半径比较

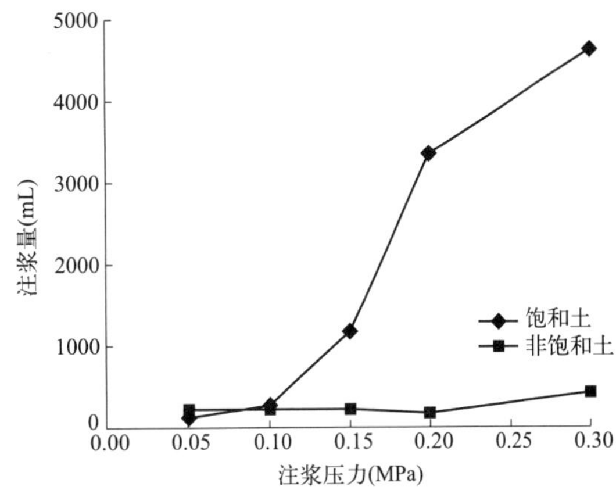


图 3.2-9　饱和土与非饱和土压浆量比较

（2）上返高度：饱和土中浆液的上返高度小于非饱和土中浆液的上返高度。饱和土上返高度为 16～48cm，非饱和土为 19.2～57cm，非饱和土与饱和土中浆液上返高度比约为

1.2～2.0。

（3）压浆量：饱和土中的压浆量大于非饱和土中的压浆量。随着采用压浆压力的增大，注入浆液增多的比例加大，如压浆压力 0.05MPa 时，压浆量饱和/非饱和≈0.8～1.3；压浆压力 0.1MPa 时，压浆量饱和/非饱和≈0.9～1.3；压浆压力 0.15MPa，压浆量饱和/非饱和≈1.0～2.6；压浆压力 0.2MPa，压浆量饱和/非饱和≈1.0～7.3；压浆压力 0.3MPa，压浆量饱和/非饱和≈5.0～10（图 3.2-9）。而理论计算压浆量一般采用：

$$Q=KVn \tag{3.2-2}$$

式中：$Q$ 为浆液总用量（mL）；$V$ 为浆液扩散范围内土量（$m^3$）；$n$ 为土的孔隙率；$K$ 为经验系数，中粗砂一般取 0.5～0.7，计算公式中并未考虑土样是否饱和。

（4）固化物单位体积中含有水泥的比例：在固化物形状比较规则的情况下，即由桩端自下而上呈圆锥形或圆柱形时，由浆液扩散范围和相应压浆量的比较，可以推断饱和土固化物单位体积中水泥所占的比例应小于非饱和土。

（5）固化物形状：在饱和土中，固化物的形状多更为饱满，在桩端易产生压密压浆和劈裂压浆，形成扩大头或从其他通道冒浆（图 3.2-10）；非饱和土中，浆液的扩散范围十分有限，未形成明显的桩端扩大头（图 3.2-11）。

图 3.2-10　饱和土固化物形状

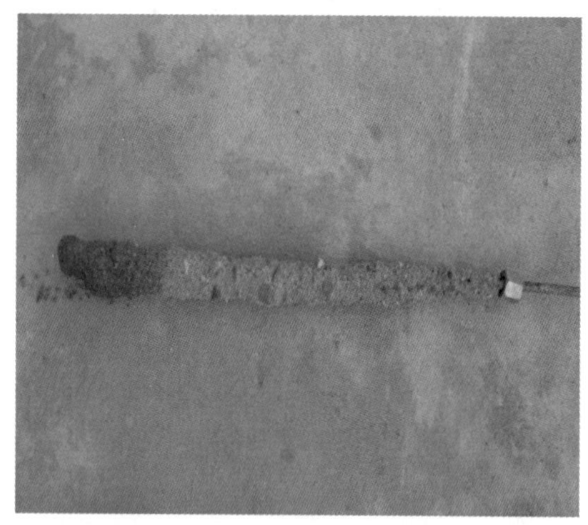

图 3.2-11　非饱和土固化物形状

### 3. 原因分析

尽管试验采用的是渗透压浆原理，但是在实际的压浆过程中，浆液存在多种运动形式，渗透压浆中存在劈裂、压密现象，这些运动形式随着土层的变化、浆液的性质变化和压力变化而相互转化或者并存。综合各种现象和结果，分析原因：

（1）当浆液以渗透方式运动时，浆液注入砂土孔隙中，取代、排除孔隙中的气体和水。浆液在土层中都是减速运动的，压浆量、浆液扩散半径的增加都随着压浆时间的推移而逐步减少，当浆液的运动速度降低为零时，浆液则不再扩散，压浆量也不再增加。浆液的黏度越大，浆液在土层中运动速度降低为零的这段时间越短，压浆量和扩散半径越小，当浆液的黏度超过一定限度时，浆液甚至很难注入。

（2）对于饱和土，一方面，开始阶段，浆液以渗透方式注入其中，由于饱和土中的自由水含量大，浆液进入土层后自由水对浆液起到了稀释作用，降低了浆液的黏度，使得浆液扩散的时间延长，扩散半径增大，压浆量增大；另一方面，由于饱和土中的自由水对土体颗粒的浮力作用、润滑作用，使得浆液在渗透运动受阻、压力迅速增大后，能够较容易的克服围压，以压密和劈裂的方式继续运动，而压力的主要方向是径向，也就是水平方向，因而浆液多在压浆管的底部形成扩大头和脉状劈裂，甚至当浆液对土体的上抬力超过土层的重量时，会引起土体的上隆和开裂。由于压力在压浆管的底部得以释放，因此饱和土中浆液的上返高度一般不会太高。

（3）非饱和土中，浆液初次渗透进入周围土层后，后压入的浆液，多是其中的水分扩散到更远的土层中，而水泥的悬浮颗粒聚集在压浆口的附近，使得压浆口附近的浆液稠度、黏度迅速增大，浆液径向运动的速度也很快降低为零。压浆口压力不能径向释放，因此只能沿压浆管插入的通道上返，甚至会产生冒浆。

综合分析饱和和非饱和土土层的性质，可以解释相同压浆压力在饱和土中的压浆量、固化物平均扩散半径大于非饱和土，而浆液的上返高度却小于非饱和土，在饱和土中浆液更易产生压密和劈裂运动。

**4. 饱和与非饱和土中压浆对土中应力的影响**

（1）饱和和非饱和土中所测得的应力值，在压浆开始时，均有一突增，后随着压浆过程，应力值增大，当浆液的扩散、流动对某一位置的土压力计产生最大的压力时，即为所测得应力最大的时刻，由于各土压力计埋设位置的不同，浆液流动方向的任意性，因此各土压力计所测得的应力并不是同一时刻达到最大，也并不是在压浆量达到最大时，均达到最大。土中应力达到峰值之后，随着浆液的进一步扩散和流动，应力得以缓慢释放，应力值减小。

（2）非饱和土中，应力达到峰值之后，桩侧和桩底土压力计的应力释放速度基本一致，均有比较明显的降低；而在饱和土中，桩侧的应力释放比桩底的释放速度快，桩底的应力会保持比较长的一段时间，如图 3.2-12 和图 3.2-13 所示。

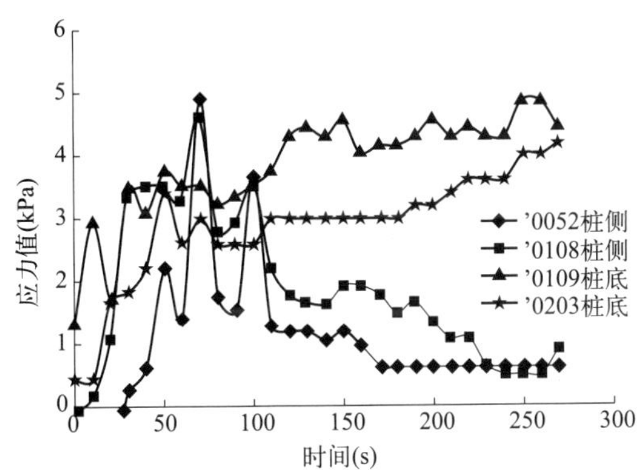


图 3.2-12　饱和土中应力随压浆时间变化曲线

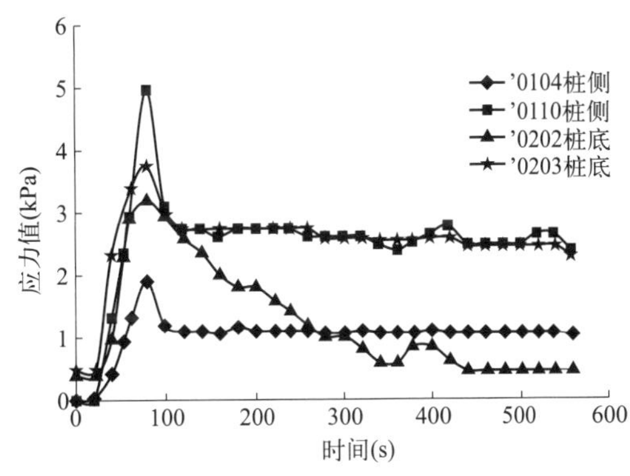


图 3.2-13　非饱和土中应力随压浆时间变化曲线

（3）若分别将饱和土和非饱和土中由压浆而引起的自由水流动所产生的孔隙水压力减去，则会发现饱和土中浆液扩散所需克服的有效应力小于非饱和土中浆液扩散所需克服的阻力，这也可以解释在同一压浆压力下，饱和土中浆液的扩散半径、压浆量均大于非饱和土。

（4）取出固化物，观察形状，根据土压力计所测得的数值，绘制土中应力等值线示意图，发现等值线的形状与固化物的形状有大致的对应性，因此判断土中某点应力值变化的大小不能仅以该点距离压浆管的距离远近作为判断的依据，应结合固化物的形状，即浆液的扩散范围分析判断。但从整体上看，桩底、桩侧某一方向上，土中应力的变化都随着距离出浆口半径的增大而减小。

应力等值线图是根据同一平面的六个土压力计实测值，按照应力由内向外递减、衰减速度由内向外递增的原则所画的示意图。

非饱和土应力等值线示意见图 3.2-14 和图 3.2-15。

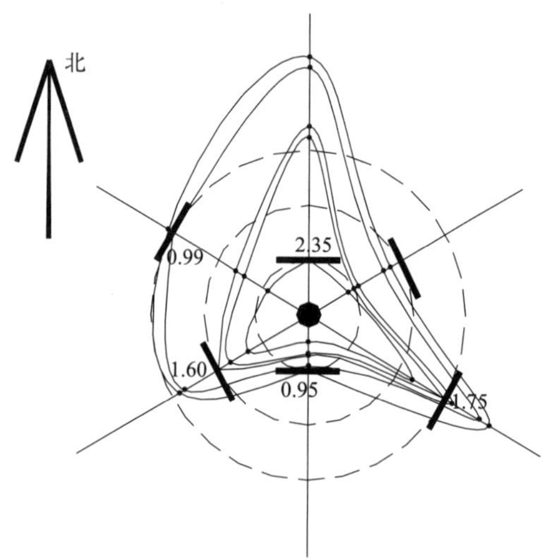


图 3.2-14　桩侧第一层土压力计（距桩底 5cm）平面应力等值线

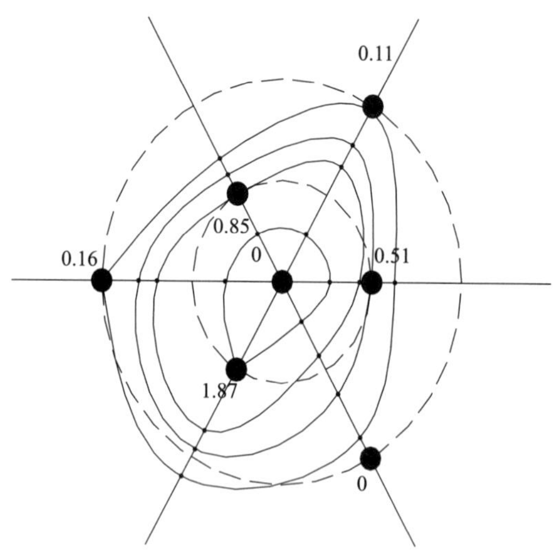


图 3.2-15　桩底第二层土压力计（距桩底 10cm）平面应力等值线

饱和土应力等值线示意见图 3.2-16 和图 3.2-17。

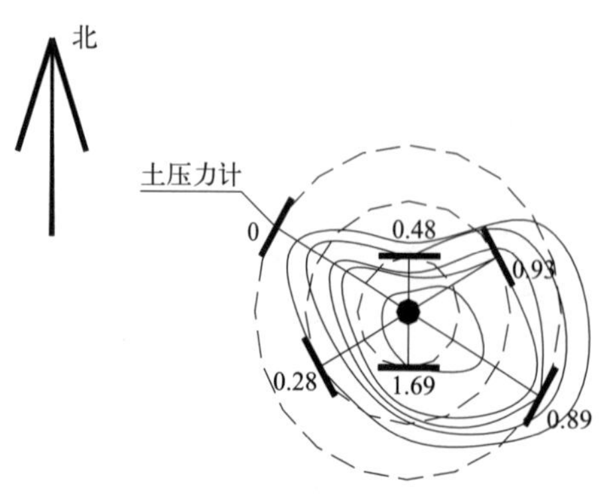


图 3.2-16　桩侧第一层土压力计（距桩底 5cm）平面应力等值线

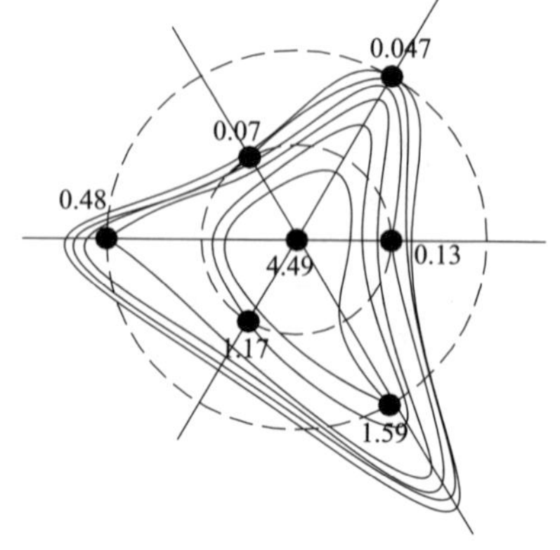


图 3.2-17　桩底第二层土压力计（距桩底 10cm）平面应力等值线

### 3.2.2　不同压浆压力的压浆效果研究

#### 3.2.2.1　试验概况

研究不同压浆压力下的浆液扩散范围、流动规律。

**1. 试验装置与材料**

（1）试验装置主要有：试验箱、压浆设备同本书第 3.2.1 节试验。

（2）试验材料主要有：浆体材料（采用普通硅酸盐水泥）、粗砂等同本书第 3.2.1 节试验。

（3）辅助设备：电子秤、塑料桶、搅拌棒、气泵、钢尺、精密压力表等。

**2. 试验安排**

试验的工作内容及数量见表 3.2-3。

试验的工作内容及数量　　表 3.2-3

| 工作内容 | | 数量 |
|---|---|---|
| 饱和土中 | 在土样中按顺序插入压浆管(排列示意见图 3.2-4)分别以 0.05MPa、0.1MPa、0.15MPa、0.2MPa、0.3MPa 作为压浆压力压浆，每个压力值压浆 4 次，即一纵列 4 根压浆管，记录相对应的压浆量，压浆 7d 后挖取固化物，观察浆液的扩散范围、上返高度，固化物的形状 | 20 根×2 次 |
| 非饱和土中 | 同饱和土 | 同饱和土 |

#### 3.2.2.2　试验过程

试验过程的准备阶段、压浆阶段、观察与记录阶段与本书第 3.2.1 节中的准备阶段、压浆阶段、观察与记录阶段相同。

#### 3.2.2.3　试验结论

（1）同一土样，尤其是非饱和土中，浆液的扩散范围与压浆压力并不存在对应的比例关系，即浆液的扩散范围并不一定随压浆压力增大的比例而增大，有些情况下，甚至压浆压力增大，扩散范围反而减小，由此可见，浆液的扩散范围受压浆压力、土层条件、边界条件以及浆液自身性质等多重因素影响。如图 3.2-18 和图 3.2-19 所示，此时土层孔隙比 $e=0.613$，中密。

（2）在同一种土样中，边界条件的不同，会影响到同一压浆压力下，浆液的扩散形状。靠近箱壁的压浆管，浆液扩散一侧受限，劈裂扩散产生的固化物形状多为条脉状，长边沿箱壁，在角边的压浆管，固化物形状还会是人字状，若劈裂引起压浆量很大，浆液对土体的上抬力超过土层的重量时，会引起条脉状浆体扩散通道上方土体的上隆、开裂。

（3）浆液的流动规律：当压浆管四周砂土致密程度大致相同、边界约束条件相同，则浆液较为均匀地以渗透的方式向四周扩散；当压浆管四周的砂土密实度不同，则浆液从砂土致密的部位，向疏松的部位扩散；当浆液扩散受到边界条件限制，在不能通过的位置，则浆液沿受限的垂直方向突破阻碍流动。

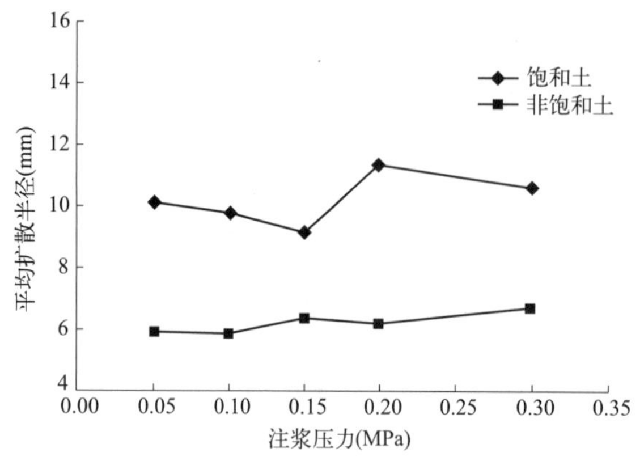


图 3.2-18　饱和土与不饱和土不同压浆压力的扩散半径

图 3.2-19　不同压浆压力与非饱和土中浆液的扩散半径并无明显的比例关系

## 3.2.3　压浆固化物强度随时间发展规律研究

### 3.2.3.1　试验概况

**1. 试验装置与材料**

（1）试验装置主要有：试验箱、压浆设备同本书第 3.2.1 节试验。

（2）试验材料主要有：浆体材料（采用普通硅酸盐水泥）、粗砂等同本书第 3.2.1 节试验。

（3）辅助设备：电子秤、塑料桶、搅拌棒、气泵、钢尺、精密压力表、切割机等。

**2. 试验安排**

试验的工作内容及数量见表 3.2-4。

试验的工作内容及数量　　表 3.2-4

| 工作内容 | | 试块数量 |
|---|---|---|
| 饱和土中 | 采用 0.1MPa 压浆压力，水灰比 1.0 压浆，记录相对应的压浆量，挖取固化物，将固化物置于水中养护，分别在 30d、60d、90d、180d 龄期，制取 40mm×40mm×40mm 的试块进行强度试验 | 30 |

### 3.2.3.2　试验过程

（1）砂土填箱、压浆过程同本书第 2.5.1 节饱和土中压浆。

（2）分别在龄期来临前，将大块固化物切割、打磨成 40mm×40mm×40mm 的受压试块。

（3）强度试验，数据整理分析。试验结果如图 3.2-20～图 3.2-24 所示。

### 3.2.3.3　试验结论

总体来说，固化物强度是由单位体积中水泥含量所决定的。当浆液扩散至桩端或桩侧的薄弱环节，渗入或者劈裂进入土体孔隙的水泥浆量多，此时固化物的强度就高，冒浆处由于固化物中水泥浆的比例大，因此强度并不一定低。

对于单桩来说，固化物的强度，从桩端自下而上，逐渐降低，从桩身由内而外，强度逐渐降低，最外层水泥浆含量极低，砂土颗粒间的胶结力很小，用手即可将砂土颗粒剥落。

就试块而言，由于受各种因素影响，如试块本身平整度、试块内部含有粗颗粒的比例不同、粗颗粒的位置不同等，强度值的离散性比较大，从强度试验得出确切的数值规律比较困难。

固化物强度规律大概可以总结为：压浆固化物受压破坏时，强度表现出一定混凝土结构的性质，当强度达到峰值后，强度并不马上显著下降，而是由粗骨料承压，强度继续维持一段时间，直到粗骨料被完全压碎；从长期来看，随时间的发展，固化物的强度、硬度均是增长的。

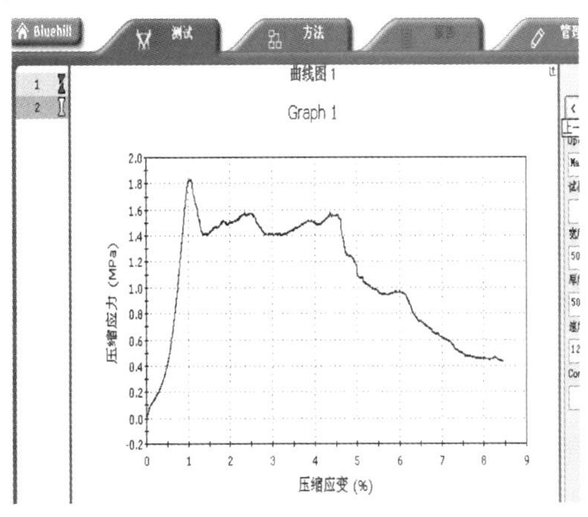


图 3.2-20　30d 固化物强度测试

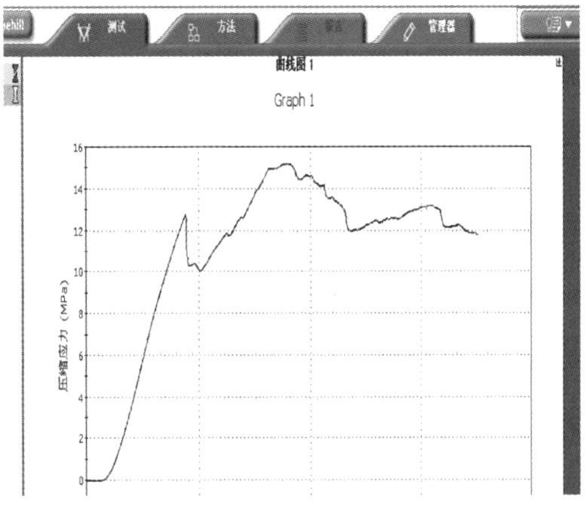


图 3.2-21　60d 固化物强度测试

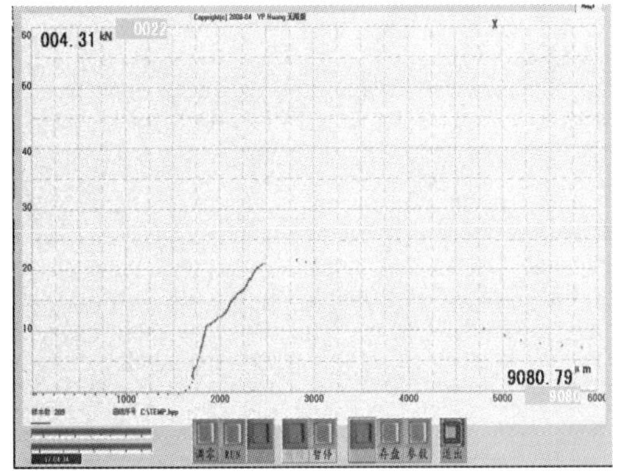


图 3.2-22　90d 固化物强度测试

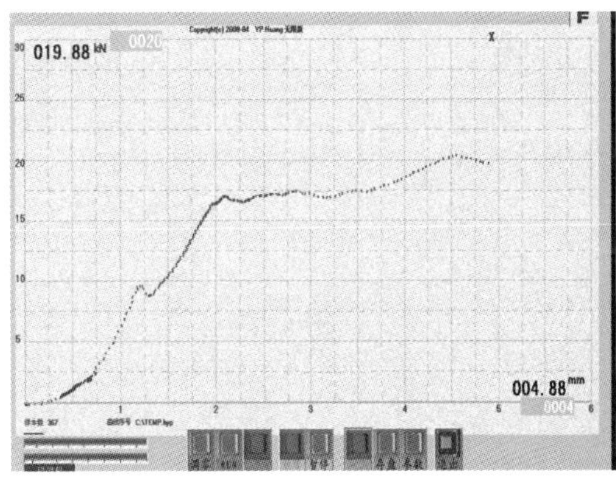


图 3.2-23　180d 固化物强度测试

图 3.2-24　压浆固化物压碎状态

## 3.2.4　不同压浆添加剂的压浆效果研究

### 3.2.4.1　试验概况

通过添加不同种类、不同配比的压浆添加剂，研究添加剂对水泥浆与砂土混合物结构、成分、强度的影响。

**1. 试验装置与材料**

（1）模具：40mm×40mm×40mm 铸铁模具，数量 4 个。

（2）水泥：江苏省上坊镇天宝山水泥厂生产的普通硅酸盐水泥，等级 32.5。

（3）添加剂：江苏省博特新材料有限公司生产的 JM-1 超早强混凝土高效增强剂（粉状）、JM-A 萘系高效减水剂（粉状）、JM-HF（低泌水、微膨胀）高性能灌浆外加剂（粉状）、JM-PCA 混凝土超塑化剂（羧酸系减水剂）（液体）。

（4）其他材料：粗砂、电子秤、天平、烧杯、量筒、滴管、小勺、搅拌棒、插捣棒、塑料搅拌桶、平板式振动机等。表 3.2-5 为所用粗砂颗粒含量表，图 3.2-25 为所用粗砂颗粒级配曲线。

所用粗砂颗粒含量表　　表 3.2-5

| 界限粒径(mm) | 小于某粒径的累积重量(g) | 小于某粒径的累积重量占总重的比例(%) |
| --- | --- | --- |
| >5 | 391.97 | 100 |
| 5 | 391.97 | 100 |
| 2 | 302.66 | 64.68 |
| 1 | 255.11 | 57.83 |
| 0.5 | 142.91 | 36.23 |
| 0.25 | 42.91 | 10.88 |

**2. 试验基本原理**

水泥砂土混合物这个体系是由不同组分，即砂、水泥和水组成的。在这种情况下，理论上，加入的水应均匀的以一层薄膜把水泥颗粒和骨料整个表面积都湿润起来，但是一方

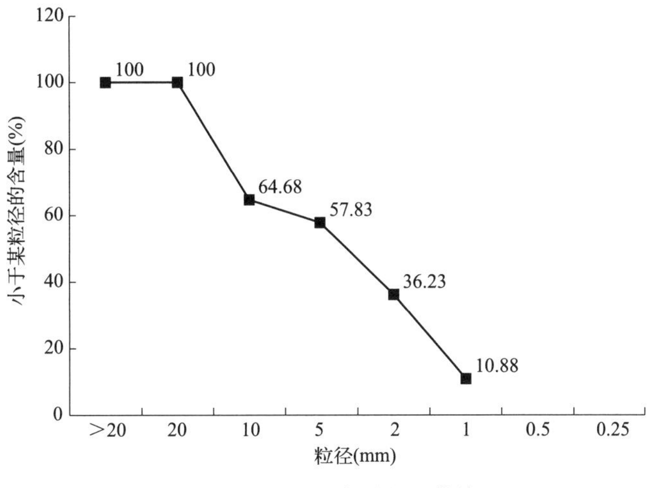


图 3.2-25　所用粗砂级配曲线

面，水泥颗粒非常微小，比表面积非常大；另一方面，水具有相当大的表面张力，即在水相的界面，表层中水分子之间有相当大的阻碍水流散的内聚力在发生作用，使得自由状态下的液体不流散成薄层，而是形成球状的珠滴。因此，加入拌合物的水很难在固体颗粒上均匀分布，也就不能很好地使拌合物中的水和水泥发生完全和迅速的反应，影响拌合物的质量。

水泥外加剂作为表面活性剂的一类，能够对水泥和砂土的拌合物起到多方面的作用，如：改善水泥和骨料的润湿性；对水泥有反凝絮作用，提高水泥的利用率；减少水泥用量，节约资源、降低成本；减少单位用水量，提高拌合物的强度和耐久性等等。

### 3. 试验安排

为充分体现添加剂的效果，寻找添加剂的最优添加量，并比较不同外界条件对混合物强度的影响，设计如下几组对比试验：

第一组：水泥中不掺入添加剂，配合比如表 3.2-6。制备 3d、7d、28d、60d，4 个龄期，每个龄期每种配合比 3 个平行试样，试块数量共 72 个。

**不掺添加剂，水泥、砂土配比　　表 3.2-6**

| 水灰比 | 0.6 | 0.6 | 0.6 | 0.8 | 0.8 | 0.8 |
|---|---|---|---|---|---|---|
| 水泥含量(%,占砂土) | 20 | 25 | 30 | 20 | 25 | 30 |

注：砂土为自然状态，未烘干，以下试验所用砂土情况相同。

第二组：水泥中掺入添加剂，配合比如表 3.2-7。制备 3d、7d、28d、60d，4 个龄期，每个龄期每种配合比 3 个平行试样，试块数量共 192 个。

**添加剂、水泥、砂土配比　　表 3.2-7**

| 水灰比 | 0.6 | | | | | | | |
|---|---|---|---|---|---|---|---|---|
| 水泥含量(%,占砂土) | 20 | | | | | | | |
| 添加剂种类 | JM1 | | | | HF | | | |
| 添加剂含量(%,占水泥) | 0.5 | 0.8 | 1.0 | 1.2 | 8 | 12 | 16 | 20 |

续表

| 水灰比 | 0.6 | | | | | | | |
|---|---|---|---|---|---|---|---|---|
| 水泥含量(%,占砂土) | 20 | | | | | | | |
| 添加剂种类 | JMA | | | | PCA | | | |
| 添加剂含量(%,占水泥) | 0.3 | 0.5 | 0.8 | 1.0 | 0.5 | 0.8 | 1.0 | 1.2 |

### 3.2.4.2 试验过程

(1) 称取材料：按照设计配合比，分别称取适量的水泥、砂土、水、添加剂。

(2) 搅拌：对于粉末状的添加剂，将添加剂先与称取好的水泥搅拌均匀后再加入砂子进行拌合，避免添加剂与含水的砂土直接接触；对于液体添加剂，先用少量水稀释（2～3mL），再加入水泥搅拌，最后加入砂子搅拌至均匀。

(3) 试件成型：先将试模内外、上下表面刷油，在其下垫铁板（铁板表面刷油）置于平整、坚固试验台上，用小勺将搅拌均匀的混合物分两层填入到试模中。每层填入 1/2 高度，用插捣棒插捣 60 次，再填入另 1/2，插捣 60 次。初步抹平，用平板式振动机振 20s。用抹刀将试模上多余的混合物刮去，并将试件表面抹平。

(4) 试件养护：对制作的试模做标记，初凝后，用浸湿的布覆盖试模表面，带模养护 12h 以上后脱模，做好标记后浸于水中养护。

(5) 强度试验：在试件养护至规定龄期时，取出试件，进行抗压强度试验。

### 3.2.4.3 试验结论

**1. 压浆添加剂对试块强度的影响分析**

表 3.2-8 为不同配比试块各龄期强度，图 3.2-26～图 3.2-29 为不同添加剂对试件强度的影响曲线。

(1) 从整体来看，4 种添加剂均可提高试块的强度，其中 HF 灌浆剂的增强效果最为明显，羧酸类减水剂的增强效果相比较弱。

**不同配比试块各龄期强度　　表 3.2-8**

| 不同配比的试块 | 3d 极限强度(MPa) | 7d 极限强度(MPa) | 28d 极限强度(MPa) | 60d 极限强度(MPa) |
|---|---|---|---|---|
| 水灰比 0.6,水泥含量 20%(占砂土) | 4.28 | 5.48 | 7.84 | 12.44 |
| 水灰比 0.6,水泥含量 20%,灌浆剂 HF-8% | 6.76 | 7.95 | 13.19 | 23.12 |
| 水灰比 0.6,水泥含量 20%,灌浆剂 HF-12% | 7.84 | 8.76 | 15.22 | 17.03 |
| 水灰比 0.6,水泥含量 20%,灌浆剂 HF-16% | 7.52 | 8.71 | 17.58 | 21.89 |
| 水灰比 0.6,水泥含量 20%,灌浆剂 HF-20% | 7.01 | 7.37 | 14.54 | 14.42 |
| 水灰比 0.6,水泥含量 20%,早强剂 JM1-0.5% | 4.33 | 5.22 | 11.80 | 15.78 |
| 水灰比 0.6,水泥含量 20%,早强剂 JM1-0.8% | 5.36 | 6.71 | 10.15 | 21.46 |
| 水灰比 0.6,水泥含量 20%,早强剂 JM1-1% | 5.22 | 6.65 | 11.85 | 18.35 |
| 水灰比 0.6,水泥含量 20%,早强剂 JM1-1.2% | 4.59 | 6.33 | 8.62 | 22.09 |
| 水灰比 0.6,水泥含量 20%,萘系减水剂 JMA-0.3% | 5.29 | 6.32 | 11.03 | 11.56 |
| 水灰比 0.6,水泥含量 20%,萘系减水剂 JMA-0.5% | 7.60 | 7.61 | 13.75 | 20.52 |

续表

| 不同配比的试块 | 3d 极限强度（MPa） | 7d 极限强度（MPa） | 28d 极限强度（MPa） | 60d 极限强度（MPa） |
|---|---|---|---|---|
| 水灰比 0.6，水泥含量 20%，萘系减水剂 JMA-0.8% | 6.62 | 8.64 | 14.26 | 16.24 |
| 水灰比 0.6，水泥含量 20%，萘系减水剂 JMA-1% | 6.77 | 7.79 | 11.32 | 14.75 |
| 水灰比 0.6，水泥含量 20%，羧酸类减水剂 PCA-0.5% | 6.48 | 6.95 | 10.94 | 13.76 |
| 水灰比 0.6，水泥含量 20%，羧酸类减水剂 PCA-0.8% | 6.99 | 6.94 | 10.40 | 14.95 |
| 水灰比 0.6，水泥含量 20%，羧酸类减水剂 PCA-1% | 5.33 | 8.02 | 10.82 | 14.68 |
| 水灰比 0.6，水泥含量 20%，羧酸类减水剂 PCA-1.2% | 5.28 | 7.86 | 8.66 | 17.46 |

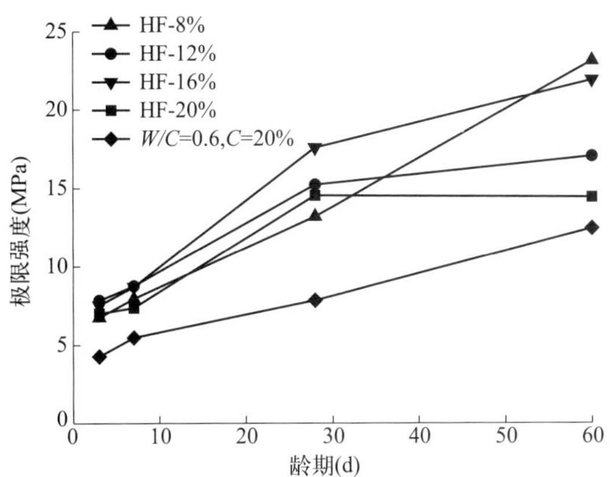


图 3.2-26　HF 灌浆剂不同配比试块龄期强度

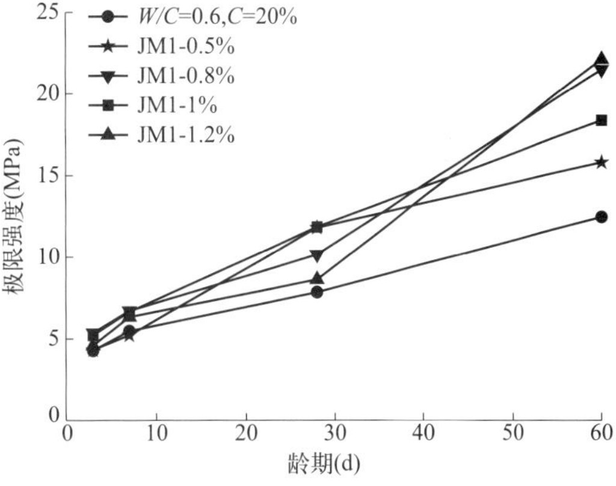


图 3.2-27　JM1 早强剂不同配比试块龄期强度

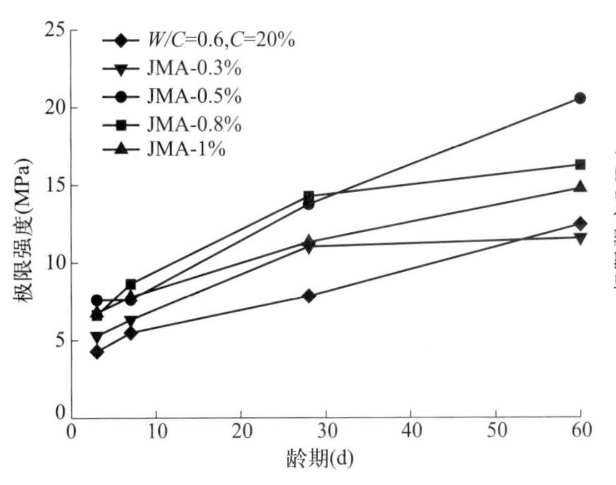


图 3.2-28　JMA 减水剂不同配比试块龄期强度

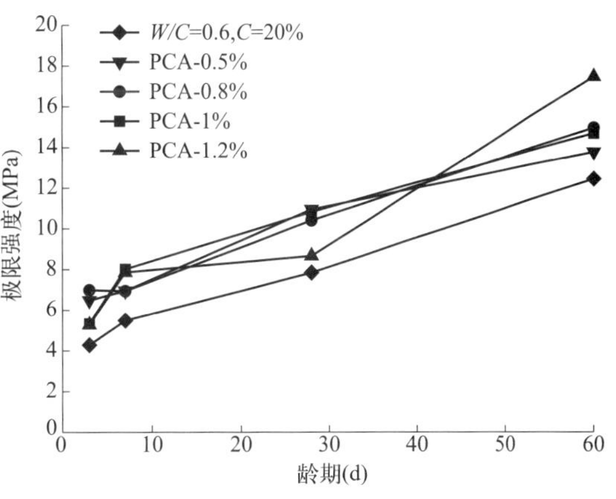


图 3.2-29　PCA 减水剂不同配比试块龄期强度

（2）未添加添加剂试块强度：对于水灰比相同的试块，增加水泥的比例（与砂土质量的比例）并不一定提高试块的强度（表 3.2-9、图 3.2-30）。当加入水的量在一个合适的范围内，增加水泥的比例会提高试块的强度；如果加水量超过一定限度，虽然增大水泥的比例，但是由于绝对用水量增多，与水泥不起化学反应的那部分水量就增多，使得试块内部残留的孔隙增多，减弱了试块的结构性，造成强度下降，因此工程中不能盲目地增加水泥的用量来提高强度。

不同水泥含量配比试块各龄期强度　　表 3.2-9

| 不同配比的试块 | 3d 强度(MPa) | 7d 强度(MPa) | 28d 强度(MPa) | 60d 强度(MPa) |
|---|---|---|---|---|
| 水灰比 0.6,水泥含量 20% | 4.28 | 5.48 | 7.84 | 12.44 |
| 水灰比 0.6,水泥含量 25% | 6.74 | 9.10 | 15.40 | 21.34 |
| 水灰比 0.6,水泥含量 30% | 5.47 | 11.09 | 25.53 | 30.69 |
| 水灰比 0.8,水泥含量 20% | 4.74 | 6.57 | 12.82 | 13.86 |
| 水灰比 0.8,水泥含量 25% | 6.86 | 9.44 | 20.69 | 21.47 |
| 水灰比 0.8,水泥含量 30% | 4.45 | 6.39 | 17.90 | 19.05 |

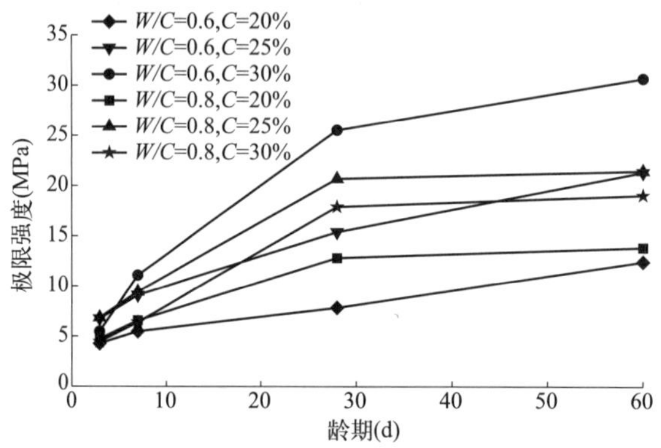


图 3.2-30　不同水泥含量配比试块龄期强度

（3）4 种添加剂均存在一个最佳添加量的范围，盲目增加添加剂的用量并不能提高试块的强度（如表 3.2-10）。4 种添加剂最佳效果的比较，见表 3.2-11。

不同配比试块各龄期强度　　表 3.2-10

| 不同配比的试块 | 3d 强度(MPa) | 7d 强度(MPa) | 28d 强度(MPa) | 60d 强度(MPa) |
|---|---|---|---|---|
| 水灰比 0.6,水泥含量 20% | 4.28 | 5.48 | 7.84 | 12.44 |
| 水灰比 0.6,水泥含量 20%,灌浆剂 HF-8% | 6.76 | 7.95 | 13.19 | 23.12 |
| 水灰比 0.6,水泥含量 20%,灌浆剂 HF-12% | 7.84 | 8.76 | 15.22 | 17.03 |
| 水灰比 0.6,水泥含量 20%,灌浆剂 HF-16% | 7.52 | 8.71 | 17.58 | 21.89 |
| 水灰比 0.6,水泥含量 20%,灌浆剂 HF-20% | 7.01 | 7.37 | 14.54 | 14.42 |
| 水灰比 0.6,水泥含量 20%,早强剂 JM1-0.5% | 4.33 | 5.22 | 11.80 | 15.78 |
| 水灰比 0.6,水泥含量 20%,早强剂 JM1-0.8% | 5.36 | 6.71 | 10.15 | 21.46 |
| 水灰比 0.6,水泥含量 20%,早强剂 JM1-1% | 5.22 | 6.65 | 11.85 | 18.35 |
| 水灰比 0.6,水泥含量 20%,早强剂 JM1-1.2% | 4.59 | 6.33 | 8.62 | 22.09 |
| 水灰比 0.6,水泥含量 20%,萘系减水剂 JMA-0.3% | 5.29 | 6.32 | 11.03 | 11.56 |
| 水灰比 0.6,水泥含量 20%,萘系减水剂 JMA-0.5% | 7.60 | 7.61 | 13.75 | 20.52 |
| 水灰比 0.6,水泥含量 20%,萘系减水剂 JMA-0.8% | 6.62 | 8.64 | 14.26 | 16.24 |
| 水灰比 0.6,水泥含量 20%,萘系减水剂 JMA-1% | 6.77 | 7.79 | 11.32 | 14.75 |
| 水灰比 0.6,水泥含量 20%,羧酸类减水剂 PCA-0.5% | 6.48 | 6.95 | 10.94 | 13.76 |

续表

| 不同配比的试块 | 3d 强度（MPa） | 7d 强度（MPa） | 28d 强度（MPa） | 60d 强度（MPa） |
|---|---|---|---|---|
| 水灰比 0.6，水泥含量 20%，羧酸类减水剂 PCA-0.8% | 6.99 | 6.94 | 10.40 | 14.95 |
| 水灰比 0.6，水泥含量 20%，羧酸类减水剂 PCA-1% | 5.33 | 8.02 | 10.82 | 14.68 |
| 水灰比 0.6，水泥含量 20%，羧酸类减水剂 PCA-1.2% | 5.28 | 7.86 | 8.66 | 17.46 |

**4 种添加剂增强效果对比**　　**表 3.2-11**

| 不同配比的试块 | 3d 强度（MPa） | 提高幅度（%） | 7d 强度（MPa） | 提高幅度（%） | 28d 强度（MPa） | 提高幅度（%） | 60d 强度（MPa） | 提高幅度（%） |
|---|---|---|---|---|---|---|---|---|
| 水灰比 0.6，水泥含量 20% | 4.28 | | 5.48 | | 7.84 | | 12.44 | |
| 水灰比 0.6，水泥含量 20%，灌浆剂 HF-16% | 7.52 | 75.58 | 8.71 | 59.04 | 17.58 | 124.30 | 21.89 | 75.91 |
| 水灰比 0.6，水泥含量 20%，早强剂 JM1-0.8% | 5.36 | 25.20 | 6.71 | 22.55 | 10.15 | 29.48 | 21.46 | 72.43 |
| 水灰比 0.6，水泥含量 20%，萘系减水剂 JMA-0.5% | 7.60 | 77.43 | 7.61 | 38.92 | 13.75 | 75.33 | 20.52 | 64.90 |
| 水灰比 0.6，水泥含量 20%，羧酸类减水剂 PCA-0.8% | 6.99 | 63.18 | 6.94 | 26.62 | 10.40 | 32.59 | 14.95 | 20.12 |

### 2. 压浆添加剂对试块结构的影响分析

扫描电镜结果显示，7d 龄期时，不添加添加剂的纯水泥砂土试块，结构发育得缓慢，只有少量的针状结晶体；添加 HF 灌浆剂的试块，结构发育最快，砂子颗粒的周围由水泥胶凝体包裹，生成了大量针状结晶体，试块的整体结构比较致密，孔隙被针状晶体填充，粘结紧密；添加 JMA 萘系减水剂的试块，内部多为由水泥包裹砂子形成的颗粒状固体，其表面有较小的针状结晶体，结构相对致密；添加 JM1 早强剂的试块，内部有板状结构，表面有绒毛状结晶体，结构孔洞较多，粘结不紧密；添加 PCA 减水剂的试块，内部多为纵横错杂的板片状结构，有少量针状结晶体，结构孔隙多，粘结不紧密。60d 龄期与 7d 比较，各种配比试块的内部结构均有不同程度的发育，结构更为致密，颗粒胶结成团状、块状，多看不到明显的针状结晶体（图 3.2-31～图 3.2-40）。

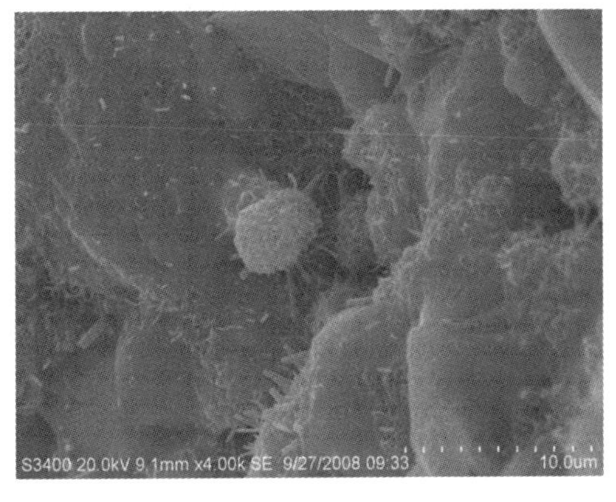


图 3.2-31　7d 龄期，25%水泥含量无添加剂试块结构（4000 倍）

图 3.2-32　7d 龄期，HF-12%添加量试块结构（5000 倍）

图 3.2-33　7d 龄期，JMA-0.5%添加量试块结构（5000 倍）

图 3.2-34　7d 龄期，JM1-0.8%添加量试块结构（5000 倍）

图 3.2-35　7d 龄期，PCA-0.8%添加量试块结构（5000 倍）

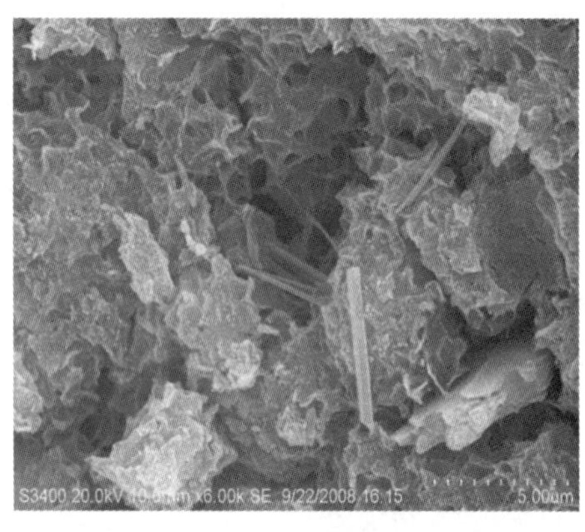


图 3.2-36　60d 龄期，25%水泥含量无添加剂试块结构（6000 倍）

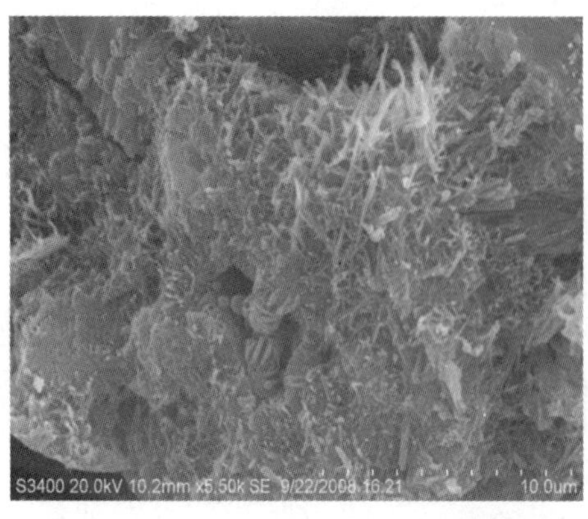


图 3.2-37　60d 龄期，HF-12%添加量试块结构（5500 倍）

图 3.2-38　60d 龄期，JMA-0.5%添加量试块结构（4000 倍）

图 3.2-39　60d 龄期，JM1-1%添加量试块结构（2500 倍）

图 3.2-40　60d 龄期，PCA-0.8%添加量试块结构（3000 倍）

## 3.2.5　不同外界条件对固化物强度、结构的影响分析

### 3.2.5.1　试验概况

研究水泥浆与砂土的混合物在有光与无光条件下、密闭与大气条件下等不同外界条件下的强度发展规律。

**1. 试验装置与材料**

（1）模具：40mm×40mm×40mm 铸铁模具，数量 4 个。

（2）水泥：江苏省上坊镇天宝山水泥厂生产的普通硅酸盐水泥，等级 32.5。

（3）其他材料：粗砂、电子秤、天平、烧杯、量筒、滴管、小勺、搅拌棒、插捣棒、塑料搅拌桶、平板式振动机、黑色塑料袋等。

**2. 试验安排**

水泥不掺入添加剂，外界养护条件不同，配合比如表 3.2-12。制备 3d、7d、28d，3 个龄期，每个龄期每种配合比 3 个平行试样，试块数量共 27 个。

配合比　　表 3.2-12

| 水泥含量(%,占砂土) | 水灰比 | 不同养护条件 | | | |
|---|---|---|---|---|---|
| 25 | 0.6 | 有光、不密闭 | 无光、不密闭 | 有光、密闭 | 无光、密闭 |

### 3.2.5.2　试验过程

基本同本书第 3.2.4 节试验步骤，在养护方式上有所不同。用多层塑料袋包裹试块，模拟密闭条件；用黑色塑料袋包裹并置于光线不能直接照射的地方养护，模拟无光条件。

### 3.2.5.3 试验结论

从强度试验的结果来看，是否密闭和有无可见光这两个条件中，是否密闭对试块强度的影响更大，是否有可见光对试块的强度几乎无影响。见表 3.2-13、图 3.2-41、表 3.2-14。密闭条件下，试块强度降幅为 30%左右，无可见光条件下，试块强度降幅仅为 2%左右。由此可见，对超长桩、深层土层后压浆时，由于浆体在地下处于一种密闭无空气的环境中，因此，浆液凝结时间延长，固化物的强度增长缓慢，相同龄期强度值不能达到普通养护条件下所测得的强度值。

不同养护条件下试块各龄期强度　　表 3.2-13

| 不同养护条件的试块 | 3d 强度(MPa) | 7d 强度(MPa) | 28d 强度(MPa) | 60d 强度(MPa) |
|---|---|---|---|---|
| 水灰比 0.6,水泥含量 25%,普通养护条件 | 6.74 | 9.10 | 15.40 | 21.34 |
| 水灰比 0.6,水泥含量 25%,密闭无光条件 | 4.76 | 6.53 | 10.88 | 15.08 |
| 水灰比 0.6,水泥含量 25%,密闭有光条件 | 5.98 | 6.89 | 11.64 | 15.92 |
| 水灰比 0.6,水泥含量 25%,不密闭无光条件 | 6.62 | 8.94 | 15.10 | 20.94 |

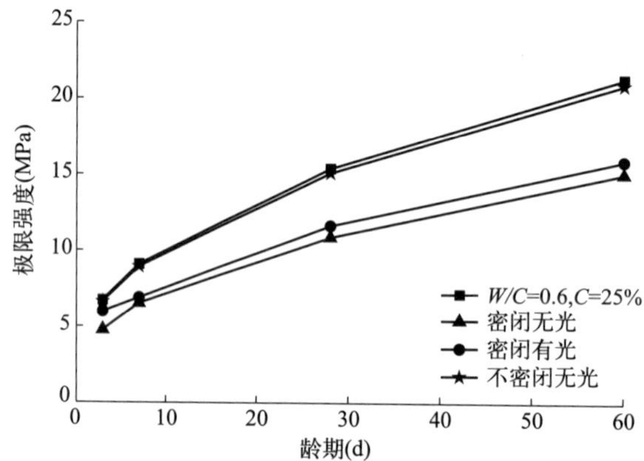


图 3.2-41　不同养护条件，试块龄期强度

不同养护条件下对试块强度的影响　　表 3.2-14

| 不同养护条件的试块 | 3d 强度(MPa) | 降低幅度(%) | 7d 强度(MPa) | 降低幅度(%) | 28d 强度(MPa) | 降低幅度(%) | 60d 强度(MPa) | 降低幅度(%) |
|---|---|---|---|---|---|---|---|---|
| 水灰比 0.6,水泥含量 25%,普通养护条件 | 6.74 | — | 9.10 | — | 15.40 | — | 21.34 | — |
| 水灰比 0.6,水泥含量 25%,密闭无光条件 | 4.76 | 29.34 | 6.53 | 28.19 | 10.88 | 29.34 | 15.08 | 28.79 |
| 水灰比 0.6,水泥含量 25%,密闭有光条件 | 5.98 | 11.36 | 6.89 | 24.24 | 11.64 | 24.42 | 15.92 | 28.26 |
| 水灰比 0.6,水泥含量 25%,不密闭无光条件 | 6.62 | 1.90 | 8.94 | 1.79 | 15.10 | 1.90 | 20.94 | 1.89 |

压浆机理小结：①砂土级配对压浆效果的影响显著。当级配良好，砂土容易获得较大

的密实度时，土体的孔隙直径小，浆液比较难注入，压浆量较少，桩端浆液的扩散基本上属于渗透扩散；当级配不良，甚至某部分粒径的颗粒缺失时，土体形成的孔隙直径大，浆液的扩散相对容易，压浆量较大，在桩端更容易产生劈裂式扩散。②在其他条件均相同时，与非饱和土相比较，饱和土中浆液的平均扩散半径较大，压浆量较大，而上返高度较小。③浆液在土层中（尤其是非均质土层中）的扩散趋势是在相对较为薄弱的部位的扩散范围较大。④本次试验所选用的4种添加剂均可起到较好的提高压浆固化物强度的效果，其中HF灌浆剂的增强效果最为显著。每种添加剂均存在一个最佳掺入比，在工程应用前应通过试验确定其最佳掺入比。⑤从强度试验的结果来看，在其他条件均一致时，养护条件密闭与否对试块强度的影响很大，密闭条件下，试块强度降幅为30%左右。由此可见，对超长桩、深层土层后压浆时，由于浆体在地下处于一种密闭无空气的环境中，因此，浆液凝结时间延长，固化物的强度增长缓慢，相同龄期强度值达不到普通养护条件下所测得的强度值。

## 3.3　灌注桩后压浆长期承载特性现场试验分析

### 3.3.1　场地地质与试桩概况

#### 3.3.1.1　场地地层情况

银川北京路延伸及滨河黄河大桥工程位于银川市，该项目起于北京东路与友爱中心路交叉口东300m，终于纬四路与经一路交叉口东南650m。其中北京路延伸段路线全长13.70km，滨河黄河大桥路线长6.59km。本项目桥址区揭露的地层主要有杂填土、粉土、粉质黏土及细砂。由于上部结构荷载较大，为满足荷载要求均采用大直径桩基础，将密实状细砂作为桩端持力层。拟建区场地各土层的参数按《公路桥涵地基与基础设计规范》JTG 3363—2019的有关条文确定，如表3.3-1所示。

试验场地各土层参数　　表3.3-1

| 层号 | 土层名称 | 密度或状态 | 标贯值(击) | 承载力基本容许值(kPa) | 侧阻标准值(kPa) |
|---|---|---|---|---|---|
| ①$_1$ | 杂填土 | — | 2～5 | — | — |
| ② | 粉土 | 松散 | 7～14 | 130 | 30 |
| ④$_1$ | 细砂 | 稍密～中密 | 9～18 | 220 | 55 |
| ④$_{21}$ | 粉质黏土 | 硬塑 | 22 | 200 | 50 |
| ④$_2$ | 细砂 | 密实 | 36～50 | 300 | 70 |

#### 3.3.1.2　试桩概况

根据设计要求在该场地开展3根试桩静载试验，试桩编号分别为SZ1、SZ2、SZ3，桩长均为70m，桩径均为1.2m，桩端进入密实状细砂层。试桩采用回旋钻反循环成孔工艺，桩身混凝土强度等级为C35。为了提升桩基承载力，采用桩端后压浆技术。桩端压浆管路采用直管法，沿桩周布置三个压浆管路，保证压浆的均匀性。压浆实行压浆量与压浆压力联合控制，以压浆量（水泥用量）控制为主。各试桩压浆参数如表3.3-2所示。

各试桩压浆参数 表 3.3-2

| 桩号 | 压浆管编号 | 水灰比 | 压浆时间 | | 终止压力(MPa) | 水泥用量(t) |
|---|---|---|---|---|---|---|
| | | | 开始 | 结束 | | |
| SZ1 | 1 | 0.5 | 10:35 | 10:50 | 2.7 | 0.3 |
| | 2 | 0.5 | 11:13 | 11:22 | 2.5 | 0.4 |
| | 3 | 0.5 | 11:37 | 11:50 | 2.5 | 0.3 |
| SZ2 | 1 | 0.5 | 15:25 | 15:38 | 2.4 | 0.3 |
| | 2 | 0.5 | 16:07 | 16:17 | 2.5 | 0.3 |
| | 3 | 0.5 | 16:35 | 16:51 | 2.5 | 0.3 |
| SZ3 | 1 | 0.5 | 16:17 | 16:29 | 2.5 | 0.4 |
| | 2 | 0.5 | 16:48 | 16:58 | 2.5 | 0.4 |
| | 3 | 0.5 | 17:25 | 17:41 | 2.5 | 0.4 |

## 3.3.2 试桩长期静载试验结果分析

### 3.3.2.1 长期静载试验

成桩后待试桩强度达到要求后，试桩 SZ1～SZ3 进行压浆前静载试验。待压浆完成且经养护强度达到要求后对试桩 SZ1～SZ3 进行压浆后静载试验。为了研究后压浆桩的长期承载性状，选取试桩 SZ1 和 SZ2 在压浆后静载试验结束的不同时间内进行两次静载试验。其中，在压浆 10 个月后进行第一次长期加载试验，在压浆 17 个月后进行第二次长期加载试验。

为了能有效地开展后压浆桩长期静载试验，且不影响场地施工，本次工程试桩采用自平衡法。此外，为了通过试桩试验提出土层的极限摩阻力和桩端极限承载力，以及确定后压浆对增强桩端承载力、桩侧摩阻力的长期作用，本次试桩试验采用双荷载箱自平衡测试法。双荷载箱自平衡测试法具有如下优点：①能有效应用于超长桩承载力测试，避免了单个荷载箱受限于千斤顶布置大小的缺陷；②能有效应用于测试压浆前和压浆后桩基的承载力，避免了单荷载箱只能测出某一段极限承载力的缺陷；③可根据工程地质条件，灵活调整上下荷载箱加载顺序，分别测试得到不同段桩的承载力。因而根据设计参数将 2 个荷载箱设置于桩身内，试桩 SZ1～SZ3 的上荷载箱距桩端 28m，下荷载箱距桩端 3m，从而将桩体自上而下分为上、中及下三段。

试验采用慢速维持荷载法，荷载加卸载按照《建筑基桩自平衡静载试验技术规程》JGJ/T 403—2017[72] 执行。试桩每级加载为预估加载值的 1/15，第一级按两倍荷载分级加载；而每级卸载量为 3 个加载级的荷载值。此外，在桩身内的钢筋笼主筋上不同截面沿桩周对称地安装 4 个钢筋应力计，并在桩顶及上、下荷载箱上分别安装 2 个位移传感器量测试桩顶沉降及荷载箱的上、下位移。

### 3.3.2.2 长期承载性状分析

由于本节探讨后压浆桩长期承载性状，因而仅对试桩 SZ1 和 SZ2 的试验结果进行研究。将试桩 SZ1 和 SZ2 自平衡测试结果等效转换为传统静载试验的桩顶荷载-桩顶位移曲线，得到试桩等效转换桩顶荷载 $Q$-桩顶位移 $s$ 曲线如图 3.3-1 所示。试桩不同阶段的极限承载力及其位移如表 3.3-3 所示。

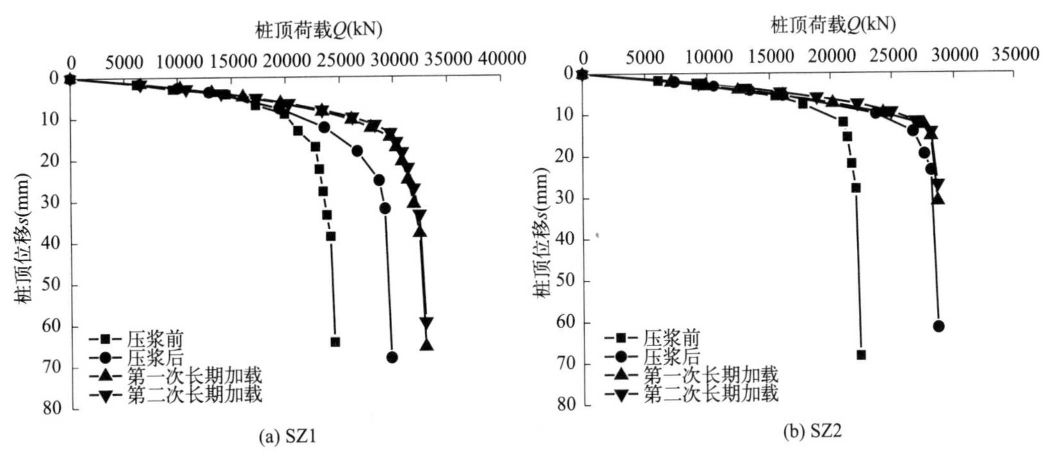


图 3.3-1　试桩等效转换 $Q$-$s$ 曲线

**试桩极限承载力及其位移**　　**表 3.3-3**

| 试桩编号 | 压浆前 | | 压浆后 | | 第一次长期加载 | | 第二次长期加载 | |
|---|---|---|---|---|---|---|---|---|
| | 极限承载力(kN) | 桩顶位移(mm) | 极限承载力(kN) | 桩顶位移(mm) | 极限承载力(kN) | 桩顶位移(mm) | 极限承载力(kN) | 桩顶位移(mm) |
| SZ1 | 24115 | 38.65 | 29235 | 31.98 | 32435 | 38.04 | 32435 | 33.46 |
| SZ2 | 22035 | 27.93 | 28155 | 23.53 | 28155 | 15.32 | 28155 | 14.27 |

从图 3.3-1 可以看出，试桩压浆前 $Q$-$s$ 曲线均有较明显的拐点，而压浆后改变了试桩的承载特性，与压浆前相比，压浆后 $Q$-$s$ 曲线的变化趋于平缓，极限承载力提高较明显，且桩顶位移有所减小。在桩顶荷载小于 15000kN 时，试桩压浆前后曲线基本重合，说明此时荷载还未传递至桩端，桩端压浆尚未发挥作用。当桩顶荷载超过 15000kN 时，压浆前后曲线开始分开，在同一桩顶位移条件下，压浆后的承载力明显大于压浆前，这是桩端压浆促使桩端阻力发挥作用的结果。

由图 3.3-1 并结合表 3.3-3 可知，试桩 SZ1 第一次长期加载得到的极限承载力较压浆后有所提高，由于桩端、桩侧水泥浆液随着时间的增长，其强度增大，使得试桩 SZ1 极限承载力提高了 10.9%；而第二次长期加载得到的极限承载力未有提高，但其位移有所减小。该结论与前述的海水环境下水泥土加固体的深层平均贯入阻力随时间推移而增长且逐渐趋于稳定的结论相同。试桩 SZ2 经过长期加载后极限承载力均未提高，但位移有所减小。因此，在相同荷载作用下，桩端压浆后桩基随时间的增长其沉降减小并趋于一稳定值。

## 3.3.3　桩基阻力的变化规律

### 3.3.3.1　桩端阻力

试桩 SZ1 和 SZ2 不同阶段的实测桩端阻力-桩端位移曲线见图 3.3-2。从图中可知，桩顶荷载较小时，荷载全部由侧摩阻力承担；随着桩顶荷载的增加，桩端阻力逐步发挥。试桩 SZ1 和 SZ2 压浆前端阻力所占比例分别为 13.1%、9.9%，因此桩顶荷载主要由桩侧摩阻力承担。如前所述，由于浆液上返与桩端土体强度的提高对侧摩阻力的影响，使得压浆后桩端阻力所占比例并未明显增加。另一方面，桩端水泥浆液较桩侧水泥浆液所需固结时间更久。试桩 SZ1 压浆后端阻力较压浆前提高了 21.1%，并随着桩端水泥浆液的固结，经两次长期测试发现端阻力均有所提高，较压浆前分别提高了 104.8%、106.7%，并且所占极限承载力的比例也有所增大，但端阻力增长幅度逐渐减小并趋于稳定。试桩 SZ2 两次长期测试得到的端阻力与压浆后的端阻力相近，而相应端阻力所对应的位移得到减小，说明压力浆液与桩端土体混合形成的水泥土加固体强度随着时间的增长得到了增强。

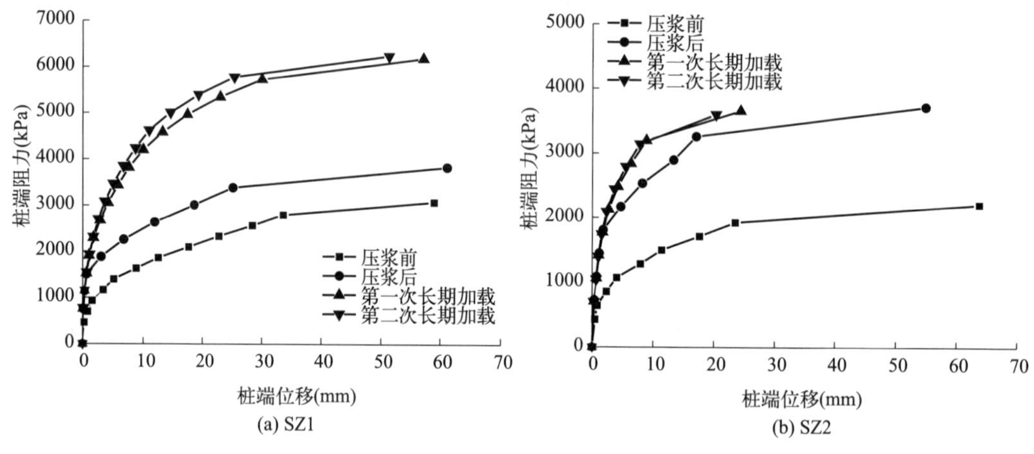


图 3.3-2 试桩桩端阻力-桩端位移曲线

### 3.3.3.2 桩侧摩阻力

利用桩身布设的钢筋应力计测试所得的数据可计算得到桩身轴力，再根据桩身轴力、桩身自重可求得不同截面的桩侧摩阻力。图 3.3-3 给出了不同阶段试桩 SZ1 和 SZ2 在极限荷载作用下各土层的桩侧摩阻力深度变化曲线。

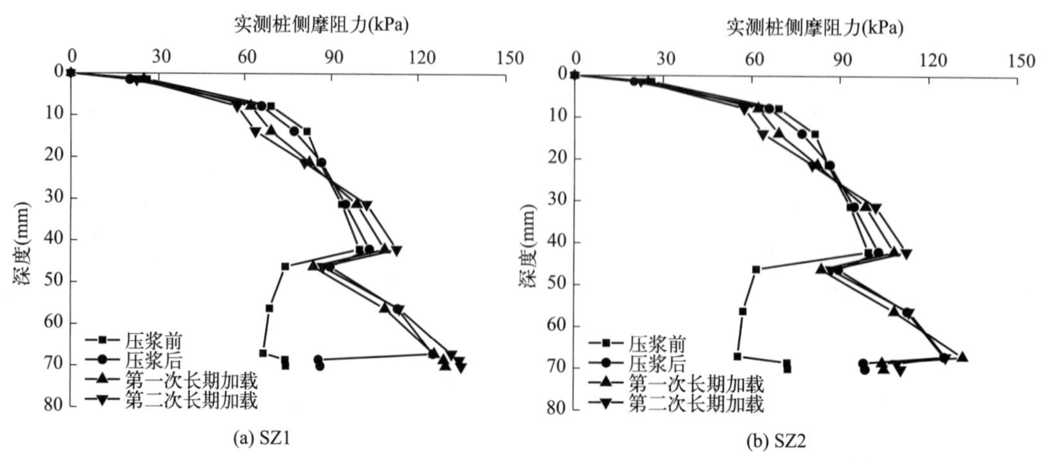


图 3.3-3 极限荷载下试桩桩侧摩阻力沿深度分布曲线

从图 3.3-3 可以看出，试桩压浆后在桩端附近一定范围内的侧摩阻力得到了提高，表明桩端压浆对增强桩侧摩阻力具有明显效果。根据本书第 2 章中后压浆对桩基阻力影响分析可知，桩端压浆提高桩侧摩阻力主要是由于桩端压力浆液上返改善了桩土相互作用以及桩端压浆加固桩端土层对桩侧摩阻力的发挥具有强化作用。另一方面，长期加载后的侧摩阻力与压浆后的侧摩阻力相比表现出相同的变化趋势，且在桩端附近（距离桩端 3m 范围内）的侧摩阻力呈现出缓慢增长的规律。由此可见，桩端压浆后随着时间的推移不仅可以进一步增强桩端阻力，还能进一步提高桩端附近的桩侧摩阻力。

为了进一步揭示压浆后桩侧摩阻力随时间变化的情况，根据试桩不同阶段的桩身总侧摩阻力-桩顶位移曲线来研究压浆后桩侧摩阻力随时间的变化规律。图 3.3-4 为试桩不同阶段的桩侧摩阻力-桩顶位移曲线。从图中可以看出，试桩各阶段的桩侧总侧摩阻力随桩顶沉降的变化形态大致相同，压浆后的桩身总侧摩阻力相比压浆前得到了较大提高。与压浆后的桩身总侧摩阻力相比，试桩 SZ1 和 SZ2 第一次长期加载得到的桩身总侧摩阻力增幅分别 2.18%、0.29%；而试桩 SZ1 和 SZ2 第二次长期加载与第一次长期加载得到的桩身总侧摩阻力相近，这说明桩端压浆后随着时间的推移对桩身总侧摩阻力的影响很有限。值得注意的是，压浆后桩侧土的初始刚度随着时间的增长而缓慢提高，这主要是由于压入的水泥浆液与桩侧土体混合改善了桩侧与土体的边界条件，并随着时间的推移进一步增强了水泥土加固体的强度。

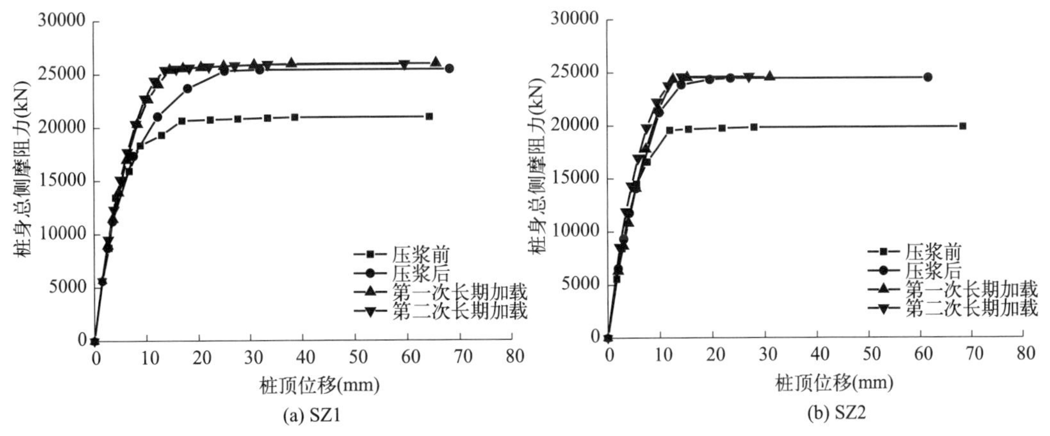


图 3.3-4　试桩桩身总侧摩阻力-桩顶位移曲线

综上所述，桩端后压浆在桩端和部分桩侧的水泥浆液与土体混合形成的水泥土加固体强度随着时间的推移而增强，使桩端阻力与桩端附近的桩侧摩阻力进一步增强，整桩的承载性能也有了明显的提高。经长期测试表明后压浆存在时间效应，由于水泥土加固体强度的增加，会进一步提高桩基极限承载力，即使桩基极限承载力未得到明显提高时，其桩顶位移也能得到进一步的控制。

## 3.4　灌注桩后压浆长期效应的有限元模拟分析

有限元法是利用电子计算机的一种有效的数值分析方法，在 20 世纪 50 年代源于航空工程中飞机结构的矩阵分析，在 20 世纪 60 年代，有限元法被推广到求解弹性力学的平面应力问题中。使用有限元法求解有几个突出的优点：①可以用来求解非线性问题；②易于处理非均质材料、各向异性材料；③能适用于各种复杂的边界条件。很多岩土工程问题要找到弹性力学解是非常困难的，可以利用有限元方法求解各种具有复杂地质条件、应力历史、边界条件的问题。1966 年，Clough 和 Woodward 首先将有限元法引入到土力学。60 年代后期，开始将有限元法用于桩土分析，可以用来模拟桩的受力分析。随着电子计算机技术的飞速发展，有限元法在岩土工程领域中的应用日趋广泛，为工程实践作出了巨大贡献。有限元软件在模拟复杂环境条件下的桩-土体系共同作用具有独特的优势，本节利用有限元软件对后压浆桩承载特性与长期效应进行模拟。

## 3.4.1 后压浆有限元分析

### 3.4.1.1 土的本构模型

**1. 基本方程**

根据弹塑性理论，总应变可分成弹性应变和塑性应变，其增量形式为：

$$d\varepsilon = d\varepsilon^{e} + d\varepsilon^{p} \tag{3.4-1}$$

弹性应变可应用广义虎克定律计算，其表达式为：

$$\{d\sigma\} = [D]\{d\varepsilon^{e}\} \tag{3.4-2}$$

塑性应变可根据增量理论计算，需要确定材料的屈服函数、流动法则和硬化规律。

土可看作加工硬化材料，屈服面是应力和硬化参数的函数，其关系表示为：

$$f(\sigma_{ij}) = F(H) \quad 或 \quad f(\sigma_{ij}, H) = 0 \tag{3.4-3}$$

塑性流动是由塑性势所引起的。塑性势面可用塑性函数 $g$ 表示，它是应力状态的函数。塑性应变增量与应力 $\{\sigma\}$ 之间的关系服从流动法则，其表达式为：

$$d\varepsilon_{ij}^{p} = d\lambda \frac{\partial g}{\partial \sigma_{ij}} \tag{3.4-4}$$

式中：$d\lambda$ 为比例常数。

若假定塑性势函数与屈服函数一致，即 $f(\sigma_{ij}) = g(\sigma_{ij})$，则为关联塑性流动法则。根据塑性应变增量理论，可得到弹塑性应力-应变的普遍关系式。

$$\{d\sigma\} = [D_{\mathrm{ep}}]\{d\varepsilon\} \tag{3.4-5}$$

式中：$[D_{\mathrm{ep}}]$ 为弹塑性矩阵，可由下式表示：

$$[D_{\mathrm{ep}}] = [D] - \frac{[D]\left\{\frac{\partial g}{\partial \sigma}\right\}\left\{\frac{\partial f}{\partial \sigma}\right\}^{\mathrm{T}}[D]}{A + \left\{\frac{\partial f}{\partial \sigma}\right\}^{\mathrm{T}}[D]\left\{\frac{\partial g}{\partial \sigma}\right\}} \tag{3.4-6}$$

式中：$A = F'\left\{\frac{\partial H}{\partial \varepsilon^{p}}\right\}^{\mathrm{T}}\left\{\frac{\partial g}{\partial \sigma}\right\}$

**2. Mohr-Coulomb 模型**

（1）Mohr-Coulomb 屈服准则

对于一般受力情况的岩土，其抗剪强度可用 Coulomb 公式表示为：

$$\tau_{\mathrm{n}} = c - \sigma_{\mathrm{n}} \tan\varphi \tag{3.4-7}$$

式中：$\tau_{\mathrm{n}}$ 为极限抗剪强度（kPa）；$\sigma_{\mathrm{n}}$ 为受剪面上的法向应力，以拉为正。

Mohr-Coulomb 抗剪强度曲线见图 3.4-1。

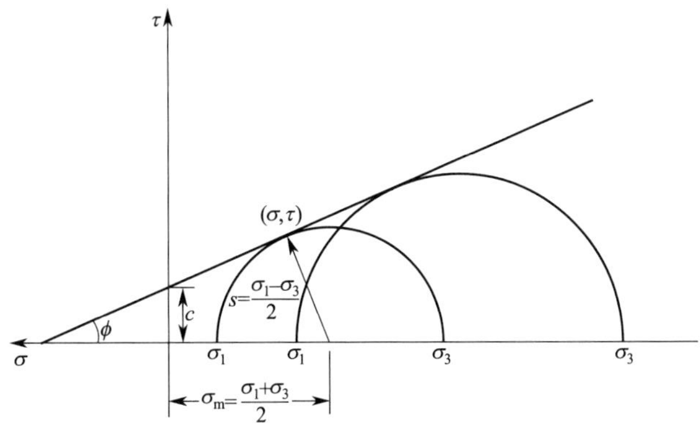


图 3.4-1　Mohr-Coulomb 抗剪强度曲线

Mohr-Coulomb 模型屈服面是一个不规则的六边形截面的角锥体表面，见图 3.4-2，其在 π 平面上的投影如图 3.4-3 所示。

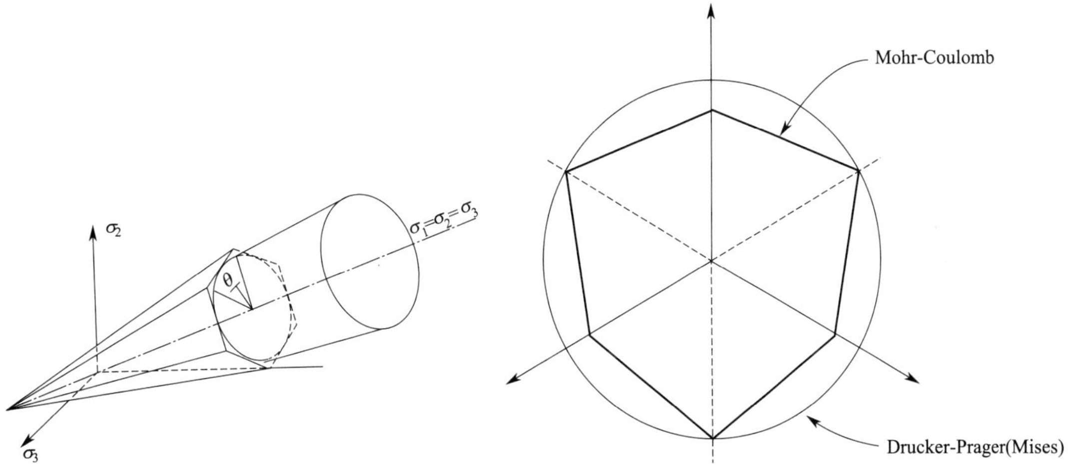


图 3.4-2　Mohr-Coulomb 模型屈服面　　　图 3.4-3　π 平面上的投影

式(3.4-7) 还可采用应力不变量表示为以下形式：

$$F=p\sin\varphi+\frac{1}{\sqrt{3}}\left(\cos\theta_\sigma-\frac{1}{\sqrt{3}}\sin\theta_\sigma\sin\varphi\right)q-c\cdot\cos\varphi=0 \tag{3.4-8}$$

式中：$q=\frac{1}{\sqrt{2}}[(\sigma_1-\sigma_2)^2+(\sigma_2-\sigma_3)^2+(\sigma_3-\sigma_1)^2]^{\frac{1}{2}}$

$p=\frac{1}{3}(\sigma_1+\sigma_2+\sigma_3)$

$\theta_\sigma$ 为罗德角，$\theta_\sigma=\frac{1}{3}\sin^{-1}\left(\frac{-3\sqrt{3}}{2}\frac{J_3}{q^3}\right)$

$J_3$ 为第三偏应力不变量，$J_3=S_1S_2S_3$

式(3.4-8) 还可简化为：

$$R_{\text{mc}} \cdot q + p \cdot \tan\varphi - c = 0 \tag{3.4-9}$$

$$R_{\text{mc}} = \frac{1}{\sqrt{3}}\left(\cos\theta_{\sigma} - \frac{1}{\sqrt{3}}\sin\theta_{\sigma}\sin\varphi\right)$$

Mohr-Coulomb 模型屈服面在子午面内的投影可用 $R_{\text{mc}} \cdot q - p$ 应力平面表示，见图 3.4-4。

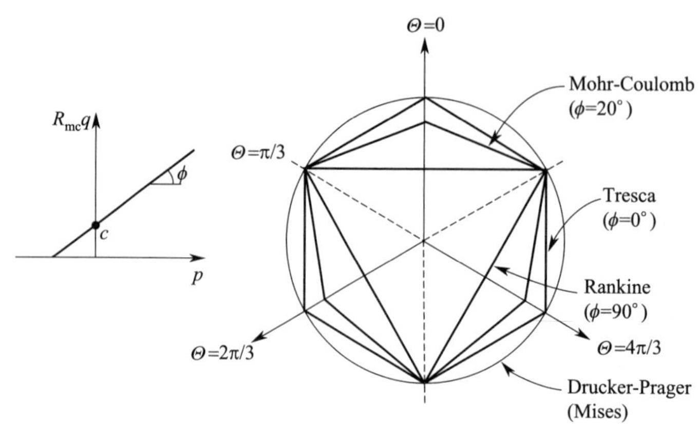


图 3.4-4　$R_{\text{mc}} \cdot q - p$ 应力平面

(2) 流动法则

在子午面内，流动势函数采用双曲线函数表示见图 3.4-5，在 π 平面内采用 Menétrey 和 Willam (1995) 提出的圆滑椭圆函数表示，见图 3.4-6，其表达式为：

$$g = \sqrt{(\varepsilon c|_0 \tan\varphi)^2 + (R_{\text{mw}} q)^2} - p\tan\varphi \tag{3.4-10}$$

式中：$R_{\text{mw}}(\theta_{\sigma}, e) = \dfrac{4(1-e^2)\cos^2\theta_{\sigma} + (2e-1)^2}{2(1-e^2)\cos\theta_{\sigma} + (2e-1)\sqrt{4(1-e^2)\cos^2\theta_{\sigma} + 5e^2 - 4e}} R_{\text{mc}}\left(\dfrac{\pi}{6}, \varphi\right)$

$$R_{\text{mc}}\left(\frac{\pi}{6}, \varphi\right) = \frac{3 - \sin\varphi}{6\cos\varphi}$$

$\varphi$ 为 $R_{\text{mc}} \cdot q - p$ 在应力平面内的膨胀角 (°)；$c|_0$ 为初始屈服应力 (kPa)；ε 为系数，表示子午面内双曲线接近渐进线的程度；$e$ 为偏应力参数，一般取 $e = \dfrac{3 - \sin\varphi}{3 + \sin\varphi}$。

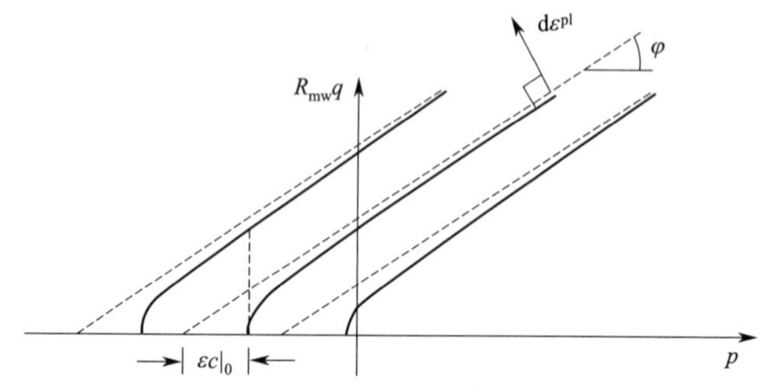


图 3.4-5　子午面内双曲线流动势函数图

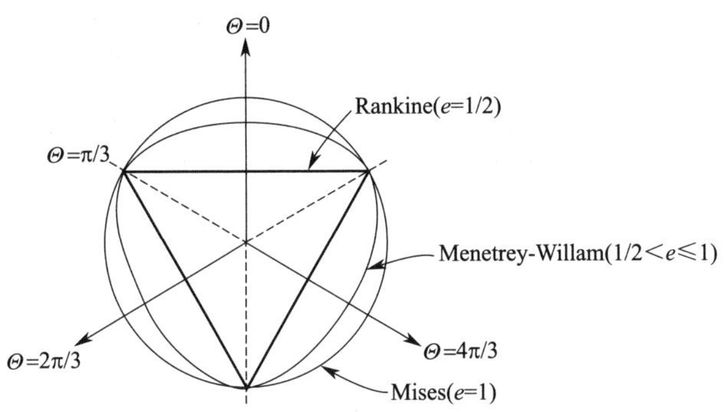


图 3.4-6　π 平面内 Menétrey 和 Willam 流动势函数

#### 3.4.1.2　计算模型

**1. 模型参数**

计算时桩体混凝土采用线弹性模型，地基土采用 Mohr-Coulomb 模型，考虑桩土之间的相对滑动及土体和桩体的重力。

取两种桩长情况进行计算：①$L=50$m，竖向边界取 $2.5L$，侧向边界取 $10D$；②$L=100$m，竖向边界取 $2L$，侧向边界取 $10D$。桩端压浆固结体采用直径为 $D_b$，高度为 $D$ 的圆柱体表示计算。模型示意图见图 3.4-7。

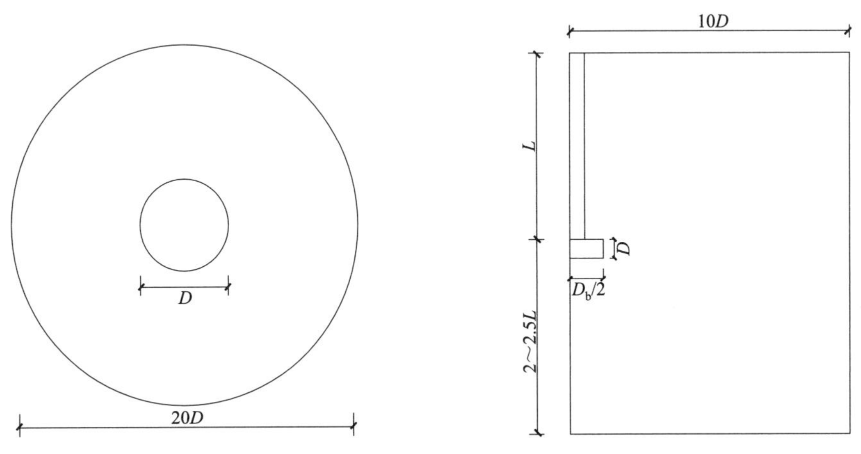


图 3.4-7　计算模型示意图

模型土表面为自由边界，土侧和土的底部取为固定支座。为减少单元网格，考虑到模型的轴对称性，取 1/4 进行计算，计算结果不受影响。对称面上的边界条件为：约束垂直于对称面方向的位移。部分计算模型的网格划分见图 3.4-8。

网格中，对三角形单元采用 6 节点等参数单元，对四边形形单元采用 8 节点等参数单元。

**2. 材料参数**

为便于计算，假定土体和桩体为均质的，桩顶为均布荷载。混凝土的泊松比为 $\nu=0.2$，弹性模量 $E=2.8\times10^4$ MPa，桩径 $D=2.5$m。土体参数见表 3.4-1，桩端加固区参数见表 3.4-2，桩端加固区参数的第一种情况与土体参数相同，为苏通大桥试桩地层参数的加权平均值。

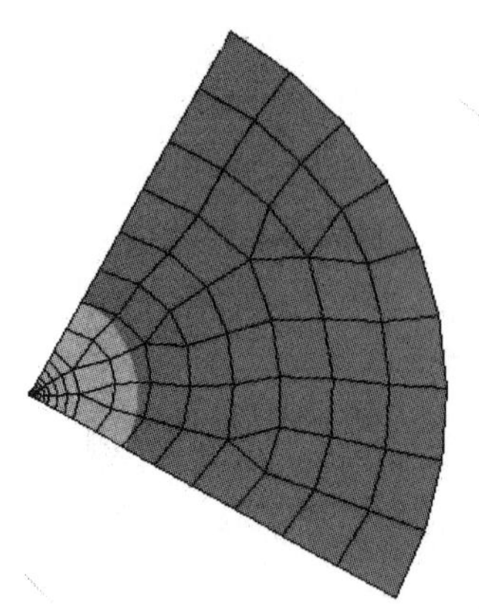
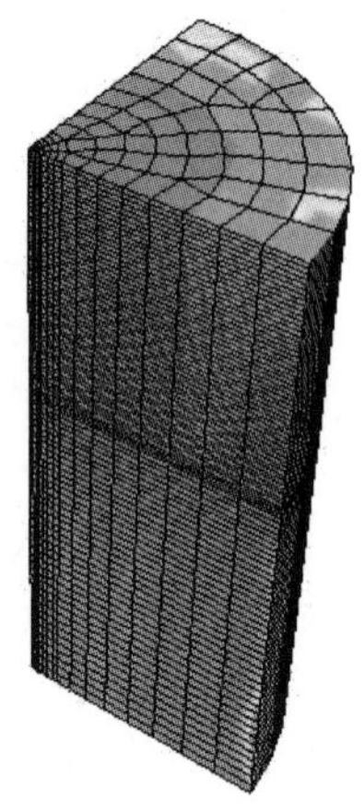

图 3.4-8　部分计算模型的网格划分

**土体参数**　　　　**表 3.4-1**

| $c$(kPa) | $\varphi$(°) | $E$(MPa) | $K_0$ | $\nu$ |
|---|---|---|---|---|
| 20 | 30 | 60 | 0.6 | 0.35 |

**桩端加固区参数**　　　　**表 3.4-2**

<table>
<tr><th rowspan="2">桩长(m)</th><th rowspan="2">桩径(m)</th><th colspan="5">加固区参数</th></tr>
<tr><th>直径(m)</th><th>c(kPa)</th><th>φ(°)</th><th>E(MPa)</th><th>ν</th></tr>
<tr><td rowspan="15">①100<br>②50</td><td rowspan="15">2.5</td><td rowspan="5">5</td><td>5</td><td>38</td><td>60</td><td>0.3</td></tr>
<tr><td>5</td><td>40</td><td>100</td><td>0.3</td></tr>
<tr><td>350</td><td>30</td><td>200</td><td>0.22</td></tr>
<tr><td>1000</td><td>30</td><td>600</td><td>0.22</td></tr>
<tr><td></td><td></td><td>2000</td><td>0.2</td></tr>
<tr><td rowspan="5">7.5</td><td>5</td><td>38</td><td>60</td><td>0.3</td></tr>
<tr><td>5</td><td>40</td><td>100</td><td>0.3</td></tr>
<tr><td>350</td><td>30</td><td>200</td><td>0.22</td></tr>
<tr><td>1000</td><td>30</td><td>600</td><td>0.22</td></tr>
<tr><td></td><td></td><td>2000</td><td>0.2</td></tr>
<tr><td rowspan="5">10</td><td>5</td><td>38</td><td>60</td><td>0.3</td></tr>
<tr><td>5</td><td>40</td><td>100</td><td>0.3</td></tr>
<tr><td>350</td><td>30</td><td>200</td><td>0.22</td></tr>
<tr><td>1000</td><td>30</td><td>600</td><td>0.22</td></tr>
<tr><td></td><td></td><td>2000</td><td>0.2</td></tr>
</table>

### 3.4.1.3　桩端加固体参数对桩端承载力影响的计算

#### 1. 计算模型的检验

为检验计算模型及参数的选择是否合理，首先不考虑桩端压浆的影响，分别取 100m 和 125m 两种情况进行计算并与试验资料进行对比，计算结果见图 3.4-9 和图 3.4-10。

图3.4-9中对比桩为苏通大桥2期试桩SZ4（压浆前），其桩长为106m，根据应力测试结果，扣除上部6m摩阻力后，所得结果。图3.4-10中对比曲线为南京水科院离心模型试验结果，模拟对象为苏通大桥主塔下桩长125m，桩径2.5m的单桩。

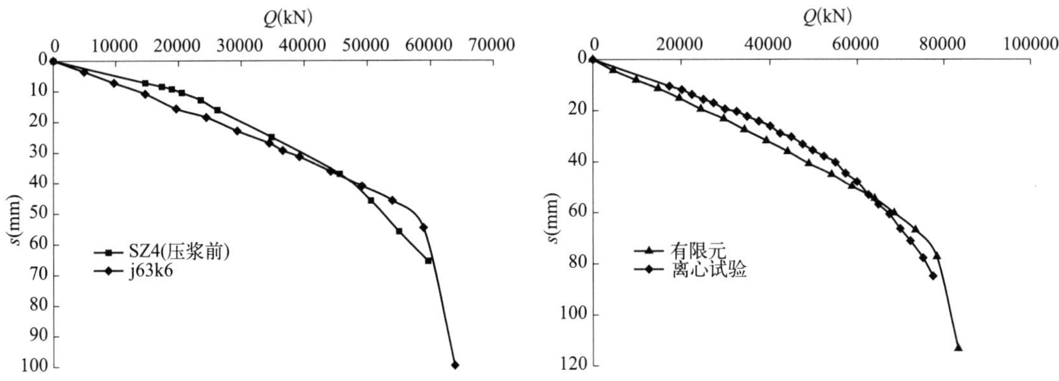


图3.4-9 有限元结果与静载试验结果对比

图3.4-10 有限元结果与离心试验结果对比

由上述对比曲线可知，$s$=40mm时，有限元结果比静载试验结果小4%，比离心试验结果小12.5%；$s$=60mm时，有限元结果比静载试验结果大5%，与离心试验结果相同。有限元计算结果与试验结果，有一定的误差，但从总体看，有限元计算结果还是比较理想的，说明计算模型和参数的选择基本是合理的。

**2. 有限元计算结果**

为简化计算，不考虑桩端压浆对桩周土和桩土界面的影响，这并不能反映桩的实际承载力，但当施工参数、土层参数确定时，并不影响桩端加固体参数与承载力提高幅度之间的规律。取桩长分别为100m和50m两种情况进行计算，得以下计算结果。

（1）桩长50m

当桩端加固体强度相同，直径不同时，计算结果见图3.4-11。当桩端加固体直径相同，强度不同时，计算结果见图3.4-12。计算模型的竖向位移分布、应变分布及桩端应力分布见图3.4-13和图3.4-14。

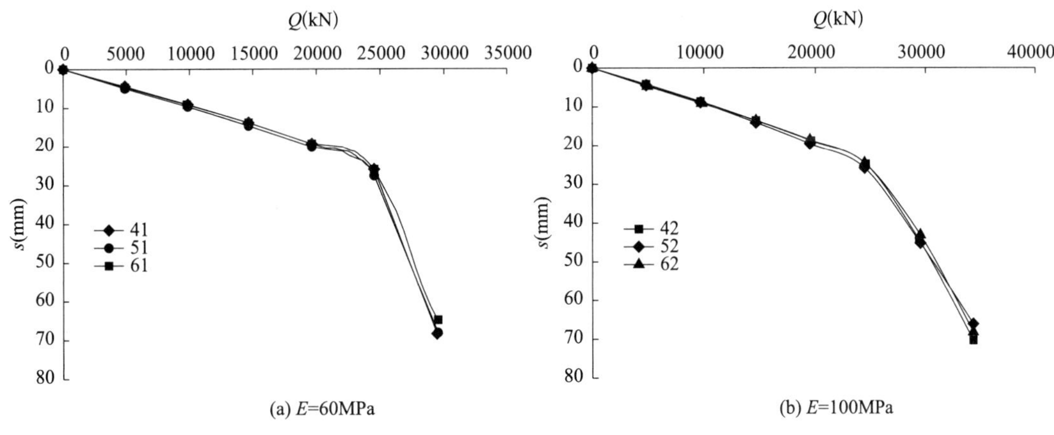


(a) $E$=60MPa　　(b) $E$=100MPa

图3.4-11 桩端加固体直径不同时计算结果（一）

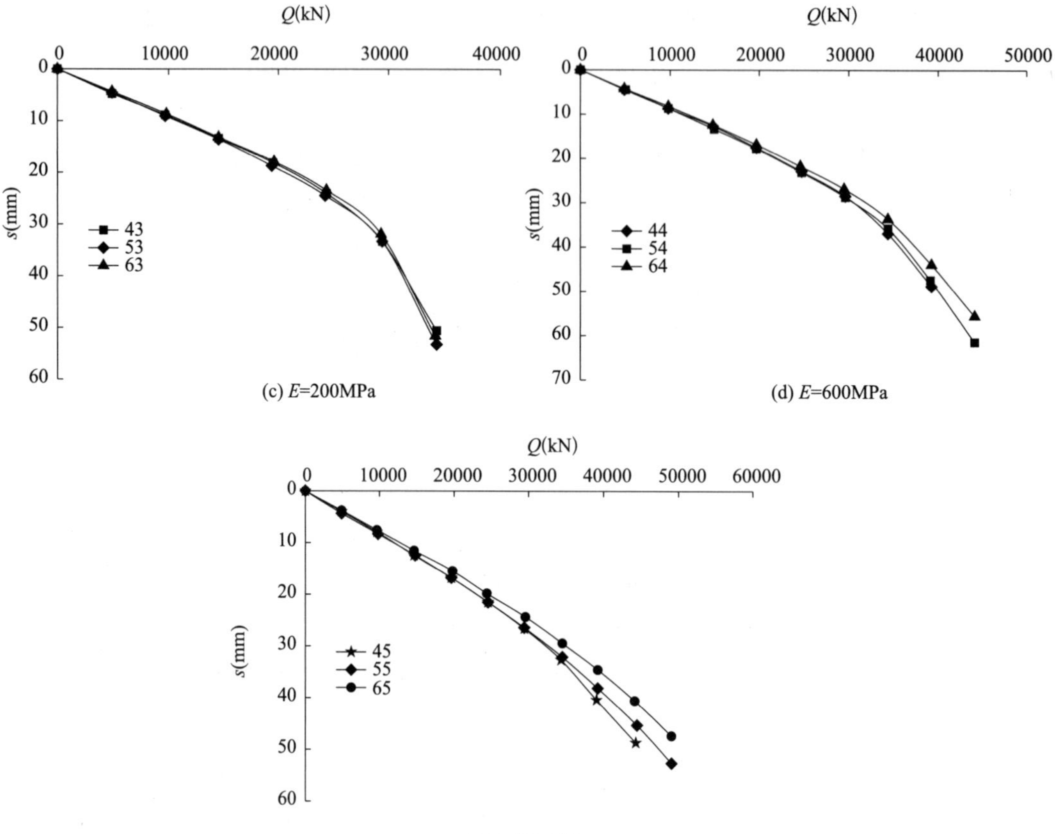

(c) $E$=200MPa

(d) $E$=600MPa

(e) $E$=2000MPa

图 3.4-11　桩端加固体直径不同时计算结果（二）

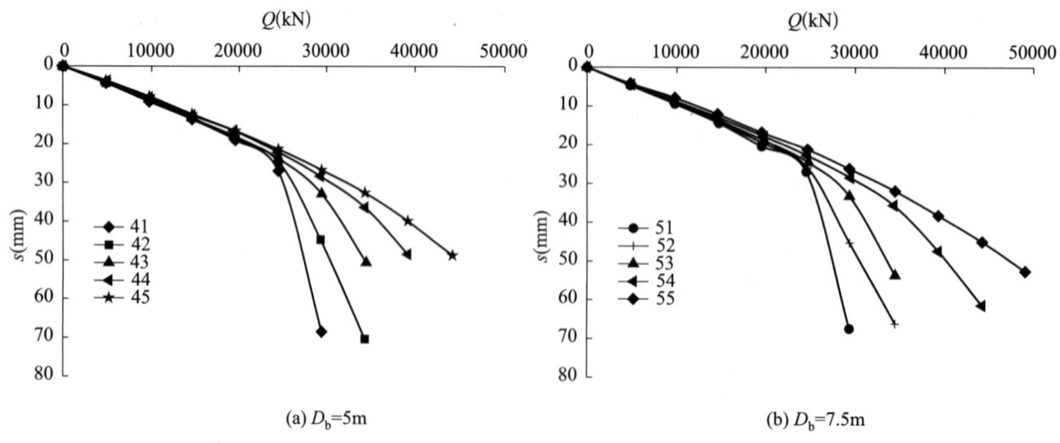


(a) $D_b$=5m

(b) $D_b$=7.5m

图 3.4-12　桩端加固体强度不同时计算结果（一）

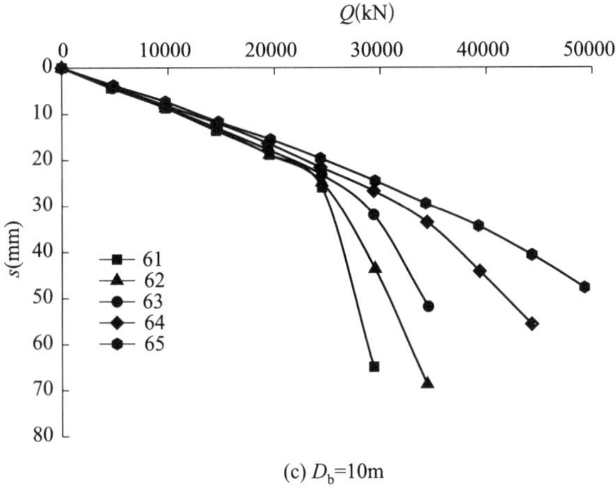

(c) $D_b$=10m

图 3.4-12　桩端加固体强度不同时计算结果（二）

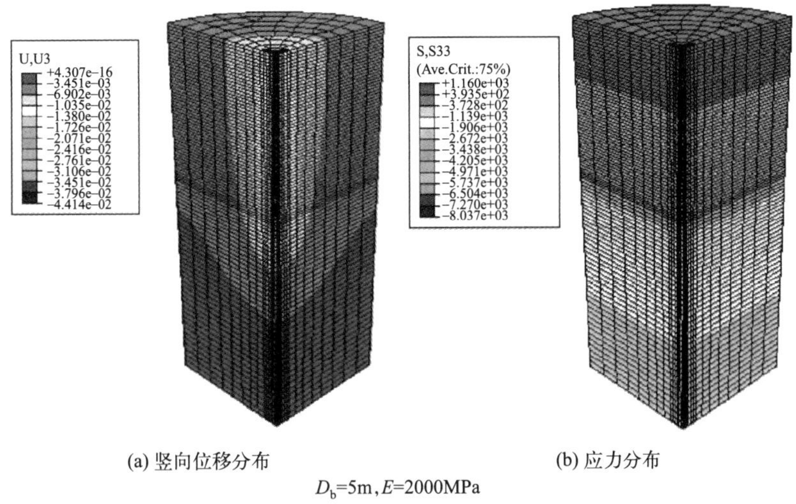

(a) 竖向位移分布　　(b) 应力分布

$D_b$=5m, $E$=2000MPa

图 3.4-13　部分计算模型竖向位移及应变分布

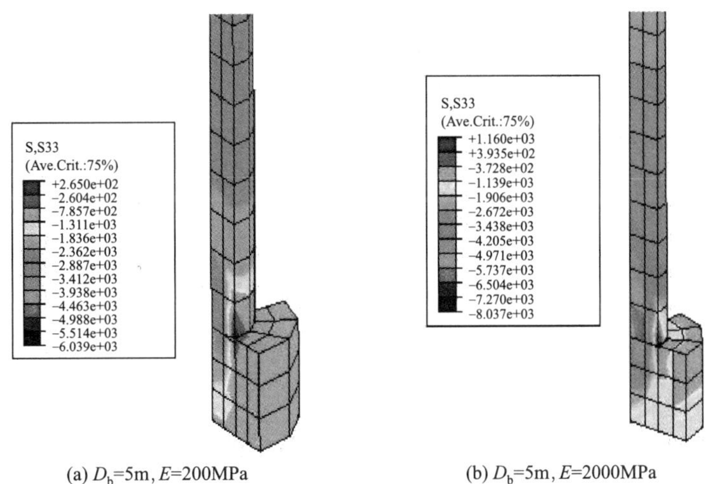

(a) $D_b$=5m, $E$=200MPa　　(b) $D_b$=5m, $E$=2000MPa

图 3.4-14　部分计算模型桩端应力分布

（2）桩长 100m

当桩端加固体强度相同，直径不同时，计算结果见图 3.4-15。当桩端加固体直径相同，强度不同时，计算结果见图 3.4-16。计算模型的竖向位移分布、应变分布及桩端应力分布见图 3.4-17。

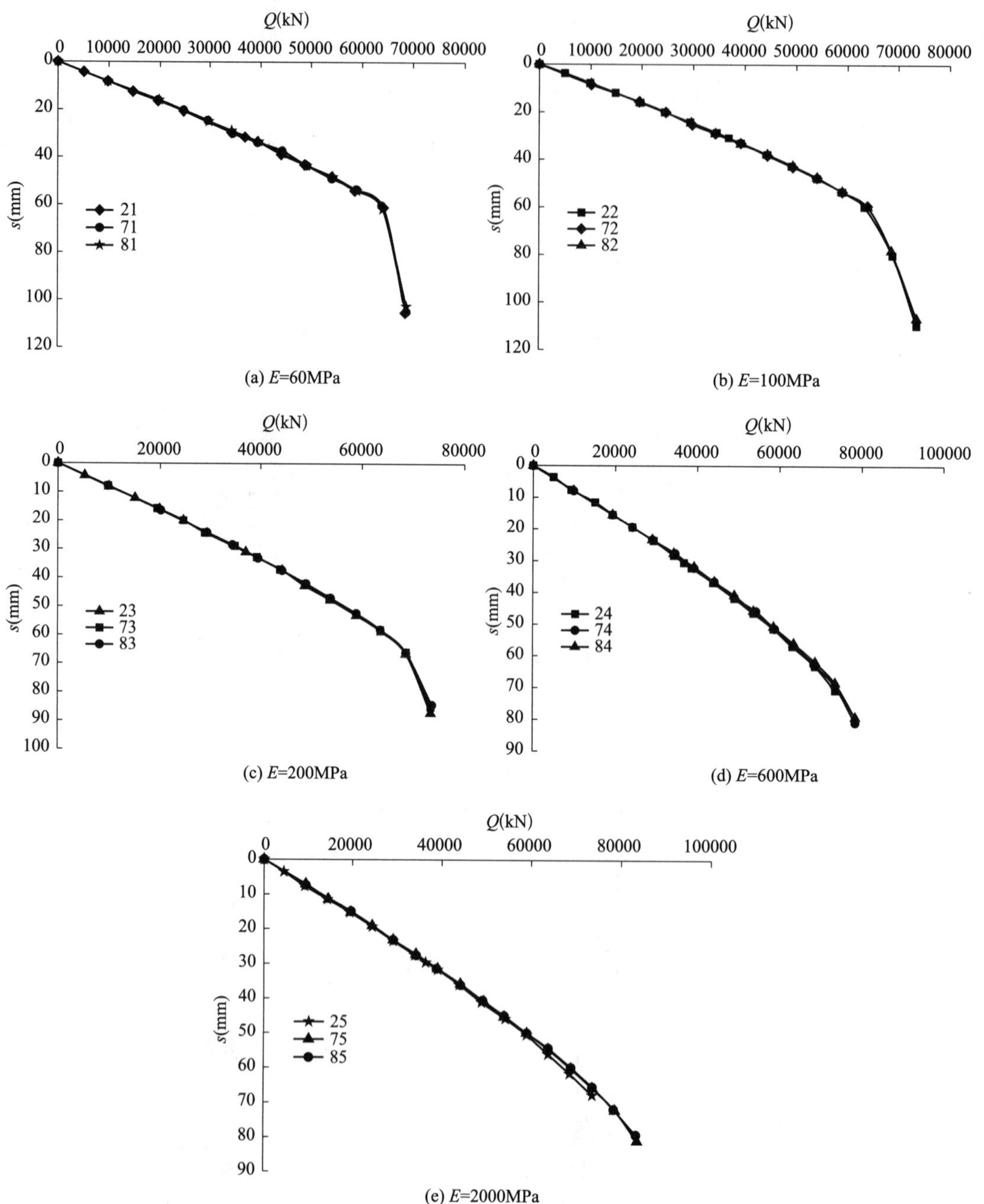


图 3.4-15　桩端加固体直径不同时计算结果

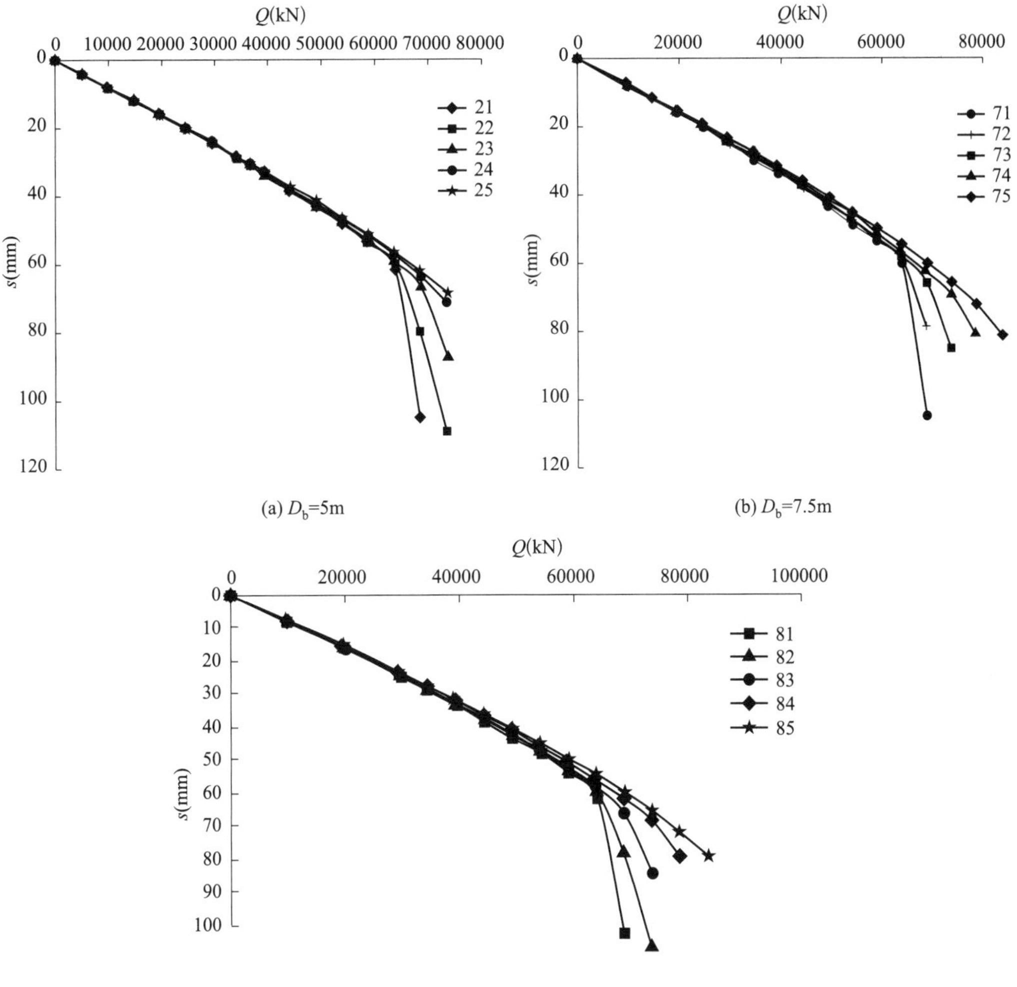

(a) $D_b$=5m

(b) $D_b$=7.5m

(c) $D_b$=10m

图 3.4-16　桩端加固体强度不同时计算结果

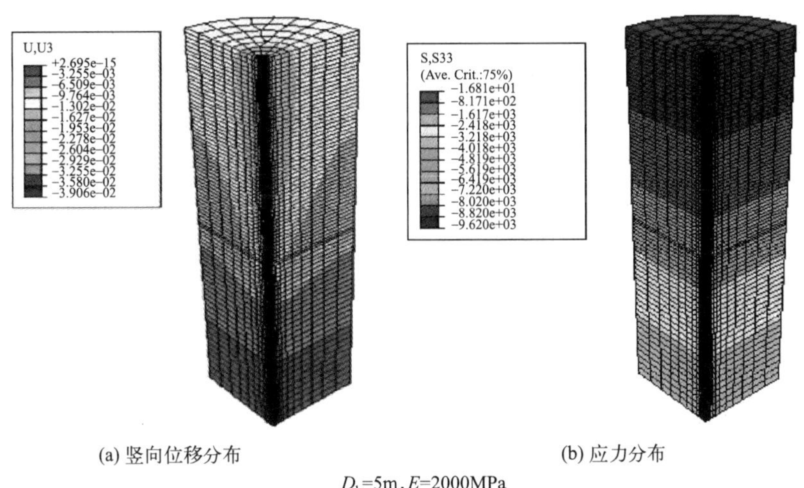


(a) 竖向位移分布　　(b) 应力分布

$D_b$=5m, $E$=2000MPa

图 3.4-17　部分计算模型竖向位移及应变分布

**3. 计算结果分析**

(1) 加固体直径与承载力关系。图 3.4-18(a) 为桩长 50m 时压浆后承载力比值与 $D_b/D$ 的关系，图 3.4-18(b) 为桩长 100m 时压浆后承载力比值与 $D_b/D$ 的关系。

当 $D_b/D \geqslant 2$ 时，承载力比值随 $D_b/D$ 变化幅度明显减小，桩越长，表现越明显。对 50m 桩，当 $E \leqslant 600\text{MPa}$ 时，基本不随 $D_b/D$ 变化；对 100m 桩，无论变形模量大小，承载力比值基本不随 $D_b/D$ 变化。

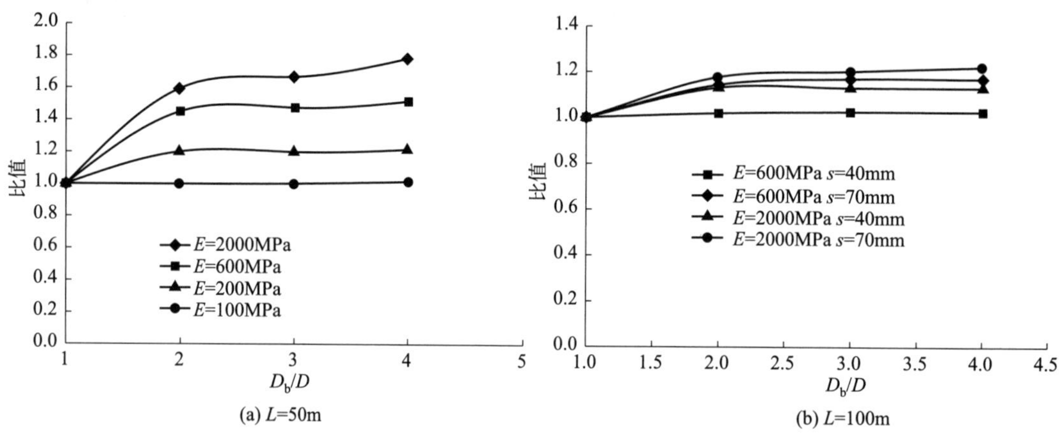


图 3.4-18　压浆后承载力比值与 $D_b/D$ 的关系

(2) 变形模量与承载力关系。图 3.4-19(a) 为桩长 50m 时压浆后承载力比值与变形模量的关系，图 3.4-19(b) 为桩长 100m 时压浆后承载力比值与变形模量的关系。对桩长为 50m 的桩，压浆后承载力比值随变形模量的增大而增大；对桩长为 100m 的桩，当$E \leqslant 600\text{MPa}$ 时，承载力比值随变形模量的增大而增大，当变形模量大于 600MPa 时，承载力比值基本不随变形模量而变化。若以桩长为 100m 的桩在 $s=40\text{mm}$ 时的承载力进行比较，当变形模量大于 200MPa 时，承载力比值就基本不随变形模量而变化。

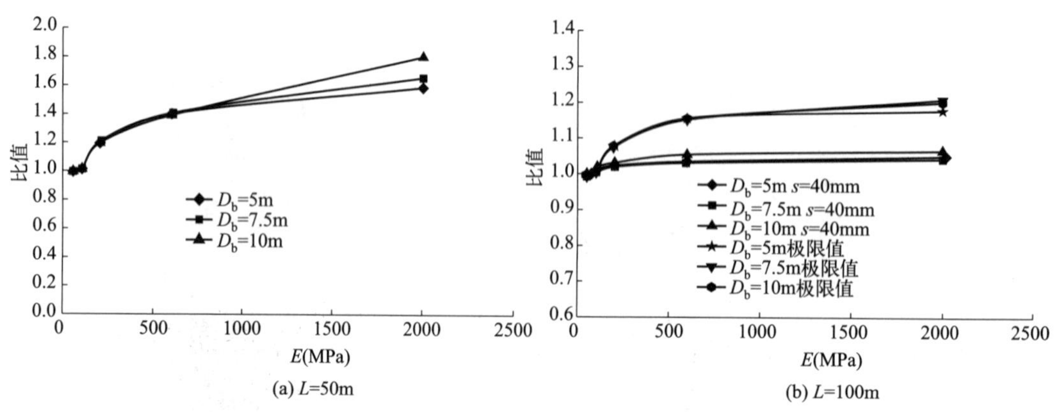


图 3.4-19　压浆后承载力比值与变形模量关系

## 3.4.1.4　苏通二期试桩有关参数的反分析

以上计算结果未考虑桩端压浆对桩周土和桩土界面的影响，实际上，无论桩端或桩侧压浆均会引起桩侧摩阻力的增大，故压浆后计算结果与实测结果相比偏小。根据检测结果，苏通大桥二期桩端加固体范围基本在径向 5m，轴向 2.5m 范围内，取 $D_{\mathrm{b}}=5\mathrm{m}$，高度为 2.5m 的圆柱体模拟 SZ4 压浆后的桩端加固体，计算结果与实测结果的对比见图 3.4-20。

压浆会引起桩端土、桩侧土及桩土接触面的变化，为考虑有关参数变化对承载力的影响，取摩阻力分别提高 20%、30%、40%和 50%，桩端加固体变形模量分别为 100MPa、200MPa、400MPa、600MPa，桩周土的变形模量分别取 60MPa、80MPa、100MPa 进行计算。

为比较最接近实测曲线的计算参数，取目标函数为：

$$F=\sum[S_{\mathrm{C}}(i)-S_{\mathrm{T}}(i)]^2 \tag{3.4-11}$$

式中：$S_{\mathrm{C}}(i)$为某一种参数组合的 $i$ 点沉降计算值（mm）；$S_{\mathrm{T}}(i)$为 $i$ 点实测沉降值（mm）。

对上述计算参数进行组合，寻找使目标函数最小及 $F_{\min}$ 的参数。

在所有计算方案中，$F_{\min}=351.18$，计算结果见图 3.4-21，计算值与实测值的对比见图 3.4-22。对应的计算参数为侧压系数提高 30%，桩端加固体变形模量 $E=600\mathrm{MPa}$，桩周土的变形模量 80MPa。摩阻力提高值与实测桩侧摩阻力平均提高值 33.98%基本接近。桩端阻力占总荷载比例为 26%。

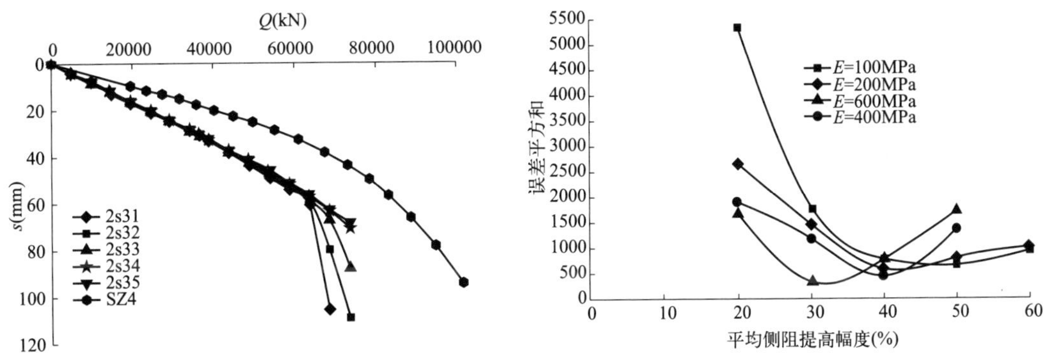


图 3.4-20　计算结果与实测结果的对比

图 3.4-21　计算参数与目标函数值关系

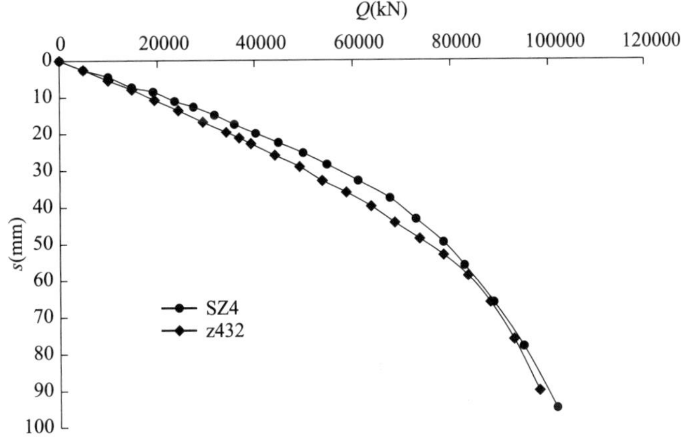


图 3.4-22　SZ4 有限元计算值与实测值的对比

SZ2 的反分析计算结果见图 3.4-23，摩阻力提高 30%，桩端加固体变形模量 $E=200\text{MPa}$，桩周土的变形模量 80MPa。桩端阻力所占比例为 11%。

SZ3 的反分析计算结果见图 3.4-24，摩阻力提高 40%，桩端加固体变形模量 $E=600\text{MPa}$，桩周土的变形模量 100MPa。桩端阻力所占比例为 21%。

SZ2、SZ3 和 SZ4 的桩端阻力所占比例比实测值偏小，主要与将土层作为均质土考虑有关，桩端以下土层的变形模量应比桩侧土高。

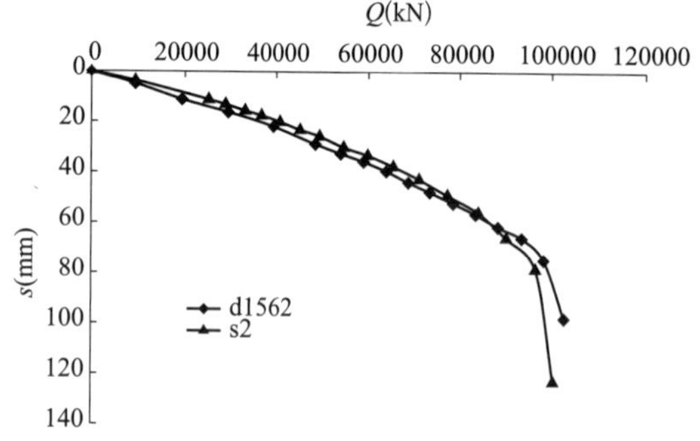


图 3.4-23　SZ2 有限元计算值与实测值的对比

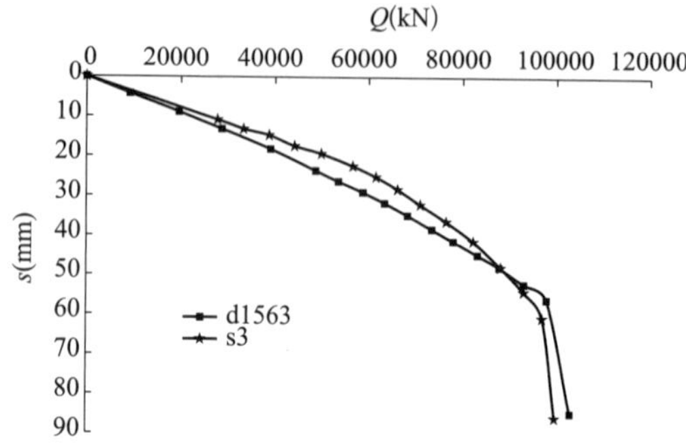


图 3.4-24　SZ3 有限元计算值与实测值的对比

通过有限元计算得出以下结论：

（1）当 $D_b/D \geqslant 2$ 时，承载力比值随 $D_b/D$ 变化幅度明显减小，桩越长，表现越明显。对桩长为 50m 的桩，当 $E \leqslant 600\text{MPa}$ 时，基本不随 $D_b/D$ 变化；对桩长为 100m 的桩，无论变形模量大小，承载力比值基本不随 $D_b/D$ 变化。

（2）对 50m 桩，压浆后承载力比值随变形模量的增大而增大；对桩长为 100m 的桩，当 $E \leqslant 600\text{MPa}$ 时，承载力比值随变形模量的增大而增大，当变形模量大于 600MPa 时，承载力比值基本不随变形模量而变化。若以桩长为 100m 的桩在 $s=40\text{mm}$ 时的承载力进行比较，当变形模量大于 200MPa 时，承载力比值就基本不随变形模量而变化。

（3）对苏通二期试桩进行了反分析。根据计算结果，桩周摩阻力、桩端加固体变形模量及桩周土的变形模量均有不同程度的提高，桩周土在整个桩长范围内变形模量提高幅度为 33%～67%，平均侧摩阻力提高 30%～40%。

（4）根据苏通大桥的测试结果，在桩径相同和压浆量达到一定量的情况下，桩端阻力相近，且与桩端砂土的类型无关。

## 3.4.2　考虑时间效应的有限元分析

### 3.4.2.1　模型建立及校验

以现场试验中试桩 SZ1 为基本模型，采用 PLAXIS 3D 软件建立三维足尺有限元模型，模型中土体和加固体采用 Mohr-Coulomb 模型进行模拟，定义桩为线弹性材料。该试桩桩径为 1.2m，桩长为 70m。桩端浆液固结体的半径按 Mullins 等[35] 给出的建议范围（$1.15r_0$～$1.9r_0$，$r_0$ 为桩的半径）取值，并参考取芯试验结果，假定压浆后固结体在桩端形成直径和高度均为 $1.9r_0$ 的圆柱体。浆液上返高度按《公路桥涵地基与基础设计规范》JTG 3363—2019[62] 中规定取12m。根据黄生根和龚维明[73] 对某工程压浆后开挖分析结果，桩侧上返浆液的厚度一般为0.5～5cm，靠近压浆点少部分可达10cm，相比桩身模型尺寸很小，因此，在有限元建模时桩侧上返浆液以浆液材料作为界面单元，虚拟厚度因子取0.2，可以使浆液上返段的桩土界面强度随加固体强度的增长而增长，并以此模拟随时间增长的加固体与桩-土之间的结合情况。模型中土体的计算范围为水平方向取桩轴向外25$D$（$D$为桩径），垂直方向取桩端向下1$L$（$L$为桩长）。采用15节点单元进行网格划分，并对桩及一定范围内的土体进行细化和加密处理，计算模型网格划分如图3.4-25所示。

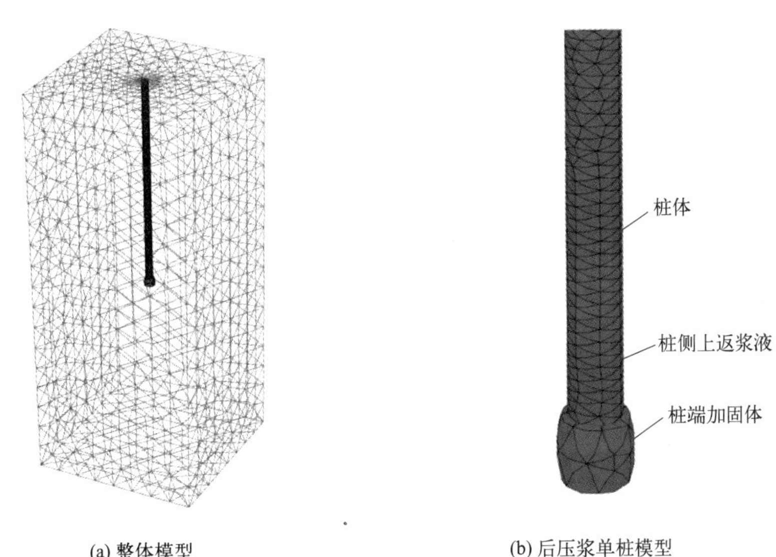


(a) 整体模型　　(b) 后压浆单桩模型

图3.4-25　计算模型网格划分

对于桩端加固体，考虑其时间效应，硬化过程中主要表现为弹性模型的变化。张忠苗[70] 研究了不同种类土中不同水泥掺量和龄期的试样强度和应力-应变规律，分析过程中根据文献中的抗压强度试验结果，并考虑实际工程中加固体较室内试验强度低的情况，较为保守地取加固体的弹性模量，各材料具体参数如表3.4-3所示。

**各材料具体参数**　　**表3.4-3**

| 材料 | 工况 | 弹性模量(MPa) | 泊松比 | 黏聚力(kPa) | 摩擦角(°) |
|---|---|---|---|---|---|
| 桩 | — | $3.15\times10^4$ | 0.2 | — | — |
| 土 | — | 27 | 0.3 | 4 | 30 |
| 加固体 | 压浆前 | 27 | 0.3 | 3.2 | 24 |
| | 压浆后 | 100 | 0.3 | 4 | 30 |
| | | 280 | 0.3 | 45 | 38 |
| | | 450 | 0.3 | 48 | 40 |
| | | 570 | 0.3 | 52 | 42 |
| | | 820 | 0.3 | 55 | 45 |

为了检验建模与参数取值的合理性，将模拟结果的 $Q$-$s$ 曲线与试桩 SZ1 压浆后的实测结果进行对比，对比结果如图 3.4-26 可知，模拟曲线在加载初期相同荷载作用下桩顶沉降比实测曲线略高，在曲线拐点处相交且之后实测曲线桩顶沉降更明显，其原因是在有限元模拟中桩周土体全部进入塑性破坏阶段时，模拟的土体完全破坏，计算随之终止。但是两条曲线总体走势基本一致，表明本书所建立的计算模型及其参数取值合理、可行。

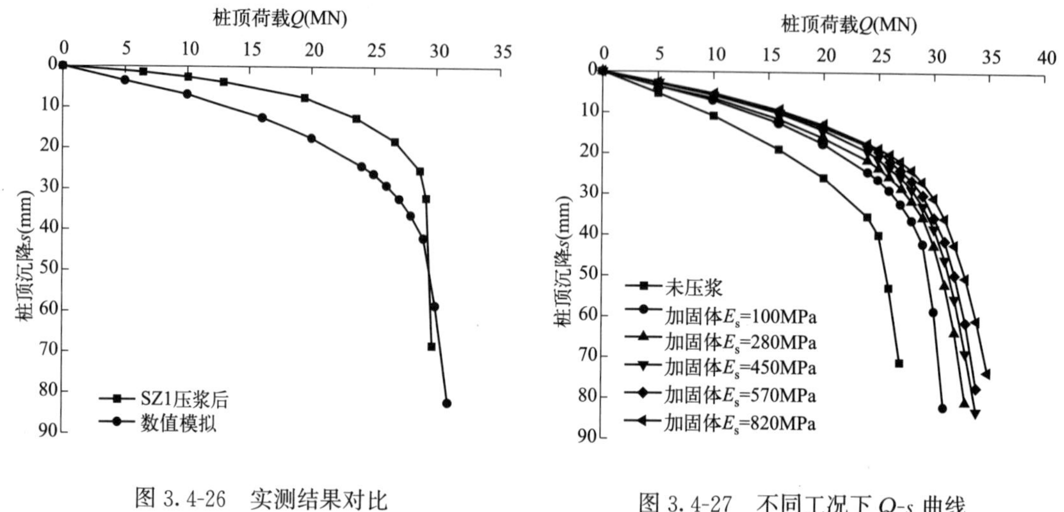


图 3.4-26　实测结果对比

图 3.4-27　不同工况下 $Q$-$s$ 曲线

### 3.4.2.2　计算结果分析

通过计算得到了加固体强度随时间变化的桩顶荷载 $Q$-桩顶沉降 $s$ 曲线，如图 3.4-27 可知，桩端压浆后桩的承载力较压浆前有所提升，随着桩端处加固体强度增加，桩的承载力也不断提升，相同荷载下对应的位移也逐渐减小，$Q$-$s$ 曲线逐渐平缓。由于未压浆和压浆后达到极限荷载对应的桩顶沉降不同，为了分析试桩在不同阶段的承载力增幅，取桩顶沉降均为 40mm 时的荷载进行对比，结果如表 3.4-4 所示。

**$s$＝40mm 时不同工况下桩顶荷载及提高幅度**　　**表 3.4-4**

| 工况 | 未压浆 | 加固体 $E_s$＝100MPa | 加固体 $E_s$＝280MPa | 加固体 $E_s$＝450MPa | 加固体 $E_s$＝570MPa | 加固体 $E_s$＝820MPa |
|---|---|---|---|---|---|---|
| 桩顶沉降 40mm 对应荷载(kN) | 25032 | 28683 | 29644 | 30281 | 30821 | 31660 |
| 提高幅度(%) | — | 14.58 | 18.42 | 20.97 | 23.13 | 26.48 |

由表 3.4-4 可见，桩端后压浆桩的承载力较未压浆桩有明显提高，当桩顶沉降 40mm 时，承载力提升幅度为 14.58%～26.48%。水泥土的强度对桩端后压浆桩的承载力影响显著，在模拟压浆后的初期，即加固体弹性模量由 100MPa 增长到 280MPa 时，桩基的承载力增幅较大，与未压浆相比，桩顶沉降 40mm 时的承载力增幅由 14.58%增加到 18.42%。而当压浆加固体在强度较高的基础上继续增长时，桩基承载力的增长速度逐渐放缓，这说明从长期来看压浆加固体强度的增长对桩基承载力的影

响逐渐减弱。

图3.4-28为通过计算得到的加固体随时间变化的桩端阻力 $q_p$-桩端沉降 $s_b$ 曲线。从图中可以看出，随着时间增长，桩端后压浆桩端阻力增幅明显，且与 $Q$-$s$ 曲线的变化趋势相同，在短期内桩端阻力随时间增长提升幅度较大，之后桩端阻力增幅逐渐放缓。

图3.4-29为计算得到的不同阶段桩身总侧摩阻力 $Q_s$-桩顶沉降 $s$ 曲线。由图可知，桩端压浆后桩侧总侧摩阻力较未压浆明显增加，桩身处于极限荷载时的桩身总侧摩阻力较未压浆时有14.63%～18.68%的增幅。而桩端压浆后随时间增长各阶段桩身总侧摩阻力增长较小，这与实测结果一致。随着时间增长，桩端后压浆对桩侧摩阻力提升幅度有限。

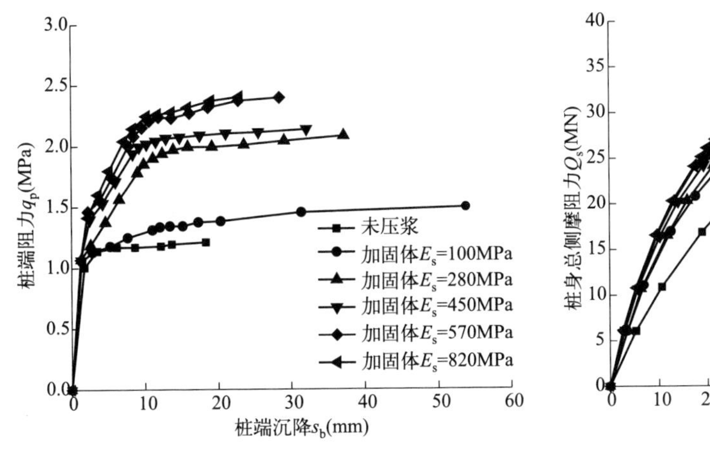


图3.4-28　不同工况下 $q_p$-$s_b$ 曲线

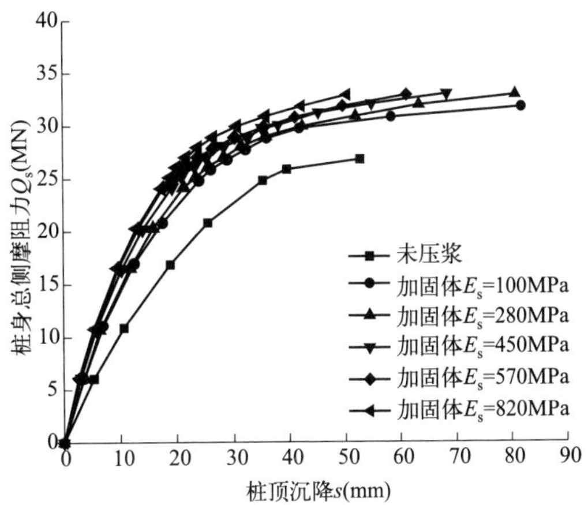


图3.4-29　不同工况下 $Q_s$-$s$ 曲线

综上，随着桩端压浆加固体强度增加及桩侧浆液上返引起的桩土界面强度增加，桩基承载力不断增加，相同荷载下对应的位移也逐渐减小，且承载力的提升在压浆后短期内提高幅度最为明显，而后逐渐放缓。随着时间增长，后压浆桩端阻力增幅明显，而桩侧总侧摩阻力也有一定增长，但增幅相比桩端阻力较小。总体上，桩端后压浆具有时间效应。

# 第 4 章

# 大型深水桥梁灌注桩后压浆设计

## 4.1 概述

大型深水桥梁灌注桩后压浆是一项理论滞后于实践的工艺，其作用机理、作用效果、工艺优化、耐久性问题等都需要深入地研究，但立足于具体工程的设计与施工，建立一个准确可靠的大直径后压浆灌注桩承载力估算公式是很有意义的。其原因如下：①后压浆技术的作用机理复杂，但研究方向明确，即压浆后桩侧或桩端土体强度的增强和桩土接触界面性状的改善提高了桩基承载力；②后压浆技术已被广泛用于钻孔灌注桩，特别是大直径钻孔灌注桩，其作用效果已得到大量工程的验证；③后压浆工艺的发展已比较成熟，现有的桩端、桩侧压浆装置有十余种，施工控制原则科学合理，施工成功率很高；④诸如后压浆桩的耐久性等问题，现在只能作定性的预测，且分析复杂，需要时间考验；⑤后压浆工艺已被大量的用于工业民用建筑、大型桥梁的桩基工程中，施工设计人员及桩基测试人员均需要有压浆后的桩基承载力作为指导，其现实意义不言而喻。大型深水桥梁灌注桩后压浆设计包括后压浆桩承载力、合理压浆量及压浆压力的设计计算。

随着超高层建筑和大跨径桥梁的不断涌现，钻孔灌注桩的桩径和桩长不断增加，并且逐步向着大直径、超长的方向发展。为了提供更高的承载力，后压浆技术也得到了更广泛的应用。后压浆技术已被写入行业标准《建筑桩基技术规范》JGJ 94—2008[61] 和《公路桥涵地基与基础设计规范》JTG D63—2007[74]。两部规范均给出了以承载力为基础的设计方法，其中《建筑桩基技术规范》JGJ 94—2008 是在中小直径后压浆桩静载试验数据的研究基础上给出的，对大直径后压浆桩的承载力计算并不适用；而《公路桥涵地基与基础设计规范》JTG D63—2007 是通过收集的 69 根大直径桩桩端后压浆桩静载试验资料得出的。自两部规范颁布 10 多年来，后压浆工程在全国范围内得到了迅猛的发展与应用，也积累了众多的大直径后压浆桩的现场实测资料，同时桩侧后压浆桩、组合压浆桩也不断地应用于实际工程。因此，文献［74］已不能满足当前大直径后压浆桩工程的设计需求，后压浆技术也不再局限于桩端后压浆类型，且应用的地层条件更为广泛，因而完善该规范是亟待解决的问题。

本章以《公路桥涵地基与基础设计规范》JTG 3363—2019 为依托，通过收集的 139

个工程中 716 根试桩静载试验的实测数据，主要介绍大直径后压浆桩承载力、压浆量与压浆压力的计算公式、压浆终止压力的影响因素以及后压浆桩沉降计算经验计算公式等研究成果。

## 4.2　已有估算公式的评价

### 4.2.1　后压浆桩承载力

目前，不少单位和学者对后压浆桩承载力的计算提出了相应公式。主要分为两类：①在普通钻孔灌注桩承载力计算公式的基础上乘以修正系数；②认为压浆后在桩端形成扩大头，按扩底的计算模型对公式进行修正。需要指出的是，现有的后压浆桩承载力计算公式绝大多数是针对桩端后压浆桩提出的。

**1. Bruce 公式**

Bruce[2]（1986）在 Gouvenot 和 Gabaix[10]（1975）计算钢桩压浆后的侧摩阻力基础上给出了桩端后压浆单桩竖向极限承载力计算公式：

$$\frac{P_{cr}}{P_0}=K\sqrt{\frac{V+V_p}{V_0+V_p}} \tag{4.2-1}$$

式中：$P_{cr}$ 为后压浆桩的极限承载力（kPa）；$P_0$ 为未后压浆桩的极限承载力（kPa）；$K$ 为比例系数，对于黏性土和砂土取 2.0～3.0；$V$、$V_p$、$V_0$ 分别为压浆量（t）、桩的体积（$m^3$）、初始自重灌浆所用的压浆量（t）。

式(4.2-1) 是根据现场试验结果所得到的桩端后压浆单桩竖向极限承载力的计算公式，可反映桩端压浆加固土层后桩基竖向承载力的增强作用。Bruce 还指出桩端后压浆桩的极限荷载与其屈服荷载比在 1.3～1.6 的范围内，且在循环荷载作用下桩端后压浆不产生塑性变形，即压浆后表现出较好的弹性变形性质。该公式中系数 $K$ 的取值对结果有较大影响，使其在设计时人为因素很难避免且随意性较大。

**2. 中国建筑科学研究院公式**

中国建筑科学研究院刘金砺等[75]（1998）给出了后压浆单桩竖向极限承载力的计算公式：

$$Q_{uk}=Q_{sk1}+Q_{sk2}+Q_{pk}=U\sum q_{sik}L_i+\lambda_g(U\sum\xi_{si}q_{sik}L_i+\xi_p q_{pk}A_p) \tag{4.2-2}$$

式中：$Q_{uk}$ 为后压浆单桩极限承载力标准值（kPa）；$Q_{sk1}$、$Q_{sk2}$ 分别为后压浆非竖向增强段与竖向增强段的总极限侧摩阻力标准值（kPa）；$Q_{pk}$ 为后压浆总极限端阻力标准值（kPa）；$q_{sik}$、$q_{pk}$ 分别为桩侧第 $i$ 层土的极限侧摩阻力标准值和端阻力标准值（kPa），按《建筑桩基技术规范》JGJ 94—2008 取值；$U$ 为桩身周长（m）；$A_p$ 为桩的截面积（$m^2$）；$L_i$ 为桩侧第 $i$ 层土的厚度（m）；$\lambda_g$ 为压浆量修正系数；$\xi_{si}$ 为后压浆侧摩阻力增强系数，对于仅桩端压浆的情况，侧摩阻力增强范围取桩端以上 10～20m，黏性土、粉土取高值，砂土取低值，其他位置 $\xi_{si}$ 取 1.0，按表 4.2-1 取值；$\xi_p$ 为后压浆端阻力增强系数，按表 4.2-1 取值。

后压浆侧摩阻力增强系数 $\xi_{si}$、端阻力增强系数 $\xi_p$ 表 4.2-1

| 土层名称 | 黏性土、粉土 | 粉砂、细砂 | 中砂 | 粗砂、砾砂 |
|---|---|---|---|---|
| $\xi_{si}$ | 1.6 | 1.6 | 1.8 | 2.0 |
| $\xi_p$ | 1.6 | 2.0 | 2.8 | 3.2 |

式(4.2-2) 是在普通钻孔灌注桩单桩极限承载力计算公式的基础上乘以修正系数得来的，且通过 $\lambda_g$ 来反映压浆量对承载力的影响。当实际压浆量超过合理压浆量时，取 $\lambda_g=1.0$，即认为超出部分的压浆量对承载力无加固效果；当 $\lambda_g$ 过小或趋于 0 时，后压浆单桩承载力主要由侧摩阻力提供，忽略了端阻力的作用，与实际情况不符。此外，后压浆侧摩阻力及端阻力增强系数是通过大量实测数据总结而来的，但来源的数据主要集中在小直径的普通中短桩，因此对大直径后压浆桩承载力的计算并不适用。

**3. 山西省公路局公式**

为便于计算，将桩端压浆形成的苹果形水泥结石体近似取其形状为三维增长 $r$ 值后的圆柱形，则桩端压浆后的底部受压扩大面积和压入水泥浆量分别为[76]：

$$A=\frac{\pi}{4}(D+2r)^2 \tag{4.2-3}$$

$$V=\frac{\pi}{4}(D+2r)^2(h+r) \tag{4.2-4}$$

式中：$A$ 为压浆后桩端受压扩大面积（$m^2$）；$D$ 为桩的直径（m）；$r$ 为三维增长值（m）；$h$ 为压浆管至桩底的高度（m）；$V$ 为压入的水泥浆量（t）。

由《公路桥涵地基与基础设计规范》JTG D63—2007 可以得到压浆后钻孔灌注桩的单桩轴向受压容许承载力为

$$[P]=\frac{1}{2}(UL\tau_p+A\sigma_R) \tag{4.2-5}$$

式中：$[P]$ 为后压浆钻孔灌注桩单桩轴向受压容许承载力（kPa）；$U$ 为桩身周长（m）；$L$ 为采用后压浆缩短后的实际桩长（m）；$\tau_p$ 为桩侧土加权平均极限摩阻力（kN）；$\sigma_R$ 为压浆时的最大压力（kPa）。

式(4.2-5) 是通过假定桩端水泥结石体形状而推导得到的，其几何物理意义明确，能较好地理解与应用。但该公式存在如下问题：①未考虑压浆后侧摩阻力的提高；②认为桩端形成的是水泥结石体，并考虑该部分完全是由水泥组成，而大多数情况形成水泥土加固体，与实际不符；③压浆后桩端阻力的计算采用桩端受压扩大面积与压浆时的最大压力乘积，由于压浆压力受许多因素影响，该数值并非一固定值，因此按式(4.2-5) 计算压浆后单桩极限承载力有很大的随机性。

**4. 文献［77］给出的计算公式**

张家铭等[77] 根据荆州地区的地层给出了桩端后压浆灌注桩单桩极限承载力的计算公式：

$$Q_{uk}=\eta U\sum q_{sik}L_i+\psi q_{pk}A_E \tag{4.2-6}$$

$$\psi=\sqrt[3]{0.8/B}\text{，}A_E=\frac{\pi}{4}B^2 \tag{4.2-7}$$

$$B=D+2R\tan\theta\cos\left(\theta+\arcsin\frac{D\cos\theta}{2R}\right) \tag{4.2-8}$$

式中：$Q_{uk}$ 为后压浆单桩极限承载力标准值（kPa）；$\eta$ 为压浆对桩侧摩阻力的综合影响系数，通常桩端压浆时取1.1，桩侧压浆时取1.6～1.7；$U$ 为桩身周长（m）；$L_i$ 为桩侧第 $i$ 层土的厚度（m）；$q_{sik}$、$q_{pk}$ 分别为桩侧第 $i$ 层土的极限侧摩阻力标准值和端阻力标准值（kN）；$\psi$ 为桩端阻力尺寸效应系数；$A_E$ 为压浆后有效的桩端受压面积（$m^2$）；$B$ 为有效受压体水平投影的直径（m）；$D$、$R$ 分别为桩的直径（m）、球体半径（m）。

式(4.2-6) 是针对荆州地区的卵石层并假定桩端压浆后形成球形结石体而提出的，具有较为明确的几何意义，但是该公式不具代表性。此外，计算模型较为理想化，仅考虑桩端面积的增大而未涉及桩端阻力的变化。

**5. 文献［78］给出的计算公式**

吴江斌和王卫东[78] 基于桩身与桩端扩径角度提出了适合软土地区的桩端后压浆灌注桩单桩极限承载力的计算公式：

$$Q_{uk}=\pi(D+2\delta_e)\sum q_{sik}L_i+\alpha\psi_p q_{pk}\pi D_e^2/4 \tag{4.2-9}$$

$$V_{actp}=\lambda\left(\frac{\pi D^2}{4}h+\xi n_0 D_e^3\right)/J\text{，}V_{acts}=\lambda\pi DL'(\varepsilon+\xi n_0\delta_e)/J \tag{4.2-10}$$

$$D_e=\sqrt[3]{\frac{V_{actp}J/\lambda-\pi D^2h/4}{\xi n_0}}\text{，}\delta_e=\frac{V_{acts}J/\lambda\pi DL'-\varepsilon}{\xi n_0} \tag{4.2-11}$$

式中：$Q_{uk}$ 为后压浆单桩极限承载力标准值（kPa）；$D$、$D_e$ 分别为桩的直径（m）、桩端压浆后的直径（m）；$\delta_e$ 为桩侧壁返浆的加固厚度（m）；$L_i$ 为桩侧第 $i$ 层土的厚度（m）；$q_{sik}$、$q_{pk}$ 分别为桩侧第 $i$ 层土的极限侧摩阻力标准值和端阻力标准值（kN）；$\alpha$ 为桩端阻力修正系数，取0.6～0.8；$\psi_p$ 为大直径桩端阻力尺寸效应系数，按《建筑桩基技术规范》JGJ 94—2008 计算取值；$V_{actp}$、$V_{acts}$ 分别为实际桩端压浆量（t）、桩侧压浆量（t）；$\lambda$ 为浆液损耗系数，取1.1～1.3；$h$ 为桩端虚土劈裂加固的高度（m），上海地区一般取0.3～0.5m；$\xi$ 为压浆充填率，对于粗粒土取0.4～0.6，对于细粒土取0.2～0.4；$n_0$ 为土的孔隙率；$J$ 为水泥浆的结石率，与水灰比相关，取0.85；$L'$为桩端压力浆液沿桩身上返的高度（m），取15～20m。

式(4.2-9) 是通过改变桩身几何特性来反映压浆量对承载力影响建立的，并采用了普通灌注桩的计算公式，便于理解和应用。然而，该公式是基于上海软土地区桩端后压浆灌注桩提出的，存在较强的区域性。此外，压浆后桩端、桩侧扩径的确定存在一定的假定，对于后压浆桩的设计来说不便于推广。

**6. 文献［79］给出的计算公式**

徐广民等[79] 利用液压原理建立了后压浆灌注桩单桩极限承载力的计算公式：

$$Q_u=\pi(D+2\delta)\sum q_{sik}L_i+\sigma_d A_p \tag{4.2-12}$$

$$\sigma_d=\sigma_y+\gamma H-\beta s \tag{4.2-13}$$

$$A_p=\sqrt[3]{\frac{\pi}{4}\left(\frac{6cm}{n\pi}V_d+\frac{3}{2}D^3\right)^2} \tag{4.2-14}$$

式中：$Q_u$ 为后压浆单桩极限承载力（kPa）；$D$ 为桩的直径（m）；$\delta$ 为桩侧壁返浆的扩散

厚度（m）；$L_i$ 为桩侧第 $i$ 层土的厚度（m）；$q_{sik}$ 为桩侧第 $i$ 层土的极限侧摩阻力标准值（kN）；$\sigma_d$ 为桩端土体的极限承载力（kPa）；$A_p$ 为水泥结石体扩大头的水平投影面积（$m^2$）；$\sigma_y$ 为终止压力，即压浆终止时地表压力表读数（kPa）；$\gamma$ 为水泥浆液的重度（$N/m^3$）；$H$ 为压浆管的垂直高度（m）；$\beta$ 为压浆管道的摩阻系数；$s$ 为压浆管道的全长（m）；$V_d$ 为桩端压浆量（t）；$c$ 为浆液的结石率；$m$ 为浆液的有效系数；$n$ 为桩周土体的孔隙率。

式(4.2-12）是基于液压模型通过压浆终止压力来推算桩端土体的承载力得出的，其几何物理意义明确，理论方法可行。但该公式在液体压强理论的基础上建立的后压浆单桩极限承载力计算公式作了较多的假定，并且根据终止压浆压力推算桩端阻力受人为因素影响较大，从而造成计算公式存在较大的局限性。

为了能够更为直观的比较上述计算公式的优缺点，将后压浆桩极限承载力计算公式及其优缺点汇总，见表 4.2-2。

**后压浆桩极限承载力计算公式的比较** **表 4.2-2**

| 公式来源 | 计算公式 | 优点 | 缺点 |
|---|---|---|---|
| Bruce（1986） | $\frac{P_{cr}}{P_0}=K\sqrt{\frac{V+V_p}{V_0+V_p}}$ | 由不同场地、不同持力层的现场试验结果归纳得出 | 无明确几何意义，系数 $K$ 的取值受人为因素影响较大，不便于设计使用 |
| 中国建筑科学研究院刘金砺等（1998） | $Q_{uk}=U\sum q_{sik}L_i+\lambda_g(U\sum\xi_{si}q_{sik}L_i+\xi_p q_{pk}A_p)$ | 大量实测数据总结得来，体现了压浆量与承载力的关系，适用于中、短后压浆桩 | 压浆量修正系数较小或趋于零时不符合实际，且不适用于大直径后压浆桩 |
| 山西省公路局（2002） | $[P]=\frac{1}{2}(UL\tau_p+A\sigma_R)$ | 几何物理意义明确，便于理解与应用 | 未考虑压浆后侧摩阻力的提高，且压浆最大压力取值影响很大，存在随意性 |
| 张家铭等（2003） | $Q_{uk}=\eta U\sum q_{sik}L_i+\psi q_{pk}A_E$ | 明确的几何意义，能适用于荆州地区卵石层桩端后压浆灌注桩 | 计算模型较为理想化，未考虑桩端阻力的变化，不具代表性 |
| 吴江斌和王卫东（2007） | $Q_{uk}=\pi(D+2\delta_e)\sum q_{sik}L_i+\alpha\psi_p q_{pk}\pi D_e^2/4$ | 能反映压浆量对承载力的影响，适用于上海软土地区桩端后压浆灌注桩 | 存在较强的区域性，采用的扩径法作了一定的假定，不便于推广 |
| 徐广民等（2008） | $Q_u=\pi(D+2\delta)\sum q_{sik}L_i+\sigma_d A_p$ | 几何物理意义明确，理论方法可行 | 计算公式推导过程中作了较多的假定，且终止压浆压力取值对结果影响较大，存在局限性 |

## 4.2.2 合理压浆量

压浆量对后压浆桩承载力有较大的影响。在一定范围内，压浆量与承载力提高幅度成正比，但当压浆量超过某一数值时，压浆量的增加对增强承载力的作用不大，因此后压浆过程中存在一个合理的压浆量。确定合理压浆量对后压浆桩的设计与施工具有重要的作用。然而，由于地质条件的复杂性和压浆过程的不确定性，对合理压浆量进行准确估算有较大的难度。因此，为了能估算出合理压浆量，不少单位和学者对压浆量的计算提出了相应公式。

**1. 中国建筑科学研究院公式**

中国建筑科学研究院刘金砺等[75] 基于理论分析和现场试验数据提出了合理压浆量的计算公式：

$$G_{cs}=\pi[t\cdot(L-h)\cdot D+\xi\cdot m\cdot n_0\cdot D^3],\ G_{cp}=\pi(h\cdot t\cdot D+\xi\cdot n_0\cdot D^3) \tag{4.2-15}$$

式中：$G_{cs}$、$G_{cp}$ 分别为桩端、桩侧压浆水泥用量（t）；$t$ 为包裹于桩侧表面的水泥结石体的厚度（m），可取 0.01～0.03m，桩侧为粗粒土及反循环成孔取低值，细粒土及正循环成孔取高值；$L$、$D$ 分别为桩长（m）、桩的直径（m）；$h$ 为桩端压浆时浆液沿桩侧上升的高度（m），仅桩端压浆时，$h$ 可取 10～20m，桩侧为粗粒土取低值，细粒土取高值，而组合压浆时，$h$ 可取桩端至其上桩侧压浆断面的距离；$\xi$ 为水泥充填率，对于细粒土取 0.2～0.3，粗粒土取 0.5～0.7；$m$ 为桩侧压浆断面数。

式(4.2-15) 不仅考虑了桩端压浆量，还涉及了桩侧压浆量，该公式在实际工程应用较多。然而，公式右侧推导出的量纲为体积（$m^3$），而公式左侧给出的质量（t），可能计算过程中把物理系数结合到了 $\xi$ 中，因而导致参数意义不明确，不便于理解。此外，该公式通过小直径的中短桩的现场压浆试验数据总结而来，因此对大直径桩的压浆量估算并不适用。

**2. 文献［76］给出的计算公式**

杨兴其[76] 提供了合理压浆量的经验计算公式：

$$G_c=K\cdot L\cdot A_p \tag{4.2-16}$$

式中：$G_c$ 为水泥用量（t）；$K$ 为综合影响系数，可取 1.0～1.5，密实层取低值，松散层取高值；$L$ 为理想压浆高度（m），可取 2.0～5.0m，中小直径桩取低值，大直径桩取高值；$A_p$ 为桩的截面积（$m^2$）。

式(4.2-16) 为经验估算公式，一般仅作为压浆前的初步设计使用。但是，参数的取值对估算结果影响很大，并且受人为因素影响。

**3. 文献［76］给出的计算公式**

杨兴其[76] 提供了桩端合理压浆量的计算公式：

$$G_c=\frac{\alpha\cdot\beta\cdot\pi D^3}{6} \tag{4.2-17}$$

式中：$G_c$ 为水泥浆液用量（$m^3$）；$\alpha$ 为浆液析水性质的系数，一般取 1.15～1.25，浆液析水率小于 10%取低值，大于 10%取高值；$\beta$ 为考虑不同桩端土层的系数，中细砂、卵石、强风化岩可取 1.4～1.6，粉质黏土、残积黏土层、粉土可取 1.6～1.8；$D$ 为桩的直径（m）。

式(4.2-17) 是考虑了浆液析水性质及不同桩端持力层性质给出的。但该公式的几何意义不明确，且不便于理解。

**4. 文献［80］给出的计算公式**

史佩栋[80] 提供了桩端合理压浆量的计算公式：

$$G_c=A\cdot\pi R^2\cdot H\cdot\beta\cdot n \tag{4.2-18}$$

式中：$G_c$ 为桩端后压浆单桩合理的水泥浆液用量（$m^3$）；$A$ 为浆液损耗系数，取 1.1～

1.3；$R$ 为浆液有效扩散半径（m）；$H$ 为压浆加固段高度（m），一般取 0.5～1.0m；$n$ 为孔隙率或裂隙率；$\beta$ 为浆液充填系数，0.4～0.9。

式(4.2-18) 是根据浆液扩散半径和加固段高度并考虑压浆的孔隙率得出的。该公式考虑了空隙率与浆液充填系数，具有客观的物理意义。然而，该公式属于理论计算公式，未考虑压浆施工的影响因素，与实际情况有所差异，因此不具备现实意义。

**5. 文献［78］给出的计算公式**

吴江斌和王卫东[78] 结合上海地区桩端后压浆桩的工程提出了适合软土地区合理压浆量的计算公式：

$$G_c=\lambda\left[\left(\frac{\pi D^2}{4}h+8\xi\cdot n_0\cdot D^3\right)+\pi D\cdot L'\cdot\varepsilon\right]\Big/J \tag{4.2-19}$$

式中：$G_c$ 为桩端后压浆单桩合理的水泥浆液用量（$m^3$）；$\lambda$ 为浆液损耗系数，取 1.1～1.3；$D$ 为桩的直径（m）；$h$ 为桩端虚土劈裂加固的高度（m），上海地区一般取 0.3～0.5m；$\xi$ 为压浆充填率，对于粗粒土取 0.4～0.6，对于细粒土取 0.2～0.4；$n_0$ 为土的孔隙率；$L'$为桩端压力浆液沿桩身上返的高度（m），取 15～20m；$\varepsilon$ 为包裹于桩侧的浆液厚度（m），可取 0.003～0.005m；$J$ 为水泥浆的结石率，与水灰比相关，取 0.85。

式(4.2-19) 是根据扩大头加固体的体积及桩身浆液上返形成的包裹体提出的，其物理几何意义明确，便于理解和应用。然而，该公式是基于上海软土地区桩端后压浆灌注桩提出的，存在较强的区域性。此外，将桩端扩大头假定为正方体并不具普遍性，使其应用受到限制。

为了能够更为直观的比较上述计算公式的优缺点，将压浆量的计算公式及其优缺点汇总，见表 4.2-3。

**压浆量计算公式的比较** **表 4.2-3**

| 公式来源 | 计算公式 | 优点 | 缺点 |
|---|---|---|---|
| 中国建筑科学研究院刘金砺等(1998) | $G_{cs}=\pi[t\cdot(L-h)\cdot D+\xi\cdot m\cdot n_0\cdot D^3]$，$G_{cp}=\pi(h\cdot t\cdot D+\xi\cdot n_0\cdot D^3)$ | 由理论和现场试验数据得出，能适用于不同压浆类型 | 参数意义不明确，不便于理解，且不适用于大直径后压浆桩 |
| 杨兴其(2002) | $G_c=K\cdot L\cdot A_p$ | 计算简便，能适用于长桩、超长桩 | 计算精度不高，参数取值对估算结果影响很大，且受人为因素影响 |
| 杨兴其(2002) | $G_c=\frac{\alpha\cdot\beta\cdot\pi D^3}{6}$ | 考虑了不同持力层土性的影响 | 几何意义不明确，浆液析水率不易控制 |
| 史佩栋(2004) | $G_c=A\cdot\pi R^2\cdot H\cdot\beta\cdot n$ | 考虑的因素较为全面，具有客观的物理意义 | 参数难确定，且为理论公式，未考虑压浆施工的影响，不具备现实意义 |
| 吴江斌和王卫东(2007) | $G_c=\lambda\left[\left(\frac{\pi D^2}{4}h+8\xi\cdot n_0\cdot D^3\right)+\pi D\cdot L'\cdot\varepsilon\right]\Big/J$ | 物理几何意义明确，适用于上海软土地区桩端后压浆灌注桩 | 存在较强的区域性，桩端扩大头假定为正方体不具普遍性 |

### 4.2.3 压浆压力

压浆压力是判定压浆效果好坏的关键参数，在施工过程中常用来作为控制和终止压浆的重要参数。因此，给出压浆压力的估算公式对后压浆桩的设计具有重要意义。然而，由于压浆压力的影响因素较多，目前对后压浆桩给出压浆压力的公式并不多。一般有以下几种公式来估算压浆压力。

**1. 文献［76］提供的压浆压力估算公式**

$$P_g=(0.20\sim0.23)H/10 \tag{4.2-20}$$

式中：$P_g$ 为地面压浆泵的压力（kPa）；$H$ 为压浆深度（m）。

**2. 文献［76］给出的压浆压力估算公式**

$$P_g=P_w+\xi_r\sum\gamma_i L_i \tag{4.2-21}$$

式中：$P_g$ 为地面压浆泵的压力（kPa）；$P_w$ 为桩侧、桩端压浆处的静水压力（kPa）；$\xi_r$ 为压浆阻力经验系数；$\gamma_i$、$L_i$ 分别为压浆点以上第 $i$ 层土的有效重度（$N/m^3$）和厚度（m）。

**3. 文献［81］提供的压浆压力估算公式**

$$P_g=\frac{G+U\sum\tau_{pi}L_i}{A_p} \tag{4.2-22}$$

式中：$P_g$ 为地面压浆泵的压力（kPa）；$G$ 为桩身自重（kg）；$U$ 为桩身周长（m）；$\tau_{pi}$ 为每层土的上抬单位极限摩阻力（kN）；$L_i$ 为桩侧第 $i$ 层的厚度（m）；$A_p$ 为桩的截面积（$m^2$）。

式(4.2-20) 计算简单，但仅能作为压浆前的大致估算使用；式(4.2-21) 是由中国建筑科学研究院通过现场实测数据总结得出，具有较强的适用性，目前在实际工程中应用较多；式(4.2-22) 一般用作压浆最大压力，为不致使桩破坏，将该值作为压浆控制压力。

## 4.3 后压浆桩的建议计算公式

### 4.3.1 统计分析方法

工程实践中，后压浆桩设计受到的影响因素较多，如桩径、桩长、桩端持力层、桩周土层、压浆类型以及压浆参数等。课题组将完成的后压浆桩静载试验资料并结合收集的已公开发表文献的试桩数据（见附录一），对后压浆桩与未压浆桩具体参数作规律性的统计分析。图 4.3-1 和图 4.3-2 给出了全国范围内不同地区的工程数量与试桩数量的分布。

由图 4.3-1 和图 4.3-2 可知，工程数量与试桩数量的总统计数分别为 139 个、716 根，其分布范围基本覆盖我国大部分地区。其中，后压浆技术已广泛应用于江浙沪地区，并且在河南郑州地区也得到了较为广泛的使用。从省级行政区来看，压浆工程主要分布在北京、天津、上海、江苏、浙江和河南六省（市），占统计总数的 72.66%；试桩数量较多的是北京、天津、上海、江苏、浙江、河南、湖北和陕西八省（市），共占统计总数的 82.82%。

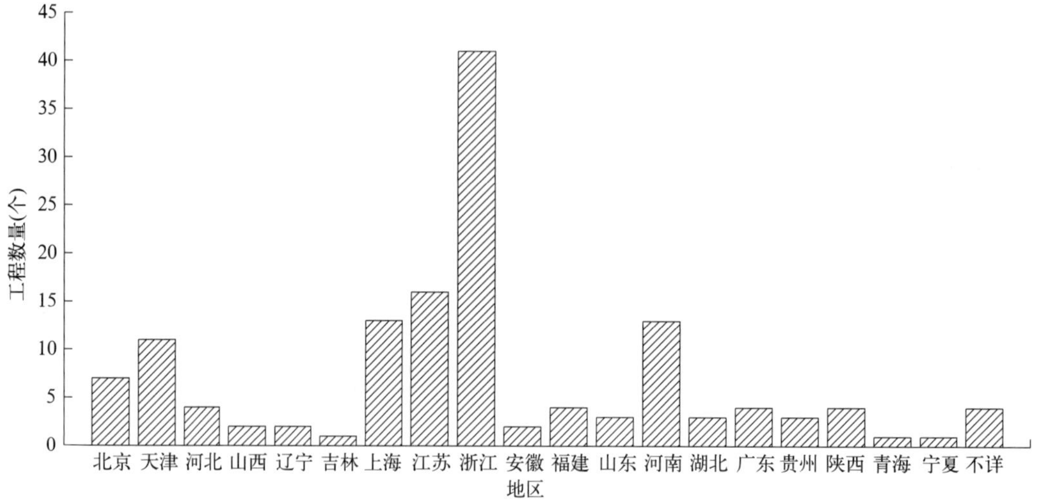


图 4.3-1　各地区的工程数量及分布

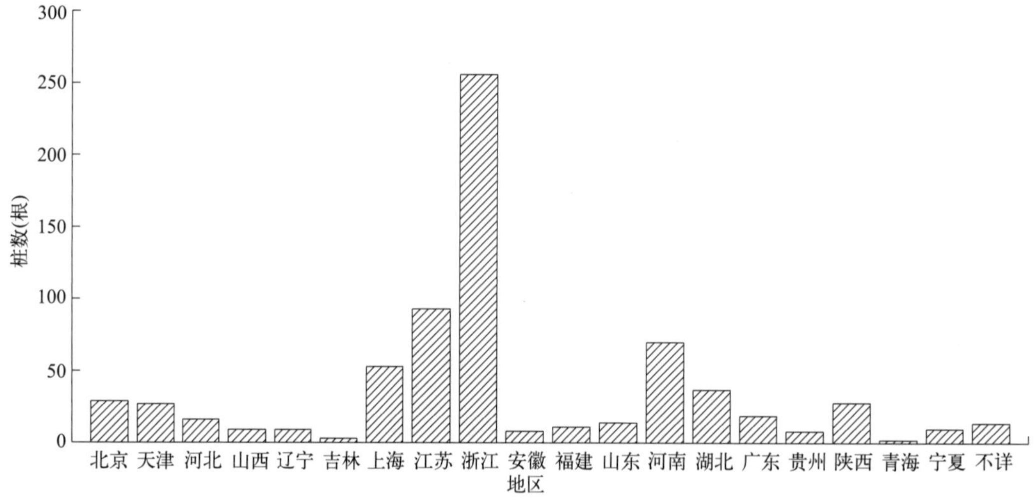


图 4.3-2　各地区压浆桩与未压浆桩的数量及分布

为了统计得到大直径后压浆桩承载力增强系数，结合所收集到的后压浆桩与未压浆桩静载试验数据，对承载力总提高系数、桩侧摩阻力及端阻力增强系数的取值进行研究。将收集的试桩静载试验实测数据作为样本数，按下列公式计算其平均值、标准差和变异系数：

$$X_{\mathrm{m}}=\frac{\sum_{i=1}^{n}X_i}{n} \tag{4.3-1}$$

$$\sigma=\sqrt{\frac{\sum_{i=1}^{n}(X_i-X_{\mathrm{m}})^2}{n-1}} \tag{4.3-2}$$

$$\delta=\frac{\sigma}{X_{\mathrm{m}}} \tag{4.3-3}$$

式中：$X_{\mathrm{m}}$ 为统计试验数据的平均值；$X_i$ 为第 $i$ 个统计试验数据；$n$ 为样本数；$\sigma$ 为标准差；$\delta$ 为变异系数。

大直径后压浆桩承载力增强系数的标准值可按下列公式计算：

$$X_{\mathrm{k}}=\gamma_{\mathrm{s}}X_{\mathrm{m}} \tag{4.3-4}$$

$$\gamma_{\mathrm{s}}=1\pm\left(\frac{1.704}{\sqrt{n}}+\frac{4.678}{n^2}\right)\delta \tag{4.3-5}$$

式中：$X_{\mathrm{k}}$ 为统计试验数据的标准值；$\gamma_{\mathrm{s}}$ 为统计修正系数。

由于所收集到的试验数据受施工、人为及环境等因素的影响，统计的数据样本量具有一定离散性。因此，在统计时利用数学方法对数据进行一定的筛选处理，也就是说对统计的数据求标准值或平均值，然后对整个区间内的样本点进行检查并舍弃偏差较大的数据。在实际的数据处理过程中，选用 3 倍的标准差方法来进行判别，可采用标准值加减 3 倍标准差，或采用平均值加减 3 倍标准差。若试验数据处于 $X_{\mathrm{k}}-3\sigma\leqslant X_i\leqslant X_{\mathrm{k}}+3\sigma$ 或 $X_{\mathrm{m}}-3\sigma\leqslant X_i\leqslant X_{\mathrm{m}}+3\sigma$ 范围内，即为正常数值，而在此范围之外的数据则作为异常数值舍弃；对处理后的试验数据进一步计算平均值、标准差、变异系数、标准值和统计修正系数；直至所有的试验数据均在 $X_{\mathrm{k}}-3\sigma\leqslant X_i\leqslant X_{\mathrm{k}}+3\sigma$ 或 $X_{\mathrm{m}}-3\sigma\leqslant X_i\leqslant X_{\mathrm{m}}+3\sigma$ 范围内，然后再计算平均值、标准差和变异系数。

在数据处理时，计算变异系数 $\delta$ 可以评价样本的离散程度，还能用于不同指标的测试样本离散程度的对比。变异系数与变异性的分级如表 4.3-1 所示[82]。

**增强系数取值的变异性分级**　　**表 4.3-1**

| 变异系数 $\delta$ | $\delta<0.1$ | $0.1\leqslant\delta<0.2$ | $0.2\leqslant\delta<0.3$ | $0.3\leqslant\delta<0.4$ | $\delta\geqslant0.4$ |
|---|---|---|---|---|---|
| 变异性 | 很低 | 低 | 中等 | 高 | 很高 |

为了得到精确的计算结果，在数据处理时引入置信度 $1-\alpha$，按标准正态分布原理可得到计算结果为 $X_{\mathrm{m}}\pm z_{\alpha/2}\sigma/\sqrt{n}$，则置信区间为（$X_{\mathrm{m}}-z_{\alpha/2}\sigma/\sqrt{n}$，$X_{\mathrm{m}}+z_{\alpha/2}\sigma/\sqrt{n}$）。图 4.3-3 给出了正态分布函数的置信区间示意图。通过设定不同的置信度，根据标准正态分布原理可得到不同的置信区间。表 4.3-2 中给出了置信度高于 80％所对应的临界值 $z_{\alpha/2}$。从表中可以看出，选用不同的置信度则可计算得到不同的取值范围，且置信度越高所对应的临界值 $z_{\alpha/2}$ 越大。因而在其他因素不变的情况下，置信度越高，置信区间越宽。此外，置信区间不仅与置信度有关，还受样本量因素的影响。因

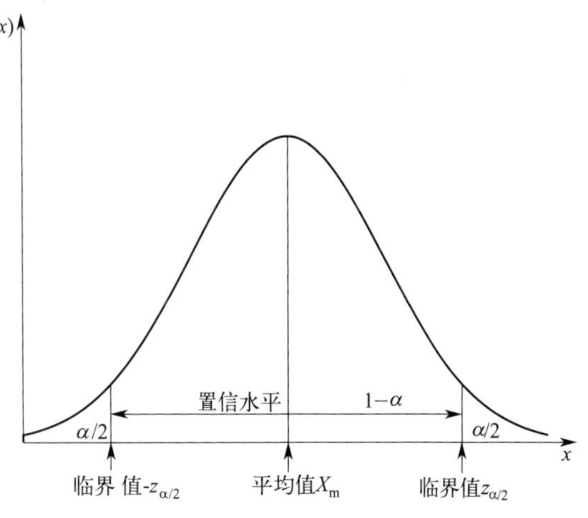

图 4.3-3　正态分布的置信区间示意图

此，在统计大直径后压浆桩承载力增强系数时不仅要满足精度要求，还应符合取值范围的大小（即置信区间的大小）。

临界值 $z_{\alpha/2}$ 所对应的置信度　　表 4.3-2

| 置信度 | 80% | 85% | 90% | 95% | 99% | 99.80% | 99.90% |
|---|---|---|---|---|---|---|---|
| 临界值 $z_{\alpha/2}$ | 1.28 | 1.645 | 1.96 | 2.33 | 2.58 | 3.08 | 3.27 |

## 4.3.2 后压浆桩承载力计算的建议公式

如前所述，影响后压浆单桩竖向极限承载力的因素有很多，而桩端、桩侧土体的性质最为显著。也就是说，土的极限侧摩阻力和极限端阻力决定了后压浆桩的极限承载力。因此，后压浆桩按承载力设计时考虑浆液加固桩端或桩侧土体而增强桩基阻力更为合理。为进一步完善大直径后压浆桩的承载力计算公式，根据收集的 716 根后压浆桩与未压浆桩的静载试验资料给出后压浆侧摩阻力及端阻力增强系数，并按土层分类进行归纳统计，从而使后压浆桩的承载力计算公式更具适用性。

课题组通过收集的 716 根试桩静载试验实测数据，将后压浆桩极限侧摩阻力及端阻力与未压浆桩极限侧摩阻力及端阻力比进行统计分析，给出一种极限侧摩阻力及端阻力增强系数的方法，并以不同土层为类进行归纳总结。其中后压浆桩极限侧摩阻力增强系数 $\beta_{si}$、端阻力增强系数 $\beta_{\mathrm{p}}$ 分别为

$$\beta_{si}=\frac{q'_{sik}}{q_{sik}},\beta_{\mathrm{p}}=\frac{q'_{\mathrm{pk}}}{q_{\mathrm{pk}}} \tag{4.3-6}$$

式中：$q_{sik}$、$q_{\mathrm{pk}}$ 分别为未压浆桩桩侧第 $i$ 层土的极限侧摩阻力标准值和极限端阻力标准值（kN）；$q'_{sik}$、$q'_{\mathrm{pk}}$ 分别为后压浆桩桩侧第 $i$ 层土的极限侧摩阻力标准值和极限端阻力标准值（kN）。

极限侧摩阻力增强系数 $\beta_{si}$、端阻力增强系数 $\beta_{\mathrm{p}}$ 是根据 716 根后压浆桩与未压浆桩静载试验的实测数据，以不同土层为类进行归纳收集得出的。数据收集原则如下：①桩侧摩阻力增强系数。按土层性质分类，各土层后压浆桩与未压浆桩所对应的侧摩阻力比计算得到；对于桩端压浆桩在桩端以上一定范围内的数据进行归纳收集[86]，而桩侧压浆桩与组合压浆桩按全桩长范围内的数据进行罗列；对收集到的后压浆试桩未进行压浆前测试时，以岩土工程勘察报告提供的极限侧摩阻力标准值代替。②桩端阻力增强系数。以土层为分类，通过后压浆桩与未压浆桩端阻力比计算得到；对收集到的后压浆试桩未开展未压浆桩静载试验时，未压浆桩端阻力应根据桩的尺寸、地质资料及施工工艺由规范[61,74]中的方法计算确定。

按上述收集方法得到的数据，往往需要对其采取舍弃处理的方法。具体舍弃原则如下：①对于压浆后的桩基阻力小于压浆前的数据，该数据理论上是不存在的，但在实际工程中可能由于测试、读数或其他方面的原因导致这类数据存在；②后压浆桩及所对应的未压浆桩均有测试，但未布设钢筋应力计的数据；③桩侧摩阻力因压浆效果不明显或桩土间的相对位移较小而未完全发挥，导致后压浆桩与未压浆桩的侧摩阻力比接近 1.0 甚至小于 1.0 的数据；④后压浆桩端阻力因加载设备达到限制而未发挥，或未发挥至极限而小于未压浆桩的数据。另外，对收集到的极限侧摩阻力及端阻力增强系数的数据处理按本书第

4.3.1 节的原则进行统计分析。

#### 4.3.2.1　后压浆桩侧摩阻力及端阻力增强系数统计分析

通过统计的 716 根后压浆桩与未压浆桩的静载试验资料，以不同土层为分类，按上述数据收集方法及处理原则，可获得桩侧、桩端不同土层后压浆侧摩阻力及端阻力增强系数的样本数统计分布如图 4.3-4 所示。由图可知，本次归纳统计得到有效的后压浆侧摩阻力及端阻力增强系数的样本数据分别为 1160 个、220 个，且桩侧、桩端均涉及了主要土层。值得指出的是，本次通过收集到的组合压浆桩归纳统计了桩侧黄土层的分布。通过土层分布可以看出，后压浆技术可用于碎石土、砂土层，也可用于粉土、黏性土及风化岩层。

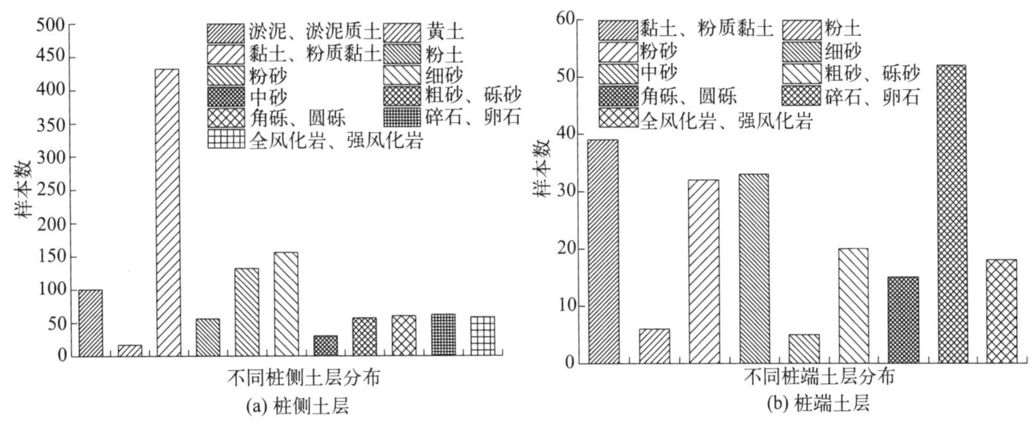


图 4.3-4　不同土层的样本数统计分布

对收集到的极限侧摩阻力及端阻力增强系数的数据处理按本书第 4.3.1 节的原则进行统计分析，因此可得到不同土层的后压浆侧摩阻力增强系数 $\beta_{si}$、端阻力增强系数 $\beta_{\mathrm{p}}$，如表 4.3-3 和表 4.3-4 所示。从表中可以看出，在不同土层中的后压浆桩基阻力比未压浆桩均有一定比例的提高，且提高幅度随着土体颗粒的变大而更加显著。其中，桩侧、桩端阻力增大幅度明显的土层是碎石、卵石层与粗砂、砾砂层，而黏土、粉质黏土与风化岩层中的桩侧、桩端阻力相比其他土层增大的幅度要小，这表明后压浆桩基阻力增加幅度与土层性质有明显的关系。

**不同土层的后压浆侧摩阻力增强系数 $\beta_{si}$ 的取值范围**　　　　**表 4.3-3**

| 土层名称 | 淤泥、淤泥质土 | 黏土、粉质黏土 | 黄土 | 粉土 | 粉砂 | 细砂 |
|---|---|---|---|---|---|---|
| 平均值 | 1.29 | 1.38 | 1.53 | 1.47 | 1.58 | 1.62 |
| 标准差 | 0.15 | 0.22 | 0.23 | 0.30 | 0.32 | 0.19 |
| $\beta_{si}$ 取值范围 | 1.23～1.34 | 1.34～1.41 | 1.44～1.62 | 1.41～1.52 | 1.54～1.63 | 1.57～1.67 |
| 变异系数 | 0.12 | 0.16 | 0.15 | 0.21 | 0.21 | 0.12 |

| 土层名称 | 中砂 | 粗砂、砾砂 | 角砾、圆砾 | 碎石、卵石 | 全风化岩、强风化岩 |
|---|---|---|---|---|---|
| 平均值 | 1.77 | 1.89 | 1.66 | 1.86 | 1.32 |
| 标准差 | 0.28 | 0.44 | 0.26 | 0.43 | 0.27 |
| $\beta_{si}$ 取值范围 | 1.66～1.88 | 1.81～1.97 | 1.56～1.75 | 1.77～1.96 | 1.20～1.44 |
| 变异系数 | 0.16 | 0.23 | 0.16 | 0.23 | 0.20 |

不同土层的后压浆端阻力增强系数 $\beta_p$ 的取值范围　　表 4.3-4

| 持力层 | 黏土、粉质黏土 | 粉土 | 粉砂 | 细砂 | 中砂 |
|---|---|---|---|---|---|
| 平均值 | 1.73 | 2.00 | 2.06 | 2.15 | 2.15 |
| 标准差 | 0.43 | 0.13 | 0.49 | 0.71 | 0.195 |
| $\beta_p$ 取值范围 | 1.63～1.83 | 1.83～2.11 | 1.92～2.21 | 1.97～2.33 | 2.03～2.28 |
| 变异系数 | 0.25 | 0.06 | 0.24 | 0.33 | 0.09 |
| 持力层 | 粗砂、砾砂 | 角砾、圆砾 | 碎石、卵石 | 全风化岩、强风化岩 | |
| 平均值 | 2.27 | 2.37 | 2.40 | 1.47 | |
| 标准差 | 0.21 | 0.29 | 0.43 | 0.18 | |
| $\beta_p$ 取值范围 | 2.17～2.37 | 2.24～2.50 | 2.30～2.50 | 1.34～1.60 | |
| 变异系数 | 0.09 | 0.12 | 0.18 | 0.12 | |

根据收集的后压浆桩与未压浆桩静载试验资料，统计得出了不同土层后压浆侧摩阻力及端阻力增强系数的取值范围，如表 4.3-5 所示。因此，通过后压浆桩与未压浆桩基阻力比进行统计分析，可给出后压浆单桩竖向极限承载力的计算公式：

$$Q'_{uk}=u\sum\beta_{si}q_{sik}l_i+\beta_p q_{pk}A_p \tag{4.3-7}$$

式中：$\beta_{si}$ 为第 $i$ 层土的侧摩阻力增强系数，可按表 4.3-5 取值，当在饱和土层中桩端压浆时，仅对桩端以上 10.0～12.0m 范围内的桩侧摩阻力进行增强修正；当在非饱和土层中桩端压浆时，仅对桩端以上 5.0～6.0m 的桩侧摩阻力进行增强修正；在饱和土层中桩侧压浆时，对压浆断面以上 10.0～12.0m 范围内的桩侧摩阻力进行增强修正；在非饱和土层中桩侧压浆时，对压浆断面上下各 5.0～6.0m 范围内的桩侧摩阻力进行增强修正；对于非增强影响范围，$\beta_{si}=1$；$\beta_p$ 为端阻力增强系数，可按表 4.3-5 取值。

后压浆侧摩阻力增强系数 $\beta_{si}$、端阻力增强系数 $\beta_p$　　表 4.3-5

| 土层名称 | 淤泥质土 | 黏土粉质黏土 | 黄土 | 粉土 | 粉砂 | 细砂 | 中砂 | 粗砂砾砂 | 角砾圆砾 | 碎石卵石 | 全风化岩强风化岩 |
|---|---|---|---|---|---|---|---|---|---|---|---|
| $\beta_{si}$ | 1.2～1.3 | 1.3～1.4 | 1.4～1.6 | 1.4～1.5 | 1.5～1.6 | 1.6～1.7 | 1.7～1.9 | 1.8～2.0 | 1.6～1.8 | 1.8～2.0 | 1.2～1.4 |
| $\beta_p$ | — | 1.6～1.8 | — | 1.8～2.1 | 1.9～2.2 | 2.0～2.3 | 2.0～2.3 | 2.2～2.4 | 2.2～2.5 | 2.3～2.5 | 1.3～1.6 |

注：对于稍密和松散状态的砂、碎石土可取高值，对于密实状态的砂、碎石土可取低值。

式(4.3-7) 是基于工程实测数据得出，收集的数据覆盖全国范围内大部分地区，且均为大直径钻孔灌注桩，具有很大的实用价值。本公式已写入《公路桥涵地基与基础设计规范》JTG 3363—2019，具有很强的针对性。此外，本次统计补充了原规范[62] 中未涉及的桩端桩侧组合压浆试桩资料。

#### 4.3.2.2 实例分析验证

为了验证采用侧摩阻力及端阻力增强系数法给出的后压浆单桩竖向极限承载力计算公式的合理性与适用性，选取试验资料齐全的 190 根后压浆桩，根据式(4.3-7) 计算求得 $Q'_{uk计}$。其中 $q_{sik}$、$q_{pk}$ 取岩土工程勘察报告提供的推荐值，侧摩阻力增强系数 $\beta_{si}$、端阻力增强系数 $\beta_p$ 取表 4.3-5 所列的上限值。后压浆单桩极限承载力计算结果如图 4.3-5 和图 4.3-6 所示。

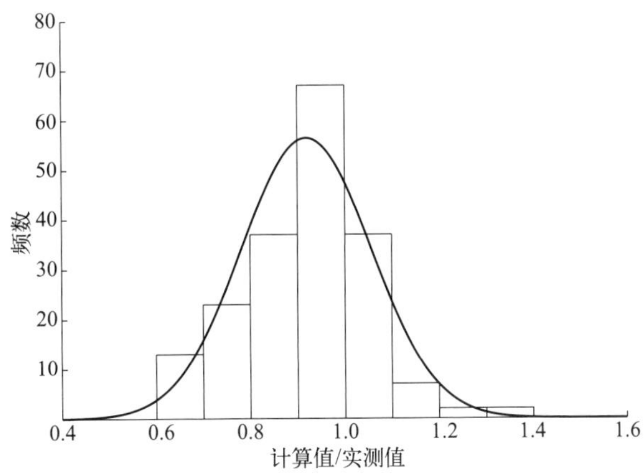


图 4.3-5　后压浆单桩极限承载力计算值与实测值比较直方图

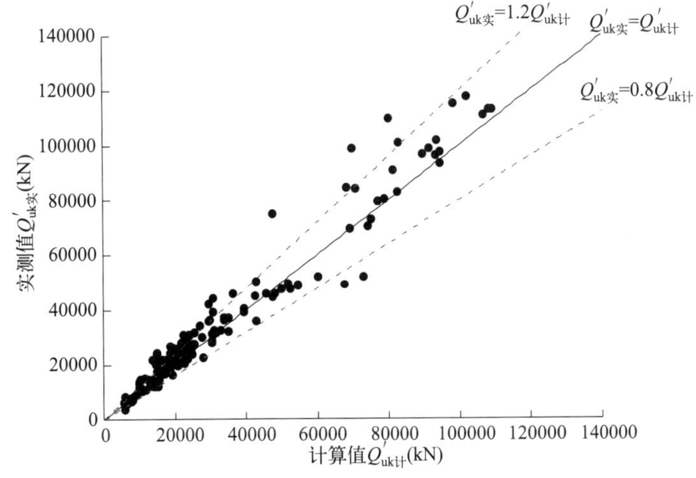


图 4.3-6　后压浆单桩极限承载力计算值与实测值比较散点图

由图 4.3-5 可以看出，计算结果与实测结果的比值服从正态分布，且比值接近 1.0 的样本约占总样本统计量的 54%。图 4.3-6 示出了 190 根后压浆桩极限承载力计算值与实测值的对比，图中显示了数据点主要集中在计算值与实测值的等值线两侧，且大多数的数据点位于等值线两侧±20%的偏离曲线之内，而在±20%的偏离曲线之外的样本为 35 个，约占总样本统计量的 18.4%。这说明承载力计算结果的保证率达到 81.6%。此外，数据点位于等值线以上的样本有 140 个，约占总样本统计量的 73.7%，即计算值小于实测值占大多数。这说明后压浆桩极限承载力按式(4.3-7) 计算具有较高的可靠性。

通过验证分析表明本书所得到的侧摩阻力及端阻力增强系数是合理可行的，采用侧摩阻力及端阻力增强系数法给出的后压浆单桩竖向极限承载力计算公式具有较高的准确性及可靠性。该计算公式基于实测数据给出，具有很高的实用性，可供工程设计人员在大直径后压浆桩的设计时使用。

### 4.3.3 后压浆桩压浆设计参数的建议公式

不同地质条件下后压浆工艺参数的不同，会导致后压浆效果也有所不同。后压浆工艺参数主要包括压浆材料、浆液水灰比、浆液流量、压浆量及压浆压力等。其中压浆量和压浆压力为关键参数，一般来说后压浆桩设计中实行压浆量和压浆压力联合控制的原则，以压浆量为主控因素，而压浆压力作为辅控因素。因此，研究这两个压浆关键参数对后压浆桩的设计具有重要意义。

#### 4.3.3.1 压浆量设计

**1. 压浆量经验参数取值**

课题组在对比评价上述压浆量计算公式的基础上，根据完成的超长大直径后压浆灌注桩的现场压浆实测数据，以桩径为变量，并按土层分类对压浆量的数据进行归纳统计，采用形式为 $G_c=\alpha_p \cdot D$ 的压浆量计算公式。其中 $\alpha_p$ 为桩端压浆量经验系数，通过现场压浆实测数据统计得出的。该公式对超长大直径灌注桩具有很好的适用性，考虑了施工过程中的许多影响因素，并且没有对实际问题进行简化、假定，因此该公式用于《公路桥涵地基与基础设计规范》JTG D63—2007 的编制。

自《公路桥涵地基与基础设计规范》JTG D63—2007 颁布 10 多年来，后压浆工程在全国范围内得到了广泛的应用与迅猛的发展，也积累了大量的现场压浆实测数据，同时桩侧后压浆桩、组合压浆桩也不断地应用于实际工程。然而，《公路桥涵地基与基础设计规范》JTG D63—2007 中的压浆系数表未涉及桩侧压浆量经验系数，使该规范已难以满足当前工程设计需求。课题组通过收集的 716 根试桩的实测数据，对含有压浆量关键参数的后压浆桩进行罗列，共计 381 根。为使统计的数据能覆盖所有土层，进一步收集了课题组完成的石首长江公路大桥、乐清湾大桥以及贵州李子沟特大桥的压浆实测数据，共计 318 根。因此，本次统计桩侧、桩端压浆经验系数所收集到的后压浆桩实测数据约 700 根，详细的工程资料见附录二。

根据统计的 699 根后压浆桩的实测数据，以桩径为变量，并按土层分类对压浆量的数据进行归纳统计，可得到不同土层桩侧、桩端压浆量经验系数的样本数统计分布如图 4.3-7 所示。由图可知，本次归纳统计得到的桩侧、桩端压浆量经验系数的样本数据分

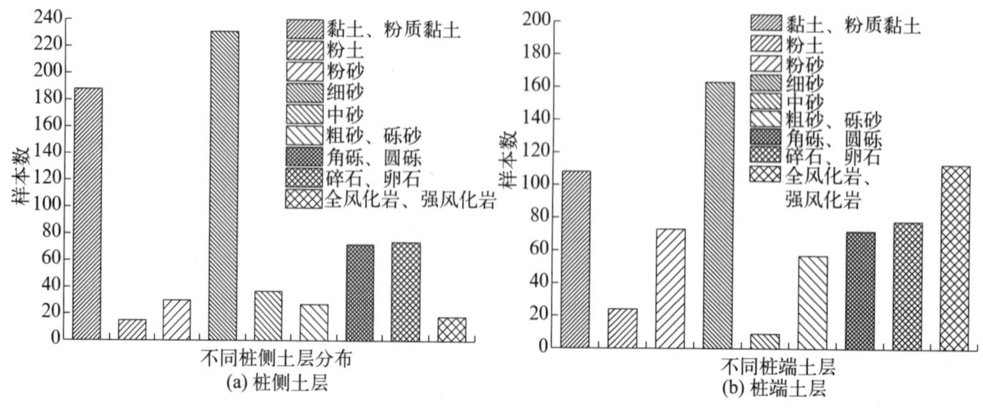


图 4.3-7 不同土层的样本数统计分布

别为 692 个、695 个，而桩侧、桩端收集到的细砂样本数较多，主要是由于统计的石首长江公路大桥的组合压浆实测数据较多，而该地区以细砂层为主。需要指出的是，桩侧压浆量经验系数的样本数受桩侧布设压浆断面数的影响。

由于压浆量的计算以桩径为变量，因而可以对统计的数据开展线性回归分析。对本书附录三中的数据按土层分类进行归纳统计，并采用一元线性回归分析，得到不同土层桩侧、桩端压浆量经验系数回归直线如图 4.3-8 和图 4.3-9 所示。

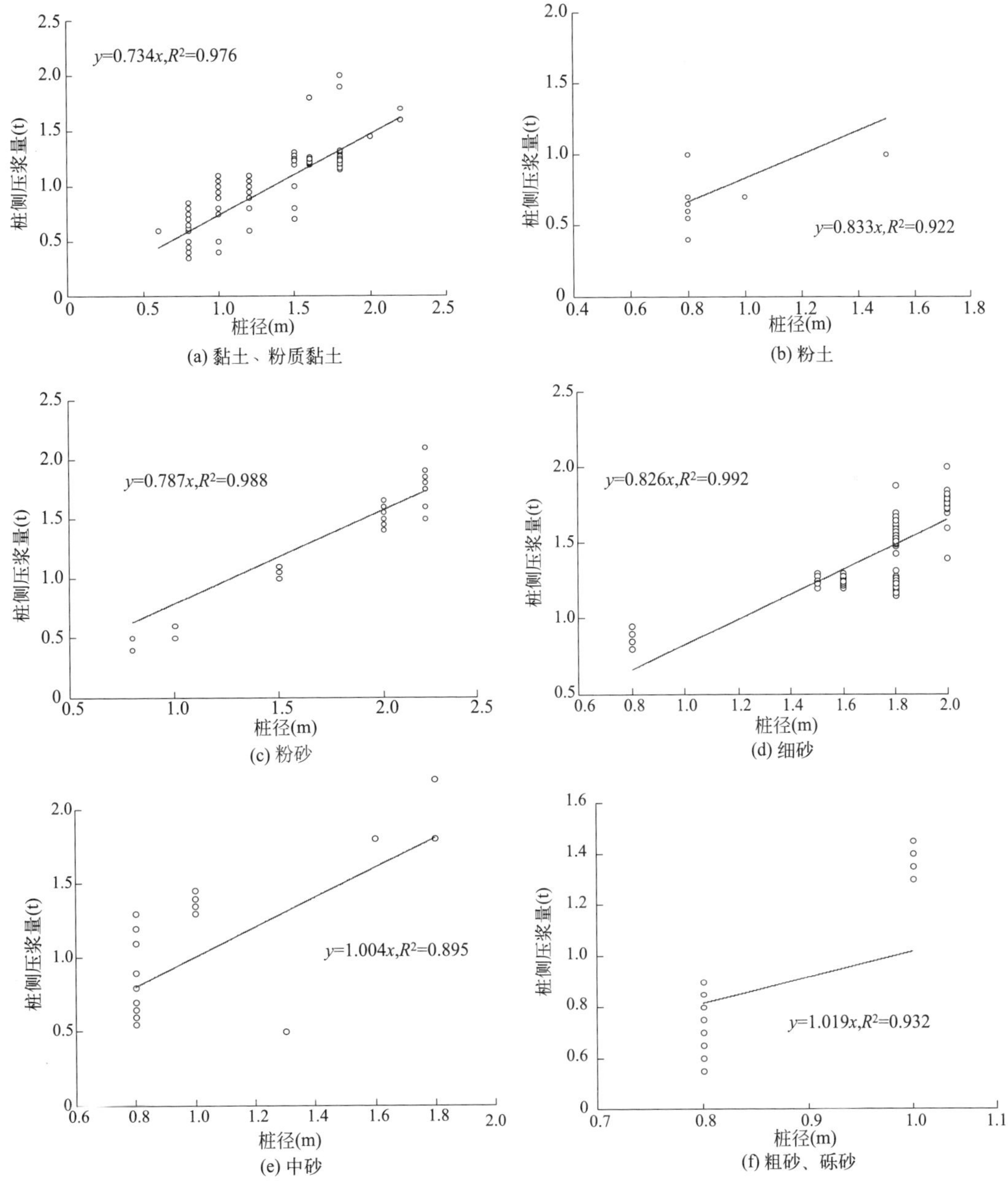


图 4.3-8　不同土层桩侧压浆量经验系数回归直线（一）

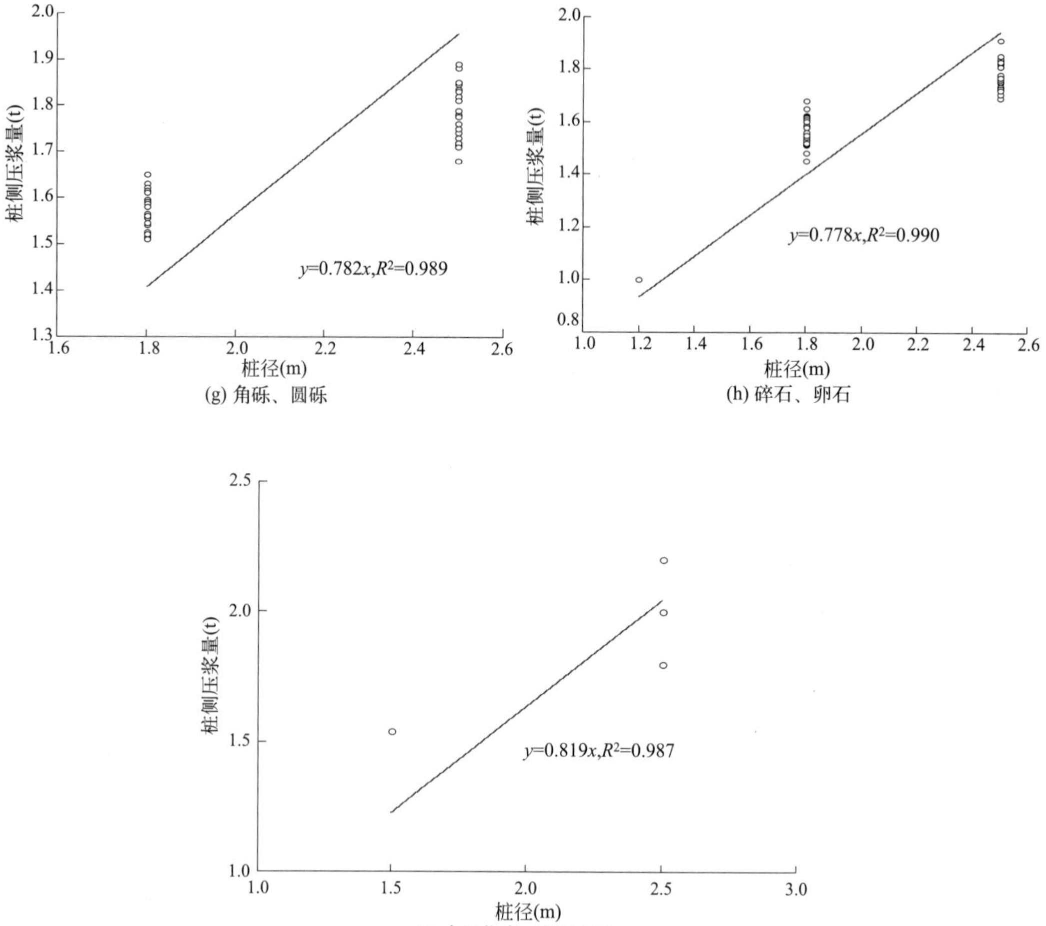

桩侧压浆量(t)

$y=0.782x, R^2=0.989$

桩径(m)

(g) 角砾、圆砾

桩侧压浆量(t)

$y=0.778x, R^2=0.990$

桩径(m)

(h) 碎石、卵石

桩侧压浆量(t)

$y=0.819x, R^2=0.987$

桩径(m)

(i) 全风化岩、强风化岩

图 4.3-8 不同土层桩侧压浆量经验系数回归直线（二）

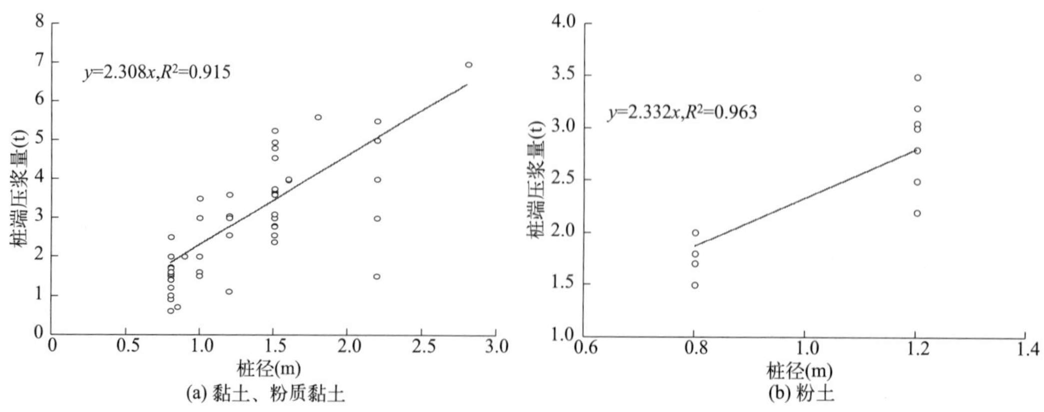


(a) 黏土、粉质黏土

(b) 粉土

图 4.3-9 不同土层桩端压浆量经验系数回归直线（一）

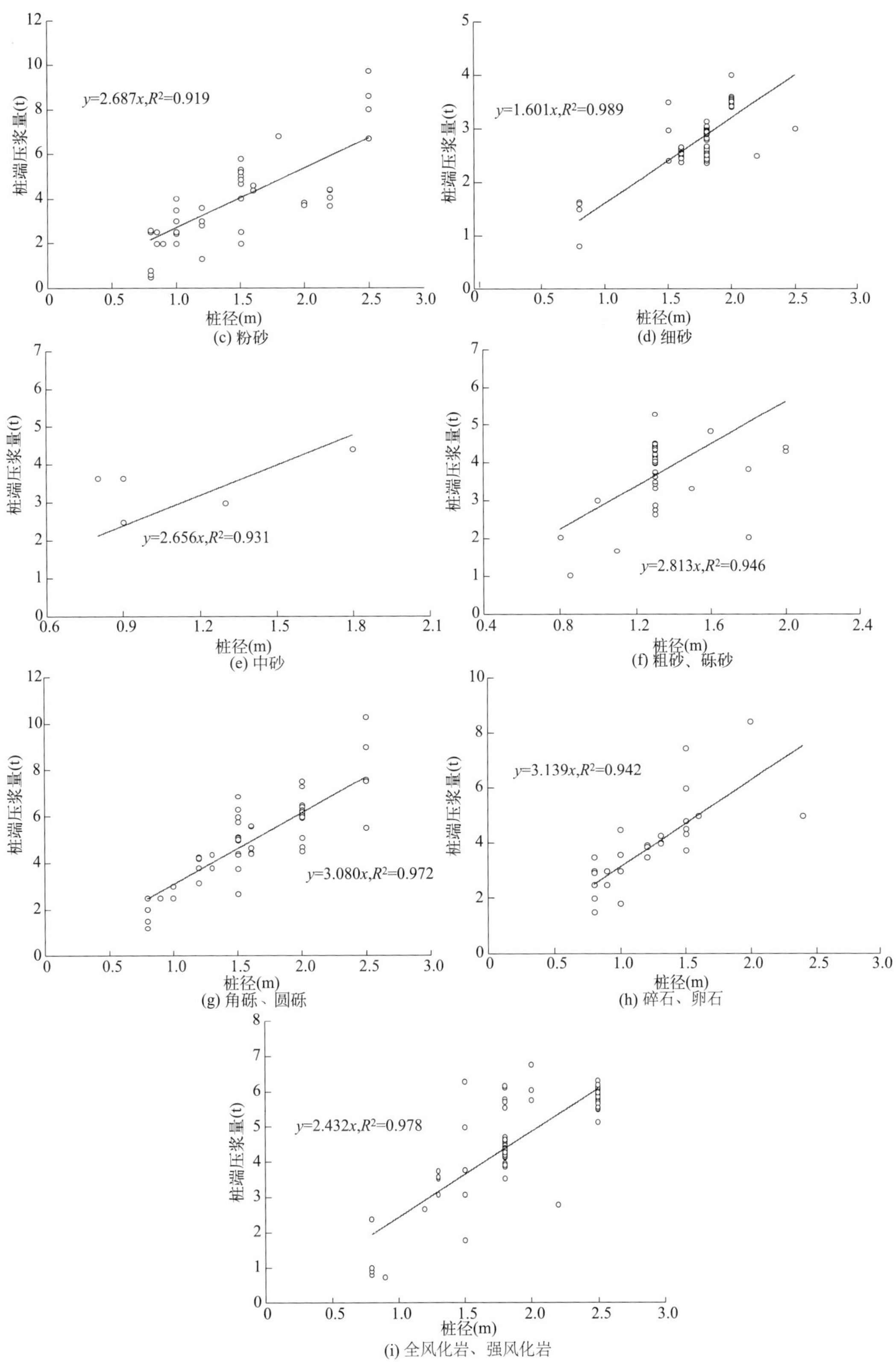


图 4.3-9　不同土层桩端压浆量经验系数回归直线（二）

由图4.3-8和图4.3-9可知，桩侧、桩端压浆量与桩径的关系采用一次线性函数都可以达到较好的拟合效果，其拟合精度较高。其中，黏土及粉质黏土层、粉土层、粉砂层、细砂层、中砂层、粗砂砾砂层、角砾圆砾层、碎石卵石层、全风化岩强风化岩层的桩侧压浆量经验系数分别为0.73、0.83、0.79、0.83、1.00、1.02、0.78、0.78、0.82；而桩端压浆量经验系数分别为2.31、2.33、2.69、1.60、2.66、2.81、3.08、3.14、2.43。细砂层中的桩端压浆量经验系数不符合趋势变化，这主要是由于选用的单一工程数量较多且桩端压浆量偏小所致。在实际取值时，细砂层中的桩端压浆量经验系数可通过增长趋势的变化来实现。

上述方法得到的压浆量经验系数为单一数值，不是区间范围，对于工程设计使用有一定的局限性。因此，对统计得到的桩侧、桩端压浆量经验系数进行数据处理时，按第4.3.1节的方法给出。表4.3-6和表4.3-7为不同土层桩侧、桩端压浆量经验系数 $\alpha_s$、$\alpha_p$ 的取值范围。从表中可以看出，各土层桩侧、桩端压浆量经验系数的平均值与一次线性函数拟合得到的压浆量经验系数均较为接近，且细砂层中的桩端压浆量经验系数也不符合增长趋势变化。

**不同土层桩侧压浆量经验系数 $\alpha_s$ 的取值范围　　表4.3-6**

| 持力层 | 黏土、粉质黏土 | 粉土 | 粉砂 | 细砂 | 中砂 |
|---|---|---|---|---|---|
| 平均值 | 0.75 | 0.84 | 0.77 | 0.82 | 0.99 |
| 标准差 | 0.14 | 0.24 | 0.09 | 0.07 | 0.34 |
| $\alpha_s$ 取值范围 | 0.72～0.79 | 0.76～0.92 | 0.73～0.82 | 0.81～0.93 | 0.91～1.08 |
| 变异系数 | 0.19 | 0.28 | 0.11 | 0.08 | 0.34 |
| 持力层 | 粗砂、砾砂 | 角砾、圆砾 | 碎石、卵石 | 全风化岩、强风化岩 | |
| 平均值 | 0.99 | 0.81 | 0.81 | 0.85 | |
| 标准差 | 0.26 | 0.08 | 0.08 | 0.12 | |
| $\alpha_s$ 取值范围 | 0.92～1.09 | 0.76～0.85 | 0.77～0.85 | 0.78～0.91 | |
| 变异系数 | 0.26 | 0.10 | 0.09 | 0.14 | |

**不同土层桩端压浆量经验系数 $\alpha_p$ 的取值范围　　表4.3-7**

| 持力层 | 黏土、粉质黏土 | 粉土 | 粉砂 | 细砂 | 中砂 |
|---|---|---|---|---|---|
| 平均值 | 2.21 | 2.31 | 2.56 | 1.62 | 2.51 |
| 标准差 | 0.64 | 0.46 | 0.76 | 0.16 | 0.24 |
| $\alpha_p$ 取值范围 | 2.04～2.39 | 2.09～2.53 | 2.38～2.74 | 1.58～1.66 | 2.28～2.74 |
| 变异系数 | 0.29 | 0.20 | 0.30 | 0.10 | 0.10 |
| 持力层 | 粗砂、砾砂 | 角砾、圆砾 | 碎石、卵石 | 全风化岩、强风化岩 | |
| 平均值 | 2.87 | 3.03 | 3.10 | 2.42 | |
| 标准差 | 0.70 | 0.58 | 0.77 | 0.45 | |
| $\alpha_p$ 取值范围 | 2.71～3.03 | 2.86～3.21 | 2.97～3.24 | 2.30～2.53 | |
| 变异系数 | 0.24 | 0.19 | 0.25 | 0.19 | |

根据收集的后压浆桩现场压浆实测数据，统计得出了不同土层桩侧、桩端压浆量经验系数的取值范围，如表4.3-8所示。因此，通过对压浆量与后压浆桩直径的比值进行统计分析，可给出适用于不同压浆类型的单桩压浆量的计算公式：

$$G_c=\alpha_s \cdot m \cdot D+\alpha_p \cdot D \tag{4.3-8}$$

式中：$G_c$ 为单桩压浆水泥用量（t）；$\alpha_s$、$\alpha_p$ 分别为桩侧、桩端压浆量经验系数（t/m），可按表 4.3-8 取值，土体孔隙率较大时取高值，土体密实度较高、较坚硬时取低值；$m$ 为桩侧压浆断面数。

**桩侧压浆量经验系数 $\alpha_s$、桩端压浆量经验系数 $\alpha_p$　　表 4.3-8**

| 土层名称 | 黏土<br>粉质黏土 | 粉土 | 粉砂 | 细砂 | 中砂 | 粗砂<br>砾砂 | 角砾<br>圆砾 | 碎石<br>卵石 | 全风化岩<br>强风化岩 |
|---|---|---|---|---|---|---|---|---|---|
| $\alpha_s$ | 0.7～0.8 | 0.8～0.9 | 0.8～0.9 | 0.8～0.9 | 0.9～1.1 | 0.9～1.1 | 0.8～0.9 | 0.8～0.9 | 0.8～0.9 |
| $\alpha_p$ | 2.0～2.4 | 2.1～2.5 | 2.4～2.7 | 2.4～2.7 | 2.3～2.7 | 2.7～3.0 | 2.9～3.2 | 3.0～3.2 | 2.3～2.5 |

式(4.3-8) 是基于现场实测数据得出，收集的数据覆盖全国范围内大部分地区，且均为大直径钻孔灌注桩，具有很大的实用价值。该公式计算简便，参数取值容易，且未对实际问题进行简化和假定，因此该公式具有较强的实用性。此外，本公式已写入《公路桥涵地基与基础设计规范》JTG 3363—2019，具有很强的针对性。需要说明的是，细砂层中的桩端压浆量经验系数由于统计的数据未能表现出增长趋势变化，因而在此次修订中不作修改。

### 2. 实例分析验证

为了验证给出的适用于不同压浆类型的单桩压浆量计算公式的合理性与适用性，选取本书附录三中的 94 根组合压浆桩与乐清湾大桥及接线工程中的 100 根桩端压浆桩（见表 4.3-9），根据式(4.3-8) 计算求得 $G_{c计}$。其中桩侧压浆量经验系数 $\alpha_s$、桩端压浆量经验系数 $\alpha_p$ 取表 4.3-8 所列的下限值。单桩压浆量计算结果如图 4.3-10 和图 4.3-11 所示。

**乐清湾大桥及接线工程中的 100 根桩端压浆桩资料　　表 4.3-9**

| 序号 | 工程名称 | 桩号 | $L$ (m) | $D$ (m) | $L/D$ | 持力层类别 | 桩侧主要土层 | 压浆量 (t) | 压浆压力 (MPa) |
|---|---|---|---|---|---|---|---|---|---|
| 1 | 吊船湾 | 右幅 15-4 | 1.5 | 72.3 | 48.20 | 含角砾粉质黏土 | 粉质黏土、含角砾粉质黏土 | 4.47 | 0.41 |
| 2 | | 左幅 8-1 | 1.5 | 75.3 | 50.20 | 含黏性土碎石 | 粉质黏土、含黏性土角砾 | 4.66 | 0.34 |
| 3 | | 左幅 8-3 | 1.5 | 75.3 | 50.20 | 含黏性土碎石 | 粉质黏土、含黏性土角砾 | 4.85 | 0.42 |
| 4 | 沙门互通 1 号桥 | 左幅 8-4 | 1.5 | 75.3 | 50.20 | 含黏性土碎石 | 粉质黏土、含黏性土角砾 | 5.03 | 0.77 |
| 5 | | 左幅 9-1 | 1.5 | 72.3 | 48.20 | 含黏性土角砾 | 粉质黏土、含黏性土角砾 | 4.68 | 0.24 |
| 6 | | 左幅 9-2 | 1.5 | 72.3 | 48.20 | 含黏性土角砾 | 粉质黏土、含黏性土角砾 | 4.50 | 0.58 |
| 7 | | 左幅 9-3 | 1.5 | 72.3 | 48.20 | 含黏性土角砾 | 粉质黏土、含黏性土角砾 | 4.29 | 0.84 |
| 8 | | 左幅 9-4 | 1.5 | 72.3 | 48.20 | 含黏性土角砾 | 粉质黏土、含黏性土角砾 | 4.50 | 0.87 |
| 9 | | 左幅 7-2 | 1.3 | 43.2 | 33.23 | 强风化凝灰岩 | 淤泥质土、黏土 | 3.69 | 1.85 |
| 10 | | 左幅 7-3 | 1.3 | 43.2 | 33.23 | 强风化凝灰岩 | 淤泥质土、黏土 | 3.26 | 2.53 |
| 11 | | 左幅 7-4 | 1.3 | 43.2 | 33.23 | 强风化凝灰岩 | 淤泥质土、黏土 | 4.43 | 1.58 |
| 12 | | 左幅 9-1 | 1.3 | 41.0 | 31.54 | 强风化凝灰岩 | 淤泥质土、黏土 | 3.50 | 1.23 |
| 13 | | 左幅 9-2 | 1.3 | 41.0 | 31.54 | 强风化凝灰岩 | 淤泥质土、黏土 | 4.36 | 1.45 |
| 14 | | 左幅 9-3 | 1.3 | 41.0 | 31.54 | 强风化凝灰岩 | 淤泥质土、黏土 | 4.40 | 1.20 |
| 15 | | 左幅 9-4 | 1.3 | 41.0 | 31.54 | 强风化凝灰岩 | 淤泥质土、黏土 | 3.00 | 2.71 |

续表

| 序号 | 工程名称 | 桩号 | $L$ (m) | $D$ (m) | $L/D$ | 持力层类别 | 桩侧主要土层 | 压浆量 (t) | 压浆压力 (MPa) |
|---|---|---|---|---|---|---|---|---|---|
| 16 | 沙门互通2号桥 | 左幅 5-5 | 1.3 | 57.0 | 43.85 | 粉质黏土 | 淤泥质土、黏土 | 3.89 | 1.12 |
| 17 | | 左幅 5-6 | 1.3 | 57.0 | 43.85 | 粉质黏土 | 淤泥质土、黏土 | 3.93 | 1.75 |
| 18 | | 左幅 13-4 | 1.3 | 46.0 | 35.38 | 全风化凝灰岩 | 淤泥质土、黏土 | 3.83 | 0.54 |
| 19 | | 左幅 13-5 | 1.3 | 46.0 | 35.38 | 全风化凝灰岩 | 淤泥质土、黏土 | 3.66 | 0.37 |
| 20 | | 左幅 13-6 | 1.3 | 46.0 | 35.38 | 全风化凝灰岩 | 淤泥质土、黏土 | 3.30 | 0.46 |
| 21 | | 左幅 14-1 | 1.3 | 46.0 | 35.38 | 粉质黏土 | 淤泥质土、黏土 | 3.77 | 0.78 |
| 22 | | 左幅 14-2 | 1.3 | 46.0 | 35.38 | 粉质黏土 | 淤泥质土、黏土 | 3.11 | 0.80 |
| 23 | | 左幅 14-3 | 1.3 | 46.0 | 35.38 | 粉质黏土 | 淤泥质土、黏土 | 3.77 | 1.01 |
| 24 | | 左幅 14-4 | 1.3 | 46.0 | 35.38 | 粉质黏土 | 淤泥质土、黏土 | 2.86 | 2.54 |
| 25 | | 左幅 17-1 | 1.5 | 53.8 | 35.87 | 全风化凝灰岩 | 淤泥质土、黏土 | 3.51 | 2.20 |
| 26 | | 左幅 17-2 | 1.5 | 53.8 | 35.87 | 全风化凝灰岩 | 淤泥质土、黏土 | 3.28 | 2.06 |
| 27 | | 左幅 17-3 | 1.5 | 53.8 | 35.87 | 全风化凝灰岩 | 淤泥质土、黏土 | 3.07 | 1.83 |
| 28 | 漩门湾 | 右幅 11-1 | 2.0 | 73.5 | 36.75 | 圆砾 | 淤泥质土、黏土 | 5.79 | 1.64 |
| 29 | | 右幅 11-2 | 2.0 | 73.5 | 36.75 | 圆砾 | 淤泥质土、黏土 | 6.52 | 0.73 |
| 30 | | 右幅 11-3 | 2.0 | 73.5 | 36.75 | 圆砾 | 淤泥质土、黏土 | 6.79 | 0.90 |
| 31 | | 右幅 12-1 | 2.0 | 73.5 | 36.75 | 圆砾 | 淤泥质土、黏土 | 6.80 | 1.13 |
| 32 | | 右幅 12-2 | 2.0 | 73.5 | 36.75 | 圆砾 | 淤泥质土、黏土 | 6.08 | 1.07 |
| 33 | | 右幅 12-3 | 2.0 | 73.5 | 36.75 | 圆砾 | 淤泥质土、黏土 | 5.36 | 1.41 |
| 34 | | 右幅 16-4 | 1.5 | 68.5 | 45.67 | 圆砾 | 淤泥质土、黏土、圆砾 | 4.02 | 1.25 |
| 35 | | 右幅 16-5 | 1.5 | 68.5 | 45.67 | 圆砾 | 淤泥质土、黏土、圆砾 | 4.99 | 1.23 |
| 36 | | 右幅 16-6 | 1.5 | 68.5 | 45.67 | 圆砾 | 淤泥质土、黏土、圆砾 | 4.98 | 1.23 |
| 37 | | 右幅 17-1 | 1.5 | 75.5 | 50.33 | 圆砾 | 淤泥质土、黏土、圆砾 | 4.33 | 1.38 |
| 38 | | 右幅 17-2 | 1.5 | 75.5 | 50.33 | 圆砾 | 淤泥质土、黏土、圆砾 | 4.34 | 0.95 |
| 39 | | 右幅 17-3 | 1.5 | 75.5 | 50.33 | 圆砾 | 淤泥质土、黏土、圆砾 | 4.99 | 1.32 |
| 40 | 文旦大道分离式立交桥 | 17-3 | 1.5 | 71.0 | 47.33 | 粉质黏土 | 淤泥质土、黏性土 | 4.22 | 1.05 |
| 41 | | 17-4 | 1.5 | 71.0 | 47.33 | 粉质黏土 | 淤泥质土、黏性土 | 4.12 | 1.16 |
| 42 | | 17-5 | 1.5 | 71.0 | 47.33 | 粉质黏土 | 淤泥质土、黏性土 | 4.09 | 1.23 |
| 43 | | 18-0 | 1.5 | 70.0 | 46.67 | 粉质黏土 | 淤泥质土、黏性土 | 4.44 | 0.50 |
| 44 | | 18-1 | 1.5 | 70.0 | 46.67 | 粉质黏土 | 淤泥质土、黏性土 | 4.48 | 1.04 |
| 45 | | 18-2 | 1.5 | 70.0 | 46.67 | 粉质黏土 | 淤泥质土、黏性土 | 4.43 | 1.21 |
| 46 | | 22-0 | 1.3 | 68.0 | 52.31 | 粉质黏土 | 淤泥质土、黏性土 | 3.20 | 1.31 |
| 47 | | 22-1 | 1.3 | 68.0 | 52.31 | 粉质黏土 | 淤泥质土、黏性土 | 3.52 | 1.33 |
| 48 | | 22-2 | 1.3 | 68.0 | 52.31 | 粉质黏土 | 淤泥质土、黏性土 | 3.52 | 1.36 |
| 49 | | 22-3 | 1.3 | 68.0 | 52.31 | 粉质黏土 | 淤泥质土、黏性土 | 3.54 | 1.35 |
| 50 | | 22-4 | 1.3 | 68.0 | 52.31 | 粉质黏土 | 淤泥质土、黏性土 | 4.16 | 1.43 |
| 51 | | 22-5 | 1.3 | 68.0 | 52.31 | 粉质黏土 | 淤泥质土、黏性土 | 3.97 | 1.45 |

续表

| 序号 | 工程名称 | 桩号 | L (m) | D (m) | L/D | 持力层类别 | 桩侧主要土层 | 压浆量 (t) | 压浆压力 (MPa) |
|---|---|---|---|---|---|---|---|---|---|
| 52 | 文旦大道分离式立交桥 | 22-6 | 1.3 | 68.0 | 52.31 | 粉质黏土 | 淤泥质土、黏性土 | 3.99 | 1.52 |
| 53 | | 37-3 | 1.5 | 67.0 | 44.67 | 含黏性土卵石 | 淤泥质土、黏性土 | 3.73 | 1.14 |
| 54 | | 37-4 | 1.5 | 67.0 | 44.67 | 含黏性土卵石 | 淤泥质土、黏性土 | 3.37 | 2.19 |
| 55 | | 37-5 | 1.5 | 67.0 | 44.67 | 含黏性土卵石 | 淤泥质土、黏性土 | 3.59 | 1.48 |
| 56 | | 38a-0 | 1.2 | 68.0 | 56.67 | 含黏性土卵石 | 淤泥质土、黏性土 | 3.35 | 1.74 |
| 57 | | 38a-1 | 1.2 | 68.0 | 56.67 | 含黏性土卵石 | 淤泥质土、黏性土 | 3.92 | 1.19 |
| 58 | | 38a-2 | 1.2 | 68.0 | 56.67 | 含黏性土卵石 | 淤泥质土、黏性土 | 3.73 | 1.37 |
| 59 | 玉环互通主线桥 | 左幅 18-1 | 1.5 | 57.0 | 38.00 | 碎石 | 淤泥质土、黏性土、碎石 | 4.03 | 0.95 |
| 60 | | 左幅 18-2 | 1.5 | 57.0 | 38.00 | 碎石 | 淤泥质土、黏性土、碎石 | 4.66 | 1.55 |
| 61 | | 左幅 18-3 | 1.5 | 57.0 | 38.00 | 碎石 | 淤泥质土、黏性土、碎石 | 4.66 | 0.83 |
| 62 | | 左幅 19-1 | 1.5 | 60.0 | 40.00 | 碎石 | 淤泥质土、黏性土、碎石 | 4.66 | 0.82 |
| 63 | | 左幅 19-2 | 1.5 | 60.0 | 40.00 | 碎石 | 淤泥质土、黏性土、碎石 | 4.65 | 0.89 |
| 64 | | 左幅 19-3 | 1.5 | 60.0 | 40.00 | 碎石 | 淤泥质土、黏性土、碎石 | 3.71 | 2.39 |
| 65 | | 左幅 14-1 | 1.6 | 65.0 | 40.63 | 含黏性土角砾 | 淤泥质土、黏性土 | 4.52 | 2.13 |
| 66 | | 左幅 14-2 | 1.6 | 65.0 | 40.63 | 含黏性土角砾 | 淤泥质土、黏性土 | 4.63 | 2.01 |
| 67 | | 左幅 14-3 | 1.6 | 65.0 | 40.63 | 含黏性土角砾 | 淤泥质土、黏性土 | 4.20 | 2.43 |
| 68 | 大麦屿疏港公路 | 右幅 5-1 | 1.3 | 72.0 | 55.38 | 全风化凝灰岩 | 淤泥质土、黏性、砂土 | 3.89 | 1.17 |
| 69 | | 右幅 5-2 | 1.3 | 72.0 | 55.38 | 全风化凝灰岩 | 淤泥质土、黏性、砂土 | 4.01 | 1.20 |
| 70 | | 右幅 5-3 | 1.3 | 72.0 | 55.38 | 全风化凝灰岩 | 淤泥质土、黏性、砂土 | 3.77 | 1.58 |
| 71 | | 右幅 5-4 | 1.3 | 72.0 | 55.38 | 全风化凝灰岩 | 淤泥质土、黏性、砂土 | 2.82 | 2.08 |
| 72 | 西侧非通航孔桥 | RW3 右幅 1 | 2.0 | 89.0 | 44.50 | 全风化凝灰岩 | 淤泥质土、黏土、圆砾 | 5.57 | 3.74 |
| 73 | | RW3 右幅 2 | 2.0 | 89.0 | 44.50 | 全风化凝灰岩 | 淤泥质土、黏土、圆砾 | 5.09 | 5.20 |
| 74 | | RW3 右幅 3 | 2.0 | 89.0 | 44.50 | 全风化凝灰岩 | 淤泥质土、黏土、圆砾 | 5.65 | 3.56 |
| 75 | | RW3 右幅 4 | 2.0 | 89.0 | 44.50 | 全风化凝灰岩 | 淤泥质土、黏土、圆砾 | 5.56 | 4.80 |
| 76 | | RW3 左幅 1 | 2.0 | 89.0 | 44.50 | 全风化凝灰岩 | 淤泥质土、黏土、圆砾 | 5.74 | 2.99 |
| 77 | | RW3 左幅 2 | 2.0 | 89.0 | 44.50 | 全风化凝灰岩 | 淤泥质土、黏土、圆砾 | 5.62 | 3.62 |
| 78 | | RW3 左幅 3 | 2.0 | 89.0 | 44.50 | 全风化凝灰岩 | 淤泥质土、黏土、圆砾 | 5.32 | 3.36 |
| 79 | | RW3 左幅 4 | 2.0 | 89.0 | 44.50 | 全风化凝灰岩 | 淤泥质土、黏土、圆砾 | 5.41 | 3.52 |
| 80 | 南塘高架桥 | 13-Y1 | 1.5 | 49.0 | 32.67 | 全风化凝灰岩 | 淤泥质土、黏土、冲湖积黏土 | 4.92 | 1.22 |
| 81 | | 13-Y2 | 1.5 | 49.0 | 32.67 | 全风化凝灰岩 | 淤泥质土、黏土、冲湖积黏土 | 4.91 | 0.73 |
| 82 | | 13-Y3 | 1.5 | 49.0 | 32.67 | 全风化凝灰岩 | 淤泥质土、黏土、冲湖积黏土 | 4.30 | 1.39 |
| 83 | | 14-Y1 | 1.5 | 49.0 | 32.67 | 含黏性土角砾 | 淤泥质土、黏土、冲湖积黏土 | 4.82 | 1.63 |
| 84 | | 14-Y2 | 1.5 | 49.0 | 32.67 | 含黏性土角砾 | 淤泥质土、黏土、冲湖积黏土 | 4.54 | 0.92 |
| 85 | | 14-Y3 | 1.5 | 49.0 | 32.67 | 含黏性土角砾 | 淤泥质土、黏土、冲湖积黏土 | 4.61 | 0.99 |

续表

| 序号 | 工程名称 | 桩号 | $L$ (m) | $D$ (m) | $L/D$ | 持力层类别 | 桩侧主要土层 | 压浆量 (t) | 压浆压力 (MPa) |
|---|---|---|---|---|---|---|---|---|---|
| 86 | 匝道桥 | 37-1 | 1.6 | 70.0 | 43.75 | 圆砾 | 淤泥质土、黏土、圆砾 | 5.60 | 0.83 |
| 87 | | 37-2 | 1.6 | 70.0 | 43.75 | 圆砾 | 淤泥质土、黏土、圆砾 | 5.60 | 0.97 |
| 88 | | 38-1 | 1.6 | 70.0 | 43.75 | 圆砾 | 淤泥质土、黏土、圆砾 | 5.60 | 0.71 |
| 89 | | 38-2 | 1.6 | 70.0 | 43.75 | 圆砾 | 淤泥质土、黏土、圆砾 | 5.61 | 0.56 |
| 90 | | 39-2 | 1.5 | 64.0 | 42.67 | 圆砾 | 淤泥质土、黏土、圆砾 | 5.09 | 0.16 |
| 91 | | 39-5 | 1.5 | 64.0 | 42.67 | 圆砾 | 淤泥质土、黏土、圆砾 | 5.01 | 1.36 |
| 92 | | 40-1 | 1.2 | 61.0 | 50.83 | 圆砾 | 淤泥质土、黏土 | 4.21 | 1.10 |
| 93 | | 40-2 | 1.2 | 61.0 | 50.83 | 圆砾 | 淤泥质土、黏土 | 4.23 | 1.14 |
| 94 | | 40-3 | 1.2 | 61.0 | 50.83 | 圆砾 | 淤泥质土、黏土 | 3.81 | 1.29 |
| 95 | | 40-4 | 1.2 | 61.0 | 50.83 | 圆砾 | 淤泥质土、黏土 | 4.29 | 1.14 |
| 96 | | 41-1 | 1.2 | 61.0 | 50.83 | 圆砾 | 淤泥质土、黏土 | 4.21 | 1.16 |
| 97 | | 41-2 | 1.2 | 61.0 | 50.83 | 圆砾 | 淤泥质土、黏土 | 4.16 | 1.89 |
| 98 | | 41-3 | 1.2 | 61.0 | 50.83 | 圆砾 | 淤泥质土、黏土 | 4.16 | 1.45 |
| 99 | | 41-4 | 1.2 | 61.0 | 50.83 | 圆砾 | 淤泥质土、黏土 | 3.84 | 1.22 |
| 100 | | 42-7 | 1.2 | 52.0 | 43.33 | 黏土 | 淤泥质土、黏土 | 3.51 | 1.24 |

由图 4.3-10 可以看出，计算结果与实测结果的比值主要分布在 1.0 的两侧，大致呈正态分布。图 4.3-11 示出了 194 根桩端压浆桩与组合压浆桩压浆量计算值与实测值的对比，图中显示了 100 根桩端压浆桩的数据点在等值线两侧±20%的偏离曲线之内的样本有 81 个，占总样本统计量的 81.0%；而 94 根组合压浆桩的数据点在等值线两侧±20%的偏离曲线之外的样本有 33 个，约占总样本统计量的 35.1%。因此，通过对两种压浆类型桩的压浆量进行的计算结果表明，压浆量计算结果的保证率能达到 73.2%。

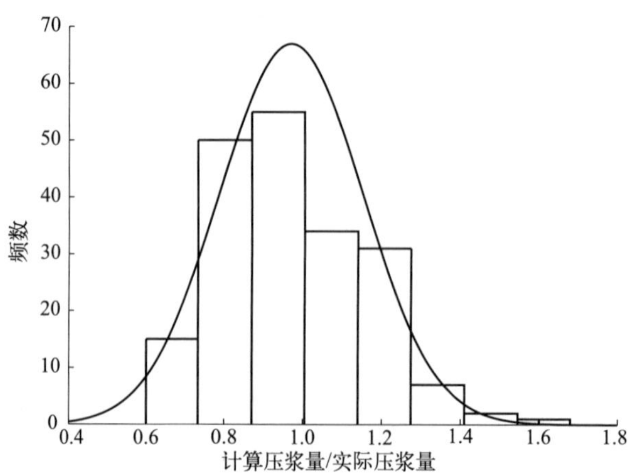


图 4.3-10　压浆量计算值与实测值比较直方图

通过验证分析表明，根据统计所得到的桩侧、桩端压浆量经验系数给出的适用于不同

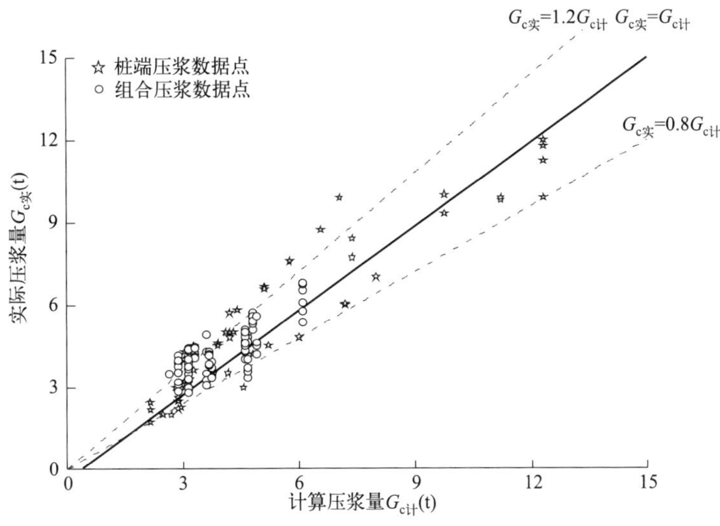


图 4.3-11　压浆量计算值与实测值比较散点图

压浆类型的大直径灌注桩压浆量计算公式具有较高的准确性及可靠性，并且该公式计算简便，参数取值容易，具有很高的实用性，可供工程设计人员在大直径后压浆桩的压浆关键参数设计时使用。

#### 4.3.3.2　压浆压力设计

**1. 压浆压力**

通过压浆压力公式(4.2-20～4.2-22) 可初步估算得到工作压力与控制压力，而压浆终止压力如何界定尚无相应的公式。另外，终止压力稳定维持在一定范围内的时间需要确定，若时间太短，终止条件不稳定易影响压浆效果；若时间太长，压浆效率不高。基于这些问题，课题组通过乐清湾大桥、石首长江公路大桥、贵州李子沟特大桥等工程桩压浆总结出了压浆终止的判据条件。压浆压力和压浆量满足下列条件之一可终止压浆：①压浆量达到设计要求，最后 5min 的压浆平均压力达到压浆终止压力；②压浆量已达到设计要求，最后 5min 的压浆平均压力不小于 0.8 倍压浆终止压力，应增加压浆量至 120%后封压；③压浆量已达到设计要求，最后 5min 的压浆平均压力小于 0.8 倍压浆终止压力，应增加压浆量至 150%后封压；④压浆量大于设计要求的 80%，最后 5min 的压浆平均压力大于 1.2 倍压浆终止压力。

对于终止压浆条件中的压浆终止压力如何准确的判定，课题组通过实际工程也给出了相应的经验公式。压浆终止压力可按下式计算：

$$P_t=(0.5\sim0.7)P_c-\gamma_g h \tag{4.3-9}$$

$$P_c=\frac{h}{h_d}P_{cd}=\frac{h}{h_d}\frac{G+\pi D\sum\lambda_i\tau_{pi}L_i}{A_p} \tag{4.3-10}$$

式中：$P_t$ 为压浆终止压力（kPa），还应满足 $2P_0-\gamma_g h<P_t<mP_c-\gamma_g h$；$P_c$ 为压浆控制压力（kPa）；$P_{cd}$ 为桩端压浆控制压力（kPa）；$h$、$h_d$ 分别为压力传感器处的管路与桩内、桩端压浆阀处的高度差（m）；$\gamma_g$ 为水泥浆液的重度（$N/m^3$）；$P_0$ 为压浆阀处的土水压力（kPa），$P_0=P_w+\sum\gamma_i L_i$，其中 $P_w$ 为桩侧、桩端压浆处的静水压力（kPa）；

$\gamma_i$、$L_i$ 分别为压浆点以上第 $i$ 层土的有效重度（$N/m^3$）和厚度（m）；$m$ 为压浆控制压力的折减系数，对于桩端可取 0.8，桩侧可取 1.0；$G$ 为桩身自重（t）；$D$ 为桩的直径（m）；$\lambda_i$ 为抗拔系数，黏性土、粉土可取 0.7～0.8，砂土可取 0.5～0.7；$\tau_{pi}$ 为每层土的上抬单位极限摩阻力（kN）；$A_p$ 为桩的截面积（$m^2$）。

需要指出的是，式(4.3-10) 中涉及的桩侧压浆控制压力是根据桩端压浆控制压力得到的。事实上，桩侧压浆后的桩并不会发生上抬现象，为了能给出桩侧压浆最大压力的控制值，因此与桩端压浆控制压力建立关系。

本书给出的压浆终止压力经验公式可对灌注桩后压浆施工前进行估算，有试验条件的情况下应根据试压浆得到的关键参数的数值与估算结果进行综合判定。

**2. 终止压浆压力的影响因素**

如前所述，终止压浆压力作为控制压浆和压浆结束的重要参数，且决定终止压浆压力的因素有很多，因此进一步研究终止压浆压力的影响因素具有重要的意义。通过对乐清湾大桥及接线工程压浆桩的现场试验观测，研究压浆终止压力与桩身成桩龄期、持力层厚度、压浆顺序及压浆工艺的关系。

浙江省乐清湾大桥及接线工程路线起于温岭市城南，与拟建的台州湾大桥及接线工程相接，经玉环沙门、芦浦，通过茅埏岛跨越乐清湾，终于乐清市南塘，起讫点桩号 K202+050～K240+218，全长 38.17km。本工程设有 7 座特大桥、5 座大桥、1 座中小桥、6 座分离式立交桥、6 座互通区主线桥。而本次观测压浆桩涉及的标段有乐清湾 1 号桥、乐清湾 2 号桥、漩门湾大桥、吊船湾大桥、滨港大道分离式立交桥、龙溪 1 号桥、文旦大道分离式立交桥、南塘高架桥等。下面对含黏性土圆砾层中压浆桩的现场试验观测到的终止压力，与桩身成桩龄期、持力层厚度、压浆顺序及压浆工艺的关系进行分析。

(1) 桩身成桩龄期

图 4.3-12 给出了终止压浆压力与桩身成桩龄期的关系，通过线性拟合得到了两者之间的变化趋势，线性方程为 $P_t=2.49-0.001t$。在成桩后的不同时间内压浆，压力范

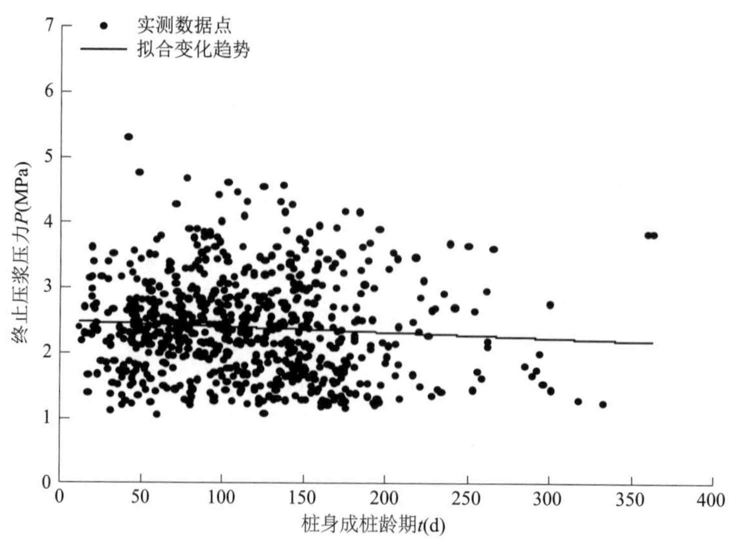


图 4.3-12　终止压浆压力与桩身成桩龄期的关系

围为 1.05～5.31MPa，平均压力值为 2.39MPa。该地层中终止压浆压力较小，这主要是由于含黏性土圆砾层的渗透性较好。从图中可以看出，在成桩后的 11～363d 内，变化趋势曲线几乎与横坐标平行，表明终止压浆压力不受桩身成桩龄期的影响，亦即两者之间没有直接的关系。

（2）持力层层厚

由于桩端压浆是在桩底部设置压浆管，待桩身混凝土强度满足要求后开始压浆工艺，因而终止压浆压力会受到桩端持力层厚度的影响。图 4.3-13 为终止压浆压力与持力层厚度的关系。从图中可以看出，终止压浆压力与持力层厚度有一定的联系，通过指数函数拟合两者之间的变化趋势，曲线方程为 $P_t=3.32-1.43\cdot 0.92^{h_d}$，并且持力层厚度越大，终止压浆压力呈现增长趋势且逐渐趋于稳定。这说明在层厚较大处，浆液更易扩散至土层交界面，导致浆液行进过程的阻力增加，进而终止压浆压力相应增大；但超过某一厚度时，终止压浆压力不再受其影响。

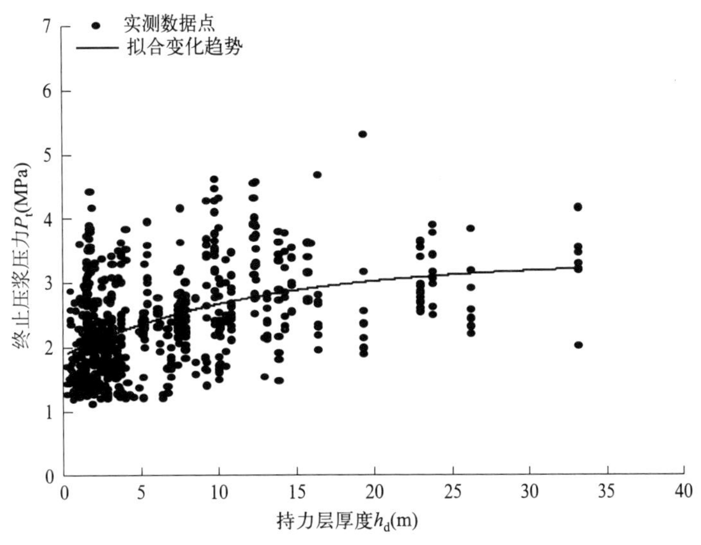


图 4.3-13　终止压浆压力与持力层厚度的关系

（3）压浆顺序

对于多桩或群桩而言，压浆顺序对场地内的压浆压力有着重要的影响。一般来说，后压浆的桩浆液扩散会受到先压浆的桩浆液扩散的限制，从而造成后压浆桩的压浆压力会受到影响。本节选取乐清湾 1 号桥的 8 个墩位压浆桩的试验观测资料对压浆顺序进行分析。其中，东岸引桥墩位 YE27＃～YE33＃的桩径为 2.0m，而主桥墩位 YZ2＃的桩径为 2.5m，桩端均进入含黏性土圆砾层。各墩位中的桩均采用 U 形管压浆，压浆关键参数详见附录三。各墩位压浆顺序如图 4.3-14 所示，图中灰色的箭头直线代表压浆起始位置。

由图 4.3-14 可知，墩位 YE27＃中的右幅 3 号桩压力值最高，而左幅 3 号桥压力值最低，说明桩端压浆具有一定的扩散性，外侧桩基压浆结束后对内侧桩基的压浆压力有一定的影响。墩位 YE28＃中左幅桩基平均压力值约为 4MPa，右幅桩基平均压力值约为 6MPa，由于采用了相同的施工工艺，推测造成右幅桩基压力值大于左幅可能是由地层变化引起的。为了进一步说明原因，对左幅 4 号桩与右幅 1 号桥进行了桩端钻孔取芯，通过观测桩端水泥浆液的分布情况，两桩桩端浆液扩散的范围均约 3m 且具有相同的效果，因此可认为左幅桩基压浆的部分浆液扩散至右幅且形成了较好的孔道封堵情况，从而造成了右幅压力值大于左幅。墩位 YE29＃中的右幅 4 号桩在压浆的最后阶段压力值超过了 8MPa，这可能是由于右幅 4 号桩周围土体被先压浆的右幅 1、2、3 号桩及左幅 2 号桩的浆液充填密实，从而导致压力值远大于其他桩。墩位 YE30＃和 YE32＃各桩在压浆过程的压力变化均表现正常，且压力值较为平均。墩位 YE31＃和 YE33＃采用的是先外侧后内侧的压浆顺序，均出现了后压浆的内侧桩基压力值偏高的现象，进一步表明先压浆桩的桩端浆液扩散范围会对相邻内侧后压浆桩的压力造成影响。墩位 YZ02＃为群桩，采用周围向内侧压浆的顺序，起始位置的 4 号桩压力值为 3.97MPa 且外围桩的平均压力值约为 4MPa，而中心 6 根桩的压力值普遍有所增大且其平均值约为 5MPa，其中 7 号桩的压力值达到 7.17MPa，这表明四周向中心压浆，后压浆桩及中央桩的压力值要大，群桩压浆表现出桩与桩之间相互影响，压力值呈不均匀分布。

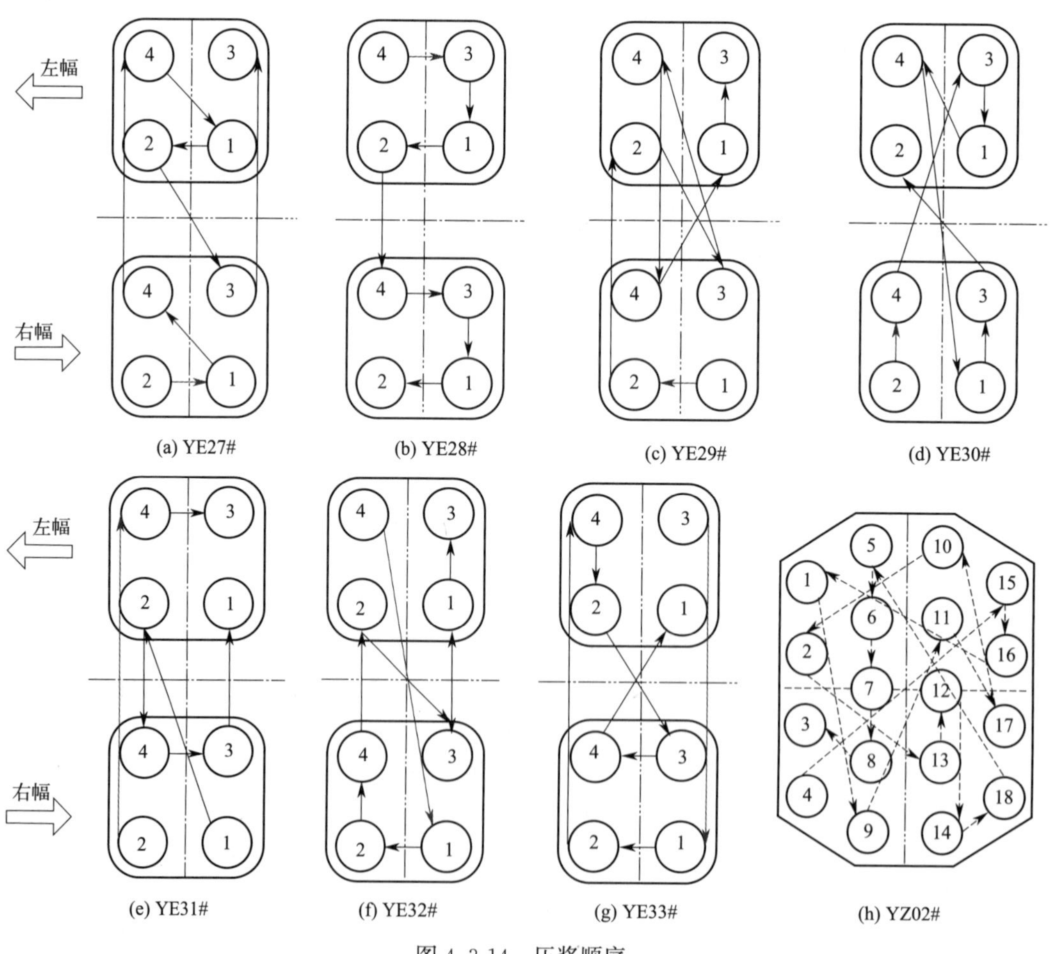


图 4.3-14　压浆顺序

（4）压浆工艺

为了研究 U 形管压浆工艺与直管压浆工艺对压浆压力的影响，在东岸引桥墩位 YE33＃

的右幅 3 号桩中同时设置了 3 组 U 形管和 2 组直管。该桩设计的合理压浆量为 6t。为了开展对比试验，在 U 形管中压入了 14t，直管中压入了 10t，共计 24t 水泥。U 形管组成的 3 个回路同时压浆，分为 3 次循环进行；而直管采用分配器对 2 根压浆管同时压浆，也将压浆量均分 3 次进行压浆。先第一循环压浆后第一直管压浆，直至压浆结束。第一循环压浆与直管压浆观测到的压浆压力分别为 3.29MPa、3.42MPa；第二循环压浆观测到的压浆压力分别为 3.81MPa、3.69MPa，同第一次压浆相比，此次观测到的压力值没有明显的提升；第三循环压浆观测到的压浆压力分别为 5.18MPa、4.82MPa。通过 U 形管压浆工艺与直管压浆工艺的 3 次压浆的压力值对比可知，在相同条件的情况下，压浆工艺对压浆压力的影响较小，因此同一工程中采用 U 形管和直管的压浆效果差异可以忽略不计。需要指出的是，本次压浆工艺对比试验是在 U 形管第一循环压浆结束后开展第一直管压浆，前一次压入的浆液对后一次压浆会产生影响，但根据试验结果可以看出，先压浆的工艺对后压浆的工艺压力值影响不大。

## 4.4　后压浆桩的沉降计算方法

### 4.4.1　已有的后压浆桩沉降计算方法

后压浆桩的设计主要是通过桩基阻力增强系数确定压浆后单桩承载力标准值或特征值，而目前关于后压浆桩沉降计算的研究较少。课题组通过查阅国内外文献，发现规范或手册中涉及的后压浆桩沉降计算主要有以下两种方法。

**1.《建筑桩基技术规范》方法**

《建筑桩基技术规范》JGJ 94—2008 将桩基础沉降计算分为两类：桩中心距不大于 $6D$（$D$ 为桩径）的密桩和单桩、单排桩以及桩中心距大于 $6D$ 的疏桩。对于桩中心距不大于 $6D$ 的密桩，其最终沉降量计算采用等效作用分层总和法，计算模式如图 4.4-1 所示。等效作用面位于桩端平面，面积为桩承台的投影面积，桩端平面的附加压力近似取承台底平均附加压力，桩端平面以下地基附加应力按 Boussinesq 解计算。对于单桩、单排桩、桩中心距大于 $6D$ 的疏桩，其最终沉降量计算采用单向压缩分层总和法，并计入桩身沉降量 $s_e$。而参与沉降量计算的附加应力有两大类，一类是基桩引起的附加应力，采用 Mindlin 解计算；另一类是由承台底土压力引起的附加应力，采用 Boussinesq 解计算。

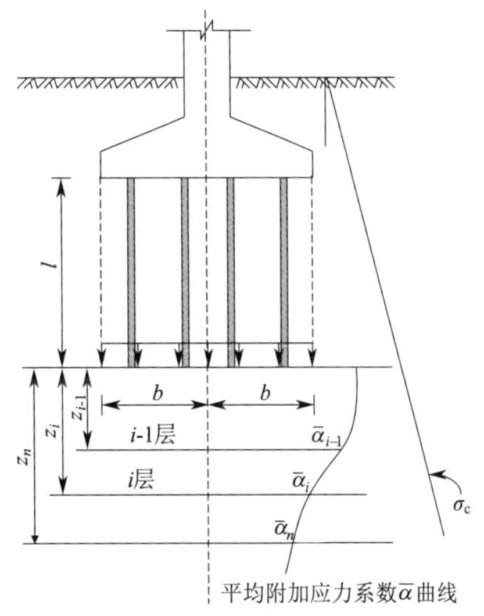

图 4.4-1　桩基沉降计算示意图

该规范修编时，通过收集的软土、黄土等地区 150 份已建桩基础工程的沉降观测资料，对其统计归纳给出了桩基础沉降计算经验系数 $\psi$ 与沉降计算深度范围内压缩模量当量值 $\bar{E}_s$ 的关系。在此基础上，对采用后压浆技术的灌注桩沉降计算作了进一步的规定，桩基础沉降计算经验系数 $\psi$

应根据桩端持力层类别，乘以 0.7（砂、砾、卵石）～0.8（黏性土、粉土）折减系数。因此，采用上述方法可估算后压浆桩的沉降量。然而，《建筑桩基技术规范》JGJ 94—2008 的桩基沉降计算方法主要是针对中小直径的普通中短桩，对于大直径后压浆桩的沉降计算不一定适用。

**2. Mullins 设计方法**

Mullins 等[83] 提出了一种考虑压浆压力和端阻力提高系数之间相关性的设计方法，在现场实测数据的基础上给出了后压浆桩端阻力提高系数等值线图（见图 4.4-2）。该设计方法的步骤如下：①计算在 5%$D$ 的桩端位移条件下的未压浆桩极限端阻力 $q_{p,ultimate}$；②通过桩身嵌入土体的长度计算桩身总侧摩阻力 $F_s$；③将桩身总侧摩阻力除以桩的截面积 $A_p$，可确定最大允许压浆压力 $GP_{max}=F_s/A_p$；④将最大允许压浆压力与未压浆桩极限端阻力的比定义为压浆压力比 $GPI=GP_{max}/q_{p,ultimate}$；⑤根据桩顶沉降和压浆压力比 $GPI$ 的值，并结合图 4.4-2 可给出端阻力提高系数 $TCM$；⑥计算压浆桩极限端阻力 $q_{grouted}=(TCM)(q_{p,ultimate})$。此外，该设计方法也被佛罗里达交通运输部纳入了《Soils and Foundations Handbook》[84]。

考虑到压浆工艺的差异性，为了验证该方法的适用性，对台州湾大桥及接线工程 10 根试桩进行分析，在允许桩顶沉降及压浆压力比条件下得到的桩端阻力提高系数相应位置如图 4.4-2 所示。从图中可以看出，采用 Mullins 给出的设计方法计算得到的端阻力提高系数在 2.0～3.0 之间，而实测得到的提高系数在 1.77～3.63 之间，并且各试桩计算值与实测值均存在较大的误差，说明该设计方法不能很好地估算后压浆桩的承载力。主要原因是 Mullins 选用的工程试桩为中短桩，桩端持力层为砂土，造成了该方法的局限性；桩端压浆过程的复杂性和不确定性，对桩端承载力造成了较大的离散性。此外，Mullins 设计方法忽略了桩端压浆形成扩大头的面积，并未考虑压力浆液上返对桩侧摩阻力的提高，因此，采用该方法来分析后压浆桩的承载特性具有一定的局限性。

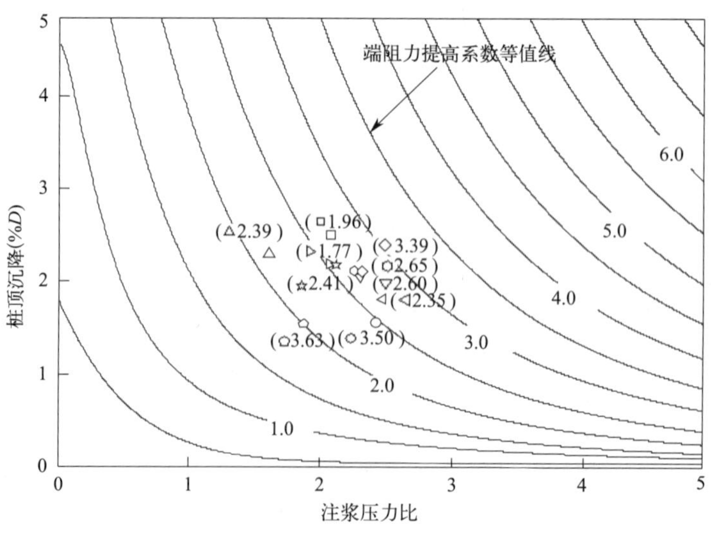


图 4.4-2　端阻力提高系数等值线

## 4.4.2 后压浆沉降影响系数取值分析

《公路桥涵地基与基础设计规范》JTG 3363—2019 未涉及后压浆桩沉降计算，造成大直径后压浆桩的沉降计算尚未有统一的标准。因此，参考《建筑桩基技术规范》JGJ 94—2008 中的方法，对其沉降计算公式作相应的修正，以期完善大直径后压浆桩沉降计算的设计方法。

### 4.4.2.1 后压浆沉降影响系数的计算

《公路桥涵地基与基础设计规范》JTG 3363—2019 针对墩台基础的沉降计算给出了一种简化了的分层总和法，其最终沉降量可按下式计算：

$$s=\psi_s s_0=\psi_s\sum_{i=1}^{n}\frac{p_0}{E_{si}}(z_i\bar{\alpha}_i-z_{i-1}\bar{\alpha}_{i-1}) \tag{4.4-1}$$

式中：$s$ 为地基最终沉降量（mm）；$s_0$ 为按分层总和法计算的地基沉降量（mm）；$\psi_s$ 为沉降计算经验系数；$n$ 为地基沉降计算深度范围内所划分的土层数（见图 4.4-3）；$p_0$ 为相应于荷载长期效应组合时的基础底面处附加压力（kPa）；$E_{si}$ 为基础底面下第 $i$ 层土的压缩模量（MPa），应取土的自重压应力至土的自重压应力与附加压力之和的压力段计算；$z_i$、$z_{i-1}$ 分别为基础底面至第 $i$ 层土、第 $i-1$ 层土底面的距离（m）；$\alpha_i$、$\alpha_{i-1}$ 分别为基础底面计算点至第 $i$ 层土、第 $i-1$ 层土底面范围内平均附加压力系数。

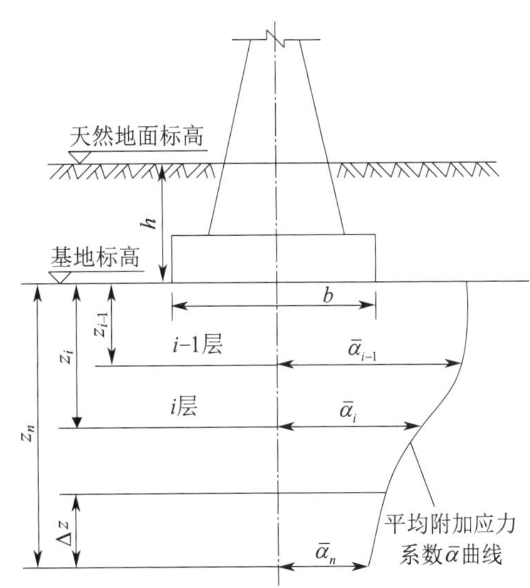


图 4.4-3 基地沉降计算分层示意图

由于《公路桥涵地基与基础设计规范》JTG 3363—2019 未明确给出桩基础沉降计算公式，采用上述沉降计算方法具有局限性。因此，结合《建筑地基基础设计规范》GB 50007—2011 计算方法：

$$s=\psi_s\sum_{i=1}^{n}\frac{\sigma_{zi}}{E_{si}}\Delta z_i \tag{4.4-2}$$

$$\sigma_{zi}=\sum_{j=1}^{n}\frac{Q_j}{l_j^2}[\alpha_j I_{p,ij}+(1-\alpha_j)I_{s,ij}] \tag{4.4-3}$$

式中：$\sigma_{zi}$ 为桩端平面以下第 $i$ 层土 1/2 厚度处产生的竖向附加应力之和（kPa）；$Q_j$ 为第 $j$ 桩在荷载效应准永久组合作用下，桩顶的附加荷载（kN）；$l_j$ 为第 $j$ 桩的桩长（m）；$\alpha_j$ 为第 $j$ 桩桩端阻力与桩顶荷载之比；$I_{p,ij}$、$I_{s,ij}$ 分别为第 $j$ 桩的桩端阻力和桩侧摩阻力对计算轴线第 $i$ 计算土层的 1/2 厚度处的应力影响系数，可用对 Mindlin 应力公式进行积分的方式推导得出。

此外，由于在高应力荷载水平下大直径超长桩的桩顶沉降主要来自桩身压缩，因而在采用单向压缩分层总和法计算桩基础沉降时，应计入桩身压缩 $s_e$，则由式(4.4-2) 可得

$$s=\psi_{\mathrm{s}}\sum_{i=1}^{n}\frac{\sigma_{zi}}{E_{si}}\Delta z_{i}+s_{\mathrm{e}} \tag{4.4-4}$$

上述给出的是未经后压浆的大直径桩基础沉降计算公式，为了考虑后压浆对大直径桩基础的沉降控制，本节引入后压浆沉降影响系数。后压浆沉降影响系数指的是同一荷载作用下压浆桩与未压浆桩所对应的桩顶沉降之比，其表达式为

$$\zeta=\frac{s'}{s} \tag{4.4-5}$$

式中：$\zeta$ 为后压浆沉降影响系数；$s$、$s'$分别为同一荷载作用下未压浆桩与压浆桩所对应的桩顶沉降（mm）。

由式(4.4-4）和式(4.4-5）可得

$$s'=\zeta\left(\psi_{\mathrm{s}}\sum_{i=1}^{n}\frac{\sigma_{zi}}{E_{si}}\Delta z_{i}+s_{\mathrm{e}}\right) \tag{4.4-6}$$

式(4.4-6）即为大直径后压浆桩沉降计算公式。

为了进一步说明桩顶沉降对后压浆沉降影响系数取值的影响，根据大量实测的桩顶荷载$Q$-桩顶沉降$s$曲线绘制出了不同荷载条件下未压浆桩与压浆桩的沉降取值如图4.4-4所示。从图中可以看出，极限荷载作用下压浆桩所对应的桩顶沉降要大于未压浆桩，这主要是由于压浆后的桩基承载力得到了大幅提升，使其加载至极限荷载时所产生的桩顶沉降也相应地增大。因此，应根据压浆桩正常使用极限状态的荷载条件下未压浆桩与压浆桩所对应的桩顶沉降来确定后压浆沉降影响系数。一般情况下，使用荷载为极限荷载的1/2，因此可定义压浆桩的使用荷载下$Q_{\mathrm{a}}'$所对应的沉降比为后压浆沉降影响系数，其表达式为

$$\zeta=\frac{s_{\mathrm{a}}'}{s_{\mathrm{a}}} \tag{4.4-7}$$

式中：$s_{\mathrm{a}}$、$s_{\mathrm{a}}'$分别为使用荷载作用下未压浆桩与压浆桩所对应的桩顶沉降（mm）。

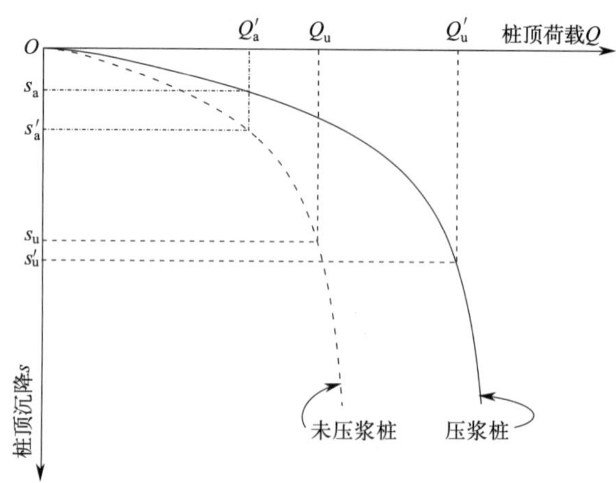


图4.4-4　不同荷载条件下未压浆桩与压浆桩的沉降取值示意图

#### 4.4.2.2　后压浆沉降影响系数的取值

后压浆沉降影响系数$\zeta$的取值可根据附录一中716根后压浆桩与未压浆桩静载试验资料来确定。为了能给工程设计人员在大直径后压浆桩的初步设计时提供参考，将得到的后

压浆沉降影响系数 ζ 作为随机变量，并以不同土层类别对后压浆沉降影响系数 ζ 进行统计分析，从而给出后压浆沉降影响系数 ζ 的取值范围。

本次统计涉及了不同压浆类型的试桩资料，但桩侧压浆桩所占总统计数量比例较小，而样本量对后压浆沉降影响系数的取值精度有较大影响。因此，为了满足取值范围的精度要求，本书仅对桩端压浆桩和组合压浆桩与未压浆桩进行对比给出后压浆沉降影响系数。另外，对计算得到的后压浆沉降影响系数的数据处理按第 4.3.1 节的原则进行统计分析。因此，可得到不同类别土层的桩端后压浆、组合压浆沉降影响系数 ζ 的取值范围，如表 4.4-1 和表 4.4-2 所示。

**桩端后压浆沉降影响系数 ζ 的取值范围　　表 4.4-1**

| 持力层 | 黏性土、粉土层 | 粉砂、细砂层 | 中粗砂、砾砂层 | 砾石、卵石层 | 风化岩层 |
|---|---|---|---|---|---|
| 平均值 | 0.72 | 0.63 | 0.62 | 0.66 | 0.74 |
| 标准差 | 0.12 | 0.19 | 0.19 | 0.20 | 0.29 |
| ζ 取值范围 | 0.68～0.79 | 0.58～0.69 | 0.53～0.71 | 0.57～0.71 | 0.56～0.93 |
| 变异系数 | 0.16 | 0.30 | 0.30 | 0.30 | 0.29 |

**组合压浆沉降影响系数 ζ 的取值范围　　表 4.4-2**

| 持力层 | 黏性土、粉土层 | 粉砂、细砂层 | 中粗砂、砾砂层 | 砾石、卵石层 | 风化岩层 |
|---|---|---|---|---|---|
| 平均值 | 0.71 | 0.57 | 0.22 | 0.54 | 0.47 |
| 标准差 | 0.16 | 0.16 | 0.02 | 0.34 | 0.12 |
| ζ 取值范围 | 0.62～0.78 | 0.52～0.62 | 0.20～0.27 | 0.36～0.72 | 0.38～0.56 |
| 变异系数 | 0.23 | 0.28 | 0.11 | 0.63 | 0.26 |

由表 4.4-1 和表 4.4-2 可知，相比未压浆桩，不同持力层中的压浆桩沉降均有所减小，且减小幅度随着粒径的增大而更加显著，这表明后压浆技术对控制桩基础沉降具有较为显著的效果。通过对比桩端后压浆与组合压浆沉降影响系数可以发现，组合压浆对控制桩基础沉降的效果要优于桩端后压浆。需要说明的是，风化岩层主要来源于中风化、强风化和全风化岩层；在中粗砂层、砾砂层、砾石层、卵石层以及风化岩层中组合压浆桩统计的样本量较少，影响了后压浆沉降影响系数的取值精度，特别是中粗砂层、砾砂层中组合压浆沉降影响系数偏小，但整体上还能反映出与桩端后压浆沉降影响系数一致的规律。

根据收集的后压浆桩与未压浆桩静载试验资料，统计得出了桩端压浆桩与组合压浆桩在不同土层中的后压浆沉降影响系数的建议取值范围，如表 4.4-3 所示。

**后压浆沉降影响系数 ζ 的建议取值范围　　表 4.4-3**

| 压浆类型 | 黏性土、粉土层 | 粉砂、细砂层 | 中粗砂、砾砂层 | 砾石、卵石层 | 风化岩层 |
|---|---|---|---|---|---|
| 桩端后压浆 | 0.7～0.8 | 0.6～0.7 | 0.5～0.7 | 0.6～0.7 | 0.6～0.9 |
| 组合后压浆 | 0.6～0.8 | 0.5～0.6 | 0.2～0.3 | 0.4～0.7 | 0.4～0.6 |

将表 4.4-3 中的桩端后压浆沉降影响系数与《建筑桩基技术规范》JGJ 94—2008 中所规定的采用后压浆桩技术的桩基础沉降计算经验系数 $\psi$ 的折减系数进行对比，可以发现两者随着不同桩端持力层表现出了相一致的规律，且本次统计给出的后压浆沉降影响系数

**后压浆沉降影响系数 $\zeta$ 的计算值** **表 4.4-4**

| 编号 | 工程名称 | 桩号 | $D$ (mm) | $L$ (m) | $L/D$ | 持力层 | $Q'_a$ (kN) | $s_a$ (mm) | $s'_a$ (mm) | $\zeta$ | $G_{cb}$ (t) | $P_{gb}$ (MPa) |
|---|---|---|---|---|---|---|---|---|---|---|---|---|
| 1 | 上海某工程 | SZ1-2 | 800 | 38.7 | 48.38 | 粉质黏土 | 4000 | 13.17 | 11.15 | 0.85 | — | — |
| 2 | | SZ2-2 | 800 | 38.7 | 48.38 | 粉质黏土 | 3750 | 13.53 | 8.44 | 0.62 | — | — |
| 3 | 郑州市三环快速路工程 | XZ-S4 | 1200 | 45.0 | 37.50 | 粉土 | 9000 | 3.89 | 2.95 | 0.76 | 3.0 | 2.0～4.0 |
| 4 | | XZ-S6 | 1200 | 45.0 | 37.50 | 粉土 | 9000 | 3.89 | 2.60 | 0.67 | 3.0 | 2.0～4.0 |
| 5 | 苏通大桥 | NII-2 | 1200 | 58.9 | 49.08 | 粉砂 | 10038 | 11.00 | 8.04 | 0.73 | 2.8 | 4.6 |
| 6 | | S1-2 | 1500 | 84.0 | 56.00 | 细砂 | 19786 | 23.72 | 15.36 | 0.65 | 3.5 | 2.5 |
| 7 | | NII-3 | 1500 | 63.6 | 42.40 | 粉砂 | 14175 | 14.14 | 10.64 | 0.75 | 2.0 | 4.6 |
| 8 | 台州湾大桥 | SZ5 | 1500 | 82.0 | 54.70 | 黏土 | 9917 | 16.01 | 11.68 | 0.73 | 3.0 | 3.1 |
| 9 | | SZ6 | 1500 | 82.0 | 54.70 | 黏土 | 9917 | 16.71 | 11.88 | 0.71 | 3.1 | 3.0 |
| 10 | 乐清湾大桥 | 3＃-1＃ | 1500 | 76.6 | 51.07 | 砾砂 | 13989 | 14.93 | 8.71 | 0.58 | 3.3 | 4.2 |
| 11 | | 39＃-5-2 | 1500 | 43.0 | 28.67 | 角砾 | 10253 | 15.92 | 9.06 | 0.57 | 5.8 | 1.5～3.2 |
| 12 | | 60＃-2-2 | 1500 | 44.0 | 29.33 | 碎石 | 10237 | 13.09 | 8.92 | 0.68 | 4.8 | 1.6～3.3 |
| 13 | | 50＃-Y1-2＃ | 1500 | 47.8 | 31.87 | 黏土 | 7503 | 11.55 | 8.32 | 0.72 | 5.6 | 2.9 |
| 14 | | 17＃-2-2＃ | 1600 | 69.6 | 43.50 | 砾砂 | 15735 | 21.23 | 10.64 | 0.50 | 8.2 | 2.6 |
| 15 | | 16＃-1-2＃ | 1600 | 57.6 | 36.00 | 黏土 | 10105 | 12.09 | 9.69 | 0.80 | 6.9 | 2.3 |
| 16 | 苏通大桥 | N3-2 | 1800 | 76.0 | 42.22 | 粗砂 | 20984 | 21.13 | 12.99 | 0.61 | 2.0 | 3.0 |
| 17 | 湟水河特大桥 | PM3-2 | 2200 | 50.2 | 22.80 | 泥岩 | 45671 | 8.76 | 4.87 | 0.56 | 2.8 | 6.2 |
| 18 | 苏通大桥 | Z2 | 2500 | 125.0 | 50.00 | 粉砂 | 48241 | 41.87 | 24.68 | 0.59 | 8.6 | — |
| 19 | | Z4-2 | 2500 | 125.0 | 50.00 | 细砂 | 50954 | 46.51 | 26.57 | 0.57 | 10.3 | — |
| 20 | 某单塔双索面斜拉桥 | S1-2 | 2500 | 72.0 | 28.80 | 细砂 | 31660 | 22.27 | 12.55 | 0.56 | — | — |
| 21 | 杭州湾跨海大桥 | 23-2＃ | 2800 | 120.0 | 42.86 | 黏土 | 36455 | 26.73 | 19.80 | 0.74 | 9.9 | 2.0～4.0 |
| 22 | | 25＃ | 2800 | 120.0 | 42.86 | 黏土 | 40361 | 30.31 | 25.07 | 0.83 | 7.0 | 1.5～4.0 |

注：$D$ 为桩径；$L$ 为桩长；$L/D$ 为长径比；$Q'_a$ 为压浆后使用荷载；$s_a$ 为压浆后使用荷载下未压浆桩所对应的桩顶沉降；$s'_a$ 为压浆后使用荷载下压浆桩所对应的桩顶沉降；$\zeta$ 为后压浆沉降影响系数；$G_{cb}$ 为桩端压浆水泥用量；$P_{gb}$ 为桩端终止压浆压力。

相比《建筑桩基技术规范》JGJ 94—2008 中的桩基础沉降计算经验系数的折减系数要小。这也从侧面反映了本次统计大直径桩得到的后压浆沉降影响系数与规范中收集到的中小直径桩有差异，并且进一步表明《建筑桩基技术规范》JGJ 94—2008 给出的后压浆桩沉降计算方法用于大直径后压浆桩时会偏于保守。因此，基于大直径桩的工程实测数据得出的后压浆沉降影响系数，并结合式(4.4-6）对大直径后压浆桩沉降计算更符合工程实际。

#### 4.4.2.3　后压浆沉降影响系数的变化规律

由于影响后压浆桩承载力的因素有很多，而后压浆桩沉降的影响因素也较为复杂。结合对后压浆桩沉降的影响因素，分析后压浆沉降影响系数的变化规律。限于篇幅，本书仅给出了部分数据对其进行分析，后压浆沉降影响系数的部分计算结果如表 4.4-4 所示。

从表 4.4-4 可知，桩端持力层为粗粒土时的后压浆沉降影响系数比桩端持力层为细粒土要小，说明在粗粒土中后压浆技术对减小桩基础沉降的效果要优于在细粒土中。通过对比苏通大桥试桩 Z2、Z4-2 和杭州湾跨海大桥试桩 23-2＃、25＃发现，在其他条件相同的情况下，压浆水泥用量越大的试桩，其沉降减小幅度越明显，后压浆沉降影响系数的取值越小。由压浆量对后压浆桩承载力的影响分析可知，压浆量与承载力提高幅度存在一个最优压浆量，当超过某一数值时压浆量的增加对增强承载力的效果不明显。此外，桩径、桩长对后压浆桩沉降的影响也与对承载力的影响表现出相同的规律。

由上述分析可知，后压浆沉降影响系数不仅与桩端桩侧土层性质有关，还受桩身参数、压浆参数等因素影响。本书的后压浆沉降影响是以土层类别给出的，其建议取值可作为参考范围，可供工程设计人员在大直径后压浆桩的初步设计时使用。

### 4.4.3　计算实例

#### 4.4.3.1　算例 1

为了验证采用后压浆沉降影响系数给出的大直径后压浆单桩沉降计算公式的合理性，以台州某工程[60]（戴国亮和万志辉，2017）为算例进行计算与对比分析，基础采用大直径超长钻孔灌注桩，同时采用桩端后压浆施工工艺。试桩 SZ4 桩径为 1500mm，桩长为 82m，桩身混凝土强度等级为 C30，桩端持力层为黏土层，桩长范围内的土层类型主要为粉质黏土和黏土。试桩 SZ4 各土层的基本参数见表 4.4-5。

**试桩 SZ4 各土层物理力学参数　　　　表 4.4-5**

| 层号 | 土层名称 | 厚度(m) | 含水量(%) | 重度($kN/m^3$) | 黏聚力(kPa) | 内摩擦角(°) | 压缩模量(MPa) | 地基承载力特征值(kPa) | 侧阻标准值(kPa) |
|---|---|---|---|---|---|---|---|---|---|
| $①_1$ | 粉质黏土 | 1.8 | 24.20 | 19.42 | 46 | 13.0 | 6.54 | 100 | 30 |
| $②_2$ | 淤泥质黏土 | 24.0 | 49.50 | 16.48 | 10 | 3.5 | 1.92 | 55 | 12 |
| $③_3$ | 黏土 | 8.0 | 44.80 | 17.36 | 27 | 6.5 | 3.40 | 80 | 20 |
| $④_2^1$ | 粉质黏土 | 19.7 | 30.20 | 18.15 | 28 | 10.5 | 3.82 | 120 | 20 |

续表

| 层号 | 土层名称 | 厚度 (m) | 含水量 (%) | 重度 ($kN/m^3$) | 黏聚力 (kPa) | 内摩擦角 (°) | 压缩模量 (MPa) | 地基承载力特征值 (kPa) | 侧阻标准值 (kPa) |
|---|---|---|---|---|---|---|---|---|---|
| ④$_2^1$ | 粉质黏土 | 4.2 | 31.20 | 18.44 | 34 | 18.7 | 4.87 | 140 | 30 |
| ⑤$_2^1$ | 粉质黏土 | 12.3 | 32.40 | 18.34 | 37 | 19.8 | 6.42 | 140 | 35 |
| ⑤$_5$ | 黏土 | 14.8 | 34.80 | 18.44 | 40 | 17.6 | 5.35 | 160 | 35 |
| ⑥$_1$ | 粉质黏土 | 12.5 | 29.40 | 19.13 | 46 | 10.7 | 5.82 | 180 | 45 |
| ⑥$_2$ | 粉质黏土 | 28.6 | 27.50 | 18.74 | 38 | 10.5 | 5.65 | 140 | 40 |

计算后压浆单桩沉降之前，应根据式(4.3-7)估算后压浆单桩竖向极限承载力。其中，侧摩阻力增强系数 $\beta_{si}$、端阻力增强系数 $\beta_p$ 取表 4.3-5 所列的上限值，桩端压浆对桩侧摩阻力增强的范围取 12m。因此，通过后压浆单桩竖向极限承载力计算公式得到试桩 SZ4 压浆后承载力如表 4.4-6 所示。

**试桩 SZ4 压浆后承载力计算表** **表 4.4-6**

| 层号 | 土层名称 | 厚度 $l_i$ (m) | 侧阻标准值 $q_{sik}$(kPa) | $q_{sik}l_i$ (kPa) | $\beta_{si}q_{sik}l_i$ (kPa) | 后压浆单桩承载力计算 | |
|---|---|---|---|---|---|---|---|
| ①$_1$ | 粉质黏土 | 1.8 | 30 | 54 | 1.0×54 | 桩端承载力容许值(kPa) $q_r=m_0\lambda[f_{a0}+k_2\gamma_2(h-3)]$ | 1416 |
| ②$_2$ | 淤泥质黏土 | 24.0 | 12 | 288 | 1.0×288 | | |
| ③$_3$ | 黏土 | 8.0 | 20 | 160 | 1.0×160 | 压浆后桩端承载力极限值(kN) $Q'_p=2\beta_p q_r$ | 9009 |
| ④$_2^1$ | 粉质黏土 | 19.7 | 20 | 394 | 1.0×394 | | |
| ④$_2^1$ | 粉质黏土 | 4.2 | 30 | 126 | 1.0×126 | 压浆后桩身总侧摩阻力(kN) $Q'_s=u\Sigma\beta_{si}q_{sik}l_i$ | 9616 |
| ⑤$_2^1$ | 粉质黏土 | 12.3 | 35 | 431 | 1.0×431 | | |
| ⑤$_5$ | 黏土 | 12.0 | 35 | 420 | 1.4×420 | 后压浆单桩总承载力极限值(kN) $Q'_u=Q'_p+Q'_s$ | 18625 |

根据计算得到的后压浆单桩极限承载力 $Q'_u$，可假定试桩 SZ4 压浆后的使用荷载 $Q'_a$ 接近于 9313kN，则 $Q'_a$ 即为桩顶的附加荷载。在压浆后使用荷载所对应的未压浆时的试桩 SZ4 桩端阻力比 $\alpha=0.08$。桩端处的自重应力 $\sigma_c=671$kPa，而沉降计算深度 $z_n$ 由 $\sigma_z=0.2\sigma_c$ 可计算得到，$z_n=1.2$m。由式(4.4-4) 可计算得到基桩引起的沉降 $s_p=14.09$mm，桩身压缩量 $s_e=7.2$mm，则在压浆后使用荷载下未压浆桩沉降量 $s=21.29$mm。需要说明的是，表 4.4-5 中给出的压缩模量是取自 100～200kPa 区间，对于浅基础直接采用 $E_{s1\text{-}2}$ 计算沉降的结果影响不大，而对于深度较大时该范围内的自重应力已超过 200kPa，若直接采用地勘报告给出的压缩模量计算桩基沉降则不符合规范要求。因此，根据文献 [85] 给出的修正土体模量计算公式 $E_s=(2.5\sim3.5)E_{s1\text{-}2}$，所以计算桩基沉降时采用了表 4.4-5 中给出的压缩模量的 2.5 倍。另一方面，由式(4.4-6) 可计算得到试桩 SZ4 压浆后的沉降值，根据表 4.4-3 可知黏性土层后压浆沉降影响系数 $\zeta$ 可取 0.8，则 $s'=\zeta s=17.03$mm。

图 4.4-5 为试桩 SZ4 压浆前后实测的桩顶荷载-桩顶沉降曲线，表 4.4-7 给出了试桩 SZ4 桩顶荷载-桩顶沉降的实测值与计算值对比结果。结合图 4.4-5 和表 4.4-7 可以看出，本书所得到的后压浆沉降影响系数具有较好的适用性，能满足大直径后压浆桩设计时计算桩基沉降的精度要求。通过对比压浆后承载力的实测值与计算值可以发现两者数值较为接近，进一步表明本书给出的侧摩阻力及端阻力增强系数是合理的。因此，根据本书给出的侧摩阻力及端阻力增强系数法与后压浆沉降影响系数能较好地计算大直径后压浆桩在正常使用极限状态下的沉降。

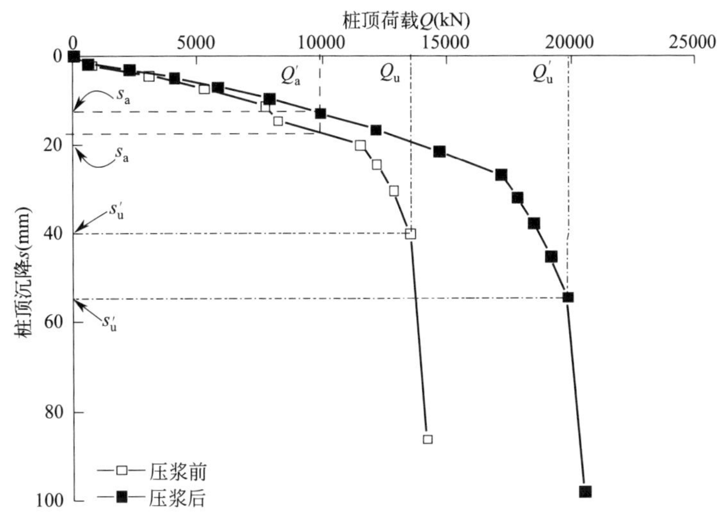


图 4.4-5　试桩 SZ4 压浆前后实测 $Q$-$s$ 曲线

**试桩 SZ4 桩顶荷载-桩顶沉降的实测结果与计算结果对比　　表 4.4-7**

| 压浆模式 | 使用荷载实测值 | | 使用荷载计算值 | | 极限荷载实测值 | | 极限荷载计算值 | |
|---|---|---|---|---|---|---|---|---|
| | 桩顶荷载（kN） | 桩顶沉降（mm） | 桩顶荷载（kN） | 桩顶沉降（mm） | 桩顶荷载（kN） | 桩顶沉降（mm） | 桩顶荷载（kN） | 桩顶沉降（mm） |
| 压浆前 | 9917 | 17.38 | 9313 | 21.29 | 13531 | 39.94 | 13829 | — |
| 压浆后 | 9917 | 12.61 | 9313 | 17.03 | 19833 | 54.27 | 18625 | — |

#### 4.4.3.2　算例 2

为了进一步说明采用后压浆沉降影响系数给出的大直径后压浆单桩沉降计算公式的适用性，以台州湾大桥及接线工程某标段桥试桩为算例进行计算与对比分析。该工程位于台州市箬横镇，基础采用大直径超长钻孔灌注桩，同时采用桩端后压浆施工工艺。其中试桩桩径为 1500mm，桩长为 78m，桩身混凝土强度等级为 C30，桩端后压浆浆液采用 P・O42.5 普通硅酸盐水泥配制，水灰比为 0.4，单根桩压浆水泥用量为 5.3t，压浆终止压力为 4.1MPa。试桩现场静载试验场地勘探深度 120m 范围内除浅层分布杂填土以外，主要土层为粉质黏土、黏土和粉砂。试桩的桩端持力层为⑤$_3$ 粉砂层，其桩长范围内土层类型及基本参数见表 4.4-8。地下水位在地表以下 0.5～1.0m 的位置。

**试桩各土层物理力学参数** **表 4.4-8**

| 层号 | 土层名称 | 厚度 (m) | 含水量 (%) | 重度 ($kN/m^3$) | 黏聚力 (kPa) | 内摩擦角 (°) | 压缩模量 (MPa) | 地基承载力特征值 (kPa) | 侧阻标准值 (kPa) |
|---|---|---|---|---|---|---|---|---|---|
| ①$_1$ | 粉质黏土 | 2.14 | 36.8 | 18.15 | 21 | 5.5 | 3.53 | 80 | 20 |
| ②$_2$ | 淤泥质黏土 | 19.60 | 44.3 | 16.97 | 7 | 1.6 | 2.71 | 55 | 12 |
| ③$_2$ | 粉质黏土 | 7.40 | 34.6 | 18.15 | 19 | 6.2 | 3.72 | 100 | 25 |
| ③$_3$ | 粉质黏土 | 8.50 | 29.6 | 18.34 | 17 | 11.4 | 4.08 | 120 | 30 |
| ④$_1$ | 粉质黏土 | 5.90 | 38.2 | 18.05 | 20 | 5.8 | 3.14 | 120 | 30 |
| ④$_2$ | 粉质黏土 | 9.70 | 31.5 | 18.74 | 33 | 6.6 | 4.8 | 140 | 35 |
| ⑤$_1$ | 粉质黏土 | 3.76 | 25.2 | 19.23 | 45 | 12.6 | 5.41 | 180 | 40 |
| ⑤$_2$ | 黏土 | 2.97 | 31.4 | 18.84 | 44 | 9.0 | 4.79 | 160 | 45 |
| ⑤$_1$ | 粉质黏土 | 1.37 | 22.8 | 20.01 | 49 | 17.3 | 6.53 | 180 | 45 |
| ⑤$_3$ | 粉砂 | 20.10 | 22.9 | 19.78 | 32 | 30.0 | 8.73 | 160 | 40 |
| ⑥$_1$ | 粉质黏土 | 6.70 | 31.5 | 18.74 | 37 | 7.9 | 5.68 | 160 | 40 |

根据式(4.3-7) 估算后压浆单桩竖向极限承载力，其中侧摩阻力增强系数 $\beta_{si}$、端阻力增强系数 $\beta_p$ 取表 4.3-5 所列的上限值，桩端压浆对桩侧摩阻力增强的范围取 12m。因此，通过后压浆单桩竖向极限承载力计算公式得到试桩压浆后承载力见表 4.4-9。试桩压浆后的使用荷载 $Q_a'=11299$kN，在压浆后使用荷载所对应的未压浆时的试桩桩端阻力比 $\alpha=0.09$，桩端处的自重应力 $\sigma_c=665$kPa，而沉降计算深度 $z_n=1.4$m。通过式(4.4-4) 可求得在压浆后使用荷载下未压浆桩沉降量 $s=22.71$mm，其中桩身压缩量 $s_e=8.31$mm。因此，根据式(4.4-6) 可计算得到试桩压浆后的沉降值 $s'=15.89$mm，其中粉砂层后压浆沉降影响系数 $\zeta$ 取 0.7。该试桩在压浆后使用荷载下未压浆桩与压浆桩实测沉降量分别为 16.60mm、7.89mm。通过对比压浆后桩基沉降量可知，计算结果与实测结果略有差异，但基本能反映实际情况，进一步表明本书给出的大直径后压浆桩沉降计算经验预估方法是合理可行的。

**试桩压浆后承载力计算表** **表 4.4-9**

| 层号 | 土层名称 | 厚度 $l_i$ (m) | 侧阻标准值 $q_{sik}$ (kPa) | $q_{sik}l_i$ (kPa) | $\beta_{si}q_{sik}l_i$ (kPa) | 后压浆单桩承载力计算 | |
|---|---|---|---|---|---|---|---|
| ①$_1$ | 粉质黏土 | 2.14 | 20 | 43 | 1.0×43 | 桩端承载力容许值(kPa) $q_r=m_0\lambda[f_{a0}+k_2\gamma_2(h-3)]$ | 1416 |
| ②$_2$ | 淤泥质黏土 | 19.60 | 12 | 235 | 1.0×235 | | |
| ③$_2$ | 粉质黏土 | 7.40 | 20 | 148 | 1.0×148 | 压浆后桩端承载力极限值(kN) $Q_p'=2\beta_p q_r$ | 11011 |
| ③$_3$ | 粉质黏土 | 8.50 | 25 | 213 | 1.0×213 | | |
| ④$_1$ | 粉质黏土 | 5.90 | 30 | 177 | 1.0×177 | | |
| ④$_2$ | 粉质黏土 | 9.70 | 35 | 340 | 1.0×340 | 压浆后桩身总侧摩阻力(kN) $Q_s'=u\Sigma\beta_{si}q_{sik}l_i$ | 11588 |
| ⑤$_1$ | 粉质黏土 | 3.76 | 45 | 169 | 1.0×169 | | |
| ⑤$_2$ | 黏土 | 2.97 | 40 | 119 | 1.0×119 | | |
| ⑤$_1$ | 粉质黏土 | 1.37 | 45 | 62 | 1.0×62 | 后压浆单桩总承载力极限值(kN) $Q_u'=Q_p'+Q_s'$ | 22599 |
| ⑤$_3$ | 粉砂 | 16.66 | 40 | 186 | 1.0×186 | | |
| ⑤$_3$ | 粉砂 | 12.00 | 40 | 480 | 1.4×480 | | |

# 第5章

# 大型深水桥梁灌注桩后压浆施工

## 5.1 概述

后压浆工程属于隐蔽性工程，压入的浆液在地层中渗透、充填、压密等情况无法直观的评定，施工质量也就难以直观的判断，使后压浆技术推广受到限制。随着科技的不断进步，电子设备及相应的技术已经被压浆技术所采用，美、日、英、法等国已经研制出压浆施工监控的半自动化或全自动化设备。任一压浆阶段的压浆压力、流量、浆液水灰比的发展情况都可以及时获取，用来指导压浆全过程。为了使后压浆技术在大型深水桥梁桩基础工程中广泛应用，需要自动控制设备能够在线、动态监测施工过程的压浆参数，自动记录的原始压浆数据能够更准确、更真实地反映实际的压浆情况，减少人为因素的干扰，保证压浆的可靠性，提高压浆的效率。此外，自动控制系统的设备操作应力求简单、实用，能适应压浆现场不同层次的技术人员水平要求，并且需要考虑价格因素，防止因盲目追求自动化而忽视成本。因此，后压浆施工过程中利用智能压浆系统控制压浆参数显得尤为重要。本章灌注桩后压浆施工主要介绍了灌注桩智能后压浆系统、智能后压浆施工工艺、智能后压浆操作与质量控制等方面的内容。

## 5.2 灌注桩智能后压浆系统

### 5.2.1 智能后压浆及控制系统

#### 1. 智能压浆设备

智能压浆系统可实现上料、拌浆、压浆全过程一体化、自动化。通过智能压浆设备计量原材料用量，可精确控制水泥浆配合比，再经智能压浆系统设定安全压力、控制压力、压浆量等数据，实现压浆过程自动化。通过将压浆泵与变频器结合，实现“稳压变流”的效果，即能随意设定稳定的压力，随时设定压浆流量。使整个压浆过程中的压力和压浆量指标可控，不会出现突变现象，不会出现瞬时高压对原状土体的极限破坏。有效输出，不仅安全性增加，还从根本上提升了压浆的内在质量。另外，将压浆监控系统与智能压浆设备连接，全程记录上传压浆各项指标，并使用单兵无线监控设备同步传输压浆影像资料，让压浆过程更加透明化。其中，智能压浆设备主要包括压浆泵、浆液搅拌机、储浆桶、压浆管路、12MPa 压力表、球阀、溢流阀、水准仪、16 目纱网。为了确保开塞成功及压浆压力，需配备额定功率大于 10MPa 的压浆泵，压浆泵必须配备卸荷阀，限定压力 8～9MPa。压浆泵最大流量不宜超过 75L/min。智能压浆设备的主要技术参数见表 5.2-1，其一体化系统如图 5.2-1 所示。

**智能压浆设备主要技术参数** **表 5.2-1**

| 压浆泵 | | 水泥搅拌桶 | |
|---|---|---|---|
| 型号 | ZKSY100-150 双缸双液压浆机 | 容量 | 600L |
| 排浆量 | $10m^3/h$ | 功率/电压 | 2.2kW/380V |
| 压力 | 0～16MPa | 转速 | 60r/min |
| 电机功率 | 15kW | 搅拌量 | $6m^3/h$ |
| 噪声功率级 | 110dB(A) | 装料高度 | 1700mm |
| 出浆口直径 | 32mm | 叶轮直径/出口直径 | 70mm/150mm |
| 吸浆口直径 | 38mm | 外形尺寸 | 直径 1300mm×高度 800mm |
| 外形尺寸 | 1700mm×700mm×960mm | 重量 | 300kg |
| 整机重量 | 550kg | 水泥自动输送泵 | 最大输送高度 2000mm |

图 5.2-1 智能后压浆系统

（1）智能拌合、出浆机。通过在此机器的中控台控制面板内输入将要进行的压浆任务参数，只需人工将水泥与外加剂分别倒入进料口，就能配制出符合配比要求的水泥浆（图 5.2-2）。同时，中控台有控制水泥搅拌、压浆泵的启、停等按键，操作简易（图 5.2-3）。

图 5.2-2 智能拌合、出浆机、中控台

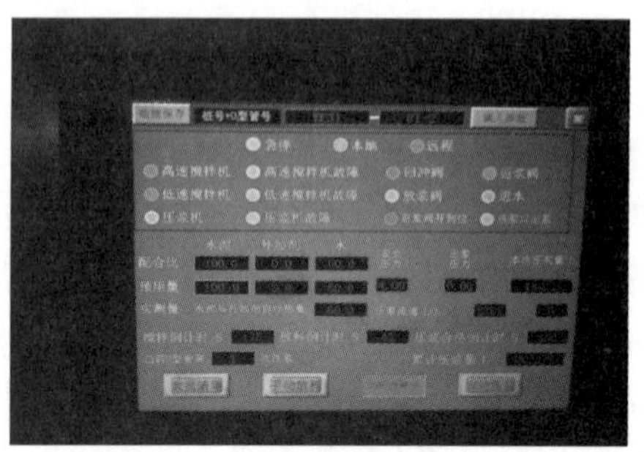

图 5.2-3 中控台操作系统界面

（2）变频器与压浆泵。通过连接中控台，在设定了各项参数后，变频器将自动调节压浆泵电流，实现“稳压变流”（图 5.2-4）。同时将压力数据反馈到中控台与监控设备。

图 5.2-4　变频器与压浆泵

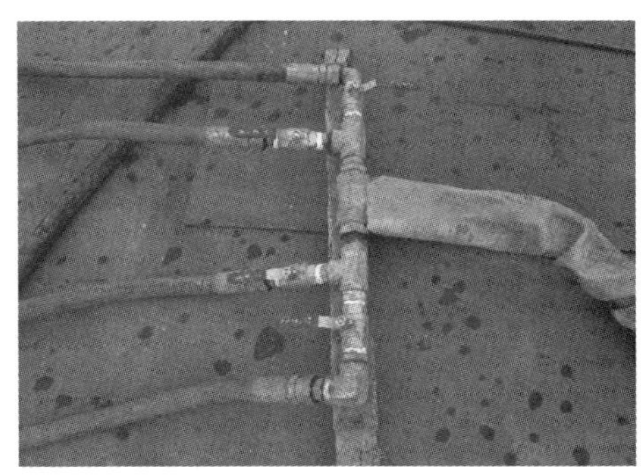

图 5.2-5　阀门体系

（3）管道与阀门体系。采用高压胶管与阀门，连接压浆设备与桩体内声测管，保证压浆过程的安全性（图 5.2-5）。

为了保证压浆的可控性与透明性，景福花园片区棚户区改造项目压浆过程中使用智能压浆监控系统全程记录压浆压力、压浆量、流速等指标（图 5.2-6），同时使用单兵无线监控设备对压浆进行拍摄，留存影像资料（图 5.2-7）。所有数据、影像资料同步通过无线网络上传至云平台，极大增强了对压浆的监控力度。

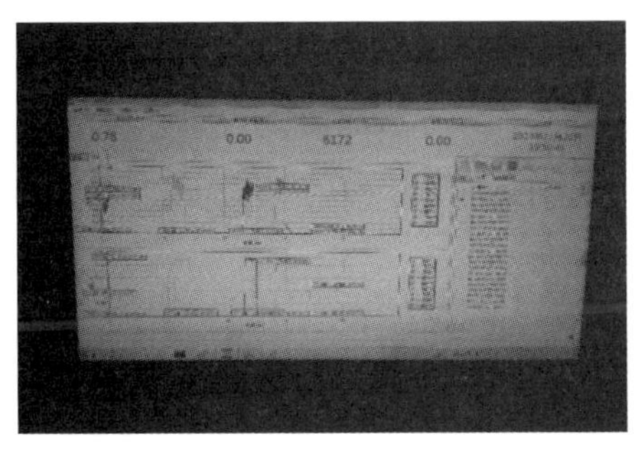

图 5.2-6　监控系统界面

图 5.2-7　无线监控设备

**2. 自动控制系统**

自动控制器及数据传输设备：水、水泥用量通过流量计与电脑相连，直接通过电脑程序自动控制，压浆过程中压力及水泥浆流量通过压力传感器、流量计与电脑连接，通过程序实时监控，数据可以实时上传，如图 5.2-8 所示。

压浆数据采集系统是按照“双控多分流”的方式进行控制并完成。“双控”是指系统计量与控制上料量，并且同时记录与监控出浆的瞬时水泥浆流量、总水泥浆流量、实时压力与注入的水泥量。

系统利用称重流量计计量并控制水的上水量和计量并控制水泥的上泥量以及添加剂量，就能准确地控制水灰比以及促进水泥浆的稳定和护胶作用，完成控制。水泥浆搅拌均匀后自动放入储浆桶，再由压浆泵通过输浆管送到分配器，在压浆泵出浆口处安装了一个水泥浆流量计，系统能在某一时间同时记录与监控水泥浆的瞬时流量、水泥浆的总流量、

(a) SBL靶式流量计

(b) XK3101称重流量计

图 5.2-8　自动控制器及数据传输设备

实时压力以及注入的水泥量。“多分流”是指系统由一根输浆管连接到分配器，再由分配器可以同时接到单根桩的所有压浆管口，实现桩端同时压浆，从而使桩端压浆更均匀，并减少压浆时间。

## 5.2.2　压浆管路布置

压浆管宜采用低压液体输送管制作，质量应符合现行国家标准《低压流体输送用焊接钢管》GB/T 3091 的规定，压浆管壁厚不得小于 3mm。

压浆管布置原则：①保证压浆的均匀性；②便于安装和保护。

**1. 桩端桩侧压浆装置**

桩侧压浆管采用 Φ30 壁厚大于 2.5mm 普通小钢管作为压浆管。环向压浆管固定在钢筋笼上，按照设计位置绑扎在钢筋笼外侧，先从最上排压浆管开始压浆。桩侧环向压浆管布置图如图 5.2-9 所示。

图 5.2-9　桩侧压浆管路布置

桩端压浆管采用 3 根 Φ30 壁厚大于 2.5mm 普通小钢管作为压浆管，采用直管压浆，在桩底设置单向阀，既要保证不发生渗漏，又要保证能在混凝土灌注终凝后，在 2～5MPa 泵压下顺利冲开橡胶皮。压浆管橡胶皮密封处要防止钢筋笼下放过程中被损坏，严禁泥浆和水泥浆进入压浆管。压浆管头部高出地面 0.2～0.3m。压浆管分别绑扎于钢筋笼内侧。压浆管随钢筋笼下放，钢管采用专用接头逐根焊牢。在下放过程中应注入清水，以检验管路的密封性。桩端压浆管如图 5.2-10 所示。

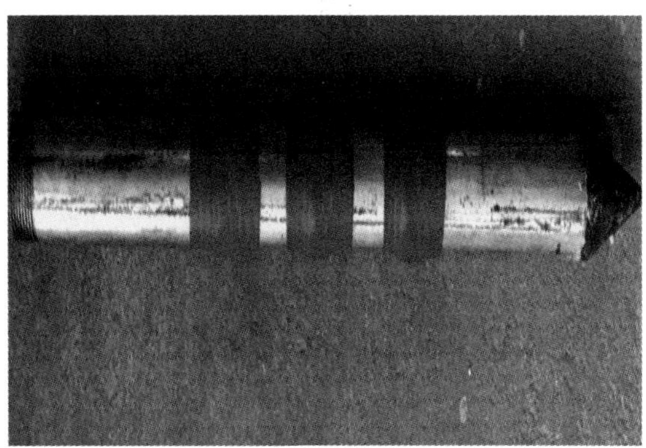

图 5.2-10　桩端压浆管

## 2. 单向阀装置

压浆口采用单向阀，出浆口直径为 10mm，由四层组成：第一层为比钢管外径小 3～5mm 的橡胶带，用以固定图钉；第二层为能盖住孔眼的图钉；第三层为同钢管外径的橡胶胎；第四层为密封胶带，盖住橡胶带两端各 2cm，确保两端扎紧。单向阀剖面示意图如图 5.2-11 所示。

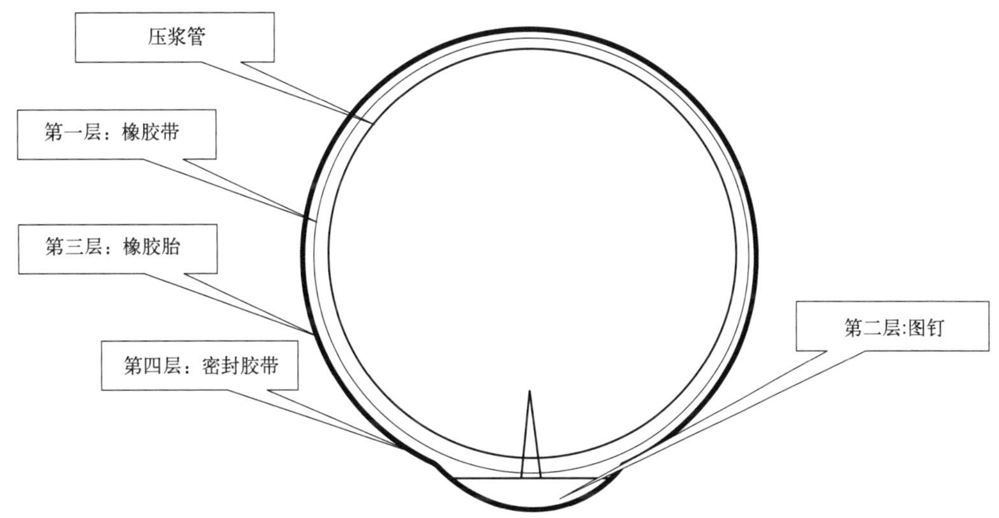


图 5.2-11　单向阀剖面示意图

## 3. 压浆管安装

压浆装置通过压浆管固定在钢筋笼上，与钢筋笼一起下放，压浆管应沿钢筋笼主筋绑扎牢固。在钢筋笼下放过程中，每节压浆管应注入清水，以检验管路的密封性。若出现漏水应重新连接补焊，确保压浆管路的密封性。桩端压浆管绑扎在加劲箍内侧，并靠近钢筋笼主筋，固定绑扎点为每道加劲箍处；桩侧压浆管绑扎在螺旋箍筋外侧，按 1.5m 间距绑扎。压浆导管的上端应高出桩顶（或工作面）0.5m；桩端压浆导管底端应伸出钢筋笼底端，具体尺寸应根据桩底沉淀层厚度来确定。压浆导管的连接要求同灌注桩检测管安装要求。保护层钢筋每笼不少于 3 组，每组不少于 4 个，以利于桩侧压浆导管和压浆阀的保护。

钢筋笼制作的同时绑扎压浆导管，钢筋笼起吊后入孔前安装桩端压浆单向阀，钢筋笼入孔过程中安装桩侧环形压浆阀。桩端、桩侧压浆阀安装时应缠裹保护，缠裹材料应结实严密，并满足正常压浆压力作用下能打开。钢筋笼主筋如有接头，采用搭接焊时，整个焊接过程必须保证压浆导管和压浆阀的安全。钢筋笼在运输吊装过程中严禁高起高落，以防弯曲变形，确保压浆导管完整、顺直。钢筋笼入孔前，由专业技术人员指导，专业技术工人负责安装压浆阀，并对其进行缠裹保护，防止压浆阀遭受撞击而损坏。钢筋笼入孔时，应对准孔位，缓慢轻放，避免碰撞孔壁，下笼过程中如遇阻力，不得强行下放，应查明原因处理后继续下笼并再次检查压浆系统，必须保证压浆系统安全可靠。钢筋笼下放到位后，将钢筋笼加焊两根悬挂筋在孔口上穿杠固定，钢筋安放标高与设计标高一致，以确保桩端压浆阀位置准确。

## 5.3 灌注桩智能后压浆施工工艺

### 5.3.1 智能后压浆体系

桩端桩侧组合压浆就是对同一根桩既采用桩端压浆又采用桩侧压浆提高承载力的方式。因此，在埋设压浆管时既要考虑埋设桩端压浆管，又要考虑埋设桩侧压浆管。压浆时可同时对桩侧和桩端压浆。由于桩端桩侧组合压浆桩包含着桩端和桩侧两种压浆工艺，所以更为复杂，但与未压浆桩相比，其极限承载力提高幅度也更大，即其压浆效果明显优于一般桩端与桩侧分别压浆的桩。因此，为了获得更大承载力，桩端桩侧组合压浆桩得到广泛应用。

智能后压浆施工整个体系分为桩土体系、泵压体系和浆液体系三个体系。其中，①桩土体系：设置环向桩侧压浆管于钢筋笼外侧，并设置通达桩端土的压浆管道，即采用桩身混凝土灌注前预设压浆管直达桩端土层面，且端部设置相应的压浆器。这是压浆前的准备工作，也是压浆能否成功的关键步骤。②泵压体系：在压浆管形成且桩身混凝土达到一定强度后，连接压浆管和压浆泵，用清水液把压浆管上的密封套冲破，观察压水参数以及系统反应，再拌制可凝固浆液，通过压浆泵把配置浆液压入桩端土层内。③浆液体系：浆液是发挥压浆作用的主体，一般由可凝固材料制成，所用材料根据压浆的客体决定，一般压浆用水泥为主剂，辅以各种外加剂，以达到改性的目的。

### 5.3.2 智能后压浆施工工艺流程

#### 1. 安装压浆装置

压浆装置通过压浆管固定在钢筋笼上，与钢筋笼一起下放，压浆管应沿钢筋笼主筋绑扎牢固。在钢筋笼下放过程中，每节压浆管应注入清水，以检验管路的密封性。若出现漏水应重新连接补焊，确保压浆管路的密封性。压浆管应高出自然地面 30cm。

**2. 压水试验与开塞**

压水试验和压浆前，应进行压浆管路系统及接头耐压试验。试压操作时，要分级缓慢升压，试压压力宜达到压浆控制压力的 1.2 倍，停泵稳压后，认真检查高压设备。

在桩混凝土灌注完成后 12～24h，由压浆泵用清水将桩端压浆管单向阀冲开，确保压浆管路系统畅通。压水开塞时，若水压突然下降，表明单向阀已打开，此时应立即停泵，封闭阀门不少于 15min，以消散压力。当管内存在压力时，不能打开闸阀，以防止承压水回流。

**3. 压浆施工**

压浆工作应在混凝土强度达到设计强度 80%以上，在桩身完整性“声波透射法”检测工作结束后才能进行。配置浆液并同时将压浆设备与压浆管连接（图 5.3-1），浆液配置采用全自动控水及水泥用量、搅拌时间等。

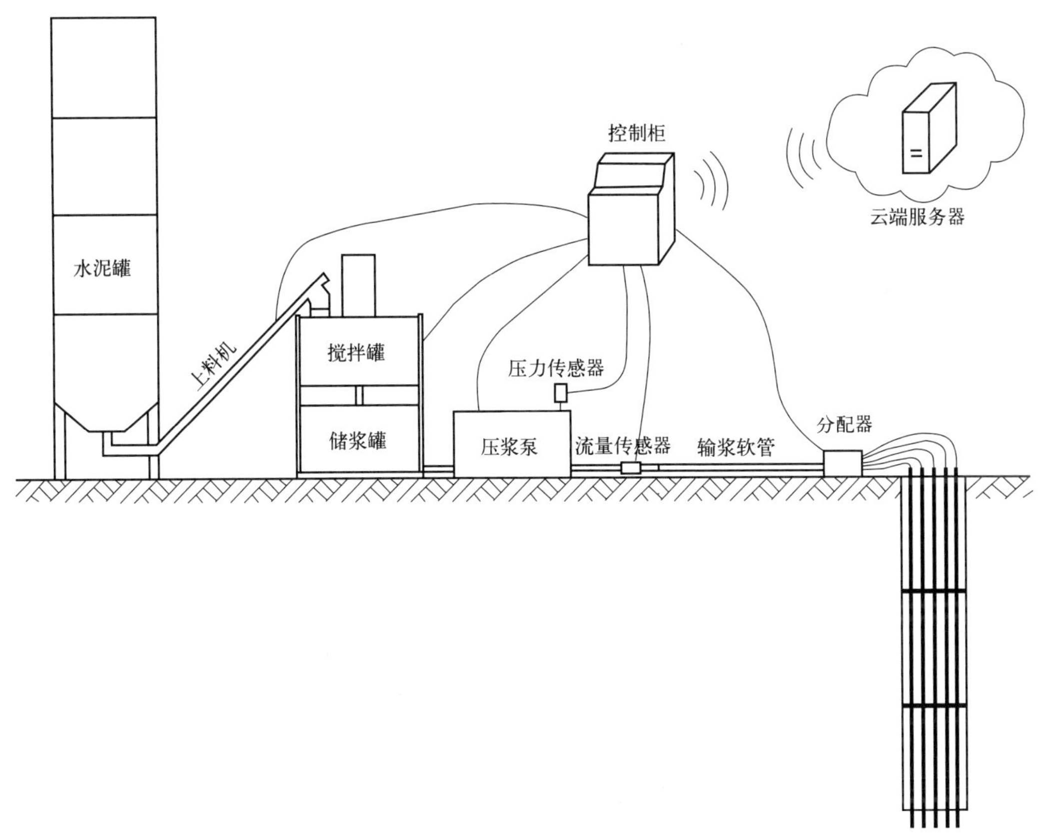


图 5.3-1 智能后压浆设备组成示意图

先桩侧后桩端压力压浆，桩端压浆应对同一根桩的各压浆导管依次实施等量压浆；压浆时先进行清水开塞疏通，当所有管路畅通时开始压浆。压浆流量宜控制在 30～50L/min，临近压浆结束时压浆流量宜小于 30L/min，并持荷 5min。每一次压完浆后应立即封压，封压时间 15min。

压浆过程中水泥浆流量及压浆压力由电脑程序实时监控，并上传数据。桩端桩侧组合压浆具体流程图如图 5.3-2 所示。

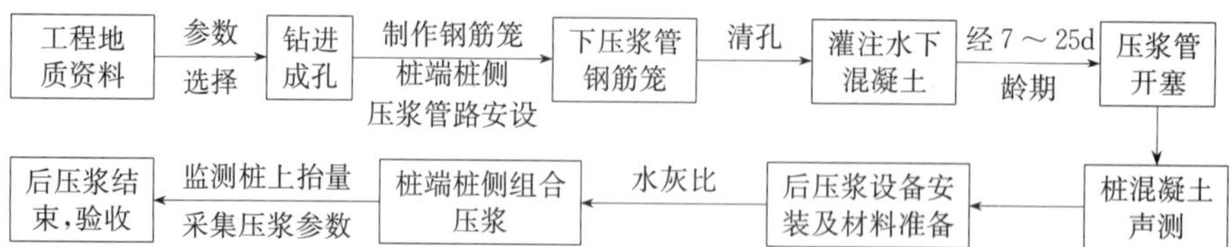


图 5.3-2　桩端桩侧组合压浆流程

### 5.3.3　智能后压浆现场施工

#### 1. 钢筋笼下放及管路绑扎（图 5.3-3）

图 5.3-3　压浆系统及钢筋笼下放

#### 2. 清水开塞

开塞时间根据灌注记录、灌注混凝土的时间来推算，按灌注的先后顺序进行开塞，开塞时间 12～24h（图 5.3-4）。

图 5.3-4　现场开塞

**3. 下料及智能搅拌（图 5.3-5）**

图 5.3-5　智能搅拌系统

**4. 电脑控制系统**

现场压浆数据通过流量计、压力计及电子秤等电子设备由电脑程序统一控制，并采集现场数据，可以将现场数据通过无线传输，办公室可同步接收数据，并远程监控。智能控制和数据采集系统如图 5.3-6 所示。

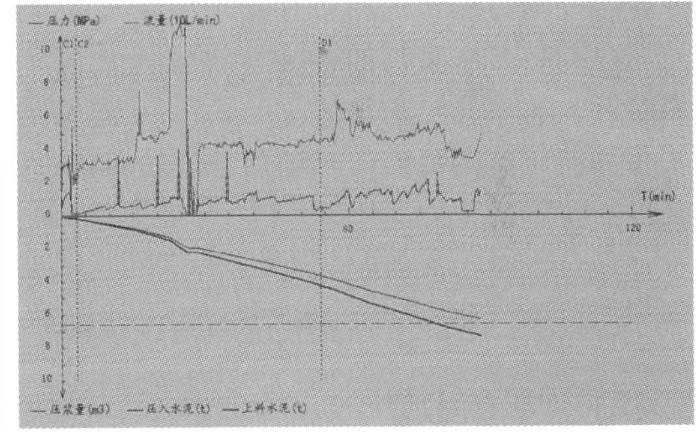


图 5.3-6　智能控制和数据采集系统

# 5.4　灌注桩智能后压浆操作与质量控制要点

## 5.4.1　智能后压浆设备

（1）智能压浆设备由压浆泵、压力表、流量计、浆液搅拌机、储浆桶、球阀、溢流阀、滤浆纱网、水准仪等一体化装置组成。

（2）压浆泵应性能稳定、操作方便，最大流量不小于 75L/min，压浆泵应配备卸荷阀，应具有自动实时显示和记录压浆压力、压浆量、流量的功能。

（3）应在桩顶压浆管管口处设置压力表和卸压阀，进行压浆流量和压力的实测。

（4）压浆阀应具备逆止功能。

（5）压浆阀及配套设备工作压力不应小于 10MPa。

（6）压浆压力、压浆量、流量等参数量测设备须经检定或校准，满足使用要求。

（7）制浆机转速宜高于1000r/min，且制浆、储浆能力与压浆功率相匹配，确保压浆过程的连续性。

### 5.4.2 压浆管制作及布设

（1）压浆管宜采用低压液体输送管制作，质量应符合现行国家标准《低压流体输送用焊接钢管》GB/T 3091的规定，其可承受的压力应大于最大设计压浆压力的1.5倍。

（2）压浆导管一般采用专用管，若灌注桩采用超声波进行无损检测，桩端压浆导管可利用检测管，但必须在检测管底部设置与桩端压浆阀相匹配的接头以便连接。桩端宜采用单向阀，桩侧宜采用环形阀。

（3）桩侧压浆通道一般设置1～2个，桩端压浆通道一般设置2～4个，具体数量应根据设计要求和实际情况来确定。

（4）当桩侧压浆管沿钢筋笼纵向设置时，一般采用桩侧不同深度打好孔的钢管，绑在钢筋笼外侧；当采用环向压浆管时，则将其环绕在钢筋笼外侧；桩端压浆管在桩底部应均匀布设，并绑扎在钢筋笼内侧。

（5）钢筋笼制作的同时绑扎压浆导管，钢筋笼起吊后入孔前安装桩端压浆单向阀，钢筋笼入孔过程中安装桩侧环形压浆阀。桩端、桩侧压浆阀安装时应缠裹保护，缠裹材料应结实严密，并满足正常压浆压力作用下能打开。钢筋笼主筋如有接头，采用搭接焊时，整个焊接过程必须保证压浆导管和压浆阀的安全。

（6）每节压浆管的连接处应强度可靠、不渗水，且内径不应减少，确保浆液通过能力不减弱。

（7）压浆阀外部保护层应能抵抗沙石等硬物的剐蹭而不致使压浆阀受损，严禁泥浆进入压浆管。

（8）直管法单向阀底部应超出设计桩底标高，保证出浆口进入持力层。

（9）安设后压浆系统时应填写现场检查表。

### 5.4.3 浆液配置

（1）压浆宜采用普通硅酸盐水泥，水泥的强度等级不宜低于42.5MPa。

（2）强度要求：7d强度不小于10MPa。

（3）浆液的水灰比应根据土的饱和度、渗透性确定，对于饱和土水灰比宜为0.5～0.6，对于非饱和土水灰比宜为0.7～0.9（砂砾宜为0.5～0.6）；低水灰比浆液宜掺入减水剂。

（4）应严格控制浆液配比，搅拌时间不少于2min。

（5）浆液应具有良好的流动性，不离析，不沉淀。浆液进入储浆桶时必须用16目纱网进行2次过滤。

（6）必须通过试桩压浆试验确定浆液配合比、外加剂掺量及性能指标等，经试桩荷载试验验证浆液指标的合理性，报设计批准后使用。

（7）压浆量均指的是水泥用量（t）。

### 5.4.4 施工技术要求

（1）确保工程桩施工质量。满足规范对沉渣、垂直度、泥浆相对密度、钢筋笼制作质量等要求。

（2）安装钢筋笼时，确保不损坏压浆管路，下放钢筋笼后，不得墩放、强行扭转和冲撞。桩身混凝土灌注过程中应严格控制导管抽拔速度和埋深，防止因埋管后猛拔导管造成压浆管变形。

（3）压浆管下放过程中，每下完一节钢筋笼后，必须在压浆管内注入清水检查其密封性。若压浆管渗漏必须返工处理，直至达到密封要求。

（4）钢筋笼下放完成后，桩顶压浆管进口应密封，防止异物堵塞压浆管路。

（5）压浆工作应在混凝土强度达到设计强度 80%以上，桩身完整性“超声波法（声波透射法）”检测合格后进行。

### 5.4.5　压浆工艺要求

（1）压浆应遵循“细流慢注”原则，最大流量不应大于 75L/min。

（2）压浆作业与其他成孔作业点的距离不宜小于 10m。相邻桩基础龄期少于 5d 的，不得进行压浆作业。

（3）对于群桩基础宜先外围、后内部。

（4）压浆孔开塞应在桩基首灌混凝土完成后 12～24h，用清水将压浆管底压浆孔冲开，确保压浆管路系统畅通。

（5）压水开塞时，若水压突然下降，表明单向阀已打开，应立即停泵，封闭阀门 10min，以消散压力。若观察到有水外喷现象，应继续关闭阀门，每 2～5min 后再次观察，直至管内压力消散。

（6）后压浆施工过程中，每根桩不同配合比浆液均应留样进行强度检测。

（7）专人负责记录压浆的起止时间、压浆量、压浆压力、流量等参数。

（8）压浆完毕须经监理工程师签字认可，压浆管路用浆液填充。

### 5.4.6　后压浆施工控制

（1）压浆总体控制原则：实行压浆量与压力双控，以压浆量控制为主，压力控制为辅。压浆控制压力和压浆量均按单个回路或管路分别控制。

（2）压浆最低控制压力应结合试桩成果确定。

（3）桩底压浆应对同一根桩的各压浆管路分别压入浆液、各管路等量原则实施压浆，最终以单桩压浆总量控制。压浆前应检查管路是否通畅，若有不通畅管路，应重新计算每根管路压浆量。

（4）终止压浆条件：终止压浆量达到设计要求，压浆压力达到控制压力并持荷 5min，可终止压浆。若压浆量达到设计要求但压浆压力未达到控制压力要求可按以下条件终止压浆：①压浆量达到设计要求，最近 5min 的压浆平均压力达到终止压力；②压浆量已达到设计要求，最近 5min 的压浆平均压力≥0.8 倍终止压力，应增加压浆量至 120%后封压；③压浆量已达到设计要求，最近 5min 的压浆平均压力＜0.8 倍终止压力，应增加压浆量至 150%后封压；④压浆量大于设计要求的 80%，最近 5min 的压浆平均压力＞1.2 倍终止压力。

（5）为了保证压浆施工的安全，压力表控制压力不宜大于 6MPa。

（6）若压力表控制压力大于6MPa，此时压浆总量大于设计要求的80%，可终止压浆，直接封压；若未达到设计要求的80%，暂时停止压浆，分析异常原因，上报专项处理方案。

### 5.4.7 过程异常处理原则

（1）堵管处理措施：①畅通管路数量不足时，原则上应采取桩内或桩侧打孔方法补足压浆管。②压浆前，畅通管路数不少于3根，压浆量按已通管路数重新分配压入；若只有2个管路畅通，水泥量按计划增加10%，由2个管路均分压入；若只有1个管路畅通，则必须钻通一根声测管，进入桩端土层500mm，作为压浆管，再按只有2个管路畅通情况执行。

（2）工作压力不足处理措施：若出现压浆压力长时间低于正常值、地面冒浆或周围桩孔串浆，改为间歇压浆，间歇时间不宜过长，间歇时间宜为30～60min，过长会导致管内水泥浆凝结而堵管。当间歇时间很长时，可向管内压入清水清洗导管和桩端压浆管装置。

（3）压浆量不足处理措施：若压浆压力已达到控制压力而压浆量未达到设计压浆量的80%，应参考堵管措施，通过桩外钻孔增设压浆管路进行补足压浆量，使压浆量满足设计要求。

### 5.4.8 质量检验与质量标准

（1）后压浆施工要严格实施压浆过程的监督和施工记录工作。

（2）后压浆灌注桩承载力确定最有效的方法就是静载试验，但静载试验不可能每根桩基都做，因此宜通过一组试桩试验来确定后压浆的有关参数。

（3）后压浆灌注桩中间质量检验以过程控制为主。要控制的项目有：压浆量、压浆压力、水灰比、压浆时间。后压浆灌注桩施工要求监理全程旁站，且签字认可压浆终止。

（4）后压浆施工质量应根据压浆记录、试验报告，从以下几个方面进行综合评定：①水泥浆液温度及环境温度是否满足设计要求；②压浆管路是否畅通，操作及特殊情况处理是否得当；③水泥浆液水灰比及压浆终止压力是否满足设计要求；④压浆量是否满足设计要求。

（5）后压浆施工竣工验收应包括以下资料：①灌注桩压浆前完整性检测报告；②压浆系统安装检查表；③水泥、水、外加剂抽检试验报告；④压力表标定报告；⑤水泥浆配合比设计试验报告；⑥水泥浆现场自检、抽检试验报告；⑦后压浆施工记录表；⑧灌注桩后压浆实施性施工组织设计；⑨灌注桩后压浆施工总结报告。

（6）灌注桩后压浆工程验收应由建设单位、设计单位、监理单位、检测单位、施工单位等组成验收委员会。

（7）质量标准：①水泥浆液温度为5～40℃；②水泥浆液水灰比符合设计要求；③压浆终止压力不小于设计压力且不大于10MPa；④压浆量不小于设计压浆量最低限值；⑤压浆管路畅通，操作规范；⑥异常情况处理得当、可靠。

# 第6章

# 大型深水桥梁灌注桩后压浆效果检测

## 6.1 概述

由于后压浆工程属于地下隐蔽工程，压浆效果的好坏直接关系到后压浆工程的成败。目前，后压浆效果的评定方法主要有静载荷试验、钻孔取芯试验及标准贯入试验。其中，静载荷试验是评定压浆前后基桩承载力最直接有效的方法，戴国亮等[86]采用自平衡静载试验对超长钻孔灌注桩桩端后压浆效果进行检测，并定量地分析了后压浆效果；钻孔取芯能检测压浆后水泥浆液沿桩身深度方向分布及水泥土芯样的物理力学性能，Lin 等[87]通过钻孔取芯试验讨论桩端后压浆效果，并对三种不同的桩端后压浆方法进行了评定；而标准贯入试验是一种较为直观、准确的评定方法，Ho[88]利用压浆前后的桩侧摩阻力与标贯击数建立关系，对比分析了桩端后压浆的效果。上述文献所报道的后压浆效果评定方法均是针对桩端后压浆，而对桩侧压浆、组合压浆效果的检测研究鲜有报道。此外，由于压浆过程的不确定性和影响因素的多样性，使得评价后压浆的效果具有较大难度，因而研究一种快速、有效、实用的压浆效果无损检测方法是非常必要的。

## 6.2 压浆效果检测方法

### 6.2.1 常用的压浆效果检测方法

压浆技术已广泛用于岩土工程领域，而压浆后岩土体的力学性质和水理性质是否真正改善，这就需要对压浆效果进行检验，确定工程质量是否合格。其中常用的压浆效果检测方法包括钻孔注水试验对比法、钻孔取芯法、高密度电阻率法、电磁检测法、地震波法等。

（1）钻孔注水试验对比法。根据压浆前后岩土体的渗透系数值的变化进行压浆加固效果的评价。钻孔注水试验是用人工抬高水头，向钻孔内注入清水，测定岩土体渗透性的一种原位试验方法，适用于水平分布宽度较大、均一或较均一的岩土层，试段长度不宜超过5m。尤其适用于不能进行抽水试验和压水试验、取原状样进行室内试验又比较困难的松散岩土体。

（2）钻孔取芯检测法。钻孔取芯压浆检查主要工作分两部分：现场钻孔情况统计和再压浆的统计分析。钻孔阶段是通过在桩中预埋钢管或PVC管，桩端压浆后间隔一定时间，用钻机通过预埋管钻取桩端以下岩土体芯样来判定压浆后桩底岩土性状的方法。检查孔再压浆是为了防止单纯的钻孔取芯造成的偶然性因素，能够比较全面地掌握整个压浆区的情况。

(3) 电法检测。采用电法检测就是高密度电阻率法检测。高密度电阻率法是集测深和剖面于一体的一种多装置、多极距组合方法，它具有一次布极即可进行多装置、多深度数据采集，以及通过求取比值参数能突出异常信息的特点。

采用高密度电阻率法是通过对比压浆前后地基电性变化来验证压浆效果。压浆前，由于地下岩土体和裂隙带的发育，致使电性变化复杂；压浆后，裂隙和岩土体固结，形成一个整体，电性变化稳定，采用电阻率法勘探具有物理依据。

(4) 电磁检测。①瞬变电磁法：瞬变电磁法亦称时间域电磁感应法，是利用不接地回线（磁偶源）或接地电极（电偶源）向地下发送一次脉冲场，在一次场间歇期间利用另一回线或专用探头测量由地下介质产生的感应电场，即二次场随时间的变化。该二次场是由地下的不同导电介质受一次场激励引起的涡流产生的非稳定电磁场，它与地下介质有关，根据观测到的二次场，通过观察它的衰减特征和进行一系列的资料处理过程，可以判断地下地质体与介质分布特征、电性、规模和产状等。②地质雷达：地质雷达是利用介质间的电导率、介电常数等电性差异分界面对高频电磁波的反射来探测地下目标体的。地下异常物体若与周围介质间存在明显的电性差异时，由地质雷达天线在地表向地下发射的高频电磁波就会在二者的分界面发生反射，反射波会被地表的雷达天线接收，根据介质中电磁波传播速度和接收的反射信号及其双程走时，便可确定地下异常物体的位置和深度。

(5) 地震波法检测。①瑞利面波检测：瑞利面波法是一种新兴的岩土原位测试方法，瑞利面波勘探主要是利用了瑞利波的两种特性。一是瑞利波在分层介质中传播时的频散特性；二是瑞利波传播速度与介质的物理力学性质存在密切相关性，利用瑞利波的这些特性可以解决许多的浅层地质问题，如工程地质勘察、地基加固处理效果评价、岩土的物理力学参数原位测试、地下洞穴及掩埋物探测、公路、机场跑道质量无损检测等。②折射波：折射波法是按一定的观测系统，追踪、接收折射波，经推断解释，确定地下地质界面的埋深和形状等，从而解决地质问题的一种方法。岩体的性质和地质构造等因素对速度值的大小起着重要作用，检测时采用速度对比的方法，通过计算压浆前后的速度值，来判断压浆效果。③井间透射波法中的跨孔法检测：井间透射波法中的跨孔法检测（属于弹性波法），现场实施中先对钻孔测量放样后进行钻进，然后在钻孔内放入 PVC 塑料管，管壁与钻孔壁间用石英黄砂填实。在完成上述工作的钻孔内放入地震波及测试探头，当震源被激发时，产生的地震波被检波器接收，由地震仪可读得初至波到达时间，进而可计算得到地震纵横波速度。通过把测得的地震波速（压浆前后）作对比，便可确定压浆对岩土体的弹性参数改善的程度，也即评价压浆效果如何。④地震波 CT 技术：地震波 CT 法是借鉴医学上的 CT 射线扫描原理，通过对孔间（或洞间）区域进行大量的地震波射线扫描，利用相应信息实施计算机反演确定被测区域地震波速度分布，以反映其结构和性状。对于压浆检测，该方法主要基于压浆过程中、被测区域的波速的提高来反映岩体整体特性的改善，从而对压浆效果做出评价。⑤孔内地震法实施检测：该方法是依据直达波传播原理、解析介质传播速度的方法。其操作方式为孔口定点激发（锤击）、孔内用杆状检波器逐点接收，其信号由工程质量检测仪处理并显示。溶洞段波速提高率与其填物空隙度具有一定的关系，如半充填碎石土压浆后波速提高最为明显，含土碎石、碎石土次之，粉质黏土由于较密实提高较小。总的说来，通过压浆溶洞段波速的提高程度这个角度来评价其压浆效果。

### 6.2.2　各种检测方法的优缺点

检验压浆效果较为直观可靠的方法是钻孔取芯法、动力触探法、瑞利面波法、高密度电阻率法、注水试验法、地质雷达法。动力触探成本大、效率低，可大面积应用；利用声波检测时离不开钻孔，检测的范围十分有限；近年来国内一些学者用电阻率法检测压浆效果，试图了解浆体的分布形态，实际上压浆效果是一个综合效应，电性参数很难反映出压浆体的力学参数；面波法可以对较大深度大面积的压浆质量做出相应评价，但是缺点是分辨率较低，不能对较小区域内压浆质量作出评价；钻孔取芯法可以对某点的压浆质量作准确评价，对大面积的压浆质量检测时就必须大量钻孔，这样不但费时费力，而且还会损害桩基。地质雷达法成本低、效率高，但是在雷达图形解释方面依然有不少困难。

## 6.3　灌注桩后压浆效果检测方法

### 6.3.1　灌注桩后压浆的检测标准

由于桩基后压浆属于地下隐蔽工程，对其进行完整的压浆效果检测难度较大。目前，检测桩基压浆效果的方法主要有单桩静载试验、钻孔取芯及 CT 检测方法。除了在压浆过程中严格遵守国家相关标准外，压浆效果检测一般是对后压浆桩抽样进行静载试验，并与未压浆桩进行对比。

（1）灌注桩后压浆效果的检测主要有单桩竖向静载试验、钻孔取芯检测及标准贯入试验检测等，应至少选取一种检测；检测数量可根据现行行业标准《建筑基桩检测技术规范》JGJ 106 确定。

（2）钻孔灌注桩后压浆桩进行承载力试验，并应符合下列规定：①当采用单桩静载试验检测承载力时，检测数量不应少于同条件下总桩数的 1%，且不应少于 3 根；当总桩数少于 50 根时，检测数量不应少于 2 根；②确定单桩的极限承载力及桩基的沉降特性。在桩身混凝土强度达到设计要求的条件下，后压浆桩承载力试验须在压浆结束 20d 后进行，浆液中掺入早强剂时可于压浆结束 15d 后进行。

（3）钻孔取芯。在现场最好针对桩端持力层采用相同的级配压入水泥浆进行压浆试块抗压试验，有条件时也可对桩侧桩端压浆后钻孔取芯样查看其胶结情况。在桩身及桩周土体中钻孔取芯，可直观地检验浆液在桩端附近土层中扩散范围及与土层的胶结情况。取芯的桩数量不少于总桩数的 2%，且对每个基础不应少于 2 根，并且其中必须至少一根为角桩。

（4）地震波及 CT 检测。检验浆液在整个桩端附近土层中的扩散范围及与土层的胶结情况。CT 检测的桩数量不少于总桩数的 2%，且对每个基础不应少于 2 根，并且其中必须至少一根为角桩。

（5）对于压浆量等参数达不到预设值时，应根据工程具体情况采取相应措施。

（6）后压浆施工验收应提供桩位平面图与桩位编号图、水泥材质检验报告、压力表检定证书、试压浆记录、设计工艺参数、后压浆施工记录、特殊情况处理记录等资料。

### 6.3.2 灌注桩后压浆的检测方法

后压浆效果的检测方法主要有静载荷试验、钻孔取芯、标准贯入试验以及电磁波 CT 检测。①静载试验是检测压浆前后竖向承载力最直接有效的方法，可以定量地分析压浆效果；②钻孔取芯能检测压浆后水泥浆液沿桩身深度方向分布及水泥土芯样的物理力学性能；③标准贯入试验可以检测地层压浆前后标贯击数的变化，是一种较为直观、准确的检测方法；④电磁波 CT 利用检测钻孔间介质的差异来评价后压浆对桩基的加固效果，是一种快速、有效、实用的压浆效果无损检测方法。下面重点介绍电磁波 CT 检测方法。

**1. 地球物理条件**

不同的检测技术，其可行性无一例外都与被检测目标的地球物理条件相关。地球物理条件是否充分是该检测方式合适与否的先决标准。

电磁波 CT 检测技术是利用电磁波方法，在两个钻孔中分别发射和接收电磁波信息，根据不同位置上接收的场强大小，通过反演研究介质吸收系数负值的二维分布图像，据此推断地下不同介质分布的一种地球物理勘查方法。主要测试指标为目标物的电磁波吸收系数。在桩后压浆的整个过程中，压浆时，水泥浆通过渗透、劈裂、压密等方式在砂层中与砂粒掺合，达到一定浓度后逐渐胶结。所以经过压浆的砂土层在成分结构上都发生了变化，直接影响了它的密度、强度等参数。

有关理论和实践均证明，吸收系数与介质的磁导率、电阻率、介电常数以及电磁波的频率有关，由于不同介质对电磁波的吸收存在差异，当电磁波穿越不同的地下介质（如经过砂层和泥浆加固区等），或者层析介质中存在不均匀层或裂缝、破碎等异常时，其电阻率、介电常数、磁导率等均发生变化，吸收系数负值就呈现异常，在电磁波层析成像中，就能够得以表现，可以利用这些差异来推断目标体的结构与形状。不含水泥浆的砂层、含量不同的水泥浆砂层，以及局部胶结的水泥浆砂层在吸收系数上必然存在较大的差异。因此利用吸收系数的差异反演桩后压浆的情况与物质结构，理论上是可行的。

**2. 跨孔电磁波 CT 技术的探测原理**

跨孔电磁波 CT 技术是利用无线电波在两个孔道中分别发射和接收电磁波信息，电磁波的工作频率为 0.5～32MHz，根据不同位置上接收的场强大小来确定地层中介质的分布情况。

跨孔电磁波 CT 技术在地层中工作方式主要历经电磁波的发射、传播和接收三个阶段。接收点处的主要电场强度值，不同接收点处的电场强度值是电磁波反演得到地层介质对电磁波吸收系数 $\beta$ 的基础。电场强度和吸收系数的关系式即为电磁波在地层中电场强度的观测公式：

$$E=E_0\frac{e^{-\beta r}}{r}f(\theta)\sin\theta \tag{6.3-1}$$

$$f(\theta)=\frac{\cos\left(\frac{\pi}{2}\cos\theta\right)}{\sin\theta} \tag{6.3-2}$$

式中：$E$ 为接收点处的电场强度（V/m）；$E_0$ 为发射点处的电场强度（V/m）；$\beta$ 为地层介质对电磁波吸收系数；$\theta$ 为接收点处天线与电场方向的夹角（°）；$f(\theta)$ 为收发天线的方

向因子函数；$r$ 为收发点之间的距离（m）。

地层单元是连续的，为了将地层介质对电磁波吸收系数 $\beta$ 和接收点场强值 $E$ 的指数关系转变为线性关系，公式(6.3-1) 的两边分别取对数后乘以 20，电场强度单元由伏/米转换成分贝，其关系式可以表示为：

$$20\lg E = 20\lg E_0 - 20\beta r \lg e + 20\lg\left[\frac{f(\theta)\sin\theta}{r}\right] \tag{6.3-3}$$

地层介质对电磁波吸收系数 $\beta$ 也被称为衰减系数，本质上是地层介质对电磁波的吸收作用。当电磁波在地层中传播时，伴随着涡流的热能损耗，造成电磁波的电场强度随着传播距离增加而减小。吸收系数 $\beta$ 与介质的物性参数有关，其关系式可以表示为：

$$\beta = \omega\sqrt{\frac{\mu\varepsilon}{2}\left[\sqrt{1+\left(\frac{\alpha}{\omega\varepsilon}\right)^2}-1\right]} \tag{6.3-4}$$

式中：$\omega$ 为电磁波的角频率（rad/s）；$\mu$ 为地层介质的磁导系数；$\varepsilon$ 为地层介质的介电常数；$\alpha$ 为地层介质的电导率（S/m）。

电磁波的角频率是一个给定的值，探测工作中选择扫频模式，使用多个角频率值，最终选取能够反演得到地层情况的最佳角频率值。电导率是影响地层介质对电磁波吸收最主要的因素，电导率越高，地层介质对电磁波吸收越强，吸收系数 $\beta$ 越大，不利于电磁波在地层介质中传播。地层介质的电导率主要由地层的物质组成、含水率、结构特点等决定。

综上分析，可以得出电磁波在地层中传播，不同性质的地层介质会对电磁波产生不同程度的吸收。总的来说，完整性、结构性越差，吸收系数 $\beta$ 越大，接收点处的电场强度越小，从而在电磁波的反演图像中出现异常区域，土层等介质的吸收系数大于完整的岩层。因此，跨孔电磁波 CT 技术利用这一差异性来推断目标地质体的结构与形状。

**3. 检测流程**

(1) 工作方法：本次测试采用井间跨孔电磁波法，跨孔电磁波法是将发射探头（连同天线）和接收机（连同天线）分别放置在两个钻孔之中，用于探测钻孔间与围岩有明显电性差异的异常体，测试现场试验示意图如图 6.3-1 所示。

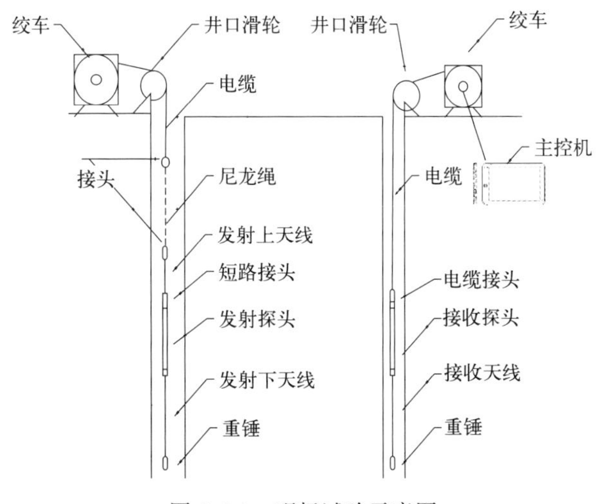


图 6.3-1　现场试验示意图

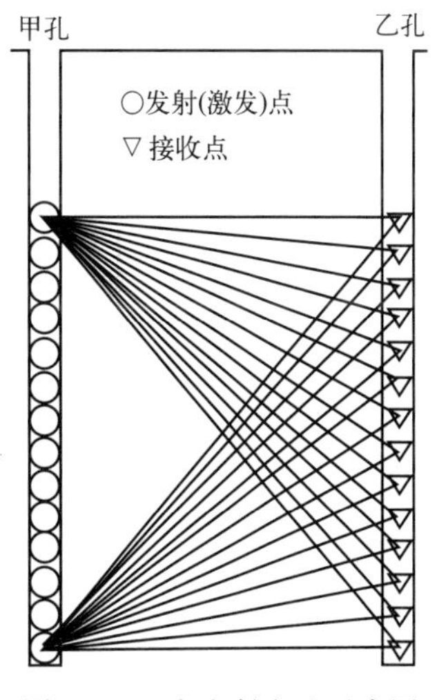


图 6.3-2　定发射点法示意图

目前双孔测试方式分两类：同步观测法和定点观测法。同步法是发射探头和接收探头在两个钻孔中保持一定的高度差同步移动，高差为0时为水平同步法，高差不为0时为斜同步法。定点法是把发射探头（或接收探头）固定在钻孔的某一个深度上不动而移动接收探头（或发射探头）进行测量，即定点发射和定点接收两种测量方式（如图6.3-2）。如果定点法的定点数量足够（密），这种方法的结果可进行数据重排而获得各种观测方式的结果，亦可以进行电磁波CT成像。本次测试采用井间跨孔定点发射方式。

（2）检测流程：①场地准备。整平场地，清洗检测孔，检查PVC管通道的畅通，记录孔深。测量并记录检测孔孔间间距，孔口与桩顶高程差，绘制检测孔与测桩的平面位置图，标明孔号。②安装检测设备。将发射探头和接受探头连接好天线，并与主机相连，检查仪器设备，保证电量充足，信号连接正常。通过主机设置电磁波探测频率。在发射孔口和接受孔口分别固定一对电缆绞车和井口滑轮，下放探头至预定深度5m，准备检测。③采用定点发射方式检测，即发射探头固定在测孔的某一个深度上不动而移动接收探头进行测量，数据采集间隔为1m，接收角度原则上控制在45°以内，但为了采集足够多数据，现场控制在60°左右。不断下降发射探头至孔底，完成对整个剖面的检测。④检查数据是否正常，如有特殊情况发生需重新进行检测。⑤进行数据处理分析，采用反投影、联合代数重建方法求得地层介质单元对电磁波的吸收系数$\beta$。⑥根据地层介质单元的坐标和吸收系数$\beta$，使用Surfer软件绘制反演图像。

## 6.4 灌注桩后压浆效果检测实例分析

### 6.4.1 工程实例一

#### 6.4.1.1 静载试验

**1. 工程概况**

某工程桩长范围基本全为粉细砂层，属于超厚软弱地层，地质条件较差，基础形式采用大直径灌注桩方案。为提升基础承载力，采用桩基后压浆技术对其进行优化设计。该项目开展试桩数量共14根，具体参数见表6.4-1。

**试桩参数** **表6.4-1**

| 试桩编号 | 桩径（m） | 桩长（m） | 桩端持力层 | 压浆量（t） | 压浆压力（MPa） |
|---|---|---|---|---|---|
| TP1 | 2.2 | 90 | 粉细砂 | 11.78 | 5.0 |
| TP2 | 2.2 | 95 | 粉细砂 | 9.88 | 5.2 |
| TP3 | 2.2 | 115 | 粉细砂 | 11.24 | 4.3 |
| TP4 | 2.2 | 120 | 粉细砂 | 12.0 | 4.6 |
| TP5 | 2.0 | 110 | 粉细砂 | 9.8 | 9.6 |
| TP6 | 2.0 | 115 | 粉细砂 | 9.9 | 10.2 |
| TP1# | 2.0 | 50 | 细砂 | 4.8 | 3.9 |

续表

| 试桩编号 | 桩径<br>(m) | 桩长<br>(m) | 桩端持力层 | 压浆量<br>(t) | 压浆压力<br>(MPa) |
|---|---|---|---|---|---|
| TP2＃ | 2.0 | 50 | 细砂 | 7.0 | 4.2 |
| TP3＃ | 2.0 | 52 | 细砂 | 7.0 | 4.3 |
| TP4＃ | 2.0 | 52 | 细砂 | 7.0 | 6.8 |
| TP5＃ | 1.8 | 54 | 细砂 | 6.02 | 6.5 |
| TP6＃ | 1.8 | 54 | 细砂 | 6.0 | 5.7 |
| TP7＃ | 1.5 | 40 | 细砂 | 2.5 | 2.7 |
| TP8＃ | 1.5 | 40 | 细砂 | 4.8 | 4.9 |

### 2. 静载试验结果分析

试桩 TP1 和 TP2 采用试验桩，加载一次，待压浆达到强度后再进行静载试桩。试桩 TP3～TP6 均采用试验桩，加载两次，第一次静载试桩完成后进行桩端桩侧组合压浆加强，待压浆达到强度后再进行第二次静载试桩。试桩 TP1＃～TP8＃均采用试验桩，加载两次，第一次静载试桩完成后进行桩端桩侧组合压浆加强，待压浆达到强度后再进行第二次静载试桩。各试桩压浆前后极限承载力及提高幅度如表 6.4-2 所示，各试桩压浆前后的荷载-位移关系曲线如图 6.4-1 和图 6.4-2 所示。

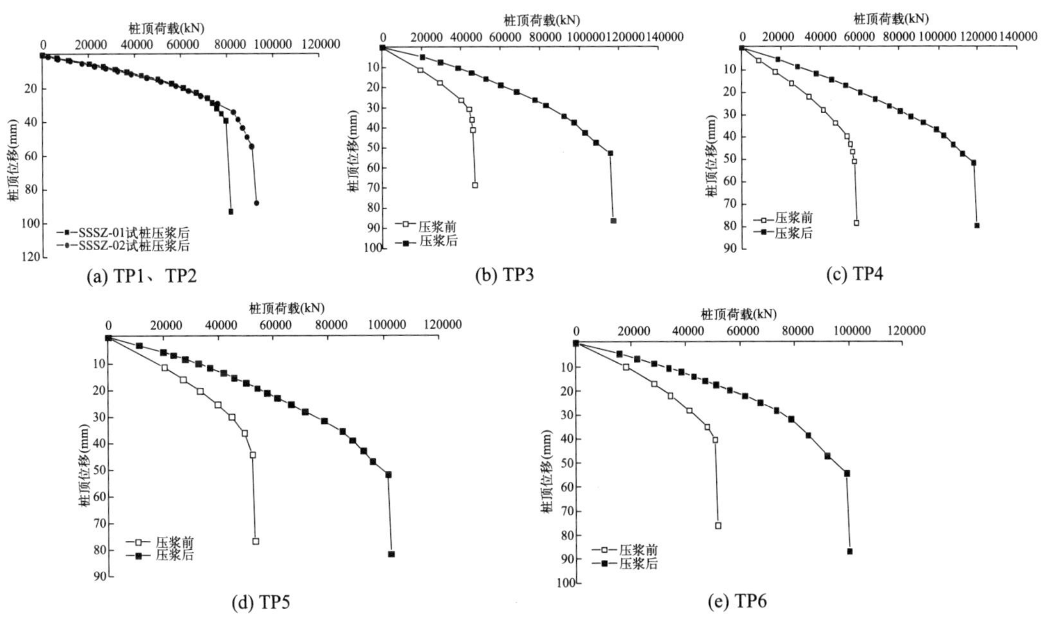


图 6.4-1　试桩 TP1～TP6 压浆前后 $Q$-$s$ 曲线

由表 6.4-2 可看出，组合压浆后桩的极限承载力提高幅度为 41.54%～152.31%，效果显著。由各试桩压浆前后的 $Q$-$s$ 曲线可知，$Q$-$s$ 曲线由压浆前的陡变型转变成缓变型。经组合压浆后，在相同荷载作用下，压浆后的桩沉降减小。因此，采用桩端桩侧组合压浆技术对提高大直径钻孔灌注桩的承载力和减小沉降量有显著的效果。

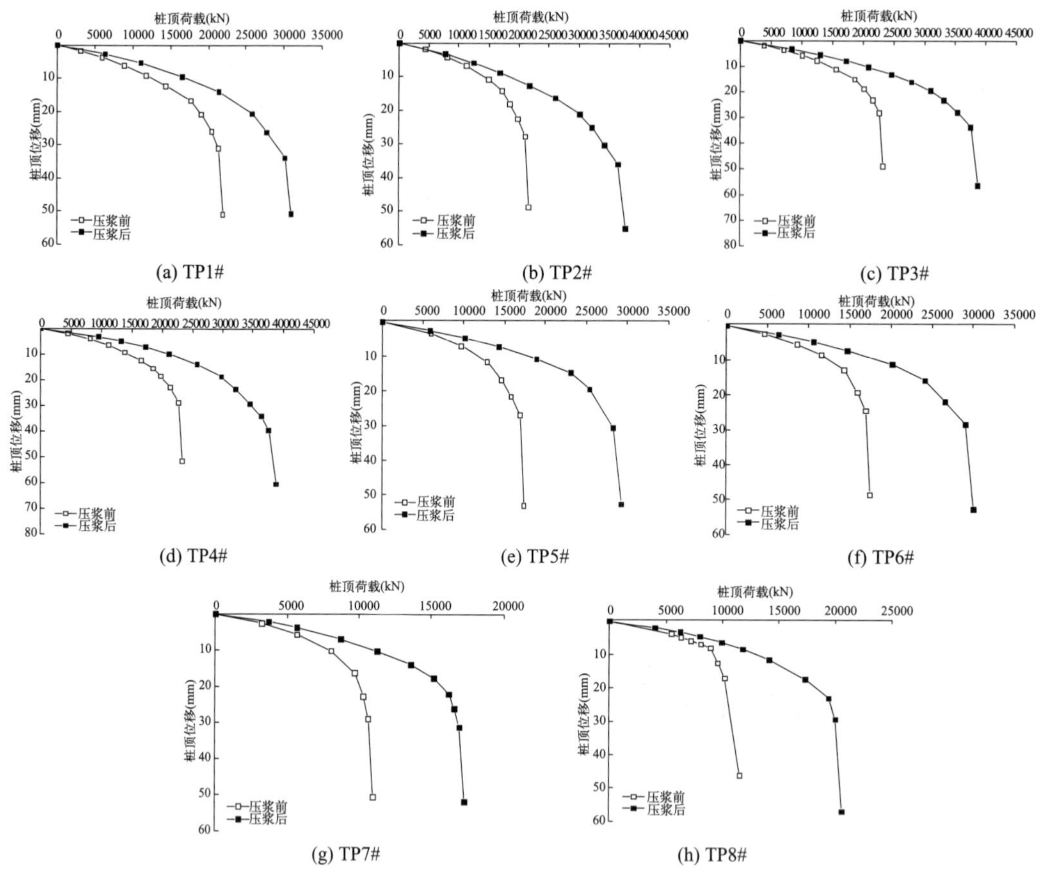


图 6.4-2　试桩 TP1＃～TP8＃压浆前后 $Q$-$s$ 曲线

**试桩的极限承载力及其位移**　　**表 6.4-2**

| 试桩编号 | 桩端持力层 | 压浆前 | | 压浆后 | | 提高比例（%） |
|---|---|---|---|---|---|---|
| | | 极限承载力（kN） | 位移（mm） | 极限承载力（kN） | 位移（mm） | |
| TP1 | 粉细砂 | — | — | 79523 | 38.91 | — |
| TP2 | 粉细砂 | — | — | 90844 | 54.18 | — |
| TP3 | 粉细砂 | 45937 | 40.98 | 115537 | 52.85 | 152.31 |
| TP4 | 粉细砂 | 57115 | 50.95 | 117943 | 51.53 | 106.50 |
| TP5 | 粉细砂 | 52225 | 44.28 | 101445 | 51.86 | 94.65 |
| TP6 | 粉细砂 | 50899 | 40.34 | 99119 | 54.42 | 94.88 |
| TP1＃ | 细砂 | 21321 | 31.03 | 30178 | 33.91 | 41.54 |
| TP2＃ | 细砂 | 21046 | 27.74 | 36513 | 35.96 | 73.49 |
| TP3＃ | 细砂 | 22676 | 28.07 | 37648 | 33.59 | 66.03 |
| TP4＃ | 细砂 | 22676 | 28.80 | 37648 | 39.5 | 66.03 |
| TP5＃ | 细砂 | 16905 | 26.95 | 28291 | 30.47 | 67.35 |
| TP6＃ | 细砂 | 16905 | 24.47 | 29091 | 28.32 | 72.09 |
| TP7＃ | 细砂 | 10645 | 29.00 | 16923 | 31.25 | 58.98 |
| TP8＃ | 细砂 | 10195 | 17.02 | 20023 | 29.35 | 96.40 |

### 6.4.1.2　钻孔取芯试验

**1. 试验概况**

为了评价该项目大直径桩基础桩侧、桩端后压浆的效果，在试桩压浆完成后 50d 左右进行钻孔取芯试验。在桩身外侧距离钢护筒 20cm 处，对称布置 2 个取芯孔用以检测桩侧后压浆效果；而桩端后压浆效果的检测通过事先绑扎在钢筋笼内侧的直径 130mm 钢管，采用直径为 110mm 的钻机对桩端取芯。对于预埋的取芯管，在随钢筋笼一起下放至孔底时其底部用橡胶带密封，防止桩端沉渣或浆液进入，并且钢管顶部高出自然地面 30cm。桩侧、桩端取芯孔布置如图 6.4-3 所示。试验场地选取试桩 TP2、TP4、TP5、TP6 共 4 根试桩 8 个桩侧取芯孔进行取样，对试桩 TP1～TP6 均进行桩端取样；而试验场地选取试桩 TP1＃、TP3＃、TP4＃共 3 根试桩 6 个桩侧取芯孔进行取样，对试桩 TP3＃、TP4＃进行桩端取样。钻孔取芯设备采用 GXY-1 型钻机，且取芯检测参照《岩土工程勘察规范》GB 50021—2001 中的有关规定进行。

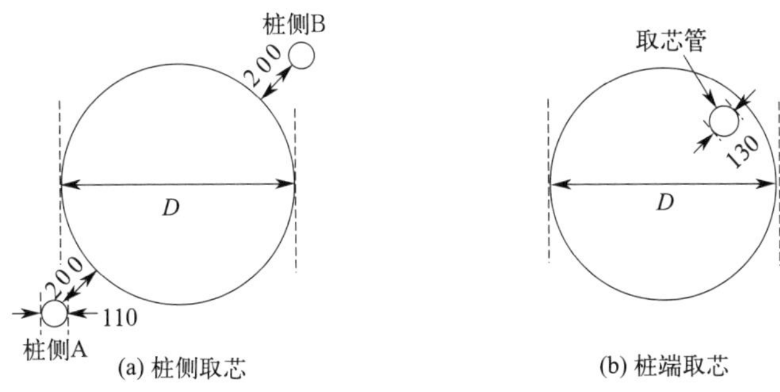


图 6.4-3　试桩取芯孔布置图（单位：mm）

**2. 钻孔取芯结果与分析**

对试桩 TP2、TP4～TP6 及试桩 TP1＃、TP3＃、TP4＃的两个桩侧取芯孔进行全孔取芯，各桩侧取芯孔初见和终了水泥浆液的位置具体见表 6.4-3。从表中可以看出，各试桩两个桩侧取芯孔初见和终了水泥浆液的位置相差不大，并且终了水泥浆液位置均接近桩端或位于桩端以下，表明在压力作用下水泥浆液上返、下渗对桩侧土层加固。试桩距离桩顶最近的压浆环管压浆后浆液上返的范围为 2～12m。

**试桩桩侧压浆取芯成果**　　　　**表 6.4-3**

| 试桩编号 | 孔号 | 桩顶标高（m） | 孔底标高（m） | 孔深（m） | 水泥浆初见深度（m） | 水泥浆终了深度（m） |
|---|---|---|---|---|---|---|
| TP2 | 桩侧 A | 30.8 | −67.5 | 98.3 | 35.6 | 98.3 |
| | 桩侧 B | 30.8 | −67.5 | 98.3 | 33.6 | 98.3 |
| TP4 | 桩侧 A | 29.6 | −91.2 | 120.8 | 32.0 | 120.8 |
| | 桩侧 B | 29.6 | −91.2 | 120.8 | 32.6 | 120.8 |
| TP5 | 桩侧 A | 31.2 | −80.7 | 111.9 | 36.2 | 111.9 |
| | 桩侧 B | 31.2 | −80.7 | 111.9 | 35.1 | 109.9 |

续表

| 试桩编号 | 孔号 | 桩顶标高(m) | 孔底标高(m) | 孔深(m) | 水泥浆初见深度(m) | 水泥浆终了深度(m) |
|---|---|---|---|---|---|---|
| TP6 | 桩侧 A | 31.2 | −82.8 | 114.0 | 33.0 | 114.0 |
| | 桩侧 B | 31.2 | −82.8 | 114.0 | 33.0 | 114.0 |
| TP1＃ | 桩侧 A | 33.8 | −19.7 | 53.5 | 14.9 | 53.5 |
| | 桩侧 B | 33.8 | −18.4 | 52.2 | 13.7 | 52.2 |
| TP3＃ | 桩侧 A | 32.8 | −21.7 | 54.5 | 13.2 | 54.5 |
| | 桩侧 B | 32.8 | −22.3 | 55.1 | 13.4 | 55.1 |
| TP4＃ | 桩侧 A | 32.8 | −20.5 | 53.3 | 8.6 | 53.3 |
| | 桩侧 B | 32.8 | −20.3 | 53.1 | 10.1 | 53.1 |

图 6.4-4 给出了试桩桩侧取芯的部分现场照片。

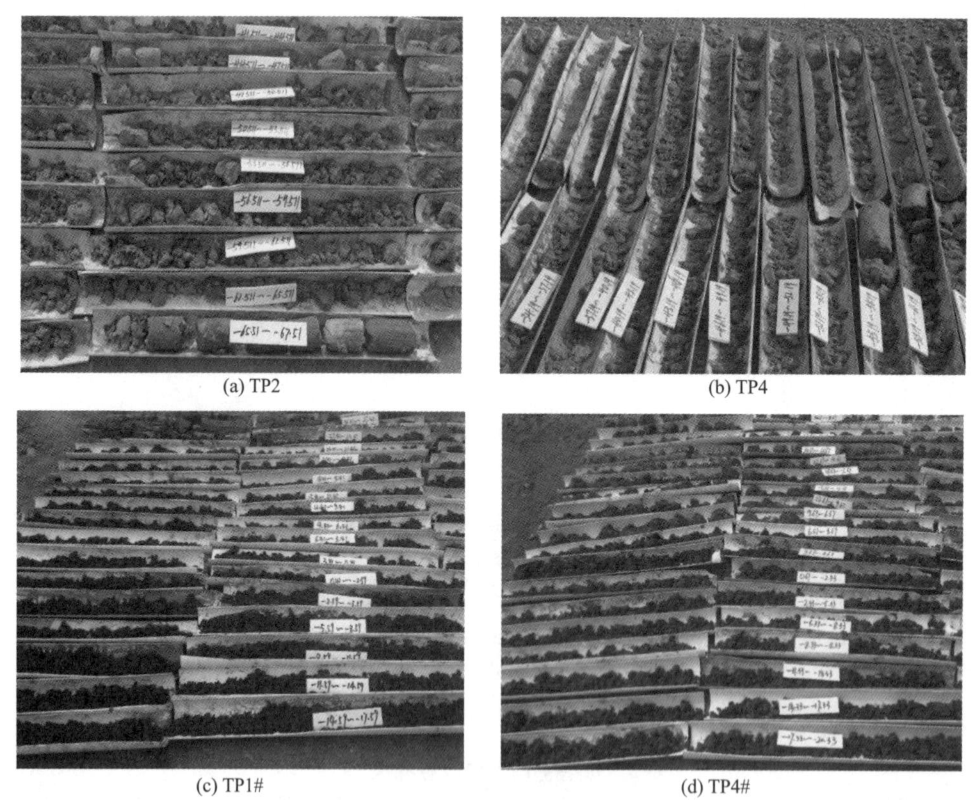

(a) TP2　(b) TP4　(c) TP1#　(d) TP4#

图 6.4-4　试桩桩侧芯样

由图 6.4-4 可知，取出的芯样呈散块状，部分呈柱状、短柱状，水泥浆液渗入细砂土层较为明显。试桩 TP2、TP4～TP6 桩侧压浆量大，芯样中水泥浆液含量较高；而试桩 TP1＃、TP3＃、TP4＃钻取的芯样中水泥浆液分布不连续，充填不均匀，使其水泥浆液含量较低。试桩 TP4 桩侧取芯孔的芯样结果显示，深度 32.0～34.2m 范围内出现水泥浆液，第四层压浆环管（距离桩顶最近的压浆环管）在深度为 40m 位置；在深度 60m 左右水泥浆液逐渐变浓，第三层压浆环管在深度为 60m 位置；桩端以上 10m 位置水泥浆液最浓，且呈柱状、短柱状。因此取芯试验结果进一步证实了静载试验中深度 0.0～20.4m 范围内压浆前后桩侧摩阻力变化不大是由于压力浆液未上返至该桩段范围。

对试桩 TP1～TP6 及试桩 TP3＃和 TP4＃预留的取芯管进行桩端取芯，桩端取芯范围及水泥浆液初见和终了位置见表 6.4-4。从表中可知，试桩 TP1～TP6 桩端压浆影响的深度范围约为桩端以下 3.1～6.0m（约为 1.4$D$～3.0$D$），而试桩 TP3＃～TP4＃桩端压浆后最大加固深度范围约为桩端以下 4.5～5.3m（约为 2.3$D$～2.7$D$）。由此可见，桩端压浆不仅通过水泥浆液上返加固桩端以上一定范围内的桩侧摩阻力，还能增强桩端以下一定范围内的土层强度和刚度，使桩端阻力大幅提升，从而提高桩基承载能力。

**试桩桩端压浆取芯成果**　　　　**表 6.4-4**

| 试桩编号 | 桩顶标高（m） | 孔底标高（m） | 孔深（m） | 水泥浆初见深度（m） | 水泥浆终了深度（m） | 桩端加固深度（m） |
|---|---|---|---|---|---|---|
| TP1 | 30.8 | －65.1 | 95.9 | 91.1 | 95.3 | 4.2 |
| TP2 | 30.8 | －69.1 | 99.9 | 96.0 | 99.6 | 3.6 |
| TP3 | 29.6 | －84.5 | 114.1 | 116.8 | 119.9 | 3.1 |
| TP4 | 29.6 | －97.5 | 127.1 | 121.9 | 126.8 | 4.9 |
| TP5 | 31.2 | －86.7 | 117.9 | 111.9 | 117.5 | 5.6 |
| TP6 | 31.2 | －91.9 | 123.1 | 115.1 | 121.1 | 6.0 |
| TP3＃ | 32.8 | －25.3 | 58.1 | 52.5 | 57.8 | 5.3 |
| TP4＃ | 32.8 | －24.6 | 57.4 | 52.6 | 57.1 | 4.5 |

试桩桩端取芯的部分现场照片如图 6.4-5 所示。从图中可以看出，桩端芯样中的水泥

(a) TP3

(b) TP4

(c) TP3#

(d) TP4#

图 6.4-5　试桩桩端芯样

浆液较浓，其中试桩 TP3、TP4 钻取的芯样多呈柱状或短柱状，而试桩 TP3＃、TP4＃钻取的芯样大多呈散块状。水泥浆液距离桩端越近，其含量越高，对桩端以下一定范围内的土层具有加固增强作用。

综上所述，桩侧、桩端压浆效果显著，水泥浆液上返、下渗及横向渗透与细砂地层混合形成水泥土加固体，增强了桩侧土层的强度和刚度，改善了桩土界面的受力特性，使桩侧摩阻力得到大幅提升；而桩端以下一定范围内的土层受到桩端压入的浆液影响，增强了桩端土层的承载变形性能与支承刚度，从而提高了桩端阻力，进而桩基承载能力大幅提升，且桩基沉降得到有效的控制。

### 6.4.1.3 标准贯入试验

#### 1. 试验概况

采用原位标准贯入试验，通过压浆前后的标准贯入击数 $N_{SPT}$ 值的变化确认加固效果。对该项目试桩 TP2、TP4～TP6 以及试桩 TP1＃、TP3＃、TP4＃进行标准贯入试验，进而可通过对比压浆前后的标准贯入击数 $N_{SPT}$ 值来评价桩基后压浆效果。对于试桩 TP2、TP4～TP6 在桩侧取芯孔自然地面以下 30m 左右开始标准贯入试验，且每间隔 10m 做一次标贯；而对于试桩 TP1＃、TP3＃、TP4＃开始标准贯入试验的位置在桩侧取芯孔自然地面以下 7～10m，且每间隔 5m 做一次标贯。标准贯入试验现场照片如图 6.4-6 所示。

图 6.4-6　现场标准贯入试验

#### 2. 标准击数对比结果分析

针对试桩共 14 个桩侧取芯孔开展标准贯入试验，将得到的压浆后桩侧 A 和桩侧 B 的标贯击数与各试桩相应位置的勘探孔压浆前标贯击数进行对比，则试桩压浆前后标贯击数的对比分布如图 6.4-7 所示。

由图 6.4-7 可知，各试桩桩侧 A 和桩侧 B 的标贯击数随深度增加的变化趋势大致相同，并且 2 个取芯孔所得到的标贯击数相差不大。对于试桩 TP2、TP4～TP6，桩身下部的标贯击数提高值相比桩身上部要大，在深度 60m 以下位置的标贯击数显著提高，进一步验证了钻孔取芯试验中深度 60m 左右芯样的水泥浆液渗入较多；而在深度 30m 左右的位置处标贯击数提高值较小，可能是由于第四层环管压入的浆液未能充分上返至该范围内。试桩 TP6 的桩侧 B 取芯孔得到的标贯击数相比压浆前提高并不明显，表明桩侧压入的水泥浆液充填不均匀，分布不连续，使得采用标准贯入试验判定单点竖向方向的压浆效果具有一定的局限性。从图 6.4-7 还可以看出，试桩 TP1＃、TP3＃、TP4＃在第二层压浆环管位置至桩端位置处的标贯击数提高较大，说明水泥浆液在该范围内上返、下渗对桩侧土层产生了加固作用。整体而言，压浆后的标贯击数要高于压浆前，这表明水泥浆液充填了桩土接触面的缺陷，固化后改善了桩土界面的边界条件，并且改变了桩侧土体的物理力学

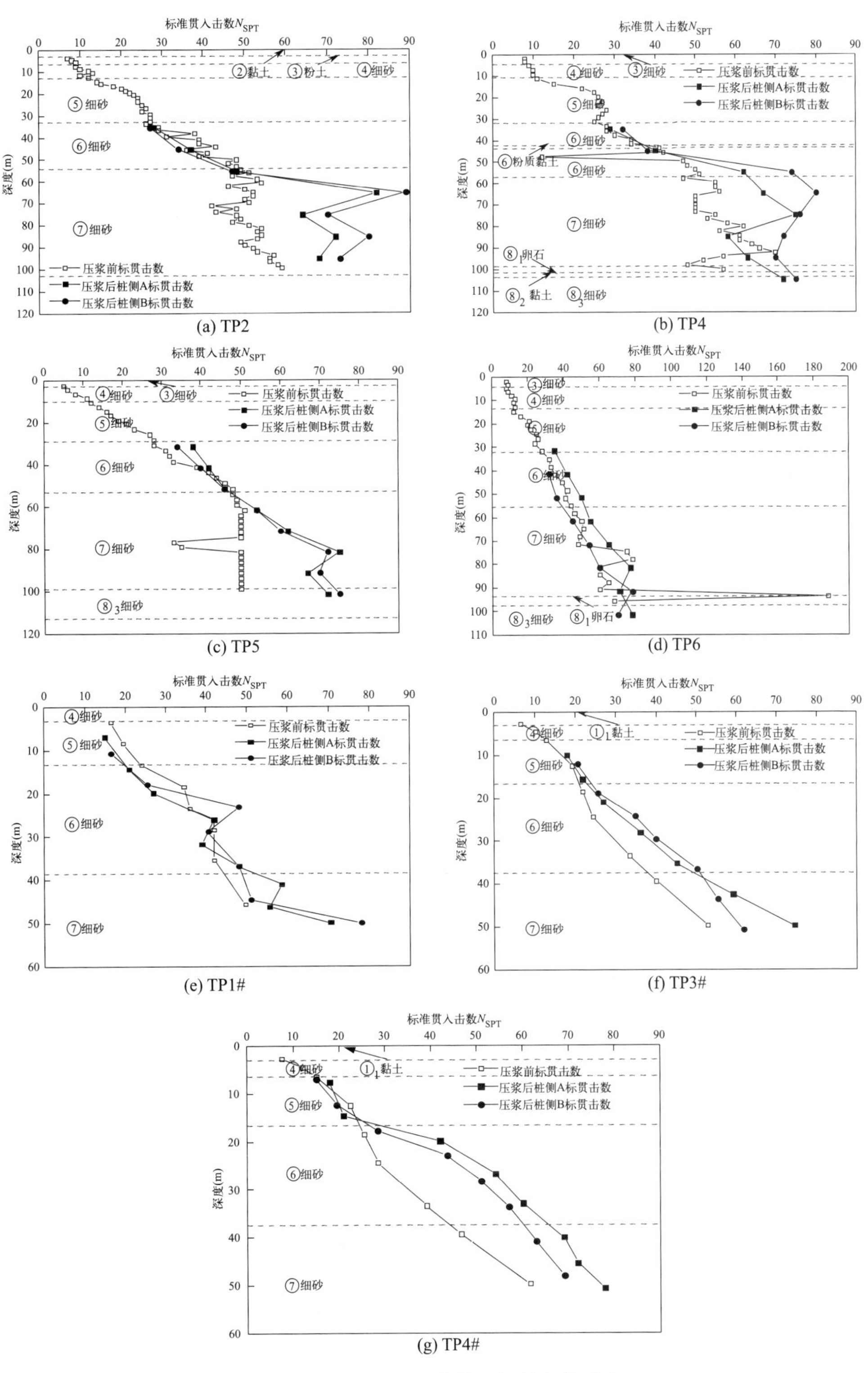

(a) TP2　(b) TP4　(c) TP5　(d) TP6　(e) TP1#　(f) TP3#　(g) TP4#

图 6.4-7　试桩压浆前后标贯击数对比

性能，增大桩侧剪切界面阻力和粗糙度，提高桩侧土的强度与刚度，从而使压浆后桩侧土的标贯击数较压浆前显著提高。

#### 6.4.1.4 电磁波 CT 试验

**1. 试验概况**

选取试桩 TP3#、TP4#作为电磁波 CT 试验对象，在试桩压浆完成后 38d 进行电磁波 CT 检测试验。在桩侧四周布置的 PVC 管中进行，PVC 管分别布置在试桩 TP3#、TP4#桩周 0.5m、0.5m、2.0m 和 4.0m 的位置，分别作为发射孔和接收孔。为了分析压浆后试桩 TP3#、TP4#的电磁波 CT 扫描检测结果，设定一根虚拟桩作为对比，在虚拟桩的桩周也布置 4 个测试孔，每根试桩钻孔间两两连线组成 6 个 CT 剖面。电磁波 CT 测试孔具体布置如图 6.4-8 所示。

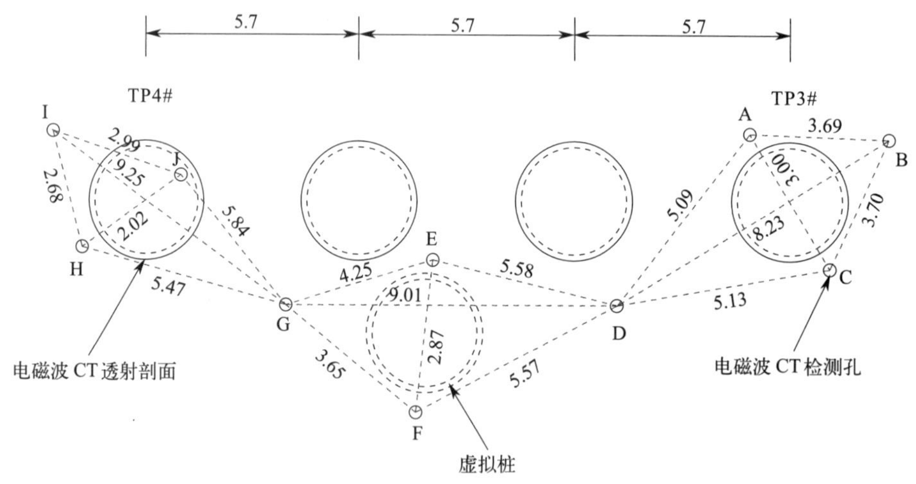


图 6.4-8 电磁波 CT 测试孔布置（单位：m）

电磁波 CT 测试时，将发射探头、接收探头分别置于检测孔预先设定的位置，使用定点法采集数据，其中发射探头固定不动，而接收探头按照预设的间距移动，每移至一个预设的位置采集一次数据；当接收探头完成整个检测孔的测试后，将发射探头移至下一个预设的位置，而接收探头按照前述步骤继续采集数据，直至两探头完成整个剖面的检测。测试时采用三种电磁波频率同时扫频，分别为 12MHz、18MHz 和 24MHz，以保证获取合适的电磁波测试频率。由于部分测试剖面受距离影响，使 12MHz 频率较其他频率检测效果更好，因此数据分析阶段所有剖面统一采用频率 12MHz 的电磁波数据进行相关处理。

**2. 电磁波 CT 检测结果分析**

将本次电磁波 CT 试验采集到的数据进行相关的处理，采用联合代数重建方法求得地层介质单元对电磁波的视吸收系数 $\beta$ 值，使用 Surfer 软件绘制出各剖面视吸收系数反演图像，各试桩剖面的视吸收系数分布云图如图 6.4-9～图 6.4-11 所示。

图 6.4-9 表示虚拟桩各剖面的视吸收系数分布云图。从图中可知，部分剖面反映出来的视吸收系数存在差异，可能由于测距、邻近桩体的挤密及压力浆液渗透、压密等原因所致。GF 剖面自上而下可分为三个部分，在深度 17m 和 38m 左右的位置视吸收系数出现分层界线，即土层性质发生了变化，这与地质勘察资料较为吻合。

图 6.4-10 表示试桩 TP3#各剖面的视吸收系数分布云图。从图中可以看出，BA 剖面

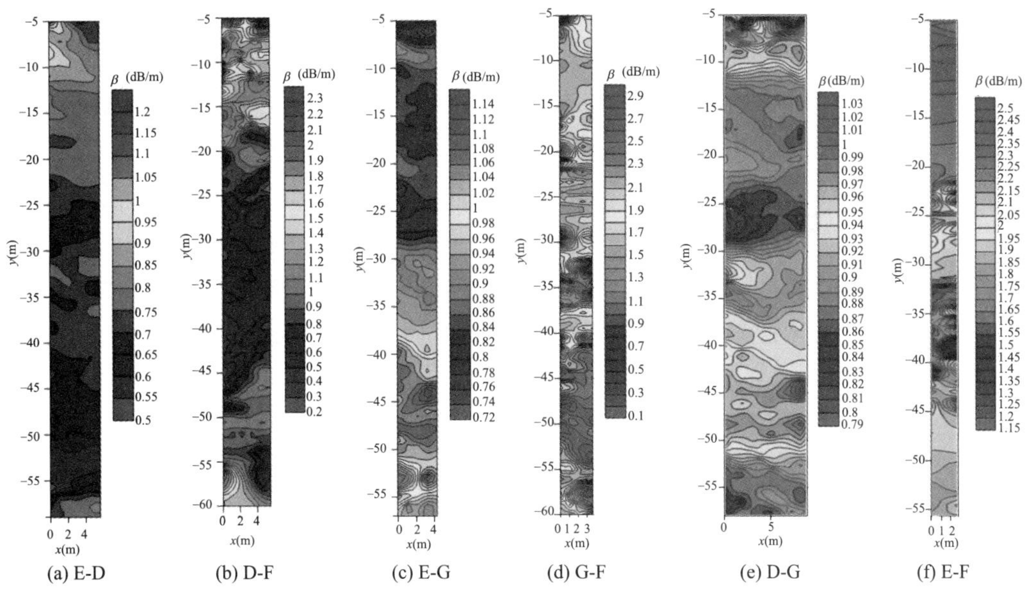


(a) E-D　(b) D-F　(c) E-G　(d) G-F　(e) D-G　(f) E-F

图 6.4-9　虚拟桩各剖面视吸收系数分布云图

和 BC 剖面整体特征相似，而 AD 和 CD 剖面整体特征相似，并与虚拟桩各剖面视吸收系数反演图像对比，推测水泥浆液加固区的视吸收系数 $\beta$ 值应为 0.8 左右。针对桩侧压浆效果检测方面，BA 剖面和 BC 剖面中反映出来的视吸收系数整体偏大，可能是由于测距较近导致，而在 −14～−16m 的位置两者的视吸收系数 $\beta$ 值异常变小，且靠近桩体 A 和 C 处的视吸收系数更小，由此推断该位置受到了水泥浆液的加固影响，该结果与钻孔取芯试验得到的距离地面 13m 以下有水泥浆液相同。另外，在 AD 剖面和 CD 剖面中也均有显示，

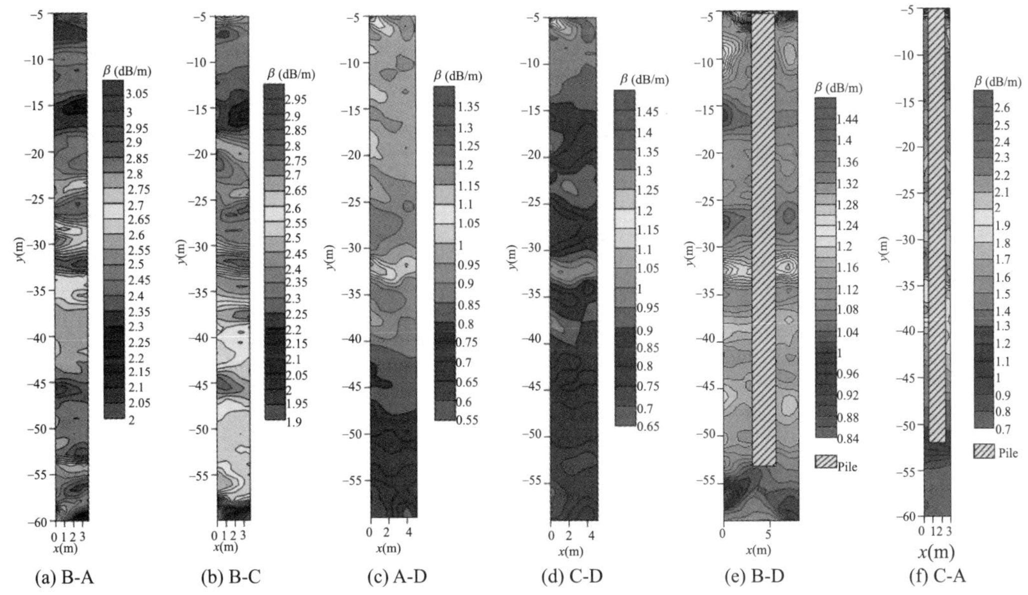


(a) B-A　(b) B-C　(c) A-D　(d) C-D　(e) B-D　(f) C-A

图 6.4-10　试桩 TP3＃各剖面视吸收系数分布云图

因此在地表以下 15m 处桩侧压浆较为均匀，水泥浆液横向上分布于桩周 2～3m 范围。通过观察各剖面反演图像可发现，在－31～－33m 处均出现了异常层，推断在该层有电磁物性变化的地层，综合地质勘探资料可推断为薄层粉土。由 BD 剖面可知，靠近虚拟桩的方向形成单向扩大，结合虚拟桩各剖面视吸收系数分布图像可判断出水泥浆液横向渗透加固范围为 2～3m。

针对桩端压浆效果检测方面，在地表 40m 以下，AD 剖面和 CD 剖面的视吸收系数 $\beta$ 值从 0.8 逐渐减小，桩端处减至 0.55，而在 BA 剖面和 BC 剖面中并未反映出此现象，表明靠近虚拟桩方向的一侧桩端压浆浆液上返，并与第一层桩侧压浆贯通，形成了不均匀的扩大头，此结论在虚拟桩 ED 剖面反演图像中也有显示。BD 剖面反演图像中显示桩端压浆效果显著，表明桩端加固效果明显，最大加固深度可达桩端以下 4～5m（$2.0D$～$2.5D$，$D$ 为桩径），该桩端加固深度与钻孔取芯试验得到的加固深度（为 $2.3D$～$2.7D$）相近，且水泥浆液横向渗透加固分布桩周最大范围可达 4～5m。

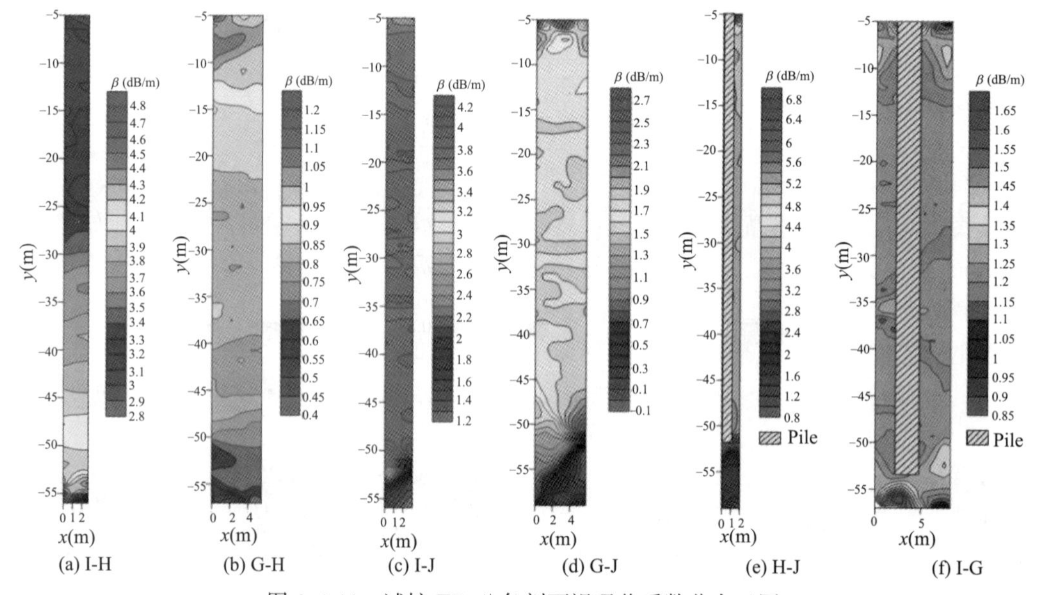


图 6.4-11　试桩 TP4＃各剖面视吸收系数分布云图

图 6.4-11 表示试桩 TP4＃各剖面视吸收系数分布云图。由于测试孔 J 直接使用的是取芯孔，其孔内套有一层钢套管，对电磁波的干扰有较大的影响，因此 IJ 剖面、GJ 剖面和 HJ 剖面得到的视吸收系数反演图像在桩长范围内效果不佳。而 IH 剖面和 IG 剖面因发射孔、接收孔的孔距原因，导致测量效果不理想。因此，对试桩 TP4＃仅做桩端压浆效果检测分析。

从 GH 剖面、IJ 剖面、GJ 剖面和 HJ 剖面可以发现，在地表以下 51m 左右出现了视吸收系数异常变小区，表明该位置受到了桩端水泥浆液的加固影响。IJ 剖面和 GJ 剖面中桩端靠近 J 处出现了虚影现象，可能由于浆液在桩端沉积过多的原因，并且虚影逐渐向下及向 I、G 方向扩散，表明桩端压浆在竖向不太均匀。HJ 剖面反演图像中显示水泥浆液向下渗透挤密扩散，推测最大加固深度可达到 5～7m（$2.5D$～$3.5D$），而水泥浆液横向渗透加固分布桩周最大范围可达 3～4m。

上述单桩压浆电磁波CT检测结果分析中，由于测距、桩体等因素的影响，导致部分剖面反映出来的视吸收系数存在较大的差异。因此，对测试效果较好的CD剖面、DG剖面和GH剖面分布图统一分析，得到整个剖面视吸收系数分布云图如图6.4-12所示。图中显示在C处压浆效果显著，虚拟桩在－13～－30m的位置受到了均匀水泥浆液的渗透影响，而在试桩TP3＃和TP4＃的桩侧压浆在横向上存在渗透贯通现象。这可能是由于受到了邻近桩体的挤密影响，注入的水泥浆液往围压较小的虚拟桩方向渗透。

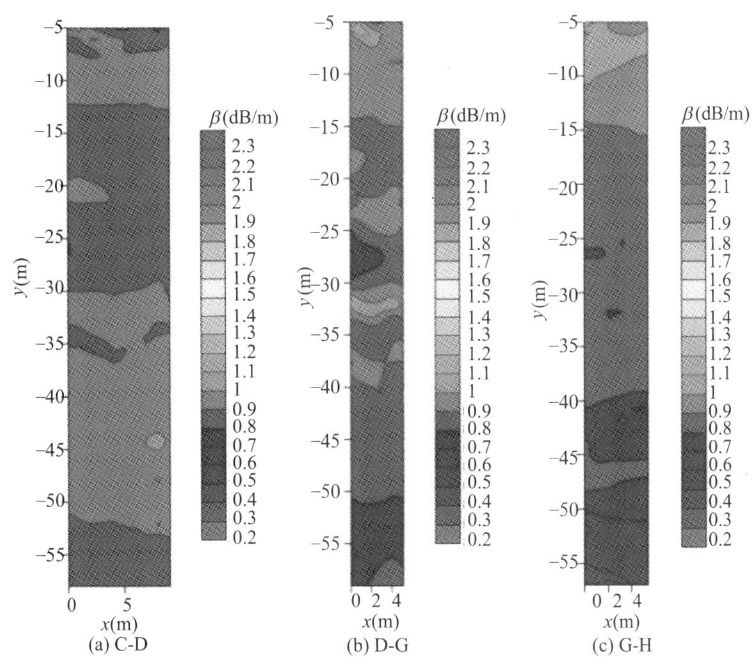


图6.4-12　整个剖面视吸收系数分布云图

基于上述分析，通过对比压浆前后各剖面视吸收系数反演图像，可以观测到水泥土加固体相比桩间土体的视吸收系数要小，由于水泥土加固体密实完整，对电磁波吸收较小，从而水泥土加固区的视吸收系数偏小。而靠近钢筋笼处的视吸收系数偏大，是因桩体中的钢筋笼对电磁波具有屏蔽效应。因此，通过虚拟桩对比法，利用电磁波CT技术对压浆后一次探测的情况来分析压浆效果是可行的，绘制出各剖面视吸收系数反演图像非常直观地观察到桩体、浆液及土体的分布形态，且能推测出水泥浆液在桩端、桩侧土体中的扩散范围，从而评价后压浆桩的压浆效果。

## 6.4.2　工程实例二

### 6.4.2.1　静载试验

#### 1. 工程概况

某工程桩长范围地质条件较差（黏性土层），基岩埋深深、软弱层分布广泛且层厚较厚，基础形式采用钻孔灌注桩基础。该项目开展试桩数量共22根，具体参数见表6.4-5。

各试桩参数汇总表 表 6.4-5

| 试桩编号 | 桩端持力层 | 桩径（mm） | 桩底标高（m） | 桩长（m） | 终止压力（MPa） | 水泥用量（t） |
|---|---|---|---|---|---|---|
| TS1 | 含黏性土圆砾 | 2000 | −88.70 | 88.0 | 88.0 | 12571 |
| TS2 | 含黏性土圆砾 | 2500 | −89.50 | 89.0 | 3.3 | 7.295 |
| TS3 | 含黏性土圆砾 | 2500 | −112.00 | 112.0 | 4.5 | 10.311 |
| TS4 | 含黏性土圆砾 | 2000 | −78.70 | 78.0 | 5.0 | 7.590 |
| TS5 | 含黏性土圆砾 | 2500 | −111.55 | 111.0 | 1.6 | 4.527 |
| TS6 | 含黏性土圆砾 | 2000 | −90.70 | 90.0 | 5.0 | 5.530 |
| TS7 | 含黏性土圆砾 | 2000 | −72.00 | 71.5 | 1.4 | 4.500 |
| TS8 | 圆砾 | 1500 | −67.00 | 68.5 | 3.6 | 7.540 |
| TS9 | 卵石 | 2000 | −75.50 | 77.5 | 2.8 | 6.870 |
| TS10 | 含黏性土碎石 | 1500 | −73.30 | 74.0 | 6.0 | 8.420 |
| TS11 | 角砾 | 1500 | −39.80 | 43.0 | 2.2 | 6.759 |
| TS12 | 卵石 | 1500 | −43.50 | 44.0 | 1.5 | 5.760 |
| TS13 | 角砾 | 1500 | −28.70 | 29.8 | 2.5 | 4.800 |
| TS14 | 含黏性土碎石 | 1500 | −72.40 | 75.0 | 4.0 | 4.400 |
| TS15 | 黏土 | 1500 | −64.90 | 67.0 | 5.0 | 3.750 |
| TS16 | 含黏性土碎石 | 1500 | −65.40 | 66.0 | 2.3 | 5.250 |
| TS17 | 黏土 | 1500 | −47.78 | 47.8 | 3.5 | 3.750 |
| TS18 | 粉质黏土 | 1500 | −59.79 | 59.7 | 2.9 | 5.605 |
| TS19 | 砾砂 | 1300 | −70.00 | 70.0 | 4.1 | 5.549 |
| TS20 | 全风化凝灰岩 | 1300 | −42.80 | 40.9 | 3.3 | 5.288 |
| TS21 | 砾砂 | 1600 | −71.70 | 69.6 | 2.1 | 6.200 |
| TS22 | 黏土 | 1600 | −59.80 | 57.6 | 2.7 | 8.162 |

## 2. 静载试验结果分析

各试桩压浆前后极限承载力及提高幅度如表 6.4-6 所示，各试桩压浆前后的荷载-位移关系曲线如图 6.4-13 所示。

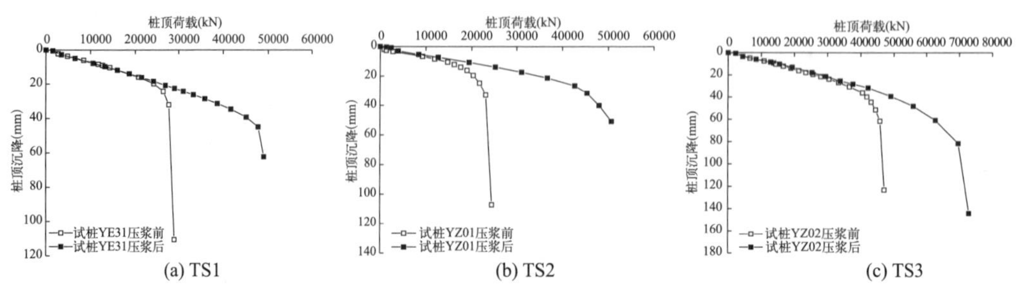


图 6.4-13 试桩压浆前后等效转换 $Q$-$s$ 曲线（一）

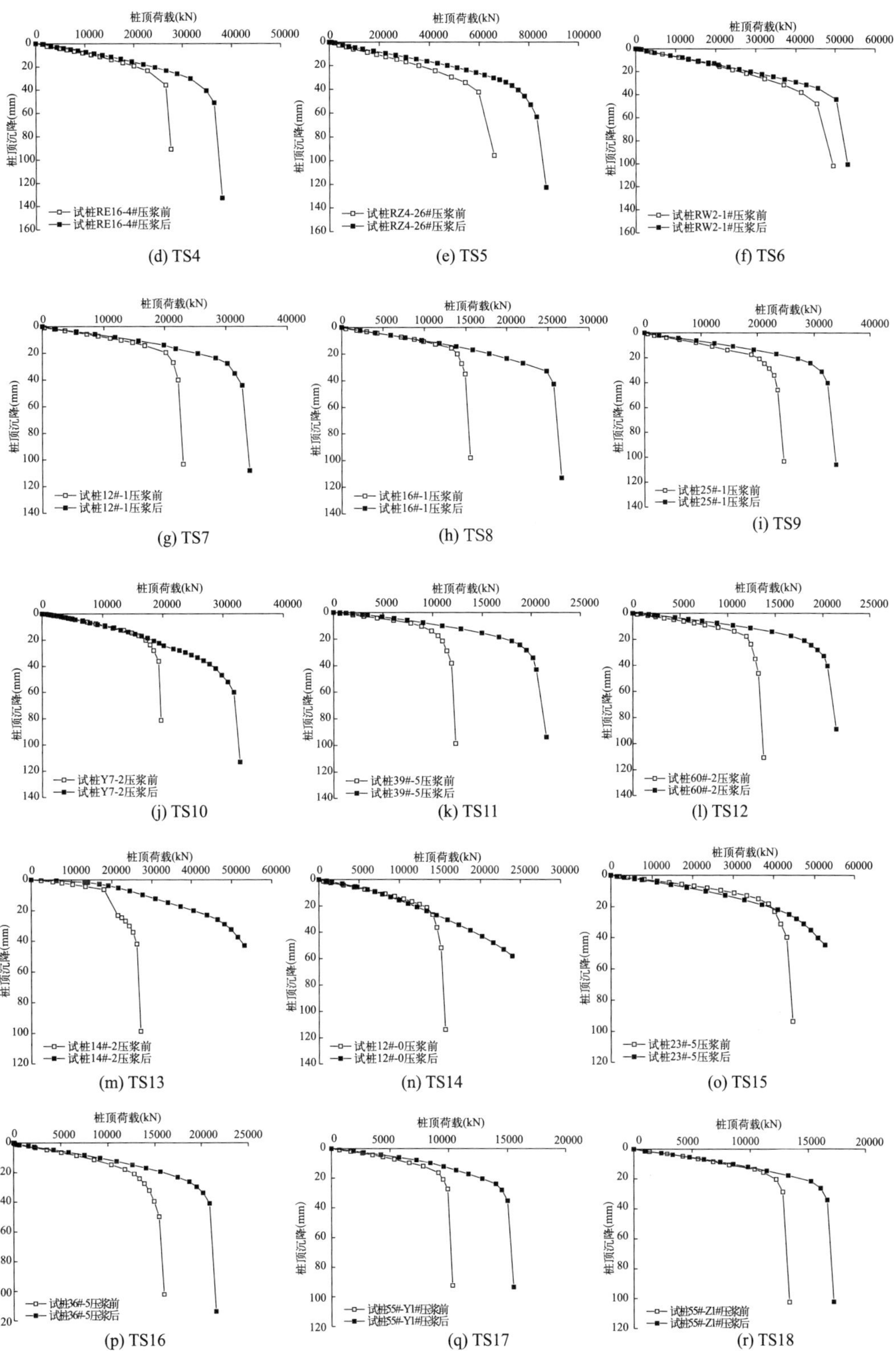

图 6.4-13　试桩压浆前后等效转换 $Q$-$s$ 曲线（二）

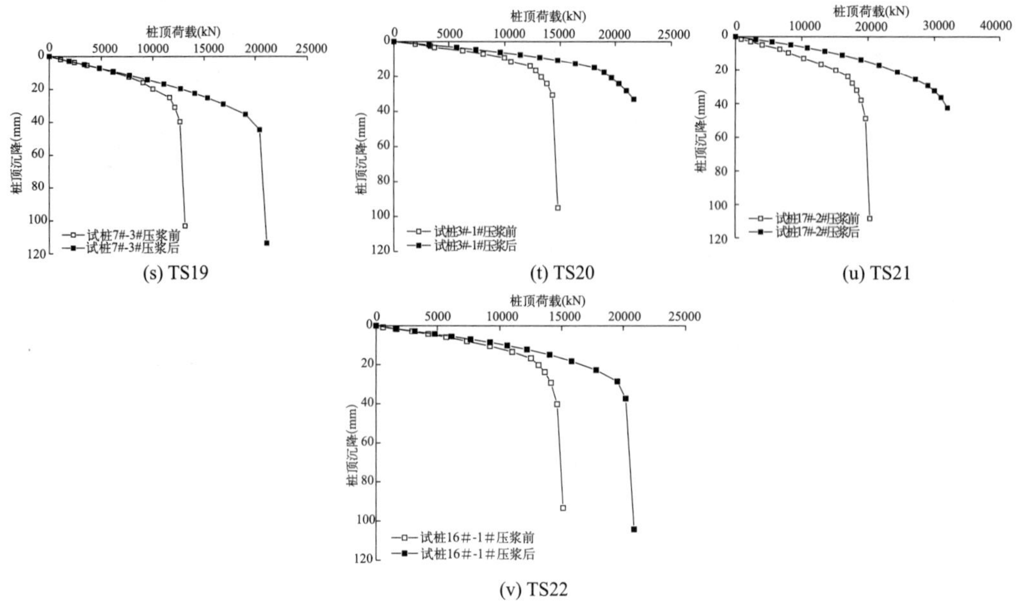

图 6.4-13 试桩压浆前后等效转换 $Q$-$s$ 曲线（三）

由表 6.4-6 与图 6.4-13 可知：

（1）后压浆提高承载力，减小沉降。压浆后桩的极限承载力均有所提高，压浆效果显著。由各试桩压浆前后的 $Q$-$s$ 曲线可知，在相同的荷载作用下，桩端压浆后的桩基的沉降减小。

（2）桩端阻力大幅增加，未压浆桩 $Q$-$s$ 曲线在较小的荷载下曲线便发生陡降，试桩压浆后陡降段得到明显改善。部分试桩压浆前桩端阻力占比小、差别大，桩端阻力占比范围为 6.62%～50.28%，说明桩底存在沉渣（虚土），降低了桩端阻力，也不利于桩侧阻力、桩端阻力的共同作用，且施工质量不稳定。桩端压浆可固结孔底沉渣，还可在压力浆液作用下对持力层进行填充、渗透、劈裂和挤密桩端土体，桩端土层强度大幅提高，桩端阻力大幅度提高，提高幅度均超过 30%（除少数试桩下荷载箱达到加载极限而未测得真实极限端承力以外），最高可达 319.15%，可见桩端阻力进一步得到发挥。同时，试桩压浆后可以减小普通灌注桩施工质量的离散度，压浆后各试桩端阻力在总承载力中占比为 10.09%～44.44%，相对于压浆前试桩桩端阻力发挥更稳定，有效降低桩端土层受到施工扰动所带来的不利影响。

**试桩侧阻力、端阻力及其比例** **表 6.4-6**

| 试桩编号 | 压浆前 | | | 压浆后 | | | 侧阻提高（%） | 端阻提高（%） |
|---|---|---|---|---|---|---|---|---|
| | 总侧阻（kN） | 总端阻（kN） | 端阻力所占比例（%） | 总侧阻（kN） | 总端阻（kN） | 端阻力所占比例（%） | | |
| TS1 | 20487 | 6023 | 22.72 | 36819 | 9492 | 20.50 | 79.72 | 57.60 |
| TS2 | 11788 | 11921 | 50.28 | 29270 | 20106 | 40.72 | 148.30 | 68.66 |
| TS3 | 32535 | 14397 | 30.68 | 44447 | 26233 | 37.12 | 36.61 | 82.21 |
| TS4 | 23108 | 3550 | 13.32 | 26288 | 9770 | 27.10 | 13.76 | 175.21 |

续表

| 试桩编号 | 压浆前 | | | 压浆后 | | | 侧阻提高(%) | 端阻提高(%) |
|---|---|---|---|---|---|---|---|---|
| | 总侧阻(kN) | 总端阻(kN) | 端阻力所占比例(%) | 总侧阻(kN) | 总端阻(kN) | 端阻力所占比例(%) | | |
| TS5 | 49252 | 10600 | 17.71 | 55886 | 27300 | 32.82 | 13.47 | 157.55 |
| TS6 | 42312 | 3000 | 6.62 | 44578 | 5000 | 10.09 | 5.36 | 66.67 |
| TS7 | 12117 | 10128 | 45.53 | 18648 | 13997 | 42.88 | 53.90 | 38.20 |
| TS8 | 8496 | 6405 | 42.98 | 15180 | 10529 | 40.95 | 78.67 | 64.39 |
| TS9 | 12758 | 10782 | 45.80 | 18503 | 13925 | 42.94 | 45.03 | 29.15 |
| TS10 | 16412 | 2888 | 14.96 | 19695 | 12105 | 38.07 | 20.00 | 319.15 |
| TS11 | 6856 | 5033 | 42.33 | 12178 | 8328 | 40.61 | 77.63 | 65.47 |
| TS12 | 7581 | 5687 | 42.86 | 11875 | 8598 | 42.00 | 56.64 | 51.19 |
| TS13 | 5103 | 3407 | 40.04 | 10056 | 7572 | 42.95 | 97.06 | 122.25 |
| TS14 | 8523 | 6628 | 43.75 | 13313 | 10647 | 44.44 | 56.20 | 60.64 |
| TS15 | 8367 | 6023 | 41.86 | 10067 | 7448 | 42.52 | 20.32 | 23.66 |
| TS16 | 8454 | 6970 | 45.19 | 12351 | 8532 | 40.86 | 46.10 | 22.41 |
| TS17 | 6087 | 3843 | 38.70 | 9729 | 5276 | 35.16 | 59.83 | 37.29 |
| TS18 | 7325 | 3956 | 35.07 | 10931 | 5690 | 34.23 | 49.23 | 43.83 |
| TS19 | 8375 | 4259 | 33.71 | 13625 | 6826 | 33.38 | 62.69 | 60.27 |
| TS20 | 8554 | 5749 | 40.19 | 12707 | 8958 | 41.35 | 48.55 | 55.82 |
| TS21 | 12775 | 6888 | 35.03 | 20709 | 10761 | 34.19 | 62.11 | 56.23 |
| TS22 | 10410 | 4231 | 28.90 | 14295 | 5914 | 29.26 | 37.32 | 39.78 |

(3) 桩侧摩阻力大幅提高。由表6.4-6可知，压浆后整个桩侧摩阻力得到了大幅度提高。桩端压浆，在桩端以上一定高度内浆液会沿着桩侧泥皮上渗泛出，加固泥皮、充填桩身与桩周土体的间隙并渗入桩周土层一定宽度范围，浆液固结后调动起更大范围内的桩周土体参与桩的承载力，改善了桩土接触面的条件，使得桩侧阻力均得到提高。经试验结果统计桩端浆液上返高度为10～35m（为$5D$～$16.7D$）。

(4) 影响桩的荷载传递特性。未压浆桩在桩顶荷载作用下，轴力逐渐往下传递，侧阻力由上而下逐步发挥，待桩顶沉降达到一定程度后，端阻力才开始起作用。而压浆桩在桩端压力作用下，对桩由下而上施加了一个预应力，能使桩身微微上抬，当桩在承受竖向荷载时，此反向预应力将承担部分荷载，从而桩端阻力提前参与作用。同时，桩端土体及一定范围的桩周土预先完成了一部分变形，使桩端阻力提前参与了作用，从而较充分地发挥土体的强度，可较大地提高承载力和减少沉降。

### 6.4.2.2 电磁波CT试验

#### 1. 试验概况

某大型工程位于浙江省临海市，该地区地质条件较差，软弱土层分布广且较厚，因此基础形式均采用大直径钻孔灌注桩。为提升桩基承载力，并且有效控制沉降，该桩基工程均采用桩端后压浆技术。

为评价桩端后压浆技术在该工程中的应用情况，选取SZ2和SZ3桩作为电磁波CT探测对象。其中桩径为1.5m，桩长为56m，桩端持力层为粉质黏土层。根据压浆设计要求，桩端压浆装置采用直管法，设置3根$\Phi$34压浆直管，且每根桩压浆水泥用量为3.0t。本次试验在桩身内预埋的$\Phi$60PVC管（管长为57m）及在桩身外钻孔埋设的$\Phi$60PVC管（管长为60m）中进行井间跨孔电磁波法检测。每根桩身内布置1个测试孔，桩身外布置3个测试孔，分别作为发射孔和接收孔，并对组成的7个透射剖面进行压浆前后电磁波CT检测。各测试孔具体布置如图6.4-14所示。

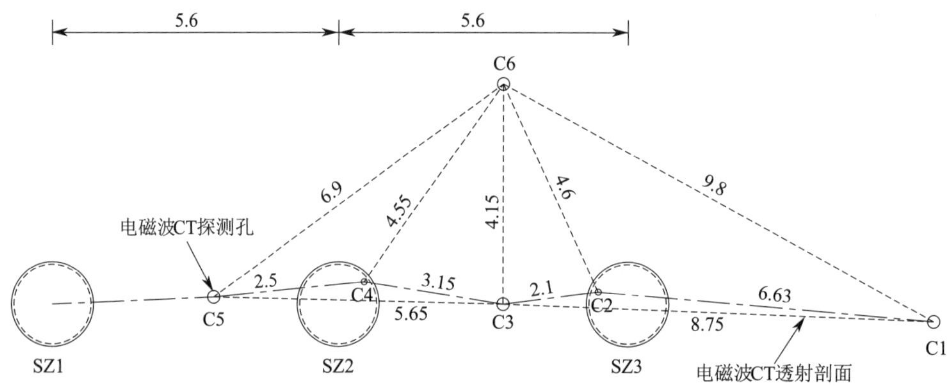


图6.4-14　电磁波CT测试孔布置（单位：m）

电磁波CT测试时，在发射孔与接收孔中分别放入相应的探头至预先设定的位置，采用定点法采样且两探头移动的间距均为1m，接收探头每移动一个位置采集一次数据；当接收探头完成一个测试孔后，将发射探头移动一个位置，接收探头按前述步骤继续采集数据，直至完成整个剖面的检测。因此，通过上述步骤可获得两孔之间的土体压浆效果，而重复以上工作即可获得各剖面的压浆效果，从而实现对桩基压浆效果的评价。测试时采用三种电磁波频率同时扫频，分别为4MHz、8MHz和12MHz，以保证获取合适的电磁波测试频率。由于部分测试剖面受距离影响，而4MHz频率较其他频率检测效果更好，因此数据分析阶段所有剖面统一采用频率4MHz的电磁波数据进行相关处理。

**2. 电磁波CT检测结果分析**

将压浆前后采集到的数据进行后处理，采用联合代数重建方法求得地层介质单元对电磁波的视吸收系数$\beta$值，从而绘制出各透视剖面的视吸收系数反演图像如图6.4-15～图6.4-18所示。

图6.4-15和图6.4-16分别表示压浆前和压浆后跨桩各剖面的视吸收系数分布云图。

从图6.4-15、图6.4-16可以看出，压浆前剖面C1-C3与剖面C5-C3整体特征相似，整个地层的视吸收系数变化较小且相对稳定。而压浆后剖面C1-C3与剖面C5-C3的底部靠近桩体C3处视吸收系数都明显偏小，这表明SZ2和SZ3桩之间的区域受到了水泥浆液的加固影响。因此，通过对比跨桩剖面C1-C3与剖面C5-C3压浆前后的视吸收系数云图，可以推测该剖面线上的压浆效果。

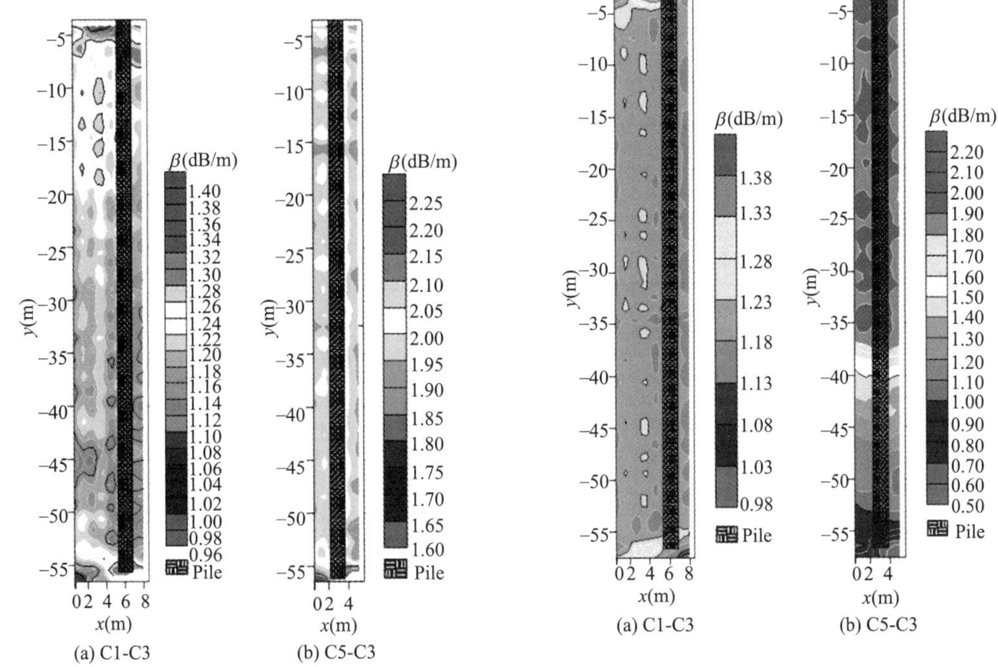


图 6.4-15　压浆前跨桩各剖面视吸收系数分布云图　图 6.4-16　压浆后跨桩各剖面视吸收系数分布云图

由剖面 C1-C3 压浆前后的视吸收系数分布图像对比可知，SZ3 桩的桩端加固体靠近桩体 C3 的方向形成了单向扩大头，且可推测出水泥浆液横向渗透加固范围约 2m，而浆液上返的效果不明显。同时，由压浆后剖面 C5-C3 可以比较直观地观察到其底部的视吸收系数明显变小的异常区，这表明 SZ2 桩的桩端压浆效果显著，水泥浆液向 C3 和 C5 方向扩散且形成了较为均匀的扩大头，结合压浆前剖面 C5-C3 视吸收系数分布图像可判断出水泥浆液横向渗透加固范围超过 3m。此外，剖面 C5-C3 视吸收系数的异常区从端部一直向上延续分布至－45m 处位置，且视吸收系数往上逐渐变大，由此可推断浆液上返至该处，即浆液上返高度为 10～12m。

图 6.4-17 和图 6.4-18 分别表示压浆前和压浆后桩侧各剖面的视吸收系数分布云图。从图中可以看出，压浆后除剖面 C1-C6 外，其余剖面均出现了视吸收系数变小的异常区，这表明 SZ2 和 SZ3 桩的桩端压浆效果较好。水泥浆液向 C6 方向扩散而未扩散至 C1 处，且此现象在图 6.4-18 中剖面 C1-C3 的底部 C1 处也有出现，可能是由于受到了桩体对土体的挤密作用，使注入的水泥浆液向围压较小的 C6 方向渗透。压浆后各剖面的底部视吸收系数的异常区高度随水泥浆液的扩散程度而发生变化，高度范围约 4～10m。而邻近桩体的剖面 C2-C6 和剖面 C4-C6 的视吸收系数的异常区高度相对较大，最大高度约 10m，此结论与图 6.4-16 中剖面 C5-C3 推断的浆液上返高度相吻合。

基于上述分析，通过对比压浆前后各剖面视吸收系数反演图像，可以观测到水泥浆加固体相比桩间土体的视吸收系数要小，由于水泥浆加固体密实完整，对电磁波吸收较小，从而水泥浆加固区的视吸收系数偏小。而靠近钢筋笼处的视吸收系数偏大，是因桩体中的钢筋笼对电磁波具有屏蔽效应。此外，桩侧各剖面压浆前与压浆后探测时，发射孔与接收

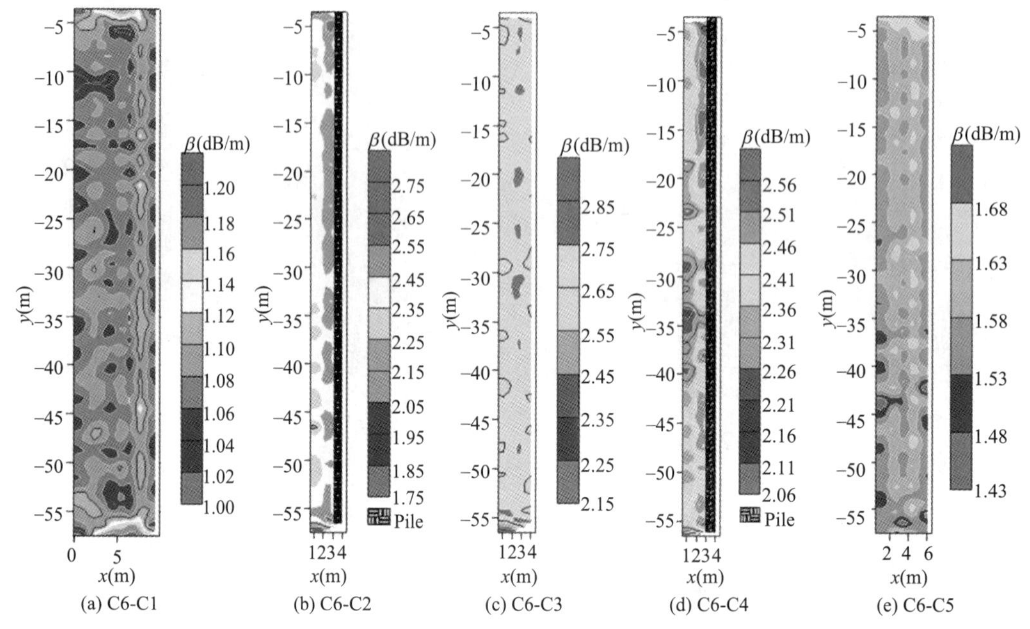


图 6.4-17　压浆前桩侧各剖面视吸收系数分布云图

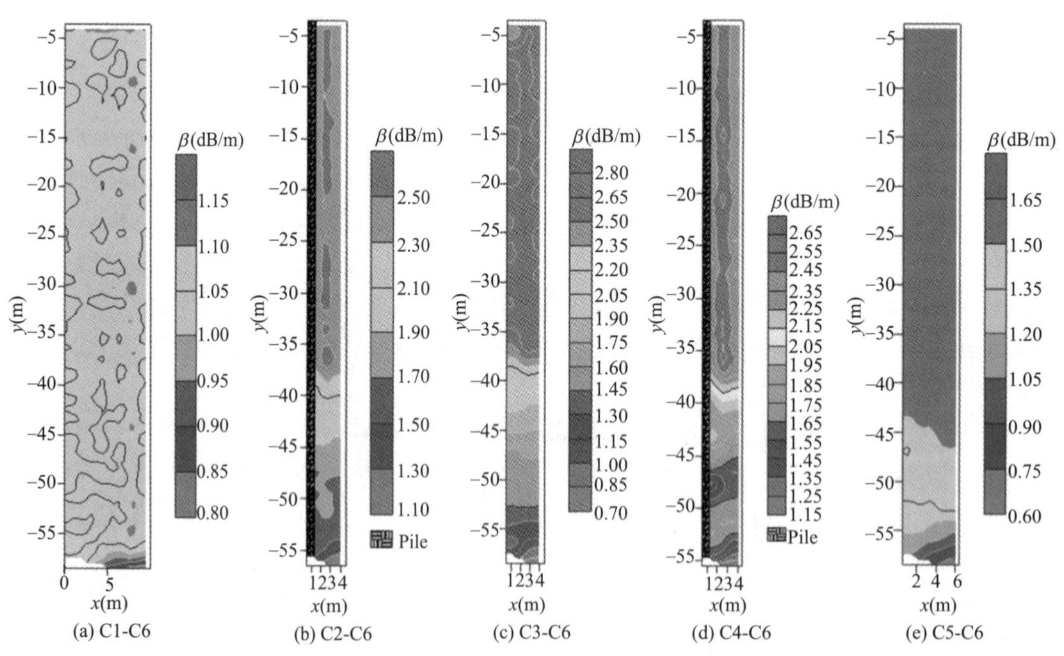


图 6.4-18　压浆后桩侧各剖面视吸收系数分布云图

孔互换不影响电磁波 CT 检测的效果。

整体而言，利用电磁波 CT 法绘制出的压浆前后各剖面视吸收系数分布云图，可以非常直观地观察到跨桩的各探测剖面在桩底部均出现了视吸收系数偏小的异常区，同时桩侧的各探测剖面也显示了底部视吸收系数的异常区向上扩散，表明桩端的压浆效果非常显著，且浆液上返的现象较为明显。

# 第 7 章

# 大型深水桥梁灌注桩后压浆技术的工程应用

## 7.1 概述

由于深水灌注桩桩端沉渣难以清除，使得桩承载力偏小，特别是端承桩和端承摩擦桩更为明显，因此早期沉降量也较大。泥浆护壁后使得桩侧摩阻力显著减小，特别是对摩擦桩或摩擦端承桩影响更大。施工过程的质量控制和检测较难掌握，坍孔、串孔、断桩等事故时有发生，处理比较困难。灌注桩成孔后，桩底和桩周土体因土体应力释放，土体的密度和强度降低，即使在灌注混凝土后土体强度仍无法恢复。由于施工工艺所限，灌注桩的清孔工作不可能完全将沉渣清除；混凝土采用导管法施工，桩中心部位的沉渣被冲向四周，仅直径 $d$ 的中心部位能与原状土接触，而桩底的沉渣被冲向四周，形成盆形沉渣区，如图 7.1-1 所示。成桩的质量检验也比较困难。所有这些都影响了大直径超长灌注桩的使用和推广。

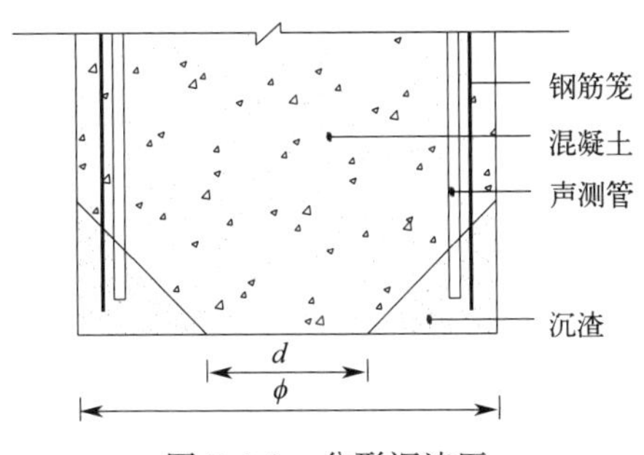


图 7.1-1　盆形沉渣区

为此广大工程技术人员千方百计想办法研究解决上述问题。其中后压浆技术，经多年的实践已日臻成熟，并大量应用于大型和特大型工程中，如苏通大桥、东海大桥、杭州湾跨海大桥、张靖皋长江大桥、安罗高速黄河特大桥等工程的桩基中，其经济效益和社会效益非常显著。本章主要介绍桩端后压浆与组合压浆在具体实际工程中的应用情况。

## 7.2 桩端后压浆技术的应用

### 7.2.1 苏通长江大桥

#### 7.2.1.1 工程概况

苏通大桥是黑龙江嘉荫至福建南北国家重点干线公路跨越长江的重要通道，也是江苏省公路主骨架的重要组成部分。苏通大桥桥位区的江面宽约 6km，大桥全长 8206m，按双向 6 车道高速公路标准建设。主航道采用主跨 1088m 的双塔斜拉桥，港区专用航道采用 140m＋268m＋140m 预应力混凝土连续刚构，引桥分别采用跨径 75m、50m、30m 的等高度预应力混凝土连续梁。其中主航道采用主跨 1088m 的双塔斜拉桥，为世界最长。主跨双塔高达 300m，重约 10 万 t。大桥主塔桥墩区内第四系土层厚达 270m 左右，地质条件复杂，属软弱地基。为安全承担上部超大荷载，进一步减小承台自重和改善承台受力，同时尽可能地改善群桩基础的受力，经过方案优化后，设计采用基础为超大哑铃形承台＋131 根超长大直径群桩基础。

基础采用钻孔灌注桩，其中主桥和近塔辅助墩基础采用 $\Phi$2.5m 群桩基础，斜拉桥远塔辅助墩和过渡墩采用 $\Phi$2.5m 灌注桩，专用通航道桥主墩采用 $\Phi$3.0m 灌注桩，专用航道桥过渡墩和 75m 跨箱梁采用 $\Phi$1.8m 灌注桩，50m 跨箱梁采用 $\Phi$1.5m 灌注桩，30m 跨箱梁和桥台采用 $\Phi$1.2m 灌注桩，桩长 57.5～118m，灌注桩总数约 2580 根。主桥索塔基础为超长大直径灌注桩群桩基础，桩径上部 2.8m，下部 2.5m。钻孔灌注桩桩长分别为北侧基础（主 4 号墩）117m 和南侧基础（主 5 号墩）114m。承台横截面为变厚度梯形，底面为哑铃形，外部尺寸为 113.75m×48.1m，承台顶面为斜面，在每个塔柱下承台平面尺寸为 50.55m×48.1m，其厚度由边缘的 6m 变化到最厚处的 13.324m。

苏通大桥主墩的地质条件如下，软土分布很厚，270m 以内没有岩层可作为桩的持力层。依据桥位区揭露地层的地质时代、成因类型、岩性、埋藏条件及其物理力学特征等，桥位区共分为 22 个工程地质层，各层主要特征如下：

全新统（Q4）分为 4 层（1～4 层）：1 层为北侧上部的粉砂或粉质黏土夹粉砂，又细分成 3 个亚层；2 层为南侧上部的粉质黏土“硬壳层”；3 层为南侧上部的淤泥质粉质黏土或粉砂夹层，分为 2 个亚层；4 层为底部的粉质黏土或粉质黏土与粉砂互层。

上更新统（Q3）分为 4 层（5～8 层）：5 层粉砂为主，局部粉质黏土，分为 2 个亚层；

6 层粗砂含砾，局部细砂，又分 2 个亚层；7 层细砂、粉砂；8 层粗砂夹细砂含砾、细砂，夹透镜体状粉质黏土，分 2 个亚层。

中更新统（Q2）分为 7 层（9～15 层），岩性为粉、细砂层，黏性土。

下更新统（Q1）、上第三系（N）顶板埋深在 200m 以上，粗略分为 7 个工程地质层（16～22 层）。16～22 工程地质层为下更新统及上第三系沉积物，下更新统以砂层为主夹黏性土；上第三系为半胶结状黏土、砂土为主，底部揭露玄武岩。

从南、北区地层情况来看，全新统地层差异较大，北区主要为$①_1$、$①_3$ 砂质粉土、粉砂及④粉质黏土，层底标高－56.94～－63.69m，南区主要为$③_1$ 淤泥质粉质黏土、

③$_3$ 粉质黏土及④粉质黏土，层底标高－46.64～－52.48m，层位上 I 区下降约 10m；上更新统均为⑤～⑧工程地质层的粉细砂、粗砾砂夹粉质黏土，但 I 区沉积韵律多，透镜体多，单层厚度小，剖面连线更复杂；中更新统地层相对稳定，其上部的⑨黏土及粉质黏土层顶标高均位于－130m 左右。

静载试验试桩分四期完成，有关参数见表 7.2-1。

**静载试验试桩参数汇总表**　　**表 7.2-1**

| 类型 | 编号 | 直径(m) | 桩长(m) | 压浆管路 | 测试方法 |
|---|---|---|---|---|---|
| 一期 | S1 | 1.5 | 84 | 3 直管 | 先测试、后压浆、再测试 |
| | S2 | 1.5 | 69 | 3 直管 | 先压浆、后测试 |
| | S3 | 1.5 | 69 | 3 直管 | 先测试、后压浆、再测试 |
| | N3 | 1.8 | 76 | 3 直管 | 先测试、后压浆、再测试 |
| 二期 | SZ2 | 2.5 | 125 | 6 回路 U 形管 | 先压浆、后测试 |
| | SZ3 | 2.5 | 106 | 直管 | 先压浆、后测试 |
| | SZ4 | 2.5 | 125 | 4 回路 U 形管 | 先测试、后压浆、再测试 |
| 三期 | Z2 | 2.5 | 114 | 直管 | 先压浆、后测试 |
| | Z6 | 2.5 | 126 | 4 回路 U 形管 | 先压浆、后测试 |
| | Z7 | 2.5 | 117 | 直管 | 先压浆、后测试 |
| 四期 | NⅡ-1 | 1.2 | 58.9 | 未压浆 | 直接测试 |
| | NⅡ-2 | 1.2 | 58.9 | 3 回路 U 形管 | 先压浆、后测试 |
| | NⅡ-3 | 1.2 | 63.6 | 3 回路 U 形管 | 先压浆、后测试 |
| | NⅡ-4 | 1.2 | 63.6 | 未压浆 | 直接测试 |

压浆分四期，情况简介如下：

（1）一期试桩桩端压浆情况

本次试桩共分为 N、S 二组，各 3 根，均为钻孔灌注桩，试桩地理位置见图 7.2-1。

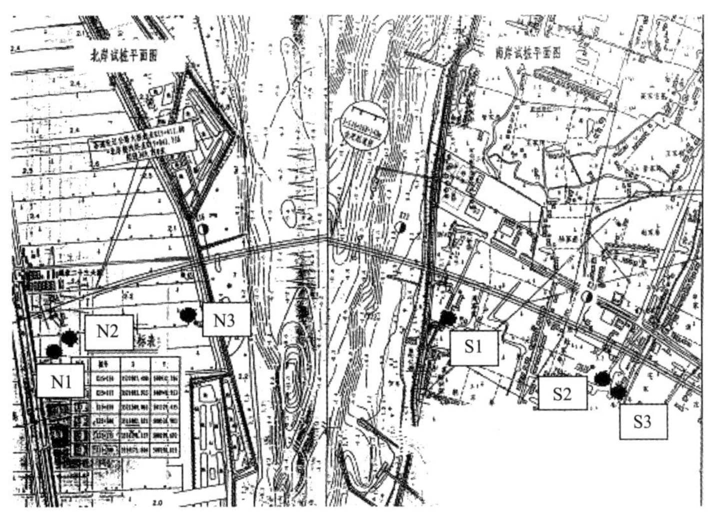


图 7.2-1　试桩地理位置

S1、S2、S3、N3 根桩均用 $\Phi$60mm 声测钢管兼作压浆管。

浆液配合比为水泥：水：NF-15（外掺剂）＝1：0.6：0.015。

一期试桩压浆施工参数见表 7.2-2，压浆过程中未发现桩身上抬现象。

**一期试桩压浆施工参数表** **表 7.2-2**

| 试桩编号 | S1 | S2 | S3 | N3 |
|---|---|---|---|---|
| 压浆量(t) | 3.5 | 2.5 | 4.0 | 2.0 |
| 压力(MPa) | 2.5 | 2.5 | 3.0 | 3.0 |

（2）二期试桩桩端压浆情况

SZ2 桩和 SZ3 桩采用六回路 U 形压浆管方案（见图 7.2-2），端部弯管和桩身直管均采用 $\Phi$25 普通钢管，桩身直管由 8 根 $\Phi$25 钢管和 4 根 $\Phi$60 声测管（兼用）组成。两根桩底均设有 1m 左右高度的碎石。

图 7.2-2 U 形压浆管方案示意图

SZ4 试桩采用 4 回路 U 形管方案，4 个 U 形管回路由 8 根 $\Phi$25 钢管和桩端弯管组成。压浆施工参数见表 7.2-3。

压浆量及其分配：①压浆量为 10t，压浆分三次循环。②压浆量分配：第一循环：50%；第二循环：30%；第三循环：20%。③压浆时间及压力控制：第一循环：每根压浆管压完后，用清水冲洗管路，间隔时间不小于 2.5h，不超过 3h 进行第二循环；第二循环：每根压完后，用清水冲洗管路，间隔不小于 3.5h，不超过 6h 进行第三循环。④第一循环与第二循环主要考虑压浆量。第三循环以压力控制为主。若压浆压力达到控制压力，并持荷 5min，压浆量达到 80%亦可。

**二期工艺试桩压浆施工参数表** **表 7.2-3**

| 试桩编号 | SZ2 | SZ3 | SZ4 |
|---|---|---|---|
| 压浆量(t) | 8.6 | 11 | 9 |
| 压力(MPa) | 7～8 | 6.5 | 5～7 |

（3）三期试桩桩端压浆情况

Z2 试桩布设 4 根 Φ60 钢管（同时兼做声测管）。端部压浆器采用 Φ25 普通钢管。Z6 采用 4 回路 U 形管压浆，Z7 采用 4 根声测管直接作为压浆管。压浆施工参数见表 7.2-4。

**三期试桩压浆施工参数表**　　　　**表 7.2-4**

| 试桩编号 | Z2 | Z6 | Z7 |
|---|---|---|---|
| 压浆量(t) | 11.2 | 12 | 12 |
| 压力(MPa) | 6.5 | 4 | 2.7 |

压浆量及其分配同二期试桩。

（4）四期试桩桩端压浆情况

试桩 NⅡ-2 和 NⅡ-3 各设 3 根 Φ60 钢管（同时兼做声测管）和 3 根 Φ25 普通管组成三个 U 形管循环回路。压浆施工参数见表 7.2-5。

**四期试桩压浆施工参数表**　　　　**表 7.2-5**

| 试桩编号 | NⅡ-2 | NⅡ-3 |
|---|---|---|
| 压浆压力(MPa) | 4.6 | 4.6 |
| 总压浆量(t) | 2.8 | 2.0 |

### 7.2.1.2　试桩结果分析

#### 1. 一期测试结果

（1）自平衡检测结果

由自平衡静载试验得到的荷载箱上部及下部的荷载 $Q$-沉降 $s$ 关系曲线见图 7.2-3。由简化转换方法得到的桩顶荷载-沉降关系曲线见图 7.2-4，试桩侧阻力、端阻力及其比例见表 7.2-6。

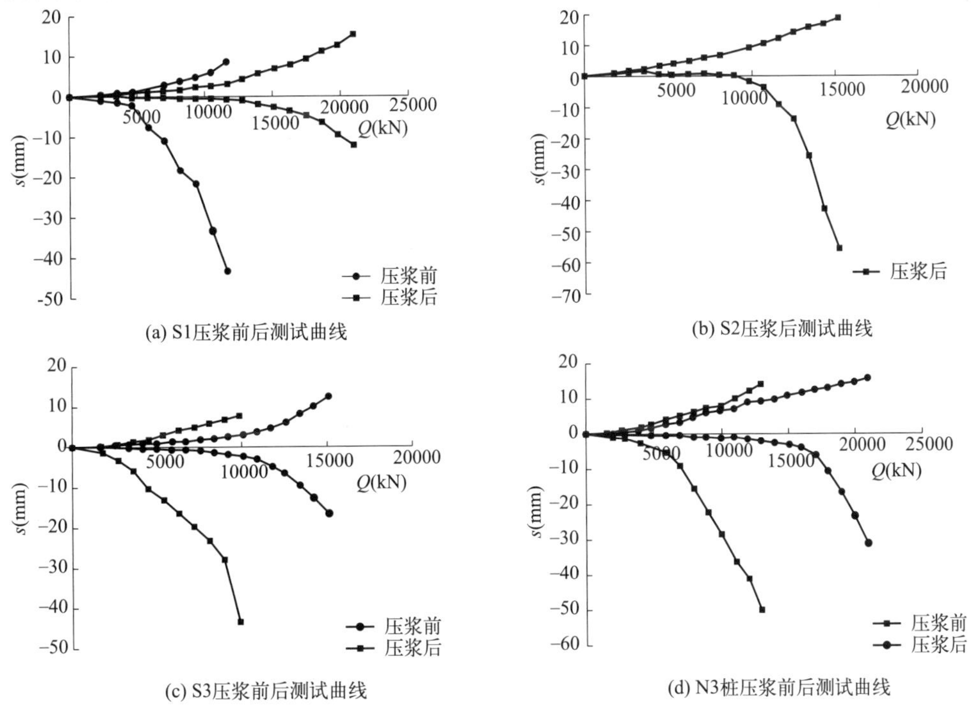


(a) S1压浆前后测试曲线

(b) S2压浆后测试曲线

(c) S3压浆前后测试曲线

(d) N3桩压浆前后测试曲线

图 7.2-3　自平衡测试 S1～S3、N3 的荷载-沉降曲线

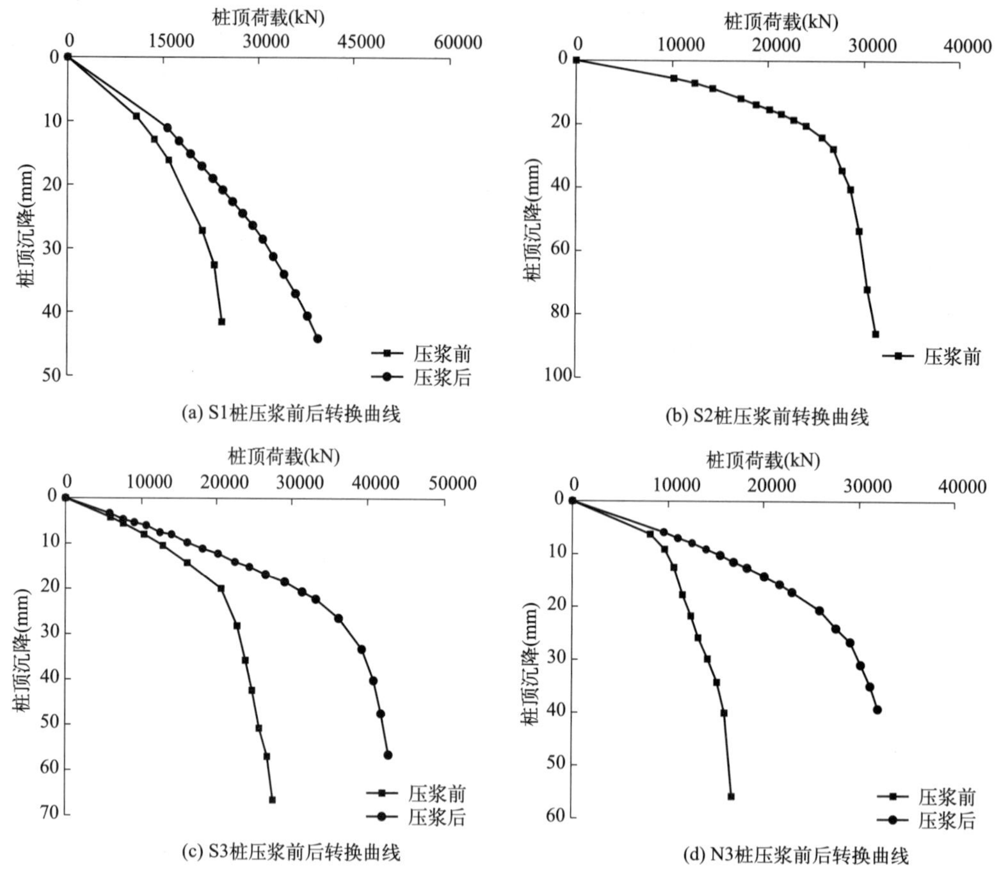


图 7.2-4　自平衡测试 S1～S3、N3 的等效转换曲线

经过分析、比较自平衡试桩 $Q$-$s$ 曲线以及转换曲线，可以看出：

①S1、S3 经桩端压浆，其 $Q$-$s$ 曲线由未压浆桩的陡降型转变为缓变型，N3 压浆后其桩端刚度得以大幅度提高，桩的承载形态由摩擦桩转变为端承摩擦桩。桩承载力得到大幅度的提高。从 S1、S3、N3 试桩 $Q$-$s$ 曲线走势上看，远离荷载箱处的桩身侧阻力发挥尚有相当潜力。

②桩端压浆桩承载力的提高不仅在于压浆固结孔底沉渣和土体，起到扩底效应，下部桩身的桩侧泥皮和一定范围的土体也得到加固，从而使桩端承载力和侧阻力均得到提高（实测表明桩端压浆对于其上约 15m 范围侧摩阻力的提高有显著效果）。

③未压浆试桩下段 $Q$-$s$ 曲线在很小的荷载下出现陡降段，说明桩底存在大量沉渣（虚土）。桩端沉渣（虚土）的存在既降低了桩端阻力，也不利桩侧阻力、桩端阻力的共同作用。另一方面也反映了桩端压浆桩其承载性能的稳定性（承载力、沉降量）明显优于未压浆桩。

④将各试桩压浆量及其极限承载力提高幅度列于表 7.2-6。

**压浆量及其极限承载力提高幅度**　　**表 7.2-6**

| 桩号 | 压浆土层 | 压浆量(t) | 压浆前承载力(kN) | 压浆后承载力(kN) | 提高值(kN) | 百分比(%) | 备注 |
|---|---|---|---|---|---|---|---|
| S2 | 粉砂 | 2.5 | — | 28000 | 12000 | 50 | 与S3压浆前比 |
| S1 | 细砂 | 3.5 | 24000 | 37500 | 13500 | 56 | — |
| S3 | 粉砂 | 4 | 16000 | 32000 | 16000 | 100 | — |
| N3 | 粗砂 | 2 | 24400 | 40900 | 16500 | 68 | — |

由表 7.2-6 可以看出：在同一压浆土层，桩端压浆量大，其承载力提高幅度也大；土壤颗粒越大，压浆效果越好。

由于 S1、S3、N3 试桩在压浆前后均进行了测试，为了考虑压浆前的承载力测试对压浆后测试结果的影响，对 S2、S3 又进行了一次加载试验，考虑同一根试桩两次测试结果的差异，其中 S1 由于油管问题，没能进行第 3 次测试。S2 第 1 次与第 2 次测试曲线以及 S3 第 2 次和第 3 次测试曲线比较分别如图 7.2-5 和图 7.2-6 所示，试桩侧阻力、端阻力及其比例见表 7.2-7。

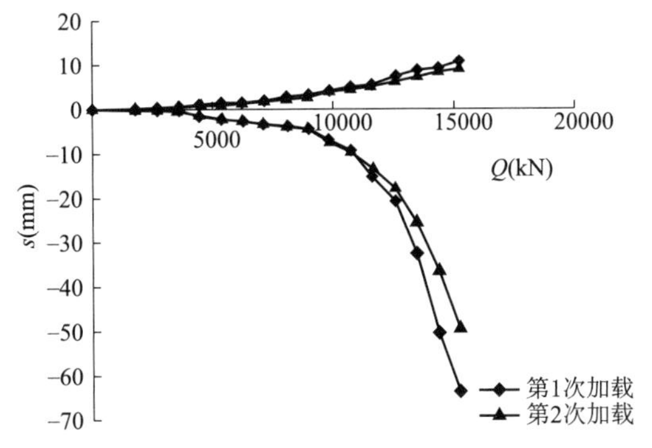


图 7.2-5　S2 压浆后两次测试

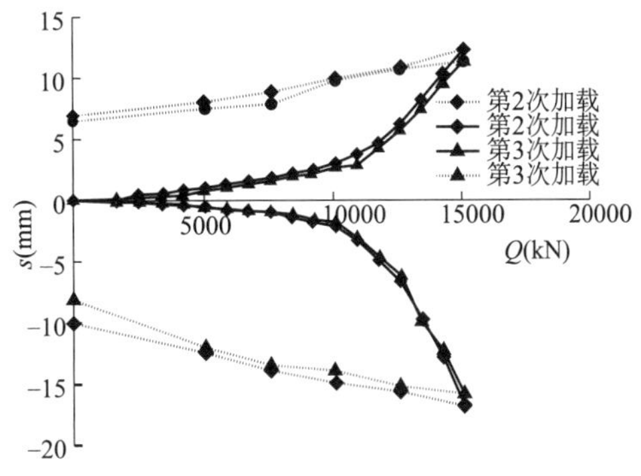


图 7.2-6　S3 压浆后的两次测试

**试桩侧阻力、端阻力及其比例**　　**表 7.2-7**

| 桩号 | 压浆前 | | | 压浆后(kN) | | | | |
|---|---|---|---|---|---|---|---|---|
| | 总侧阻(kN) | 总端阻(kN) | 端阻所占比例(%) | 总侧阻(kN) | 侧阻提高幅度(%) | 总端阻(kN) | 端阻提高倍数 | 端阻所占比例(%) |
| S1 | 21800 | 2200 | 9.17 | 24500 | 12.39 | 13000 | 4.91 | 34.67 |
| S2 | — | — | — | 21800 | — | 6200 | — | 22.14 |
| S3 | 15700 | 300 | 1.88 | 24000 | 52.87 | 8000 | 25.67 | 25.00 |
| N3 | 21550 | 2850 | 11.68 | 30440 | 41.25 | 10460 | 2.67 | 25.57 |

(2) 试桩压浆效果钻探取芯

受苏通大桥建设指挥部委托，江苏省水文地质工程地质勘察院对苏通大桥一期试桩 S1、S2 桩进行了桩身钻探取芯。S1、S2 试桩取芯孔布置见图 7.2-7。

第一孔全孔取芯，由于岩芯刚取出来时看不清楚有无水泥浆，几天后再看看岩芯，76.80m 见水泥浆。初见水泥浆位置，水泥浆终了位置，见表 7.2-8。由于 S1 桩所取芯样较软，无法进行室内抗压试验，故在 S2 桩三个孔中做了标准贯入试验，经与 SSZ2 号孔相同位

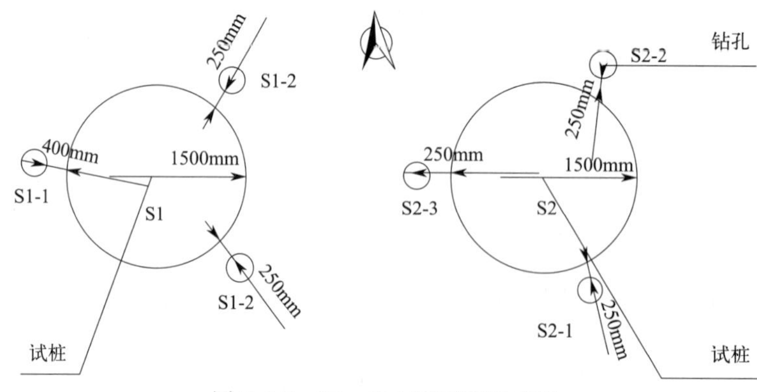


图 7.2-7　S1、S2 试桩取芯孔布置

置对比，贯入击数普遍提高，最大大于 20 击，最少 7 击，具体见表 7.2-9～表 7.2-11。在 S2-2 号孔至 61m 扫孔时从桩上测管涌泥浆。

**压浆取芯成果**　　**表 7.2-8**

| 孔号 | 孔口标高(m) | 孔深(m) | 初见水泥浆位置(m) | 水泥浆终了位置(m) | 桩顶标高 | 桩长(m) |
|---|---|---|---|---|---|---|
| S1-1 | 3.9 | 88.00 | 76.80 | 87.50 | 3.9 | 84 |
| S1-2 | 3.9 | 86.90 | 78.10 | 86.20 | | |
| S1-3 | 3.9 | 86.80 | 80.00 | 86.00 | | |
| S2-1 | 3.2 | 71.90 | 54.40 | 70.80 | 3.2 | 69 |
| S2-2 | 3.2 | 72.00 | 54.90 | 69.00 | | |
| S2-3 | 3.2 | 71.80 | 54.20 | 70.50 | | |

**S2-1 孔标贯对比**　　**表 7.2-9**

| SSZ2 | | S2-1 | | 提高值 |
|---|---|---|---|---|
| 深度(m) | 击数 | 深度(m) | 击数 | |
| 58.15～58.45 | 31 | 58.85～59.15 | 49 | 18 |
| 62.10～62.40 | 30 | 62.65～62.95 | >50 | >20 |
| 66.30～66.60 | 39 | 62.95～66.25 | 46 | 7 |

**S2-2 孔标贯对比**　　**表 7.2-10**

| SSZ2 | | S2-2 | | 提高值 |
|---|---|---|---|---|
| 深度(m) | 击数 | 深度(m) | 击数 | |
| 56.20～56.50 | 33 | 56.15～56.45 | 51 | 18 |
| 60.10～60.40 | 37 | 59.45～59.75 | >50 | >13 |

**S2-3 孔标贯对比**　　**表 7.2-11**

| SSZ2 | | S2-3 | | 提高值 |
|---|---|---|---|---|
| 深度(m) | 击数 | 深度(m) | 击数 | |
| 54.20～54.50 | 34 | 55.55～55.85 | 48 | 14 |
| 60.10～60.40 | 37 | 60.15～60.45 | 51 | 14 |
| 64.30～64.60 | 36 | 63.15～63.45 | >50 | >14 |

S1 桩初见水泥浆位置从 76.8m 到 80.00m 相差较大，水泥浆终了位置从 86.00m 到 87.50m。在 S1-3 号孔 83.00～84.00m 段未见水泥浆，S1-2 在 80.20～82.00m 段未见水泥浆，水泥浆多以薄层状分布，水泥浆层厚一般为 0.1～0.5cm，极个别为 8～10cm，充填不均匀。部分未胶结。

S2 桩初见水泥浆位置从 54.20m 到 54.80m，相差不大，水泥浆终了位置从 69.00m 到 70.80m。S2-1 号孔 64.90～67.20m 未见水泥浆，S2-2 号孔 65.90～68.00m 未见水泥浆，水泥浆多以薄层状分布，层厚一般为 0.2～0.3cm，个别 5～6cm。充填不均匀。

（3）试桩结论

①超声波检测结果见表 7.2-12。

**超声波检测结果**　　　　**表 7.2-12**

| 桩号 | S1 | S2 | S3 | N3 |
|---|---|---|---|---|
| 等级 | A | A | B | B |

②静载荷试验结果见表 7.2-13 和表 7.2-14。

**试桩承载力一览表**　　　　**表 7.2-13**

| 桩号 | 设计极限值(kN) | 压浆前(kN) | 压浆后(kN) |
|---|---|---|---|
| 试桩 S1 | 24400 | 24000 | 37500 |
| 试桩 S2 | 17360 | — | 28000 |
| 试桩 S3 | 17360 | 16000 | 32000 |
| 试桩 N3 | 29610 | 24400 | 40900 |

**试桩侧阻、端阻承载力一览表**　　　　**表 7.2-14**

| 桩号 | 设计极限值(kN) | | 压浆前(kN) | | 压浆后(kN) | |
|---|---|---|---|---|---|---|
| | 总侧阻 | 总端阻 | 总侧阻 | 总端阻 | 总侧阻 | 总端阻 |
| 试桩 S1 | 20654 | 3743 | 21800 | 2200 | 24500 | 13000 |
| 试桩 S2 | 14950 | 2408 | — | — | 21800 | 6200 |
| 试桩 S3 | 14950 | 2408 | 15700 | 300 | 24000 | 8000 |
| 试桩 N3 | 21220 | 8388 | 21550 | 2850 | 30440 | 10460 |

### 2. 二期试桩测试结果

二期试桩对 SZ2、SZ3 桩进行了压浆后的自平衡载荷试验。SZ4 桩埋设了双荷载箱，见图 7.2-8，压浆前对上下荷载箱均进行了试验，压浆后仅对一荷载箱进行试验，试验得到的荷载箱向上及向下的荷载-沉降关系曲线见图 7.2-9。由转换方法得到的桩顶荷载-沉降关系曲线见图 7.2-10。

（1）极限承载力

①SZ2 试桩（压浆后）

根据已测得的各土层摩阻力-位移曲线，分别转换至桩顶（＋4.00m）、至桩顶（＋4.00m）但不考虑冲刷线以上的承载力、至冲刷线（—46.10m）（图 7.1-11）。

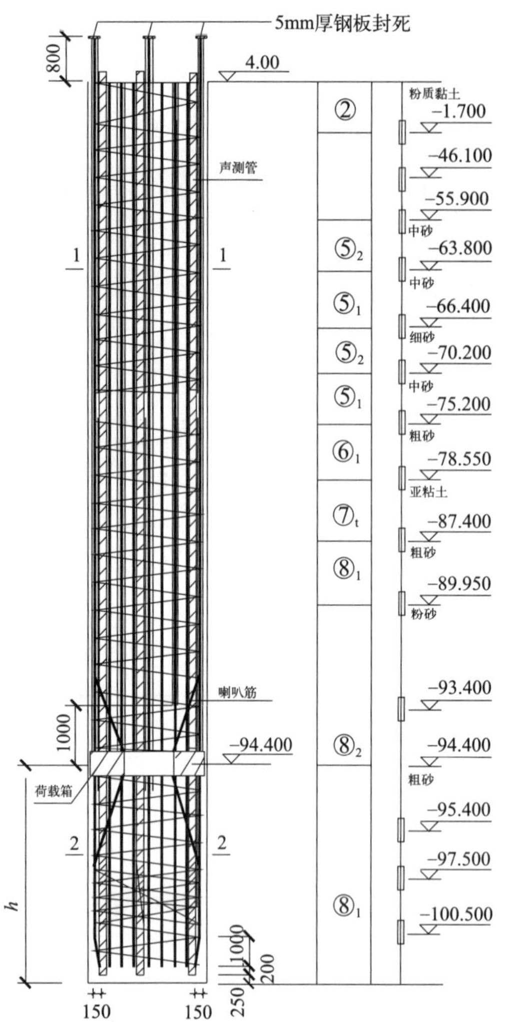


图 7.2-8 SZ4 荷载箱布置示意图

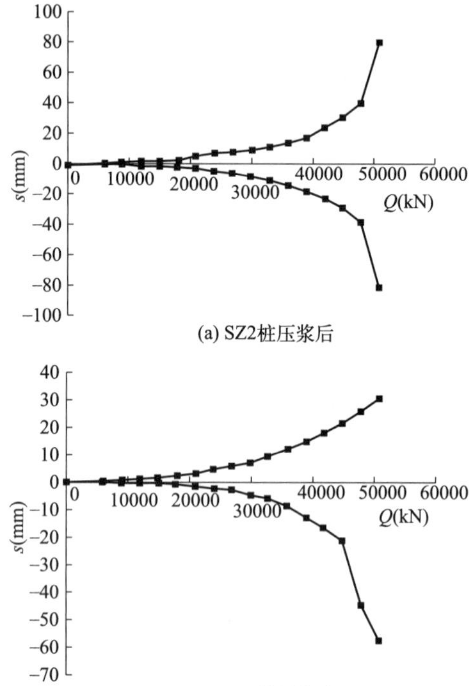

(a) SZ2桩压浆后

(b) SZ3桩压浆后

图 7.2-9 SZ2、SZ3 桩压浆后测试曲线

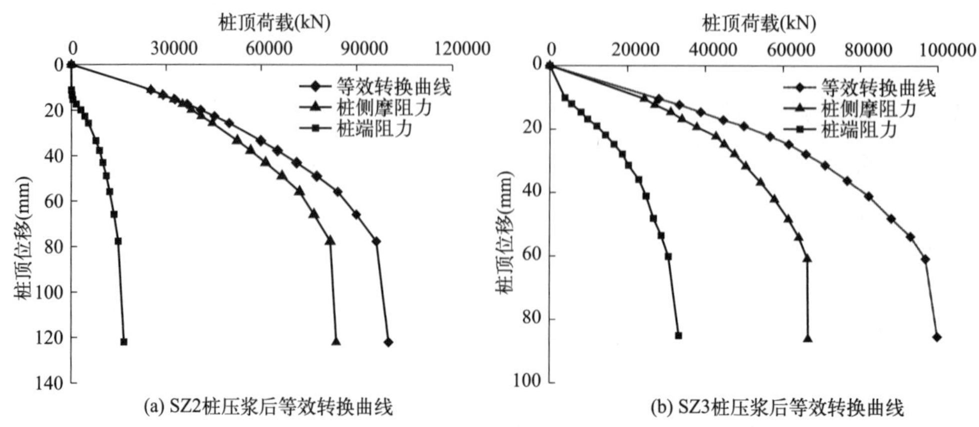


(a) SZ2桩压浆后等效转换曲线

(b) SZ3桩压浆后等效转换曲线

图 7.2-10 SZ2、SZ3 桩顶荷载-位移关系及构成

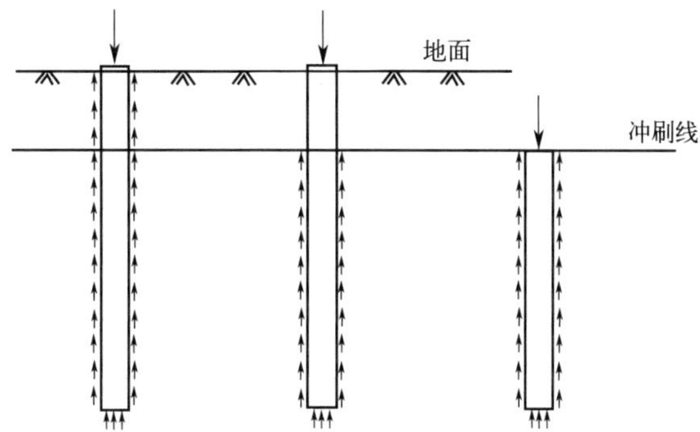


图 7.2-11　转换结果示意图

得到的等效转换曲线均为陡变型，均取陡变点对应的荷载为极限承载力，其结果列于表 7.2-15。

SZ2 试桩压浆后有效桩长的极限承载力为 81069kN，对应位移为 54.90mm。

**SZ2 试桩等效转换结果（压浆后）　　表 7.2-15**

| 桩身范围(m) | +4.00～−121 | +4.00～−121 | −46.1～−121 |
|---|---|---|---|
| 极限承载力(kN) | 96481 | 77051 | 81069 |
| 相应位移(mm) | 77.64 | 75.91 | 54.90 |
| 极限桩端阻力(kN) | 14656(15.19%)① | 14656(19.02%)① | 14656(18.08%)① |
| 极限总侧摩阻力(kN) | 81825(84.81%)② | 62395(80.98%)② | 66413(81.92%)② |

注:①表示极限桩端阻力与极限承载力的比值;②表示极限总侧摩阻力与极限承载力的比值。

②SZ3 试桩（压浆后）

根据已测得的各土层摩阻力-位移曲线，分别转换至桩顶（+4.00m）、至桩顶（+4.00m）但不考虑冲刷线以上的承载力、至冲刷线（−46.10m）。

得到的等效转换曲线均为陡变型，均取陡变点对应的荷载为极限承载力，其结果列于表 7.2-16。

**SZ3 试桩等效转换结果（压浆后）　　表 7.2-16**

| 桩身范围(m) | +4.00～−102 | +4.00～−102 | −46.1～−102 |
|---|---|---|---|
| 极限承载力(kN) | 96746 | 73991 | 78009 |
| 相应位移(mm) | 60.56 | 58.50 | 38.76 |
| 极限桩端阻力(kN) | 30761(31.80%) | 30761(41.57%) | 30761(39.43%) |
| 极限总侧摩阻力(kN) | 65985(68.20%) | 43230(58.43%) | 47248(60.57%) |

SZ3 试桩压浆后有效桩长的极限承载力为 78009kN，对应位移为 38.76mm。

③SZ4 试桩（压浆前）

根据已测得的各土层摩阻力-位移曲线，分别转换至桩顶（+4.00m）、至桩顶（+4.00m）但不考虑冲刷线以上的承载力、至冲刷线（−46.10m）。

得到的等效转换曲线均为缓变型，故取最后一点对应的荷载为压浆前的极限承载力，其结果列于表 7.2-17。

**SZ4 试桩等效转换结果（压浆前）** **表 7.2-17**

| 桩身范围(m) | +4.00～−121 | +4.00～−121 | −46.1～−121 |
|---|---|---|---|
| 极限承载力(kN) | 59638 | 44569 | 48587 |
| 相应位移(mm) | 65.57 | 64.67 | 53.32 |
| 极限桩端阻力(kN) | 8485(14.23%) | 8485(19.04%) | 8485(17.46%) |
| 极限总侧摩阻力(kN) | 51153(85.77%) | 36084(80.96%) | 40102(82.54%) |

SZ4 试桩压浆前有效桩长的极限承载力为 48587kN，对应位移为 53.32mm。

④SZ4 试桩（压浆后）

根据已测得的各土层摩阻力-位移曲线（上段桩、中段桩取压浆前的摩阻力-位移曲线，下段桩取压浆后摩阻力-位移曲线），分别转换至桩顶（+4.00m）、至桩顶（+4.00m）但不考虑冲刷线以上的承载力、至冲刷线（−46.10m）。

得到的等效转换曲线均为缓变型，故取最后一点对应的荷载为压浆后的极限承载力，其结果列于表 7.2-18。

**SZ4 试桩等效转换结果（压浆后）** **表 7.2-18**

| 桩身范围(m) | +4.00～−121 | +4.00～−121 | −46.1～−121 |
|---|---|---|---|
| 极限承载力(kN) | 100538 | 82168 | 86186 |
| 相应位移(mm) | 94.62 | 92.65 | 73.23 |
| 极限桩端阻力(kN) | 33375(33.20%) | 33375(40.62%) | 33375(38.72%) |
| 极限总侧摩阻力(kN) | 68533(66.80%) | 48793(59.38%) | 52811(61.28%) |

SZ4 试桩压浆后有效桩长的极限承载力为 86186kN，对应位移为 73.23mm。

（2）使用荷载位移

苏通大桥在正常使用阶段，每根桩承担的平均荷载为 16200kN。根据转换曲线，对应于使用荷载 16200kN 和 2 倍使用荷载 32400kN 时的位移如表 7.2-19 所示，端阻、侧阻分担比例如表 7.2-20 所示。

**转换至桩顶结果** **表 7.2-19**

| 试桩位移<br>桩顶荷载 | SZ2(压浆后)<br>位移(mm) | SZ3(压浆后)<br>位移(mm) | SZ4(压浆前)<br>位移(mm) | SZ4(压浆后)<br>位移(mm) |
|---|---|---|---|---|
| 16200kN | 6.24 | 6.28 | 7.77 | 7.75 |
| 32400kN | 15.07 | 12.39 | 22.27 | 15.73 |

**转换至桩顶侧阻和端阻比例** **表 7.2-20**

| 试桩编号 | | SZ2(压浆后) | | SZ3(压浆后) | | SZ4(压浆前) | | SZ4(压浆后) | |
|---|---|---|---|---|---|---|---|---|---|
| | | 数值 | 比例 | 数值 | 比例 | 数值 | 比例 | 数值 | 比例 |
| 16200kN | 端阻 | 0 | 0.0% | 0 | 0.0% | 552 | 3.4% | 1347 | 8.3% |
| | 侧阻 | 16200 | 100.0% | 16200 | 100.0% | 15648 | 96.6% | 14853 | 91.7% |
| 32400kN | 端阻 | 405 | 1.2% | 5628 | 17.4% | 3336 | 10.3% | 7867 | 24.2% |
| | 侧阻 | 31995 | 98.8% | 26772 | 82.6% | 29064 | 89.7% | 24533 | 75.7% |

注：SZ2 试桩压浆后 19d 测试，端阻所占比例较小；SZ3 试桩较短，故端阻所占比例较大；SZ4 实测摩阻力较小，故端阻所占比例较大。

对以上测试结果进行综合，与计算值的对比如表7.2-21所示。

**实测承载力与计算承载力、预估承载力对比　　表7.2-21**

| 指标<br>桩号 | 压浆量(t) | 有效桩长承载力(kN)(扣除冲刷线以上承载力) | | | 整桩承载力(kN) | | |
|---|---|---|---|---|---|---|---|
| | | 计算值 | 压浆后预估值 | 实测值 | 计算值 | 压浆后预估值 | 实测值 |
| SZ2 | 8.6 | 54720 | 76608 | 81069<br>($s$=54.90mm) | 69760 | 86188 | 96481<br>($s$=77.64mm) |
| SZ3 | 11 | 48300 | 67620 | 78009<br>($s$=38.76mm) | 63900 | 92208 | 96746<br>($s$=60.56mm) |
| SZ4<br>(压浆前) | 9 | 51780 | — | 48587<br>($s$=53.32mm) | 67380 | — | 59638<br>($s$=65.57mm) |
| SZ4<br>(压浆后) | | — | 72492 | 86186<br>($s$=73.23mm) | — | 83220 | 100538<br>($s$=94.62mm) |

注:压浆后预估值是设计承载力计算值提高40%预估的。

(3) 分层岩土摩阻力

①SZ2试桩（压浆后）

上段桩取第15级荷载48000kN作为极限值，下段桩取第15级荷载48000kN作为极限值，相对应各土层摩阻力如表7.2-22所示。

**SZ2试桩各土层摩阻力　　表7.2-22**

| 地层编号 | 土层名称 | 深度(m) | 地质报告摩阻力值(kPa) | 实测摩阻力极限值(kPa) | 对应位移值(mm) |
|---|---|---|---|---|---|
| ②/③$_3$ | 粉质黏土 | +3.75～−2.75 | 35/40 | 44.75 | 28.72 |
| ③$_2$/③$_3$/④/④$_1$ | 粉质黏土/粉砂 | −2.75～−46.1 | 40/20/35/50 | 45.69 | 29.48 |
| ④/⑤$_2$ | 细砂/粉砂 | −46.1～−56.65 | 50 | 60.48 | 31.58 |
| ⑤$_1$ | 粉质黏土/中砂 | −56.65～−61.2 | 45/60 | 62.51 | 32.43 |
| ⑤$_2$ | 细砂 | −61.2～−71.15 | 55 | 66.52 | 33.52 |
| ⑥$_1$ | 砾砂 | −71.15～−75.2 | 120 | 145.13 | 34.73 |
| ⑦ | 细砂 | −75.2～−81.15 | 55 | 66.49 | 35.74 |
| ⑧$_1$ | 砾砂/黏土 | −81.15～−86.45 | 130/65 | 112.71 | 36.98 |
| ⑧$_1$ | 粗砂/中砂 | −86.45～−90.35 | 110/70 | 97.69 | 38.10 |
| ⑧$_1$ | 砾砂 | −90.35～−92.55 | 130 | 155.48 | 38.46 |
| ⑧$_1$ | 粗砂 | −92.55～−95.5 | 110 | 124.50 | 37.92 |
| ⑧$_1$ | 砾砂 | −95.5～−97.95 | 130 | 151.29 | 37.26 |
| ⑧$_1$ | 中砂 | −97.95～−109.55 | 70 | 85.57 | 35.71 |
| ⑧$_2$ | 砾砂 | −109.55～−116.35 | 130 | 245.43 | 34.01 |
| ⑧$_2$ | 粉砂 | −116.35～−121 | 60 | 142.26 | 33.40 |

②SZ3试桩（压浆后）

上段桩取第16级荷载51000kN作为极限值，下段桩取第14级荷载45000kN作为极限值，相对应各土层摩阻力如表 7.2-23 所示。

**SZ3 试桩各土层摩阻力** 表 7.2-23

| 地层编号 | 土层名称 | 深度(m) | 地质报告摩阻力值(kPa) | 实测摩阻力极限值(kPa) | 对应位移值(mm) |
|---|---|---|---|---|---|
| ② | 粉质黏土 | +2.4～−1.7 | 35 | 46.51 | 17.89 |
| $③_2$/$③_3$/④/$⑤_2$ | 粉质黏土/粉砂 | −1.7～−46.1 | 40/35/50 | 54.56 | 18.65 |
| $⑤_2$ | 细砂/粉砂 | −46.1～−55.9 | 50 | 57.45 | 21.15 |
| $⑤_2$ | 细砂/粉砂 | −55.9～−63.8 | 50 | 59.62 | 22.44 |
| $⑤_1$ | 中砂 | −63.8～−66.4 | 60 | 68.43 | 23.30 |
| $⑤_2$ | 细砂 | −66.4～−70.2 | 55 | 65.26 | 23.87 |
| $⑤_1$ | 中砂 | −70.2～−75.2 | 60 | 75.84 | 24.69 |
| $⑥_1$ | 粗砂 | −75.2～−78.55 | 100 | 138.75 | 25.54 |
| ⑦ | 粉质黏土 | −78.55～−87.4 | 40 | 73.33 | 26.92 |
| $⑧_1$ | 粗砂 | −87.4～−89.95 | 110 | 153.27 | 28.34 |
| $⑧_2$ | 粉砂 | −89.95～−94.4 | 60 | 85.59 | 29.77 |
| $⑧_1$ | 粗砂 | −94.4～−102 | 110 | 235.54 | 57.60 |

③SZ4 试桩

压浆前上段桩取上荷载箱加载第 11 级荷载 22400kN 作为极限值，中段桩取上荷载箱加载第 10 级荷载 20540kN 作为极限值，下段桩取下荷载箱压浆前第 8 级荷载 18000kN 作为极限值。

压浆后下段桩取下荷载箱压浆后第 17 级荷载 54000kN 作为极限值。

相对应各土层摩阻力如表 7.2-24、表 7.2-25 所示。

**SZ4 试桩上段桩和中段桩各土层摩阻力** 表 7.2-24

| 地层编号 | 土层名称 | 深度(m) | 地质报告摩阻力值(kPa) | 实测摩阻力极限值(kPa) | 对应位移值(mm) |
|---|---|---|---|---|---|
| $③_2$/$③_3$/④/$⑤_2$ | 粉质黏土/粉砂 | −3.5～−46.1 | 40/35/50 | 37.17 | 10.23 |
| $⑤_2$ | 细砂/粉砂 | −46.1～−63.8 | 50 | 47.23 | 12.00 |
| $⑤_2$ | 中砂 | −63.8～−66.4 | 60 | 56.16 | 13.02 |
| $⑤_1$ | 细砂 | −66.4～−70.2 | 55 | 55.42 | 13.56 |
| $⑤_2$ | 中砂 | −70.2～−75.2 | 60 | 55.45 | 39.45 |
| $⑤_1$ | 粗砂 | −75.2～−78.55 | 100 | 95.11 | 38.81 |
| $⑥_1$ | 粉质黏土 | −78.55～−87.4 | 40 | 35.75 | 38.28 |
| ⑦ | 粗砂 | −87.4～−89.95 | 110 | 98.11 | 37.84 |
| $⑧_1$ | 粉砂 | −89.95～−94.4 | 60 | 54.59 | 37.62 |
| $⑧_2$ | 粗砂 | −94.4～−102.2 | 110 | 99.05 | 37.33 |
| $⑧_1$ | 砾砂 | −102.2～−106 | 130 | 115.51 | 37.19 |

SZ4 试桩下段桩各土层摩阻力　　表 7.2-25

| 地层编号 | 土层名称 | 深度(m) | 地质报告摩阻力值(kPa) | 压浆前 | | 压浆后 | | 压浆后摩阻力提高百分比(%) |
|---|---|---|---|---|---|---|---|---|
| | | | | 实测摩阻力极限值(kPa) | 对应位移值(mm) | 实测摩阻力极限值(kPa) | 对应位移值(mm) | |
| $⑧_1$ | 砾砂 | −102.2～−110.1 | 130 | 118.00 | 40.82 | 192.81 | 48.21 | 63.40 |
| $⑧_2/⑧_1$ | 细砂/粗砂 | −110.1～−114.2 | 60/110 | 86.26 | 40.35 | 186.53 | 46.68 | 116.24 |
| $⑧_2$ | 细砂 | −114.2～−121 | 60 | 55.01 | 40.05 | 157.46 | 45.60 | 186.24 |

桩端压浆的水泥浆液沿侧壁上翻，使桩端上部 10 多米范围内侧摩阻增加较大。

(4) 桩端承载力

SZ2 试桩压浆后桩端极限阻力为 14656kN，相应位移为 33.12mm。

SZ3 试桩压浆后桩端极限阻力为 30761kN，相应位移为 19.42mm。

SZ4 试桩压浆前桩端极限阻力为 8485kN，相应位移为 39.84mm。

SZ4 试桩压浆后桩端极限阻力为 33375kN，相应位移为 44.77mm。

各试桩桩端阻力—位移曲线对比如图 7.2-12 所示。

其中 SZ2 试桩压浆后桩端承载偏低是因为测试时间距离压浆时间只有 19d。

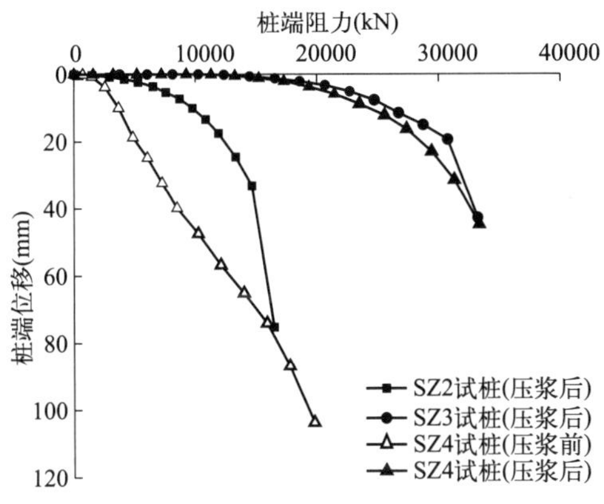


图 7.2-12　各试桩桩端阻力-位移曲线

(5) 压浆效果分析

对 SZ4 试桩压浆前后各自的桩端阻力、转换曲线及下段桩摩阻力作了对比，部分对比曲线如图 7.2-13 所示。

从图 7.2-13 可以看出：

①从安全角度来看，压浆对极限承载力有较大的提高，压浆后桩具有较大的安全富裕度。

②在同一荷载作用下，压浆后对应位移比压浆前小；而在位移相同的条件下，压浆后所对应的荷载要大。说明压浆后桩的刚度大幅度提高，因此压浆有利于减少沉降。

③正常使用荷载时，从单桩压浆前后所对应的位移看，侧阻力首先发挥，端阻力发挥极小，压浆的作用不是很大。主墩下有 100 多根桩，群桩效应将使端阻力充分发挥，可以

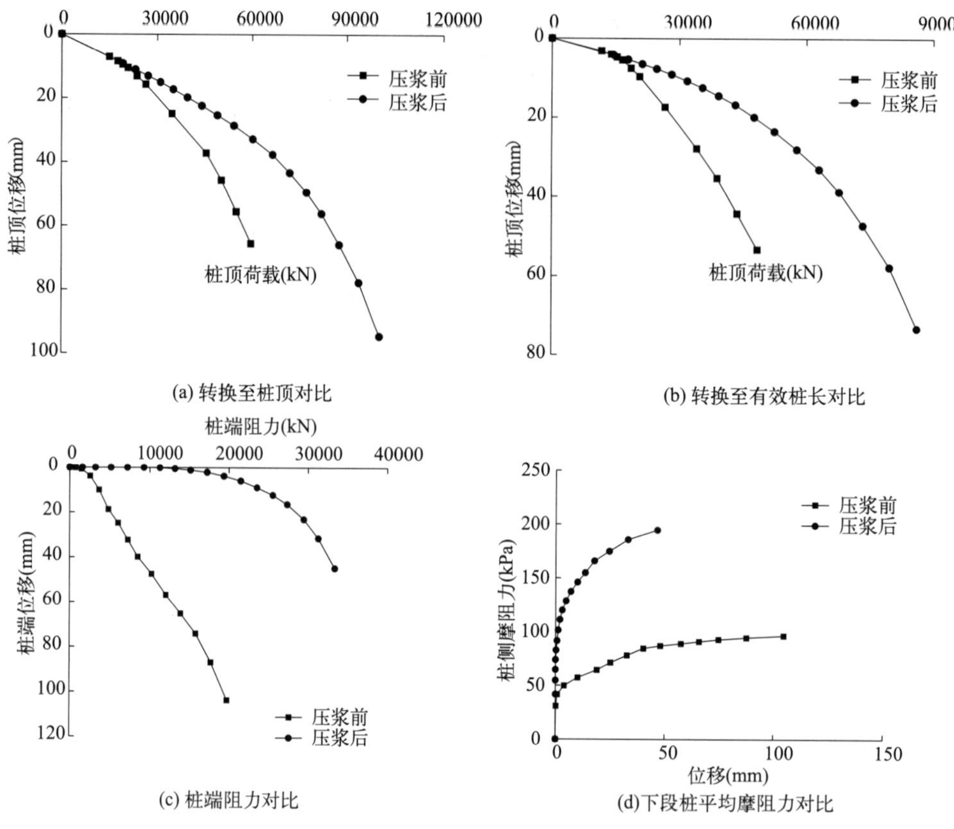


图 7.2-13　SZ4 试桩压浆前后对比曲线

预计，压浆对桩端发挥作用较大。

### 3. 三期试桩测试结果

(1) 自平衡测试结果

三期试桩对 C1-Z2、C1-Z6 和 C1-Z7 桩进行了压浆后的自平衡载荷试验。试验得到的荷载箱向上及向下的荷载-位移关系曲线见图 7.2-14，桩顶荷载-沉降关系见图 7.2-15，桩的极限承载力及构成见表 7.2-26。

**桩的极限承载力及构成**　　**表 7.2-26**

| 桩号 | 极限承载力(kN) | 对应位移(mm) | 桩端阻力(kN) | 桩端阻力所占比例 |
|---|---|---|---|---|
| C1-Z2 | 113404 | 65.99 | 36312 | 32.02% |
| C1-Z6 | 111270 | 83.61 | 33085 | 29.73% |
| C1-Z7 | 113206 | 75.43 | 38571 | 34.07% |

试桩 C1-Z2、C1-Z6、C1-Z7 结论如下。

①极限承载力

a. C1-Z2 试桩

根据已测得的各土层摩阻力-位移曲线，分别转换至桩顶（+5.00m）、桩顶（+5.00m）但不考虑冲刷线以上的承载力、冲刷线（−36.00m）。

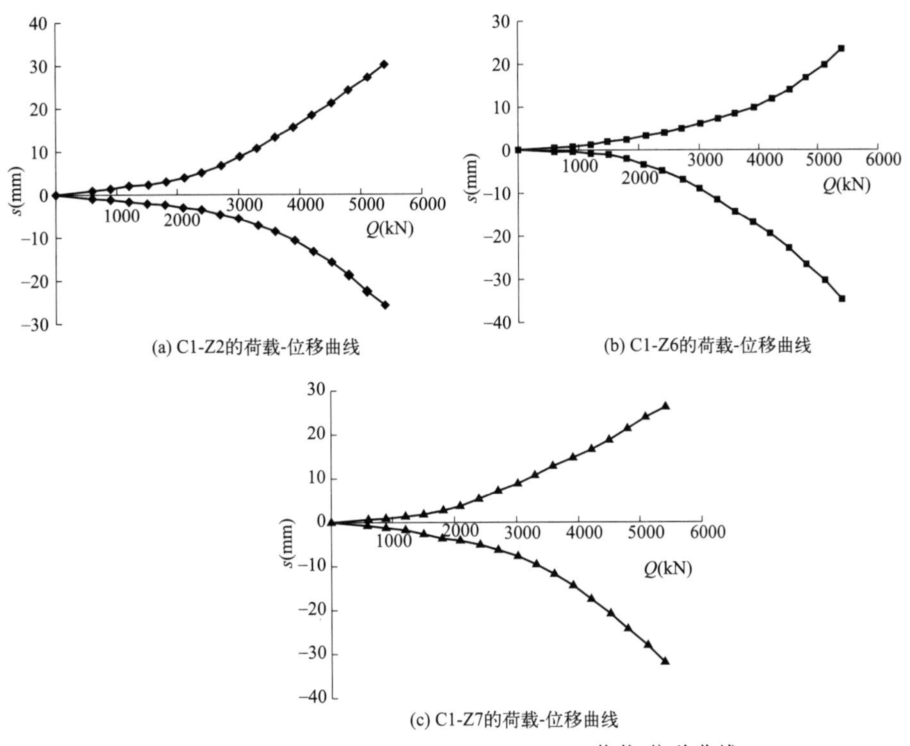


图 7.2-14　试桩 C1-Z2 、C1-Z6 、C1-Z7 荷载-位移曲线

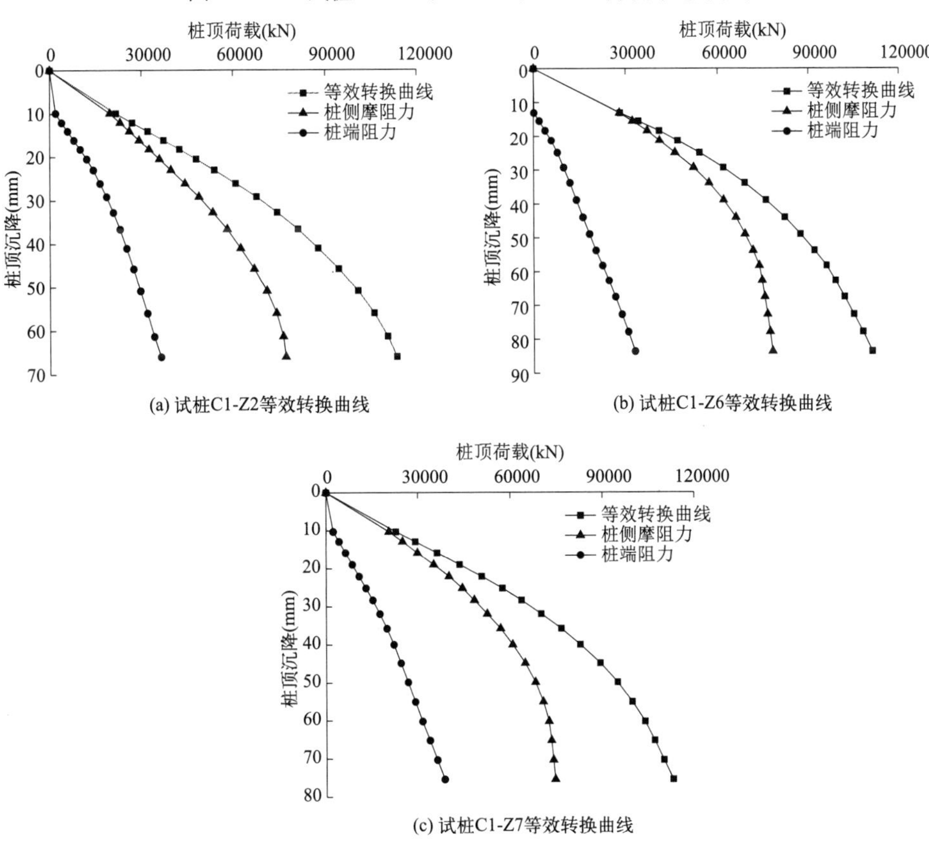


图 7.2-15　桩顶荷载-位移关系及构成

得到的等效转换曲线为缓变型，取最后一点对应的荷载为极限承载力，其结果列于表 7. 2-27。

**C1-Z2 试桩等效转换结果** 表 7. 2-27

| 桩身范围(m) | 工况一+5. 00～−109. 00 | 工况二+5. 00～−109. 00 | 工况三−36. 00～−109. 00 |
|---|---|---|---|
| 极限承载力(kN) | 113404 | 103836 | 107497 |
| 相应位移(mm) | 65. 99 | 65. 04 | 48. 27 |
| 极限桩端阻力(kN) | 36312(32. 02%)① | 36312(34. 97%)① | 36312(33. 78%)① |
| 极限总侧摩阻力(kN) | 77092(67. 98%)② | 67525(65. 03%)② | 71186(66. 22%)② |

注:①表示极限桩端阻力与极限承载力的比值;②表示极限总侧摩阻力与极限承载力的比值。余表同。

C1-Z2 试桩压浆后的极限承载力为 113404kN，对应位移为 65. 99mm。

b. C2-Z6 试桩

根据已测得的各土层摩阻力-位移曲线，分别转换至桩顶（+5. 00m）、桩顶（+5. 00m）但不考虑冲刷线以上的承载力、冲刷线（−46. 10m）。

得到的等效转换曲线为缓变型，取最后一点对应的荷载为极限承载力，其结果列于表 7. 2-28。

**C2-Z6 试桩等效转换结果** 表 7. 2-28

| 桩身范围(m) | 工况一+5. 00～−121. 00 | 工况二+5. 00～−121. 00 | 工况三−46. 10～−121. 00 |
|---|---|---|---|
| 极限承载力(kN) | 111270 | 101818 | 106380 |
| 相应位移(mm) | 83. 61 | 82. 18 | 59. 53 |
| 极限桩端阻力(kN) | 33085(29. 73%)① | 33085(32. 49%)① | 33085(31. 10%)① |
| 极限总侧摩阻力(kN) | 79412(70. 27%)② | 68733(67. 51%)② | 73295(68. 90%)② |

C2-Z6 试桩压浆后的极限承载力为 111270kN，对应位移为 83. 61mm。

c. C2-Z7 试桩

根据已测得的各土层摩阻力-位移曲线，分别转换至桩顶、至桩顶（+5. 00m）但不考虑冲刷线以上的承载力、至冲刷线（−27. 30m）。

得到的等效转换曲线为缓变型，取最后一点对应的荷载为极限承载力，其结果列于表 7. 2-29。

**C2-Z7 试桩等效转换结果** 表 7. 2-29

| 桩身范围(m) | 工况一+5. 00～−112. 00 | 工况二+5. 00～−112. 00 | 工况三−27. 30～−112. 00 |
|---|---|---|---|
| 极限承载力(kN) | 113206 | 107246 | 110103 |
| 相应位移(mm) | 75. 43 | 74. 92 | 60. 89 |
| 极限桩端阻力(kN) | 38571(34. 07%)① | 38571(35. 96%)① | 38571(35. 03%)① |
| 极限总侧摩阻力(kN) | 74635(65. 93%)② | 68675(64. 04%)② | 71532(64. 97%)② |

C2-Z7 试桩压浆后的极限承载力为 113206kN，对应位移为 75. 43mm。

d. 使用荷载位移

苏通大桥在正常使用阶段，每根桩承担的平均荷载为 16200kN。根据转换曲线，对应于使用荷载16200kN和2倍使用荷载32400kN时的位移如表7.2-30所示，端阻、侧阻分担比例如表7.2-31所示。当桩顶沉降为40mm所对应的桩顶荷载以及端阻、侧阻分担比例如表7.2-32所示。

**转换至桩顶结果　　表7.2-30**

| 桩顶荷载(kN)＼试桩位移 | Z2(压浆后)位移(mm) | Z6(压浆后)位移(mm) | Z7(压浆后)位移(mm) |
|---|---|---|---|
| 16200 | 7.38 | 7.49 | 7.30 |
| 32400 | 14.14 | 14.72 | 14.23 |

**转换至桩顶侧阻和端阻比例　　表7.2-31**

| 试桩编号 | | Z2(压浆后) | | Z6(压浆后) | | Z7(压浆后) | |
|---|---|---|---|---|---|---|---|
| | | 数值 | 比例 | 数值 | 比例 | 数值 | 比例 |
| 16200kN | 端阻 | 1482 | 9.15% | 100 | 0.61% | 1634 | 10.09% |
| | 侧阻 | 14718 | 90.85% | 16100 | 99.39% | 14566 | 89.91% |
| 32400kN | 端阻 | 6048 | 18.67% | 1374 | 4.24% | 5144 | 15.88% |
| | 侧阻 | 26352 | 81.33% | 31026 | 95.76% | 27256 | 84.12% |

**40mm对应的荷载　　表7.2-32**

| 试桩编号 | | Z2(压浆后) | | Z6(压浆后) | | Z7(压浆后) | |
|---|---|---|---|---|---|---|---|
| | | 数值 | 比例 | 数值 | 比例 | 数值 | 比例 |
| 40mm | 端阻 | 24695 | 28.64% | 14430 | 18.65% | 22114 | 26.69% |
| | 侧阻 | 61523 | 71.36% | 62946 | 81.35% | 60754 | 73.31% |
| | 桩顶 | 86218 | — | 77376 | — | 82868 | — |

②分层岩土摩阻力

a. C1-Z2试桩（压浆后）

上段桩取第18级荷载54000kN作为极限值，下段桩取第18级荷载54000kN作为极限值，相对应各土层摩阻力如表7.2-33所示。

**C1-Z2试桩各土层摩阻力　　表7.2-33**

| 地层编号 | 土层名称 | 深度(m) | 地质报告摩阻力值(kPa) | 实测摩阻力极限值(kPa) | 对应位移值(mm) |
|---|---|---|---|---|---|
| $①_3/④_2$ | 粉砂/粉质黏土 | −8.49～−36.00 | 35/40 | 44.75 | 22.86 |
| ④ | 粉质黏土 | −36.00～−46.24 | 40 | 62.88 | 23.32 |
| $④_3/④_2$ | 粉砂/粉质黏土 | −46.24～−53.64 | 45/40 | 64.49 | 23.77 |
| $④_1$ | 淤泥质粉质黏土 | −53.64～−59.14 | 20 | 31.49 | 24.24 |
| $④_2/⑤_2$ | 粉质黏土/粉砂/细砂 | −59.14～−64.39 | 40/55/55 | 74.26 | 24.71 |
| $⑤_1$ | 砾砂/中砂/砾砂 | −64.39～−70.99 | 110/60/110 | 146.52 | 26.41 |
| $⑤_2/⑥_1/⑥_2$ | 细砂/粗砂/细砂 | −70.99～−80.44 | 55/100/55 | 124.95 | 28.50 |

续表

| 地层编号 | 土层名称 | 深度(m) | 地质报告摩阻力值(kPa) | 实测摩阻力极限值(kPa) | 对应位移值(mm) |
|---|---|---|---|---|---|
| ⑥$_1$/⑦/⑧$_1$ | 砾砂/粉砂/中砂 | −80.44～−95.00 | 110/55/70 | 135.36 | 30.16 |
| ⑧$_2$/⑧$_1$ | 细砂/中砂 | −95.00～−103.49 | 60/70 | 152.62 | 24.81 |
| ⑧$_2$ | 粉砂 | −103.49～−107.50 | 60 | 131.29 | 23.51 |
| ⑧$_2$ | 砾砂 | −107.50～−109.00 | 120 | 286.62 | 23.00 |

b. C2-Z6 试桩（压浆后）

上段桩取第 18 级荷载 54000kN 作为极限值，下段桩取第 18 级荷载 54000kN 作为极限值，相对应各土层摩阻力如表 7.2-34 所示。

**C1-Z6 试桩各土层摩阻力** **表 7.2-34**

| 地层编号 | 土层名称 | 深度(m) | 地质报告摩阻力值(kPa) | 实测摩阻力极限值(kPa) | 对应位移值(mm) |
|---|---|---|---|---|---|
| ③$_3$/③$_1$/④$_2$/④$_1$ | 粉质黏土/淤泥质粉质黏土/粉质黏土/黏土/淤泥质粉质黏土 | −19.38～−46.1 | 30/20/35/35/25 | 36.35 | 14.67 |
| ④$_1$/④$_2$ | 淤泥质粉质黏土/粉质黏土 | −46.1～−50.3 | 25/35 | 43.33 | 15.13 |
| ④$_2$/④$_1$/⑤$_2$/⑥$_1$ | 粉质黏土/淤泥质粉质黏土/粉砂/中砂/粗砂 | −50.3～−68.7 | 35/30/55/60/100 | 76.94 | 15.77 |
| ⑥$_1$/⑥$_2$/⑥$_1$ | 粗砂/细砾砂/粗砂/中砂 | −68.7～−75.1 | 100/55/100/60 | 123.64 | 16.95 |
| ⑥$_1$/⑦ | 中砂/细砂/中砂/细砂 | −75.1～−89.9 | 60/55/60/55 | 81.41 | 18.49 |
| ⑦/⑧$_1$ | 细砂/中砂/粗砂 | −89.9～−96.9 | 55/70/110 | 86.33 | 20.47 |
| ⑧$_1$/⑧$_2$ | 粗砂/砾砂/粉质黏土/粉砂 | −96.9～−108.7 | 110/120/60/60 | 177.44 | 34.38 |
| ⑧$_1$ | 中砂/砾砂/细砂 | −108.7～−119.9 | 70/120/60 | 169.46 | 32.75 |
| ⑧$_1$ | 细砂 | −119.9～−121 | 60 | 168.53 | 31.59 |

c. C1-Z7 试桩（压浆后）

上段桩取第 18 级荷载 54000kN 作为极限值，下段桩取第 18 级荷载 54000kN 作为极限值，相对应各土层摩阻力如表 7.2-35 所示。

**C1-Z7 试桩各土层摩阻力** **表 7.2-35**

| 地层编号 | 土层名称 | 深度(m) | 地质报告摩阻力值(kPa) | 实测摩阻力极限值(kPa) | 对应位移值(mm) |
|---|---|---|---|---|---|
| ③$_1$/③$_3$ | 淤泥质粉质黏土/粉质黏土/淤泥质粉质黏土/粉质黏土/淤泥质粉质黏土 | −8.14～−27.30 | 15/30/20/35/20 | 28.29 | 18.05 |
| ③$_3$/④$_2$ | 淤泥质粉质黏土/粉质黏土 | −27.30～−42.64 | 20/35 | 49.26 | 18.37 |
| ④$_1$ | 淤泥质粉质黏土 | −42.64～−46.64 | 20 | 28.27 | 18.76 |
| ⑤$_2$ | 粉砂 | −46.64～−60.04 | 50 | 84.27 | 19.33 |

续表

| 地层编号 | 土层名称 | 深度(m) | 地质报告摩阻力值(kPa) | 实测摩阻力极限值(kPa) | 对应位移值(mm) |
|---|---|---|---|---|---|
| ⑤$_2$/⑥$_1$ | 细砂/粉砂/细砂/粗砂/中砂 | −60.04～−72.94 | 35/55/50/110/60 | 94.64 | 20.64 |
| ⑥$_2$ | 粉砂/砾砂 | −72.94～−82.94 | 55/120 | 104.55 | 22.27 |
| ⑦ | 粉砂 | −82.94～−90.24 | 55 | 92.56 | 23.83 |
| ⑦/⑧$_1$ | 细砂/粗砂/中砂 | −90.24～−100.00 | 60/100/70 | 128.23 | 26.69 |
| ⑧$_2$ | 中砂/细砂/粉质黏土 | −100.00～−106.84 | 70/60/50 | 153.39 | 30.75 |
| ⑧$_1$ | 中砂 | 106.84～−112.00 | 70 | 177.18 | 29.60 |

(2) Z5 试桩奥斯托堡（Osterberg Cell）法试验

①测试原理

奥斯托堡法是由美国 Osterberg 教授于 1989 年发明并申请专利的测试桩基承载力的一种新方法，该方法是在桩身下部设置压力盒，试验时，在桩顶通过空气压缩机对压力盒容器中的介质（水）施加压力，产生一对向上与向下的反力，使得桩身侧摩阻力和桩端阻力得以发挥，进而达到极限，直至破坏，从而得到桩基极限承载力。

因为 Z5 试桩按要求进行桩底压浆前后两次测试，2003 年 11 月 2 日完成第一次桩端承载力测试后，11 月 7 日进行桩底压浆，采用 6 回路 U 形管压浆。为使下层压力盒在压浆过程中不受损坏，第一次测试结束后在下层压力盒中保持一定压力，压浆期间上海辉固公司工程师每隔 5min 读取下层压力计的压力和张开量来实时监测压力计的压力和张开情况，通过观测，下层压力计最大压缩量达 2mm。

②测试仪器安装

奥斯托堡法测试仪器由压力计及其连接的压力管线、振弦式位移传感器、应变杆和振弦式应变计等组成。

a. 压力计和连接的压力管线

根据江苏省苏通大桥建设指挥部对 Z5 试桩的基本要求和提供的该桩设计极限承载力，采用 2 层压力计的方法来分别测试桩侧摩阻力和桩端极限承载力。其中上层设置两个 $\Phi$870mm 压力计，下层设置两个 $\Phi$660mm 压力计，每层两个压力计串联。压力计进、出水口分别通过压力管线连接到测试平台。测试时，压力管线两端分别连接压力传感器和空气压缩机驱动的水泵，空气压缩机提供动力水泵产生压力水，使压力计产生向上和向下的推力，压力传感器显示压力计内压力，即其产生的向上和向下的推力。压力计主要参数见表 7.2-36。

**压力计主要参数**　　**表 7.2-36**

| | 数量 | 直径(mm) | 最大行程(mm) | 标定极限加载量(MN) | 安装位置(m) |
|---|---|---|---|---|---|
| 上层压力计 | 2 | 870 | 150 | 54.7 | 距桩底 28.0 |
| 下层压力计 | 2 | 660 | 300 | 32.1 | 距桩底 1.5 |

所有压力计在出厂时，由美国 AEF 公司进行压力标定。

b. 振弦式位移传感器

在每层压力计上、下支撑钢板之间各安装 4 支基康（Geokon，USA）4450 型振弦式位移传感器，在测试期间测量压力计的张开量。另外，安装有 3 组振弦式位移传感器（每组 2 支），分别测量埋入桩身内压缩应变杆的位移量。

压浆后的第二阶段测试也使用 1 组振弦式位移传感器（每组 2 支）来监测连接到桩顶的应变杆的位移变化。具体安装位置见图 7.2-16。

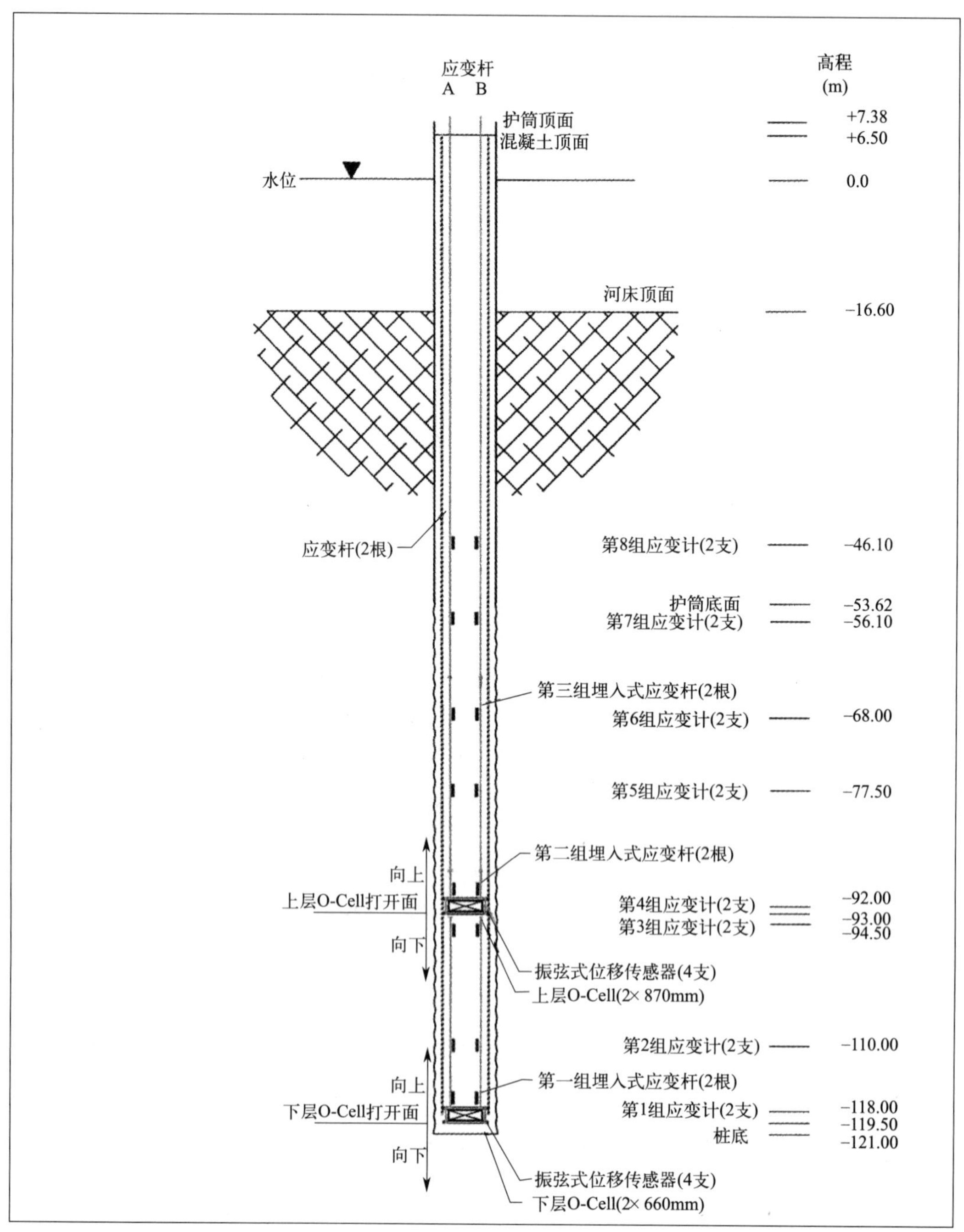


图 7.2-16　测试仪器安装位置图

c. 应变杆

整个桩身内部安装 3 组埋入式压缩应变杆和 1 组应变杆，测试期间分别监测整个桩身的变形量。具体安装位置见图 7.2-16。

d. 振弦式应变计

根据 5＃试桩参考地质钻孔资料，在主要土层分界面安装有 8 组新科（Slope Indicator，USA）点焊式振弦应变计，在承载力测试期间，通过读取应变计的读数来测量桩对各主要土层的摩擦力。具体安装位置见图 7.2-16。

e. 塑料管

从每层压力计底板至桩顶安装有 2 根塑料管，在测试期间，通过保持管内水位，从而平衡压力计打开时产生的负压。

③现场测试

试桩的现场测试工作分压浆前后两次进行，压浆前测试在 2003 年 11 月 2 日进行，当日完成桩端承载力测试；压浆后测试从 2003 年 12 月 2 日开始，12 月 15 日完成整个桩基承载力测试。试验的基准梁，压浆前为 40 号工字钢，压浆后改用 3 根 12 号工字钢焊接而成，基准梁架设在试桩平台上，测试期间基准梁完全由遮阳棚遮挡，从而减少因外界环境（如风力、日照等）对测试结果的影响。测试期间计划使用 Leica 电子水准仪来自动监测基准梁的高程变化，但由于潮汐影响太大而无法得到所需的监测数据，故在测试期间改为通过安装在桩顶的电测传感器来修正基准梁的变位情况。

所有电测位移计、应变计、温度传感器和压力计等通过电缆连接到 DataTaker615 型数据自动采集器上，每分钟一次自动读取所有传感器的变化，来实时监测试验情况。

a. 测试方法

根据 COWI 国际咨询公司专家建议以及综合考虑水上试桩周边作业环境，经江苏省苏通大桥建设指挥部同意，采用 Loadtest 公司建议的快速加载法，该法为 Loadtest 公司用 O-Cell 试桩最常用的成熟方法。加载分级为 300psi（上层压力盒 1.6/1.7MN 为一个加载等级；下层压力盒 0.9/1.0MN 为一个加载等级），每级荷载持荷时间为 30min。

b. 测试步骤

a）压浆前桩端承载力测试

对下层两个 Φ660mm 压力计加压，来评价桩端承载力和压力计以下一段桩身的侧摩阻力。0.9/1.0MN 为一个加载等级，其中第一级加载量为 1.1MN，当加载到 17 级时，即加载量为 16.5MN 时，此时压力计总张开量达 93mm，停止加载，接着分 5 级卸荷。

b）压浆后桩基承载力测试

第一阶段：对下层两个 Φ670mm 压力计加压，0.9/1.0MN 为一个加载等级，来评价压浆后桩端承载力和压力计以下一段桩身的侧摩阻力，当加载到 28 级时，即加载量为 27.0MN 时，桩端承载力达到极限，停止加载，接着分 4 级卸载到零。

第二阶段：对上层两个压力计加压，1.6/1.7MN 为一个加载等级，主要评价桩身侧摩阻力，此时下层压力计为自由状态（压力不向桩端传递），当上层压力计加载到 21 级时，即加载量为 33.7MN，此时压力计总张开量为 106.0mm，压力计以上部分桩身侧摩阻力达到极限。随后分 5 级卸载到零。

第三阶段：上下层压力计同时加压，对两层压力计之间一段桩身进行有侧限压缩模拟试验。

整个测试情况总结如表 7.2-37。

Z5 试桩情况测试汇总　　表 7.2-37

| 阶段 | | 加载等级 | 上层压力计 | | | 下层压力计 | | | 符合终止试验条件 |
|---|---|---|---|---|---|---|---|---|---|
| | | | 最大加载量(MN) | O-Cell压力系统 | 总张开量(mm) | 最大加载量(MN) | O-Cell压力系统 | 总张开量(mm) | |
| 压浆前 | | 1L-1 到 1L-17 | 0 | 关闭 | －1.7 | 16.5 | 加压 | ＋93.0 | (b) |
| 压浆后 | 1 | 2L-1 到 2L-28 | 0 | 关闭 | －1.4 | 27.0 | 加压 | ＋118.5 | (a) |
| | 2 | 3L-1 到 3L-21 | 33.7 | 加压 | ＋106.0 | 0 | 自由 | ＋113.7 | (b) |
| | 3 | 4L-1 到 4L-3 | 21.9 | 加压 | ＋94.2 | 12.9 | 加压 | ＋120.0 | — |

c）终止试验条件

当出现下列情况之一时终止加载：(a) 某级荷载作用下，桩的沉降量或上拔量达前一级荷载作用下的沉降量或上拔量的 5 倍；(b) 桩的上拔量达 100mm 或沉降量达 80mm；(c) 压力计达极限压力或极限行程。

④试验成果分析

a. 桩头极限承载力

压浆前加载到 17 级时，下层压力盒极限加载量为 16.5MN。压浆后加载到 28 级时，下层压力计极限加载量为 27MN，这样，压浆后桩头承载力比压浆前提高 64%。

b. 中部桩身极限侧摩阻力（上、下层压力计之间部分）

第二阶段施加的最大加载量为 33.7MN，此时上层压力计底板向下移动量为 9.0mm，中段 26.5m 桩身按桩径 2500mm 计算，该部分侧摩阻力值为 162kPa。按双曲线模型外推中部桩身侧摩阻力极限值为 216kPa，此时对应的极限加载量是 45MN。

c. 上部桩身侧摩阻力（上层压力计以上部分）

第二阶段施加的向上最大净加载量为 24.1MN，此时上层压力计顶板向上移动量为 99.2mm，根据第 21 级加载量和 2850mm 至 2500mm 桩径部分自重计算，上段 76.4m 桩身平均侧壁摩阻力极限值为 37.5kPa。

d. 试验桩刚度计算

根据成桩单位提供的资料：测试日混凝土强度为 48.7MPa。根据混凝土弹性模量计算公式（ACI 法）：

$$E_c = 57000\sqrt{f_c}$$

这样按设计提供的钢筋布置图和正常桩径计算得到标高－53.62m 以上桩身平均刚度（AE）为 244200MN；－53.62m 至－56.1m 段桩身平均刚度为 180800MN；－56.1m 以下部分桩身平均刚度为 152900MN。从第三阶段 4L-4 加载级得到的中部桩身刚度为 148200MN。对比 ACI 公式计算的桩刚度，可以利用 ACI 公式结果来推算整个试桩刚度。

e. 应变计结果

根据埋设的应变计结果和以上计算的桩身刚度得到的分层桩土之间平均净单位侧摩阻力见表 7.2-38，其中 1L-17 和 3L-21 加载等级对应的桩土间净单位侧摩阻力见表 7.2-39 和表 7.2-40。

**Z5 试桩分层摩阻力**　　表 7.2-38

<table>
<tr><th>层号</th><th>土层名称</th><th>层底标高（m）</th><th>地质报告极限摩阻力(kPa)</th><th>O-Cell 实测极限摩阻力(kPa)</th><th>应变计实测极限摩阻力(kPa)</th></tr>
<tr><td>④1</td><td>灰褐色淤泥质粉质黏土</td><td>−49.58</td><td>25</td><td rowspan="9">37.5<br>(−16.6−93.0)</td><td rowspan="3">103(护筒内)</td></tr>
<tr><td>④2</td><td>灰褐色粉质黏土</td><td>−52.88</td><td>55</td></tr>
<tr><td>④1</td><td>灰褐色淤泥质粉质黏土</td><td>−53.68</td><td>80</td></tr>
<tr><td>⑤2</td><td>灰色粉砂</td><td>−65.88</td><td>55</td><td rowspan="2">45</td></tr>
<tr><td>⑤1</td><td>灰色中砂</td><td>−68.08</td><td>60</td></tr>
<tr><td>⑥1</td><td>黄灰色粗砂</td><td>−70.13</td><td>100</td><td rowspan="4">44</td></tr>
<tr><td>⑥2</td><td>灰色细砂</td><td>−71.58</td><td>55</td></tr>
<tr><td rowspan="2">⑥1</td><td>黄灰色粗砂</td><td>−72.18</td><td>100</td></tr>
<tr><td>黄灰色中砂</td><td>−76.53</td><td>60</td></tr>
<tr><td rowspan="3">⑦</td><td>灰色细砂</td><td>−82.28</td><td>55</td><td rowspan="11">216<br>(外推极限)</td><td rowspan="7">153 (未达极限)</td></tr>
<tr><td>灰色中砂</td><td>−85.58</td><td>60</td></tr>
<tr><td>灰色粗砂</td><td>−94.88</td><td>55</td></tr>
<tr><td rowspan="3">⑧1</td><td>灰白色中砂</td><td>−95.48</td><td>70</td></tr>
<tr><td>灰白色粗砂</td><td>−98.28</td><td>110</td></tr>
<tr><td>灰白色砾砂</td><td>−101.68</td><td>120</td></tr>
<tr><td>⑧T</td><td>灰褐色～灰绿色粉质黏土</td><td>−104.28</td><td>60</td></tr>
<tr><td>⑧2</td><td>灰色粉砂</td><td>−108.38</td><td>60</td><td rowspan="3">151 (未达极限)</td></tr>
<tr><td rowspan="2">⑧1</td><td>灰色中砂</td><td>−115.28</td><td>70</td></tr>
<tr><td>灰色砾砂</td><td>−118.18</td><td>120</td></tr>
<tr><td>⑧2</td><td>灰色细砂</td><td>−122.18</td><td>60</td><td>158 (未达极限)</td></tr>
</table>

**1L-17 加载级平均净单位侧摩阻力**　　表 7.2-39

| 荷载传递区域 | 净单位侧摩阻力(kPa) |
|---|---|
| 第 8 组应变计到第 7 组应变计 | 3(1L-15 加载级) |
| 第 7 组应变计到第 6 组应变计 | 21 |
| 第 6 组应变计到第 5 组应变计 | 10 |
| 第 5 组应变计到第 3 组应变计 | 51 |
| 第 3 组应变计到第 2 组应变计 | 38(1L-9 加载级) |
| 第 2 组应变计到第 1 组应变计 | 11(1L-4 加载级) |
| 第 1 组应变计到下层压力计 | 121 |

**3L-21 加载级平均净单位侧摩阻力**　　表 7.2-40

| 荷载传递区域 | 净单位侧摩阻力(kPa) |
|---|---|
| 第 8 组应变计到第 7 组应变计 | 103(3L-19 加载级) |
| 第 7 组应变计到第 6 组应变计 | 45(3L-12 加载级) |
| 第 6 组应变计到上层压力计 | 44 |

续表

| 荷载传递区域 | 净单位侧摩阻力(kPa) |
|---|---|
| 上层压力盒到第2组应变计 | 153 |
| 第2组应变计到第1组应变计 | 151 |
| 第1组应变计到下层压力计 | 158 |

**4. 四期试桩测试结果**

由自平衡静载测试得到的荷载箱向上及向下的荷载-沉降关系曲线见图7.2-17，桩顶荷载-沉降关系曲线（等效转换曲线）见图7.2-18。桩的极限承载力及构成见表7.2-41。

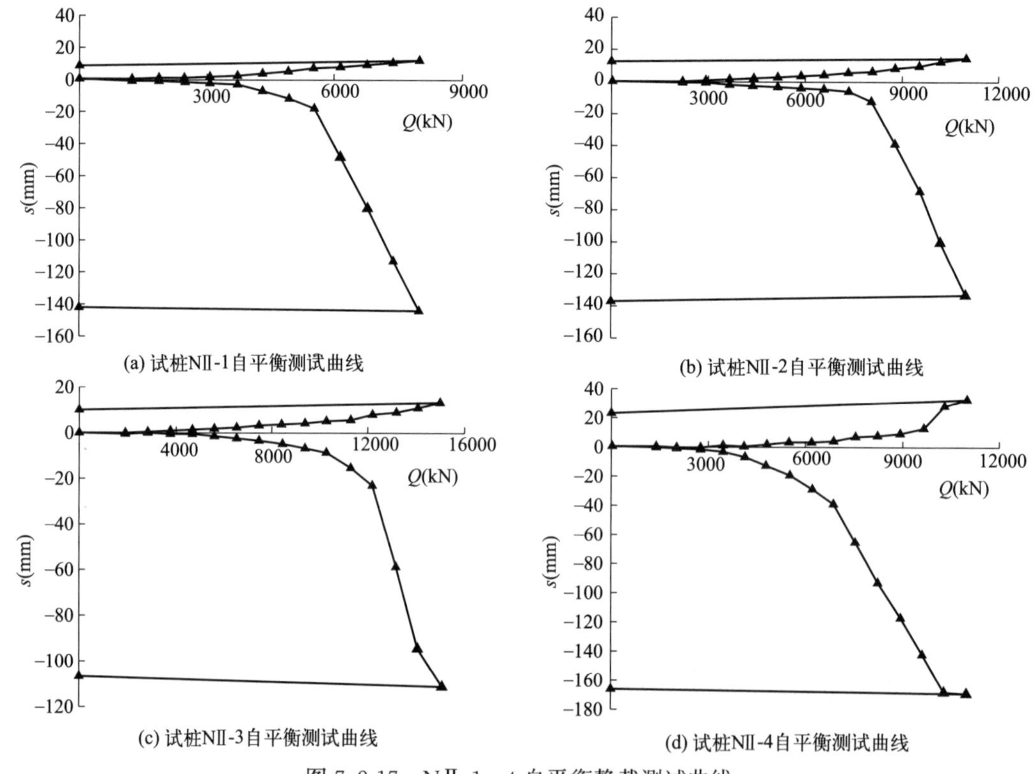


图7.2-17　NⅡ-1～4自平衡静载测试曲线

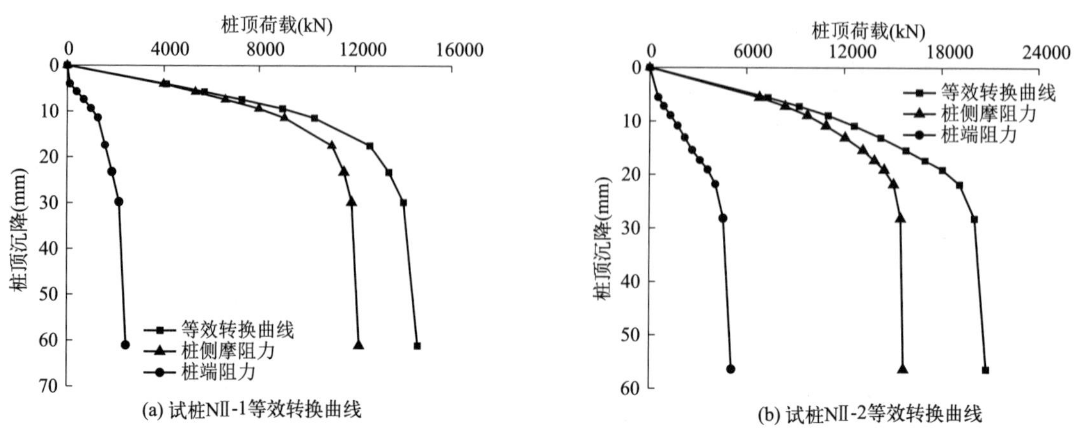


图7.2-18　NⅡ-1～4桩顶荷载-沉降关系及构成（一）

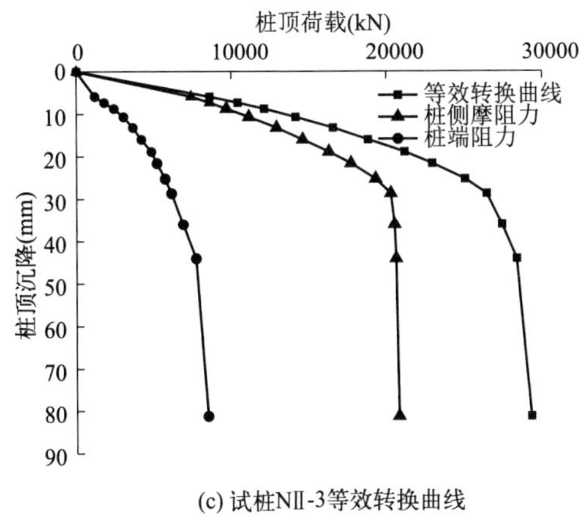

(c) 试桩NⅡ-3等效转换曲线

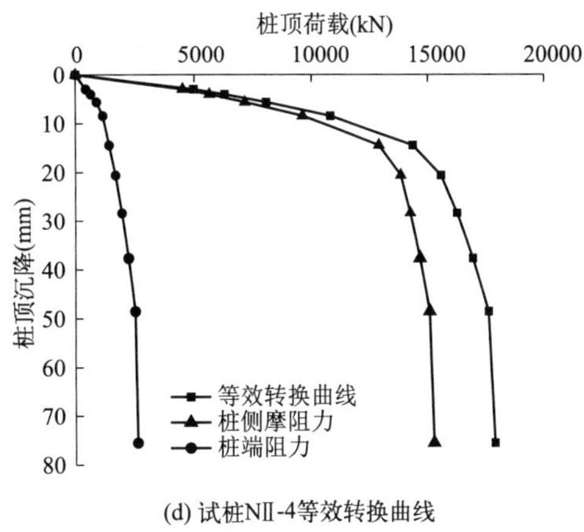

(d) 试桩NⅡ-4等效转换曲线

图 7.2-18　NⅡ-1～4 桩顶荷载-沉降关系及构成（二）

**桩的极限承载力及构成**　　**表 7.2-41**

| 桩号 | 未压浆桩 | | 压浆桩 | |
|---|---|---|---|---|
| | NⅡ-1 | NⅡ-4 | NⅡ-2 | NⅡ-3 |
| 极限承载力(kN) | 14037 | 17629 | 20075 | 28349 |
| 对应位移(mm) | 29.79 | 48.53 | 28.18 | 44.11 |
| 桩端阻力所占比例 | 15.39% | 14.42% | 22.83% | 27.22% |

(1) 自平衡规程分析结果

根据《建筑基桩检测技术规范》JGJ 106—2014 和《建筑基桩自平衡静载试验技术规程》JGJ/T 403—2017 综合分析确定如表 7.2-42。

**试桩自平衡静载荷试验成果分析表**　　**表 7.2-42**

| 试桩编号 | 试桩 NⅡ-1 | 试桩 NⅡ-2 | 试桩 NⅡ-3 | 试桩 NⅡ-4 |
|---|---|---|---|---|
| 荷载箱上部桩的实测极限承载力 $Q_{u上}$(kN) | 7380(第 11 级) | 10270(第 13 级) | 14060(第 14 级) | 9630(第 13 级) |
| 荷载箱下部桩的实测极限承载力 $Q_{u下}$(kN) | 5540(第 8 级) | 8070(第 10 级) | 12190(第 12 级) | 6880(第 9 级) |
| 荷载箱上部桩段长度(m) | 44.4 | 50.9 | 55.6 | 50.6 |
| 荷载箱上部桩自重(kN) | 728 | 834 | 1425 | 1297 |
| 荷载箱上部桩侧摩阻力修正系数 $\gamma$ | 0.8 | 0.8 | 0.8 | 0.8 |
| 单桩竖向抗压极限承载力 $Q_u$(kN)① | 13855 | 20045 | 27984 | 17297 |

注:①单桩竖向抗压极限承载力的计算公式。

根据已测得的各土层摩阻力-位移曲线，转换至桩顶得到的等效转换曲线均为陡变型，故取陡变点对应的荷载为极限承载力，其结果列于表 7.2-43。

各试桩等效转换结果　　表 7.2-43

| 桩号 | 试桩 NⅡ-1(未压浆) | 试桩 NⅡ-2(压浆) | 试桩 NⅡ-3(压浆) | 试桩 NⅡ-4(未压浆) |
|---|---|---|---|---|
| 极限承载力(kN) | 14037 | 20075 | 28349 | 17629 |
| 相应位移(mm) | 29.79 | 28.18 | 44.11 | 48.53 |
| 极限桩端阻力(kN) | 2161(15.39%)① | 4583(22.83%)① | 7717(27.22%)① | 2543(14.42%)① |
| 极限总侧摩阻(kN) | 12198(84.61%)② | 15492(77.17%)② | 20632(72.78%)② | 15086(85.58%)② |

注:①表示极限桩端阻力与极限承载力的比值;②表示极限总侧摩阻力与极限承载力的比值。

试桩 NⅡ-1 的极限承载力为 14037kN，对应位移为 29.79mm。

试桩 NⅡ-2 的极限承载力为 20075kN，对应位移为 28.18mm。

试桩 NⅡ-3 的极限承载力为 28349kN，对应位移为 44.11mm。

试桩 NⅡ-4 的极限承载力为 17629kN，对应位移为 48.53mm。

(2) 岩土摩阻力

①试桩 NⅡ-1 (未压浆)

上段桩取第 11 级荷载 7380kN 作为极限值，下段桩取第 8 级荷载 5540kN 作为极限值，相对应各土层摩阻力如表 7.2-44 所示。

试桩 NⅡ-1 (未压浆) 各土层摩阻力　　表 7.2-44

| 地层编号 | 土层名称 | 标高(m) | 地质报告摩阻力值(kPa) | 实测摩阻力极限值(kPa) | 对应位移值(mm) |
|---|---|---|---|---|---|
| $①_1$ | 粉砂 | 2.27～－14.23 | 35 | 34.10 | 7.37 |
| $①_2$ | 粉质黏土 | －14.23～－21.63 | 30 | 34.77 | 7.87 |
| $①_3$ | 粉砂 | －21.63～－36.23 | 45 | 55.16 | 9.29 |
| $④_1$ | 粉质黏土 | －36.23～－42.23 | 35 | 57.60 | 10.65 |
| $④_2$ | 粉质黏土 | －42.23～－53.03 | 35 | 56.67 | 17.31 |
| $⑤_2$ | 砂质粉土/粉砂 | －53.03～－56.50 | 50/55 | 78.16 | 16.30 |

②试桩 NⅡ-2 (压浆后)

上段桩取第 13 级荷载 10270kN 作为极限值，下段桩取第 10 级荷载 8070kN 作为极限值，相对应各土层摩阻力如表 7.2-45 所示。

试桩 NⅡ-2 (压浆) 各土层摩阻力　　表 7.2-45

| 地层编号 | 土层名称 | 标高(m) | 地质报告摩阻力值(kPa) | 实测摩阻力极限值(kPa) | 对应位移值(mm) |
|---|---|---|---|---|---|
| $①_1$ | 粉砂 | 2.27～－14.23 | 35 | 38.59 | 7.30 |
| $①_2$ | 粉质黏土 | －14.23～－21.63 | 30 | 42.69 | 7.77 |
| $①_3$ | 粉砂 | －21.63～－36.23 | 45 | 67.62 | 9.16 |
| $④_1$ | 粉质黏土 | －36.23～－42.23 | 35 | 59.08 | 11.12 |
| $④_2$ | 粉质黏土 | －42.23～－53.03 | 35 | 82.90 | 11.76 |
| $⑤_2$ | 砂质粉土/粉砂 | －53.03～－56.50 | 50/55 | 132.40 | 10.83 |

③试桩 NⅡ-3 (压浆后)

上段桩取第 14 级荷载 14060kN 作为极限值，下段桩取第 12 级荷载 12190kN 作为极限值，相对应各土层摩阻力如表 7.2-46 所示。

**试桩 NⅡ-3（压浆）各土层摩阻力　　表 7.2-46**

| 地层编号 | 土层名称 | 深度(m) | 地质报告摩阻力值(kPa) | 实测摩阻力极限值(kPa) | 对应位移值(mm) |
|---|---|---|---|---|---|
| ①$_1$ | 砂质粉土 | 1.47～－3.03 | 25 | 11.60 | 6.28 |
| ①$_1$ | 粉砂 | －3.03～－9.03 | 30 | 21.13 | 6.30 |
| ①$_2$/①$_3$ | 淤泥质粉质黏土/砂质粉土 | －9.03～－18.93 | 25/40 | 29.06 | 6.42 |
| ①$_3$ | 粉砂 | －18.93～－32.53 | 45 | 45.44 | 6.89 |
| ①$_3$ | 砂质粉土 | －32.53～－44.38 | 40 | 68.68 | 7.98 |
| ④$_2$ | 粉质黏土与砂质粉土互层 | －44.38～－60.53 | 40 | 105.24 | 21.67 |
| ⑤$_2$ | 粉砂 | －60.53～－63.50 | 55 | 120.53 | 21.02 |

④试桩 NⅡ-4（未压浆）

上段桩取第 14 级荷载 14060kN 作为极限值，下段桩取第 12 级荷载 12190kN 作为极限值，相对应各土层摩阻力如表 7.2-47 所示。

**试桩 NⅡ-4（未压浆）各土层摩阻力　　表 7.2-47**

| 地层编号 | 土层名称 | 深度(m) | 地质报告摩阻力值(kPa) | 实测摩阻力极限值(kPa) | 对应位移值(mm) |
|---|---|---|---|---|---|
| ①$_1$ | 砂质粉土 | 1.47～－3.03 | 25 | 18.56 | 9.00 |
| ①$_1$ | 粉砂 | －3.03～－9.03 | 30 | 31.31 | 9.02 |
| ①$_2$/①$_3$ | 淤泥质粉质黏土/砂质粉土 | －9.03～－18.93 | 25/40 | 36.35 | 9.17 |
| ①$_3$ | 粉砂 | －18.93～－32.53 | 45 | 45.52 | 9.69 |
| ①$_3$ | 砂质粉土 | －32.53～－44.38 | 40 | 44.42 | 10.71 |
| ④$_2$ | 粉质黏土与砂质粉土互层 | －44.38～－60.53 | 40 | 60.95 | 38.66 |
| ⑤$_2$ | 粉砂 | －60.53～－63.50 | 55 | 76.92 | 38.08 |

(3) 端承载力

试桩 NⅡ-1（未压浆）

桩端极限阻力为 2161kN，相应位移为 16.19mm。

试桩 NⅡ-2（压浆）

桩端极限阻力为 4583kN，相应位移为 10.65mm。

试桩 NⅡ-3（压浆）

桩端极限阻力为 7692kN，相应位移为 20.82mm。

试桩 NⅡ-4（未压浆）

桩端极限阻力为 2543kN，相应位移为 38.02mm。

(4) 压浆效果分析

压浆后桩端阻力和荷载箱以下桩侧摩阻力均显著提高，因此极限承载力有了较大提高。压浆效果对比如图 7.2-19～图 7.2-24 所示。

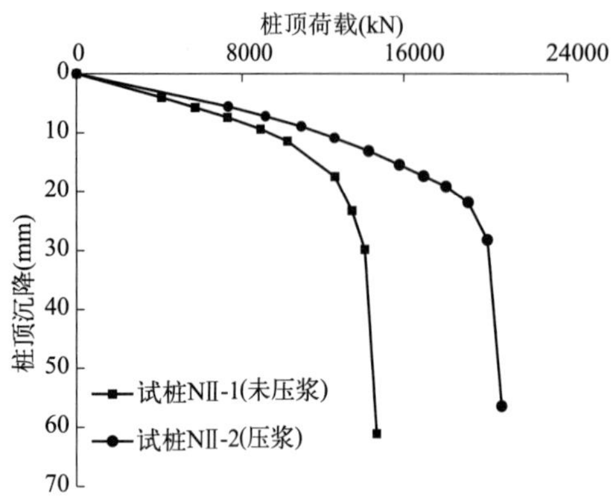


图 7.2-19　试桩 NⅡ-1（未压浆）和试桩 NⅡ-2（压浆）转换曲线

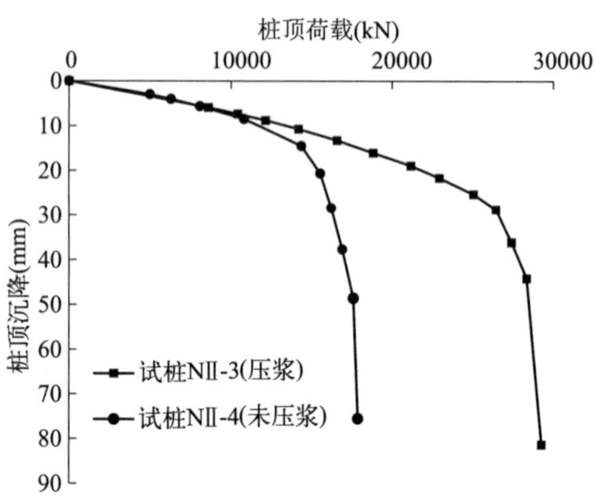


图 7.2-20　试桩 NⅡ-3（压浆）和试桩 NⅡ-4（未压浆）转换曲线

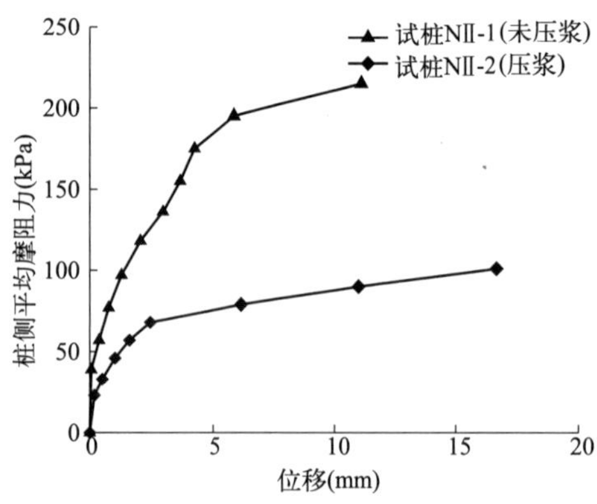


图 7.2-21　试桩 NⅡ-1（未压浆）和试桩 NⅡ-2（压浆）下部桩侧平均摩阻力-位移曲线

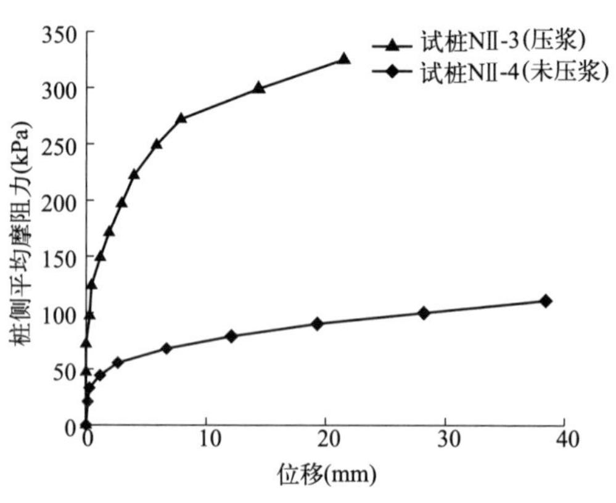


图 7.2-22　试桩 NⅡ-3（压浆）和试桩 NⅡ-4（未压浆）下部桩侧平均摩阻力-位移曲线

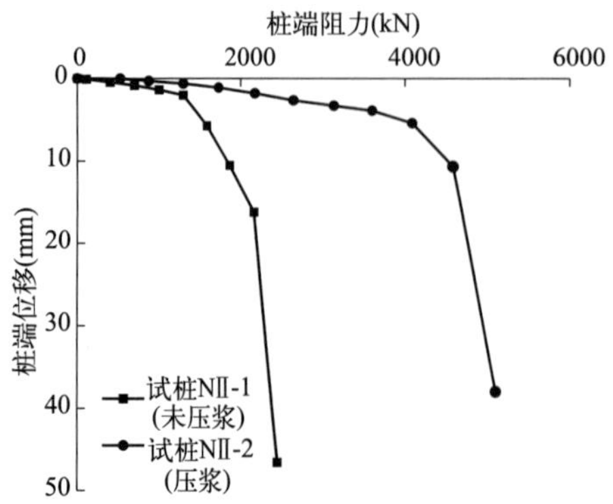


图 7.2-23　试桩 NⅡ-1（未压浆）和试桩 NⅡ-2（压浆）桩端阻力-位移曲线

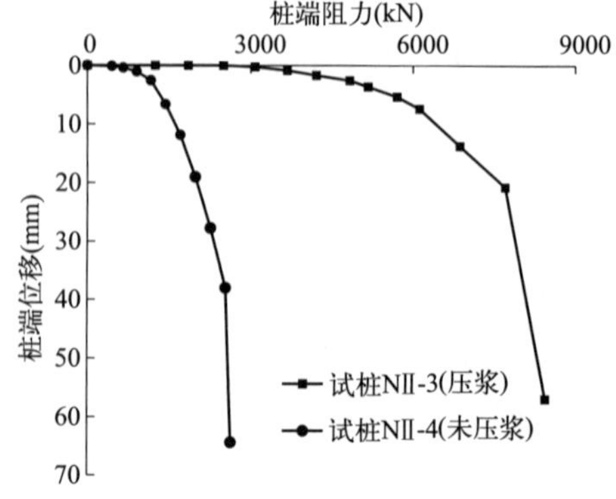


图 7.2-24　试桩 NⅡ-3（压浆）和试桩 NⅡ-4（未压浆）桩端阻力-位移曲线

①极限承载力：试桩 NⅡ-2（压浆）的极限承载力 20075kN 比试桩 NⅡ-1（未压浆）的极限承载力 14037kN 提高了 43%；试桩 NⅡ-3（压浆）的极限承载力 28349kN 比试桩 NⅡ-4（未压浆）的极限承载力 17629kN 提高了 61%。

②下部桩侧平均摩阻力：试桩 NⅡ-2（压浆）的下部桩侧平均摩阻力 214.06kPa 比试桩 NⅡ-1（未压浆）的下部桩侧平均摩阻力 101.35kPa 提高了 111%；试桩 NⅡ-3（压浆）的下部桩侧平均摩阻力 323.35kPa 比试桩 NⅡ-4（未压浆）的下部桩侧平均摩阻力 112.31kPa 提高了 188%。

③桩端阻力：试桩 NⅡ-2（压浆）的桩端阻力 4583kN 比试桩 NⅡ-1（未压浆）的桩端阻力 2161kN 提高了 112%；试桩 NⅡ-3（压浆）的桩端阻力 7692kN 比试桩 NⅡ-4（未压浆）的桩端阻力 2543kN 提高了 202%。

## 7.2.2　东海大桥

### 7.2.2.1　工程概况

东海大桥工程是上海国际航运中心集装箱深水港必不可少的配套工程，直接为港区大量集装箱陆路输运及港区供水、供电、通信等工程服务。东海大桥起始于上海浦东南汇区的芦潮港，跨越杭州湾北部海域，在浙江省嵊泗县崎岖列岛中的大乌龟岛登陆，沿大乌龟岛、颗珠山岛至小城子山小洋山港区一期交接点，工程全长 31km。其中：芦潮港新老大堤之间的陆上段长 2264m；芦潮港至嵊泗县崎岖列岛的大乌龟岛之间的海上段长 25131.5m；大乌龟岛至小城子山小洋山港区一期交接点的港桥连接段长约 3500m。

东海大桥海上段设通航孔四个，其中：一个主通航孔，主跨径为 420m，三个辅通航孔，主跨径分别为 120m、140m、160m，上部结构采用钢和混凝土结合梁斜拉桥，基础采用 $\Phi$2.5m 大直径钻孔灌注桩，桩长约 110m。由于本工程位于杭州湾海域，风、浪、流等自然条件十分复杂，给海上钻孔灌注桩的施工带来较多困难，且海上大直径钻孔灌注桩的设计与施工经验很少，因此有必要对通航孔桥 $\Phi$2.5m 大直径钻孔灌注桩进行试验，通过科学试验与检测分析，以验证并指导钻孔灌注桩的设计与施工。

选择具有代表性的试桩 PM336 和试桩 PM241 进行测试。PM336 位于主通航孔，双荷载箱，先测试，压浆后再测试；PM241 试桩位于辅通航孔为单荷载箱，先测试，压浆后再测试。

**1. 地质条件**

（1）420m 主通航孔 PM336 主墩

①第四系全新统（$Q_4$）地层（图 7.2-25）

淤泥质粉质黏土（地层编号③$_1$）：灰黄～灰色，含少量腐殖物，夹较多微薄层粉砂，局部为淤泥混砂，土质极软，钻具局部自沉，属新近沉积的软弱土层；该层在勘探区内分布较稳定，呈饱和、流塑状态；该层层厚为 2.70～5.50m，层底标高为－12.70～－17.35m。淤泥质黏土（地层编号④$_1$）：灰黄～灰色，切面光滑，含少量黑色有机质、贝壳碎片及腐殖物，夹少量微薄层粉细砂；该层在勘探区内分布稳定，呈饱和、流塑状态；该层层厚为 5.90～12.20m，层底标高为－23.25～26.30m。黏土（地层编号⑤$_1$）：灰～灰褐色，含少量黑色有机质、贝壳碎片及腐殖物，夹较多微薄层粉细砂，局部粉细砂夹层较多，为淤泥质黏土夹粉细砂；该层在勘探区内分布较稳定，呈饱和、流～软塑状态；该层层厚为1.60～7.30m，层底标高为－25.60～32.00m。

②第四系上更新统（$Q_3$）地层

粉质黏土（地层编号⑥）：灰绿～褐黄色，局部灰黄色，含氧化铁斑迹，局部黏性较重，呈饱和、可塑～硬塑状态；该层层厚为1.70～3.50m，层底标高为－29.10～34.00m。砂质粉土（地层编号$⑦_{1\text{-}1}$）：褐黄～灰黄色，土质不均，夹少量黏性土，局部为粉细砂或黏质粉土，该层分布较广泛，呈饱和、中密状态；该层层厚为3.45～7.30m，层底－35.65～－38.95m。粉细砂（地层编号$⑦_{1\text{-}2}$）草黄～灰黄色，局部灰色，土质较均，主要由云母、石英、长石等矿物颗粒组成，局部夹薄层黏性土及粉土，呈饱和、中密～密实状态；该层层厚为8.30～17.85m，层底标高为－45.80～－53.85m。粉细砂（地层编号$⑦_2$）（$Q_3$）：灰～灰黄色，颗粒较均，质纯，含云母碎片，偶夹微薄层黏性土，偶见贝壳碎片；含少量砾石，砾石粒径2～15mm，该层在勘探区内分布较稳定，厚度较大，呈饱和、密实状态；该层厚度为27.95～51.10m，层底标高为－81.60～－100.0m。含砾中粗砂（地层编号$⑨_2$）：灰～灰黄色，砾石粒径一般5～10mm，含量5%～20%，局部为中细砂，呈饱和、密实状态；该层揭露厚度为3.05～9.00m，层底标高为－87.80～－105.95m。

③第四系中更新统（$Q_2$）地层

粉质黏土（地层编号⑩）：灰色～蓝灰色，土质不均，含少量腐殖物，夹薄层粉土和粉细砂；呈饱和、可塑～硬塑状态，该层层厚为6.10～12.60m，层底标高为－95.50～－112.55m。粉细砂（地层编号$⑪_1$）：灰～蓝灰色，土质不均，含云母碎片和砾石，偶夹5～20cm薄层黏性土，偶见贝壳碎片。呈饱和、密实状态；该层层厚为13.60～22.34m，底层标高为－114.80～－122.60m。含砾中粗砂（地层编号$⑪_2$）：灰～蓝灰色，砾石粒径一般2～10mm，含量5%～20%，分选性及磨圆度均较好，局部为中细砂；呈饱和、密实状态。该层层厚为6.85～11.04m，层底标高为－127.64～－129.45m。粉质黏土（地层编号⑫）：灰～蓝灰色，含少量有机质，土质较纯，可见铁锰锈斑及钙质结核，下部夹灰黄色粉细砂；呈饱和、可塑～硬塑状态。该层层厚为26.63m，层底标高为－154.27m。粉细砂（地层编号⑬）：灰～蓝灰色，夹黏土团块，下部砂质较纯，呈饱和、密实状态；本次钻探未钻穿该层，其厚度不详。

（2）140m辅通航孔PM241主墩

根据《东海大桥通航孔（芦潮港侧500t、1000t）段桥梁工程地质勘察报告》，本通航孔共钻8个，区域地层分布如下：①灰褐色淤泥：海地淤积物，夹较多粉性土，钻具自沉，无结构，高压缩性，分布于表面，厚约5.5～7.0m。④灰色淤泥黏土：夹少量薄层粉砂，含云母及贝壳屑。流塑状，高压缩性；层面标高－15.5～17.1m，厚度为8.0～12.0m。⑤灰色粉质黏土：含少量腐殖质及钙质结构，夹薄层粉砂；软塑状，高压缩性。层面标高－24.5～－29.0m，厚度为2.0～6.5m。⑥灰绿色粉质黏土：含氧化铁斑点及少量条纹。可塑～硬塑状，中等压缩性；层面标高－28.0～－32.0m，厚度为0～5.6m。$⑦_1$草黄色砂质粉土：含氧化铁斑点、云母等，夹薄层黏土。中密状，中等压缩性；层面标高－33.6～－37.5m，厚度为5.5～7.5m。$⑦_{2\text{-}1}$草黄～灰黄色粉砂：含氧化铁斑点、云母。局部含少量黏土，为砂质粉土；密实状，低压缩性。层面标高－41.1～－43.0m，厚度为10.0～13.0m。$⑦_{2\text{-}2}$灰黄色粉砂：含氧化铁斑点、云母，局部砂性较纯，颗粒较细，以细砂为主，密实状，低压缩性；层面标高－51.6～－55.1m，厚度为 15.5～21.1m。⑦$_3$ 灰色粉砂：含云母，土质不太均匀，局部夹薄层黏土较多，密实状，低压缩性；层面标高－67.1～74.1m，厚度为 8.4～14.5m。⑨灰色含砾粉细砂：含云母及砾石，砂颗粒较粗，以粉细砂为主，夹较多的中粗砂及砾石，局部以中粗砂为主，密实状，低压缩性；层面标高－81.5～－85.5m，仅 T2-4 孔揭穿该层，厚度为 38.5m。⑩蓝灰～草黄色黏土：含铁锰质结核和钙质胶结物，硬塑转状，中等～低压缩性；仅 T2-4 孔揭穿该层，层面标高－120.0m，厚度大于 40m。

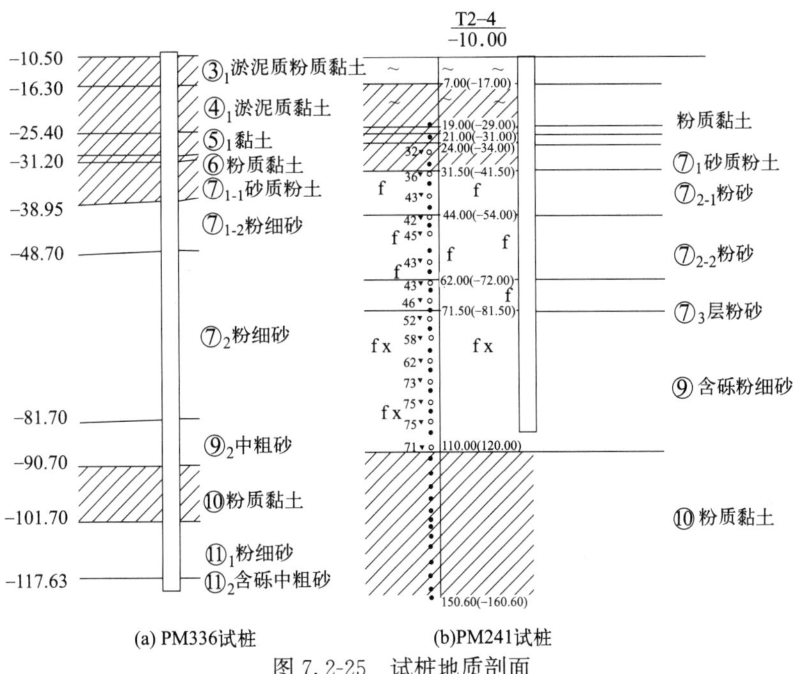

(a) PM336试桩　(b)PM241试桩

图 7.2-25　试桩地质剖面

## 2. 试桩桩位布置

PM336 墩试桩（主通航孔）布置图见图 7.2-26。

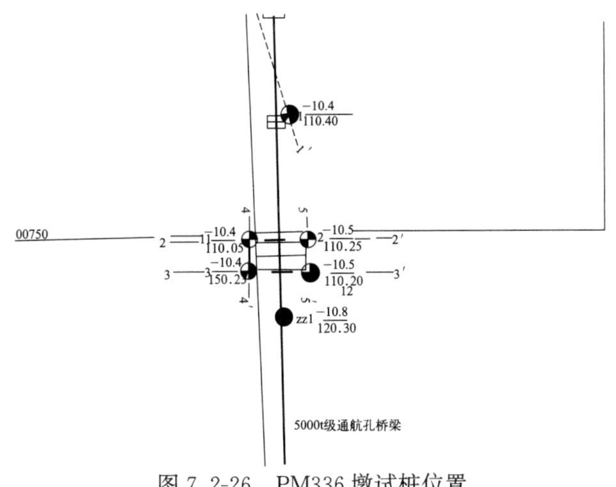


图 7.2-26　PM336 墩试桩位置

PM241 墩试桩（辅通航孔）布置图见图 7.2-27。

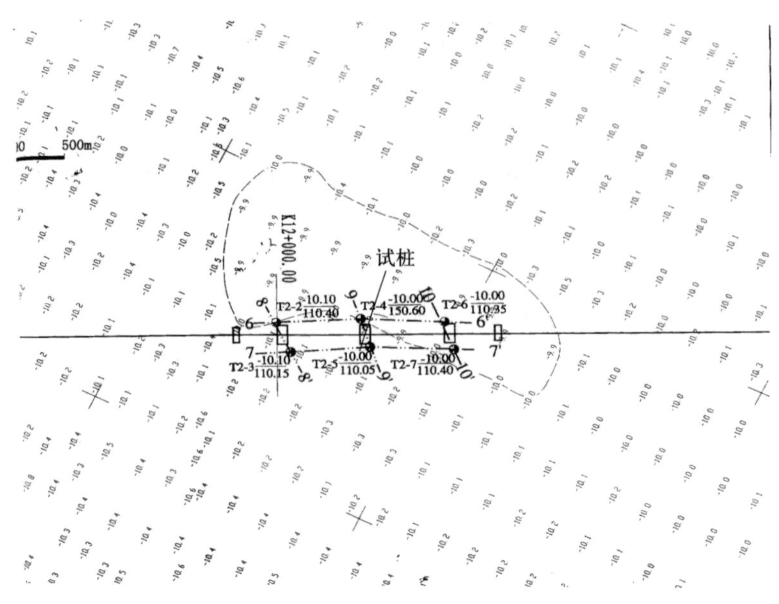


图 7.2-27　PM241 墩试桩位置

**3. 试桩概况**

试桩概况见表 7.2-48。

试桩情况一览表　　表 7.2-48

| 编组 | 试桩位置 | 预估极限承载力(kN) | 荷载箱至桩端距离(m) | 设计桩径(m) | 设计桩长(m) | 桩端持力层 | 数量 | 参考钻孔 |
|---|---|---|---|---|---|---|---|---|
| F | 主通航孔 PM336 | 2×24000(上)<br>2×24000(下) | 46(上)<br>2(下) | 2.5 | 110 | ⑪$_1$ 粉细砂 | 1 | No.4 |
| E | 辅通航孔 PM241 | 2×30000 | 38 | 2.5 | 110 | ⑨灰色含砾粉细砂 | 1 | T2-5 |

注:(上)表示上荷载箱;(下)表示下荷载箱。

### 7.2.2.2　试桩结果分析

试桩 PM336 压浆前后由自平衡静载测试得到的荷载箱向上及向下的荷载-位移关系曲线见图 7.2-28，桩荷载关系曲线（等效转换曲线）见图 7.2-29。桩的极限承载力及构成见表 7.2-49。

压浆量及其极限承载力提高幅度　　表 7.2-49

| 桩号 | 压浆土层 | 压浆量(t) | 压浆前承载力(kN) | 压浆后承载力(kN) | 提高值(kN) | 百分比(%) | 备注 |
|---|---|---|---|---|---|---|---|
| PM336 | 粉细砂 | 8 | 41000 | >52000 | >11000 | >26.8 | — |
| PM241 | 含粒粉细砂 | 6.7 | 30000 | 57000 | 27000 | 90 | — |

试桩 PM241 压浆前后由自平衡静载测试得到的荷载箱向上及向下的荷载-位移关系曲线见图 7.2-30，桩荷载关系曲线（等效转换曲线）见图 7.2-31。压浆前后桩端阻力极限

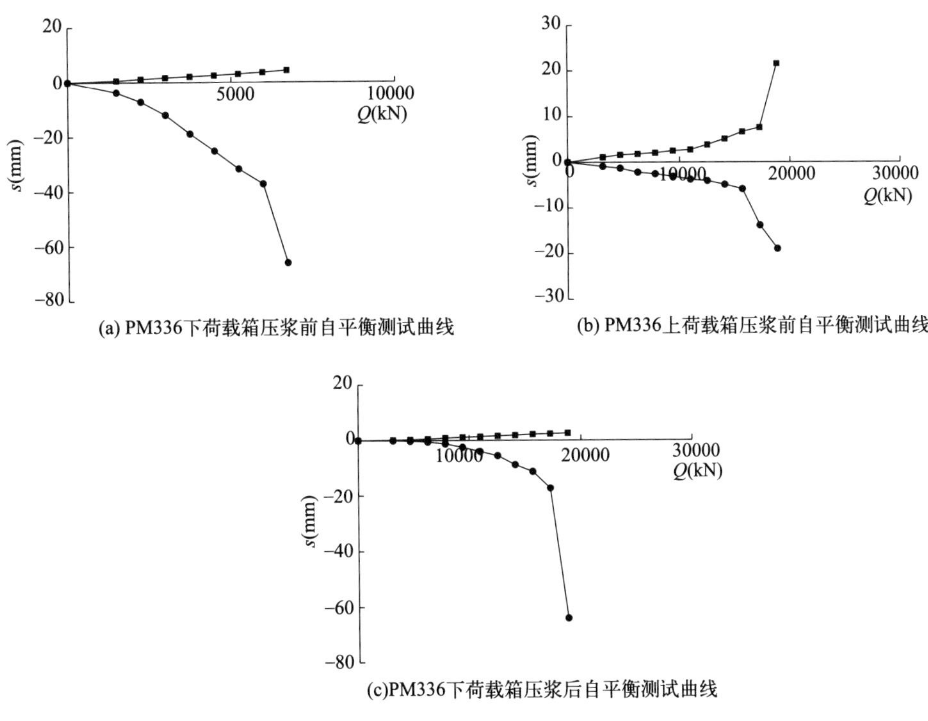


(a) PM336下荷载箱压浆前自平衡测试曲线　(b) PM336上荷载箱压浆前自平衡测试曲线

(c)PM336下荷载箱压浆后自平衡测试曲线

图 7.2-28　PM336 压浆前后自平衡静载测试曲线

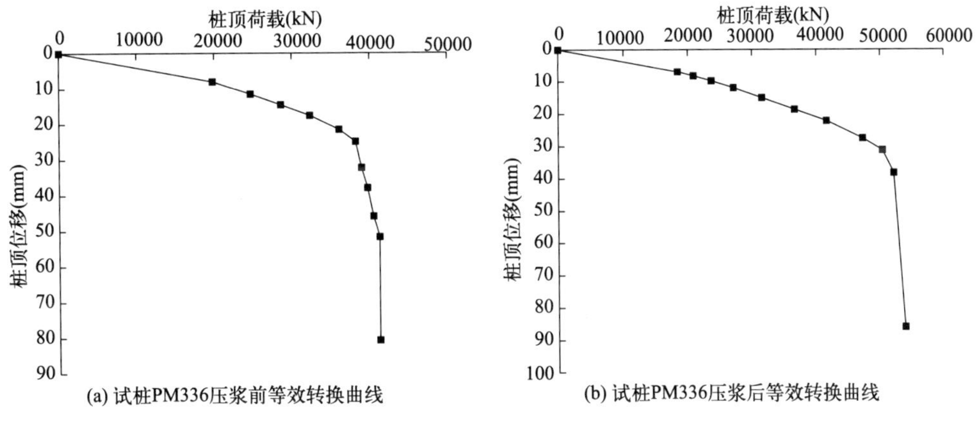


(a) 试桩PM336压浆前等效转换曲线　(b) 试桩PM336压浆后等效转换曲线

图 7.2-29　试桩 PM336 压浆前后桩荷载关系曲线

值见表 7.2-50。

**压浆前后桩端阻力极限值**　　　**表 7.2-50**

| 试桩 / 工况 | PM336 桩端阻力(kN) | PM241 桩端阻力(kN) |
|---|---|---|
| 压浆前 | 6080 | 0 |
| 压浆后 | 17600 | ＞5000 |

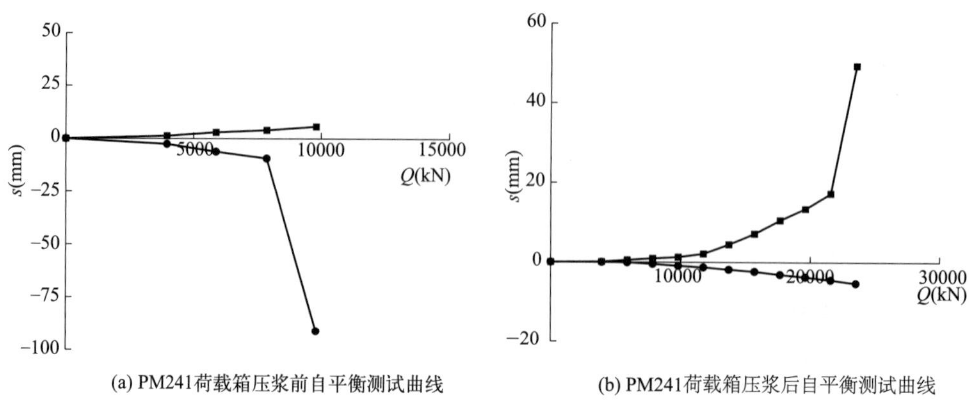

(a) PM241荷载箱压浆前自平衡测试曲线

(b) PM241荷载箱压浆后自平衡测试曲线

图 7.2-30　PM241 压浆前后自平衡静载测试曲线

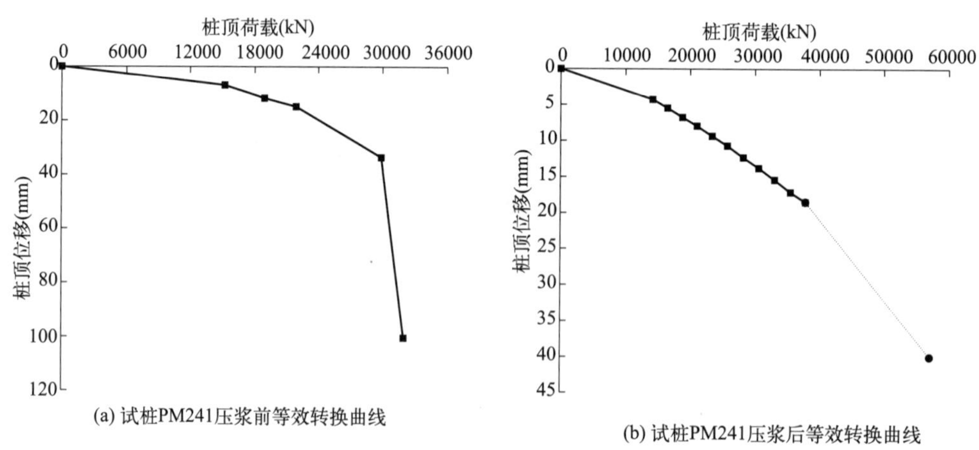

(a) 试桩PM241压浆前等效转换曲线

(b) 试桩PM241压浆后等效转换曲线

图 7.2-31　试桩 PM241 压浆前后桩荷载关系曲线

#### 7.2.2.3　压浆效果分析

经过压浆前后承载力的测试，可以看出，两根试桩经桩端压浆，桩承载力得到大幅度提高。桩端压浆桩承载力的提高不仅在于压浆固结了孔底沉渣和土体，起到扩底效应，下部桩身的桩侧泥皮和一定范围的土体也得到加固，从而使桩端承载力和侧阻力均得到提高。压浆前两根试桩下段 $Q$-$s$ 曲线在很小的荷载下出现陡降段，这与地质报告值有较大的偏差。后查施工记录，PM336 试桩钻孔用了 16d，清孔用了 43h，下钢筋笼用了 5d，灌注混凝土用了 13h。PM241 试桩开钻到混凝土浇捣完毕也用了较长时间，约 19d。这样导致成孔距离浇灌混凝土的间隔时间太长，桩侧泥皮、桩端沉渣厚，临空面应力松弛，既降低了桩侧摩阻力，也降低了桩端阻力。经桩端压浆后，试桩桩端承载力大幅度提高，从自平衡测试曲线及转换曲线可以看出，桩端压浆桩其承载性能的稳定性（承载力、沉降量）明显优于未压浆桩。压浆前后承载力比较如表 7.2-51 所示。

压浆前后承载力比较　表 7.2-51

| 桩号 | 压浆土层 | 压浆量(t) | 最大压浆压力(MPa) | 压浆前承载力(kN) | 压浆后承载力(kN) | 提高值(kN) | 百分比(%) |
|---|---|---|---|---|---|---|---|
| PM336 | 粉细砂 | 8 | 4 | 41000 | >52000 | >11000 | >26.8 |
| PM241 | 含粒粉细砂 | 6.7 | 8 | 30000 | 57000 | 27000 | 90 |

## 7.2.3　杭州湾跨海大桥

### 7.2.3.1　工程概况

杭州湾跨海大桥全长 36km。大桥设南、北两个航道，其中北航道桥为主跨 448m 的钻石型双塔双索面钢箱梁斜拉桥，南航道桥为主跨 318m 的 A 型单塔双索面钢箱梁斜拉桥。除南北航道外，其余引桥采用 30～80m 不等的预应力混凝土连续箱梁结构。

杭州湾跨海大桥南岸滩涂区长达 9km，桥梁基础采用钻孔摩擦桩。钻孔桩数量众多，从详勘地质钻孔揭示的情况来看，地质条件较差，为满足承载力要求，钻孔桩设计桩长较长。根据调研，大桥建设指挥部决定通过试桩确定桩基承载力和桩底压浆施工工艺，合理确定桩长，为施工图优化设计提供充分的依据。桥位区地层的地质时代、岩性、埋藏条件及其物理力学特征如表 7.2-52 所示。

地质资料　表 7.2-52

| 土层编号 | 层底标高(m) | 层底深度(m) | 层厚(m) | 岩性描述 | 土层分类名称 | 钻孔桩桩周土极限摩阻力 $\tau_i$(kPa) |
|---|---|---|---|---|---|---|
| ②$_1$ | −0.22 | 2.20 | 2.20 | 砂质粉土:灰黄色,顶部含少量贝壳,粉粒含量较高,稍密,饱和 | 砂质粉土 | 25 |
| ②$_2$ | −14.12 | 16.10 | 13.90 | 砂质粉土:灰色,粉粒含量较高,局部相变为粉质黏土,稍～中密,湿 | 砂质粉土 | 35 |
| ③$_1$ | −43.02 | 45.00 | 28.90 | 淤泥质粉质黏土:灰色,具水平层理构造,层间夹薄层粉砂,饱和,28.0m 以上局部为软塑状粉质黏土,40.0m 以下为流塑状粉质黏土 | 淤泥质粉质黏土 | 20 |
| ④$_1$ | −53.52 | 55.50 | 10.50 | 黏土:灰色,具鳞片状构造,局部含少量腐殖物,软塑,饱和 | 黏土 | 22 |
| ⑥$_1$ | −68.52 | 70.50 | 15.00 | 黏土:灰色,具水平层理构造,局部含少量腐殖物,软塑,饱和,62.0m 以下为软塑状粉质黏土 | 黏土 | 40 |
| ⑦$_1$ | −72.02 | 74.00 | 3.50 | 中砂:灰黄色,矿物成分以石英和长石为主,密实,湿 | 中砂 | 55 |
| ⑦$_2$ | −78.82 | 80.80 | 6.80 | 粉质黏土:灰色,具水平层理构造夹少量粉砂薄层,软～流塑,饱和,下部为硬塑,湿 | 粉质黏土 | 40 |
| ⑦$_{2\text{-}1}$ | −81.02 | 83.00 | 2.20 | 粉砂:灰色,主要矿物成分为石英和长石,充填较多黏性土,密实,中密 | 粉砂 | 50 |
| ⑧$_1$ | −85.52 | 87.50 | 4.50 | 黏土:灰绿色,硬塑,湿 | 黏土 | 55 |
| ⑧$_2$ | −88.22 | 90.20 | 3.10 | 黏土:灰色,硬塑,湿 | 黏土 | 40 |

杭州湾跨海大桥静载试验分四期进行，每期试桩的参数如表 7.2-53 所示。

**静载试验试桩参数汇总表** **表 7.2-53**

| 类型 | 编号 | 桩径（m） | 桩顶标高（m） | 桩底标高（m） | 有效桩长（m） | 单/双荷载箱 | 预估加载值（kN） | 地质钻孔号 |
|---|---|---|---|---|---|---|---|---|
| 一期 | A1 | 1.5 | 5 | −75 | 80 | 双 | 15800<br>6400（桩端） | XZK328～s |
| | A2 | 1.5 | 5 | −85 | 90 | 单 | 13800 | XZK328～s |
| | E | 1.5 | 17 | −84 | 101 | 单 | 15800 | ESK1 |
| 二期 | SZ1 | 1.5 | 5.0 | −85.0 | 90 | 单 | 3000 | XZK321 |
| | SZ2 | 1.5 | 5.0 | −85.0 | 90 | 单 | 3000 | XZK321 |
| 三期 | 144-3# | 1.5 | −0.50 | −87.50 | 87 | 双 | 上 2×10000<br>下 2×7000 | XZK320 |
| | F15-33# | 2.0 | −1.00 | −101.00 | 100 | 单 | 2×18000 | XZK232 |
| 四期 | 23# | 2.8 | −0.80 | −120.80 | 120.00 | 双 | 上 2×22000<br>下 2×22000 | XZK447 |
| | 25# | 2.8 | −0.80 | −120.80 | 120.00 | 单 | 2×30000 | XZK448 |

压浆情况简介如下：

（1）一期试桩

A 组试桩为 2 根 Φ1500 钻孔灌注桩，其中 A1 桩长 80m，A2 桩长 90m，两桩相距 9m。采用水上工作平台法组织施工。桩身混凝土的强度等级为 C30，在二次清孔完成后，进行水下混凝土灌注。因测试设备较多，采用拔球方式填充混凝土。灌注时采用 $\phi$262mm 快速卡口导管，导管埋置深度适当，埋深控制在 3～6m 之间，导管提升缓慢。各试桩的测试情况如表 7.2-54 所示。

**各桩测试情况** **表 7.2-54**

| 试桩编号 | 灌注混凝土日期 | 压浆状况 | 压浆时间 | 测试日期 | 测试内容 |
|---|---|---|---|---|---|
| 试桩 A1 | 5.20 | 桩底 | 6.30 | 6.14～6.16<br>7.10～7.13<br>7.25～7.26 | 桩端阻力（压浆前）<br>桩端阻力（压浆后）<br>整桩承载力（压浆后） |
| 试桩 A2 | 5.03 | 无 | 无 | 6.14～6.16 | 整桩承载力 |
| 试桩 E | 6.22 | 无 | 无 | 7.17～7.18 | 整桩承载力 |

（2）二期试桩

SZ2 试桩由宁波市交通建设工程公司施工，在杭州湾跨海大桥工程指挥部、厦门路桥监理公司的共同协助下完成整个工艺，成桩日期 2003 年 7 月 27 日。施工情况基本正常。该试桩桩径 1.5m，桩顶标高＋5.00m，桩底标高－85.0m。采用双层钢护筒，外护筒打至标高－9.07m，内护筒打至标高－9.14m。下荷载箱标高－83.5m，上荷载箱标高－71.5m。SZ2 先进行压浆，再测试。压浆情况如表 7.2-55 所示。

**压浆情况汇总表　　　表 7.2-55**

| 管道 | 第一循环 | | | 第二循环 | | | 第三循环 | | |
|---|---|---|---|---|---|---|---|---|---|
| | 时间 | 压力(MPa) | 压浆量(L) | 时间 | 压力(MPa) | 压浆量(L) | 时间 | 压力(MPa) | 压浆量(L) |
| 声测管 1 | 11:09～11:17 | 2 | 500 | 17:19～17:28 | 2 | 500 | 23:42～23:51 | 4 | 380 |
| 声测管 2 | 11:21～11:28 | 2 | 500 | 17:34～17:40 | 3 | 500 | 23:56～24:11 | 4 | 300 |

（3）三期试桩

三期试桩为杭州湾跨海大桥南岸南滩涂 IX-B 合同段桥梁基础采用钻孔灌注桩。为验证桩基承载力和桩底压浆施工工艺，采用自平衡法进行了两根试桩的承载力试验。①144-3 号试桩：桩径 1500mm，桩顶标高－0.50m，桩底标高－87.50m，桩长 87.00m，上荷载箱设于－71.50m，下荷载箱设于－85.50m，成桩日期 2004 年 10 月 26 日，施工过程一切正常；②F15-33 号试桩：桩径 2000mm，桩顶标高－1.00m，桩底标高－101.00m，桩长 100.00m，荷载箱埋设于－91.00m，成桩日期 2005 年 9 月 23 日，施工过程一切正常。

144-3 号桩为埋设了两荷载箱，成桩后先进行上、下荷载箱的测试，压浆完全后再进行测试，于 2004 年 11 月 17 日进行桩端压浆，具体情况见表 7.2-56。

**三期 144-3 号试桩压浆情况汇总表　　　表 7.2-56**

| 管道 | 第一循环 | | | 第二循环 | | | 第三循环 | | | 总压浆量(L) |
|---|---|---|---|---|---|---|---|---|---|---|
| | 时间 | 压力(MPa) | 压浆量(L) | 时间 | 压力(MPa) | 压浆量(L) | 时间 | 压力(MPa) | 压浆量(L) | |
| 压浆管 1 | 19:30～19:50 | 1.5 | 400 | 2:30～2:39 | 2.3 | 400 | 9:25～9:36 | 3.7 | 300 | 3200 |
| 压浆管 2 | 19:54～20:06 | 1.7 | 400 | 2:44～2:54 | 2.5 | 400 | 9:41～9:52 | 4 | 400 | |
| 压浆管 3 | 20:15～20:25 | 1.8 | 300 | 3:00～3:11 | 2.8 | 300 | 10:03～10:18 | 4 | 300 | |

F15-33 号桩埋设了单荷载箱，先压浆再进行测试。压浆详细情况见表 7.2-57。

**三期 F15-33 号试桩压浆情况汇总表　　　表 7.2-57**

| 管道 | 第一循环 | | | 第二循环 | | | 第三循环 | | | 总压浆量(L) |
|---|---|---|---|---|---|---|---|---|---|---|
| | 时间 | 压力(MPa) | 压浆量(L) | 时间 | 压力(MPa) | 压浆量(L) | 时间 | 压力(MPa) | 压浆量(L) | |
| 压浆管 1 | 21:30～21:50 | 3.0 | 900 | 22:00～22:15 | 3.2 | 900 | 22:25～22:50 | 3.0 | 900 | 7000 |
| 压浆管 2 | 03:40～03:55 | 3.2 | 900 | 04:10～04:30 | 3.2 | 900 | 04:38～05:00 | 3.3 | 900 | |
| 压浆管 3 | 09:40～10:00 | 3.4 | 600 | 10:20～11:00 | 3.3 | 600 | 11:30～12:30 | 3.6 | 400 | |

(4) 四期试桩

杭州湾跨海大桥南航道主墩(D13)基础采用钻孔灌注桩,根据规范和设计要求,采用自平衡法进行两根桩静载荷试验,确定压浆前后单桩承载力,验证灌注桩施工工艺和压浆效果。选择 23#和 25#桩进行测试。

23#试桩:桩径 2800mm,桩顶标高−0.80m,桩底标高−120.80m,上荷载箱底标高−103.30m,下荷载箱标高−117.80m,混凝土强度等级为 C30。成桩日期 2004 年 12 月 02 日。采用四回路 U 形管压浆工艺,于 2004 年 12 月 29 日进行桩端压浆,具体情况见表 7.2-58。

**四期 23#试桩压浆情况汇总表** **表 7.2-58**

| 回路 | 第一循环 | | | 第二循环 | | | 第三循环 | | |
|---|---|---|---|---|---|---|---|---|---|
| | 时间 | 压力(MPa) | 压浆量(L) | 时间 | 压力(MPa) | 压浆量(L) | 时间 | 压力(MPa) | 压浆量(L) |
| 回路 1 | 09:20~09:28 | 1.5 | 1380 | 14:41~14:50 | 2.0 | 1290 | 21:06~21:38 | 3.5 | 4900 |
| 回路 2 | 09:55~10:04 | 1.5 | | 15:12~15:20 | 2.0 | | 21:52~22:22 | 3.3 | |
| 回路 3 | 11:02~11:08 | 1.0 | | 16:08~16:15 | 2.0 | | 13:19~14:26 | 4.0 | |
| 回路 4 | 11:31~11:39 | 2.0 | | 17:17~17:24 | 2.1 | | | | |

25#试桩:桩径 2800mm,桩顶标高−0.80m,桩底标高−120.80m,荷载箱底标高−104.80m,混凝土强度等级为 C30。成桩日期 2004 年 12 月 13 日。采用四回路 U 形管压浆工艺,于 2005 年 1 月 8 日进行桩端压浆,具体情况见表 7.2-59。

**四期 25#试桩压浆情况汇总表** **表 7.2-59**

| 回路 | 第一循环 | | | 第二循环 | | | 第三循环 | | |
|---|---|---|---|---|---|---|---|---|---|
| | 时间 | 压力(MPa) | 压浆量(L) | 时间 | 压力(MPa) | 压浆量(L) | 时间 | 压力(MPa) | 压浆量(L) |
| 回路 1 | 11:36~11:43 | 1.0 | 1780 | 19:41~19:48 | 1.5 | 1490 | 09:04~09:25 | 4.1 | 2780 |
| 回路 2 | 12:02~12:12 | 0.8 | | 19:56~20:03 | 1.2 | | 12:20~12:31 | 4.0 | |
| 回路 3 | 13:52~14:08 | 0.8 | | 20:18~20:26 | 1.4 | | 12:57~13:08 | 4.0 | |
| 回路 4 | 14:35~14:52 | 0.7 | | 20:35~20:44 | 1.2 | | 13:20~13:34 | 4.5 | |

### 7.2.3.2　试桩结果分析

**1. 一期试桩**

整个测试过程正常。根据《建筑基桩检测技术规范》JGJ 106—2014 和《建筑基桩自平衡静载试验技术规程》JGJ/T 403—2017 综合分析确定各试桩如表 7.2-60 所示。

**各试桩实测结果　　表 7.2-60**

| 试桩编号 | 试桩 A1(下)（压浆前） | 试桩 A1(上)（压浆后） | 试桩 A1(下)（压浆后） | 试桩 A2 | 试桩 E |
|---|---|---|---|---|---|
| 预定加载值(kN) | 2×3200 | 2×16000 | 2×6400 | 2×16000 | 2×16000 |
| 最终加载值(kN) | 2×2800 | 2×11000 | 2×5600 | 2×12000 | 2×11000 |
| 荷载箱处向上位移(mm) | 8.58 | 10.13 | 4.58 | 27.92 | 11.21 |
| 残余位移(mm) | 5.58 | 4.97 | 2.13 | 20.05 | 6.25 |
| 上部桩土体系弹性变形(mm) | 3.00 | 5.16 | 2.45 | 7.87 | 4.96 |
| 荷载箱处向下位移(mm) | 47.11 | 114.96 | 21.77 | 119.49 | 97.16 |
| 残余位移(mm) | 27.16 | 74.14 | 16.23 | 80.26 | 60.73 |
| 下部桩土体系弹性变形(mm) | 19.95 | 40.82 | 5.54 | 39.23 | 36.43 |
| 桩顶向上位移(mm) | 0.96 | 4.07 | 2.38 | 7.29 | 4.78 |
| 残余位移(mm) | 0.47 | 2.56 | 1.09 | 3.01 | 2.94 |
| 上端桩压缩变形(mm) | 7.62 | 6.06 | 2.20 | 20.63 | 6.43 |
| 极限承载力(kN) | >17810 | | | 17640 | >17480 |

试桩 A1 压浆前后测试结果表明：压浆后桩端阻力得到有效提高，压浆后的桩端阻力极限值（5200kN）为压浆前的桩端阻力极限值（2600kN）的 2 倍；压浆后下段桩的桩侧摩阻力也有所提高。压浆前后桩端阻力与桩端位移的变化见图 7.2-32。

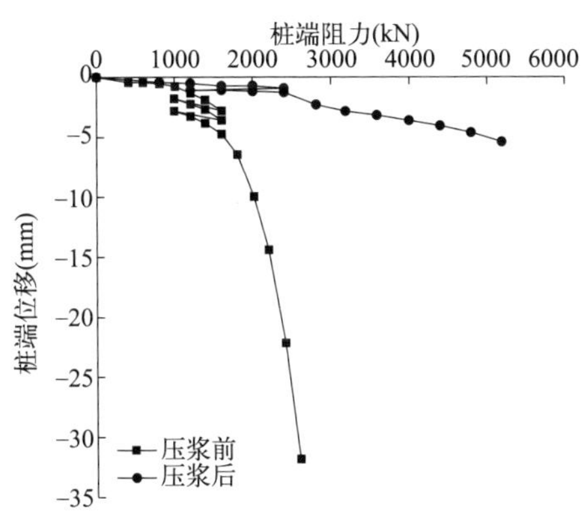


图 7.2-32　试桩 A1 压浆前后桩端阻力-位移曲线

根据等效转换法，试桩 A1、A2、E 自平衡测试法结果向传统方法结果的转换曲线分别如图 7.2-33 所示。根据转换曲线，将桩顶沉降 40mm 对应荷载作为极限值，判断试桩

A1、A2、E 承载力分别为 18700kN、19000kN、19200kN，两种承载力判断方法结论基本一致。

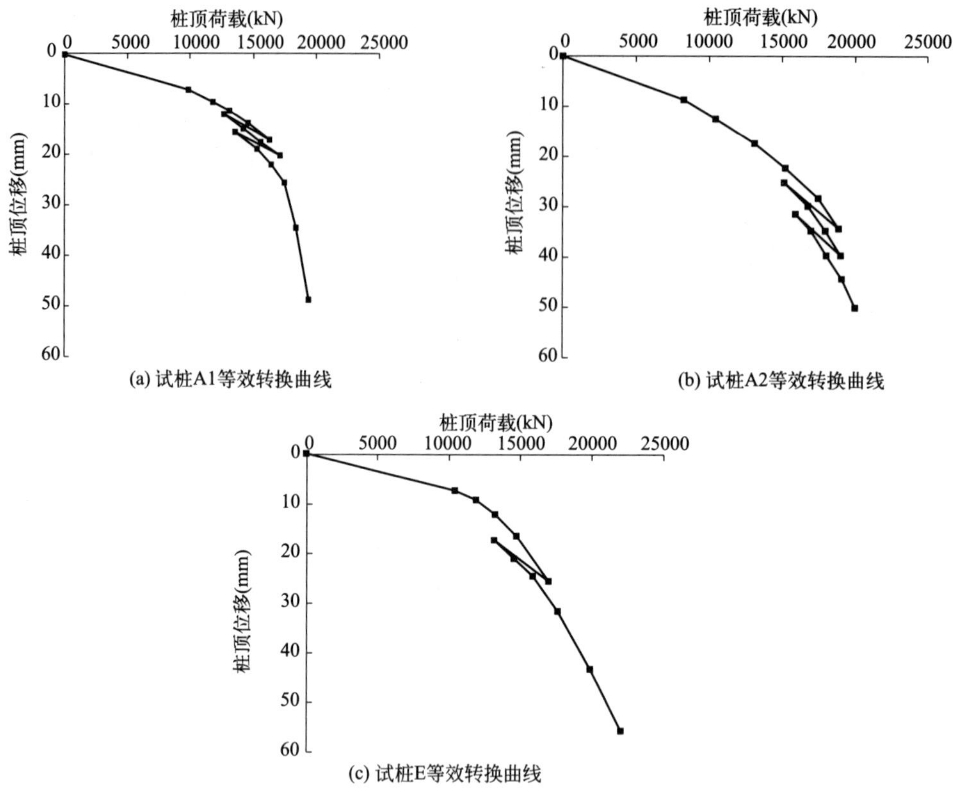


图 7.2-33 试桩 A1、A2 和 E 等效转换曲线

### 2. 二期试桩

SZ2 压浆后由自平衡静载测试得到的荷载箱向上及向下的荷载-位移关系曲线见图 7.2-34，桩荷载关系曲线（等效转换曲线）见图 7.2-35。桩的极限承载力及构成见表 7.2-61。

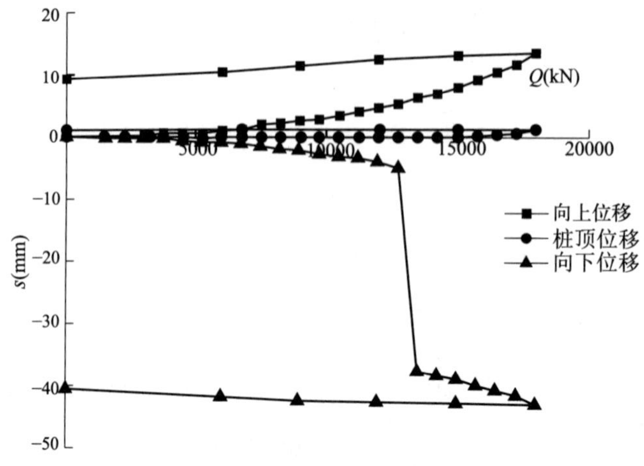


图 7.2-34 SZ2 试桩（压浆后）上荷载箱自平衡测试曲线图

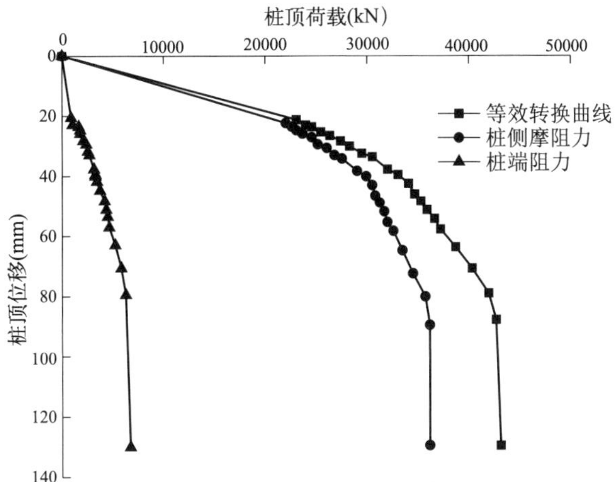


图 7.2-35　SZ2 试桩（压浆后）桩荷载-位移关系曲线

**SZ2 试桩等效转换结果**　　　　**表 7.2-61**

| 桩身范围(m) | +5.00～−85.00 | | |
|---|---|---|---|
| 极限承载力(kN) | 42567 | 承载力(kN) | 33012 |
| 相应位移(mm) | 87.77 | 相应位移(mm) | 40.00 |
| 极限桩端阻力(kN) | 6580(15.46%) | 相应桩端阻力(kN) | 3316(10.04%) |
| 极限总侧摩阻力(kN) | 35987(84.54%) | 相应总侧摩阻力(kN) | 29696(89.96%) |

（1）极限承载力

采用等效转换方法，根据已测得的各土层摩阻力-位移曲线，转换至桩顶（+5.00m），等效转换曲线如图 7.2-36 所示，等效转换曲线为陡变型。转换结果如表 7.2-62 所示，取陡变点所对应的荷载为极限承载力。

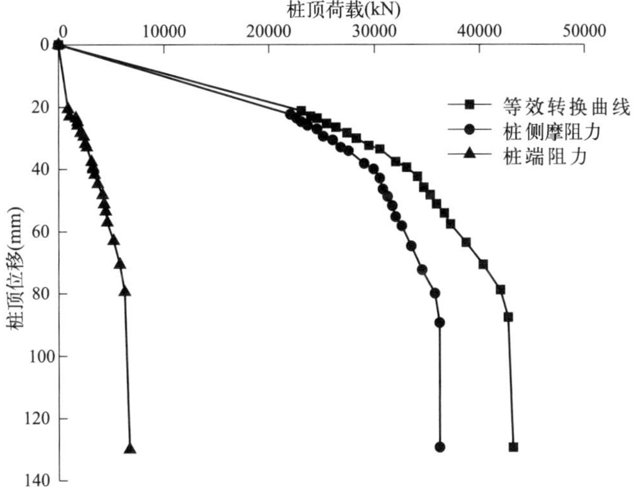


图 7.2-36　SZ2 试桩等效转换曲线

等效转换曲线对应桩顶沉降为 40mm 的荷载情况如表 7.2-62 所示。

**SZ2 试桩等效转换结果　　表 7.2-62**

| 桩身范围(m) | +5.00～−85.00 | | |
|---|---|---|---|
| 极限承载力(kN) | 42567 | 承载力(kN) | 33012 |
| 相应位移(mm) | 87.77 | 相应位移(mm) | 40.00 |
| 极限桩端阻力(kN) | 6580(15.46%) | 相应桩端阻力(kN) | 3316(10.04%) |
| 极限总侧摩阻力(kN) | 35987(84.54%) | 相应总侧摩阻力(kN) | 29696(89.96%) |

SZ2 试桩极限承载力取等效转换方法计算结果，极限承载力为 42567kN，相应的位移为 87.77mm。

（2）分层土摩阻力

SZ2 试桩的分层土摩阻力情况如表 7.2-63 所示。

**SZ2 试桩各土层摩阻力　　表 7.2-63**

| 地层编号 | 土层名称 | 深度(m) | 地质报告摩阻力值(kPa) | 实测摩阻力极限值(kPa) | 对应位移值(mm) |
|---|---|---|---|---|---|
| ②$_2$ | 砂质粉土 | −9.07～−14.60 | 35 | 30.66 | 8.20 |
| ③$_1$ | 淤泥质粉质黏土 | −14.60～−36.20 | 20 | 29.43 | 8.48 |
| ③$_2$ | 粉质黏土 | −36.20～−46.80 | 25 | 52.06 | 9.33 |
| ④$_1$ | 黏土 | −46.80～−57.00 | 22 | 47.29 | 10.33 |
| ⑥$_1$ | 黏土 | −57.00～−66.20 | 45 | 95.64 | 11.63 |
| ⑦$_1$ | 细砂 | −66.20～−76.30 | 55 | 192.25 | 13.48 |
| ⑦$_2$ | 粉质黏土 | −76.30～−81.40 | 45 | 164.26 | 3.93 |
| ⑦$_{2\text{-}1}$ | 细砂 | −81.40～−83.50 | 50 | 290.8 | 3.74 |

（3）桩端承载力

SZ2 试桩的桩端阻力-位移曲线为陡变型，取陡变点即第 13 级加载值为极限承载力。桩端极限承载力（包括 1.5m 桩侧摩阻力）为 6580kN，相应位移为 42.66mm。

**3. 三期试桩**

144-3 号、F15-33 号试桩压浆前后由自平衡静载测试得到的荷载箱向上及向下的荷载-位移关系曲线见图 7.2-37，桩荷载关系曲线（等效转换曲线）见图 7.2-38。桩端阻力见表 7.2-64，试桩自平衡规程分析结果见表 7.2-65。

**各试桩桩端阻力汇总表　　表 7.2-64**

| 桩号 | 桩端承载力(kN) | 相应位移(mm) |
|---|---|---|
| 144-3 号试桩(压浆前) | 1600① | 46.18 |
| 144-3 号试桩(压浆后) | 7470① | 65.44 |
| F15-33 号试桩 | 13330.00 | 17.02 |

注:①144-3 号试桩桩端承载力指下荷载箱以下部分的承载力,包括了 2m 的桩侧摩阻力和桩端阻力。

**各试桩自平衡规程分析结果**　　　　**表 7.2-65**

| 试桩编号 | 上部桩的实测极限承载力 $Q_{u上}$(kN) | 下部桩的实测极限承载力 $Q_{u下}$(kN) | 上部桩段长度(m) | 上部桩有效自重(kN) | 上部桩侧摩阻力修正系数 $\gamma$ | 单桩竖向抗压极限承载力 $Q_u$(kN) |
|---|---|---|---|---|---|---|
| 144-3 号试桩(压浆前) | 7370 | 8100 | 71.00 | 1818 | 0.8 | (7370－1818)/0.8＋8100＝15040 |
| 144-3 号试桩(压浆后) | 11390 | 18760 | 7100 | 1818 | 0.8 | (11390－1818)/0.8＋18760＝30725 |
| F15-33 号试桩(压浆后) | 20400 | 19200 | 90.00 | 4098 | 0.8 | (20400－4098)/0.8＋19200＝39577.5 |

注：双荷载箱测试，下部桩承载力取中段桩与下段桩极限承载力之和。

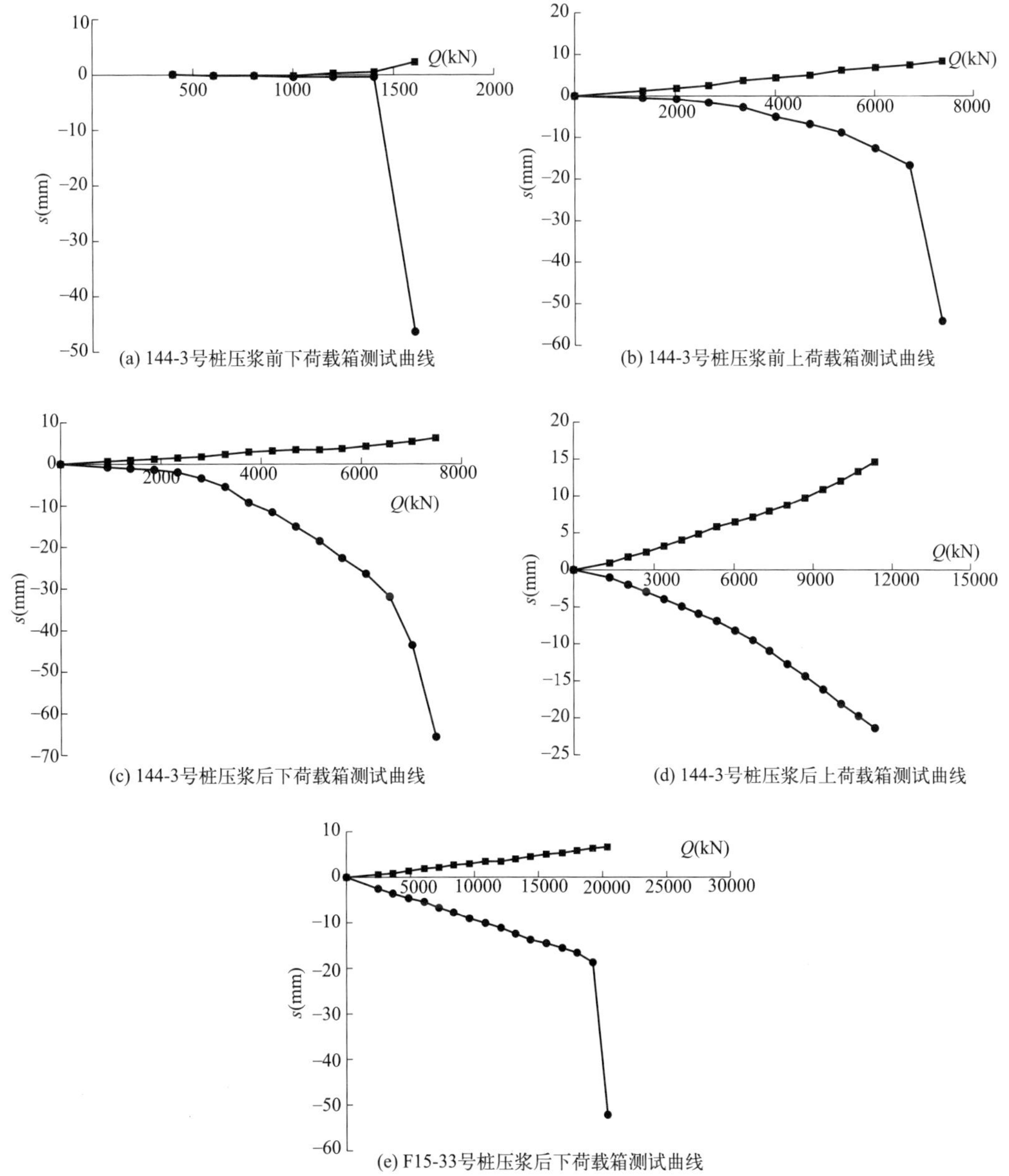


图 7.2-37　144-3 号、F15-33 号试桩压浆前后向上及向下的荷载-位移关系曲线

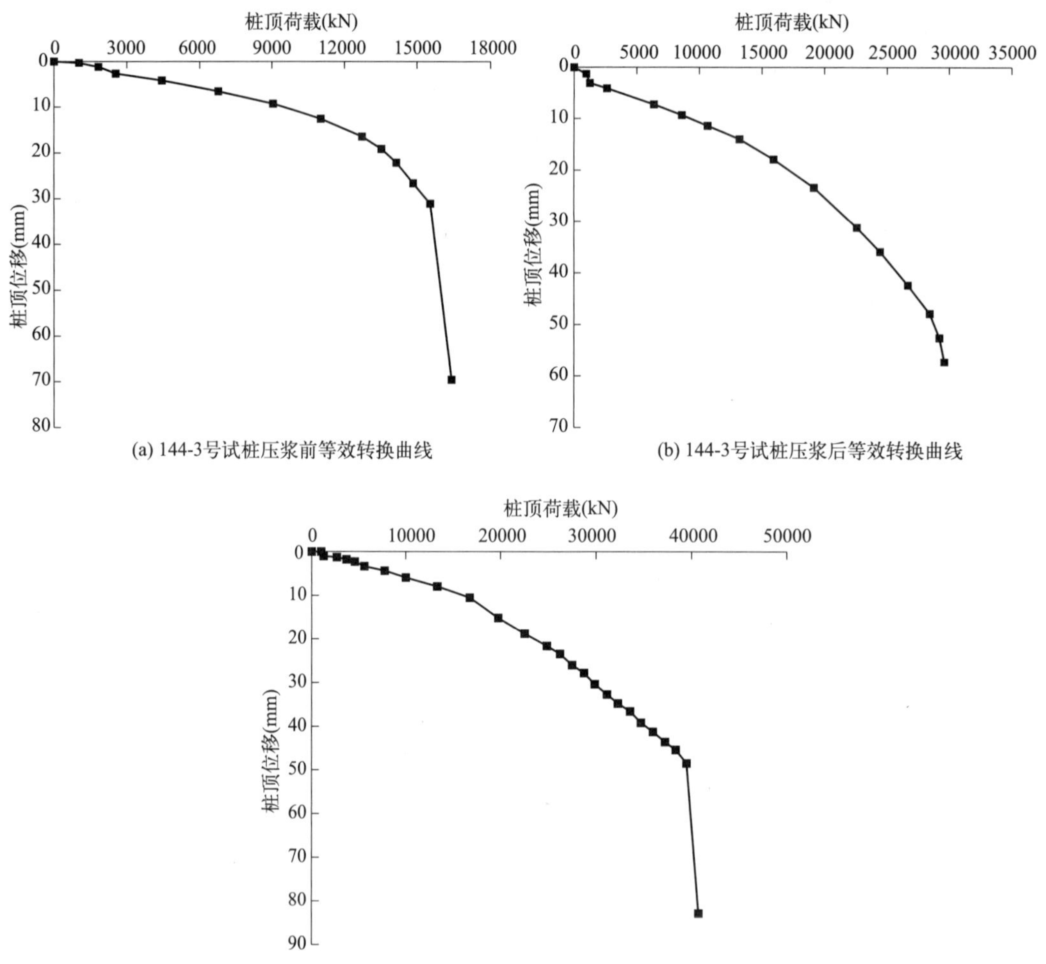


图 7.2-38　144-3 号 F15-33 号试桩压浆前后桩荷载关系曲线（等效转换曲线）

（1）极限承载力

采用等效转换方法，根据已测得的各土层摩阻力-位移曲线，转换至桩顶，得到各试桩的等效转换曲线。

144-3 号试桩极限承载力取等效转换方法计算结果。压浆前，极限承载力为 15547kN，相应的位移为 30.99mm；压浆后，极限承载力为 31043kN，相应的位移为 98.14mm。

F15-33 号试桩当加载到最后一级时，曲线发生陡变，桩破坏，取其前一级加载所对应的荷载值为桩极限承载力。其极限承载力为 39504kN，相应的位移为 48.57mm。

（2）使用荷载对应的位移及 40mm 位移对应的承载力

见图 7.2-39 及表 7.2-66。

**各试桩使用荷载对应位移及 40mm 位移对应承载力**　　　　**表 7.2-66**

| 试桩编号 | 使用荷载(kN) | 使用荷载对应位移(mm) | 40mm 位移对应承载力(kN) |
|---|---|---|---|
| 144-3 号试桩 | 12500 | 13.25 | 25768 |
| F15-33 号试桩 | 18000 | 12.49 | 35142 |

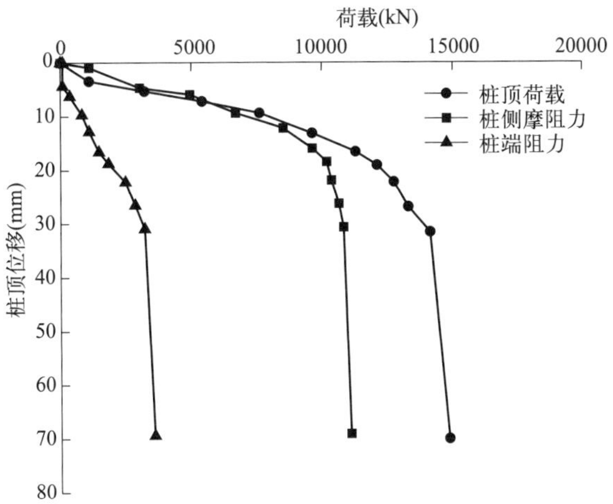


图 7.2-39 承载力-位移曲线

(3) 桩侧摩阻力

144-3 号试桩（压浆前）各土层摩阻力见表 7.2-67。

**144-3 号试桩（压浆前）各土层摩阻力** **表 7.2-67**

| 土层名称 | 标高(m) | 极限侧阻力标准值(kPa) | 实测最大侧阻力(kPa) | 相应位移(mm) |
|---|---|---|---|---|
| 粉质黏土 | −0.50～−1.20 | 30 | 4.85 | 4.76 |
| 粉质黏土 | −1.20～−13.12 | 30 | 14.60 | 4.78 |
| 淤泥质粉质黏土 | −13.12～−18.00 | 20 | 12.00 | 4.88 |
| 淤泥质粉质黏土 | −18.00～−34.70 | 20 | 15.10 | 5.10 |
| 淤泥质粉质黏土 | −34.70～−47.60 | 20 | 15.99 | 5.61 |
| 黏土 | −47.60～−54.02 | 25 | 22.01 | 6.08 |
| 粉质黏土 | −54.02～−61.62 | 30 | 28.01 | 6.51 |
| 粉砂/粉质黏土 | −61.62～−67.12 | 50 | 50.00 | 7.01 |
| 粉砂 | −67.12～−71.50 | 55 | 54.99 | 7.48 |
| 粉砂 | −71.50～−73.50 | 55 | 53.05 | 17.17 |
| 黏土 | −73.50～−79.40 | 70 | 63.99 | 16.81 |
| 黏土 | −79.40～−84.00 | 70 | 60.02 | 16.44 |

144-3 号试桩（压浆后）各土层摩阻力见表 7.2-68。

**144-3 号试桩（压浆后）各土层摩阻力** **表 7.2-68**

| 土层名称 | 标高(m) | 极限侧阻力标准值(kPa) | 实测最大侧阻力(kPa) | 相应位移(mm) |
|---|---|---|---|---|
| 粉质黏土 | −0.50～−1.20 | 30 | 19.70 | 9.31 |
| 粉质黏土 | −1.20～−13.12 | 30 | 28.00 | 9.36 |
| 淤泥质粉质黏土 | −13.12～−18.00 | 20 | 21.48 | 9.54 |

续表

| 土层名称 | 标高(m) | 极限侧阻力标准值(kPa) | 实测最大侧阻力(kPa) | 相应位移(mm) |
|---|---|---|---|---|
| 淤泥质粉质黏土 | −18.00～−34.70 | 20 | 23.51 | 9.95 |
| 淤泥质粉质黏土 | −34.70～−47.60 | 20 | 26.99 | 10.84 |
| 黏土 | −47.60～−54.02 | 25 | 35.00 | 11.65 |
| 粉质黏土 | −54.02～−61.62 | 30 | 42.50 | 12.38 |
| 粉砂/粉质黏土 | −61.62～−67.12 | 50 | 64.01 | 13.20 |
| 粉砂 | −67.12～−71.50 | 55 | 73.98 | 13.95 |
| 粉砂 | −71.50～−73.50 | 55 | 73.95 | 21.37 |
| 黏土 | −73.50～−79.40 | 70 | 159.01 | 20.76 |
| 黏土 | −79.40～−84.00 | 70 | 209.99 | 20.25 |

F15-33 号试桩（压浆后）各土层摩阻力见表 7.2-69。

**F15-33 号试桩（压浆后）各土层摩阻力** **表 7.2-69**

| 土层名称 | 标高(m) | 极限侧阻力标准值(kPa) | 实测最大侧阻力(kPa) | 相应位移(mm) |
|---|---|---|---|---|
| 砂质粉土 | −1.00～−3.09 | 30 | 31.21 | 1.11 |
| 砂质粉土 | −3.09～−18.09 | 30 | 31.31 | 1.29 |
| 淤泥质粉质黏土 | −18.09～−29.00 | 20 | 20.81 | 1.46 |
| 淤泥质粉质黏土 | −29.00～−39.00 | 20 | 21.02 | 1.71 |
| 淤泥质粉质黏土 | −39.00～−50.69 | 20 | 21.01 | 1.92 |
| 淤泥质黏土 | −50.69～−59.09 | 25 | 26.16 | 2.03 |
| 淤泥质黏土 | −59.09～−69.09 | 25 | 26.21 | 2.84 |
| 细砂 | −69.09～−74.59 | 60 | 62.79 | 3.64 |
| 黏土、粉质黏土 | −74.59～−80.59 | 70 | 73.14 | 4.37 |
| 黏土、粉质黏土 | −80.59～−88.29 | 70 | 73.25 | 5.42 |
| 黏土、粉质黏土 | −88.29～−90.99 | 70 | 73.03 | 6.36 |
| 黏土、粉质黏土 | −90.99～−99.49 | 70 | 97.76 | 51.44 |
| 黏土、粉质黏土 | −99.49～−101.00 | 70 | 196.17 | 50.65 |

（4）桩端阻力

各试桩的桩端阻力情况如表 7.2-70 和图 7.2-40、图 7.2-41 所示。

**各试桩桩端阻力汇总表** **表 7.2-70**

| 桩号 | 桩端阻力(kN) | 相应位移(mm) |
|---|---|---|
| 144-3 号试桩(压浆前) | 1600① | 46.18 |
| 144-3 号试桩(压浆后) | 7470① | 65.44 |
| F15-33 号试桩 | 13330.00 | 17.02 |

注:①144-3 号试桩桩端阻力指下荷载箱以下部分的承载力,包括了 2m 的桩侧摩阻力和桩端阻力。

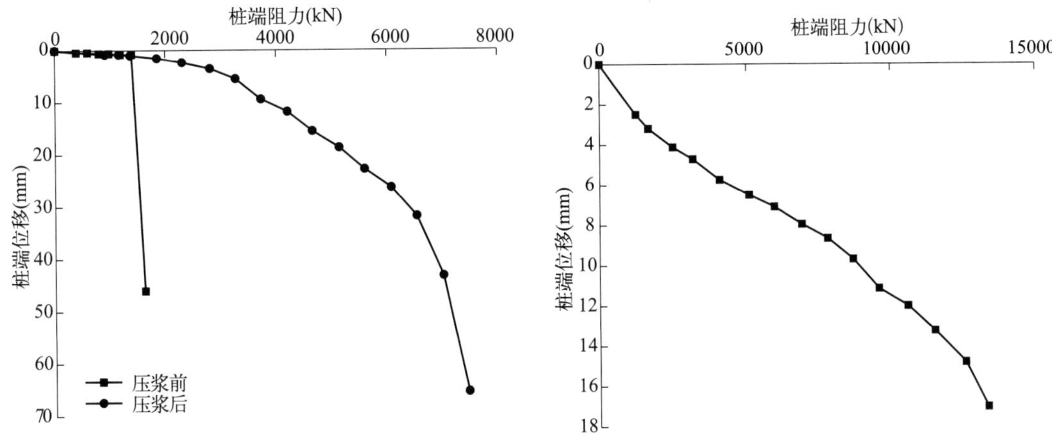


图 7.2-40　144-3 号试桩压浆前后桩端阻力-位移曲线　　图 7.2-41　F15-33 号试桩桩端阻力-位移曲线

**4. 四期试桩**

23＃、25＃试桩压浆前后由自平衡静载测试得到的荷载箱向上及向下的荷载-位移关系曲线见图 7.2-42，桩荷载-位移关系曲线（等效转换曲线）见图 7.2-43。桩的极限承载力及构成见表 7.2-71。

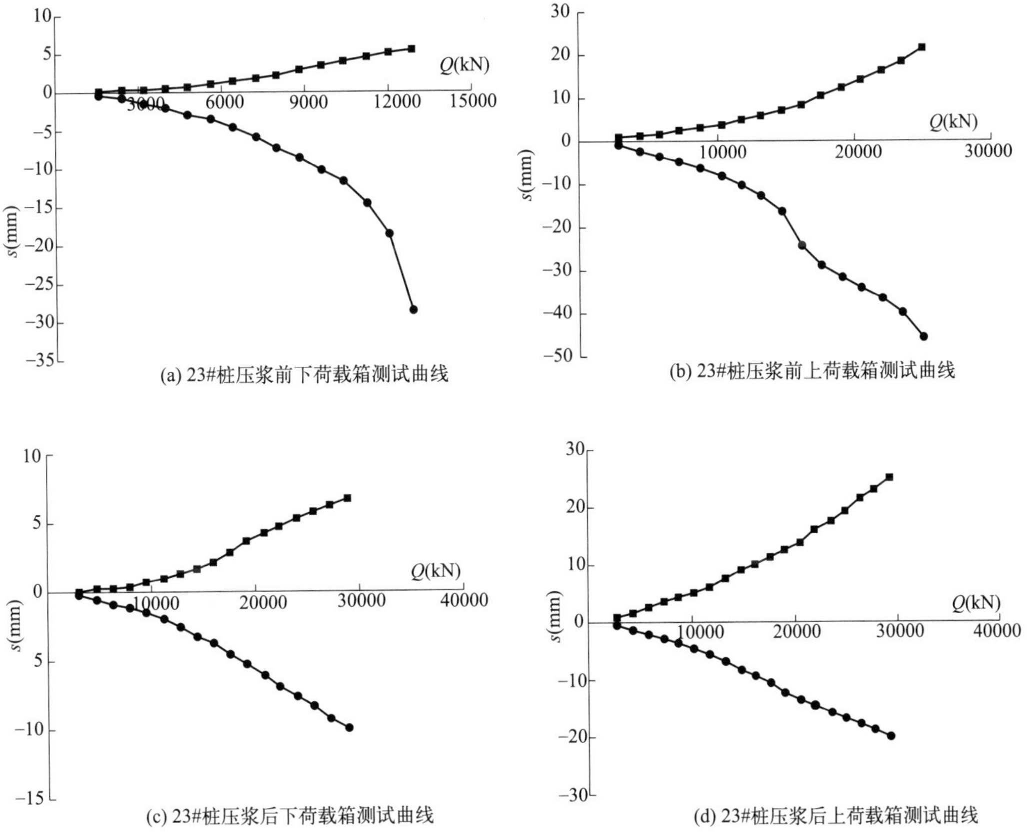


图 7.2-42　23＃、25＃试桩压浆前后荷载箱向上及向下的荷载-位移关系曲线（一）

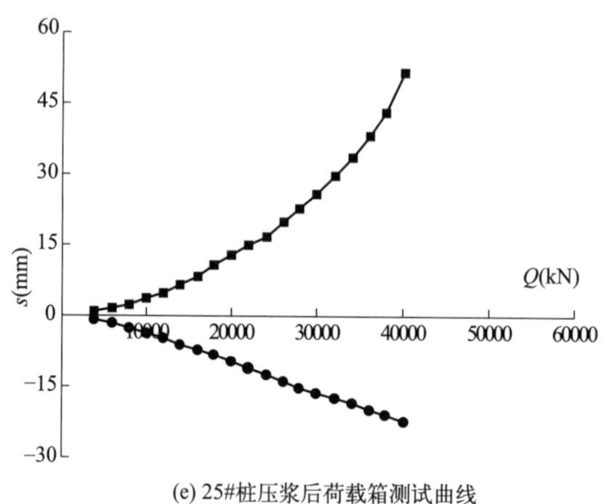


(e) 25#桩压浆后荷载箱测试曲线

图 7.2-42　23＃、25＃试桩压浆前后荷载箱向上及向下的荷载-位移关系曲线（二）

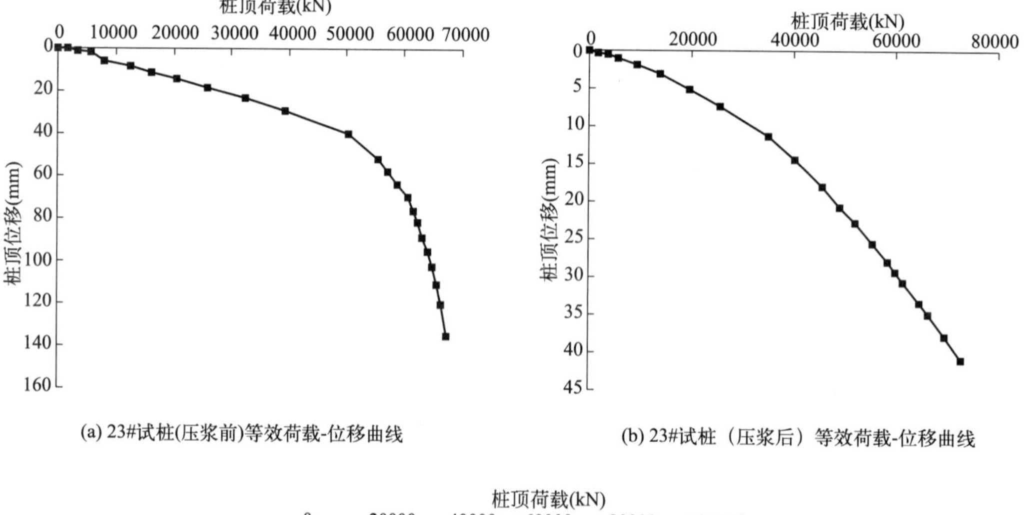


(a) 23#试桩(压浆前)等效荷载-位移曲线

(b) 23#试桩（压浆后）等效荷载-位移曲线

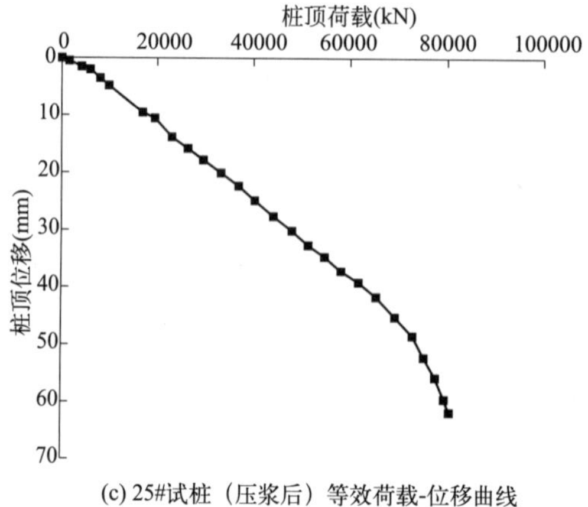


(c) 25#试桩（压浆后）等效荷载-位移曲线

图 7.2-43　23＃、25＃试桩压浆前后桩荷载-位移关系曲线（等效转换曲线）

试桩自平衡规程分析结果 表7.2-71

| 试桩编号 | 上部桩的实测极限承载力 $Q_u$上(kN) | 下部桩的实测极限承载力 $Q_u$下(kN) | 上部桩段长度(m) | 上部桩有效自重(kN) | 上部桩侧摩阻力修正系数 $\gamma$ | 单桩竖向抗压极限承载力 $Q_u$(kN) |
|---|---|---|---|---|---|---|
| 23#(压浆前) | 29320 | 36260 | 102.50 | 9151 | 0.8 | (29320−9151)/0.8+36260=61471 |
| 23#(压浆后) | 29320 | 43460 | 102.50 | 9151 | 0.8 | (29320−9151)/0.8+43460=68671 |
| 25#(压浆后) | 40000 | 40000 | 104.00 | 9280 | 0.8 | (40000−9280)/0.8+40000=78400 |

## 7.2.4 上海沪苏通道上海长江大桥

### 7.2.4.1 工程概况

崇明越江通道工程位于上海市东部，工程范围南起上海市浦东新区外高桥东的五号沟，规划五洲大道—远东大道立交，跨越长江口的南港，经长兴岛中部新开港及陆域，跨越长江口的北港，至崇明陈家镇奚家港西，全长约25.5km，其中南港水域宽度约6.87km，长兴岛陆域宽度约3.946km，北港水域宽度约8.451km，崇明岛陆域接线长4.802km。

上海长江大桥工程范围从长兴岛桩号E8+770.00至崇明岛桩号E25+320.016，全长16.55km（跨江部分约长8.5km），长兴岛大堤至崇明岛大堤之间水域全长8.5km，非通航孔总长约6.62km，占全部水上段的78%，二侧引桥陆上段总长约1.1km，全桥设一个主通航孔和一个辅通航孔。主通航孔桥方案为主跨730m的双塔斜拉桥方案，两边跨各设一个辅助墩，跨径组合110+240+730+240+110=1430m，主塔为“人”字形索塔，基础采用$\phi$2.5～3.2m钻孔灌注桩基础。辅通航孔桥方案为预应力混凝土连续梁桥，跨径组合80+140+140+80=440m，主墩为空心薄壁墩，基础采用$\phi$2.5～3.2m钻孔灌注桩基础。非通航孔桥：长兴岛及崇明岛岸堤内浅滩区段采用50m跨预应力混凝土连续梁，$\phi$1.8m钻孔灌注桩基础；堡镇砂浅水段采用60m跨预应力混凝土连续梁，$\phi$1.6m、$\phi$1.8m钻孔灌注桩基础；深水段采用70m跨预应力混凝土连续梁及高墩区100m钢混凝土叠合梁，$\phi$1.2m钢管桩基础。

本工程地处长江口，施工受潮位、潮流、波浪、大风等水文、气象的影响很大，水中基础不仅要承受上部结构传下来的垂直荷载，而且还要承受制动力、波浪力、水流力、船撞力等多种水平荷载及弯矩。因此进行桩基工艺与承载力试验可以为桩基的设计与施工提供重要指标与合理参数，并将直接关系到桥梁结构的安全和工程造价。为了保证施工的顺利进行和结构的安全可靠，提供桩基础设计和施工实施科学的依据，根据国家规范和设计院有关文件，拟进行二期试桩。

**1. 一期试桩**

一期试桩包括C组试桩和D组2#试桩，试桩（C组）技术要求的位置选取位于长兴岛大堤外，即非通航孔50m跨预应力混凝土连续梁；试桩（D组2#）位置选取位于堡镇砂浅水段60m跨节段拼装区段（不包含另一试桩位于非通航孔50m跨（堡））。试桩主要参数见表 7.2-72。C组和D组2#试桩均埋设了双荷载箱，在压浆前后分别进行测试，并对结果进行对比分析。

**自平衡试桩有关参数　　表 7.2-72**

| 试桩号 | 位置桩号 | 桩径（cm） | 桩顶标高（m） | 桩底标高（m） | 桩长（m） | 参考钻孔 | 设计加载能力（kN） |
| --- | --- | --- | --- | --- | --- | --- | --- |
| C组试桩 | PM18#（长兴） | 180 | 1.65 | −75.35 | 77.00 | CQ013 | 上箱：2×18000kN<br>下箱：2×22000kN |
| D组2#试桩 | PM81# | 160 | 1.65 | −84.75 | 86.40 | XK106 | 上箱：2×16000kN<br>下箱：2×20000kN |

勘探深度范围内的地层按其岩性、地质时代、成因类型及物理力学性质指标上的差异，可分为15个工程地质（亚）层，自上而下分述如下：

①$_1$层填土，层面标高3.11～3.60m，以黏性土为主，含碎石及植物根茎，主要分布在崇明岛近岸处，厚度0.00～1.60m。①$_2$层江底淤泥，层面标高0.80～1.40m，含有机质，夹粉细砂及黏性土团块，主要分布在近崇明岛浅滩区，厚度0.00～5.20m，辅通航区段受水流冲刷作用而变薄或缺失；②$_3$层灰黄～灰色砂质粉土，层面标高−11.00～−3.60m，稍密状，含少量氧化铁条纹及少量粉砂、薄层黏性土，主要分布于本区段两端，厚度变化较大（最厚约16.8m），在中间深槽区受切割变薄或缺失，该层在一定的水动力作用下易产生流砂和管涌现象。④层灰色淤泥质黏土层，本区段沿线遍布，层面标高−15.90～−10.60m，流塑状，高压缩性，易触变和流变，厚度约为4.70～15.50m，夹少量薄层粉砂及少量贝壳碎屑。⑤$_{1\text{-}1}$层灰色黏土，本区段沿线遍布，层面标高−30.00～−18.40m，厚约4.00～13.30m，夹少量薄层粉砂，含少量未全腐蚀的植物残余，局部段含沼气，软塑状；⑤$_{1\text{-}2}$层灰色粉质黏土夹粉土，本区段沿线遍布，软塑状，层面标高−39.90～−30.50m，厚约5.60～14.30m，含少量钙质结核及贝壳碎屑，底部砂性较重，辅通航孔区中间段（墩位编号PM113～PM115）含较多沼气。⑦$_1$层灰色砂质粉土，中密～密实状，层面标高−46.30～−39.20m，厚度约14.80～31.70m，含云母，夹少量细砂、薄层黏性土，其中局部段夹厚约5.00～22.40m的⑦$_{1t}$层可塑～软塑状的透镜体灰色粉质黏土夹粉土。⑦$_2$层灰色粉砂，密实状，层面标高−70.70～−56.90m，厚度约0.00～4.50m，夹少量薄层黏性土，含少量腐殖质、云母屑。在本区近崇明岛段缺失。⑨$_1$层灰色砂质粉土与粉质黏土互层，沿线除XK157孔附近缺失外均有分布，中密～密实（可塑～软塑），层面标高−73.20～−60.90m，厚度约0.00～11.50m，含少量砾石，土性变化较大。⑨$_2$层灰黄～灰色含砾粉细砂层，沿线均有分布，密实状，层面标高约−79.30～−72.20m。厚度变化较大，局部未钻穿。局部段夹有厚约0.80～1.90m、可塑～硬塑状的透镜体状灰～灰绿色粉质黏土（⑨$_{2t}$层）。⑪层灰色含砾粉砂，密实状，层面标高约−101.20～−96.60m，层厚35.20～38.90m，具层理，含云母屑。夹薄层黏性土，含少量中粗砂及砾，局部段夹有厚约0.80～8.30m、可塑～硬塑状的透镜体状灰褐色粉质黏土（⑪$_t$层）。⑫层灰绿～草黄色粉质黏土，硬塑状，层面标高约−138.50～−134.10m，具层理，含较多贝壳碎屑、氧化铁条纹及钙质结核。本次勘察仅辅通航区主墩处部分控制性孔揭露该层，至标高−141.40m未穿该层。

**2. 二期试桩**

二期试桩包括D组试桩和G组试桩。试桩D组技术要求的位置选取位于崇明岛大堤外，即非通航孔50m跨预应力混凝土连续梁与堡镇砂浅水段60m跨节段拼装区段（不包含在本次试桩范围）；试桩G组位置选取位于辅通航孔主墩。D组、G组试桩主要参数见表7.2-73。D组和G组试桩均埋设了双荷载箱，压浆前后均进行了测试，并对结果进行对比分析。

**自平衡试桩有关参数　　表7.2-73**

| 试桩号 | 位置桩号 | 桩径（cm） | 桩顶标高（m） | 桩底标高（m） | 桩长（m） | 参考钻孔 | 设计加载能力（kN） |
|---|---|---|---|---|---|---|---|
| D组试桩 | PM120＃（崇明） | 160 | 1.6 | −80.355 | 81.955 | XK159 | 上箱：2×16000kN<br>下箱：2×20000kN |
| G组试桩 | PM114＃（辅通航孔主墩） | 250～320 | −14.70 | −109.850 | 95.150 | XK154 | 上箱：2×40000kN<br>下箱：2×40000kN |

### 7.2.4.2　试桩结果分析

**1. 一期试桩**

C组试桩压浆前后荷载箱的测试曲线见图7.2-44，D组2＃桩压浆前后荷载箱测试曲线如图7.2-45所示。

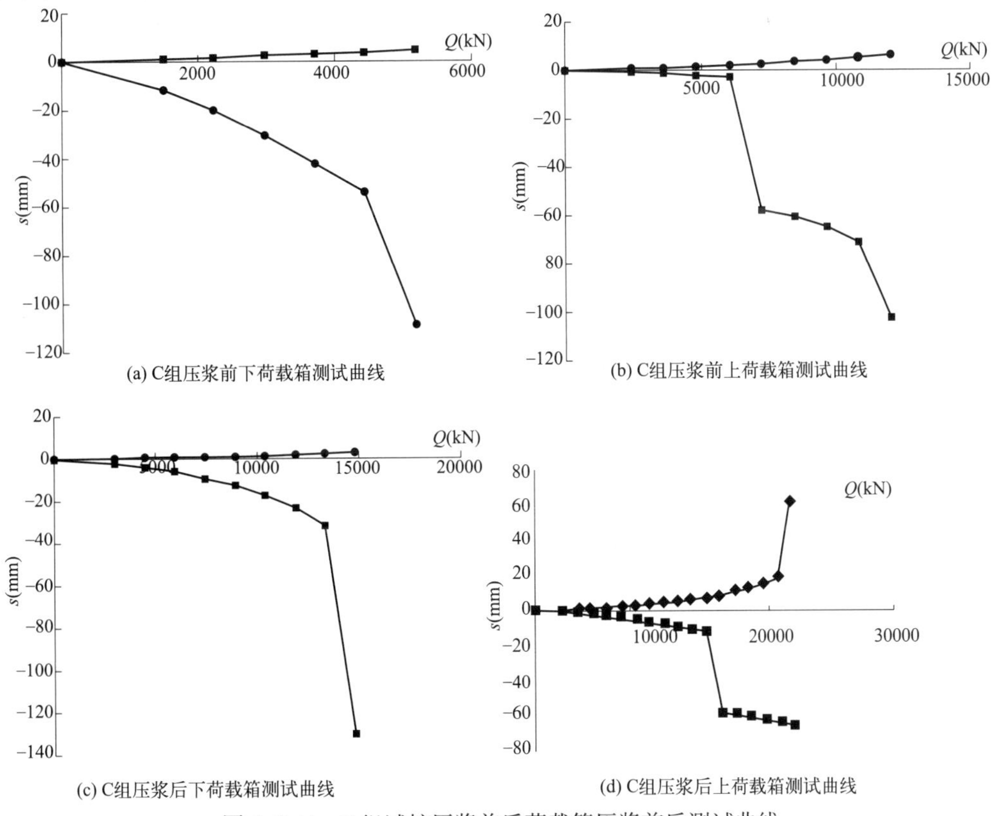


图7.2-44　C组试桩压浆前后荷载箱压浆前后测试曲线

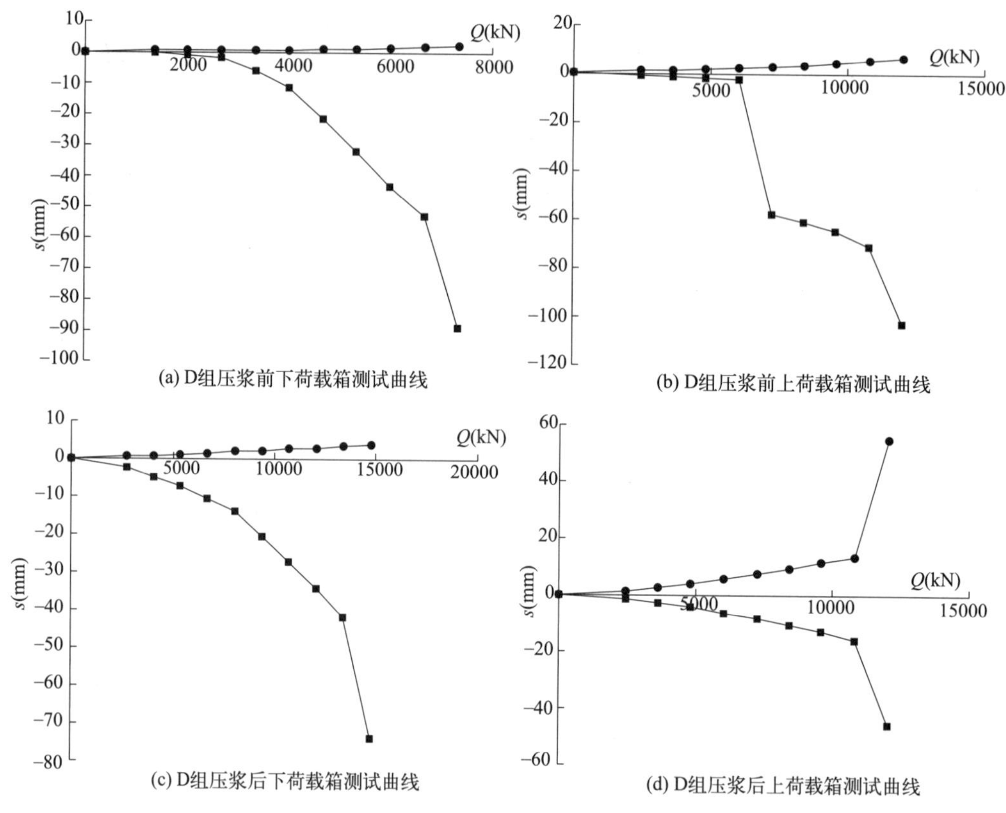


图 7.2-45　D 组 2＃试桩压浆前后荷载箱压浆前后测试曲线

C 组试桩压浆前后的桩顶承载力、桩端承载力和桩侧摩阻力转换曲线如图 7.2-46 所示，D 组 2＃试桩压浆前后的桩顶承载力、桩端承载力和桩侧摩阻力转换曲线如图 7.2-47 所示，C 组和 D 组 2＃试桩桩顶 40mm 位移下各试桩承载力及荷载分担情况汇总表分别如表 7.2-73 和表 7.2-74 所示，C 组和 D 组 2＃试桩桩端承载力汇总表如表 7.2-75 所示。

（1）极限承载力

采用等效转换方法，根据已测得的各土层摩阻力-位移曲线，转换至桩顶，得到各试桩等效转换曲线。其中，C 组试桩压浆前等效转换曲线为陡变型，如图 7.2-44(a) 所示，取最大位移处对应的荷载为极限承载力；C 组试桩压浆后等效转换曲线为陡变型，如图 7.2-44(b) 所示，取陡变点所对应的荷载为极限承载力；D 组 2＃试桩压浆前等效转换曲线为陡变型，如图 7.2-45(a) 所示，取陡变点对应的荷载为极限承载力；D 组 2＃试桩压浆后等效转换曲线为陡变型，如图 7.2-45(b) 所示，取陡变点对应的荷载为极限承载力。

试桩极限承载力取等效转换方法计算结果：其中，C 组试桩（压浆前），极限承载力为 20448kN，相应的位移为 61.25mm；C 组试桩（压浆后），极限承载力为 46128kN，相应的位移为 49.02mm；D 组 2＃试桩（压浆前），极限承载力为 21430kN，相应的位移为 53.27mm；D 组 2＃试桩（压浆后），极限承载力为 44460kN，相应的位移为 76.32mm。

（2）桩侧摩阻力

①C 组试桩

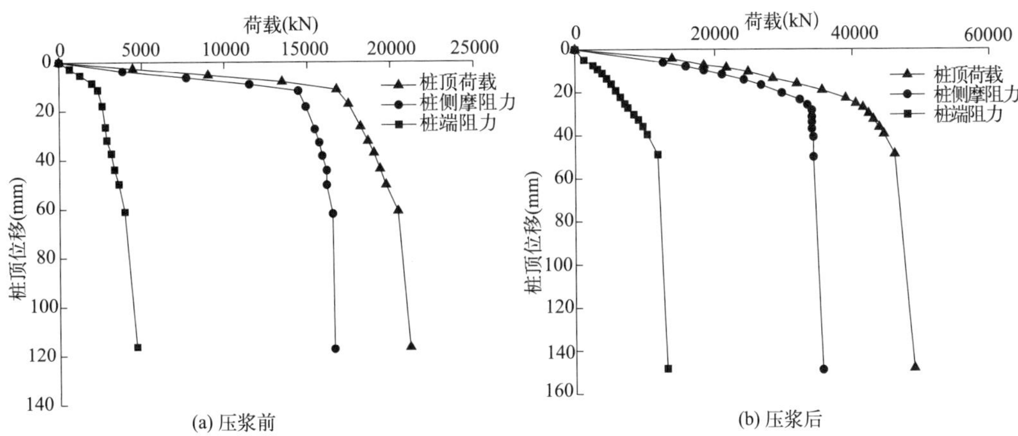


图 7.2-46　C组试桩压浆前后桩顶承载力、桩端承载力和桩侧摩阻力转换曲线

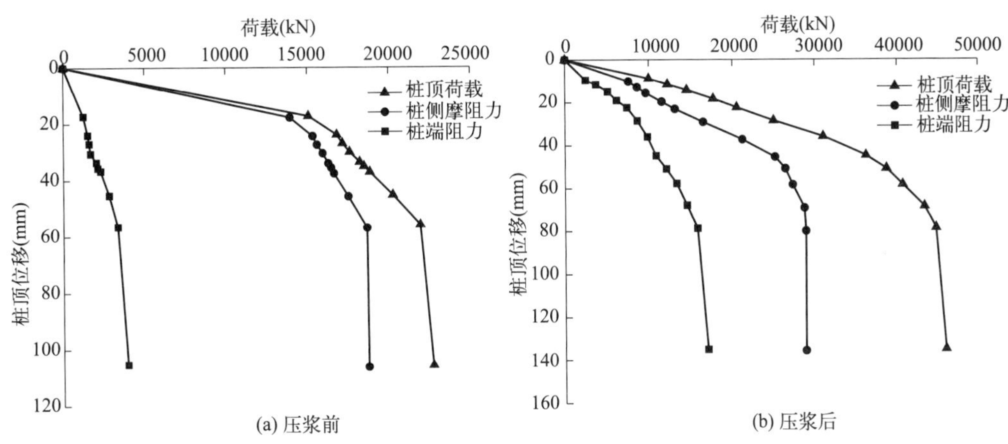


图 7.2-47　D组 2＃试桩压浆前后桩顶承载力、桩端承载力和桩侧摩阻力转换曲线

C组试桩压浆前后各土层摩阻力见表 7.2-74 和表 7.2-75。

**C组试桩（压浆前）各土层摩阻力**　　**表 7.2-74**

| 土层名称 | 标高(m) | 极限侧阻力标准值(kPa) | 实测最大侧阻力(kPa) | 相应位移(mm) |
|---|---|---|---|---|
| 灰黄～灰色砂质粉土 | 1.65～0.02 | 30 | 25.78 | 4.57 |
| 灰黄～灰色砂质粉土 | 0.02～－12.58 | 30 | 26.04 | 4.60 |
| 灰黄～灰色砂质粉土 | －12.58～－14.78 | 30 | 29.48 | 4.69 |
| 灰色淤泥质黏土 | －14.78～－18.28 | 20 | 24.31 | 4.73 |
| 灰色黏土 | －18.28～－27.78 | 30 | 33.58 | 4.88 |
| 灰色粉质黏土夹粉土 | －27.78～－35.08 | 40 | 38.71 | 5.15 |
| 灰色粉质黏土夹粉土 | －35.08～－41.68 | 40 | 39.32 | 5.45 |
| 灰色砂质粉土 | －41.68～－45.98 | 45 | 69.29 | 5.74 |
| 灰色粉砂 | －45.98～－52.35 | 75 | 69.54 | 6.10 |

续表

| 土层名称 | 标高(m) | 极限侧阻力标准值(kPa) | 实测最大侧阻力(kPa) | 相应位移(mm) |
|---|---|---|---|---|
| 灰色粉砂 | −52.35～−54.15 | 75 | 57.74 | 2.52 |
| 灰色粉砂 | −54.15～−64.08 | 75 | 56.98 | 2.33 |
| 灰色砂质粉土与粉质黏土互层 | −64.08～−71.38 | 65 | 47.23 | 2.18 |
| 灰黄～灰色含砾粉细砂 | −71.38～−72.35 | 65 | 47.87 | 2.17 |
| 灰黄～灰色含砾粉细砂 | −72.35～−74.35 | 60 | 48.91 | 10.97 |

**C 组试桩（压浆后）各土层摩阻力** **表 7.2-75**

| 土层名称 | 标高(m) | 极限侧阻力标准值(kPa) | 实测最大侧阻力(kPa) | 相应位移(mm) |
|---|---|---|---|---|
| 灰黄～灰色砂质粉土 | 1.65～0.02 | 30 | 45.77 | 13.14 |
| 灰黄～灰色砂质粉土 | 0.02～−12.58 | 30 | 48.27 | 13.20 |
| 灰黄～灰色砂质粉土 | −12.58～−14.78 | 30 | 50.77 | 13.36 |
| 灰色淤泥质黏土 | −14.78～−18.28 | 20 | 41.08 | 13.45 |
| 灰色黏土 | −18.28～−27.78 | 30 | 60.29 | 13.71 |
| 灰色粉质黏土夹粉土 | −27.78～−35.08 | 40 | 67.94 | 14.20 |
| 灰色粉质黏土夹粉土 | −35.08～−41.68 | 40 | 77.37 | 14.74 |
| 灰色砂质粉土 | −41.68～−45.98 | 75 | 97.82 | 15.27 |
| 灰色粉砂 | −45.98～−52.35 | 75 | 105.07 | 15.89 |
| 灰色粉砂 | −52.35～−54.15 | 75 | 109.99 | 13.25 |
| 灰色粉砂 | −54.15～−64.08 | 75 | 114.34 | 12.77 |
| 灰色砂质粉土与粉质黏土互层 | −64.08～−71.38 | 65 | 146.11 | 12.34 |
| 灰黄～灰色含砾粉细砂 | −71.38～−72.35 | 65 | 151.01 | 12.28 |
| 灰黄～灰色含砾粉细砂 | −72.35～−74.35 | 65 | 155.54 | 31.30 |

②D 组 2＃试桩

D 组 2＃试桩压浆前后各土层摩阻力见表 7.2-76 和表 7.2-77。

**D 组 2＃试桩（压浆前）各土层摩阻力** **表 7.2-76**

| 土层名称 | 标高(m) | 极限侧阻力标准值(kPa) | 实测最大侧阻力(kPa) | 相应位移(mm) |
|---|---|---|---|---|
| 灰黄～灰色砂质粉土 | 1.65～−4.90 | 30 | 29.61 | 7.46 |
| 灰黄～灰色砂质粉土 | −4.90～−16.70 | 30 | 29.59 | 7.61 |
| 灰色淤泥质粉土 | −16.70～−24.90 | 20 | 19.98 | 7.97 |
| 灰色黏土 | −24.90～−32.00 | 30 | 29.88 | 8.39 |
| 灰色粉质黏土夹粉土 | −32.00～−39.90 | 40 | 39.82 | 8.94 |
| 灰色砂质粉土 | −39.90～−46.15 | 45 | 43.07 | 9.60 |
| 灰色砂质粉土 | −46.15～−53.15 | 45 | 44.36 | 10.36 |

续表

| 土层名称 | 标高(m) | 极限侧阻力标准值(kPa) | 实测最大侧阻力(kPa) | 相应位移(mm) |
|---|---|---|---|---|
| 灰色砂质粉土 | −53.15～−60.15 | 45 | 44.46 | 11.32 |
| 灰色砂质粉土 | −60.15～−61.75 | 45 | 58.59 | 11.99 |
| 灰色砂质粉土 | −61.75～−66.70 | 45 | 74.52 | 54.59 |
| 灰色砂质粉土与粉质黏土互层 | −66.70～−73.90 | 65 | 74.93 | 54.03 |
| 灰黄～灰色含砾粉细砂 | −73.90～−81.75 | 60 | 68.35 | 53.63 |
| 灰黄～灰色含砾粉细砂 | −81.75～−83.75 | 60 | 71.77 | 68.93 |

**D 组 2＃试桩（压浆后）各土层摩阻力　　表 7.2-77**

| 土层名称 | 标高(m) | 极限侧阻力标准值(kPa) | 实测最大侧阻力(kPa) | 相应位移(mm) |
|---|---|---|---|---|
| 灰黄～灰色砂质粉土 | 1.65～−4.90 | 30 | 31.58 | 9.45 |
| 灰黄～灰色砂质粉土 | −4.90～−16.70 | 30 | 32.33 | 9.61 |
| 灰色淤泥质粉土 | −16.70～−24.90 | 20 | 26.54 | 10.01 |
| 灰色黏土 | −24.90～−32.00 | 30 | 33.95 | 10.49 |
| 灰色粉质黏土夹粉土 | −32.00～−39.90 | 40 | 45.66 | 11.11 |
| 灰色砂质粉土 | −39.90～−46.15 | 45 | 47.93 | 11.86 |
| 灰色砂质粉土 | −46.15～−53.15 | 45 | 54.13 | 12.73 |
| 灰色砂质粉土 | −53.15～−60.15 | 45 | 60.83 | 13.83 |
| 灰色砂质粉土 | −60.15～−61.75 | 45 | 73.69 | 14.61 |
| 灰色砂质粉土 | −61.75～−66.70 | 45 | 95.02 | 13.58 |
| 灰色砂质粉土与粉质黏土互层 | −66.70～−73.90 | 65 | 149.78 | 12.55 |
| 灰黄～灰色含砾粉细砂 | −73.90～−81.75 | 60 | 170.85 | 11.83 |
| 灰黄～灰色含砾粉细砂 | −81.75～−83.75 | 60 | 179.39 | 35.97 |

（3）桩端承载力

各试桩的桩端承载力情况如表 7.2-78 所示。C 组和 D 组 2＃试桩桩顶 40mm 位移下各试桩承载力及荷载分担情况汇总见表 7.2-79 和表 7.2-80。

**C 组和 D 组 2＃试桩桩端承载力汇总表　　表 7.2-78**

| 桩号 | 桩端承载力(kN) | 相应位移(mm) |
|---|---|---|
| C 组试桩(压浆前) | 3948 | 53.64 |
| C 组试桩(压浆后) | 11830 | 31.30 |
| D 组 2＃试桩(压浆前) | 3968 | 70.06 |
| D 组 2＃试桩(压浆后) | 16957 | 91.46 |

注：以上试桩桩端承载力指下荷载箱以下部分的承载力，D 组 2＃试桩包括了下荷载箱以下 2.5m 的桩侧摩阻力和桩端阻力，C 组试桩包括了下荷载箱以下 3m 的桩侧摩阻力和桩端阻力。

C组试桩桩顶40mm位移下各试桩承载力及荷载分担情况汇总表　　表7.2-79

| 工况＼试桩编号 | C组试桩(压浆前) | | C组试桩(压浆后) | |
|---|---|---|---|---|
| | 数值 | 比例 | 数值 | 比例 |
| 桩侧摩阻力(kN) | 15975 | 83.60% | 34252 | 76.63% |
| 桩端阻力(kN) | 3133 | 16.40% | 10451 | 23.37% |
| 桩顶荷载(kN) | 19108 | — | 44707 | — |

D组2#试桩桩顶40mm位移下各试桩承载力及荷载分担情况汇总表　　表7.2-80

| 工况＼试桩编号 | D组2#试桩(压浆前) | | D组2#试桩(压浆后) | |
|---|---|---|---|---|
| | 数值 | 比例 | 数值 | 比例 |
| 桩侧摩阻力(kN) | 17897 | 83.5% | 29644 | 64.4% |
| 桩端阻力(kN) | 3533 | 16.5% | 15816 | 35.6% |
| 桩顶荷载(kN) | 21430 | — | 44460 | — |

### 2. 二期试桩

D组试桩压浆前后荷载箱的测试曲线见图7.2-48，G组试桩压浆前后荷载箱测试曲线如图7.2-49所示。

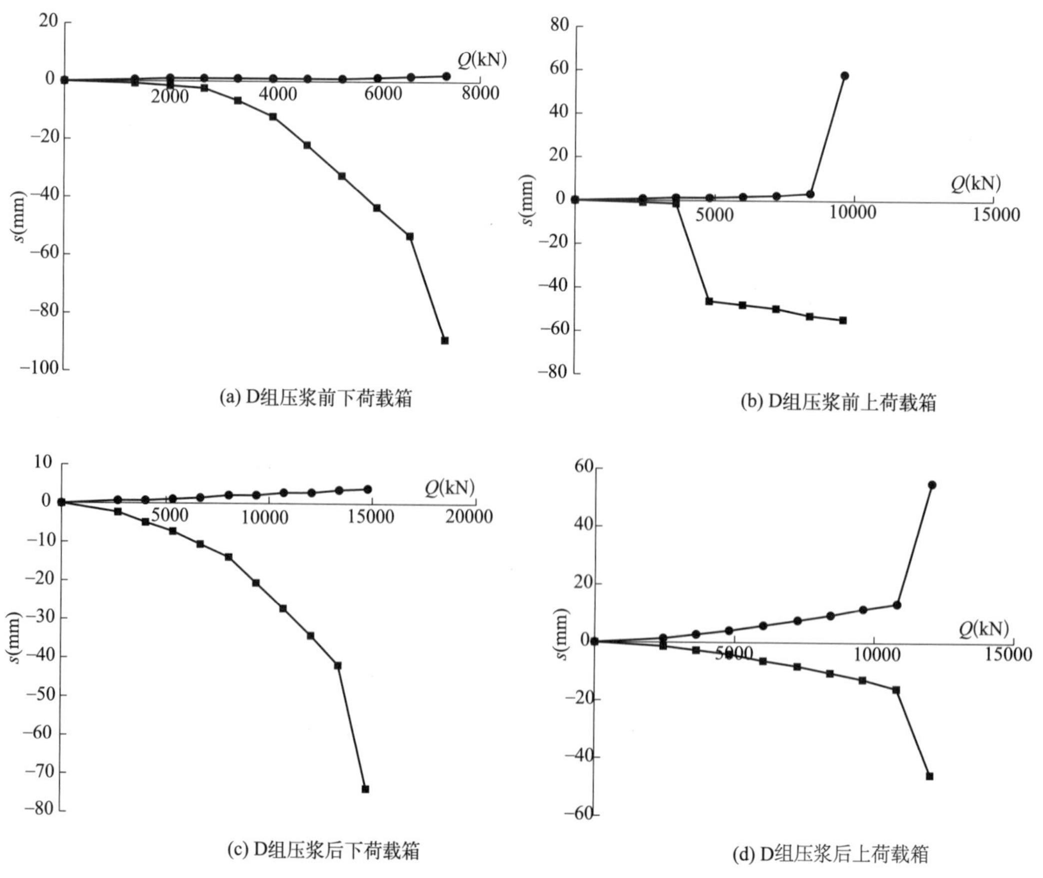


图7.2-48　D组试桩压浆前后荷载箱测试曲线

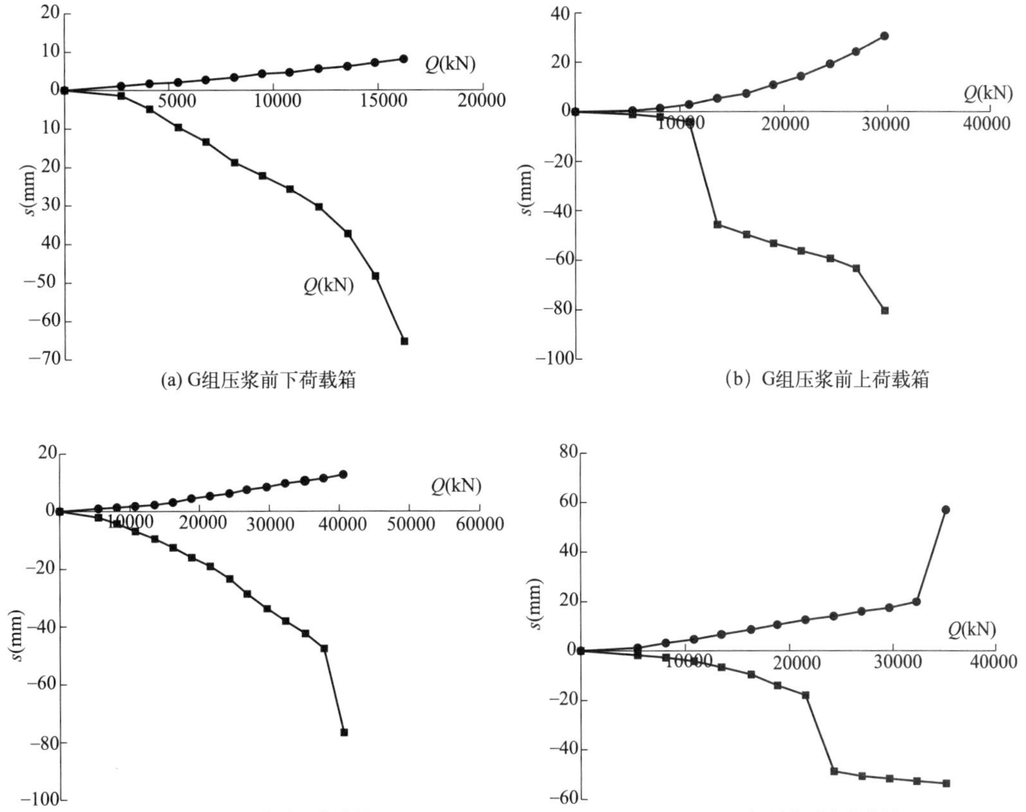

(a) G组压浆前下荷载箱

(b) G组压浆前上荷载箱

(c) G组压浆后下荷载箱

(d) G组压浆后上荷载箱

图 7.2-49　G 组试桩压浆前后荷载箱测试曲线

D 组试桩压浆前后的桩顶承载力、桩端承载力和桩侧摩阻力转换曲线如图 7.2-50 所示，G 组试桩压浆前后的桩顶承载力、桩端承载力和桩侧摩阻力转换曲线如图 7.2-51 所示。

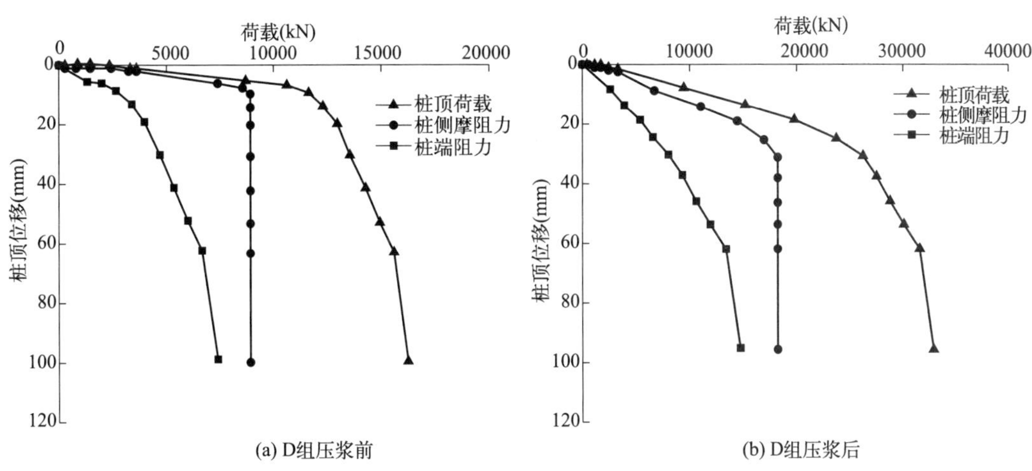


(a) D组压浆前　　(b) D组压浆后

图 7.2-50　D 组试桩压浆前后桩顶承载力、桩端承载力和桩侧摩阻力转换曲线

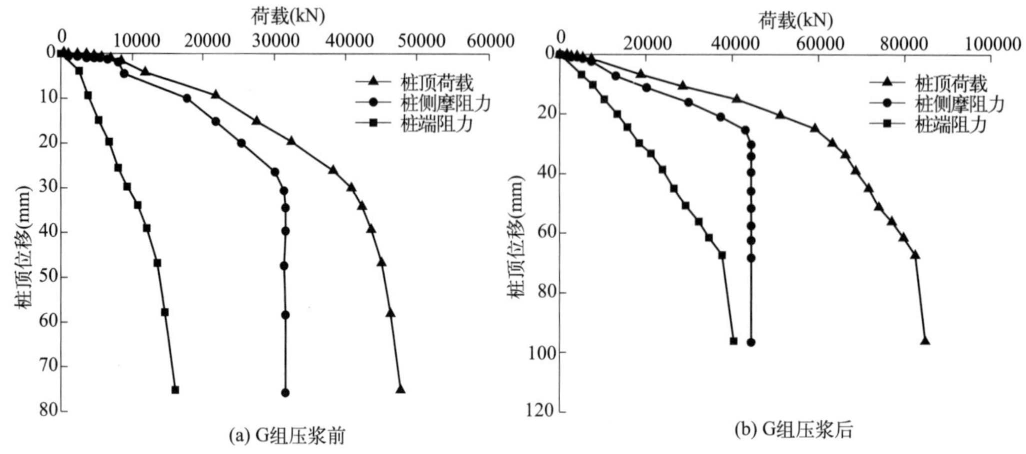


图 7.2-51　G 组试桩压浆前后桩顶承载力、桩端承载力和桩侧摩阻力转换曲线

（1）极限承载力

采用等效转换方法，根据已测得的各土层摩阻力-位移曲线，转换至桩顶，得到各试桩等效转换曲线。其中，D 组试桩压浆前等效转换曲线为陡变型，如图 7.2-50(a) 所示，取陡变点所对应的荷载为极限承载力；D 组试桩压浆后等效转换曲线为陡变型，如图 7.2-50(b) 所示，取陡变点所对应的荷载为极限承载力；G 组试桩压浆前等效转换曲线为缓变型，如图 7.2-51(a) 所示，取最大位移处对应的荷载为极限承载力；G 组试桩压浆后等效转换曲线为陡变型，如图 7.2-51(b) 所示，取陡变点所对应的荷载为极限承载力。

试桩极限承载力取等效转换方法计算结果：D 组试桩（压浆前），极限承载力为 16393kN，相应的位移为 64.71mm；D 组试桩（压浆后），极限承载力为 32695kN，相应的位移为 66.04mm；G 组试桩（压浆前），极限承载力为 49225kN，相应的位移为 76.91mm；G 组试桩（压浆后），极限承载力为 84338kN，相应的位移为 70.14mm。

采用等效转换方法，根据已测得的各土层摩阻力-位移曲线，转换至冲刷层底，得到各试桩等效转换曲线。其中，D 组试桩压浆前从冲刷层等效转换曲线为陡变型，取陡变点所对应的荷载为极限承载力；D 组试桩压浆后从冲刷层等效转换曲线为陡变型，取陡变点所对应的荷载为极限承载力；G 组试桩压浆前从冲刷层等效转换曲线为缓变型，取最大位移处对应的荷载为极限承载力；G 组试桩压浆后从冲刷层等效转换曲线为陡变型，取陡变点所对应的荷载为极限承载力。

试桩极限承载力取等效转换方法计算结果：D 组试桩从冲刷层转换（压浆前），极限承载力为 15629kN，相应的位移为 62.68mm；D 组试桩从冲刷层转换（压浆后），极限承载力为 31550kN，相应的位移为 62.20mm；G 组试桩从冲刷层转换（压浆前），极限承载力为 47657kN，相应的位移为 75.42mm；G 组试桩从冲刷层转换（压浆后），极限承载力为 82426kN，相应的位移为 67.68mm。

（2）桩侧摩阻力

①D 组试桩（压浆前）

D 组试桩压浆前后各土层摩阻力见表 7.2-81 和表 7.2-82。

**D组试桩（压浆前）各土层摩阻力**　　表7.2-81

| 土层名称 | 标高(m) | 极限侧阻力标准值(kPa) | 实测最大侧阻力(kPa) | 相应位移(mm) | 推荐设计值(kPa) |
|---|---|---|---|---|---|
| 灰黄～灰色砂质粉土 | 1.60～－1.50 | 30 | 19.69 | 1.66 | 13.89 |
| 灰黄～灰色砂质粉土 | －1.50～－12.79 | 30 | 21.49 | 1.70 | 15.69 |
| 灰色淤泥质粉土 | －12.79～－19.39 | 20 | 15.39 | 1.84 | 9.59 |
| 灰色黏土 | －19.39～－31.59 | 30 | 21.59 | 2.07 | 15.79 |
| 灰色粉质黏土夹粉土 | －31.59～－42.89 | 40 | 32.48 | 2.52 | 26.68 |
| 灰色砂质粉土 | －42.89～－55.00 | 65 | 52.47 | 3.23 | 46.67 |
| 灰色砂质粉土 | －55.00～－56.89 | 65 | 30.88 | 1.09 | 30.88 |
| 灰色粉质黏土夹粉土 | －56.89～－64.89 | 45 | 28.39 | 0.92 | 28.39 |
| 灰色砂质粉土与粉质黏土互层 | －64.89～－75.69 | 65 | 29.78 | 0.71 | 29.78 |
| 灰黄～灰色含砾粉细砂 | －75.69～－77.855 | 90 | 50.38 | 0.64 | 50.38 |

**D组试桩（压浆后）各土层摩阻力**　　表7.2-82

| 土层名称 | 标高(m) | 极限侧阻力标准值(kPa) | 实测最大侧阻力(kPa) | 相应位移(mm) | 推荐设计值(kPa) |
|---|---|---|---|---|---|
| 灰黄～灰色砂质粉土 | 1.60～－1.50 | 30 | 24.24 | 10.46 | 18.44 |
| 灰黄～灰色砂质粉土 | －1.50～－12.79 | 30 | 30.48 | 10.51 | 24.68 |
| 灰色淤泥质粉土 | －12.79～－19.39 | 20 | 28.69 | 10.71 | 22.89 |
| 灰色黏土 | －19.39～－31.59 | 30 | 31.08 | 11.05 | 25.28 |
| 灰色粉质黏土夹粉土 | －31.59～－42.89 | 40 | 38.88 | 11.71 | 33.08 |
| 灰色砂质粉土 | －42.89～－55.00 | 65 | 59.57 | 12.67 | 53.77 |
| 灰色砂质粉土 | －5.00～－56.89 | 65 | 97.55 | 15.56 | 97.55 |
| 灰色粉质黏土夹粉土 | －56.89～－64.89 | 45 | 73.56 | 15.04 | 73.56 |
| 灰色砂质粉土与粉质黏土互层 | －64.89～－75.69 | 65 | 105.75 | 14.37 | 105.75 |
| 灰黄～灰色含砾粉细砂 | －75.69～－77.855 | 90 | 107.93 | 14.20 | 107.9 |

②G组试桩

G组试桩压浆前后各土层摩阻力见表7.2-83和表7.2-84。

**G组试桩（压浆前）各土层摩阻力**　　表7.2-83

| 土层名称 | 标高(m) | 极限侧阻力标准值(kPa) | 实测最大侧阻力(kPa) | 相应位移(mm) | 推荐设计值(kPa) |
|---|---|---|---|---|---|
| 灰色淤泥质黏土 | －14.70～－16.20 | 20 | 26.39 | 27.65 | 14.79 |
| 灰色淤泥质黏土 | －16.20～－28.20 | 20 | 27.29 | 27.70 | 15.69 |
| 灰色黏土 | －28.20～－39.70 | 30 | 46.18 | 27.89 | 34.58 |
| 灰色粉质黏土夹粉土 | －39.70～－45.70 | 40 | 55.37 | 28.13 | 43.77 |
| 灰色砂质粉土 | －45.70～－49.85 | 65 | 76.36 | 28.33 | 64.76 |

续表

| 土层名称 | 标高(m) | 极限侧阻力标准值(kPa) | 实测最大侧阻力(kPa) | 相应位移(mm) | 推荐设计值(kPa) |
|---|---|---|---|---|---|
| 灰色砂质粉土 | −49.85～−54.70 | 65 | 77.26 | 28.62 | 68.20 |
| 灰色粉质黏土夹粉土 | −54.70～−70.70 | 45 | 61.67 | 29.64 | 52.61 |
| 灰色粉砂/灰色砂质粉土与粉质黏土互层 | −70.70～−73.20 | 75 | 87.46 | 30.75 | 78.40 |
| 灰色粉砂/灰色砂质粉土与粉质黏土互层 | −73.20～−79.00 | 65 | 40.88 | 4.06 | 40.88 |
| 灰黄～灰色含砾粉细砂 | −79.00～−89.70 | 60 | 32.28 | 3.74 | 32.28 |
| 灰黄～灰色含砾粉细砂 | −89.70～−99.70 | 60 | 32.58 | 3.44 | 32.58 |
| 灰色含砾粉砂 | −99.70～−106.85 | 100 | 65.28 | 3.30 | 65.28 |

**G 组试桩（压浆后）各土层摩阻力** **表 7.2-84**

| 土层名称 | 标高(m) | 极限侧阻力标准值(kPa) | 实测最大侧阻力(kPa) | 相应位移(mm) | 推荐设计值(kPa) |
|---|---|---|---|---|---|
| 灰色淤泥质黏土 | −14.70～−16.20 | 20 | 29.39 | 16.03 | 17.79 |
| 灰色淤泥质黏土 | −16.20～−28.20 | 20 | 30.78 | 16.08 | 19.18 |
| 灰色黏土 | −28.20～−39.70 | 30 | 50.27 | 16.28 | 38.67 |
| 灰色粉质黏土夹粉土 | −39.70～−45.70 | 40 | 61.17 | 16.55 | 49.57 |
| 灰色砂质粉土 | −45.70～−49.85 | 65 | 80.86 | 16.76 | 69.26 |
| 灰色砂质粉土 | −49.85～−54.70 | 65 | 80.66 | 17.08 | 71.60 |
| 灰色粉质黏土夹粉土 | −54.70～−70.70 | 45 | 69.76 | 18.19 | 60.70 |
| 灰色粉砂/灰色砂质粉土与粉质黏土互层 | −70.70～−73.20 | 75 | 91.55 | 19.40 | 82.49 |
| 灰色粉砂/灰色砂质粉土与粉质黏土互层 | −73.20～−79.00 | 65 | 83.76 | 17.48 | 83.76 |
| 灰黄～灰色含砾粉细砂 | −79.00～−89.70 | 60 | 79.56 | 16.84 | 79.56 |
| 灰黄～灰色含砾粉细砂 | −89.70～−99.70 | 60 | 80.86 | 16.31 | 80.86 |
| 灰色含砾粉砂 | −99.70～−106.85 | 100 | 84.55 | 16.11 | 84.55 |

（3）桩端承载力

各试桩的桩端承载力情况如表 7.2-85 所示。D 组和 G 组试桩桩顶 40mm 位移下各试桩承载力及荷载分担情况汇总见表 7.2-86 和表 7.2-87。

**D 组和 G 组试桩桩端承载力汇总表** **表 7.2-85**

| 桩号 | 桩端承载力(kN) | 相应位移(mm) |
|---|---|---|
| D 组试桩(压浆前) | 6700 | 52.76 |
| D 组试桩(压浆后) | 13400 | 41.88 |
| G 组试桩(压浆前) | 14850 | 48.34 |
| G 组试桩(压浆后) | 37800 | 47.55 |

注：以上试桩桩端承载力指下荷载箱以下部分的承载力，包括了 3m 的桩侧摩阻力和桩端阻力。

**D 组试桩桩顶 40mm 位移下各试桩承载力及荷载分担情况汇总表　　　　表 7. 2-86**

| 试桩编号<br>工况 | D 组试桩(压浆前) | | D 组试桩(压浆后) | |
|---|---|---|---|---|
| | 数值 | 比例 | 数值 | 比例 |
| 桩侧摩阻力(kN) | 9693 | 65.2% | 19295 | 67.8% |
| 桩端阻力(kN) | 5183 | 34.8% | 9175 | 32.2% |
| 桩顶荷载(kN) | 14876 | — | 28470 | — |

**G 组试桩桩顶 40mm 位移下各试桩承载力及荷载分担情况汇总表　　　　表 7. 2-87**

| 试桩编号<br>工况 | G 组试桩(压浆前) | | G 组试桩(压浆后) | |
|---|---|---|---|---|
| | 数值 | 比例 | 数值 | 比例 |
| 桩侧摩阻力(kN) | 33024.60 | 73.3% | 46538.05 | 66.1% |
| 桩端阻力(kN) | 12005.86 | 26.7% | 23819.32 | 33.9% |
| 桩顶荷载(kN) | 45030.46 | — | 70357.37 | — |

(4) 压浆对比

D 组和 G 组试桩压浆前后各试桩的桩端阻力对比曲线和等效转换对比曲线如图 7.2-52～图 7.2-55 所示。

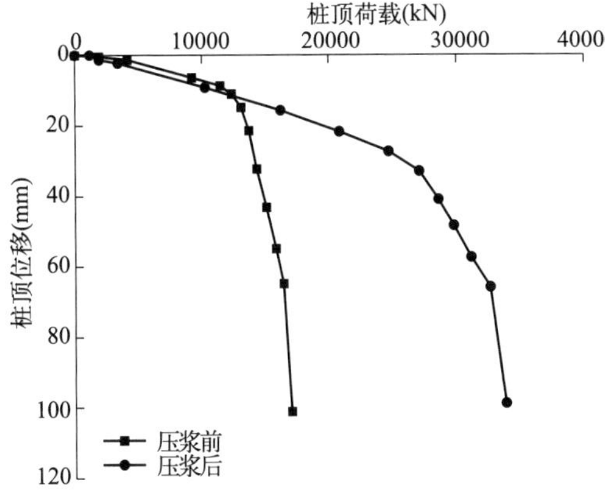


图 7.2-52　D 组试桩压浆前后等效转换对比曲线

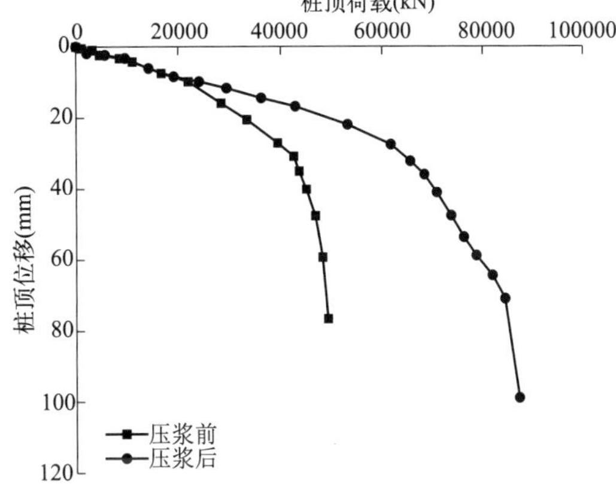


图 7.2-53　G 组试桩压浆前后等效转换对比曲线

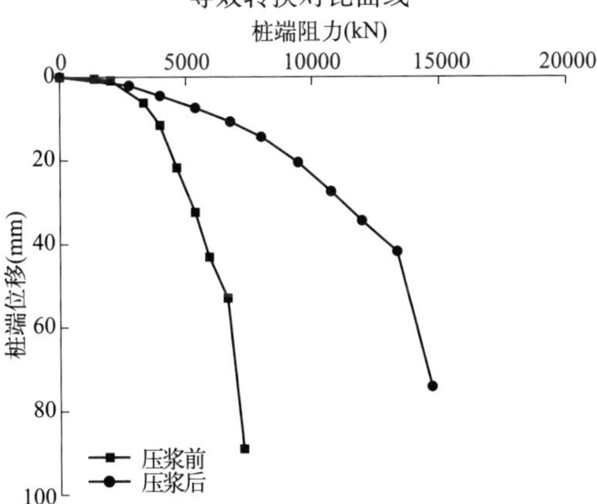


图 7.2-54　D 组试桩压浆前后桩端阻力-位移对比曲线

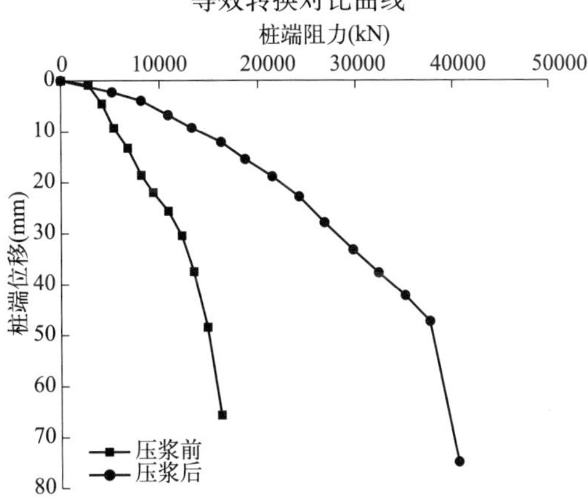


图 7.2-55　G 组试桩压浆前后桩端阻力-位移对比曲线

由以上对比曲线可知，压浆后桩端承载力和桩承载力均有较大幅度的提高：

D组试桩压浆后桩端承载力提高了100%，极限承载力提高了99.4%，G组试桩压浆后桩端承载力提高了133.3%，极限承载力提高了71.3%，压浆效果显著。

## 7.2.5 印尼Suramadu大桥

### 7.2.5.1 工程概况

Suramadu大桥位于印度尼西亚东爪哇省Madura海峡上，连接泗水市和马都拉岛。全长5.4km，大桥桥跨组成为堤道桥（Causeway，40.25m+35×40.5m）+引桥（Approach bridge，40m+7×80m+72m）+主桥（Main bridge，192m+434m+192m）+引桥（Approach bridge，72m +7×80m+40m）+堤道桥（Causeway，44×40.5m+40.25m），全桥共103个墩位和2个桥台。桥面纵波设有0.5%、1%、2%、3%、4%，其中引桥最大桥面纵波为4%，主桥最大纵波为1%。

**1. 主桥**

主桥P46墩中心桩号为K2+321.5，P47墩中心桩号为K2+755.5，采用大直径钻孔灌注桩群桩基础。每个墩为56根直径为2.4m的钻孔桩，桩基平面采用梅花形布置，桩中心的最小间距为6m。P46墩桩长81m，桩顶标高−0.5m，桩底标高−81.5m，护筒底标高为−31.1m，入土约12.1m；P47墩桩长83m，桩顶标高−0.99m，桩底标高−83.99m，护筒底标高为−33.1m，入土约17.775m。

为了保证施工的顺利进行和结构的安全可靠，提供桩基础设计和施工实施科学的依据，根据国家规范和设计部有关文件，采用自平衡法进行2根试桩，试桩主要参数见表7.2-88，地质条件见表7.2-89和表7.2-90。

**自平衡试桩有关参数** **表7.2-88**

| 桩号 | 试桩编号 | X坐标 | Y坐标 | 桩径(m) | 桩顶标高(m) | 桩底标高(m) | 桩长(m) | 地质钻孔 | 荷载箱标高(m) | 预估极限承载力(kN) |
|---|---|---|---|---|---|---|---|---|---|---|
| P46桩 | 28 | 696473.444 | 9205191.415 | 2.4 | −0.5 | −81.5 | 81 | zk03 | 上-47.5 | 上 2×21000 |
| | | | | | | | | | 下-78.5 | 下 2×12000 |
| P47桩 | 32 | 696530.2171 | 9205622.5074 | 2.4 | −0.99 | −83.99 | 83 | zk08 | 上-53.49 | 上 2×21000 |
| | | | | | | | | | 下-80.99 | 下 2×12000 |

**试桩地质条件（P46/zk03）** **表7.2-89**

| 层号 | 深度(m) | 土层描述 | 标贯N63.5 | 重度$\gamma$ | 推荐值 | | |
|---|---|---|---|---|---|---|---|
| | | | | | 承载力[$\sigma$] | 摩阻力$\tau_j$ | 压缩模量$E_s$ |
| 1 | 0.1～1.10 | 黑暗灰色、非常松散的、粉质砂土、含有少量珊瑚和生物碎片等 | — | — | 60 | 25 | 3 |

续表

| 层号 | 深度(m) | 土层描述 | 标贯 N63.5 | 重度 γ | 推荐值 | | |
|---|---|---|---|---|---|---|---|
| | | | | | 承载力 [σ] | 摩阻力 $\tau_j$ | 压缩模量 $E_s$ |
| 2 | 1.10～5.50 | 浅灰色、坚硬的粉质黏土，含有少量珊瑚和生物碎等 | 36～71 | — | 500 | 75 | 21 |
| 3 | 5.50～15.0 | 黑暗灰色、非常密实粗砂，次圆状，含有珊瑚和生物碎片 | 26～72 | 13.6～20.3 | 450 | 60～80 | 20 |
| 4 | 15.0～17.0 | 暗灰色、非常软砂质粉土，含有少量黏土和生物碎片 | 1 | 13.6 | 450 | 60 | 25 |
| 5 | 17.0～30.0 | 暗灰色、密实～非常密实，粗粒砂土，含有少量石英质砾砂和生物碎片 | >26 多数 >50 | 13.6～20.3 | 450 | 75 | 22 |
| 6 | 30.0～90.0 | 暗灰色、坚硬～非常坚硬，粉质黏土，含有细砂、生物碎片 | 9～50 多数 >15 | 13.6～20.3 | 350-400 | 45 | 14 |

**试桩地质条件（P47/zk08）** **表7.2-90**

| 层号 | 深度(m) | 土层描述 | 标贯 N63.5 | 重度 γ | 推荐值 | | |
|---|---|---|---|---|---|---|---|
| | | | | | 承载力 [σ] | 摩阻力 $\tau_j$ | 压缩模量 $E_s$ |
| 1 | 0～9.0 | 绿暗灰色、非常软黏土(淤泥)易移动，高塑 | — | 14.8～19.7 | 40～50 | 20 | 2 |
| 2 | 9.0～11.0 | 绿暗灰色，中硬，砂质粉土 | 7 | — | 150 | 40 | 10 |
| 3 | 11.0～11.55 | 暗灰色，硬，砂质粉土 | — | — | 350 | 55 | 15 |
| 4 | 11.55～13.0 | 灰棕色、坚硬～非常坚硬，砂质粉土，含有少量钙质砾石和生物碎片 | 49 | 2.01 | 200 | 45～50 | 31 |
| 5 | 13.0～16.0 | 棕灰色、坚硬～非常坚硬，粘质粉土，含有少量钙质砾石和生物碎片 | 48～59 | 17.4 | 500 | 60 | 30 |
| 6 | 16.0～23.0 | 棕灰色、坚硬，砂质粉土，部分为黏土具胶结 | 52～48 | 17.3 | 500 | 65 | 23 |
| 7 | 23.0～34.5 | 暗灰色、硬～坚硬，粉质黏土，含有痕量细砂、具胶结 | >34 多数>45 | 15.74～16 | 500 | 60 | 24 |
| 8 | 34.5～41.55 | 暗灰色、硬～坚硬，粉质黏土，具有膨胀性 | >41 | — | 550 | 60 | 27 |
| 9 | 41.55～100.0 | 黑灰色、坚硬～非常坚硬，粉质黏土，含有痕量细砂、具胶结 | 13～50 多数>20 | 14.4～16.8 | 450 | 60 | 17 |

P46-28试桩的基本情况和成桩日期如下：桩径2500mm，桩顶标高−0.5m，桩底标高−81.5m，上荷载箱底标高−47.5m，下荷载箱底标高−78.5m，混凝土强度等级为C30。成桩日期2006年3月29日。

P47-32试桩的基本情况和成桩日期如下：桩径2500mm，桩顶标高−0.99m，桩底标高−83.99m，上荷载箱底标高−53.49m，下荷载箱底标高−80.99m，混凝土强度等级为C30。成桩日期2006年5月12日。

**2. 引桥**

对引桥43号桩、40号桩、45号桩、48号桩和56号桩5根桩进行了测试。

试桩的基本情况如下：试桩43-06：桩长88.061m；桩顶标高−0.990m；桩底标高−89.051m；桩底钢筋笼标高−24.678m。试桩40-06：桩长81.061m；桩顶标高−0.990m；桩底标高−82.047m；桩底钢筋笼标高−26.497m。试桩45-12：桩长80.708m；桩顶标高−0.990m；桩底标高−81.698m；桩底钢筋笼标高−26.490m。试桩48-18：桩长86.224m；桩顶标高−0.990m；桩底标高−87.214m；桩底钢筋笼标高−31.496m。试桩56-05：桩长73.16m；桩顶标高−0.990m；桩底标高−74.150m；桩底钢筋笼标高−29.503m。根据相关要求和地质信息，试桩的参数如表7.2-91所示。

引桥试桩参数　　表7.2-91

| 试桩编号 | 桩号 | 桩径(m) | 桩顶标高(m) | 桩底标高(m) | 桩长(m) | 地质钻孔 | 荷载箱标高 | 预估极限承载力(kN) |
|---|---|---|---|---|---|---|---|---|
| SZA | P43-06 | 1.8 | −0.990 | −89.051 | 88.061 | H43 | 上−56.0 | 26760 |
| | | | | | | | 下−83.0 | |
| SZE | P40-06 | 1.8 | −0.990 | −82.047 | 81.057 | H40 | 上−51.0 | 24620 |
| | | | | | | | 下−77.0 | |
| SZB | P45-12 | 2.2 | −0.990 | −81.698 | 80.708 | H45 | 上−50.0 | 30820 |
| | | | | | | | 下−77.0 | |
| SZC | P48-18 | 2.2 | −0.990 | −87.214 | 86.224 | H48 | 上−53.50 | 28800 |
| | | | | | | | 下−83.0 | |
| SZD | P56-05 | 1.8 | −0.990 | −74.150 | 73.160 | H56 | 上−44.0 | 20360 |
| | | | | | | | 下−70.0 | |

### 7.2.5.2　试桩结果分析

**1. 立桥**

46号试桩压浆前后荷载箱测试曲线如图7.2-56所示，47号试桩压浆前后荷载箱测试曲线如图7.2-57所示。

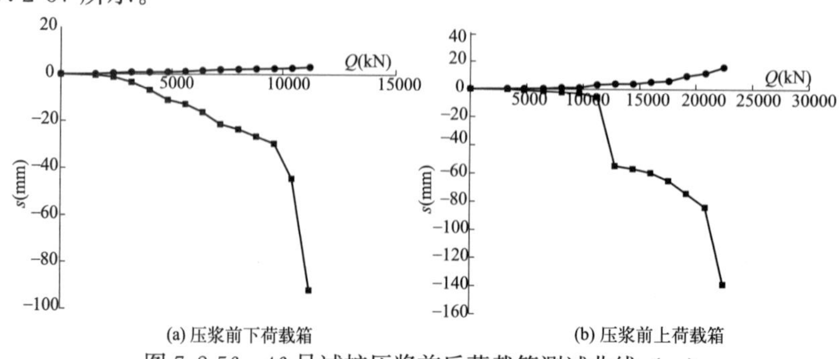


(a) 压浆前下荷载箱　　(b) 压浆前上荷载箱

图7.2-56　46号试桩压浆前后荷载箱测试曲线（一）

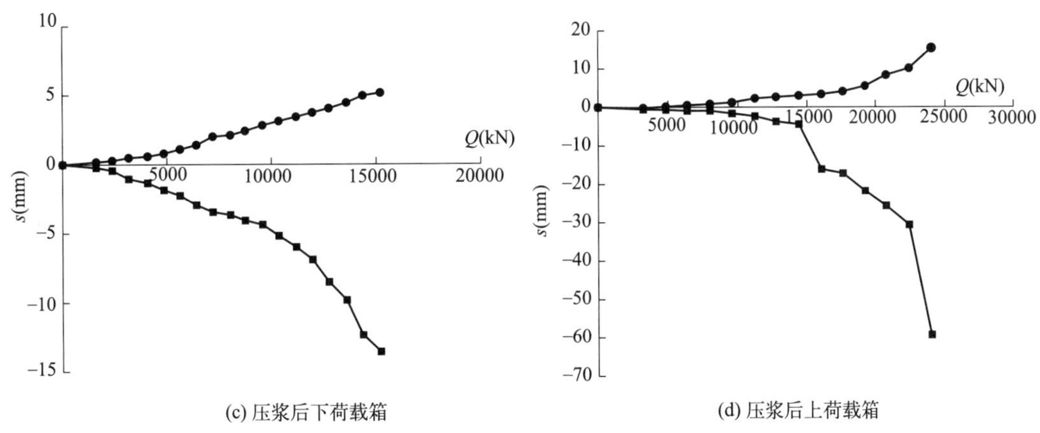


(c) 压浆后下荷载箱　　(d) 压浆后上荷载箱

图 7.2-56　46 号试桩压浆前后荷载箱测试曲线（二）

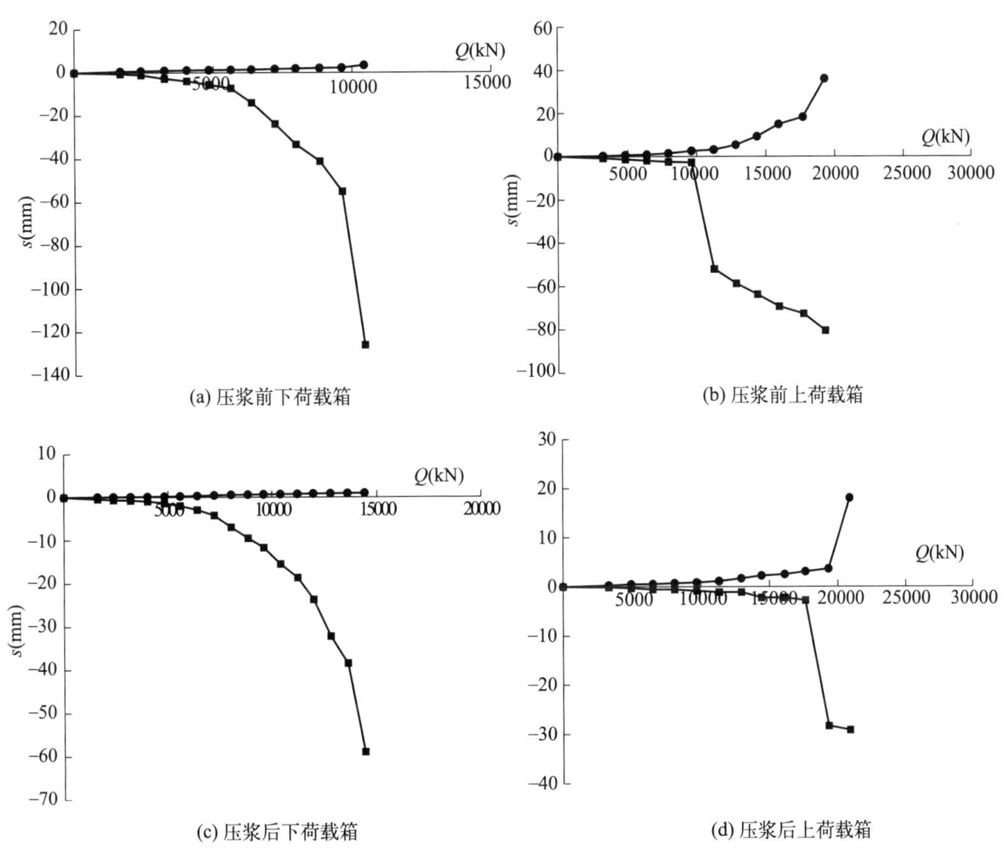


(a) 压浆前下荷载箱　　(b) 压浆前上荷载箱

(c) 压浆后下荷载箱　　(d) 压浆后上荷载箱

图 7.2-57　47 号试桩压浆前后荷载箱测试曲线

46、47 号试桩压浆前后桩顶承载力、桩端承载力和桩侧摩阻力转换曲线如图 7.2-58 所示。

（1）极限承载力

采用等效转换方法，根据已测得的各土层摩阻力-位移曲线，转换至桩顶，得到各试

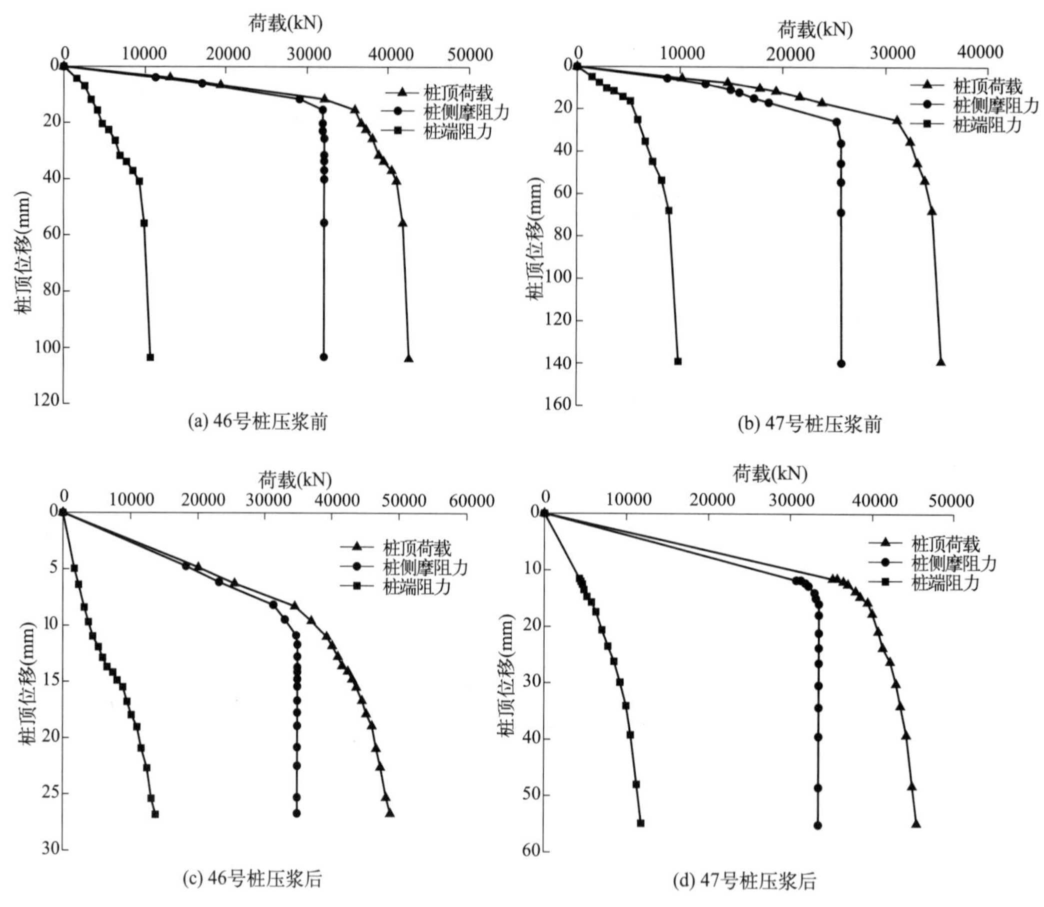


图 7.2-58　46、47 号试桩压浆前后桩顶承载力、桩端承载力和桩侧摩阻力转换曲线

桩等效转换曲线。其中，46 号试桩压浆前等效转换曲线为陡变型，取曲线转折点处对应的荷载为极限承载力；桩的极限承载力为 41872.79kN，相应的位移为 55.40mm。47 号试桩压浆前等效转换曲线为缓变型，取沉降为 5%的桩径对应的承载力为极限承载力，试桩的极限承载力为 34625.77kN，相应的位移为 67.75mm。46 号试桩压浆后等效转换曲线为陡变型，取最大位移处对应的荷载为极限承载力，桩的极限承载力为 48828kN，相应的位移为 26.84mm。47 号试桩压浆后等效转换曲线为缓变型，取最大位移处对应的荷载为极限承载力，试桩的极限承载力为 45592kN，相应的位移为 54.92mm。

（2）桩侧摩阻力

两试桩侧摩阻力见表 7.2-92 和表 7.2-93。

**P46-19 各个土层的侧摩阻力**　　**表 7.2-92**

| 土层名称 | 标高（m） | 极限侧阻力标准值（kPa） | 实测最大侧阻力（kPa） | 相应位移（mm） |
|---|---|---|---|---|
| 黏土质松砂/硬砂质粉土 | −19.0～−24.5 | 25/75 | 69.45 | 13.37 |
| 粗砂 | −24.5～−30.5 | 70 | 87.22 | 13.52 |
| 粗砂 | −30.5～−34.0 | 70 | 89.60 | 13.75 |

续表

| 土层名称 | 标高(m) | 极限侧阻力标准值(kPa) | 实测最大侧阻力(kPa) | 相应位移(mm) |
|---|---|---|---|---|
| 软砂质粉土 | −34.0～−36.0 | 60 | 75.93 | 13.95 |
| 黏土质粗砂 | −36.0～−49 | 75 | 97.36 | 14.66 |
| 硬粉质黏土 | −49.0～−51.59 | 45 | 57.69 | 15.66 |
| 硬粉质黏土 | −51.59～−53.99 | 45 | 60.09 | 16.04 |
| 硬粉质黏土 | −53.99～−62.99 | 45 | 40.21 | 5.49 |
| 硬粉质黏土 | −62.99～−72.99 | 45 | 38.23 | 4.94 |
| 硬粉质黏土 | −64.99～−74.99 | 45 | 36.10 | 4.55 |
| 硬粉质黏土 | −72.99～−82.99 | 45 | 34.71 | 4.35 |
| 硬粉质黏土 | −82.99～−93.99 | 45 | 34.10 | 4.31 |
| 硬粉质黏土 | −93.99～−96.49 | 45 | 35.02 | 4.06 |

注:每层土的侧摩阻力是指在承受向下荷载时候的摩阻力,是由上段桩在向上荷载作用下的向下摩阻力乘以一个系数再加上上段桩的自重得来的。

**P47-31 各个土层的侧摩阻力** **表 7.2-93**

| 土层名称 | 标高(m) | 极限侧阻力标准值(kPa) | 实测最大侧阻力(kPa) | 相应位移(mm) |
|---|---|---|---|---|
| 高塑性软黏土 | −15.325～−24.5 | 20 | 3.06 | 1.08 |
| 高塑性软黏土/中硬砂质粉土 | −24.5～−26.68 | 20/40 | 38.75 | 1.17 |
| 硬黏质粉土/硬砂质粉土 | −26.68～−28.5 | 45 | 36.02 | 1.22 |
| 硬黏质粉土 | −28.5～−31.5 | 40/60 | 44.92 | 1.28 |
| 硬黏质粉土/硬砂质粉土 | −31.5～−33.1 | 60/55 | 48.16 | 1.35 |
| 硬砂质粉土 | −33.1～−38.5 | 55 | 54.61 | 1.51 |
| 硬黏质粉土 | −38.5～−50 | 60 | 52.92 | 2.05 |
| 硬黏质粉土 | −50～−57.05 | 60 | 52.80 | 2.87 |
| 硬黏质粉土 | −57.05～−60.99 | 60 | 53.18 | 3.46 |
| 硬黏质粉土 | −60.99～−62.59 | 60 | 40.26 | 2.54 |
| 硬黏质粉土 | −62.59～−72.99 | 60 | 45.69 | 1.93 |
| 硬黏质粉土 | −72.99～−80.99 | 60 | 55.36 | 1.14 |
| 硬黏质粉土 | −80.99～−90.59 | 60 | 63.58 | 0.59 |
| 硬黏质粉土 | −90.59～−98.59 | 60 | 69.94 | 0.27 |
| 硬黏质粉土 | −98.59～−100.99 | 60 | 75.80 | 0.20 |
| 硬黏质粉土 | −100.99～−103.49 | 60 | 80.34567 | 0.2 |

注:每层土的侧摩阻力是指在承受向下荷载时候的摩阻力,是由上段桩在向上荷载作用下的向下摩阻力乘以一个系数再加上上段桩的自重得来的。

（3）桩端阻力

各桩的桩端阻力见表 7.2-94。

**压浆前后两桩的桩端阻力　　表 7.2-94**

| 桩号 | | 桩端阻力(kN) | 对应的位移（mm） |
|---|---|---|---|
| P46-19 | 压浆前 | 9800.94 | 43.72 |
| | 压浆后 | 13817 | 13.47 |
| P47-31 | 压浆前 | 8913.18 | 54.93 |
| | 压浆后 | 12067 | 38.64 |

注：桩端阻力指下荷载箱下部的桩的桩端阻力，包括桩侧摩阻力和 1.5m 桩长的桩的轴力。

（4）承载力特性

两根桩的轴力，在工作荷载下的沉降如表 7.2-95 所示，自平衡规程分析结果如表 7.2-96 所示。

**两桩压浆前后在工作荷载下的桩顶沉降　　表 7.2-95**

| 桩号 | 桩顶荷载(kN) | 桩顶沉降(mm) | |
|---|---|---|---|
| | | 压浆前 | 压浆后 |
| P46-19 | 15000 | 7.72 | 2.93 |
| P47-31 | 14500 | 14.04 | 4.72 |

**46 号、47 号桩压浆前后自平衡规程分析结果　　表 7.2-96**

| 工况＼桩号 | | P46-19 | | P47-31 | |
|---|---|---|---|---|---|
| | | 数值 | 比例 | 数值 | 比例 |
| 压浆前 | 桩侧摩阻力(kN) | 32072 | 76.59% | 25713 | 74.26% |
| | 桩端阻力(kN) | 9801 | 23.41% | 8913 | 25.74% |
| | 桩顶荷载(kN) | 41873 | — | 34626 | — |
| 压浆后 | 桩侧摩擦力(kN) | 35011 | 71.70% | 33505 | 73.53% |
| | 桩端阻力(kN) | 13817 | 28.30% | 12067 | 26.47% |
| | 桩顶荷载(kN) | 48828 | — | 45592 | — |

## 2. 引桥

引桥试桩压浆前后荷载箱测试曲线如图 7.2-59 所示。

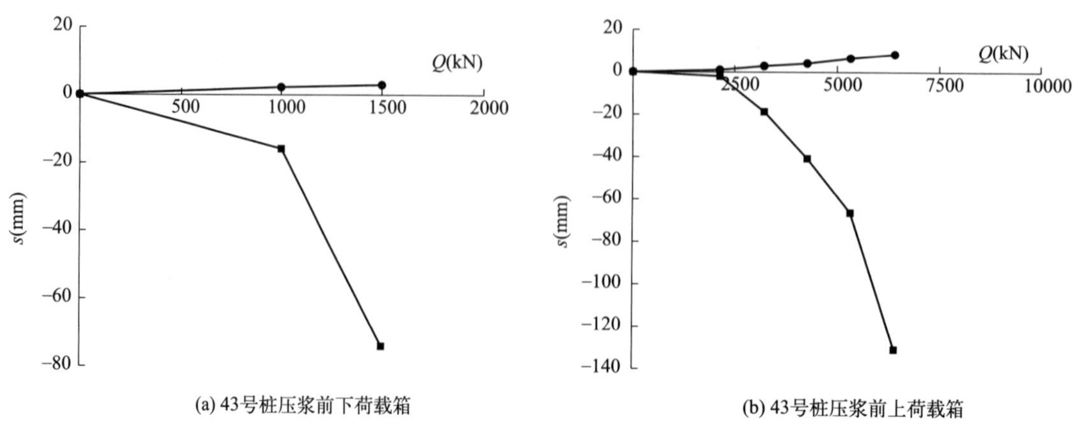


图 7.2-59　引桥试桩压浆前后测试曲线（一）

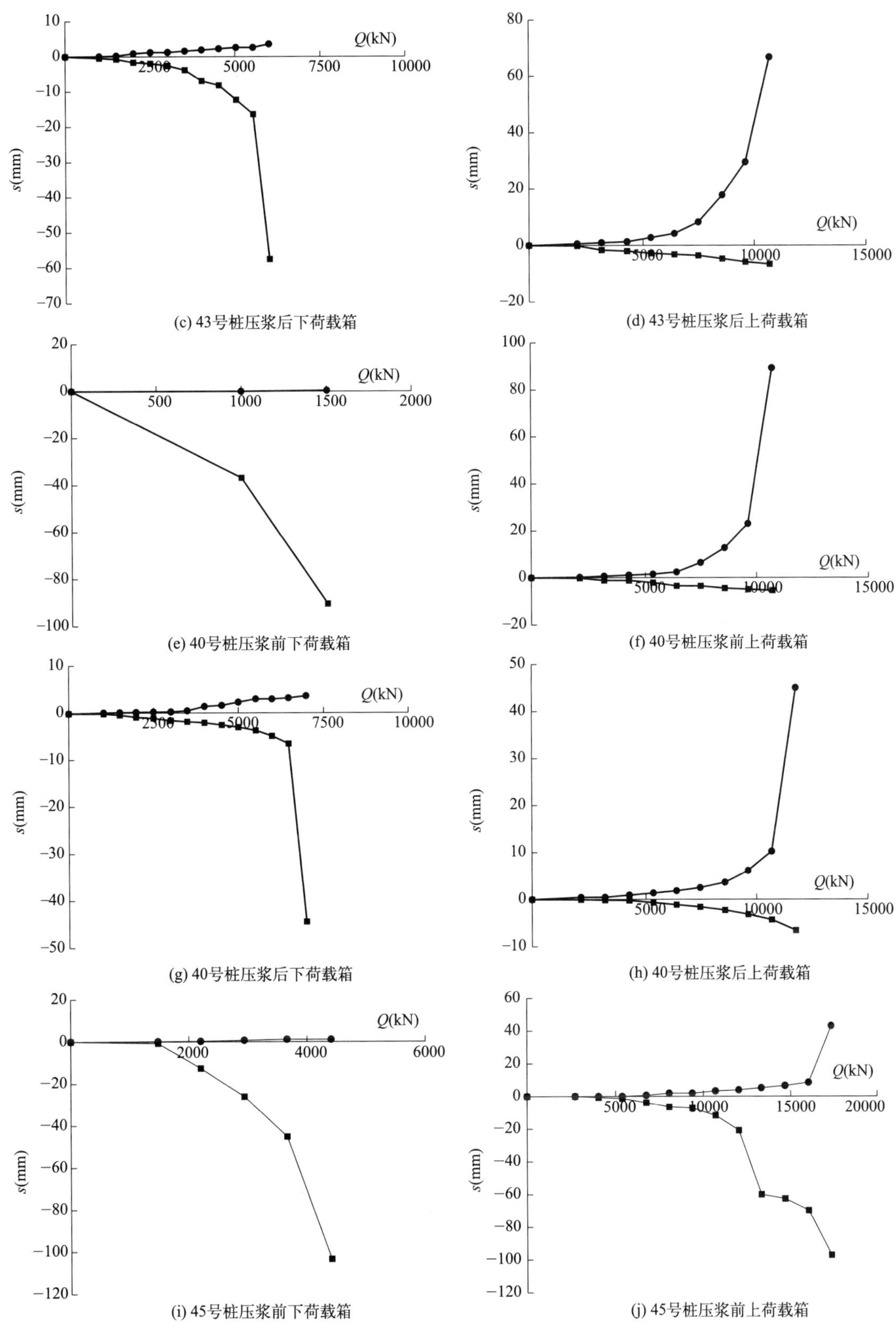


图 7.2-59　引桥试桩压浆前后测试曲线（二）

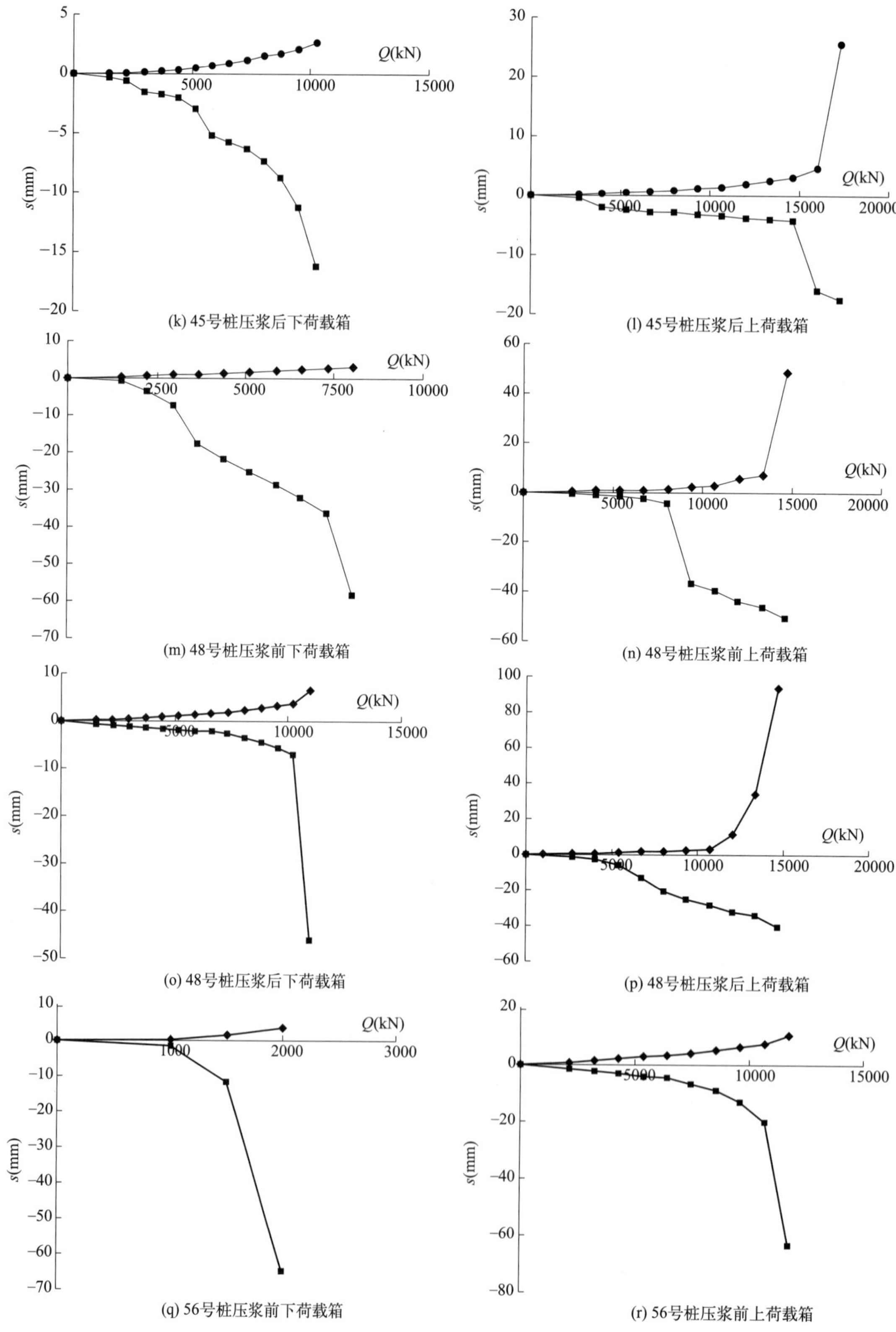


图 7.2-59 引桥试桩压浆前后测试曲线（三）

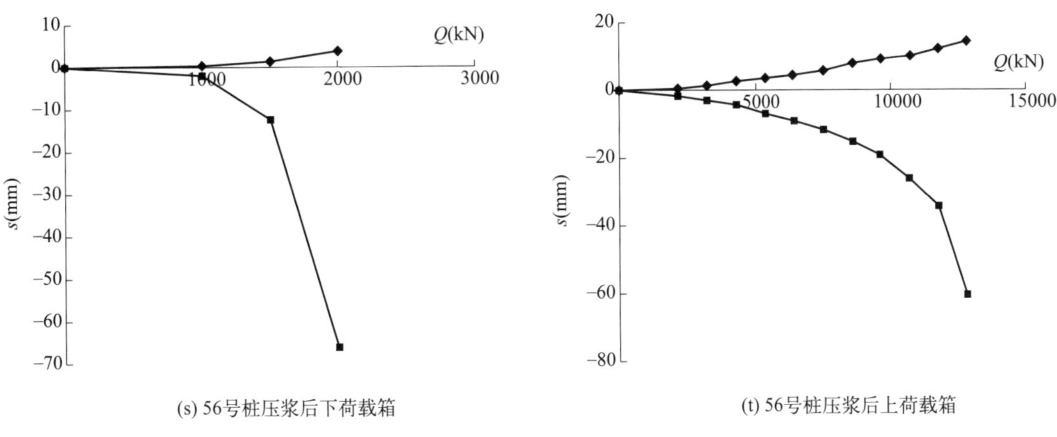


(s) 56号桩压浆后下荷载箱　　(t) 56号桩压浆后上荷载箱

图 7.2-59　引桥试桩压浆前后测试曲线（四）

引桥试桩压浆前后桩顶承载力、桩端承载力和桩侧摩阻力转换曲线，如图 7.2-60 所示，其自平衡规程分析结果见表 7.2-97。

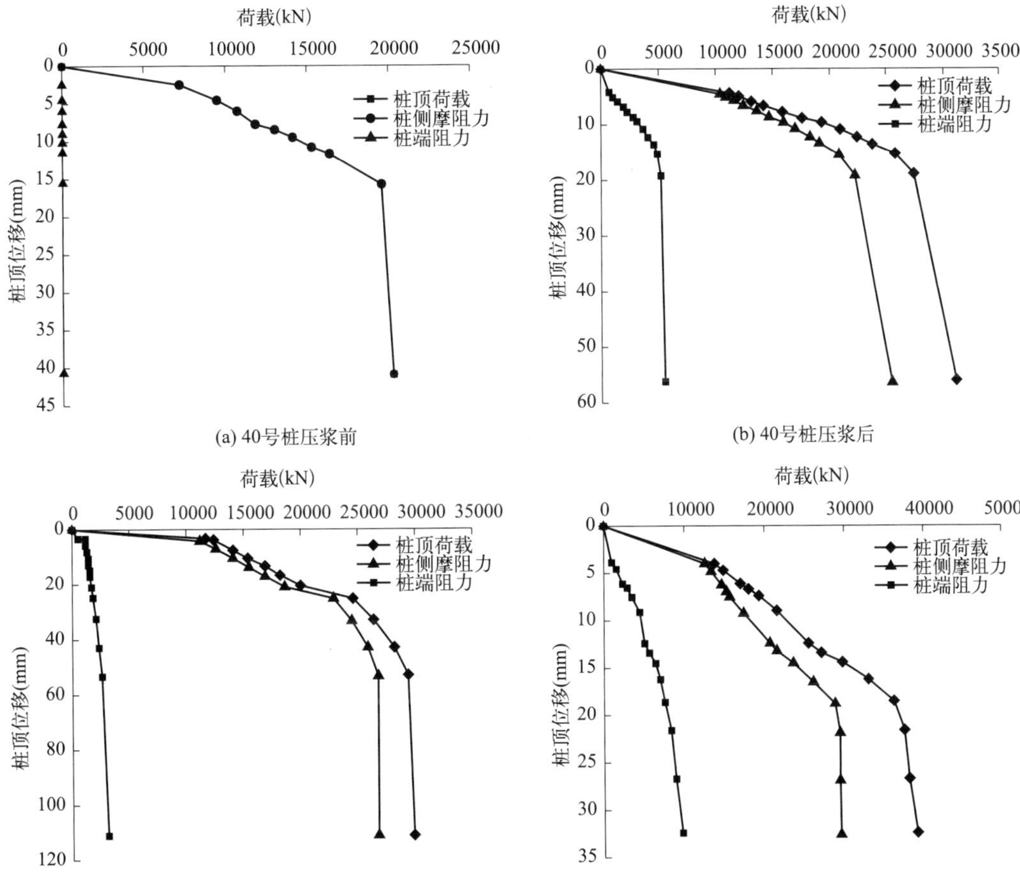

(a) 40号桩压浆前

(b) 40号桩压浆后

(c) 45号桩压浆前

(d) 45号桩压浆后

图 7.2-60　引桥试桩压浆前后桩顶承载力、桩端承载力和桩侧摩阻力转换曲线（一）

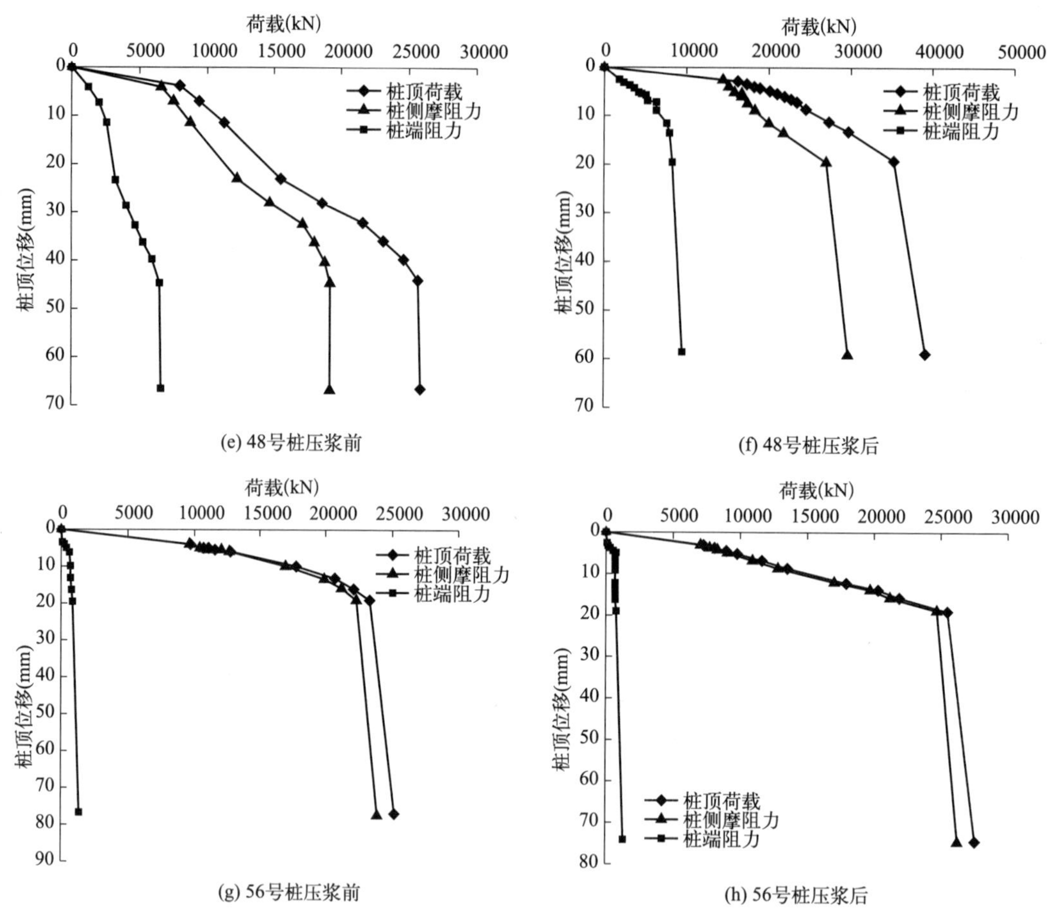


图 7.2-60　引桥试桩压浆前后桩顶承载力、桩端承载力和桩侧摩阻力转换曲线（二）

**引桥 5 根桩自平衡规程分析结果**　　　　表 7.2-97

| 工况 \ 桩号 | | P43-06 | | P40-06 | | P45-12 | | P48-18 | | P56-05 | |
|---|---|---|---|---|---|---|---|---|---|---|---|
| | | 数值 | 比例 | 数值 | 比例 | 数值 | 比例 | 数值 | 比例 | 数值 | 比例 |
| 压浆前 | 桩侧摩阻力(kN) | 8763 | 100% | 19568 | 100% | 26603 | 89.52% | 18422 | 72.0% | 22344 | 96.1% |
| | 桩端阻力(kN) | 0 | 0 | 0 | 0 | 3114 | 10.48% | 7171 | 28.0% | 910 | 3.9% |
| | 桩顶荷载(kN) | 8763 | — | 19568 | — | 29717 | — | 25593 | — | 23254 | — |
| 压浆后 | 桩侧摩阻力(kN) | 19340 | 81.73% | 21946 | 79.96% | 39717 | 75.88% | 24340 | 71.9% | 24868 | 96.9% |
| | 桩端阻力(kN) | 4323 | 18.27% | 5504 | 20.04% | 9580 | 24.12% | 9519 | 28.1% | 787 | 3.1% |
| | 桩顶荷载(kN) | 23663 | — | 27468 | — | 30137 | — | 33859 | — | 25655 | — |

（1）最终极限承载力

将向上向下荷载作用下的 *Q-s* 曲线转化为在向下荷载作用下的曲线。

P43-06 压浆前由图可看出等效转换曲线为陡变型，取曲线转折处对应的荷载为极限承载力，极限承载力为 8763kN，对应的位移为 20.41mm。压浆后等效转换曲线为陡变型，取曲线转折点处对应的荷载为极限承载力，压浆后的极限承载力为 23663kN，对应的位移为20.41mm。

P40-06压浆前等效转换曲线为陡变型，取曲线转折点处对应的荷载为极限承载力。极限承载力为19568kN，对应的位移为15.65mm。压浆后等效转换曲线为陡变型，取曲线转折点处对应的荷载为极限承载力。极限承载力为27468kN，对应的位移为19.65mm。

P45-12压浆前的 $Q$-$s$ 曲线为陡变型，取曲线转折点处对应的荷载为极限承载力。极限承载力为29717kN，对应的位移为52.84mm。压浆后等效转换曲线为缓变型，取最大位移处对应的荷载为极限承载力。压浆后的极限承载力为39717kN，对应的位移为32.50mm。

P48-18压浆前的 $Q$-$s$ 曲线为陡变型，取曲线转折点处对应的荷载为极限承载力。极限承载力为25593kN，对应的位移为43.96mm。压浆后等效转换曲线为陡变型，取曲线转折点处对应的荷载为极限承载力。压浆后的极限承载力为33859kN，对应的位移为16.37mm。

P56-05压浆前的 $Q$-$s$ 曲线为陡变型，取曲线转折点处对应的荷载为极限承载力。极限承载力为23254kN，对应的位移为18.89mm。压浆后等效转换曲线为陡变型，取曲线转折点处对应的荷载为极限承载力。压浆后的极限承载力为25655kN，对应的位移为18.71mm。

(2) 桩侧摩阻力

各桩土层侧摩阻力见表7.2-98～见表7.2-102。

**P43-06桩侧各土层摩阻力　　表7.2-98**

| 土层名称 | 标高(m) | 极限侧阻力标准值(kPa) | 压浆前 | | 压浆后 | |
|---|---|---|---|---|---|---|
| | | | 实测最大侧阻力(kPa) | 相应位移(mm) | 实测最大侧阻力(kPa) | 相应位移(mm) |
| 粉砂 | −17.268～−21.768 | 50 | 22.15 | 6.62 | 36.86 | 27.46 |
| 粗/细砂 | −21.768～−24.678 | 55 | 27.25 | 6.66 | 41.86 | 27.52 |
| 粗/细砂 | −24.678～−32.268 | 55 | 26.83 | 6.76 | 41.75 | 27.66 |
| 高塑性硬黏土 | −32.268～−37.768 | 50 | 22.19 | 6.94 | 36.93 | 27.94 |
| 砂土 | −37.768～−44.518 | 55 | 27.13 | 7.16 | 42.25 | 28.30 |
| 砂土 | −44.518～−51.268 | 55 | 26.42 | 7.47 | 42.74 | 28.80 |
| 粉砂 | −51.268～−54.000 | 50 | 22.27 | 7.74 | 37.24 | 29.23 |
| 粉砂 | −54.000～−56.000 | 50 | 36.85 | 7.88 | 37.53 | 29.46 |
| 粉砂 | −56.000～−57.518 | 50 | 27.78 | 40.35 | 55.86 | 6.31 |
| 黏土 | −57.518～−64.268 | 60 | 31.55 | 40.19 | 65.47 | 5.88 |
| 高塑性黏土 | −64.268～−70.268 | 60 | 30.76 | 40.01 | 66.25 | 5.35 |
| 高塑性黏土 | −70.268～−75.500 | 60 | 25.33 | 39.90 | 75.36 | 5.02 |
| 高塑性黏土 | −75.500～−81.000 | 65 | 24.17 | 39.85 | 75.74 | 4.84 |
| 高塑性黏土 | −81.000～−83.000 | 65 | 24.72 | 39.84 | 75.66 | 4.79 |
| 高塑性黏土 | −83.000～−86.990 | 65 | 25.96 | 71.02 | 79.44 | 15.79 |

**P40-06 桩侧各土层摩阻力** **表 7.2-99**

| 土层名称 | 标高(m) | 极限侧阻力标准值(kPa) | 压浆前 | | 压浆后 | |
|---|---|---|---|---|---|---|
| | | | 实测最大侧阻力(kPa) | 相应位移(mm) | 实测最大侧阻力(kPa) | 相应位移(mm) |
| 砂,中密到密实 | −13.886～−19.386 | 45 | 30.56 | 20.91 | 30.97 | 8.37 |
| 密砂 | −19.386～−22.766 | 50 | 40.94 | 20.98 | 41.73 | 8.43 |
| 密砂 | −22.766～−30.286 | 50 | 40.43 | 21.15 | 43.84 | 8.57 |
| 密砂 | −30.286～−34.286 | 50 | 54.51 | 21.43 | 58.60 | 8.80 |
| 硬黏土 | −34.286～−41.500 | 65 | 45.45 | 21.82 | 53.64 | 9.12 |
| 密砂 | −41.500～−49.000 | 55 | 45.61 | 22.47 | 54.13 | 9.69 |
| 硬黏土 | −49.000～−51.000 | 55 | 66.57 | 22.99 | 54.14 | 10.15 |
| 密砂 | −51.000～−53.000 | 55 | 45.55 | 5.10 | 72.86 | 6.72 |
| 密砂,密实到致密 | −53.000～−59.786 | 55 | 72.43 | 4.59 | 72.12 | 6.26 |
| 密砂,密实到致密 | −59.786～−62.886 | 55 | 77.87 | 4.13 | 83.51 | 5.84 |
| 密实的粉砂 | −62.886～−69.000 | 55 | 71.28 | 3.82 | 83.91 | 5.55 |
| 硬黏土 | −69.000～−75.000 | 60 | 71.22 | 3.57 | 83.12 | 5.32 |
| 硬砂质粉土 | −75.000～−79.990 | 55 | 72.64 | 32.74 | 84.24 | 5.27 |

**P45-12 桩侧各土层摩阻力** **表 7.2-100**

| 土层名称 | 标高(m) | 极限侧阻力标准值(kPa) | 压浆前 | | 压浆后 | |
|---|---|---|---|---|---|---|
| | | | 实测最大侧阻力(kPa) | 相应位移(mm) | 实测最大侧阻力(kPa) | 相应位移(mm) |
| 粉质黏土 | −18.261～−24.711 | 50 | 55.96 | 5.97 | 49.37 | 2.88 |
| 黏土/粗-细砂 | −24.711～−28.461 | 45～50 | 54.29 | 6.13 | 42.62 | 3.01 |
| 中塑性黏土 | −28.461～−32.261 | 60 | 68.39 | 6.31 | 72.34 | 3.15 |
| 粗-细砂 | −32.261～−39.261 | 60 | 68.29 | 6.68 | 72.93 | 3.45 |
| 粗-细砂 | −39.261～−46.261 | 60 | 68.69 | 7.34 | 72.96 | 4.00 |
| 高塑性黏土 | −46.261～−50.000 | 60 | 68.57 | 7.98 | 71.92 | 4.55 |
| 高塑性黏土 | −50.000～−52.500 | 60 | 64.59 | 20.59 | 76.96 | 3.90 |
| 高塑性黏土 | −52.500～−59.761 | 60 | 65.45 | 20.16 | 77.17 | 3.44 |
| 高塑性黏土 | −59.761～−67.261 | 60 | 65.61 | 19.68 | 76.97 | 2.92 |
| 高塑性黏土 | −67.261～−74.761 | 60 | 65.10 | 19.41 | 80.16 | 2.62 |
| 高塑性黏土 | −74.261～−77.000 | 50 | 53.25 | 19.35 | 85.44 | 2.55 |
| 高塑性黏土 | −77.000～−79.990 | 50 | 55.91 | 42.43 | 89.71 | 15.67 |

**P48-18 桩侧各土层摩阻力** **表 7.2-101**

| 土层名称 | 标高(m) | 极限侧阻力标准值(kPa) | 压浆前 | | 压浆后 | |
|---|---|---|---|---|---|---|
| | | | 实测最大侧阻力(kPa) | 相应位移(mm) | 实测最大侧阻力(kPa) | 相应位移(mm) |
| 黏质粉土 | −14.375～−23.275 | 20 | 18.65 | 4.92 | 19.66 | 32.81 |
| 黏质粉土 | −23.275～−26.375 | 20 | 19.48 | 5.01 | 19.72 | 32.89 |

续表

| 土层名称 | 标高(m) | 极限侧阻力标准值(kPa) | 压浆前 | | 压浆后 | |
|---|---|---|---|---|---|---|
| | | | 实测最大侧阻力(kPa) | 相应位移(mm) | 实测最大侧阻力(kPa) | 相应位移(mm) |
| 黏质粉土 | −26.375～−35.375 | 50 | 54.69 | 5.16 | 54.44 | 33.02 |
| 黏质粉土 | −35.375～−44.375 | 50 | 55.08 | 5.56 | 54.47 | 33.38 |
| 黏质粉土 | −44.375～−51.000 | 50 | 54.83 | 6.10 | 54.65 | 33.86 |
| 黏质粉土 | −51.000～−56.000 | 50 | 54.24 | 6.49 | 62.65 | 34.20 |
| 黏质粉土 | −56.000～−64.500 | 50 | 38.33 | 4.28 | 63.18 | 34.33 |
| 黏质粉土 | −64.500～−72.500 | 50 | 39.17 | 4.01 | 66.36 | 33.93 |
| 黏质粉土 | −72.500～−80.500 | 50 | 39.86 | 3.71 | 66.73 | 33.49 |
| 黏质粉土～黏土 | −80.500～−85.990 | 50 | 41.28 | 3.54 | 68.25 | 33.24 |

**P56-05 桩侧各土层摩阻力　　表 7.2-102**

| 土层名称 | 标高(m) | 极限侧阻力标准值(kPa) | 压浆前 | | 压浆后 | |
|---|---|---|---|---|---|---|
| | | | 实测最大侧阻力(kPa) | 相应位移(mm) | 实测最大侧阻力(kPa) | 相应位移(mm) |
| 黏土 | −10.903～−15.893 | 25 | 29.65 | 8.40 | 12.27 | 35.86 |
| 黏土 | −15.893～−20.903 | 25 | 29.67 | 8.49 | 12.36 | 34.59 |
| 粉砂 | −20.903～−25.903 | 55 | 78.53 | 8.63 | 12.52 | 84.73 |
| 粉质黏土 | −25.903～−32.903 | 60～65 | 64.17 | 8.97 | 12.88 | 69.93 |
| 粉质黏土 | −32.903～−40.903 | 60～65 | 69.12 | 9.64 | 13.59 | 74.16 |
| 粉质黏土 | −40.903～−44.000 | 60～65 | 69.74 | 10.32 | 14.31 | 74.86 |
| 粉质黏土 | −44.000～−45.000 | 60～65 | 75.94 | 19.87 | 34.19 | 69.12 |
| 粉质黏土 | −45.000～−49.000 | 55～65 | 75.25 | 19.56 | 33.87 | 72.95 |
| 粉质黏土 | −49.000～−55.000 | 55～65 | 73.26 | 19.05 | 33.31 | 76.32 |
| 粉质黏土 | −55.000～−61.000 | 55～65 | 72.02 | 18.61 | 32.81 | 81.02 |
| 粉质黏土 | −61.000～−70.000 | 55～65 | 70.83 | 18.30 | 32.45 | 85.54 |
| 粉质黏土 | −70.000～−71.403 | 55～65 | 74.37 | 10.03 | 34.07 | 10.42 |
| 粉砂 | 71.403～−72.990 | 65 | 81.81 | 8.93 | 37.48 | 9.04 |

注：每层土的侧摩阻力是指在承受向下荷载时候的摩阻力，是由上段桩在向上荷载作用下的向下摩阻力乘以一个系数再加上上段桩的自重得来的。

（3）桩端阻力

引桥各试桩的桩端阻力见表 7.2-103。

**引桥各试桩的桩端阻力　　表 7.2-103**

| 桩号 | 压浆前 | | 压浆后 | |
|---|---|---|---|---|
| | 桩端极限承载力(kN) | 相应位移(mm) | 桩端极限承载力(kN) | 相应位移(mm) |
| P43-06 | 0 | 69.53 | 4323 | 16.13 |
| P40-06 | 0 | 86.35 | 5504 | 44.10 |

续表

| 桩号 | 压浆前 | | 压浆后 | |
|---|---|---|---|---|
| | 桩端极限承载力(kN) | 相应位移(mm) | 桩端极限承载力(kN) | 相应位移(mm) |
| P45-12 | 2512 | 44.61 | 9580 | 21.40 |
| P48-18 | 7171 | 57.06 | 9519 | 45.22 |
| P56-05 | 910 | 11.51 | 787 | 11.53 |

注：桩端阻力是由最下面一个钢筋应力计经以下的桩的极限承载力，即桩侧摩阻力和桩端阻力组成。

(4) 承载特性

两桩的承载特性，承载力的组成如表 7.2-104 所示，在使用荷载下的位移如表 7.2-105 所示。

**引桥各试桩的极限承载力的大小和组成的比例** **表 7.2-104**

| 桩号 | | 压浆前 | | | 压浆后 | | |
|---|---|---|---|---|---|---|---|
| | | 桩侧摩阻力(kN) | 桩端阻力(kN) | 桩顶荷载(kN) | 桩侧摩阻力(kN) | 桩端阻力(kN) | 桩顶荷载(kN) |
| P43-06 | 数值 | 8763 | 0 | 8763 | 19340 | 4323 | 23663 |
| | 百分比 | 100% | 0 | — | 81.73% | 18.27% | — |
| P40-06 | 数值 | 19568 | 0 | 19568 | 21946 | 5504 | 27468 |
| | 百分比 | 100% | 0 | — | 79.96% | 20.04% | — |
| P45-12 | 数值 | 26603 | 3114 | 29717 | 39717 | 9580 | 30137 |
| | 百分比 | 89.52% | 10.48% | — | 75.88% | 24.12% | — |
| P48-18 | 数值 | 18422 | 7171 | 25593 | 24340 | 9519 | 33859 |
| | 百分比 | 72.00% | 28.00% | — | 71.90% | 28.10% | — |
| P56-05 | 数值 | 22344 | 910 | 23254 | 24868 | 787 | 25655 |
| | 百分比 | 96.10% | 3.90% | — | 96.90% | 3.10% | — |

**引桥各试桩使用荷载作用下的桩顶沉降** **表 7.2-105**

| 桩号 | 压浆前 | | 压浆后 | |
|---|---|---|---|---|
| | 桩顶荷载(kN) | 桩顶沉降(mm) | 桩顶荷载(kN) | 桩顶沉降(mm) |
| P43-06 | 13380 | 164.96(预测值) | 13380 | 8.23 |
| P40-06 | 12310 | 8.02 | 12310 | 5.16 |
| P45-12 | 15410 | 5.44 | 15410 | 5.00 |
| P48-18 | 14400 | 20.14 | 14400 | 7.09 |
| P56-05 | 10180 | 4.34 | 10180 | 5.61 |

# 7.3 组合后压浆技术的应用

## 7.3.1 宁梁高速京杭运河特大桥

### 7.3.1.1 工程概况

董家口至梁山（鲁豫界）公路宁阳至梁山（鲁豫界）段，滞洪区兼京杭运河特大桥，跨越东平新湖区，在泰安东平县解庄附近跨东大堤进入滞洪区，于济宁市梁山县后码头村跨越西大堤出滞洪区。桥梁起点桩号为 K67＋933.5，终点桩号为 K89＋519.5，总长度为 21.586km，宽度为 26.5m（京杭运河大桥段宽度为 30.5m），三座悬浇变截面预应力混凝土桥主跨径为 90～110m，其他引桥跨径为 25～60m。上部结构采用预应力混凝土悬浇箱梁、预应力混凝土简支小箱梁、预应力混凝土简支转连续小箱梁，桥墩采用柱式墩与薄壁墩，桥台采用肋板台，墩台基础采用钻孔灌注桩，墩柱选用 C40 混凝土，桩基选用 C30 混凝土。工程全线共计 2968 根灌注桩，包括 2888 根工程桩、74 根原桩以及 6 根试桩。工程桩采用桩端桩侧组合压浆工艺，具体信息见表 7.3-1。预计使用桩侧压浆环管装置 7184 套，桩端压浆管 8664 根。

**工程桩桩基情况表**　　　　**表 7.3-1**

| 桩径(m) | 桩长(m) | 桩数(根) | 设计压浆量(t) |
|---|---|---|---|
| 1.2 | 32、33 | 16 | 5.20 |
| 1.4 | 32 | 72 | 6.07 |
| 1.6 | 35～42 | 1871 | 7.52～10.30 |
| 1.8 | 35～55 | 905 | 7.80～11.59 |
| 2.0 | 65 | 24 | 14.03～14.76 |
| 合计 | — | 2888 | — |

### 1. 工程地质概况

勘探人员采用工程地质调绘、钻探、原位测试和室内土工试验等多种方法对滞洪区特大桥地质状况进行综合性勘探评价。共完成勘探点 194 个，总进尺 10354.30m。取原状样 1560 件，取扰动样 434 件，标贯试验 1541 次，土工试验 1994 件，探明了桥址区的工程地质条件、水文地质条件和不良地质发育情况，为桥梁设计研究提供了必需的工程地质资料。

桥址区地下水属黄泛平原水文地质区，地下水补给主要依靠河水下渗，大气降水灌溉回归水和基岩裂隙水的侧向补给居次，排泄以地下径流或转化为主。地下水位标高：26.67～37.9m，平均 34.09m；地下水位深度：0.60～12.5m，平均 3.79m。根据场地地下水质资料，厂区水对混凝土无腐蚀性，对钢筋具有轻微腐蚀作用。

桥址区地貌形态属冲击湖积平原亚区，地势较为平坦，地表植被茂密，在地质勘探范围内，土质主要为冲洪基粉质黏土，地质年代为中更新世 $Q_2$～全新世 $Q_4$，场地最大冻土深度为 0.5m。地基土按层号自上而下分布，各土层物理指标如表 7.3-2 所示。

**各土层物理指标**　　　　**表 7.3-2**

| 层号 | 土层名称 | $\gamma$(kN/m$^3$) | [$f_{a0}$](kPa) | $q_{ik}$(kPa) | $c$(kPa) | $\varphi$(°) | $E_s$(MPa) |
|---|---|---|---|---|---|---|---|
| ①$_1$ | 素填土 | — | 100～110 | 30 | — | — | — |
| ①$_2$ | 耕植土 | — | — | — | — | — | — |
| ②$_1$ | 粉质黏土 | 19.01 | 120～180 | 35～50 | 41.1 | 11.7 | 5.01 |
| ②$_2$ | 粉土 | 18.77 | 120～160 | 35～45 | 34.3 | 9.9 | 4.61 |
| ②$_3$ | 细砂/粉砂 | 19.10 | 120～180 | 35～50 | 26.1 | 9.1 | 4.84 |

续表

| 层号 | 土层名称 | $\gamma$(kN/m³) | [$f_{a0}$](kPa) | $q_{ik}$(kPa) | $c$(kPa) | $\varphi$(°) | $E_s$(MPa) |
|---|---|---|---|---|---|---|---|
| ②$_4$ | 中砂 | 19.20 | 140～180 | 40～50 | — | 16.1 | 3.55 |
| ②$_5$ | 粗砂 | — | 140～180 | 40～50 | — | — | — |
| ②$_7$ | 淤泥质粉质黏土 | 18.43 | 100～110 | 30 | 41.8 | 7.9 | 4.58 |
| ④$_1$ | 粉质黏土 | 19.18 | 180～300 | 50～68 | 44.3 | 15.8 | 5.57 |
| ④$_2$ | 粉土 | 19.29 | 220～300 | 58～65 | 39.5 | 11.5 | 5.82 |
| ④$_3$ | 细砂/粉砂 | — | 240～300 | 60～65 | — | — | — |
| ④$_4$ | 中砂 | 19.60 | 240～300 | 60～70 | — | 12.4 | 5.73 |
| ④$_5$ | 粗砂 | 18.45 | 200～300 | 60～70 | — | 15.9 | 4.51 |
| ⑥$_1$ | 粉质黏土 | 19.30 | 280～400 | 70～90 | 45.8 | 17.1 | 6.49 |
| ⑥$_3$ | 细砂 | — | 300～380 | 70～80 | — | — | — |

注：各土层具体指标以具体孔位信息为主。

由表 7.3-2 可得，相同岩性条件下，随着土层深度的增加，部分土层参数如地基承载力基本容许值 [$f_{a0}$]、侧摩阻力标准值 $q_{ik}$、黏聚力 $c$、内摩擦角 $\varphi$ 及压缩模量 $E_s$ 也随之增加，呈正相关关系。

为后续计算方便，收集整理各土层重度及样本数见表 7.3-3，并计算其加权平均数作为各土层统一重度指标。由表 7.3-3 得，土层重度的加权平均数值为 19.1kN/m³。

**土层重度加权平均数计算表　　表 7.3-3**

| 土层类别 | $\gamma$(kN/m³) | 样本数 $n$ | $\gamma\times n$(kN/m³) | $\gamma$ 的加权平均数(kN/m³) |
|---|---|---|---|---|
| ②$_1$ 粉质黏土 | 19.01 | 338 | 6425.38 | — |
| ②$_2$ 粉土 | 18.77 | 70 | 1313.90 | — |
| ②$_3$ 粉砂、细砂 | 19.10 | 3 | 57.30 | — |
| ②$_4$ 中砂 | 19.20 | 1 | 19.20 | — |
| ②$_7$ 淤泥质粉质黏土 | 18.43 | 15 | 276.45 | — |
| ④$_1$ 粉质黏土 | 19.18 | 316 | 6060.88 | — |
| ④$_2$ 黏土 | 19.29 | 13 | 250.77 | — |
| ④$_4$ 中砂 | 19.60 | 1 | 19.60 | — |
| ④$_5$ 细砂 | 18.45 | 2 | 36.90 | — |
| ⑥$_1$ 粉质黏土 | 19.30 | 33 | 636.90 | — |
| 合计 | — | 792 | 15097.28 | 19.1 |

**2. 试桩概况**

滞洪区兼京杭运河特大桥工程试桩 S1、S2、S3、S4、S5、S6 作为试验桩，试桩均采用旋挖钻钻孔施工工艺。其中，试桩 S1、S2、S3、S5、S6 将在原设计桩长的基础上削减

15m 桩长并进行后压浆作业；试桩 S4 不进行桩长削减及后压浆作业。试桩参数如表 7.3-4 所示，试桩平面位置图如图 7.3-1 所示。

**试桩参数**　　　　**表 7.3-4**

| 桩号 | 原桩长(m) | 桩长(m) | 桩径(m) | 桩端持力层 | 是否压浆 | 成桩日期 |
|---|---|---|---|---|---|---|
| S1 | 48 | 33 | 1.6 | $④_1$ 粉质黏土 | 是 | 2017.10.19 |
| S2 | 51 | 36 | 1.6 | $④_5$ 粗砂 | 是 | 2017.10.10 |
| S3 | 49 | 34 | 1.6 | $④_1$ 粉质黏土 | 是 | 2017.10.15 |
| S4 | 46 | 46 | 1.8 | $④_5$ 粗砂 | 否 | 2017.11.04 |
| S5 | 46 | 31 | 1.8 | $④_5$ 粗砂 | 是 | 2017.11.01 |
| S6 | 50 | 35 | 1.8 | $④_1$ 粉质黏土 | 是 | 2017.11.07 |

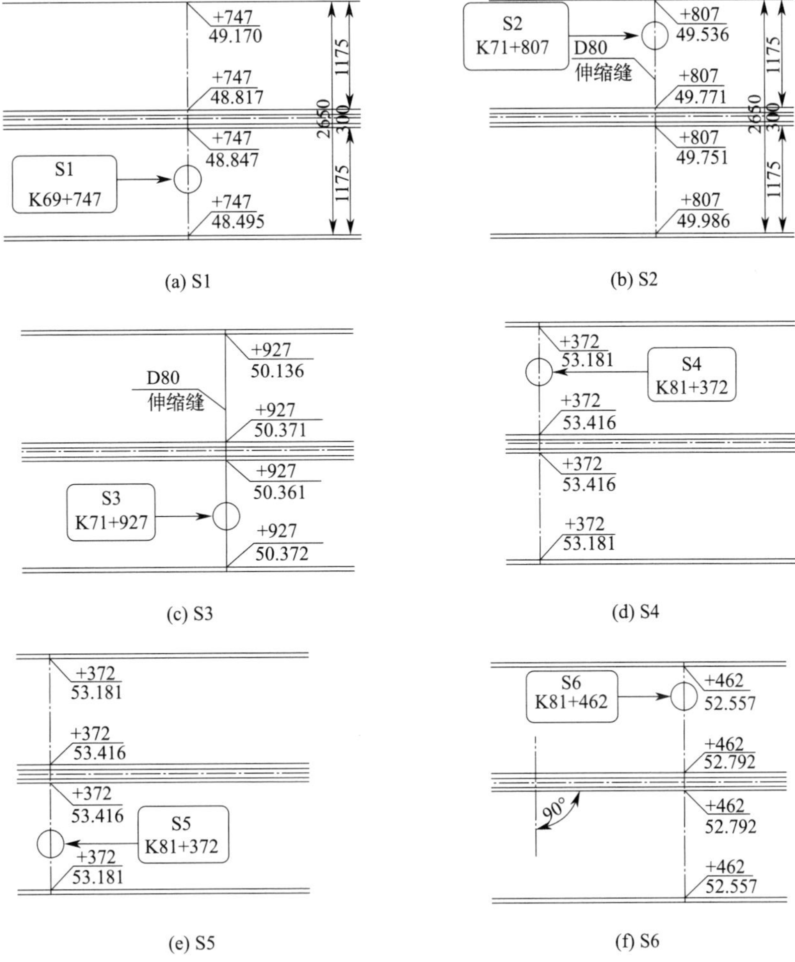


图 7.3-1　试桩平面位置图

现场采用静载自平衡法检测桩基承载性能，在 6 根试桩桩身内设置一个环形荷载箱，并在试桩主筋上焊接钢筋应力计，钢筋应力计埋置于各土层分界处以收集桩基不同深度下的应变及对应的应力等信息，结合荷载箱相关数据可求出侧摩阻力、桩端阻力及桩顶等效荷载，绘出相应的荷载-位移曲线。试桩荷载箱布置见图 7.3-2，钢筋应力计位置见图 7.3-3。

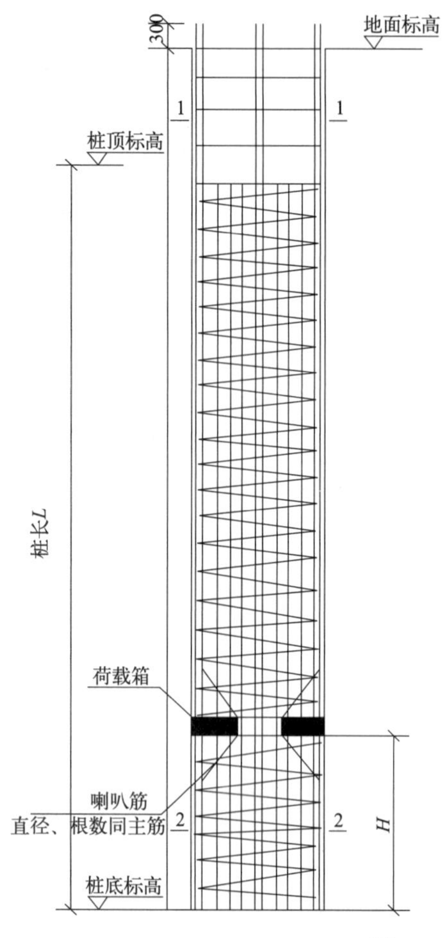


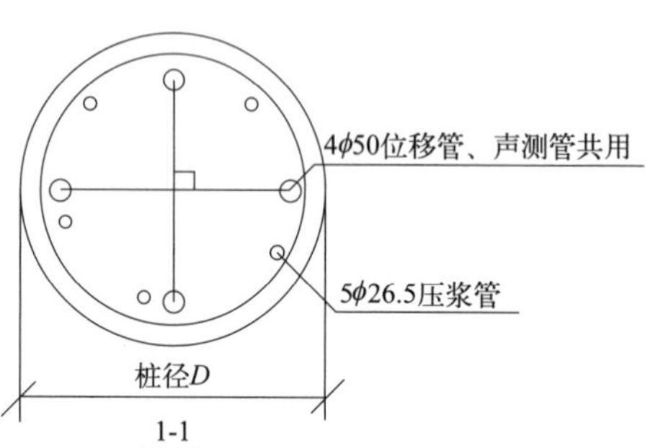


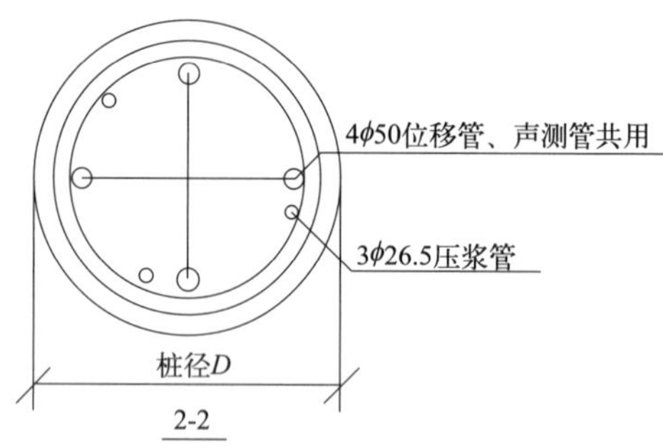


说明：1)喇叭筋根数、直径同主筋，一端焊接在荷载箱上，一端和主筋焊接，与荷载箱呈60°；
2)图中钢管所示尺寸为内径，压浆管壁厚为2.75mm，声测管壁厚为0.75mm；
3)荷载箱位置见表7.3-5，钢筋应力计具体布置见图7.3-3。

图 7.3-2 试桩荷载箱布置图

**荷载箱位置** **表 7.3-5**

| 桩号 | 桩径 $D$(m) | 桩长 $L$(m) | 荷载箱至桩端距离 $H$(m) | 桩顶标高(m) | 荷载箱底面标高(m) |
|---|---|---|---|---|---|
| S1 | 1.6 | 33 | 5 | 37.5 | 9.5 |
| S2 | 1.6 | 36 | 2 | 36.6 | 2.6 |
| S3 | 1.6 | 34 | 4 | 36.7 | 6.7 |
| S4 | 1.8 | 46 | 11 | 36.4 | 1.4 |
| S5 | 1.8 | 31 | 5 | 36.4 | 10.4 |
| S6 | 1.8 | 35 | 2 | 36.4 | 3.4 |

### 3. 试桩压浆情况

试桩采用组合压浆施工工艺，于 2017 年 10 月 14 日至 11 月 10 日在试桩成桩 2～10d 开始并完成试桩的压浆作业。各试桩实际压浆参数见表 7.3-6。

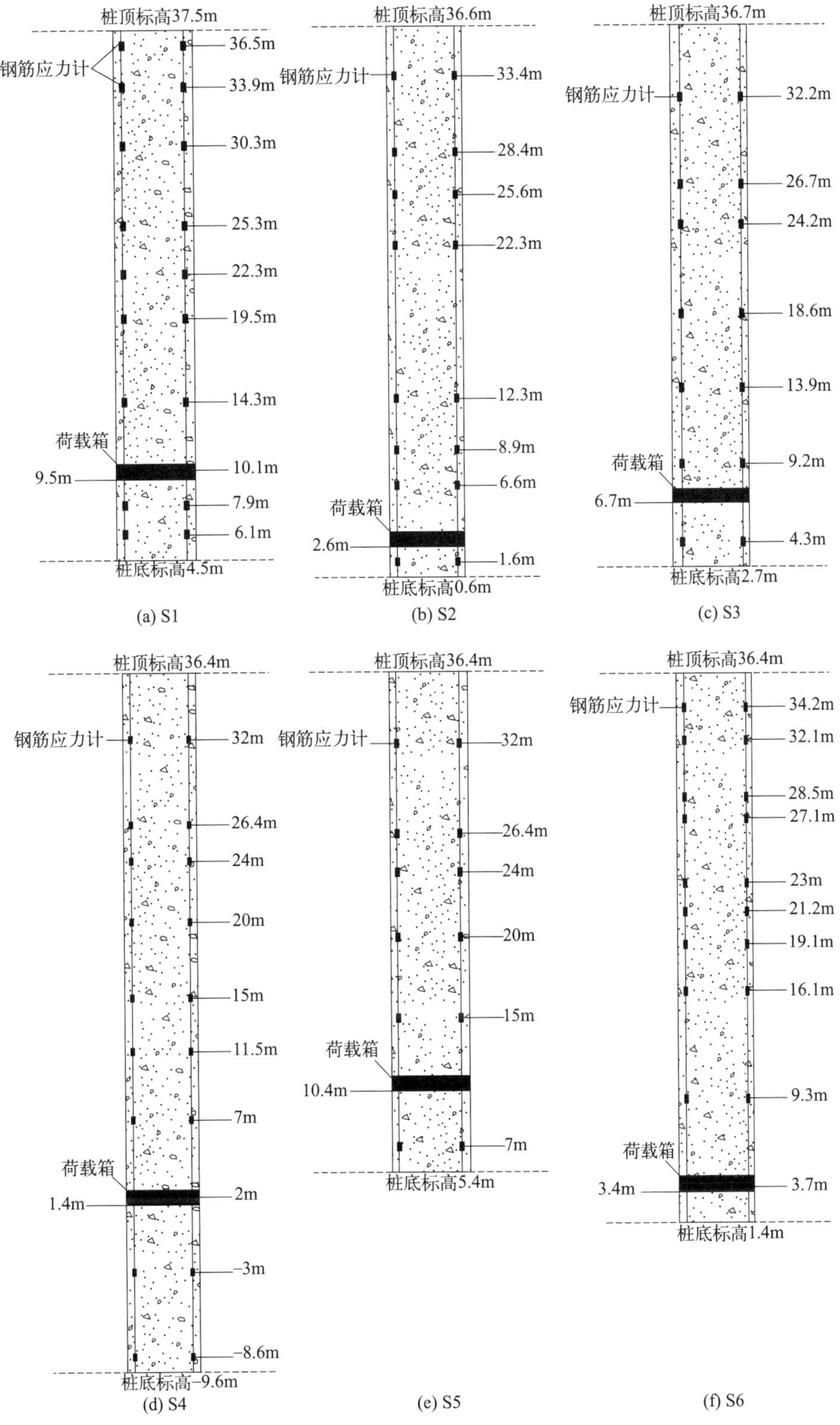


图 7.3-3　试桩荷载箱位置及钢筋应力计布置图

试桩压浆情况统计表 **表 7.3-6**

| 桩号 | 设计压浆量(t) | 实际压浆量(t) | 终止压力(MPa) | | | 压浆时间 |
|---|---|---|---|---|---|---|
| | | | C1 | C2 | 桩端 | |
| S1 | 6.72 | 7.58 | 0.928 | 1.558 | 4.783 | 2017.10.22 |
| S2 | 7.04 | 8.72 | 0.727 | 1.257 | 5.552 | 2017.10.14 |
| S3 | 6.40 | 7.59 | 1.161 | 1.911 | 4.386 | 2017.10.18 |
| S5 | 7.56 | 7.72 | 1.699 | 1.139 | 4.118 | 2017.11.10 |
| S6 | 7.92 | 8.40 | 1.711 | 0.461 | 5.202 | 2017.11.09 |

注：桩端终止压力为桩端压浆管 D1、D2、D3 终止压力平均值。

### 7.3.1.2 试桩结果分析

#### 1. 试桩测试结果

（1）桩侧摩阻力与桩土间相对位移

桩基承载过程中，侧摩阻力对桩基承载性能具有直接影响，桩基侧摩阻力的发挥伴随着桩土间相对位移。各试桩侧摩阻力-桩土相对位移曲线如图 7.3-4 所示。

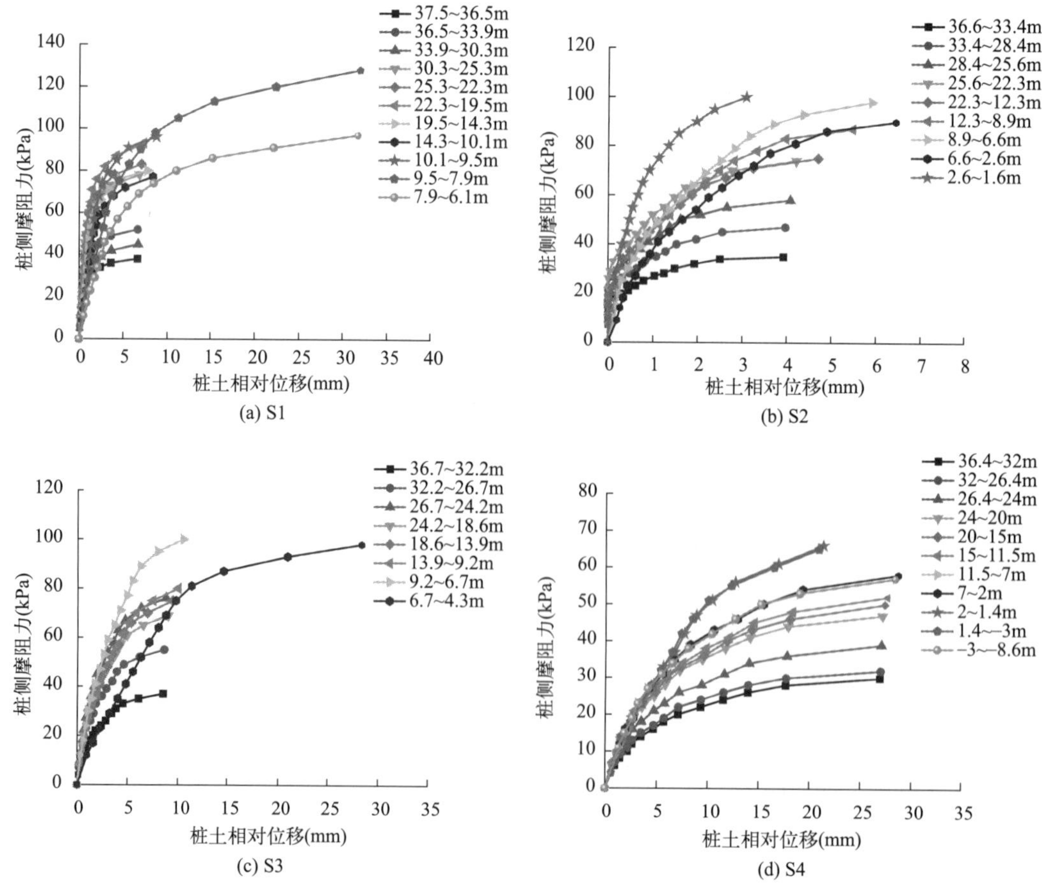


图 7.3-4 试桩侧摩阻力-桩土相对位移曲线（一）

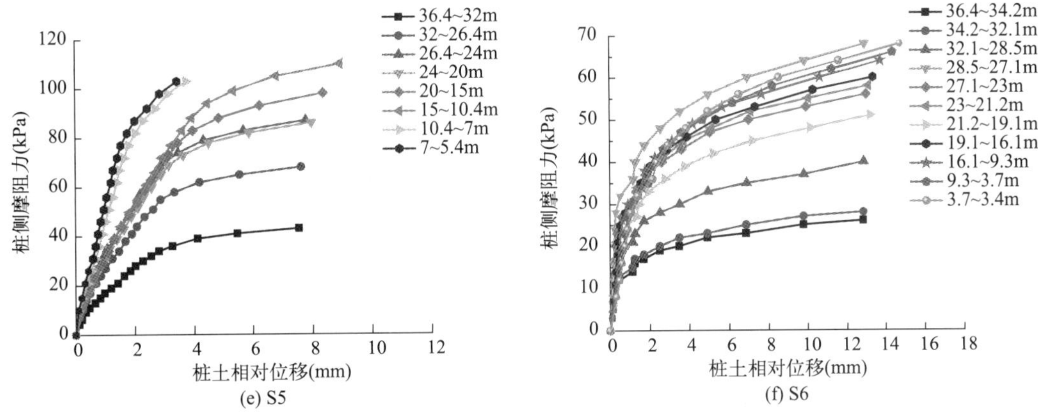


图 7.3-4 试桩侧摩阻力-桩土相对位移曲线（二）

由图 7.3-4 可知，自平衡法静载试验中，随着荷载箱的逐级加载，荷载箱上下相邻土层首先发挥桩土间侧摩阻力作用，最终达到相近的侧摩阻力或桩土相对位移。随着至荷载箱距离的增加，由于桩身自重及荷载传递路径的影响，侧摩阻力的发挥变得缓慢，部分土层未完全达到侧摩阻力极限值，桩土相对位移也偏小。总体上来看，随着桩土相对位移的增加，桩侧摩阻力呈非线性增长，最后趋于稳定。为研究压浆对桩侧摩阻力及桩土相对位移的影响，与地质状况相似，压浆情况不同的试桩 S4 与试桩 S5 的数据进行对比。结果表明，后压浆可显著提升桩基侧摩阻力并减少桩土相对位移。

（2）桩端阻力与桩端位移

采用自平衡法对试桩进行静载试验，根据试验数据绘出各试桩桩端阻力-桩端位移关系曲线，如图 7.3-5 所示。

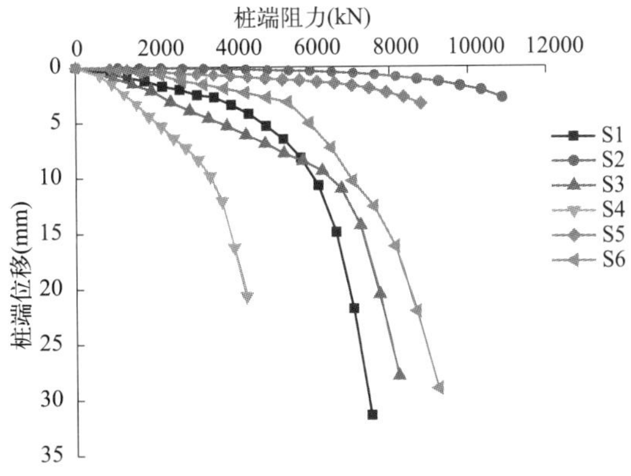


图 7.3-5 试桩桩端阻力-桩端位移曲线

由图 7.3-5 可知随着桩端阻力的增加，桩端位移首先呈线性增长，在桩端阻力到达一定数值后，桩端位移会陡然上升最后发生破坏。对比分析试桩 S2、S5 和 S4 的桩端阻力-桩端位移曲线，结果表明：在相近桩端土层条件下，压浆桩桩端阻力大于未压浆桩，桩端位移小于未压浆桩。说明后压浆技术可更为有效地发挥钻孔灌注桩桩端承载力，增强桩端承载性能，减少桩端位移。对比分析试桩 S2、S5 和 S1、S3、S6 的桩端阻力-桩端位移曲线，结果表明：后压浆桩桩端承载性能与桩端土层类别有关，粗砂持力层的桩端承载性能较粉质黏土持力层强。

（3）桩顶荷载与桩顶沉降

自平衡法无法直接得出桩顶沉降与桩顶荷载的关系，需利用荷载传递解析方法，将桩侧摩阻力与变位量的关系、荷载箱荷载与向下变位量的关系，转换成桩顶荷载对应的荷载-位移关系。各试桩转换后的桩顶 *Q-s* 曲线如图 7.3-6 所示。

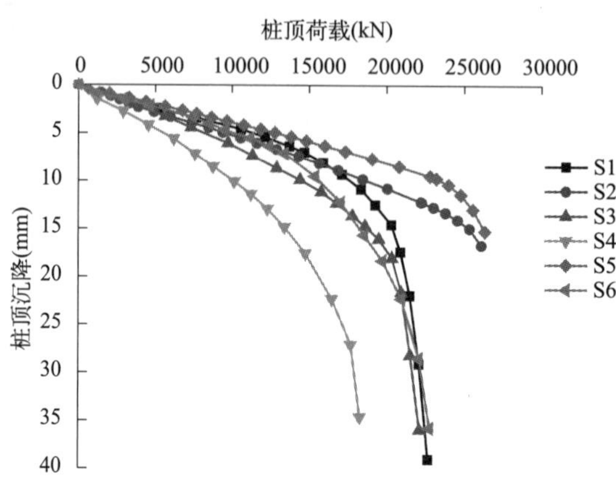


图 7.3-6　试桩桩顶 *Q-s* 曲线

由图 7.3-6 可知，试桩 *Q-s* 曲线与桩端阻力-桩端位移曲线类似，均有前期线性后期陡降的特性。对比分析试桩 S2、S5 和 S4 的 *Q-s* 曲线，在土层条件相当时，未压浆桩出现陡降变形时，压浆桩仍处于缓变状态，压浆桩承载能力明显高于未压浆桩，相应沉降变形则小于未压浆桩。对比分析试桩 S2、S5 和 S1、S3、S6 的 *Q-s* 曲线，后压浆桩在砂性土上的承载性能高于在黏性土上的承载性能。

**2. 荷载传递性状**

（1）桩侧摩阻力

试桩各土层摩阻力对比及对应位移情况见表 7.3-7～表 7.3-12。

**S1 桩侧摩阻力位移对照表**　　**表 7.3-7**

| 土层名称 | 土层厚度(m) | 地勘报告土层摩阻力(kPa) | 实测土层摩阻力(kPa) | 对应位移(mm) | 备注 |
|---|---|---|---|---|---|
| 粉质黏土 | 1.0 | 35 | 43 | 6.66 | 荷载箱上部 |
| 细砂 | 2.6 | 37 | 61 | 6.67 | |
| 粉质黏土 | 3.6 | 35 | 52 | 6.72 | |
| 粗砂 | 5.0 | 50 | 96 | 6.85 | |
| 中砂 | 3.0 | 50 | 103 | 7.08 | |
| 粗砂 | 2.8 | 55 | 116 | 7.32 | |
| 粉质黏土 | 5.2 | 50 | 100 | 7.74 | |
| 粉质黏土 | 4.2 | 50 | 94 | 8.38 | |
| 粗砂 | 0.6 | 60 | 121 | 8.76 | |
| 粗砂 | 1.6 | 60 | 128 | 31.96 | 荷载箱下部 |
| 粉质黏土 | 1.8 | 60 | 97 | 31.70 | |

**S2 桩侧摩阻力位移对照表** **表 7.3-8**

| 土层名称 | 土层厚度(m) | 地勘报告土层摩阻力(kPa) | 实测土层摩阻力(kPa) | 对应位移(mm) | 备注 |
|---|---|---|---|---|---|
| 粉质黏土 | 3.2 | 35 | 38 | 3.93 | 荷载箱上部 |
| 粉质黏土 | 5.0 | 35 | 53 | 3.97 | |
| 粉质黏土 | 2.8 | 40 | 67 | 4.08 | |
| 中砂 | 3.3 | 40 | 87 | 4.21 | |
| 粉质黏土 | 10.0 | 50 | 89 | 4.70 | |
| 黏土 | 3.4 | 55 | 104 | 5.47 | |
| 粗砂 | 2.3 | 55 | 119 | 5.90 | |
| 粉质黏土 | 4.0 | 55 | 108 | 6.44 | |
| 粉质黏土 | 1.0 | 55 | 100 | 3.08 | 荷载箱下部 |

**S3 桩侧摩阻力位移对照表** **表 7.3-9**

| 土层名称 | 土层厚度(m) | 地勘报告土层摩阻力(kPa) | 实测土层摩阻力(kPa) | 对应位移(mm) | 备注 |
|---|---|---|---|---|---|
| 粉质黏土 | 4.5 | 35 | 41 | 8.52 | 荷载箱上部 |
| 粉质黏土 | 5.5 | 40 | 64 | 8.60 | |
| 中砂 | 2.5 | 45 | 90 | 8.75 | |
| 粉质黏土 | 5.6 | 45 | 81 | 8.99 | |
| 粉质黏土 | 4.7 | 50 | 89 | 9.43 | |
| 粉质黏土 | 4.7 | 55 | 95 | 9.98 | |
| 粗砂 | 2.5 | 60 | 121 | 10.51 | |
| 粉质黏土 | 2.4 | 60 | 98 | 28.33 | 荷载箱下部 |

**S4 桩侧摩阻力位移对照表** **表 7.3-10**

| 土层名称 | 土层厚度(m) | 地勘报告土层摩阻力(kPa) | 实测土层摩阻力(kPa) | 对应位移(mm) | 备注 |
|---|---|---|---|---|---|
| 粉质黏土 | 4.4 | 35 | 30 | 26.92 | 荷载箱上部 |
| 粉质黏土 | 5.6 | 40 | 33 | 26.98 | |
| 粗砂 | 2.4 | 45 | 41 | 27.06 | |
| 粉质黏土 | 4.0 | 50 | 52 | 27.16 | |
| 粉质黏土 | 5.0 | 50 | 55 | 27.37 | |
| 粗砂 | 3.5 | 55 | 58 | 27.63 | |
| 粉质黏土 | 4.5 | 50 | 62 | 27.94 | |
| 粉质黏土 | 5.0 | 60 | 65 | 28.39 | |
| 粉质黏土 | 0.6 | 60 | 66 | 28.69 | |
| 粉质黏土 | 4.4 | 60 | 66 | 21.33 | 荷载箱下部 |
| 粉质黏土 | 5.6 | 65 | 65 | 20.89 | |

S5 桩侧摩阻力位移对照表　　表 7.3-11

| 土层名称 | 土层厚度(m) | 地勘报告土层摩阻力(kPa) | 实测土层摩阻力(kPa) | 对应位移(mm) | 备注 |
|---|---|---|---|---|---|
| 粉质黏土 | 4.4 | 35 | 47 | 7.54 | 荷载箱上部 |
| 粉质黏土 | 5.6 | 40 | 80 | 7.62 | |
| 粗砂 | 2.4 | 45 | 105 | 7.78 | |
| 粉质黏土 | 4.0 | 50 | 104 | 7.97 | |
| 粉质黏土 | 5.0 | 50 | 118 | 8.36 | |
| 粗砂 | 4.6 | 55 | 135 | 8.93 | |
| 粉质黏土 | 3.4 | 50 | 102 | 3.75 | 荷载箱下部 |

S6 桩侧摩阻力位移对照表　　表 7.3-12

| 土层名称 | 土层厚度(m) | 地勘报告土层摩阻力(kPa) | 实测土层摩阻力(kPa) | 对应位移(mm) | 备注 |
|---|---|---|---|---|---|
| 粉土 | 1.8 | 30 | 28 | 21.28 | 荷载箱上部 |
| 粉质黏土 | 2.1 | 30 | 31 | 21.29 | |
| 粉土 | 3.6 | 30 | 47 | 21.32 | |
| 粉质黏土 | 1.4 | 30 | 86 | 21.37 | |
| 中砂 | 4.1 | 45 | 70 | 21.45 | |
| 中砂 | 1.8 | 45 | 73 | 21.58 | |
| 粉土 | 2.1 | 40 | 62 | 21.68 | |
| 粉质黏土 | 3.0 | 50 | 75 | 21.85 | |
| 中砂 | 6.8 | 50 | 81 | 22.25 | |
| 粉质黏土 | 5.6 | 60 | 83 | 22.93 | |
| 中砂 | 0.7 | 55 | 86 | 23.32 | |

根据表 7.3-10 试桩 S4 的桩侧摩阻力位移对照表，原位钻孔与地勘报告的土层摩阻力有一定的差别，实际侧摩阻力为地勘报告数据的 82.5%～110%。由于误差不大，地勘报告的摩阻力数据可以作为参考对试桩进行分析。对试桩 S1、S2、S3、S5 和 S6 各土层地勘报告摩阻力及实测摩阻力进行对比分析，结果表明，后压浆工艺优化了桩土接触面力学特性，强化了桩侧泥皮和桩侧土体进而在总体上增强了桩基侧摩阻力。后压浆对各土层摩阻力的增强作用见表 7.3-13。

试桩后压浆各土层摩阻力增强比　　表 7.3-13

| 土层类别 | 粉质黏土 | 粉土 | 细砂 | 中砂 | 粗砂 |
|---|---|---|---|---|---|
| 摩阻力增强比 | 38%～136% | 55%～57% | 65% | 56%～118% | 92%～187% |

注：由于压浆时浆液未完全上返至桩顶，部分地表浅层土体尚未完全得到后压浆的增强作用，故部分浅土层未纳入本表统计。

相对于地勘报告提供的数据，各土层摩阻力提高了 38%～187%。表 7.3-13 中的数据表明，随着土体颗粒的增大，后压浆效果更为显著。对各土层的测试结果进行对比分析，后压浆技术对粗砂土层的摩阻力增强作用最为明显。

（2）桩端承载力

由于各试桩桩径不统一，而桩径的大小对桩端承载力有一定的影响。因此，在分析试桩桩端承载力时需先将桩端阻力按桩径归一化后对比分析。归一化后各试桩桩端阻力及相应位移见表 7.3-14。

试桩桩端承载力及对应位移　　表 7.3-14

| 桩号 | 桩径(m) | 桩端阻力(kN) | 桩端位移(mm) | 归一化桩端承载力(kPa) | 桩端持力层 | 是否压浆 |
|---|---|---|---|---|---|---|
| S1 | 1.6 | 7515 | 31.40 | 2935.55 | 粉质黏土 | 是 |
| S2 | 1.6 | 10896 | 2.80 | 4256.25 | 粗砂 | 是 |
| S3 | 1.6 | 8222 | 27.92 | 3211.72 | 粉质黏土 | 是 |
| S4 | 1.8 | 4356 | 20.64 | 1344.44 | 粗砂 | 否 |
| S5 | 1.8 | 8810 | 3.32 | 2719.14 | 粗砂 | 是 |
| S6 | 1.8 | 9229 | 29.02 | 2848.46 | 粉质黏土 | 是 |

由表 7.3-14 可以看出，后压浆工艺可加固桩周土体，增强桩土间有效接触，提高桩端承载力，减少桩端位移。在粗砂土层中，后压浆桩端承载力可提升 102%～216%，桩端位移减少幅度超过 80%。对比分析位于粉质黏土及粗砂土层的试桩试验数据，结果表明，后压浆桩在粗砂中的桩端阻力高于粉质黏土，位移则小于粉质黏土。

（3）极限承载力及桩基承载特性

试桩极限承载力见表 7.3-15，侧摩阻力及端阻力占比见表 7.3-16。

试桩极限承载力　　表 7.3-15

| 桩号 | 桩长(m) | 桩径(m) | 桩端持力层 | 设计桩顶反力(kN) | 实测极限承载力(kN) | 扣除 5m 冲刷层承载力极限值(kN) | 是否压浆 |
|---|---|---|---|---|---|---|---|
| S1 | 33 | 1.6 | 粉质黏土 | 6200 | 22712 | 21333 | 是 |
| S2 | 36 | 1.6 | 粗砂 | 6300 | 26114 | 25023 | 是 |
| S3 | 34 | 1.6 | 粉质黏土 | 6200 | 22156 | 21068 | 是 |
| S4 | 46 | 1.8 | 粗砂 | 7600 | 18283 | 17425 | 否 |
| S5 | 31 | 1.8 | 粗砂 | 6600 | 26339 | 24898 | 是 |
| S6 | 35 | 1.8 | 粉质黏土 | 6600 | 22809 | 21906 | 是 |

由表 7.3-15 可以看出，压浆桩桩长小于未压浆桩 10～15m。在桩端土层相同的条件下，压浆桩的极限承载力远大于未压浆桩，即使桩端土层较软弱，压浆桩的极限承载力仍大于未压浆桩。所有试桩极限承载力均远高于设计桩顶反力，安全系数均大于 2.0，后压浆桩安全系数大于 3.5。说明后压浆技术可有效加固桩周土体，改善桩端处桩-土接触面力学特性，在消除不良桩端持力层及较短桩长的影响之余仍能保证良好的桩基承载性能。

**试桩承载力构成** **表 7.3-16**

| 桩号 | 侧摩阻力(kN) | 桩端阻力(kN) | 桩顶荷载(kN) | 侧摩阻力占比 | 桩端阻力占比 | 是否压浆 |
|---|---|---|---|---|---|---|
| S1 | 15197 | 7515 | 22712 | 0.67 | 0.33 | 是 |
| S2 | 15218 | 10896 | 26114 | 0.58 | 0.42 | 是 |
| S3 | 13934 | 8222 | 22156 | 0.63 | 0.37 | 是 |
| S4 | 13927 | 4356 | 18283 | 0.76 | 0.24 | 否 |
| S5 | 17529 | 8810 | 26339 | 0.67 | 0.33 | 是 |
| S6 | 13571 | 9229 | 22809 | 0.59 | 0.39 | 是 |

由表 7.3-16 可知，压浆桩桩端阻力及桩端阻力占比均大于未压浆桩。分析表明，钻孔灌注桩成桩时，孔底存在泥浆及沉渣，桩端与桩端持力层无法充分接触，导致受荷时桩端阻力不能第一时间发挥。后压浆工艺强化孔底沉渣，将桩、沉渣、土三者粘合成一个整体，同时在桩端对桩产生向上的预应力，对土层施加预变形，使得桩端阻力可提前参与受荷作用，提升桩基承载能力，减小沉降量。

综合试桩测试结果分析表明，试桩采用的桩端桩侧组合压浆施工工艺可在原桩长大于等于 46m，削减 15m 桩长的条件下提供足够的承载能力和更高的安全系数。为保证工程桩的施工质量，施工人员需严格遵循施工工艺，保证标准化施工。

#### 7.3.1.3 试桩结果应用

山东滞洪区兼京杭运河特大桥桩基后压浆工程于 2017 年 10 月至 2017 年 12 月对试桩 S1、S2、S3、S4、S5、S6 进行钻孔成桩、后压浆施工及自平衡法静载试验。试验结果在施工工艺、桩长削减、压浆管路布置及压浆参数设计等方面对后期工程桩的施工具有重要的指导意义。

**1. 施工工艺**

试桩采用桩端桩侧组合压浆的施工工艺，辅以桩基智能压浆系统对试桩压浆过程进行实时监测，最终达成良好的试验效果。相对于未压浆试桩，压浆试桩在桩基承载力、沉降及安全性等方面具有明显优势。因此，在工程桩后压浆施工时，必须确保施工工艺流程符合标准化要求，并利用智能压浆系统对各压浆参数进行实时监测及调整以确保后压浆施工质量。

**2. 经济效益**

进行试桩试验时，未压浆桩桩长保持不变，压浆桩桩长均进行了 15m 的削减。静载试验结果表明，各试桩承载力均能满足设计桩顶反力的需求，而且压浆桩的承载性能及安全系数均优于未压浆桩，说明后压浆技术可以在一定程度上消除桩长削减对试桩承载力造成的不良影响。参考试桩削减桩长的经验，针对各桩基实际参数及地质情况对其进行优化设计，共计优化 2888 根桩基，削减桩长 36507m。在保证工程安全质量的同时，较大规模节省桩基造价，提供了可观的经济效益。

**3. 压浆管路布置**

试桩压浆管路布置为两道桩侧环管压浆装置及三根桩端直管压浆装置，对埋深较浅土层的加固效果略弱，但压浆桩总体承载能力符合要求。但由于部分工程桩桩长远大于试验桩，两道桩侧环管压浆装置难以覆盖并强化整个桩侧土体。为保证工程桩的压浆效果和质量，按照桩长情况设置桩侧环管数，当桩长小于38m时设置2道环管；当桩长大于或等于38m小于48m时设置3道环管；当桩长大于或等于48m小于58m时，设置4道环管；当桩长大于或等于58m时设置5道环管。每道环管间距为10m，最下层环管距桩端10m。桩端布置3道声测兼压浆管道。

**4. 压浆参数设计**

试桩压浆过程始终坚持以压浆量控制为主、压浆压力控制为辅的原则，严格遵循终止压浆条件。试桩压浆量满足设计要求，压浆压力除S6桩侧C2管较低外，其余压浆终止压力均高于设计值。结合试桩经验，对工程桩压浆参数设计进行优化调整。工程桩压浆量设计值见表7.3-17及表7.3-18，压浆终止压力设计值见表7.3-19，浆液水灰比定为0.5。

**工程桩桩侧压浆量设计表** **表7.3-17**

| 桩径(m) | 粉质黏土/黏土 | 粗砂 | 中砂 | 细砂/粉砂 | 粉土 |
|---|---|---|---|---|---|
| 2.0 | 1.9 | 2.0 | 1.9 | 1.80 | 1.80 |
| 1.8 | 1.7 | 1.8 | 1.7 | 1.62 | 1.62 |
| 1.6 | 1.6 | 1.6 | 1.6 | 1.44 | 1.44 |
| 1.4 | 1.4 | 1.4 | 1.4 | 1.26 | 1.26 |
| 1.2 | 1.2 | 1.2 | 1.2 | 1.08 | 1.08 |

注：表中压浆量单位为t。

**工程桩桩端压浆量设计表** **表7.3-18**

| 桩径(m) | 粉质黏土/黏土 | 粗砂 | 中砂 | 细砂/粉砂 | 粉土 |
|---|---|---|---|---|---|
| 2.0 | 4.67 | 6.87 | 5.78 | 5.40 | 5.1 |
| 1.8 | 4.20 | 6.19 | 5.20 | 4.86 | 4.5 |
| 1.6 | 4.32 | 5.50 | 4.62 | 4.32 | 4.0 |
| 1.4 | 3.27 | 4.81 | 4.04 | 3.78 | 3.5 |
| 1.2 | 2.80 | 4.13 | 3.47 | 3.24 | 3.0 |

注：表中压浆量单位为t。

**压浆终止压力表** **表7.3-19**

| 桩长(m) | 桩端 | C1 | C2 | C3 | C4 | C5 |
|---|---|---|---|---|---|---|
| 32 | 1.84 | 1.30 | 0.76 | — | — | — |
| 33 | 1.89 | 1.35 | 0.81 | — | — | — |
| 35 | 2.00 | 1.46 | 0.92 | — | — | — |
| 36 | 2.05 | 1.51 | 0.97 | — | — | — |
| 37 | 2.11 | 1.57 | 1.03 | — | — | — |
| 38 | 2.16 | 1.62 | 1.08 | 0.54 | — | — |
| 39 | 2.21 | 1.67 | 1.13 | 0.59 | — | — |
| 40 | 2.27 | 1.73 | 1.19 | 0.65 | — | — |
| 41 | 2.32 | 1.78 | 1.24 | 0.70 | — | — |
| 42 | 2.38 | 1.84 | 1.30 | 0.76 | — | — |

续表

| 桩长(m) | 桩端 | C1 | C2 | C3 | C4 | C5 |
|---|---|---|---|---|---|---|
| 46 | 2.59 | 2.05 | 1.51 | 0.97 | — | — |
| 50 | 2.81 | 2.27 | 1.73 | 1.19 | 0.65 | — |
| 52 | 2.92 | 2.38 | 1.84 | 1.30 | 0.76 | — |
| 55 | 3.08 | 2.54 | 2.00 | 1.46 | 0.92 | — |
| 65 | 3.15 | 2.7 | 2.54 | 2.00 | 1.46 | 0.92 |

注：表中压浆压力单位为 MPa。

## 7.3.2 张靖皋长江大桥

### 7.3.2.1 工程概况

张靖皋长江大桥是落实我国长三角区域一体化发展和长江经济带发展国家战略的重要通道，张靖皋过江通道起点位于张家港大新镇西侧港丰公路、顺接规划 S259 省道。其路线全长约 28km，其中跨江段桥梁基础设计采用超长大直径钻孔灌注桩群桩，桩径最大可达 2.8m，桩长最长约 120m。现场试验的场地位于北航道桥标段，地基土主要由砂土与粉质黏土构成，试桩位置在北塔下两主墩之间，桩基持力层主要为密实粗砂，试验场地具体土层参数见表 7.3-20。

土层参数表　　表 7.3-20

| 土层名称 | 埋深(m) | 层厚(m) | 状态 | $f_{a0}$(kPa) | $q_{ik}$(kPa) |
|---|---|---|---|---|---|
| ②$_1$ 淤泥质粉质黏土 | 0.50～10.70 | 0.70～14.20 | 流塑-软塑 | 80 | 20 |
| ②$_2$ 粉质黏土 | 0.00～15.50 | 0.50～17.00 | 软塑 | 100 | 30 |
| ④粉砂 | 8.30～36.50 | 0.60～29.80 | 中密 | 150 | 40 |
| ⑤粉质黏土 | 22.60～58.20 | 0.80～25.30 | 软塑 | 110 | 35 |
| ⑥$_1$ 粉质黏土 | 23.30～64.20 | 1.20～35.70 | 软塑-可塑 | 160 | 45 |
| ⑦$_5$ 粉砂 | 31.60～80.90 | 1.00～38.10 | 密实 | 200 | 55 |
| ⑧$_6$ 中砂 | 53.30～84.00 | 2.70～35.20 | 密实 | 400 | 70 |
| ⑧$_1$ 粗砂 | 61.60～79.80 | 1.10～24.20 | 密实 | 450 | 100 |
| ⑨中砂 | 81.30～96.40 | 4.10～20.60 | 密实 | 450 | 75 |
| ⑨$_4$ 粗砂 | 70.30～100.40 | 1.90～39.70 | 密实 | 500 | 110 |
| ⑩中砂 | 108.21～123.80 | 3.30～8.20 | 密实 | 450 | 75 |
| ⑩$_1$ 粉质黏土 | 92.90～116.20 | 0.60～16.30 | 可塑-硬 | 280 | 60 |
| ⑩$_2$ 粉砂 | 97.80～113.90 | 1.20～15.90 | 密实 | 200 | 60 |
| ⑩$_4$ 粗砂 | 90.30～120.90 | 1.60～34.70 | 密实 | 500 | 120 |
| ⑪黏土 | 135.60～137.20 | 3.00～4.45 | 坚硬 | 380 | 70 |

基于依托工程进行了 3 根试桩的现场静载试验，对比分析压浆前后钻孔灌注桩的承载性能，试桩均为大直径超长钻孔灌注桩，桩径分别为 2.5m、1.2m 及 1.5m。压浆工艺采

用传统桩端直管＋桩侧环管进行组合式后压浆，桩端压浆管采用 $\Phi=57$mm 的钢管，每桩均匀布置 3～4 根，管底安装单向压浆头，低于桩底标高 150mm，插入桩端持力层；桩侧压浆直管规格与桩端压浆保持一致，环管上沿桩周设 4 个压浆头，自桩底向上每间隔 12m 布置一道环管，压浆管布置如图 7.3-7 所示。浆液采用 P·O42.5 普通硅酸盐水泥，实行压浆量和压浆压力联合控制的原则。具体的试桩概况及压浆参数见表 7.3-21。

**试桩及压浆参数　　表 7.3-21**

| 桩号 | 桩径(m) | 桩长(m) | 长径比 | 桩端持力层 | 桩端标高(m) | 水灰比 | 压浆量(t) | 压浆压力(MPa) |
|---|---|---|---|---|---|---|---|---|
| N1 | 2.5 | 116 | 46.4 | ⑩中砂 | −119.0 | 0.5 | 28.41 | 2.35 |
| N2 | 1.2 | 70 | 58.3 | $⑧_1$ 粗砂 | −67.6 | 0.5 | 9.01 | 2.58 |
| N3 | 1.5 | 90 | 60 | $⑨_4$ 粗砂 | −87.2 | 0.5 | 11.08 | 1.89 |

本次试桩现场试验采用自平衡方法，基桩自平衡法是基桩静载试验的一种新方法，其主要装置是一种特制的荷载箱，它与钢筋笼相接置于桩身下部。将荷载箱预先放置在桩身指定位置，将荷载箱的高压油管和位移杆引到地面。基桩自平衡试验开始后，由高压油泵在地面向荷载箱充油加载，荷载箱产生的荷载沿着桩身向上、向下传递，其上部极限桩侧摩阻力及自重与下部极限桩侧摩阻力及极限桩端阻力相平衡来维持加载，各级荷载作用下混凝土产生的应变量等于钢筋的应变量。可预先在桩体内埋设应变计，可以测得每级荷载作用下各截面的应变量，进而计算出桩身各截面的应力。由此便可获得每级荷载作用下各桩截面的桩身轴力以及轴力、摩阻力随荷载和深度变化的传递规律，最终根据向上、向下 $Q$-$s$ 曲线判断桩承载力。

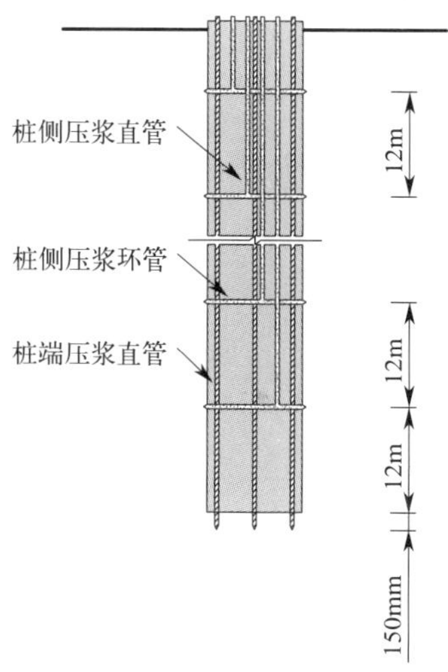

图 7.3-7　压浆管布置示意图

#### 7.3.2.2　试桩结果分析

##### 1. 荷载-位移曲线

依据《建筑基桩自平衡静载试验技术规程》JGJ/T 403—2017[72]，采用慢速维持荷载法分别对压浆前后的试桩进行现场试验，加载时将试桩预估最大承载值均分 15 级加载，其中第一级加载量取分级荷载的 2 倍，每级加载后测定试验数据，当位移达到相对稳定后方可进行下一级加载。本次试验采用电子位移传感器自动读数，所测得的 3 根试桩压浆前后的桩顶荷载-位移曲线经等效转换如图 7.3-8 所示。

从图 7.3-8 中可以看出，3 根试桩在压浆后承载性能均得到了显著的提升，压浆前后，桩基 $Q$-$s$ 曲线的变化趋势基本相同，进行加载后桩顶沉降随着所施加荷载均呈现非线性增大的趋势，且 $Q$-$s$ 曲线都存在拐点，经过拐点后，两者之间的变化规律逐渐趋于线性。对比来看，压浆后桩基达到相同位移时需要施加更大的桩顶荷载，但这种提升在加载的初始阶段效果并不明显，压浆前后的两条曲线较为相近，此时由于施加荷载较小，基本上由桩侧摩阻力承担；随着荷载的持续增大，压浆前的试桩更快地到达拐点，此时桩端阻力逐渐占据主导，过拐点后桩顶沉降猛然增大，曲线的变化规律更为急促，而此时压浆

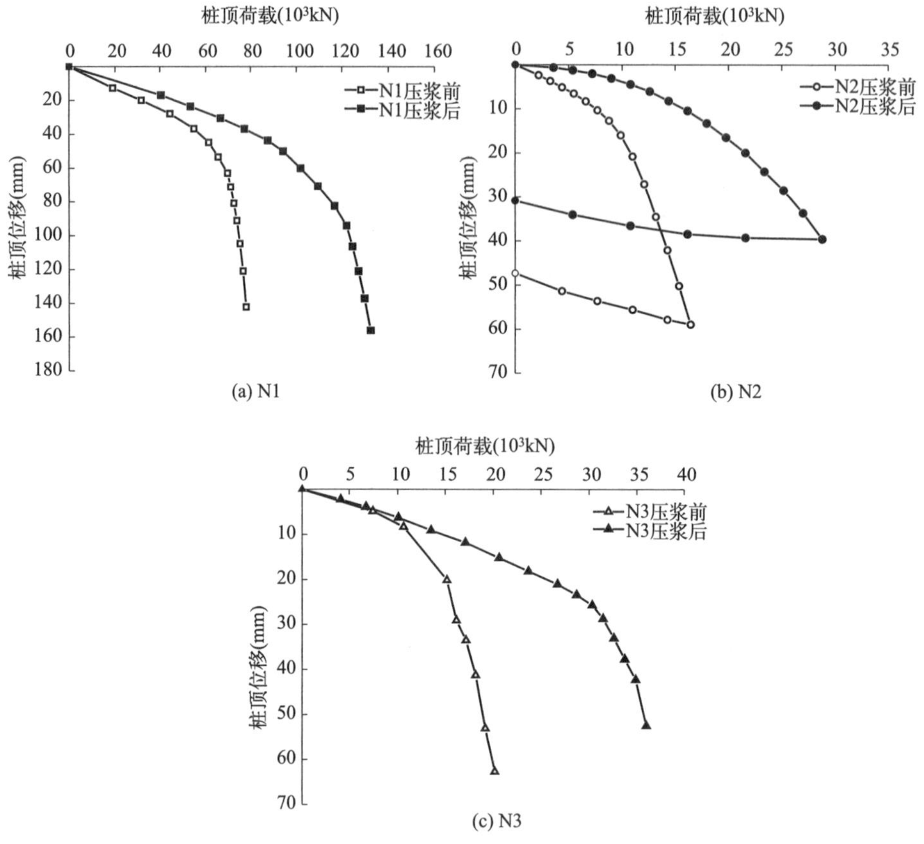


图 7.3-8　试桩桩顶荷载-位移曲线

后的桩基在相同的受荷状态下仍具有一定的承载能力，其 $Q$-$s$ 曲线最晚到达拐点，曲线的变化规律较为缓和；最后在经过拐点后的近似直线段中，压浆后的曲线斜率也小于压浆前，说明在此阶段继续施加相同的荷载，压浆后试桩所产生的位移增量也明显小于压浆前，由此可以看出压浆工艺显著改善了钻孔灌注桩的承载性状与荷载传递特性。其中试桩 N2 读取了试桩卸载后的回弹数据，可以看到，压浆后的回弹幅度较小，说明后压浆对钻孔灌注桩的竖向刚度也有较大提升。

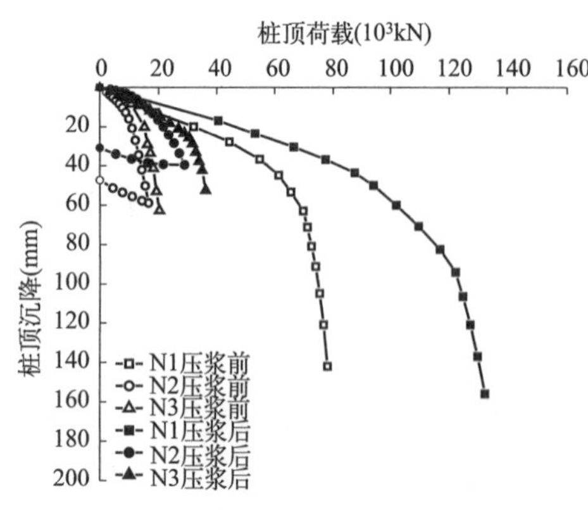


图 7.3-9　压浆前后试桩 $Q$-$s$ 曲线对比

经计算 3 根试桩压浆前后的抗压极限承载力如表 7.3-22 所示，3 根试桩在压浆后承载力都出现了不同程度的提升，结合压浆前后试桩的 $Q$-$s$ 曲线对比（如图 7.3-9）可以看到，桩长越长，桩基尺寸越大，压浆对钻孔灌注桩承载力的提升幅度越大。N2 桩桩径 1.2m，桩长 70m，压浆后承载力提升了 12300kN；N3 桩桩基尺寸稍大，压浆后承载力提升了 15823kN；N1 桩尺寸最大，桩径

2.5m，桩长116m，压浆后承载力提升了54467kN。这是由于桩基尺寸越大，压浆管道及压浆口的布置越多，压浆量就越大，压浆对桩身及桩周土体的影响范围就越大，因此承载力提升的幅度是与桩基尺寸以及压浆量呈正相关性的；而对于承载力的提升效率而言，N1桩较小，仅提升了69.7%，N2和N3桩则分别提升了74.5%和78.3%，提升效率与试桩的长径比呈正相关性，但不可否认的是3根桩的承载力提升效率均超过了50%，说明后压浆工艺对钻孔灌注桩承载力的提升作用明显；此外从图7.3-9中可以看出，压浆对钻孔灌注桩的竖向刚度也有较大提升，压浆后试桩在相同荷载下所产生的位移更小，且对于N2及N3桩，试桩达到极限承载力时所对应的位移在压浆后也有所减小，而N1桩的对应位移稍有增大，这也跟其桩基尺寸大，承载力提升幅度更大有关。

**各试桩抗压极限承载力及位移汇总表** **表7.3-22**

| 桩号 | 压浆前 | | 压浆后 | | |
|---|---|---|---|---|---|
| | 极限承载力(kN) | 对应位移(mm) | 极限承载力(kN) | 对应位移(mm) | 承载力提升率(%) |
| N1 | 78128 | 142.02 | 132595 | 155.98 | 69.7 |
| N2 | 16500 | 58.87 | 28800 | 39.54 | 74.5 |
| N3 | 20196 | 62.66 | 36019 | 52.43 | 78.3 |

**2. 桩身轴力分析**

采用布置钢筋上的应力计来获得桩身在不同深度处的应力状态，以此来判断桩身轴力的传递情况。试验过程中由于N3桩中的光纤遭到损坏，无法得到N3桩的完整数据，经计算，剩余两根试桩在不同桩顶加载下的桩身轴力沿深度分布如图7.3-10所示。从图7.3-10中可以看出，N1桩的轴力分布明显呈现3段式，这是由于N1桩桩长较长，埋深达116m，采用自平衡加载时，分别在桩埋深79m和114m处设置了两个荷载箱，先后加载，因此所取得轴力分布曲线上可以明显发现N1桩被荷载箱分成了上、中、下三段；而N2桩由于桩长较短，采用桩顶加载的形式，因此轴力分布没有出现明显分段。

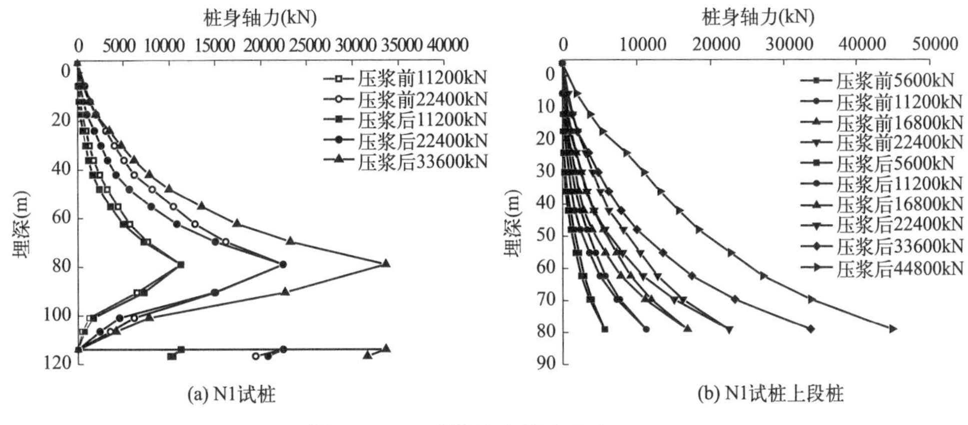


图7.3-10 试桩桩身轴力分布（一）

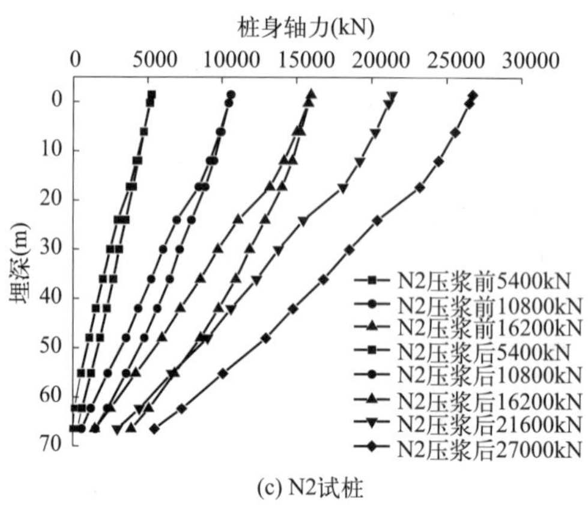


(c) N2试桩

图 7.3-10　试桩桩身轴力分布（二）

对比图 7.3-10(a) 中 N1 试桩压浆前后的桩身轴力分布情况，可以发现，后压浆对轴力分布的改变主要体现在上段桩中（即埋深 0～79m），埋深 79m 处的荷载箱充油向上段桩施加自下而上的荷载，轴力从荷载箱处传递至桩顶（泥面以上 3.9m）；而中、下段桩由于桩长较短，布置测点较少，所展现的压浆前后的轴力分布情况区别不明显，因此截取 N1 试桩上段桩在不同荷载下压浆前后的轴力分布情况如图 7.3-10(b) 所示。整体来看，N1 桩压浆前后轴力沿深度的分布趋势相近，从桩顶 0 点向下逐渐增大至荷载箱处的施加荷载，且深度越深，增速越快，桩身轴力随施加荷载的增大而增大，但由于压浆提高了桩基的承载性能，能够允许施加更大的荷载。对比来看，施加相同荷载时尽管在桩顶和荷载箱处 N1 桩压浆前后保持荷载一致，但其他所有位置，相同埋深处压浆后的桩身轴力均小于压浆前，轴力在由荷载箱向上传递时衰减得更快，这是由于桩侧压浆改善了桩周土的承载性能，分担了更大一部分的受荷，计算得到压浆前后桩身轴力的差值如图 7.3-10(b) 所示，可以看出随所施加荷载的增大，压浆前后桩身轴力的差值也逐渐增大，说明压浆后桩侧阻力发挥的作用就越明显，差值最大的埋深集中在 50m 左右，在施加荷载为 22400kN 时，压浆前后桩身轴力的最大差值可达 2483kN。

图 7.3-10(c) 为试桩 N2 压浆前后桩身轴力的分布情况，可见压浆前后桩身轴力均随着埋深的增大而逐渐减小，减小速率相对 N1 桩较为均匀，两者接近呈线性变化，施加的桩顶荷载随深度的增加逐渐被桩侧阻力分担，且随着桩顶荷载的增大，桩身轴力随埋深下降的速率就越快。对比压浆前后，可以发现在施加相同桩顶荷载时，压浆后桩身轴力随埋深下降得更快，到桩底处的桩端阻力更小，在最小荷载作用下，压浆后的桩端阻力为 0，当桩顶荷载为 16200kN，压浆前后桩端阻力的占比分别为 24.2%和 9.2%，可见组合压浆工艺改变了桩基荷载的分配机制，让更多的荷载被桩侧阻力承担，桩基更偏向于摩擦桩。此外同样计算了 N2 桩压浆前后桩身轴力差值如图 7.3-11(b) 所示，同 N1 桩相似，桩顶荷载施加越大，后压浆带来了桩侧阻力的提升效果越好，压浆前后桩身轴力的差值也就越大。N2 桩压浆前后差异最明显的地方发生在埋深为 40～60m 之间，在施加荷载为 16200kN 时，压浆前后桩身轴力的最大差值达 2670kN。

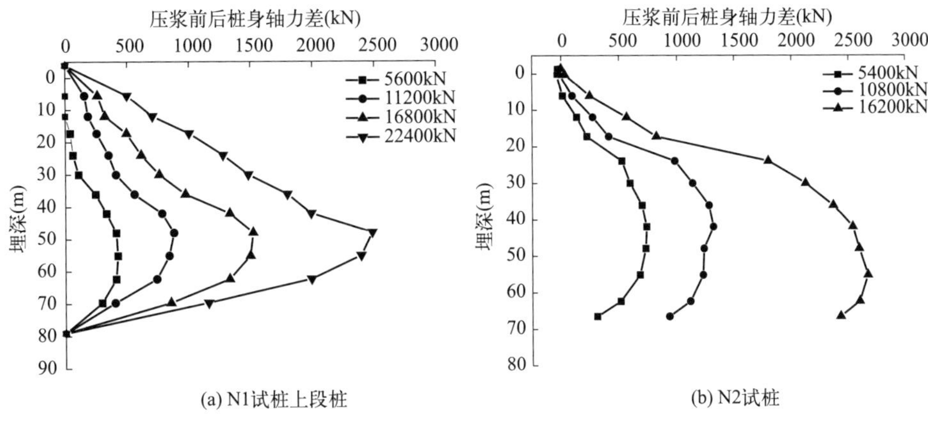


图 7.3-11　压浆前后桩身轴力差与埋深关系曲线

**3. 桩端阻力分析**

为探究后压浆工艺对于超长钻孔灌注桩承载力的提高机理，对试桩的桩端受力状态及位移进行了检测，得到试桩的桩端阻力及桩端位移情况如图 7.3-12 所示。从图中可以看出，桩端阻力-位移之间接近指数关系，桩端位移随端阻的增大而快速累积，无论压浆前后，曲线呈现相似趋势；不同的是在压浆前，桩端位移在端阻较小的时候已经发展十分剧烈，曲线的上翘趋势较为陡峭，而压浆后，桩端位移的累积速度有明显下降，在端阻力相同时桩段所达到的位移压浆前有明显减小，曲线上翘趋势较缓。压浆后，试桩的最大端阻力有不同程度的提升，N1 桩从压浆前的 18055kN 提高至 34819kN，N2 桩则从 3727kN 提高至 5992kN，两根桩的最大端阻力分别提升了 92.8%和 60.8%。这主要是由于桩端压浆，随着浆液在桩底处推挤形成了一定体积的浆土混合加固体，不仅扩大了桩底的承压面积，同时浆液还会对桩身提前施加一个上抬的预应力，从而提高桩基的承载能力，并抵消了部分桩段沉降；此外浆液通过渗透、挤密作用优化了桩端土层的受力性能。如表 7.3-23 所示，N1、N2 桩的桩端持力层均为中砂，在压浆后桩端土层的承载力分别提升了 92.3%和 61.1%，说明压浆对桩端土层的改善作用也是压浆提升钻孔灌注桩端阻力的一个不可忽视的原因。从图 7.3-12 中还可以看出，压浆后两根桩的最终的桩端位移也有不同程度的减小，N1 桩从压浆前的 100.84mm 减小至 83.95mm，N2 桩则从 36.03mm 减小至 10.60mm。

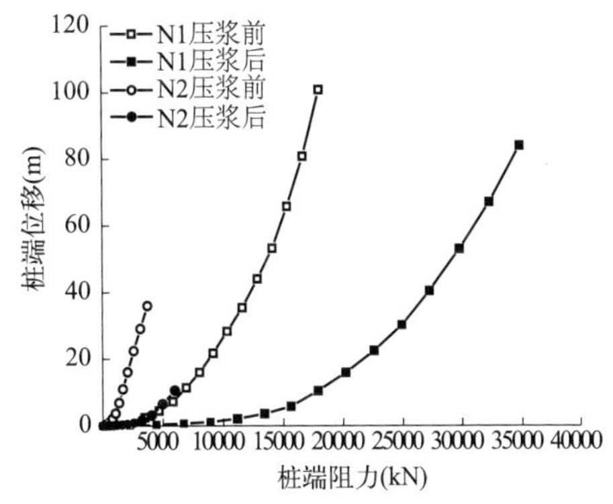


图 7.3-12　试桩桩端阻力-位移曲线

**试桩桩端土层承载力表**　　　　**表 7.3-23**

| 桩号 | 土层名称 | 桩端埋深(m) | 桩端土层承载力实测值(kPa) | | 承载力提升率(%) |
|---|---|---|---|---|---|
| | | | 压浆前 | 压浆后 | |
| N1 | ⑩中砂 | 119 | 3678 | 7071 | 92.3 |
| N2 | $⑧_6$ 中砂 | 67.7 | 3295 | 5308 | 61.1 |

#### 4. 桩侧摩阻力分析

通过所采集到的数据换算得到N1、N2试桩在不同深度及不同受荷水平下的平均桩侧摩阻力如图7.3-13所示。可见，无论压浆前后，N1、N2桩的桩侧摩阻力均随着所施加荷载的增大而增大。但两根桩从整体来看，侧摩阻力随埋深的分布都不均匀，没有呈现较为明显的趋势，这是由于桩周土层分布不均匀导致。其中N1试桩的分布曲线存在两个明显的峰值点，分别在埋深75m和95m处左右，这两点处临近荷载箱，在施加荷载后为最先承力的土层，因此分摊荷载较多，此外在这两点处，压浆后的侧摩阻力较压浆前有较为明显的提升，且提升效果也随着施加荷载的增大而显得愈发明显，在荷载为22400kN时，这两点的侧摩阻力分别由压浆前的94kPa和110kPa增大到压浆后的122kPa和127kPa；在N2桩中，峰值点出现在18m附近区域，同样在该区域压浆带来的侧摩阻力增大效应较为明显，且随着桩顶荷载的增大而增大，在桩顶荷载达到16200kN时，N2桩该处的桩侧摩阻力从45kPa增大到压浆后的84kPa，在N2桩的下半部，即埋深48m以下部分，压浆后所测的侧摩阻力反而比压浆前要小，分析可能是因为靠近桩底，压浆后端阻及上部侧阻承担了更大部分的荷载。综合分析两根试桩，可以发现，桩侧摩阻力主要发挥作用的地方在于靠近施加荷载处，而在此处，压浆后的桩侧摩阻力都有较为明显的提升，说明桩侧压浆对于改善桩周土体于桩基的接触性能具有重要意义。

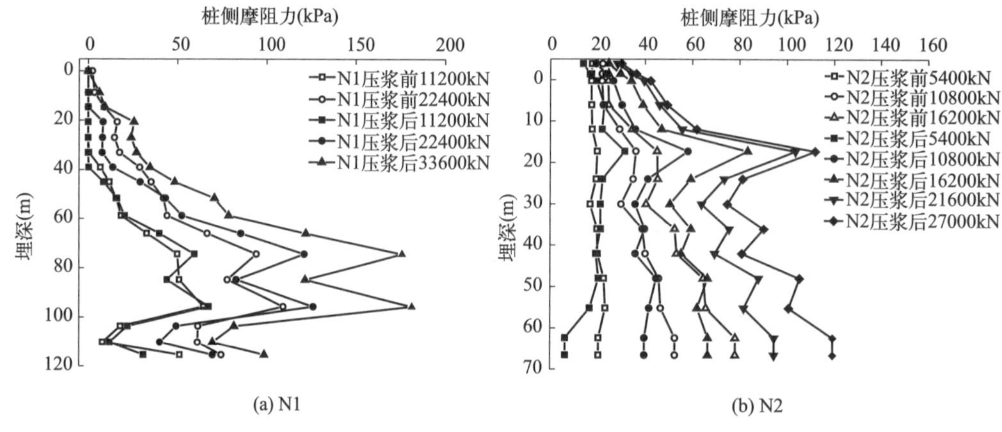


图7.3-13 试桩桩侧摩阻力分布

通过检测桩基不同深度处的位移，获得了不同深度处桩侧位移随侧摩阻力的变化规律，选取了桩基上、中、下三段的代表性埋深绘制了试桩桩侧摩阻力-位移曲线如图7.3-14所示。可以看到N1、N2桩在所有深度处的相同摩阻力的情况下压浆后产生的桩侧位移都较压浆前要小，且压浆后的桩侧摩阻力水平较压浆前均要大。其中N1桩最大桩侧位移发生在桩底附近，为101mm，压浆后下降为68mm，而桩侧摩阻力则从75kPa提升至105kPa，在桩中部，即79m靠近荷载箱处，最大桩侧摩阻力和桩侧位移都有所增大，桩侧位移从压浆前的14mm增大到26mm，侧摩阻力从82kPa增大至145kPa，结合上述对桩侧摩阻力分布的分析可知，该处也为荷载加载和桩基侧摩阻主要发挥作用的地方；在N2桩中，上中下三部分桩基的桩侧位移在压浆后都有不同程度的减小，侧摩阻力同样增大，最大位移发生在靠近桩顶处，压浆前桩侧位移为56mm，压浆后下降至34mm，而在桩基的中下部分，这种对位移的控制更为明显，压浆后在桩侧阻力较小时，位移基本为

0，其中下段桩的最大桩侧位移从压浆前的 37mm 下降至 2mm 以内，由此可见，后压浆工艺对钻孔灌注桩的水平刚度及位移控制能力的提升效果极为显著。

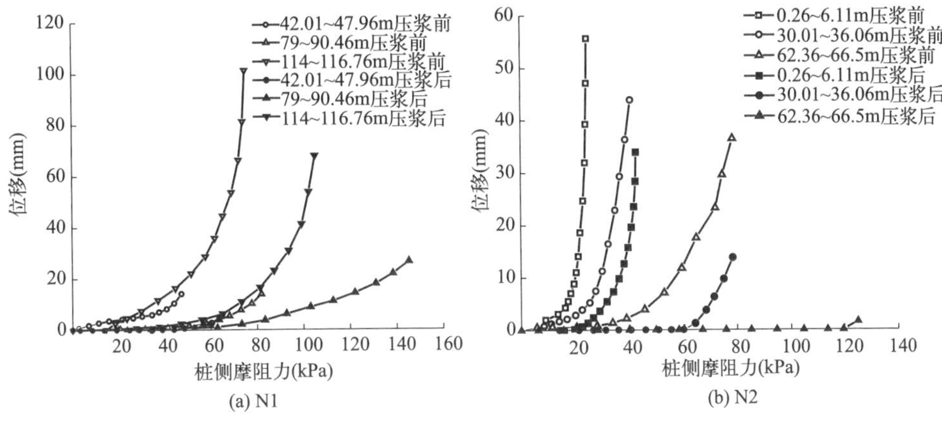


图 7.3-14　试桩桩侧摩阻力-位移曲线

## 7.3.3　安罗高速黄河特大桥

### 7.3.3.1　工程概况

#### 1. 工程地质

安阳至罗山高速公路原阳至郑州段黄河大桥，全长 15.2235km，设计采用直径 1.8m 和 2.2m、桩长 80m 和 110m 的钻孔灌注桩，桥区范围内主要岩性上部均为第四系地层所覆盖，覆盖厚度在 250～300m，表层为黄河冲积及黄河泛流堆积物，下层属黄河河相沉积和内陆湖泊相沉积，桩端为粉土、细砂及粉质黏土。试桩地质条件及仪器布置见图 7.3-15。

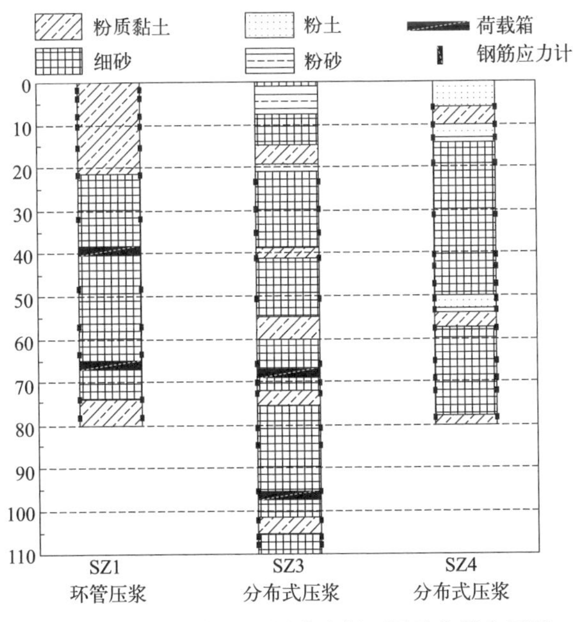


图 7.3-15　试验场地土层分布剖面图及仪器布置图

**2. 分布式压浆设计与实现**

分布式压浆系统由预埋压浆器、压浆芯管、提升设备、智能压浆设备组成，预埋压浆器通过螺纹与声测管串联，压浆芯管由膨胀式止浆塞与出浆口组成。压浆时通过提升设备将压浆芯管沿声测管长度方向向下放入声测管内部，通过提升设备提升至预埋压浆器位置，通过控制压浆器上下止浆塞膨胀固定压浆芯管于压浆位置，通过智能压浆设备完成压浆。分布式压浆有别于传统的直管＋环管组合压浆，主要体现在如下几个方面：①分布式压浆质量优于传统环管压浆，可实现压浆点位离散性分布，实现小间距多点位分布压浆，相较于传统环管压浆具备压浆效果更可控，浆液分布更均匀等优点；②分布式压浆可依据地质构造特点，在同一压浆管内使用不同的压浆加固材质，选用不同的压浆参数进行压浆加固；③分布式压浆止浆塞可在压浆管内随意移动，可依据需要在压浆加固区域内不断压浆加固；④分布式压浆可利用基桩内原声测管，通过串联压浆器实现桩端桩侧组合压浆，减少了钢筋笼连接时接头数量，能有效提高施工效率。本次试桩的分布式压浆方案实施详见图 7.3-16。

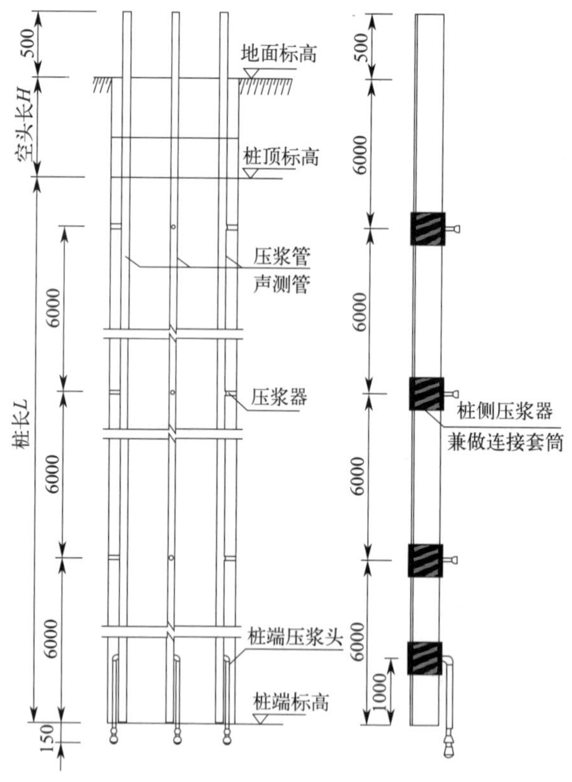


图 7.3-16　分布式压浆方案图

**3. 分布式压浆施工**

桩基分布式压浆施工利用声测管作为压浆管，通过在声测管接头处预埋压浆器实现出浆。本次试桩截面均设置 4 根压浆管，在压浆前自平衡测试完成后可进行压浆施工。浆液选择 P·O 42.5 普通硅酸盐水泥，水灰比控制在 0.45～0.6，按水泥质量 0.02％掺入缓凝剂，压浆施工采用由东南大学研发的智能化压浆设备完成，可实现压浆量、压浆压力、水灰比等参数实时上传，具备远程实时监控功能，以避免压浆施工过程中受人为因素的干扰。桩端压浆压力 1.2～4.0MPa，桩侧压浆压力 0.5～2.0MPa，持荷时间 5min，压浆口流量控制不小于 75L/min，压浆时采用自动提升装置控制止浆塞位置，自动提升装置通过压浆管连接压浆芯管，压浆芯管内膨胀式止浆塞由地面水泵控制，当止浆塞锁止后，通过压浆泵压浆，纵向压浆顺序由桩底至桩顶依次压浆。提升设备如图 7.3-17 所示。

(a) 智能压浆设备

(b) 分布式压浆提升设备

图 7.3-17　分布式压浆系统

**4. 试桩概况**

对于大直径超长灌注桩，其设计承载力往往超过 20000kN，传统的堆载式静载试验受场地条件及堆载配重的限制难以满足试桩要求，故本次试桩均采用自平衡静载测试，并通过桩内预埋钢筋应力计的形式测定土层的极限侧摩阻力与桩端极限承载力，以确定分布式压浆对承载力的提升系数。同时为了满足在压浆前后两次测试的目的，试桩自平衡测试采用双荷载箱方案。试桩根据地勘报告提供的数据进行了承载力估算，为了验证分布式压浆工艺，试验设计了 2 组分布式压浆对比试验。试桩 SZ1 与 SZ4 桩径及桩长相同，分别采用组合式压浆与分布式压浆，试桩 SZ3 与 SZ4 采用分布式压浆，但压浆量不同。具体试桩方案详见表 7.3-24。

**试桩概况**　　　　**表 7.3-24**

| 编号 | 桩径 | 桩长 | 压浆方案 |
|---|---|---|---|
| SZ1 | 1.8m | 80m | 组合式压浆(环管桩侧压浆＋直管桩端压浆) |
| SZ3 | 2.2m | 110m | 分布式压浆 |
| SZ4 | 1.8m | 80m | 分布式压浆 |

### 7.3.3.2　试桩结果分析

**1. 极限承载力与桩顶沉降**

极限承载力与桩顶沉降根据《建筑基桩自平衡静载试验技术规程》JGJ/T 403—2017，自平衡法测试得到的上下荷载箱荷载-位移曲线，可通过等效转换方法得到压浆前后等效荷载-位移曲线见图 7.3-18。

通过自平衡测试等效转换计算，相同位移条件下，SZ1 试桩环管压浆前抗压极限承载

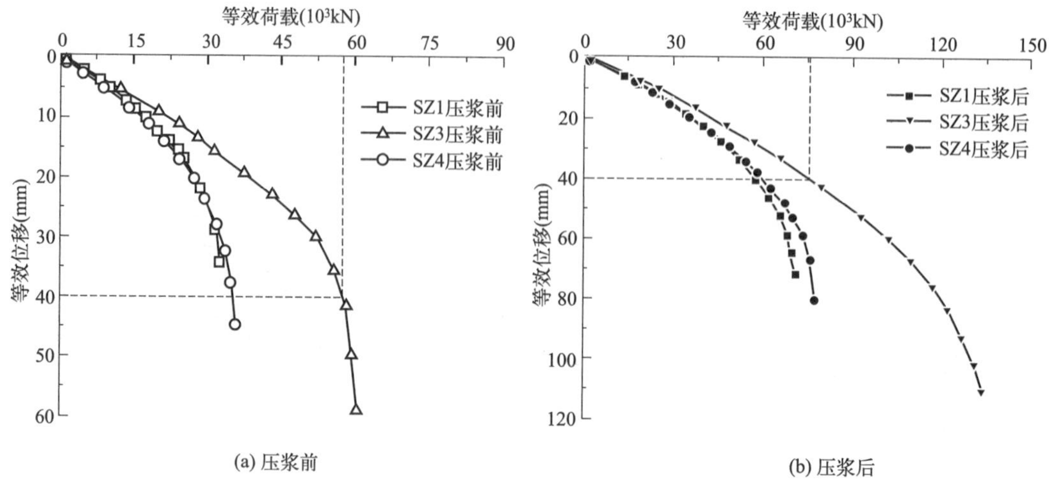


图 7.3-18　桩顶荷载与桩顶沉降曲线

力 32621kN，环管压浆后抗压极限承载力 52159kN，承载力提升 1.60 倍；SZ3 试桩压浆前抗压极限承载力 60719kN，分布式压浆后抗压极限承载力 100368kN，承载力提升 1.65 倍；SZ4 试桩压浆前抗压极限承载力 35867kN，分布式压浆后抗压极限承载力 63418kN，承载力提升 1.77 倍。分布式压浆承载力提高系数略高于环管压浆。由 SZ1 桩与 SZ4 对比可知，相比于传统桩端桩侧环管压浆；在桩顶等效位移相同条件下，采用分布式压浆工艺，试桩等效荷载高于传统环管压浆；对于 SZ3 试桩，采用分布式压浆后，位移荷载曲线拐点提高，承载力提升较环管压浆明显。分布式压浆与传统环管压浆在同等压浆量时，桩基承载力提升优于传统环管压浆，分布式压浆对浆液利用率高于普通环管压浆，对于大规模超长桩基后压浆施工，分布式压浆能有效提高水泥浆利用效率，水泥浆用量可较传统压浆有所降低，实现同等压浆效果。

**2. 桩侧摩阻力**

桩端后压浆的压力浆液一部分作用于桩端土层，另一部分作用于桩端附近范围内的桩侧土层；而桩侧后压浆的压力浆液充填桩土界面的缺陷，固结后的水泥浆液能增大桩身的直径，有效地改善桩土的边界条件。因此，采用后压浆工艺能对桩侧阻力和桩端阻力产生积极的影响。基于现场试桩的在极限荷载作用下实测桩侧摩阻力随桩身深度的分布曲线，研究本次后压浆工艺对桩基阻力的影响，各试桩在极限荷载作用下桩身各断面平均侧摩阻力随深度的分布曲线如图 7.3-19 所示。

从图 7.3-19 可以看出，后压浆桩的桩侧摩阻力普遍大于未压浆桩的桩侧摩阻力，且在距离桩端 10～15m 范围内的桩侧摩阻力更加显著，这主要是由于桩端后压浆的水泥浆液在细砂层中的渗透、压密及劈裂压浆的相互作用增强了桩端土体的强度，使桩端土体强度的提高对桩侧摩阻力产生强化效应。此外，桩端后压浆的压力浆液注入桩端，使压力浆液沿着桩身泥皮面上返，改善了桩土界面的条件，从而进一步增加了桩身侧摩阻力。对比图 7.3-19(a) 与图 7.3-19(c) 可知，组合压浆桩的桩侧摩阻力在桩端附近显著增加，由于桩端后压浆增强了桩端土体的强度对桩侧摩阻力具有强化作用；而分布式后压浆桩的桩侧摩阻力相对于传统环管后压浆桩在桩身上部几乎未有提高，可能是由于分布式后压浆施工工

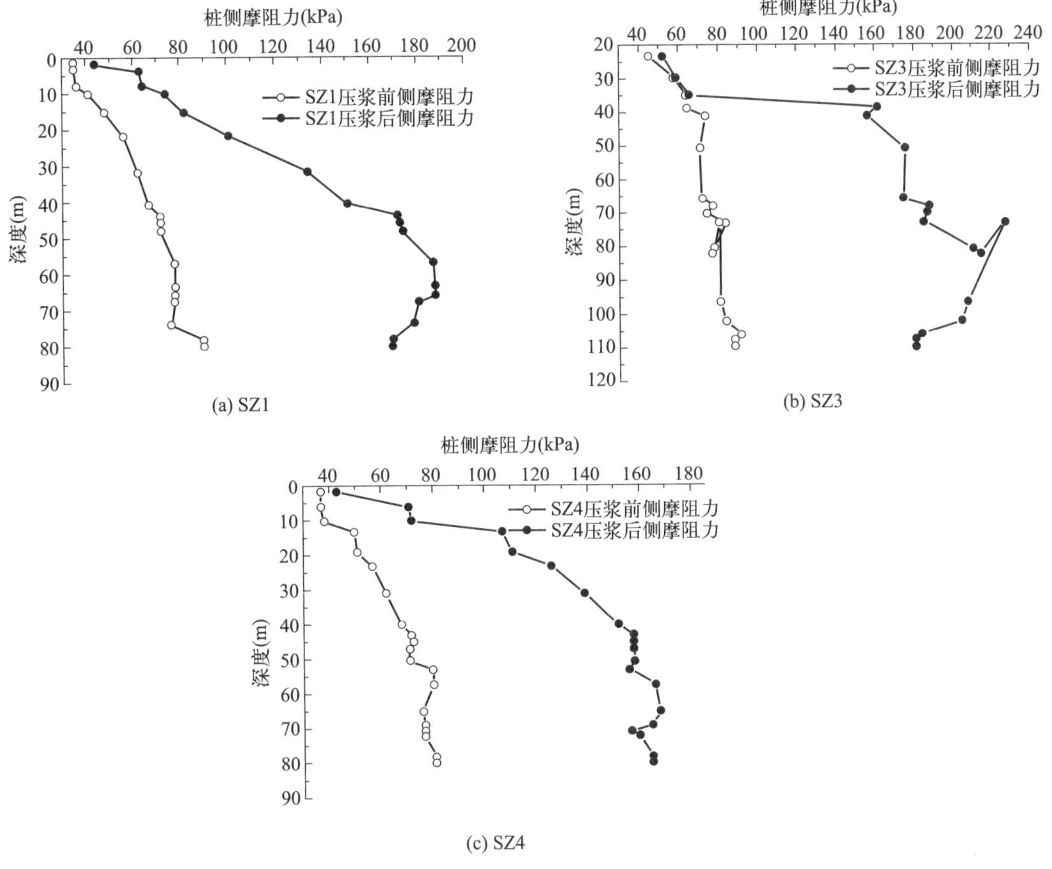


图 7.3-19　桩侧摩阻力随深度变化曲线

艺的控制不理想导致桩侧后压浆技术的强化效应存在不稳定性，这也是分布式后压浆桩的极限承载力相对于传统环管后压浆桩的极限承载力提高幅度不大的主要原因。此外，分布式压浆桩的桩侧摩阻力随深度增加呈现增强趋势，表明分布式后压浆技术对于超长桩具有更显著的效果，且分布式后压浆桩的承载性能也要优于传统环管后压浆桩。

### 3. 桩端承载力

试桩压浆前后桩端极限承载力实测值如图 7.3-20 所示。试桩 SZ1 桩端持力层为粉土，SZ3 桩端持力层为细砂，SZ4 桩端持力层为粉质黏土，桩端承载力提升与桩端土层条件及沉渣厚度有关，因 SZ1 桩端持力层承载力较低，故压浆后桩端承载力明显低于 SZ3 与 SZ4，故仅对比试桩压浆后承载力提升比例。压浆前后桩端极限承载力实测值，SZ1 桩端极限承载力提升 2.15 倍，SZ3 桩端极限承载力提升 2.43 倍，SZ4 桩端极限承载力提升 2.31 倍，提升幅度均在 2～2.5 倍之间。分布式压浆桩端承载力提升与环管压浆承载力提升基本一致。针对桩端压浆，分布式工艺与传统环管压浆并无本质不同，均是通过在桩端预埋压浆头，通过高压水泥浆压入桩端持力层实现，故承载力提升系数与普通直管压浆基本一致。

通过桩身埋设的钢筋应力计可得出桩端承载力与桩端位移曲线关系如图 7.3-21 所示，因桩端持力层存在差异，SZ1 桩端持力层为密实粉土，承载力特征值为 632kPa；SZ3 桩

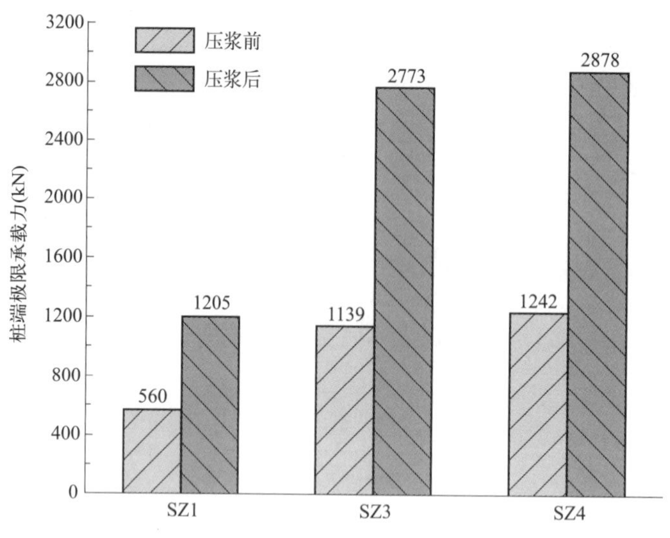


图 7.3-20　试桩压浆前后桩端承载力极限值

端持力层为密实细砂，承载力特征值为 1150kPa；SZ4 桩端持力层为硬塑粉质黏土，承载力特征值为 1415kPa。在桩端 14mm 位移下，压浆前 SZ1 桩端极限承载力为 2756.85kN，环管压浆后桩端极限承载力为 3056.99kN；SZ3 桩端极限承载力为 6786.22kN，分布式压浆后桩端极限承载力为 14428.26kN；SZ4 桩端极限承载力为 5193.86kN，分布式压浆后桩端极限承载力为 11751.2kN。压浆后桩端位移变化曲线与压浆前规律一致，但压浆后桩端承载力线性段明显增加，位移拐点大幅提高。分布式压浆在桩端压浆原理上与传统组合式环管压浆一样，均是通过桩端压浆头伸入桩端持力层中，通过压注水泥浆改善桩端持力层承载力能力，固化桩端沉渣，从而提高桩端承载力。通过对比，分布式压浆与传统压浆在桩端承载力提高上均与桩端压浆量、压浆压力、桩端持力层情况密切相关，分布式压浆在桩端承载力提升上与传统环管压浆一致。

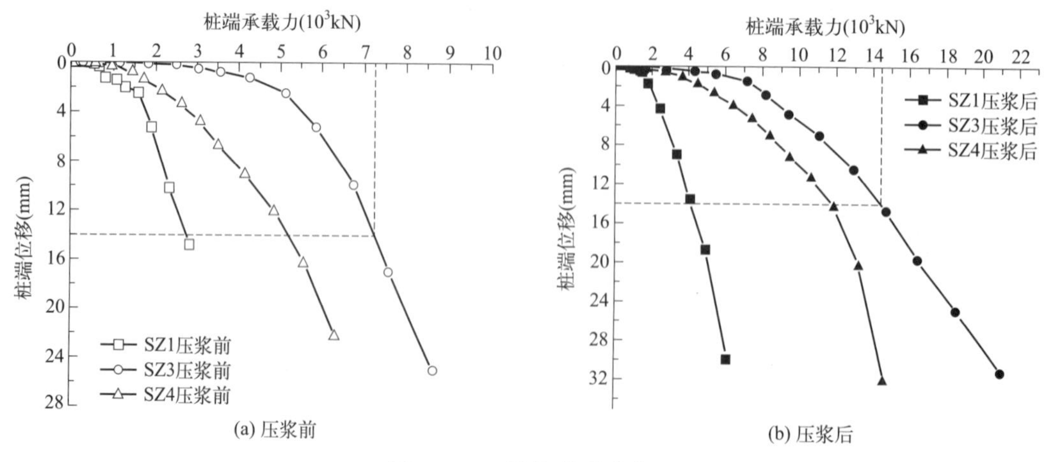


图 7.3-21　桩端-位移曲线

通过安罗高速黄河特大桥试桩的压浆前后自平衡载荷试验数据，研究了基于分布式后压浆的大直径超长灌注桩承载力特性，相比于传统环管压浆，分布式压浆对承载力的提升主要体现在如下几点：

（1）相比于传统环管压浆，分布式压浆由于压浆点位离散性更好，使得桩侧浆液分布均匀，在相同位移条件下，分布式压浆基桩承载力略高于传统环管压浆，浆液利用率高于普通环管压浆。桩顶等效位移相同条件下，采用分布式压浆工艺试桩压浆后等效荷载高于传统环管压浆。

（2）压浆前后桩侧摩阻力实测结果表明，分布式压浆对桩侧摩阻力的提升高于传统环管压浆。相较于传统环管压浆，分布式压浆解决了环管桩侧后压浆装置断面间距大、压浆孔开塞率低以及浆液分布不均匀的问题，同时大幅减少了压浆管数量，降低了施工难度。

（3）分布式压浆对桩端承载力提升与传统环管压浆基本一致，通过压注水泥浆改善桩端持力层承载能力，固化桩端沉渣，从而提高桩端承载力。

结合分布式压浆施工工艺，对于超长大直径钻孔灌注桩，传统环管压浆受桩长影响，随压浆范围增大，压浆管接头数量过大，不利于现场施工；分布式压浆在传统环管压浆基础上，在实现桩侧桩端组合压浆的同时能大幅减少压浆管数量，便于现场施工，因此更适合于大直径超长钻孔灌注桩后压浆。

## 7.3.4　中马友谊大桥

### 7.3.4.1　工程概况

马累-机场岛跨海大桥工程是马尔代夫最重要的连线工程，连接马累岛和机场岛，为马尔代夫首座跨海大桥。大桥拟建区位于马尔代夫北马累环礁，跨越 Gaadhoo Koa 海峡，连接环礁上马累岛、机场岛和胡鲁马累岛三个相邻岛屿。该桥路线全长 2.0km，其中桥梁长为 1.39km。桥跨布置 18×30m(引桥)+(100+2×180+140+100+60)m(主桥)+3×30m(引桥)。主桥为叠合混合梁 V 型支腿六跨连续刚构桥，桥长为 760m；引桥为预应力混凝土 I 型梁桥，桥长为 630m；两侧接线长 610m，宽度均为 21m。主桥桥型布置如图 7.3-22 所示。大桥基础采用变截面钻孔灌注桩，其中主桥 19＃、20＃、21＃墩布置 12 根直径 3.2～3.6m 的变截面钻孔灌注桩，主桥 22＃、23＃墩布置 8 根直径 2.8～3.2m 的变截面钻孔灌注桩，机场侧及马累侧引桥墩采用 6 根直径 1.5m 的钻孔灌注桩，最深水位为 46.17m。

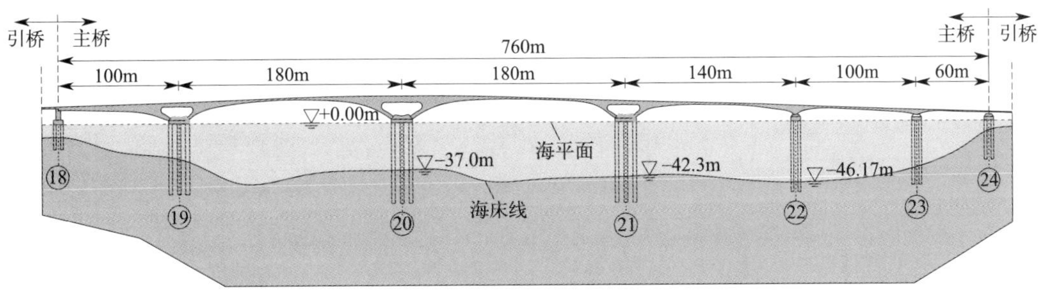


图 7.3-22　主桥桥型布置图

#### 1. 场地地层情况

根据地质钻探结果，试验场地勘探深度 100.0m 以内除浅表层分布 1.0～3.0m 厚混有珊瑚砾块、残肢的填土外，主要由全新世松散珊瑚混砂，更新世上、中段礁坪相礁灰岩及深部潟湖相弱胶结或未胶结的珊瑚混砂地层组成。场区勘探揭示的地层主要分为填土、含珊瑚碎片的礁灰岩、含珊瑚砾块的礁灰岩及角砾混珊瑚砾块。试验场地地层分布剖面图如图 7.3-23 所示。浅层填土呈稍密～中密状态，标准贯入击数普遍小于 10；浅层③砾砂混砾块由钙质生物碎屑组成，标准贯入击数在 12～29 之间，平均标贯击数为 21 击；浅层$④_2$ 礁灰岩多呈弱胶结碎块状，标准贯入击数基本在 10～38 之间；而深部地层通过对各地层岩样的饱和单轴抗压强度（UCS）试验数据进行统计，得到了各地层单轴抗压强度平均值。其中$④_1$ 礁灰岩呈强胶结，岩芯表面粗糙，其单轴抗压强度平均值为 10.73MPa；$⑤_{1a}$ 礁灰岩呈强胶结，岩芯坚硬且不易碎，其单轴抗压强度平均值为 10.20MPa；$⑤_{1b}$ 礁灰岩呈中强胶结，岩芯部分呈碎块状，其单轴抗压强度平均值为 7.50MPa；$⑤_{1c}$ 礁灰岩呈弱胶结，粒间孔隙发育，岩芯呈碎屑状，其单轴抗压强度平均值为 5.93MPa；$⑥_2$、$⑥_3$ 礁灰岩分别呈中等胶结与弱胶结，其单轴抗压强度平均值分别为 8.42MPa、5.53MPa；$⑦_1$ 角砾混砾块以生物碎屑为主，颗粒不均匀，而$⑦_2$ 礁灰岩岩芯较完整，表面粗糙。根据单轴抗压强度试验数据统计可知，礁灰岩抗压强度均小于 15MPa，按强度特征的岩石坚硬程度划分为软岩，局部属于极软岩。试验场地各土层的物理力学参数见表 7.3-25。

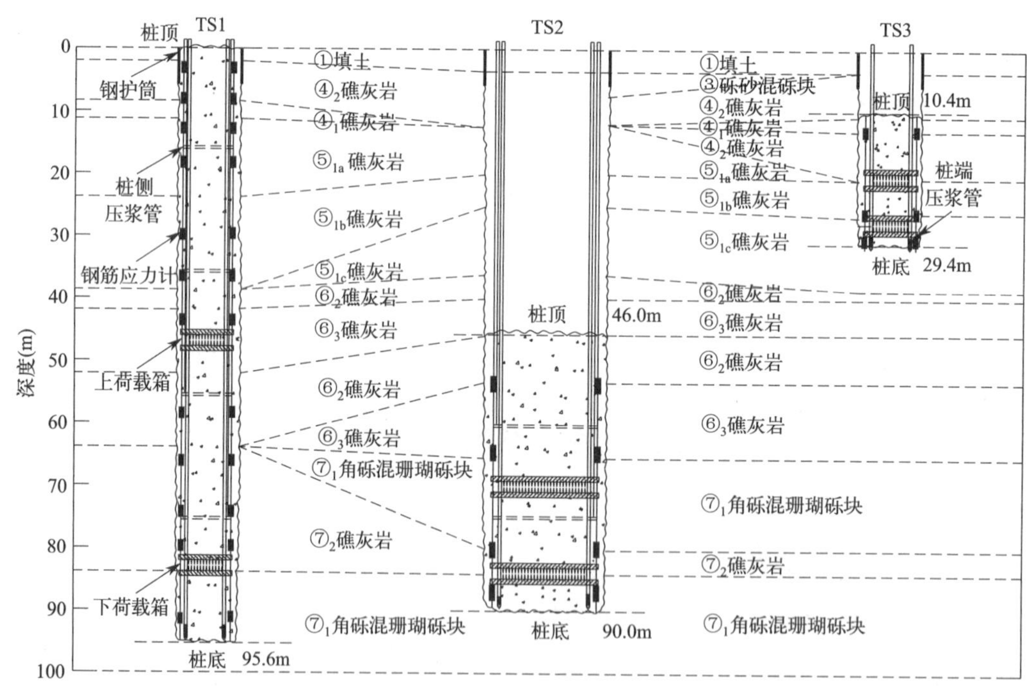


图 7.3-23　试验场地土层剖面和钢筋应力计布置图

**各岩土层物性参数**　　　　表 7.3-25

| 层号 | 土层名称 | 饱和密度（g/cm³） | 孔内剪切波速(m/s) | 孔内声波波速(m/s) | 标准贯入击数 | 动力触探 | 点荷载（MPa） | $UCS_{avg}$（MPa） |
|---|---|---|---|---|---|---|---|---|
| ① | 填土 | — | 207 | 1014 | — | 7 | — | — |
| ③ | 砾砂混砾块 | — | 228 | 1355 | 21 | 12 | — | — |

续表

| 层号 | 土层名称 | 饱和密度 (g/cm$^3$) | 孔内剪切波速(m/s) | 孔内声波波速(m/s) | 标准贯入击数 | 动力触探 | 点荷载(MPa) | $UCS_{avg}$ (MPa) |
|---|---|---|---|---|---|---|---|---|
| ④$_1$ | 礁灰岩 | 2.21 | 398 | 1990 | 76 | 69 | 3.45 | 10.73 |
| ④$_2$ | 礁灰岩 | — | 364 | 1747 | 25 | 26 | 2.87 | — |
| ⑤$_{1a}$ | 礁灰岩 | 2.40 | 606 | 2219 | — | — | 2.33 | 10.20 |
| ⑤$_{1b}$ | 礁灰岩 | 2.22 | 626 | 2876 | — | — | 2.47 | 7.50 |
| ⑤$_{1c}$ | 礁灰岩 | 2.29 | 432 | 2146 | — | — | 1.91 | 5.93 |
| ⑥$_2$ | 礁灰岩 | 2.25 | 628 | 2530 | — | 31 | 2.83 | 8.42 |
| ⑥$_3$ | 礁灰岩 | 2.23 | 587 | 2587 | — | 32 | 2.73 | 5.53 |
| ⑦$_1$ | 角砾混珊瑚砾块 | 2.20 | 590 | 2959 | 53 | — | 2.40 | 5.18 |
| ⑦$_2$ | 礁灰岩 | 2.12 | 610 | 2790 | — | — | 2.59 | 10.35 |

注：$UCS_{avg}$ 表示饱和单轴抗压强度平均值。

珊瑚礁灰岩作为珊瑚礁岛陆基的主体，并为拟建桥基础的主要持力层，因其特殊性，属于复杂的不均匀材料。礁灰岩是由珊瑚群体死后其遗骸堆积在原生地构成，或经过次生礁生物的充填、胶结、生物破坏、洞穴内沉积作用及其他的海洋动力作用下成岩，最终形成具有一定致密程度、结构强度的岩土材料[89]。研究结果表明[90]，珊瑚礁灰岩是一种极具生物特性的复杂特殊材料，并具有极强的不均匀性和结构独特性。此外，珊瑚礁灰岩具有地域性，即使在同一珊瑚礁岛区受珊瑚礁的沉积相带演变、沉积历史环境等影响，珊瑚礁灰岩的结构特性、胶结程度也具有差异性。通过场地岩芯分析可知，场区珊瑚礁灰岩的特殊性主要包括：岩体孔隙与孔洞的多孔性、颗粒空间上的复杂性、胶结程度的不均匀性、颗粒易碎性。场地芯样如图 7.3-24 所示。

(a) 20.0～30.0m

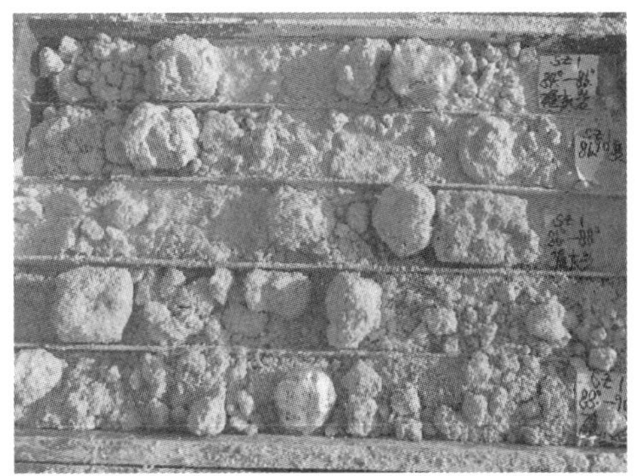

(b) 85.0～90.0m

图 7.3-24 场地芯样

## 2. 试桩概况

由于珊瑚礁灰岩层的复杂性和特殊性，国内外对该岩层桥梁桩基础工程经验较少，为了给设计提供有益参考和对主引桥施工时的指导作用，因此有必要在工程拟建区进行试桩试验。在工程拟建区选取 3 根试桩 TS1、TS2、TS3，完成了 3 根试桩的现场测试。试桩

TS1～TS3 桩径分别为 1.5m、3.2m、1.5m，桩长分别为 95m、44m、19m，桩身混凝土强度等级为 C35。本次试验在试桩 TS1 完成后，按照实测的各土层摩阻力重新预估了承载力，并根据主引桥桩基长度范围内土层要求，试桩 TS2 在地表至自然地面标高下 46m 未灌注混凝土，而试桩 TS3 在地表至自然地面标高下 10.4m 未灌注混凝土。为了满足传感器布置要求，试桩采用通长配筋，试桩 TS1～TS3 分别采用 35 根 $\Phi$25mm、52 根 $\Phi$32mm 和 35 根 $\Phi$25mm 的螺纹钢筋。各试桩参数见表 7.3-26。试桩平面位置如图 7.3-25 所示。

**试桩参数** **表 7.3-26**

| 试桩编号 | 设计 | | 实际 | | 桩顶标高(m) | 桩端持力层 |
|---|---|---|---|---|---|---|
| | 桩径(m) | 桩长(m) | 桩径(m) | 桩长(m) | | |
| TS1 | 1.5 | 95 | 1.62 | 95.6 | +0.0 | ⑦$_1$ 角砾混珊瑚砾块 |
| TS2 | 3.2 | 44 | 3.63 | 44.0 | −46.0 | ⑤$_{1c}$ 礁灰岩 |
| TS3 | 1.5 | 19 | 1.50 | 19.0 | −10.4 | ⑦$_1$ 角砾混珊瑚砾块 |

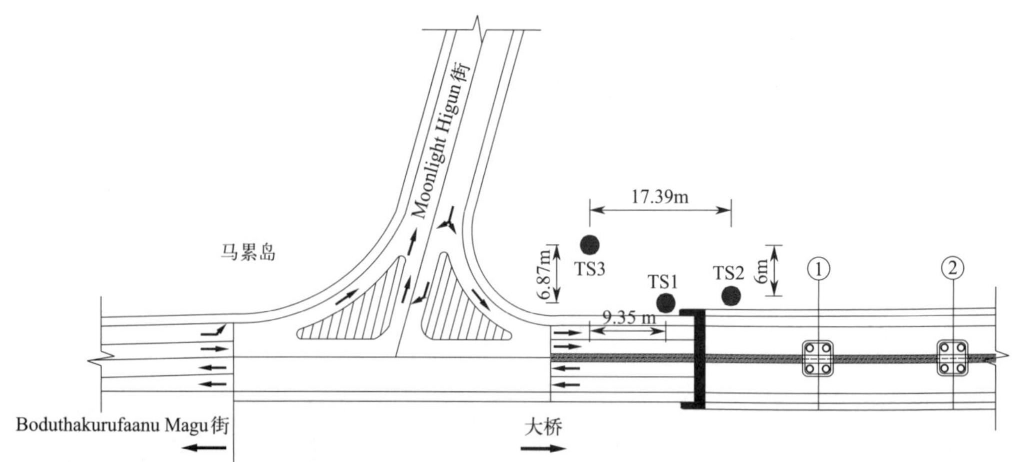


图 7.3-25 试桩平面位置图

### 7.3.4.2 珊瑚礁灰岩地层后压浆施工工艺

#### 1. 试桩概况

由于珊瑚礁灰岩的独特性质，钻孔成桩过程势必造成桩周岩层的扰动，并使破碎颗粒向邻近的多孔介质中移动，从而造成桩侧压力较低，削弱桩侧摩阻力和端阻力。而采用压力压浆方法可以增大桩身与珊瑚礁灰岩层间的黏着力，压力浆液可充填岩体孔隙与孔洞，改善珊瑚礁灰岩层中最薄弱的区域，从而提高桩基的承载力。

国内外对礁灰岩层桥梁桩基础后压浆工程经验较少，因此在开展试桩静载试验之前，有必要在工程拟建区进行后压浆工艺试验。在桥位区选取一根桩作为后压浆工艺试桩，该试桩采用旋挖钻成孔工艺，桩径 1.5m，桩长 45m，桩端持力层为⑥$_2$ 层礁灰岩，桩身混凝土强度等级为 C35。为了验证珊瑚礁灰岩层桩基组合压浆的可行性，在桩侧设置 2 层压浆环管，桩端设置 2 根压浆直管，其中，压浆环管间距为 15m。试桩地质剖面及组合压浆管路布置如图 7.3-26 所示。

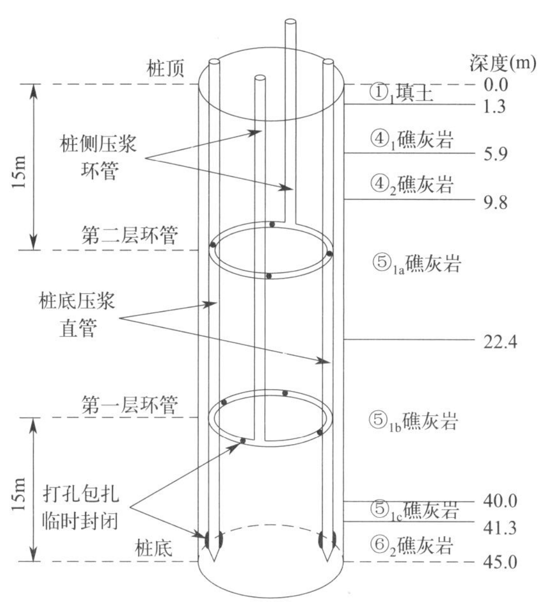


图 7.3-26　工艺试桩地层剖面及压浆管布置图

## 2. 礁灰岩地层组合压浆施工工艺

（1）压浆前准备工作

首先测量定位，打入钢护筒，开始钻孔作业，如图 7.3-27(a) 所示。钻孔完成后对其进行成孔质量检测，待成孔质量满足要求后，将桩底压浆管绑扎在钢筋笼上，如图 7.3-27(b) 所示。在下放钢筋笼的同时对压浆管进行连接工作，每节钢筋笼下放时应对压浆管路的密封性进行检查，如图 7.3-27(c) 和(d) 所示。钢筋笼下放完成后，采用气举反循环工艺清孔，并准备混凝土的灌注；混凝土灌注成桩后，压浆前准备工作完成，如图 7.3-27(e) 和(f) 所示。

(a) 钻孔作业

(b) 管路布置

图 7.3-27　现场施工（一）

(c)下放钢筋笼

(d) 安装压浆管

(e) 混凝土灌注过程

(f) 混凝土灌注完成

图 7.3-27　现场施工（二）

(2) 压水开塞

压水试验是压浆施工前必不可少的重要工序。灌注成桩后至压浆前，通过压水试验进行开塞并探明压浆管道的可注性。试桩开塞时间为灌注混凝土 12h 后，采用 ZKSY100-150 型号压浆泵进行开塞，如图 7.3-28 所示。桩底压浆管开塞时压力表达到 3.5MPa 左

(a) 压浆管连接

(b) 压浆泵

图 7.3-28　现场压水开塞准备

右，压下的水能连续注入，表明桩底压浆管畅通；而两层桩侧压浆环管开塞时，压力表达到 10MPa 仍不能开通，后续采用张拉液压油泵（最大压力值为 60MPa）对其开通，油泵压力达到 4～5MPa 后未增加，且油缸中液压油明显减少，表明环向压浆管畅通。

### 3. 压浆量及控制原则

压浆控制原则：以压浆量控制为主，压浆压力为重要参数。第 1 指标：桩底目标压浆水泥量 3.8t，桩侧每层目标压浆水泥量 1.3t；第 2 指标：桩底压浆终止压力为 3.1MPa，桩侧压浆终止压力第 1 层为 2.1MPa，第 2 层为 1.1MPa。

### 4. 浆液配制

土质条件是决定浆液材料的关键，其次是环境条件、压浆目的等因素。考虑珊瑚礁灰岩层的岩体多孔隙、孔洞及连通的孔洞，不宜采用普通硅酸盐水泥，又因马尔代夫属自然生态保护区，不宜采取水玻璃等压浆材料。因此，拟采用 GJ-100 特制压浆材料，其主要由水泥、专用外加剂，并辅以高分子聚合物材料及多种矿物改性材料配合组成，如图 7.3-29 所示。浆液水灰比为 0.27，浆体流动度控制在 10～17s 之间，初凝时间大于 5h，浆体 3h 钢丝间泌水率和 24h 自由泌水率均为 0。

(a) GJ-100压浆料

(b) 浆液配制

图 7.3-29　现场配制浆液

该试桩成桩后 7d 进行桩端桩侧组合压浆，由于桩侧环形压浆管开塞不畅，虽然采用油泵开通，但最终浆液并未压入。分析其原因，主要由于珊瑚礁灰岩夹杂破碎松散砂砾、角砾等，浇灌过程中超方量混凝土水泥浆液沿孔壁渗入与松散砂砾、角砾胶结，增强了桩身与岩层之间的界面阻力和粗糙度，从而使桩侧压浆过程中浆液无法渗入。最终桩端实际压浆量为 1.64t，桩端实际压浆终止压力为 4.0MPa。

### 5. 后压浆效果检测

为了探明桩身完整性及评价桩底压浆效果，压浆 6d 后对该试桩进行了钻孔取芯检测，先在离桩侧外壁 15cm 处钻取 1 个 15m 深的试钻孔，再在桩内侧距桩中心 30cm 处钻取 1 个取芯孔。试桩桩身取芯、桩底取芯如图 7.3-30 和图 7.3-31 所示。

从图 7.3-30 可知，深度 0.0～44.5m 的桩身芯样完整性较好，无明显裂隙，桩身

(a) 桩身芯样

(b) 夹有礁灰岩碎块

(c) 桩侧芯样

图 7.3-30　桩身取芯现场照片

(a) 桩底芯样

(b) 压浆料结石体

(c) 压浆料附着于礁块

图 7.3-31　桩底取芯现场照片（单位：m）

混凝土中含有极少珊瑚礁灰岩碎块。桩侧试钻时，深度 15m 的桩侧芯样(图 7.3-30(c))显示有混凝土中的水泥浆液渗入礁灰岩层，进一步印证了桩侧未压入浆液的原因。从图 7.3-31 可知，深度 44.5～49.5m 的桩底芯样不完整，多数为砂砾颗粒，少量块状礁岩。其中，深度 44.5m 处有压浆料结石体，深度 44.5～47.5m 含有大量的压浆料颗粒。块状礁岩经清洗后，其表面附着胶结大量压浆料颗粒，且礁灰岩孔隙中充填压浆料颗粒。

由上述分析可知，芯样显示桩身完整性较好，灌注混凝土过程中的水泥浆液沿孔壁渗入岩层，将增大桩身与珊瑚礁灰岩层间的黏着力；桩底压力浆液向下渗入约 3m（约 $2D$），压力浆液对珊瑚礁灰岩的孔隙有充填作用，且能在较大孔隙处封堵和附着胶结，能有效地改善珊瑚礁灰岩层中最薄弱的区域，即该地质条件下采用后压浆技术能提升桩基承载力。

工艺试桩完成后，将得到的压浆经验应用于 3 根试桩。试桩 TS1、TS2 采用桩端桩侧组合压浆，而试桩 TS3 由于桩长较短仅对其桩端进行压浆。其中试桩 TS1、TS2

桩侧分别设置4层、2层压浆环管，桩端设置3根压浆直管；而试桩TS2桩端设置4根压浆直管。各试桩压浆管路布置如图7.3-23所示。各试桩压浆关键参数见表7.3-27。

压浆关键参数 表7.3-27

| 试桩编号 | 水灰比 | 压浆水泥用量(t) | | 终止压力(MPa) | | 环管至桩端距离(m) |
|---|---|---|---|---|---|---|
| | | 桩侧 | 桩端 | 桩侧 | 桩端 | C1,C2,C3,C4 |
| TS1 | 0.27 | 3.2 | 3.5 | 6.5 | 8.8 | 20,40,60,80 |
| TS2 | 0.27 | 2.4 | 3.7 | 6.7 | 7.2 | 15,30,/,/ |
| TS3 | 0.27 | — | 3.2 | — | 2.2 | /,/,/,/ |

注：桩侧终止压力仅给出了第一层桩侧环管的压浆压力；C1，C2，C3，C4分别表示第一、二、三、四层环管至桩端的距离。

### 7.3.4.3 试桩静载试验

#### 1. 试验方法

由于采用传统静载试验方法需要提供数千吨物料或是笨重的反力架，而自平衡法能克服传统静载试验方法的不足，因此试桩采用自平衡法。又因珊瑚礁灰岩层的特殊性，单荷载箱难以满足试桩预估承载力的要求，故此次试验采用双荷载箱技术。各试桩荷载箱位置如图7.3-23所示。试验方法参照《建筑基桩自平衡静载试验技术规程》JGJ/T 403—2017。为了获得各岩层与桩间侧摩阻力的大小，在场地土层内的桩身布置钢筋应力计，每个断面在试桩桩身内的主筋上对称地焊接4个钢筋应力计，各试桩钢筋应力计布置如图7.3-23所示。荷载箱、钢筋应力计安装及钢筋笼吊放的现场照片如图7.3-32所示。在桩顶安装2只位移传感器量测桩顶沉降，上、下荷载箱各安装2只位移传感器量测上、下荷载箱的位移。自平衡静载试验装置安装就位的照片如图7.3-33所示。

(a) 荷载箱与钢筋应力计的安装

(b) 钢筋笼下放

图7.3-32 施工现场照片

图 7.3-33 自平衡静载试验装置安装就位

**2. 试验过程**

（1）试桩 TS1

试桩成桩后 7d 进行第一阶段压浆前静载试验，首先加载上荷载箱，当加载至 30MN，向下位移为 3.89mm，向上位移为 8.88mm，设备达到加载极限，终止加载，然后逐级卸载至 0。上荷载箱测试后休止期不少于 24h 进行下荷载箱测试，加载至 30MN，向下位移为 14.81mm，向上位移为 4.36mm，设备达到加载极限，终止加载，然后逐级卸载至 0。

压浆 20d 后进行第二阶段压浆后静载试验，首先对上荷载箱进行测试，当加载至 30MN，向下位移为 2.74mm，向上位移为 4.42mm，设备达到加载极限，终止加载。上荷载箱测试后休止期不少于 24h 进行下荷载箱测试，加载至 30MN，向下位移为 7.85mm，向上位移为 2.85mm，设备达到加载极限，终止加载，然后逐级卸载至 0。

（2）试桩 TS2

试桩成桩后 7d 进行第一阶段压浆前静载试验，首先加载上荷载箱，当加载至 100MN，向下位移为 11.16mm，向上位移为 15.45mm，设备达到加载极限，终止加载，然后逐级卸载至 0。上荷载箱测试后休止期不少于 24h 进行下荷载箱测试，加载至 100MN，向上位移增大且无法持荷，关闭上荷载箱，使上段桩与中段桩连成一整体共同提供反力来维持加载，继续加载至 100MN，向下位移达到 52.34mm，终止加载，然后逐级卸载至 0。

压浆 20d 后进行第二阶段压浆后静载试验，首先对上荷载箱进行测试，当加载至 100MN，向下位移为 5.63mm，向上位移为 9.06mm，设备达到加载极限，终止加载。上荷载箱测试后休止期不少于 24h 进行下荷载箱测试，加载至 100MN，向下位移达到 46.79mm，终止加载，然后逐级卸载至 0。

（3）试桩 TS3

试桩成桩后 7d 进行第一阶段压浆前静载试验，首先加载下荷载箱，当加载至 9MN，向下位移达到 72.47mm，终止加载。下荷载箱测试后休止期不少于 24h 进行上荷载箱测试，加载至 30MN，向下位移为 8.23mm，向上位移为 7.12mm，荷载箱上下位移均无陡变，设备达到加载极限，终止加载，然后逐级卸载至 0。

压浆 20d 后进行第二阶段压浆后静载试验，首先对下荷载箱进行测试，当加载至 12MN，向下位移达到 49.83mm，终止加载。下荷载箱测试后休止期不少于 24h 进行上荷载箱测试，加载至 30MN，向下位移为 8.59mm，向上位移为 7.05mm，荷载箱上下位移均无陡变，设备达到加载极限，终止加载，然后逐级卸载至 0。

**3. 试验结果**

试桩 TS1～TS3 压浆前后实测 $Q$-$s$ 曲线如图 7.3-34 所示。试桩 TS1～TS3 压浆前后的自平衡测试的向上、向下位移及卸载后位移回弹量所占总位移的百分比见表 7.3-28。

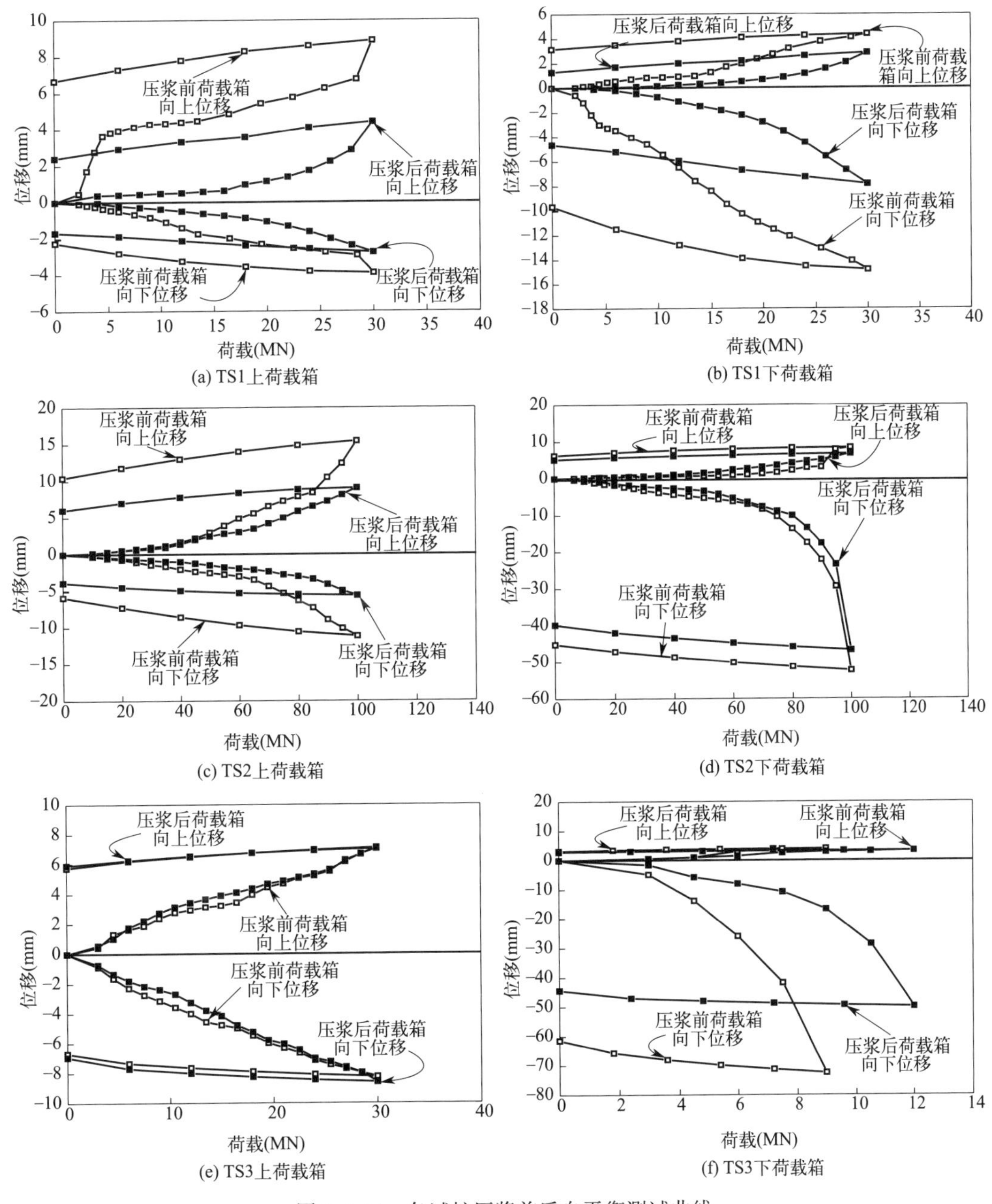


图 7.3-34　各试桩压浆前后自平衡测试曲线

试桩加载及位移汇总表　　　　表 7.3-28

| 试桩标号 | 压浆情况 | 荷载(MN) | 总位移(mm) | | 回弹量占比(%) | |
|---|---|---|---|---|---|---|
| | | | 向上 | 向下 | 向上 | 向下 |
| TS1 | 压浆前 | 上荷载箱 30 | 8.88 | 3.89 | 24.77 | 42.67 |
| | | 下荷载箱 30 | 4.36 | 14.81 | 27.75 | 34.77 |
| | 压浆后 | 上荷载箱 30 | 4.42 | 2.74 | 45.48 | 39.05 |
| | | 下荷载箱 30 | 2.85 | 7.85 | 54.74 | 40.89 |
| TS2 | 压浆前 | 上荷载箱 100 | 15.45 | 11.16 | 32.49 | 47.40 |
| | | 下荷载箱 100 | 8.33 | 52.34 | 25.33 | 13.72 |
| | 压浆后 | 上荷载箱 100 | 9.06 | 5.63 | 33.33 | 31.26 |
| | | 下荷载箱 100 | 6.69 | 46.79 | 23.47 | 14.85 |
| TS3 | 压浆前 | 上荷载箱 30 | 7.12 | 8.23 | 19.10 | 18.83 |
| | | 下荷载箱 9 | 3.97 | 72.47 | 20.40 | 15.30 |
| | 压浆后 | 上荷载箱 30 | 7.05 | 8.59 | 15.87 | 19.32 |
| | | 下荷载箱 12 | 3.34 | 49.83 | 13.77 | 11.08 |

由图 7.3-34 可知，荷载箱加载值较小时，荷载箱几乎不发生位移，桩侧存在静止摩阻力；当加载值继续增大，桩土之间发生相对位移，桩侧摩阻力进一步发挥；加载至极限时，对于试桩 TS2 和 TS3 的下段桩 $Q$-$s$ 曲线呈陡降型，而试桩 TS1 的下段桩 $Q$-$s$ 曲线呈缓变型且基本处于弹塑性阶段内。试桩 TS1～TS3 上段桩摩阻力并未完全调动，说明上、中段桩实际极限承载能力比试验得到的承载能力还要大。也进一步表明，该地区礁灰岩层具有较高的承载力，能满足桩基础设计荷载的要求。

从图 7.3-34 还可以看出，压浆后试桩的位移相比压浆前均有所减小，表明在该地区珊瑚礁灰岩层中采用后压浆技术可有效地控制桩基沉降。从图 7.3-34(f) 可以看出，下段桩压浆后 $Q$-$s$ 曲线由压浆前的陡降型转变为缓变型。在极限荷载作用下，下段桩极限承载力提高了 40%，表明在该地区珊瑚礁灰岩层中采用桩端后压浆技术可有效地提高桩基承载力。对于相同位移压浆桩的承载力发挥值要大于未压浆桩，并在较小的位移下就能发挥较大的承载力。因此，后压浆技术能有效地改善桩基承载性状，从而提高珊瑚礁灰岩地层桩基承载力，并减小沉降量。

### 7.3.4.4　试桩结果分析

#### 1. 桩顶荷载-沉降曲线

将试桩 TS1～TS3 的上、中和下段桩实测 $Q$-$s$ 曲线按照《建筑基桩自平衡静载试验技术规程》JGJ/T 403—2017 规定转换为传统静载试验的桩顶荷载-桩顶沉降曲线，如图 7.3-35 所示。从图中可以看出，在加载初始阶段，压浆前后的等效转换 $Q$-$s$ 曲线基本重合，说明在该阶段注入的水泥浆液还未发挥作用。随着荷载增大，压浆前后的等效转换 $Q$-$s$ 曲线差异逐渐增大，在相同的荷载作用下压浆后的沉降值要小于压浆前，这是桩端注入的水泥浆液发挥作用的原因。对于试桩 TS1，由于下段桩未加载至极限导致压浆前后的桩端阻力未发挥，从而使压浆前后的等效转换 $Q$-$s$ 曲线在荷载逐渐增大时未表现出较大的差异；而对于试桩 TS2 虽采用组合压浆，但在荷载小于 200MN 时压浆前后的等效转换 $Q$-$s$ 曲线差异并不大，这是由于上段桩未加载至极限使桩侧压浆发挥作用不明显。如前所述，当单桩承载力达到极限时可将破坏前一级的荷载作为单桩极限承载力，而单桩承载力未达到极限时则将最大试验荷载值作为单桩极限承载力。因此，等效转换得到的试桩 TS1～TS3 压浆前桩顶极限荷载分别为 88.60MN、279.29MN 和 67.24MN，试桩的承载能力不仅能完全满足设计荷载的要求，而且有很大的富余。

由于试桩 TS1 上、中和下段桩未加载至极限，导致桩端桩侧组合压浆效果不明显，因此仅对比试桩 TS2 和 TS3 的压浆效果。试桩 TS2 桩端桩侧组合压浆前后，桩顶转换荷载为 279.29MN 时，对应的桩顶沉降分别为 48.22mm 和 32.05mm，后压浆使桩顶沉降减小了 16.17mm，是压浆前桩顶总沉降的 33.53%；而试桩 TS3 桩端压浆前后，桩顶转换荷载为 67.24MN 时，对应的桩顶沉降分别为 26.88mm 和 22.22mm，后压浆使桩顶沉降减小了 4.66mm，是压浆前桩顶总沉降的 17.34%，这说明桩端桩侧组合压浆减小桩顶沉降相比桩端后压浆更有显著效果。

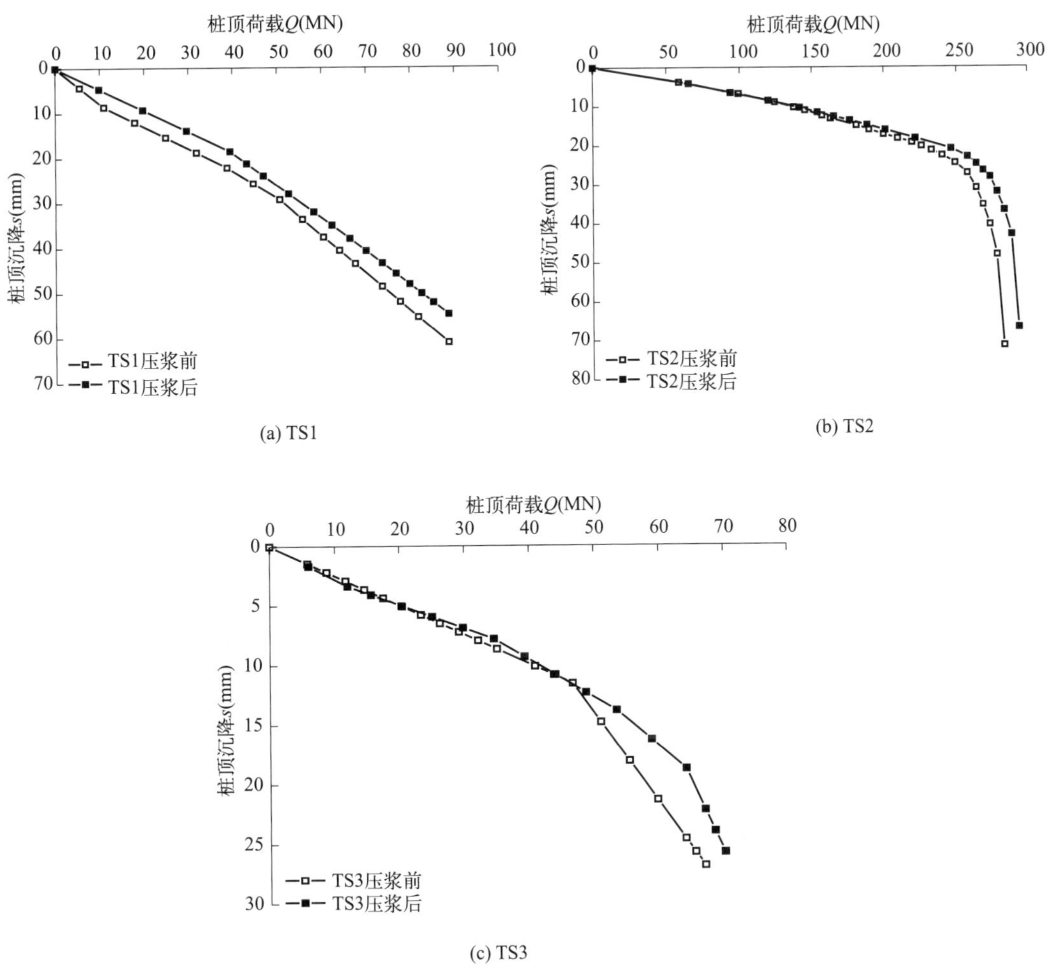


图 7.3-35　各试桩压浆前后等效转换 $Q$-$s$ 曲线

### 2. 桩身轴力传递特性

根据各级荷载作用下桩身布设的钢筋应力计采集的数据，可换算得到 3 根试桩的桩身轴力。不同荷载作用下试桩压浆前后的桩身轴力分布如图 7.3-36 所示。

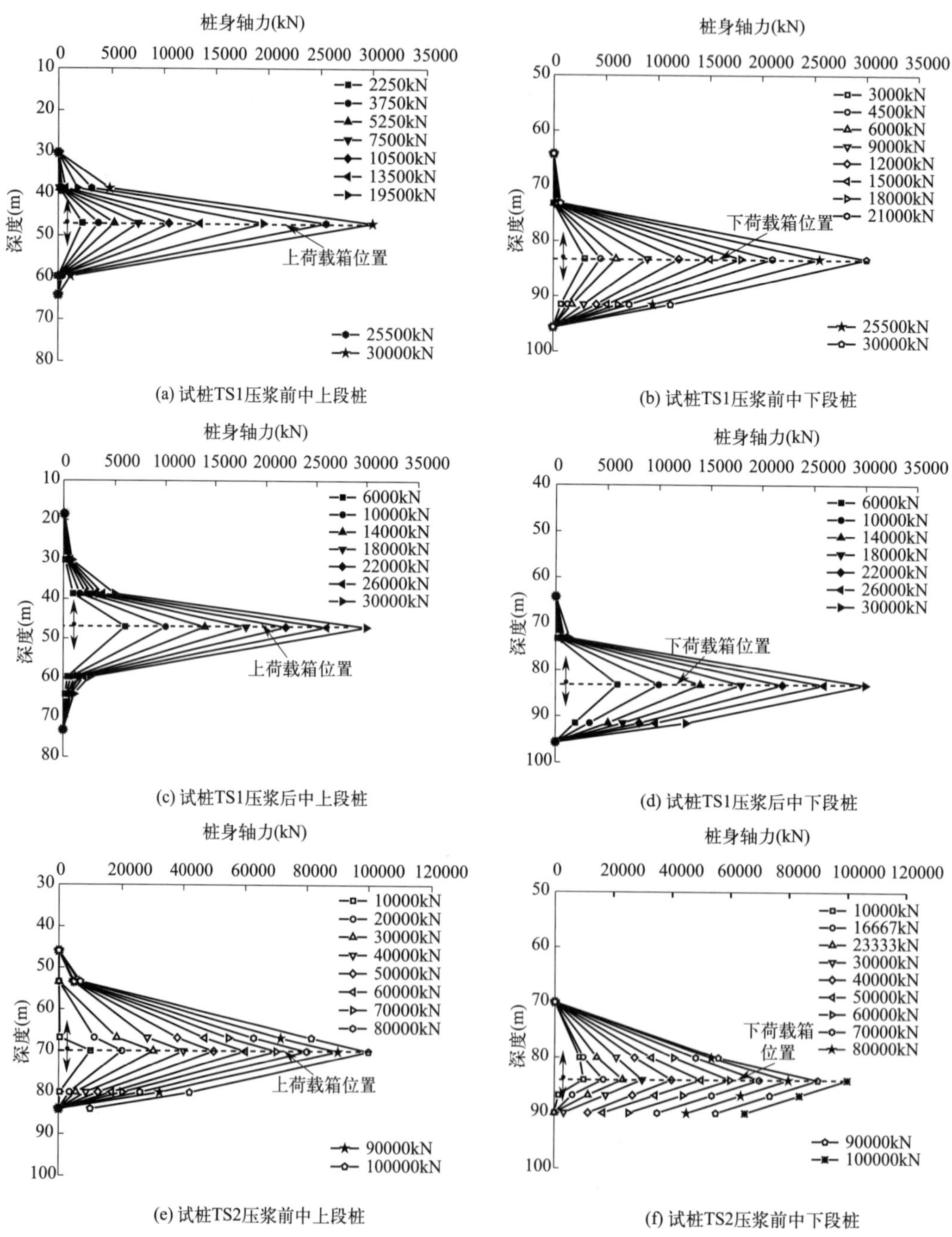


图 7.3-36 各级荷载下试桩压浆前后桩身轴力（一）

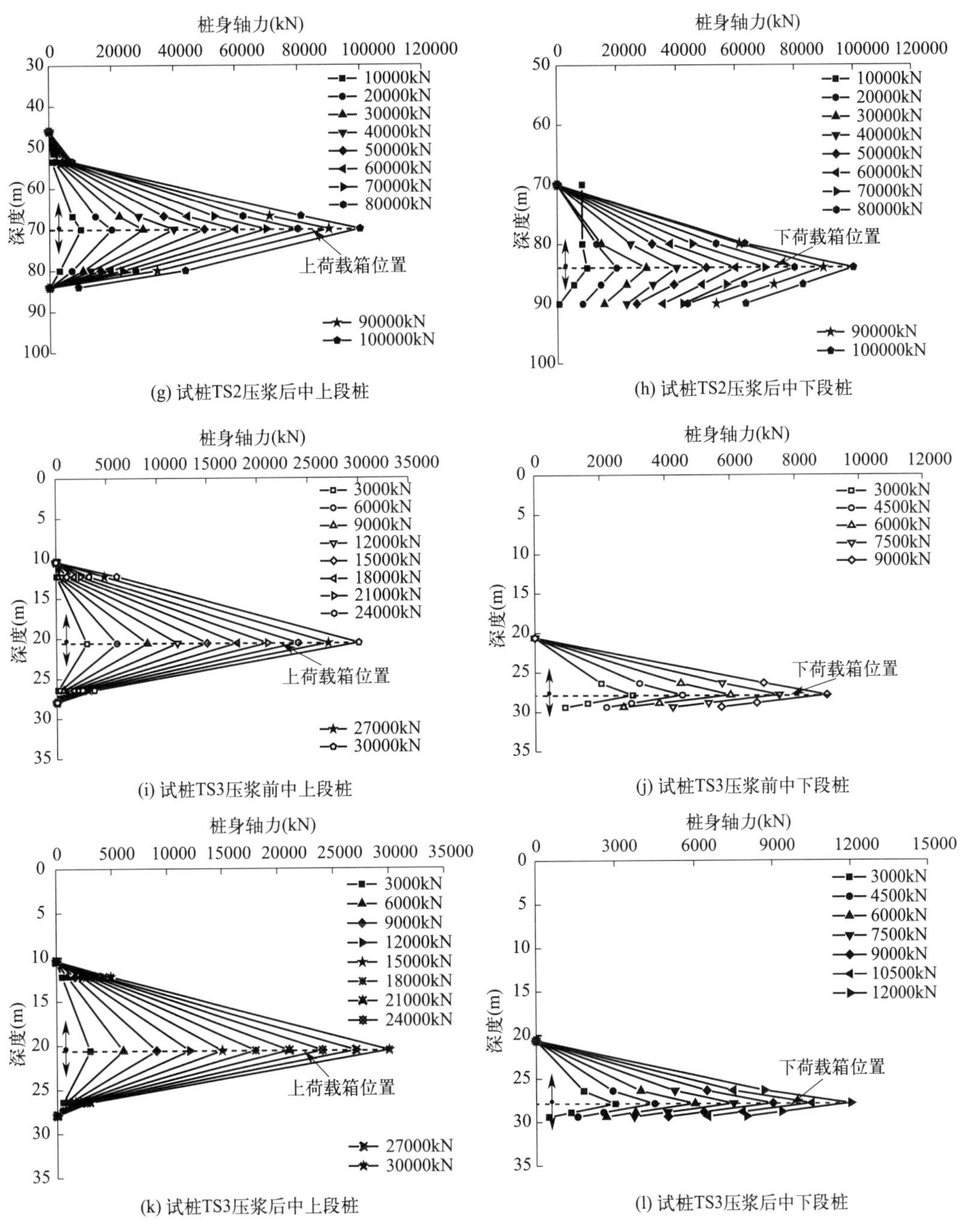


(g) 试桩TS2压浆后中上段桩　(h) 试桩TS2压浆后中下段桩

(i) 试桩TS3压浆前中上段桩　(j) 试桩TS3压浆前中下段桩

(k) 试桩TS3压浆后中上段桩　(l) 试桩TS3压浆后中下段桩

图 7.3-36　各级荷载下试桩压浆前后桩身轴力（二）

从图 7.3-36 可以看出，试桩压浆前后的桩身轴力以荷载箱的位置为界，沿着桩段两端递减，在不同岩层和不同的加荷阶段呈现出不同的递减速率。其表明轴力分布曲线的斜率存在着差异，斜率越小，轴力差就越大，则桩侧摩阻力也就越大。因此，试桩加载至极限时，压浆后的轴力曲线斜率较压浆前小，这说明压浆后改善了桩端、桩侧土层的物理力学性质，从而增强了桩端、桩侧受力性状。需要说明的是，本次试验采用的是自平衡测试法，当下段桩桩长较短时荷载箱测试得到的结果能较好地反映桩端阻力实际发挥情况。对比试桩 TS2 和 TS3 压浆前后下段桩的轴力分布可以看出，压浆后试桩的桩身轴力要大于压浆前，这表明压浆后桩身下部岩层的侧摩阻力比未压浆桩要高。

### 3. 桩侧摩阻力发挥特性

（1）试桩各截面的平均侧摩阻力

桩侧摩阻力计算过程中假定相邻钢筋应力计两截面之间的土层摩阻力相同，可计算得到各土层的平均侧摩阻力，则不同荷载作用下试桩压浆前后的桩侧摩阻力沿深度分布曲线如图 7.3-37 所示。

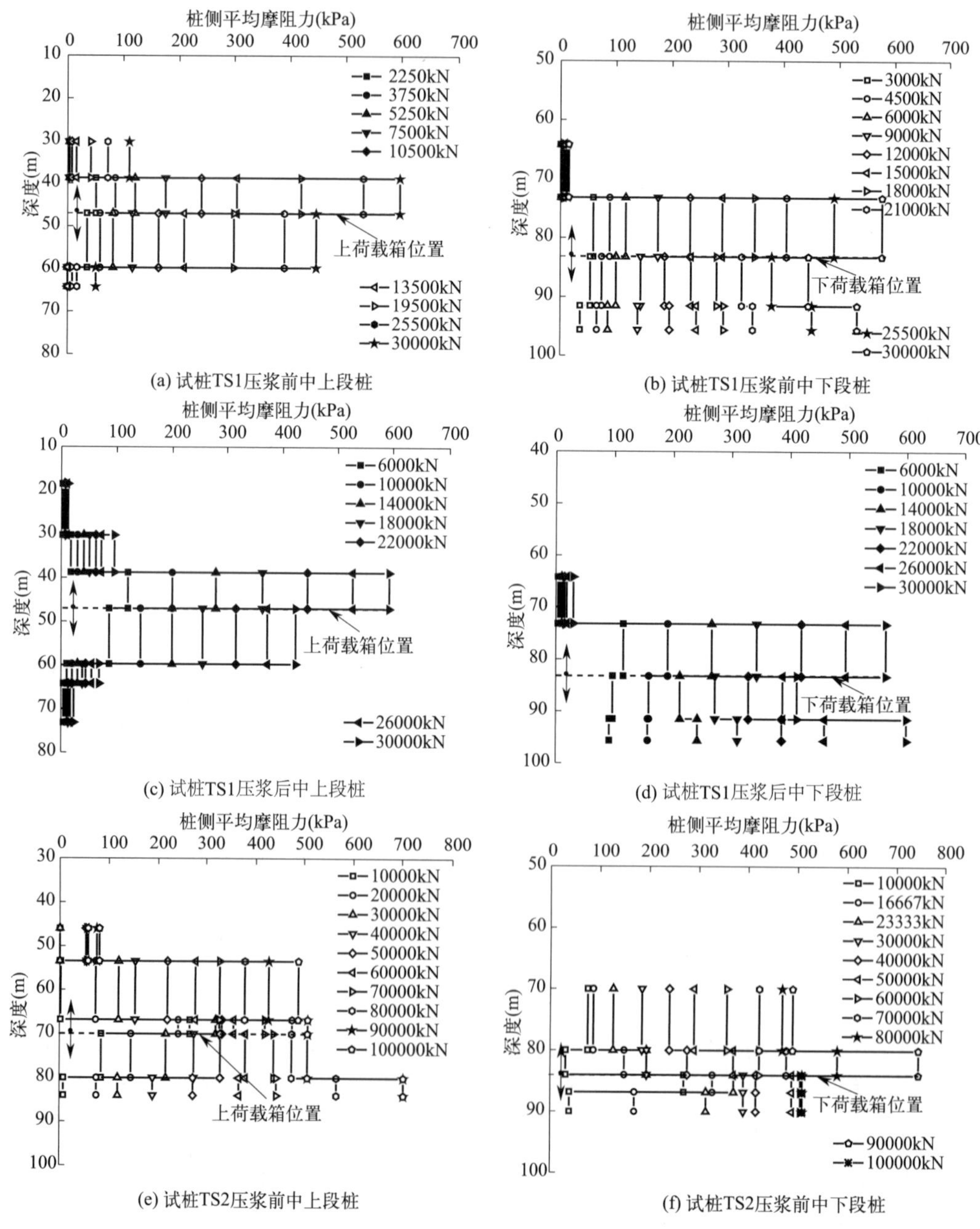


图 7.3-37 各级荷载下试桩压浆前后桩侧平均摩阻力（一）

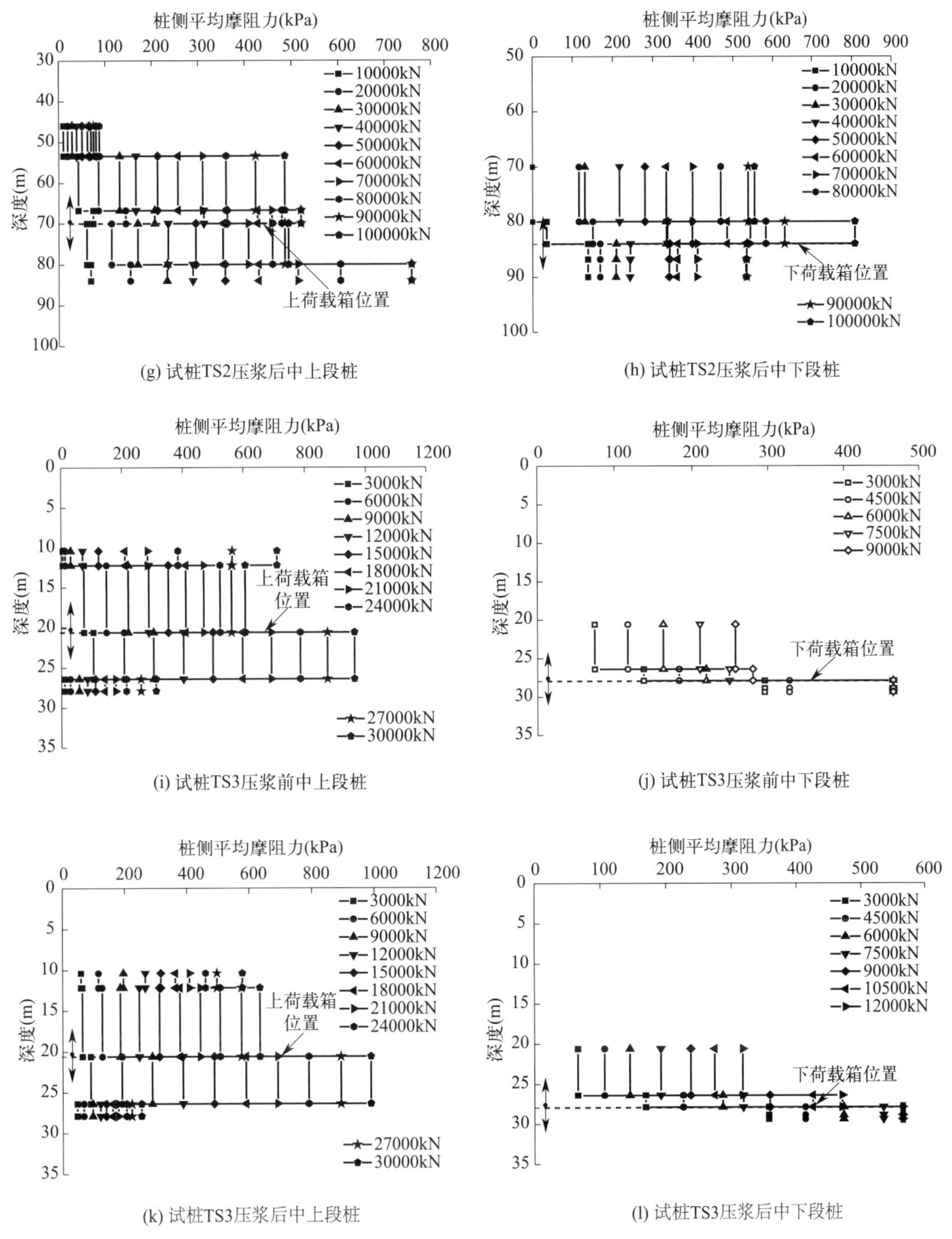


(g) 试桩TS2压浆后中上段桩

(h) 试桩TS2压浆后中下段桩

(i) 试桩TS3压浆前中上段桩

(j) 试桩TS3压浆前中下段桩

(k) 试桩TS3压浆后中上段桩

(l) 试桩TS3压浆后中下段桩

图 7.3-37 各级荷载下试桩压浆前后桩侧平均摩阻力（二）

由图 7.3-37 可知，不同岩层对桩产生的侧摩阻力不相同，试桩压浆前后上部侧摩阻力比较接近，而位于桩身中下部第$⑤_{1c}$、$⑦_1$ 及$⑦_2$ 层土的压浆后侧摩阻力要高于压浆前。桩侧摩阻力的发挥程度与桩土间相对位移有较大的关系，一般来讲，距离荷载箱越近，桩土间相对位移越大，桩侧摩阻力也越大。桩侧摩阻力分布图还显示，荷载箱加载至最大值时，上段桩桩侧摩阻力还没有完全发挥，说明上段桩实际极限侧摩阻力比试验得到的侧摩阻力还要大，也进一步表明试桩承载能力有较大的富余。

（2）试桩桩侧摩阻力-桩土相对位移关系

各级荷载作用下试桩压浆前后的桩侧摩阻力与桩土相对位移的关系曲线如图 7.3-38 所示。由图 7.3-38 可知，试桩在较小的相对位移作用下，桩侧摩阻力增加很快，随着相对位移的增加，侧摩阻力呈非线性增长。试桩上段桩侧摩阻力没有充分发挥，而下段桩发挥较快且进入塑性状态。不同土层桩侧摩阻力达到极限时所需的桩土间相对位移也不尽相同。

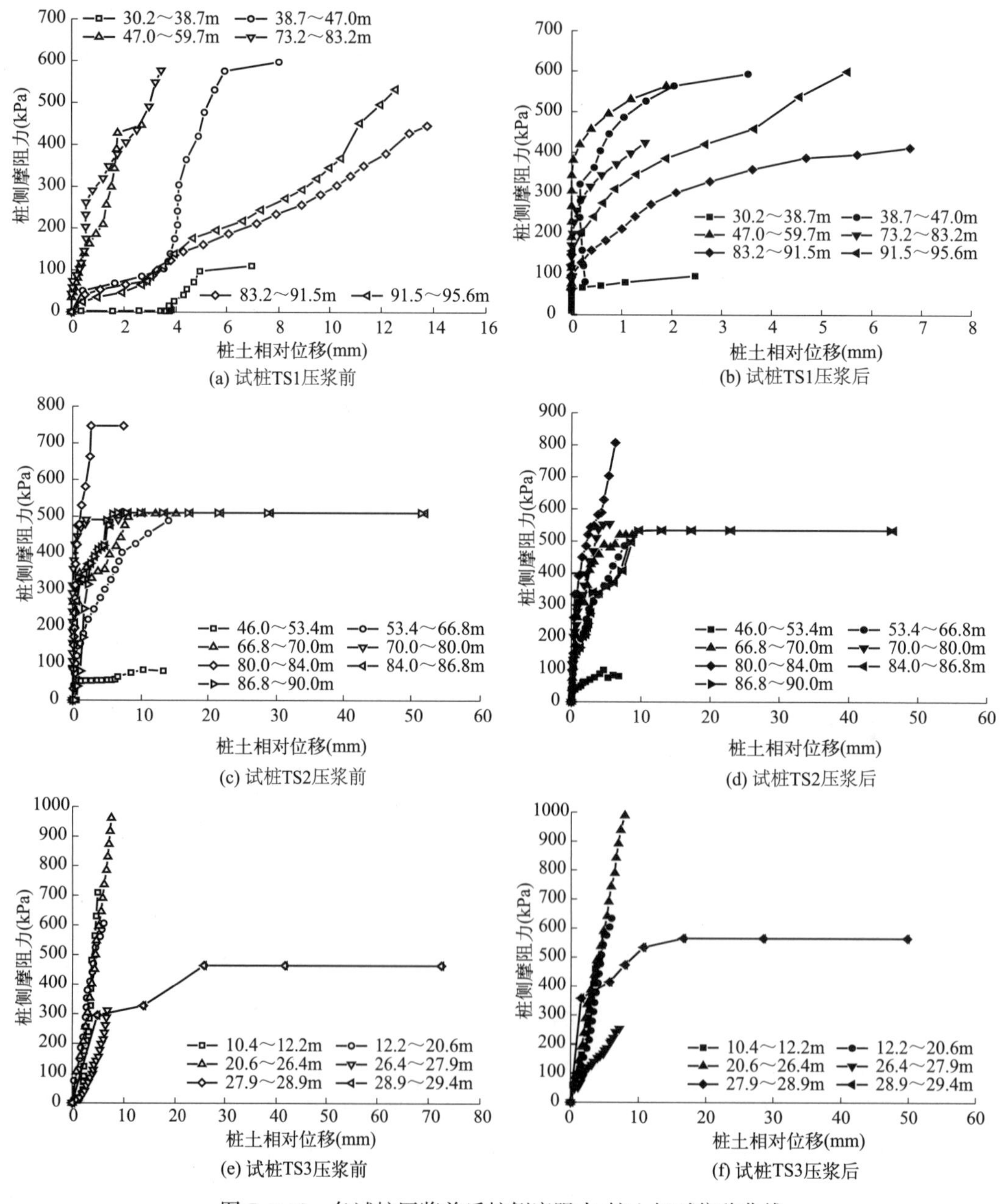


图 7.3-38　各试桩压浆前后桩侧摩阻力-桩土相对位移曲线

各土层的桩侧摩阻力达到最大值时所需的桩土间相对位移量见表7.3-29。从表中可知，试桩压浆后桩侧摩阻力发挥所需的桩土相对位移要小于压浆前，表明后压浆技术可有效减小位移。另一方面，由于试桩TS2第二层桩侧压浆管压入的水泥量较少，对上部侧摩阻力影响并不明显，表明压浆不充分，因此对压浆效果起主要作用的是压浆量的影响，试桩TS3桩端后压浆对桩身上部侧摩阻力的影响也较小，而对桩身中下部第⑤$_{1c}$、⑦$_1$及⑦$_2$岩层有明显的提高，提高幅度分别为21.51%、4.71%～12.83%和8.03%。从表还可以看出，礁灰岩层中压浆前后桩侧摩阻力充分发挥所需的桩土相对位移平均值分别约为0.61%$D$、0.48%$D$，而角砾混珊瑚砾块中压浆前后桩侧摩阻力充分发挥所需的桩土相对位移平均值分别约为0.60%$D$、0.36%$D$。

**4. 桩端阻力发挥特性**

桩端阻力根据下荷载箱向下荷载减去下段桩侧摩阻力得到，而桩端位移可由下荷载箱向下位移减去下段桩的桩身压缩量求得，则试桩压浆前后桩端阻力-桩端位移曲线如图7.3-39所示。需要说明的是，试桩TS1由于下荷载箱布设的位置偏上，导致压浆前后的端阻力未能测出，因此试桩TS1的端阻力发挥特性本书不做讨论。从图7.3-39可知，试桩压浆前后桩端阻力随桩端位移的变化形态大致相同，而压浆后桩端阻力有所提高，并且桩端位移显著减小。在相同的桩端位移下，压浆桩端阻力发挥值远大于未压浆桩，且较小的桩端位移就能发挥较大的桩端阻力。由于钻孔过程中造成桩周及桩端土层的扰动，形成破碎松散砂砾、角砾，桩端压力浆液对桩端岩层起到了渗滤、压密等作用，压浆后的桩端土层初始刚度要大于压浆前，因此压浆后的端阻力值远大于压浆前的端阻力值。此外，试桩TS3由于桩端后压浆的预压作用，该试桩桩端位移减小了41mm，说明桩端压浆效果显著，对桩端承载特性产生明显影响。

**桩侧摩阻力和桩土间相对位移汇总表**　　表7.3-29

| 试桩编号 | 土层名称 | 深度(m) | 压浆前 | | 压浆后 | | 侧摩阻力提高比例(%) |
|---|---|---|---|---|---|---|---|
| | | | 实测最大侧摩阻力(kPa) | 相应位移(mm) | 实测最大侧摩阻力(kPa) | 相应位移(mm) | |
| TS1 | ⑤$_{1b}$ 礁灰岩 | 30.2～38.7 | 111 | 6.96 | 96 | 2.46 | — |
| | ⑥$_3$、⑥$_2$ 礁灰岩 | 38.7～47.0 | 597 | 7.99 | 594 | 3.52 | — |
| | ⑥$_3$、⑥$_2$ 礁灰岩 | 47.0～59.7 | 447 | 2.67 | 424 | 1.46 | — |
| | ⑦$_2$ 礁灰岩 | 73.2～83.2 | 577 | 3.42 | 563 | 2.85 | — |
| | ⑦$_1$ 角砾混珊瑚砾块 | 83.2～91.5 | 445 | 13.76 | 412 | 6.76 | — |
| | ⑦$_1$ 角砾混珊瑚砾块 | 91.5～95.6 | 533 | 12.56 | 599 | 5.51 | 12.38 |
| TS2 | ⑥$_2$ 礁灰岩 | 46.0～53.4 | 80 | 13.21 | 80 | 6.83 | — |
| | ⑥$_3$ 礁灰岩、⑦$_1$ 角砾混珊瑚砾块 | 53.4～66.8 | 498 | 13.98 | 486 | 7.60 | — |
| | ⑦$_1$ 角砾混珊瑚砾块 | 66.8～70.0 | 508 | 15.09 | 520 | 8.70 | 2.36 |
| | ⑦$_1$ 角砾混珊瑚砾块 | 70.0～80.0 | 491 | 6.24 | 554 | 5.48 | 12.83 |
| | ⑦$_2$ 礁灰岩 | 80.0～84.0 | 747 | 7.01 | 807 | 6.28 | 8.03 |
| | ⑦$_1$ 角砾混珊瑚砾块 | 84.0～90.0 | 510 | 28.84 | 534 | 22.89 | 4.71 |

续表

| 试桩编号 | 土层名称 | 深度(m) | 压浆前 | | 压浆后 | | 侧摩阻力提高比例(%) |
|---|---|---|---|---|---|---|---|
| | | | 实测最大侧摩阻力(kPa) | 相应位移(mm) | 实测最大侧摩阻力(kPa) | 相应位移(mm) | |
| TS3 | ④$_1$ 礁灰岩 | 10.4～12.2 | 710 | 4.86 | 578 | 4.86 | — |
| | ④$_2$ 礁灰岩 | 12.2～20.6 | 606 | 6.01 | 634 | 5.97 | 4.62 |
| | ⑤$_{1b}$ 礁灰岩 | 20.6～26.4 | 962 | 7.51 | 989 | 7.89 | 2.81 |
| | ⑤$_{1c}$ 礁灰岩 | 26.4～27.9 | 312 | 6.76 | 253 | 7.16 | — |
| | ⑤$_{1c}$ 礁灰岩 | 27.9～29.4 | 465 | 41.68 | 565 | 28.47 | 21.51 |

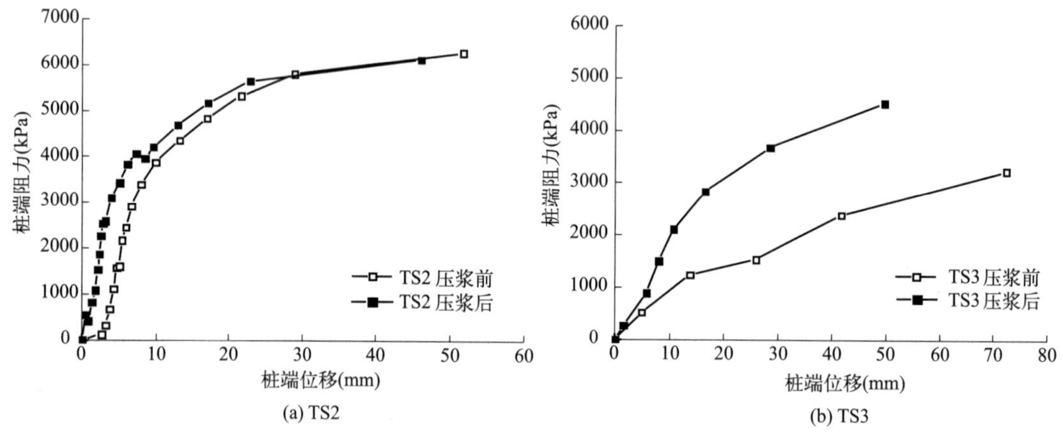


图 7.3-39　试桩桩端阻力-桩端位移曲线

为了进一步探讨珊瑚礁灰岩地层中组合压浆桩桩基阻力的发挥情况，对试桩 TS2 在各荷载作用下桩端阻力和桩侧摩阻力占桩顶荷载的比例进行分析。图 7.3-40 为各荷载作用下桩端阻力和桩侧摩阻力荷载分担比。从图中可以看出，压浆前在较小荷载作用下，桩顶荷载

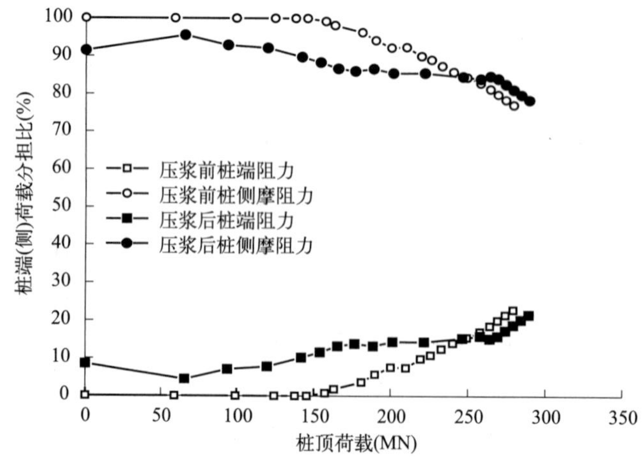


图 7.3-40　试桩 TS2 压浆前后桩端阻力和桩侧摩阻力荷载分担比

完全由桩侧摩阻力承担；而压浆后在初始阶段由于桩端压浆后的预压作用，使得桩端阻力提前发挥。随着桩顶荷载的增加，桩端阻力逐步发挥，且桩端荷载分担比也逐渐增加。当达到极限荷载时，试桩 TS2 压浆前后的桩端阻力占桩顶荷载比分别为 21.52%和 20.21%，大直径灌注桩 TS2 表现为端承摩擦桩。值得注意的是，在使用荷载（通常等于极限荷载的一半）下，在相同的桩端阻力下压浆后的桩端位移小于压浆前。另一方面，在极限荷载下压浆后的总侧摩阻力大于压浆前，并且压浆后的桩侧摩阻力发挥值也大于压浆前，如表 7.3-29 所示。试验表明桩端桩侧组合压浆技术可有效地改善珊瑚礁灰岩地层的桩端、桩侧受力性状。

图 7.3-41 给出了试桩 TS2 和 TS3 压浆前后桩端阻力与归一化桩端位移的关系。其中归一化桩端位移是桩端位移与桩身直径的比值。由图 7.3-41 可知，桩端阻力随着桩端位移的增加而增加，并且在相同的归一化桩端位移下压浆后的桩端阻力要大于压浆前，特别是试桩 TS3 表现更为明显。值得注意的是，试桩 TS2 在角砾混珊瑚砾块中压浆前后桩端阻力充分发挥所需的桩端位移约为（1%～2%）$D$，而试桩 TS3 在礁灰岩层中压浆前后桩端阻力充分发挥所需的桩端位移约为（3%～5%）$D$。礁灰岩层中桩端阻力完全发挥所需的归一化桩端位移与 Reese 和 O′Neil[91]（1988）报道的 4%～5%的值一致，但小于 Liu 等[92]（2017）给出的 6%～12%。桩端阻力充分发挥所需的桩端位移值是由于不同的桩端持力层、桩的截面尺寸、施工的不确定性以及后压浆作用等因素影响[92,93]。

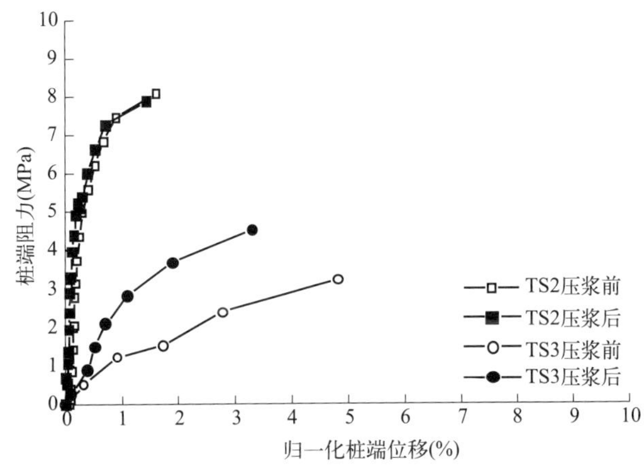


图 7.3-41　试桩压浆前后桩端阻力与归一化桩端位移的关系

许多文献[94,95]报道了在钙质沉积物中的打入桩实测得到的侧摩阻力极低，这是由于在打桩过程中钙质沉积物的胶结结构破坏、大量颗粒破碎，导致竖向和水平向的有效应力较小。然而，桩侧摩阻力是桩基承载力的重要组成部分，使得传统打入桩极限承载力很低而无法满足工程要求。基于上述问题，一些学者[96,97]提出了“钻孔灌浆桩”并开展了相应的模型试验或现场试验来探讨其承载特性，结果表明在未胶结的钙质土中测得的平均侧摩阻力约为 100kPa。本次试验实测得到的桩侧摩阻力远远大于文献报道中的桩侧摩阻力，这表明该区域的珊瑚礁灰岩地层具有较高的桩侧摩阻力，它还进一步反映了珊瑚礁灰岩具有区域性特征。因此，后压浆技术可应用于珊瑚礁灰岩地层中，并能有效地提高桩基承载力和减小沉降量。建议在珊瑚礁灰岩地层中施工钻孔灌注桩时采用后压浆技术，特别是大直径超长钻孔灌注桩。

# 附录一　139 个工程 716 根压浆对比桩静载试验资料

**139 个工程 716 根后压浆桩与未压浆桩静载试验资料汇总表**　　　**附表 1**

| 序号 | 工程名称 | 桩号 | $D$ (m) | $L$ (m) | $L/D$ | 持力层类别 | $W/C$ | C | $Q_{max}$ (kN) | $Q_b$ (kN) | $Q_u$ (kN) | $s$ (mm) | $s_b$ (mm) | $s_e$ (mm) | $G_{cb}$ (t) | $G_{cs}$ (t) | $P_{gb}$ (MPa) | $P_{gs}$ (MPa) | 压浆类型 | 文献来源 |
|---|---|---|---|---|---|---|---|---|---|---|---|---|---|---|---|---|---|---|---|---|
| 1 |  | S1 | 0.8 | 44.3 | 55.4 | 细砂 | 0.5～0.6 | C40 | 15000 | 1764 | 15000 | 35.45 |  | 21.27 | 1.6 | 1.7 | 6.0 | 2.0 | 组合压浆 |  |
| 2 | 北京新机场西塔台工程 | S2 | 0.8 | 44.3 | 55.4 | 细砂 | 0.5～0.6 | C40 | 13600 | 984 | 13600 | 27.00 |  | 19.21 | 1.6 | 1.7 | 6.0 | 2.0 | 组合压浆 | [98] |
| 3 |  | S3 | 0.8 | 44.3 | 55.4 | 细砂 | 0.5～0.6 | C40 | 12900 | 1169 | 12900 | 26.34 |  | 17.72 | 1.6 | 1.7 | 6.0 | 2.0 | 组合压浆 |  |
| 4 |  | 17# | 0.8 | 36.0 | 45.0 | 粉质黏土 |  | C45 | 12000 |  | 12000 | 11.07 |  | 6.73 | 1.2 | 1.1 |  |  | 组合压浆 |  |
| 5 | 石家庄宝能中心项目 | 114# | 0.8 | 36.0 | 45.0 | 粉质黏土 |  | C45 | 12000 |  | 12000 | 17.94 |  | 10.19 | 1.2 | 1.1 |  |  | 组合压浆 | [99] [98] |
| 6 |  | 121# | 0.8 | 36.0 | 45.0 | 粉质黏土 |  | C45 | 12000 |  | 12000 | 9.46 |  | 3.72 | 1.2 | 1.1 |  |  | 组合压浆 |  |
| 7 | 天津国贸大厦 | 11# | 0.8 | 65.0 | 81.3 | 粉细砂 |  | C30 |  | 439 | 8000 |  |  |  |  |  |  |  | 未压浆 | [100] |
| 8 |  | 6# | 0.8 | 65.0 | 81.3 | 粉细砂 |  | C30 |  | 1057 | 10000 |  |  |  | 0.8 |  |  |  | 桩端压浆 |  |
| 9 |  | 112# | 0.8 | 70.0 | 87.5 | 细砂 |  | C35 |  | 443 | 8400 | 26.80 |  |  |  |  |  |  | 未压浆 |  |
| 10 | 上海江山大厦 | 116# | 0.8 | 70.0 | 87.5 | 细砂 |  | C35 |  | 588 | 10000 | 40.00 |  |  | 0.8 |  |  |  | 桩端压浆 | [101] |
| 11 |  | 114# | 0.8 | 70.0 | 87.5 | 细砂 |  | C35 |  | 610 | 12000 | 39.10 |  |  | 0.8 | 0.5 |  |  | 组合压浆 |  |
| 12 |  | 8# | 0.8 | 56.0 | 70.0 | 粉砂 |  |  |  |  | 1000 |  |  |  |  |  |  |  | 未压浆 |  |
| 13 | 天津鸿吉大厦 | 7# | 0.8 | 56.0 | 70.0 | 粉砂 |  |  |  |  | 1300 |  |  |  | 0.5 |  |  |  | 桩端压浆 | [101] |
| 14 |  | 10# | 0.8 | 56.0 | 70.0 | 粉砂 |  |  |  |  | 1400 |  |  |  | 0.6 |  |  |  | 桩端压浆 |  |
| 15 |  | S2 | 0.8 | 25.0 | 31.3 | 卵石 |  | C40 | 6800 |  | 6800 | 40.00 |  |  |  |  |  |  | 未压浆 |  |
| 16 | 北京名人广场 | S4 | 0.8 | 25.0 | 31.3 | 卵石 |  | C40 | 9200 |  | 9200 | 40.00 |  |  |  |  |  |  | 未压浆 | [100] [99] |
| 17 |  | S1 | 0.8 | 25.0 | 31.3 | 卵石 |  | C40 | 10200 |  | 10200 | 40.00 |  |  | 0.4 |  |  |  | 桩端压浆 |  |

续表

| 序号 | 工程名称 | 桩号 | $D$ (m) | $L$ (m) | $L/D$ | 持力层类别 | $W/C$ | C | $Q_{max}$ (kN) | $Q_b$ (kN) | $Q_u$ (kN) | $s$ (mm) | $s_b$ (mm) | $s_e$ (mm) | $G_{cb}$ (t) | $G_{cs}$ (t) | $P_{gb}$ (MPa) | $P_{gs}$ (MPa) | 压浆类型 | 文献来源 |
|---|---|---|---|---|---|---|---|---|---|---|---|---|---|---|---|---|---|---|---|---|
| 18 | 北京名人广场 | S3 | 0.8 | 25.0 | 31.3 | 卵石 | | C40 | 11200 | | 11200 | 40.00 | | | 0.4 | | | | 桩端压浆 | [100][99] |
| 19 | 武汉汉正街高层住宅 | 1# | 0.8 | 45.0 | 56.3 | 砾石 | | | | | 5500 | | | | | | | | 未压浆 | [100][99] |
| 20 | | 2# | 0.8 | 45.0 | 56.3 | 砾石 | | | | | 9200 | 17.00 | | | 0.8 | | | | 桩端压浆 | |
| 21 | | 3# | 0.8 | 45.0 | 56.3 | 砾石 | | | | | 9200 | 14.00 | | | 0.8 | | | | 桩端压浆 | |
| 22 | | 4# | 0.8 | 45.0 | 56.3 | 砾石 | | | | | 8900 | 22.00 | | | 0.8 | | | | 桩端压浆 | |
| 23 | | 5# | 0.8 | 45.0 | 56.3 | 砾石 | | | | | 9800 | 20.00 | | | 0.8 | 0.8 | | | 组合压浆 | |
| 24 | 福州龙泉大厦 | S4 | 0.8 | 66.0 | 82.5 | 含砾粉土 | | | | | 6000 | | | | | | | | 未压浆 | [100][99] |
| 25 | | S1 | 0.8 | 66.0 | 82.5 | 含砾粉土 | | | | | 11000 | | | | 1.5 | | | | 桩端压浆 | |
| 26 | | S3 | 0.8 | 66.0 | 82.5 | 含砾粉土 | | | | | 11500 | | | | 1.8 | | | | 桩端压浆 | |
| 27 | | S5 | 0.8 | 66.0 | 82.5 | 含砾粉土 | | | | | 11500 | | | | 1.7 | | | | 桩端压浆 | |
| 28 | 天津华信大厦 | A | 0.8 | 50.0 | 62.5 | 粉土粉砂 | | | | | 10000 | | | | | | | | 未压浆 | [99][100] |
| 29 | | B | 0.8 | 50.0 | 62.5 | 粉土粉砂 | | | | | 12500 | | | | 0.4 | | | | 桩端压浆 | |
| 30 | 天津长讯大楼 | A | 0.8 | 42.0 | 52.5 | 粉砂 | | | | | 9600 | | | | | | | | 未压浆 | [100][99] |
| 31 | | B | 0.8 | 42.0 | 52.5 | 粉砂 | | | | | 12200 | | | | 0.4 | | | | 桩端压浆 | |
| 32 | 风起路B7号 | S1-1 | 0.8 | 43.0 | 53.8 | 含卵圆砾 | | C25 | 5796 | 2070 | 5796 | 38.29 | 24.34 | | | | | | 未压浆 | [102] |
| 33 | | S1-2 | 0.8 | 43.0 | 53.8 | 含卵圆砾 | | C25 | 7452 | 1656 | 7452 | 31.72 | 2.80 | | | | | | 组合压浆 | |
| 34 | | S2 | 0.8 | 42.6 | 53.3 | 含卵圆砾 | | C25 | 8280 | 3312 | 8280 | 14.65 | 1.51 | | | | | | 桩端压浆 | |
| 35 | | S3 | 0.8 | 42.6 | 53.2 | 含卵圆砾 | | C25 | 8280 | 3312 | 8280 | 20.85 | 1.41 | | | | | | 桩端压浆 | |
| 36 | | S4-1 | 0.8 | 42.8 | 53.5 | 含卵圆砾 | | C25 | 6210 | 2484 | 6210 | 12.20 | 4.98 | | | | | | 未压浆 | |
| 37 | | S4-2 | 0.8 | 42.8 | 53.5 | 含卵圆砾 | | C25 | 9108 | 2484 | 9108 | 12.64 | 0.43 | | | | | | 组合压浆 | |
| 38 | 上海老西门新苑 | S1 | 0.8 | 58.9 | 73.6 | 粉细砂 | | C35 | 11000 | 461 | 11000 | 25.73 | 4.90 | | 2.5 | | | | 桩端压浆 | [78] |
| 39 | | S2 | 0.8 | 58.7 | 73.4 | 粉细砂 | | C35 | 11000 | | 11000 | 19.25 | | | 2.5 | | | | 桩端压浆 | |

续表

| 序号 | 工程名称 | 桩号 | $D$ (m) | $L$ (m) | $L/D$ | 持力层类别 | $W/C$ | C | $Q_{max}$ (kN) | $Q_b$ (kN) | $Q_u$ (kN) | $s$ (mm) | $s_b$ (mm) | $s_e$ (mm) | $G_{cb}$ (t) | $G_{cs}$ (t) | $P_{gb}$ (MPa) | $P_{gs}$ (MPa) | 压浆类型 | 文献来源 |
|---|---|---|---|---|---|---|---|---|---|---|---|---|---|---|---|---|---|---|---|---|
| 40 | 上海老西门新苑 | S3-1 | 0.8 | 58.4 | 73.0 | 粉细砂 | | C35 | 8500 | 209 | 8500 | 16.94 | 3.20 | | - | | | | 未压浆 | [78] |
| 41 | | S3-2 | 0.8 | 58.4 | 73.0 | 粉细砂 | | C35 | 11000 | 182 | 11000 | 17.12 | 3.40 | | 2.5 | | | | 桩端压浆 | |
| 42 | 万银国际大厦 | B53 | 0.8 | 42.5 | 53.2 | 圆砾 | | C35 | 9030 | | 9030 | 17.17 | | 5.56 | | | | | 桩端压浆 | [70] |
| 43 | | B79 | 0.8 | 43.0 | 53.8 | 圆砾 | | C35 | 8600 | | 8600 | 14.48 | | 5.39 | | | | | 桩端压浆 | |
| 44 | | B94 | 0.8 | 43.8 | 54.7 | 圆砾 | | C35 | 8600 | | 8600 | 10.22 | | 4.77 | | | | | 桩端压浆 | |
| 45 | | C11 | 0.8 | 43.1 | 53.9 | 圆砾 | | C35 | 6800 | | 6800 | 14.82 | | 4.99 | | | | | 未压浆 | |
| 46 | 杭州市民中心 | S1 | 0.8 | 40.1 | 50.1 | 圆砾 | | C30 | 8300 | | 8300 | 11.75 | | 5.97 | | | | | 未压浆 | [70] |
| 47 | | S2 | 0.8 | 40.1 | 50.1 | 圆砾 | | C30 | 8300 | | 8300 | 17.84 | | 9.06 | | | | | 桩端压浆 | |
| 48 | | S3 | 0.8 | 40.1 | 50.1 | 圆砾 | | C30 | 8300 | | 8300 | 8.99 | 1.55 | 3.99 | | | | | 桩端压浆 | |
| 49 | | S4 | 0.8 | 42.1 | 52.6 | 圆砾 | | C30 | 8300 | | 8300 | 10.62 | | 8.04 | | | | | 桩端压浆 | |
| 50 | | S5 | 0.8 | 40.1 | 50.1 | 圆砾 | | C30 | 8300 | | 8300 | 8.73 | | 6.23 | | | | | 桩端压浆 | |
| 51 | 杭州绿城春江花月 | S1 | 0.8 | 35.0 | 43.7 | 圆卵砾石 | | C25 | 8010 | | 4968 | 54.09 | 46.27 | 3.70 | | | | | 未压浆 | [70] |
| 52 | | S6 | 0.8 | 36.2 | 45.2 | 圆卵砾石 | | C25 | 9108 | | 9108 | 14.22 | 4.58 | 10.22 | 1.5 | | | | 桩端压浆 | |
| 53 | 杭州大剧院 | S1 | 0.8 | 41.5 | 51.9 | 圆砾 | | C30 | 6831 | | 6831 | 10.10 | | 6.10 | | | | | 未压浆 | [70] |
| 54 | | S2 | 0.8 | 43.0 | 53.8 | 圆砾 | | C30 | 9108 | | 9108 | 10.09 | | 8.59 | 1.5 | | 3.0 | | 桩端压浆 | |
| 55 | 鹿城广场工程 | S1 | 0.8 | 49.4 | 61.7 | 卵石 | | C45 | 9000 | 4190 | 9000 | 17.83 | 2.11 | 8.70 | 3.5 | | 3.0 | | 桩端压浆 | [103] |
| 56 | | S2 | 0.8 | 48.8 | 61.0 | 卵石 | | C45 | 9000 | 4310 | 9000 | 20.46 | 2.38 | 10.87 | 3.5 | | 3.0 | | 桩端压浆 | |
| 57 | | S3 | 0.8 | 49.0 | 61.3 | 卵石 | | C45 | 9000 | 4400 | 9000 | 18.33 | 2.86 | 8.82 | 3.5 | | 3.0 | | 桩端压浆 | |
| 58 | | S4 | 0.8 | 50.5 | 63.1 | 卵石 | | C45 | 9000 | 4110 | 9000 | 19.72 | 2.26 | 9.53 | 3.5 | | 3.0 | | 桩端压浆 | |
| 59 | | S5 | 0.8 | 49.5 | 61.9 | 卵石 | | C40 | 12300 | | 12300 | 48.50 | 16.81 | 23.24 | | | | | 未压浆 | |
| 60 | 温州新世纪商务大厦 | S1 | 0.8 | 51.2 | 64.0 | 卵石 | | C30 | 7000 | | 7000 | 19.09 | | 8.29 | 1.5 | | 4.4 | | 桩端压浆 | [70] |
| 61 | | S2 | 0.8 | 52.3 | 65.4 | 卵石 | | C30 | 7000 | | 7000 | 25.96 | | 11.86 | 1.5 | | 4.0 | | 桩端压浆 | |
| 62 | | S3 | 0.8 | 50.7 | 63.4 | 卵石 | | C30 | 7000 | | 7000 | 22.67 | | 9.37 | 1.5 | | 4.3 | | 桩端压浆 | |

续表

| 序号 | 工程名称 | 桩号 | $D$ (m) | $L$ (m) | $L/D$ | 持力层类别 | $W/C$ | C | $Q_{max}$ (kN) | $Q_b$ (kN) | $Q_u$ (kN) | $s$ (mm) | $s_b$ (mm) | $s_e$ (mm) | $G_{cb}$ (t) | $G_{cs}$ (t) | $P_{gb}$ (MPa) | $P_{gs}$ (MPa) | 压浆类型 | 文献来源 |
|---|---|---|---|---|---|---|---|---|---|---|---|---|---|---|---|---|---|---|---|---|
| 63 | 温州新世纪商务大厦 | S4 | 0.8 | 51.4 | 64.3 | 卵石 | | C30 | 7000 | | 7000 | 38.69 | | 17.09 | | | | | 未压浆 | [70] |
| 64 | | S5 | 0.8 | 52.2 | 65.2 | 卵石 | | C30 | 4800 | | 4200 | 47.99 | | | 1.5 | | 5.1 | | 桩端压浆 | |
| 65 | | S6 | 0.8 | 51.4 | 64.2 | 卵石 | | C30 | 7000 | | 7000 | 21.69 | | 10.89 | 1.5 | | 5.7 | | 桩端压浆 | |
| 66 | 新乡共产渠铁路桥 | A | 0.8 | 30.0 | 37.5 | 砂黏土 | | | 7500 | | 6650 | 21.69 | | | | | | | 未压浆 | [104] |
| 67 | | B | 0.8 | 15.0 | 18.8 | 细砂 | 0.60 | | 9500 | | 9500 | 15.52 | | | 1.6 | | 3.0 | | 桩端压浆 | |
| 68 | | C | 0.8 | 25.0 | 31.3 | 细砂 | | | 7170 | | 6100 | 11.28 | | | | | | | 未压浆 | |
| 69 | | D | 0.8 | 15.0 | 18.8 | 细砂 | 0.60 | | 10450 | | 10450 | 13.76 | | | 1.5 | 0.5 | 3.0 | 2.0 | 组合压浆 | |
| 70 | 上海某工程 | SZ1-1 | 0.8 | 38.7 | 48.4 | 粉质黏土 | | C35 | 5400 | 204 | 5100 | 20.00 | | | | | | | 未压浆 | [105] |
| 71 | | SZ1-2 | 0.8 | 38.7 | 48.4 | 粉质黏土 | | C35 | 8000 | 817 | 8000 | 38.30 | | | | | | | 桩端压浆 | |
| 72 | | SZ2-1 | 0.8 | 38.7 | 48.4 | 粉质黏土 | | C35 | 5500 | 199 | 5000 | 21.90 | | | | | | | 未压浆 | |
| 73 | | SZ2-2 | 0.8 | 38.7 | 48.4 | 粉质黏土 | | C35 | 8000 | 792 | 7500 | 36.00 | | | | | | | 桩端压浆 | |
| 74 | 温州南亚城市花园 | 35# | 0.8 | 43.9 | 54.9 | 卵砾石 | | C25 | 7200 | | 6900 | 18.80 | 2.95 | 9.00 | 1.5 | | 4.1 | | 桩端压浆 | [70] |
| 75 | | 105# | 0.8 | 43.8 | 54.8 | 卵砾石 | | C25 | 8400 | | 8400 | 15.34 | 2.48 | 10.48 | 1.5 | | 3.8 | | 桩端压浆 | |
| 76 | | 62# | 0.8 | 43.7 | 54.7 | 卵砾石 | | C25 | 6000 | | 5400 | 12.06 | 0.87 | 10.20 | | | | | 未压浆 | |
| 77 | | 94# | 0.8 | 47.0 | 58.7 | 卵砾石 | | C25 | 8400 | | 8400 | 18.65 | 4.52 | 12.52 | 1.5 | | 3.2 | | 桩端压浆 | |
| 78 | | 112# | 0.8 | 47.2 | 59.0 | 卵砾石 | | C25 | 8400 | | 8400 | 17.60 | 3.24 | 11.44 | 1.5 | | 3.0 | | 桩端压浆 | |
| 79 | | 134# | 0.8 | 45.8 | 57.2 | 卵砾石 | | C25 | 6000 | | 5400 | 14.78 | 1.37 | 13.40 | | | | | 未压浆 | |
| 80 | 温州安泰大厦 | S1 | 0.8 | 65.7 | 82.1 | 卵砾石 | | C30 | 10143 | | 10143 | 30.36 | 2.34 | 23.04 | 1.5 | | | | 桩端压浆 | [70] |
| 81 | | S2 | 0.8 | 67.4 | 84.3 | 卵砾石 | | C30 | 10143 | | 10143 | 35.20 | 1.74 | 20.60 | 1.5 | | | | 桩端压浆 | |
| 82 | | S3 | 0.8 | 65.7 | 82.1 | 卵砾石 | | C30 | 9315 | | 8694 | 48.68 | 25.92 | 16.90 | | | | | 未压浆 | |
| 83 | | S4 | 0.8 | 65.0 | 81.3 | 卵砾石 | | C30 | 6831 | | 6210 | 17.02 | 3.28 | 15.36 | | | | | 未压浆 | |
| 84 | 某工程 | 1# | 0.8 | 44.4 | 55.5 | 砂砾石 | 0.5～0.7 | C35 | 9900 | 940 | 9900 | 8.40 | | 4.17 | | | 6.5 | | 桩端压浆 | [106] |
| 85 | | 2-1# | 0.8 | 45.4 | 56.7 | 砂砾石 | | C35 | 8280 | 2436 | 8280 | 57.45 | | 20.32 | | | | | 未压浆 | |

续表

| 序号 | 工程名称 | 桩号 | $D$ (m) | $L$ (m) | $L/D$ | 持力层类别 | $W/C$ | C | $Q_{max}$ (kN) | $Q_b$ (kN) | $Q_u$ (kN) | $s$ (mm) | $s_b$ (mm) | $s_e$ (mm) | $G_{cb}$ (t) | $G_{cs}$ (t) | $P_{gb}$ (MPa) | $P_{gs}$ (MPa) | 压浆类型 | 文献来源 |
|---|---|---|---|---|---|---|---|---|---|---|---|---|---|---|---|---|---|---|---|---|
| 86 | 某工程 | 2-2# | 0.8 | 45.4 | 56.7 | 砂砾石 | 0.5～0.7 | C35 | 9900 | 1180 | 9900 | 9.18 | | 4.90 | | | 5.9 | | 桩端压浆 | [106] |
| 87 | | 3# | 0.8 | 43.3 | 54.1 | 砂砾石 | | C35 | 8640 | 4096 | 8640 | 53.70 | | 18.20 | | | | | 未压浆 | |
| 88 | | 4# | 0.8 | 45.7 | 57.1 | 砂砾石 | 0.5～0.7 | C35 | 9900 | 1392 | 9900 | 11.00 | | 5.22 | | | 6.1 | | 桩端压浆 | |
| 89 | 郑州某高层建筑 | S1 | 0.8 | 40.5 | 50.6 | 粉质黏土 | 0.55～0.6 | | 14200 | | 14200 | 15.47 | | 11.92 | 2.5 | 1.5 | 2.2～2.6 | 1.0 | 组合压浆 | [107] |
| 90 | | S2 | 0.8 | 40.5 | 50.6 | 粉质黏土 | 0.55～0.6 | | 11000 | | 11000 | 11.22 | | 7.67 | 2.5 | 1.8 | 2.0～2.3 | 0.8～1.2 | 组合压浆 | |
| 91 | | S3 | 0.8 | 40.5 | 50.6 | 粉质黏土 | 0.55～0.6 | | 11000 | | 11000 | 11.05 | | 8.48 | 2.5 | 2.5 | 2.0～2.4 | 1.0 | 组合压浆 | |
| 92 | | S4 | 0.8 | 40.0 | 50.0 | 粉质黏土 | 0.55～0.6 | | 12100 | | 12100 | 18.37 | | 16.46 | 1.4 | 1.6 | 2.0～2.6 | 1.6 | 组合压浆 | |
| 93 | | S5 | 0.8 | 40.0 | 50.0 | 粉质黏土 | 0.55～0.6 | | 13200 | | 13200 | 21.11 | | 15.78 | 1.6 | 1.6 | 2.0～2.4 | 1.8 | 组合压浆 | |
| 94 | | S6 | 0.8 | 40.0 | 50.0 | 粉质黏土 | 0.55～0.6 | | 13750 | | 13750 | 20.11 | | 13.99 | 1.6 | 1.4 | 2.0～2.6 | 1.6 | 组合压浆 | |
| 95 | | M1 | 0.8 | 40.0 | 50.0 | 粉质黏土 | | | 7800 | | 7800 | 24.45 | | 8.00 | | | | | 未压浆 | |
| 96 | | M2 | 0.8 | 40.0 | 50.0 | 粉质黏土 | | | 7150 | | 7150 | 19.89 | | 7.86 | | | | | 未压浆 | |
| 97 | 湖北某工程 | S1 | 0.8 | 24.5 | 30.6 | 砾石 | | | 7000 | | 7000 | 42.00 | | 18.00 | | | | | 未压浆 | [108] |
| 98 | | S2 | 0.8 | 24.5 | 30.6 | 砾石 | 0.50 | | 10000 | | 10000 | 10.50 | | 5.10 | 1.5 | | 0.6 | | 桩端压浆 | |
| 99 | | S3 | 0.8 | 24.5 | 30.6 | 砾石 | 0.50 | | 10000 | | 10000 | 8.00 | | 4.30 | 2.5 | | 0.6 | | 桩端压浆 | |
| 100 | | S4 | 0.8 | 24.5 | 30.6 | 砾石 | 0.50 | | 10000 | | 10000 | 7.80 | | 4.20 | 2.5 | | 0.6 | | 桩端压浆 | |
| 101 | | S5 | 0.8 | 24.5 | 30.6 | 砾石 | 0.50 | | 10000 | | 10000 | 7.80 | | 3.90 | 3.3 | | 0.6 | | 桩端压浆 | |
| 102 | | S6 | 0.8 | 24.5 | 30.6 | 砾石 | 0.50 | | 10000 | | 10000 | 7.60 | | 4.20 | 4.5 | | 0.6 | | 桩端压浆 | |
| 103 | 丹东某工程 | S1 | 0.8 | 25.0 | 31.3 | 强风化花岗岩 | 0.50 | C50 | 26400 | | 24000 | 43.09 | | 21.59 | 2.4 | 1.2 | 5.0 | 2.5 | 组合压浆 | [109] |
| 104 | | S2 | 0.8 | 25.0 | 31.3 | 强风化花岗岩 | 0.50 | C50 | 24200 | | 22400 | 43.61 | | | 2.4 | 1.2 | 5.0 | 2.5 | 组合压浆 | |
| 105 | | S3 | 0.8 | 25.0 | 31.3 | 强风化花岗岩 | 0.50 | C50 | 26400 | | 24600 | 41.87 | | 21.68 | 2.4 | 1.2 | 5.0 | 2.5 | 组合压浆 | |
| 106 | | S4 | 0.8 | 28.5 | 35.6 | 中风化花岗岩 | 0.50 | C50 | 24200 | | 24600 | 40.64 | | 15.64 | 3.0 | 1.5 | 7.5 | 3.5 | 组合压浆 | |
| 107 | | S5 | 0.8 | 28.5 | 35.6 | 中风化花岗岩 | 0.50 | C50 | 26620 | | 24600 | 50.89 | | | 3.0 | 1.5 | 7.5 | 3.5 | 组合压浆 | |
| 108 | | S6 | 0.8 | 28.5 | 35.6 | 中风化花岗岩 | 0.50 | C50 | 27600 | | 26800 | 41.54 | | 20.96 | 3.0 | 1.5 | 7.5 | 3.5 | 组合压浆 | |

续表

| 序号 | 工程名称 | 桩号 | $D$ (m) | $L$ (m) | $L/D$ | 持力层类别 | $W/C$ | C | $Q_{max}$ (kN) | $Q_b$ (kN) | $Q_u$ (kN) | $s$ (mm) | $s_b$ (mm) | $s_e$ (mm) | $G_{cb}$ (t) | $G_{cs}$ (t) | $P_{gb}$ (MPa) | $P_{gs}$ (MPa) | 压浆类型 | 文献来源 |
|---|---|---|---|---|---|---|---|---|---|---|---|---|---|---|---|---|---|---|---|---|
| 109 | 上海浦东某工程 | AS2# | 0.8 | 53.0 | 66.3 | 粉细砂 | | C35 | 7900 | 1113 | 6583 | 11.96 | 3.95 | 11.16 | | | | | 未压浆 | [110] |
| 110 | | AS4# | 0.8 | 53.0 | 66.3 | 粉细砂 | | C35 | 10500 | 79 | 10500 | 12.37 | 0.00 | 8.31 | | | | | 桩端压浆 | |
| 111 | 太原市第二长途电信枢纽 | S10 | 0.8 | 45.0 | 56.3 | 粗砂夹砾石 | | C50 | 12000 | | 12000 | 12.76 | | 7.68 | | | | | 未压浆 | [111] |
| 112 | | S11 | 0.8 | 45.0 | 56.3 | 粗砂夹砾石 | 0.50 | C50 | 15000 | | 15000 | 8.68 | | 8.22 | 2.0 | 1.0 | 2.0 | 1.5 | 组合压浆 | |
| 113 | | S20 | 0.8 | 45.0 | 56.3 | 粗砂夹砾石 | | C50 | 17000 | | 17000 | 19.02 | | 11.84 | | | | | 未压浆 | |
| 114 | | S21 | 0.8 | 45.0 | 56.3 | 粗砂夹砾石 | 0.50 | C50 | 18000 | | 18000 | 13.98 | | 12.78 | 2.0 | 1.0 | 1.8 | 1.7 | 组合压浆 | |
| 115 | | S30 | 0.8 | 45.0 | 56.3 | 粗砂夹砾石 | | C50 | 17000 | 3415 | 17000 | 16.34 | | 9.95 | | | | | 未压浆 | |
| 116 | | S31 | 0.8 | 45.0 | 56.3 | 粗砂夹砾石 | 0.50 | C50 | 17000 | 625 | 17000 | 10.40 | | 8.90 | 2.0 | 1.0 | 2.0 | 1.5 | 组合压浆 | |
| 117 | | S40 | 0.8 | 45.0 | 56.3 | 粗砂夹砾石 | | C50 | 14000 | 1718 | 14000 | 14.58 | | 10.61 | | | | | 未压浆 | |
| 118 | | S41 | 0.8 | 45.0 | 56.3 | 粗砂夹砾石 | 0.50 | C50 | 17000 | 1100 | 17000 | 12.41 | | 10.51 | 2.0 | 1.0 | 2.0 | 1.8 | 组合压浆 | |
| 119 | 郑州某工程 | 1# | 0.8 | 47.6 | 59.5 | 粉土 | | C30 | 9100 | 1330 | 8400 | 25.36 | 5.04 | 17.90 | 2.0 | | 2.0 | | 桩端压浆 | [112] |
| 120 | | 2# | 0.8 | 47.6 | 59.5 | 粉土 | | C30 | 6600 | 461 | 6000 | 27.70 | 5.12 | 18.20 | | | | | 未压浆 | |
| 121 | 邯郸飞宇大厦 | 100# | 0.8 | 35.0 | 43.8 | 粉质黏土 | 0.60 | C40 | 12000 | | 12000 | 11.98 | | | 1.4 | 1.1 | 2.1 | 1.9 | 组合压浆 | [113] |
| 122 | | 107# | 0.8 | 35.0 | 43.8 | 粉质黏土 | 0.60 | C40 | 12000 | | 12000 | 12.31 | | | 1.4 | 1.1 | 2.0 | 1.9 | 组合压浆 | |
| 123 | | 188# | 0.8 | 35.0 | 43.8 | 粉质黏土 | 0.60 | C40 | 12000 | | 12000 | 11.13 | | | 1.5 | 1.0 | 2.0 | 1.9 | 组合压浆 | |
| 124 | 廊坊文化艺术中心主题园 | ZY2 | 0.8 | 28.0 | 35.0 | 粉质黏土 | 0.5～0.6 | C35 | 5280 | | 5280 | | | | 1.7 | | 6.0～10.0 | 6.0～10.0 | 组合压浆 | [114] |
| 125 | | ZY3 | 0.8 | 28.0 | 35.0 | 粉质黏土 | 0.5～0.6 | C35 | 5940 | | 5940 | | | | 1.7 | | 6.0～10.0 | 6.0～10.0 | 组合压浆 | |
| 126 | | ZY4 | 0.8 | 28.0 | 35.0 | 粉质黏土 | 0.5～0.6 | C35 | 5940 | | 5940 | | | | 1.7 | | 6.0～10.0 | 6.0～10.0 | 组合压浆 | |
| 127 | | 1# | 0.8 | 34.0 | 42.5 | 粉质黏土 | 0.55 | C35 | 6930 | | 6930 | | | | 1.6 | 0.6 | 2.8～5.5 | 2.5～3.2 | 组合压浆 | |
| 128 | | 2# | 0.8 | 34.0 | 42.5 | 粉质黏土 | 0.55 | C35 | 7260 | | 7260 | | | | 1.7 | 0.8 | 2.8～5.5 | 2.5～3.2 | 组合压浆 | |
| 129 | | 3# | 0.8 | 34.0 | 42.5 | 粉质黏土 | 0.55 | C35 | 7260 | | 7260 | | | | 1.7 | 0.8 | 2.8～5.5 | 2.5～3.2 | 组合压浆 | |
| 130 | 西安某工程 | S1 | 0.8 | 52.0 | 65.0 | 粉质黏土 | | C40 | 17000 | 78 | 17000 | 24.98 | 0.00 | 6.48 | 2.0 | 2.3 | | 5.0 | 组合压浆 | [115] |
| 131 | | S2 | 0.8 | 52.0 | 65.0 | 粉质黏土 | | C40 | 17000 | 86 | 17000 | 21.56 | 0.00 | 5.06 | 2.0 | 2.3 | | 5.0 | 组合压浆 | |

续表

| 序号 | 工程名称 | 桩号 | $D$ (m) | $L$ (m) | $L/D$ | 持力层类别 | $W/C$ | C | $Q_{max}$ (kN) | $Q_b$ (kN) | $Q_u$ (kN) | $s$ (mm) | $s_b$ (mm) | $s_e$ (mm) | $G_{cb}$ (t) | $G_{cs}$ (t) | $P_{gb}$ (MPa) | $P_{gs}$ (MPa) | 压浆类型 | 文献来源 |
|---|---|---|---|---|---|---|---|---|---|---|---|---|---|---|---|---|---|---|---|---|
| 132 | 西安某工程 | S3 | 0.8 | 52.0 | 65.0 | 粉质黏土 | | C40 | 17000 | 81 | 17000 | 21.08 | 0.00 | 5.78 | 2.0 | 2.3 | | 5.0 | 组合压浆 | [115] |
| 133 | | S4 | 0.8 | 52.0 | 65.0 | 粉质黏土 | | C40 | 17000 | 59 | 17000 | 21.93 | 0.00 | 5.83 | 2.0 | 2.3 | | 5.0 | 组合压浆 | |
| 134 | | S5 | 0.8 | 52.0 | 65.0 | 粉质黏土 | | C40 | 17000 | 55 | 17000 | 20.53 | 0.00 | 7.49 | 2.0 | 2.3 | | 5.0 | 组合压浆 | |
| 135 | | S6 | 0.8 | 52.0 | 65.0 | 粉质黏土 | | C40 | 17000 | 42 | 17000 | 17.54 | 0.00 | 5.67 | 2.0 | 2.3 | | 5.0 | 组合压浆 | |
| 136 | | SZ1 | 0.8 | 56.5 | 70.6 | 粉质黏土 | | C40 | 17000 | | 13400 | 34.10 | 4.21 | 12.62 | | | | | 未压浆 | |
| 137 | | SZ2 | 0.8 | 56.5 | 70.6 | 粉质黏土 | | C40 | 17000 | | 13400 | 59.62 | 5.45 | 17.65 | | | | | 未压浆 | |
| 138 | | SZ3 | 0.8 | 56.5 | 70.6 | 粉质黏土 | | C40 | 17000 | | 13400 | 58.15 | 4.56 | 21.54 | | | | | 未压浆 | |
| 139 | | SZ4 | 0.8 | 56.5 | 70.6 | 粉质黏土 | | C40 | 17000 | | 13400 | 43.20 | 5.07 | 15.18 | | | | | 未压浆 | |
| 140 | | SZ5 | 0.8 | 56.5 | 70.6 | 粉质黏土 | | C40 | 17000 | | 13400 | 41.32 | 4.16 | 24.03 | | | | | 未压浆 | |
| 141 | | SZ6 | 0.8 | 56.5 | 70.6 | 粉质黏土 | | C40 | 17000 | | 13400 | 44.80 | 3.88 | 26.57 | | | | | 未压浆 | |
| 142 | 河南煤业化工集团科技研发中心项目工程 | SZ1 | 0.8 | 64.4 | 80.5 | 细砂 | | C50 | 7500 | 316 | 4500 | 15.27 | | 10.73 | | | | | 未压浆 | [116] |
| 143 | | SZ2 | 0.8 | 34.4 | 43.0 | 细砂 | 0.5～0.65 | C50 | 13500 | 985 | 10500 | 11.80 | | 12.77 | 1.5 | 1.5 | 2.0 | 1.5 | 组合压浆 | |
| 144 | | SZ3 | 0.8 | 34.4 | 43.0 | 细砂 | 0.5～0.65 | C50 | 16500 | 1018 | 10500 | 14.70 | | 13.96 | 1.5 | 1.5 | 2.0 | 1.5 | 组合压浆 | |
| 145 | | SZ4 | 0.8 | 34.4 | 43.0 | 细砂 | 0.5～0.65 | C50 | 19500 | 2812 | 10500 | 13.02 | | 8.64 | 1.5 | 1.5 | 2.0 | 1.5 | 组合压浆 | |
| 146 | | SZ5 | 0.8 | 34.4 | 43.0 | 细砂 | 0.5～0.65 | C50 | 13500 | 956 | 10500 | 14.02 | | 8.87 | 1.5 | 1.5 | 2.0 | 1.5 | 组合压浆 | |
| 147 | 天津王顶堤村安置工程 | S2 | 0.8 | 46.5 | 58.2 | 粉质黏土 | 0.6～0.65 | C40 | 8640 | | 7920 | 14.67 | | 4.99 | 1.4 | | 1.2～3.0 | | 桩端压浆 | [117] |
| 148 | 杭州某工程 | 5-1# | 0.8 | 48.9 | 61.1 | 圆砾 | | C40 | 8100 | 2520 | 8100 | 29.85 | 10.10 | 8.53 | 2.0 | | | | 桩端压浆 | [118] |
| 149 | | SZ1 | 0.8 | 47.1 | 58.8 | 圆砾 | | C40 | 7000 | 1190 | 7000 | 31.00 | 7.08 | 7.30 | | | | | 未压浆 | |
| 150 | 杭州城北某工程 | A1 | 0.8 | 48.9 | 61.1 | 圆砾 | | C40 | 8910 | | 8100 | 29.85 | | 17.10 | 2.5 | | | | 桩端压浆 | [119] |
| 151 | | A2 | 0.8 | 47.7 | 59.6 | 圆砾 | | C40 | 8910 | | 8100 | 18.20 | | 13.10 | 2.5 | | | | 桩端压浆 | |
| 152 | 台州市城市港湾一期 | S5 | 0.8 | 65.8 | 82.3 | 卵石 | | C35 | 6800 | | 7480 | 25.06 | | | | | | | 未压浆 | [120] |
| 153 | | S6 | 0.8 | 68.0 | 85.0 | 卵石 | | C35 | 6800 | | 9520 | 27.36 | | | | | | | 未压浆 | |

续表

| 序号 | 工程名称 | 桩号 | $D$ (m) | $L$ (m) | $L/D$ | 持力层类别 | $W/C$ | C | $Q_{max}$ (kN) | $Q_b$ (kN) | $Q_u$ (kN) | $s$ (mm) | $s_b$ (mm) | $s_e$ (mm) | $G_{cb}$ (t) | $G_{cs}$ (t) | $P_{gb}$ (MPa) | $P_{gs}$ (MPa) | 压浆类型 | 文献来源 |
|---|---|---|---|---|---|---|---|---|---|---|---|---|---|---|---|---|---|---|---|---|
| 154 | 台州市城市港湾一期 | 21# | 0.8 | 78.3 | 97.9 | 卵石 | | C35 | 8800 | | 8800 | 28.19 | | 9.69 | | | | | 未压浆 | [120] |
| 155 | | 39# | 0.8 | 77.8 | 97.3 | 卵石 | | C35 | 8800 | | 8800 | 35.63 | | | | | | | 未压浆 | |
| 156 | | C-16# | 0.8 | 78.3 | 97.9 | 卵石 | | C35 | 8800 | | 8800 | 26.64 | | | | | | | 未压浆 | |
| 157 | | 42# | 0.8 | 78.1 | 97.6 | 卵石 | 0.5～0.8 | C35 | 11000 | | 11000 | 21.19 | | | 3.0 | | 2.0～4.0 | | 桩端压浆 | |
| 158 | | 8# | 0.8 | 78.7 | 98.4 | 卵石 | 0.5～0.8 | C35 | 11000 | | 11000 | 30.13 | | 11.73 | 3.0 | | 2.0～4.0 | | 桩端压浆 | |
| 159 | | B-9# | 0.8 | 77.1 | 96.4 | 卵石 | 0.5～0.8 | C35 | 11000 | | 11000 | 29.33 | | 10.03 | 3.0 | | 2.0～4.0 | | 桩端压浆 | |
| 160 | 某工程 | TP3 | 0.8 | 51.0 | 63.8 | 含砾中砂 | 0.50 | | 7200 | | 7200 | 50.16 | | | 3.7 | | | | 桩端压浆 | [121] |
| 161 | | TP4 | 0.8 | 42.5 | 53.1 | 卵石 | | | 7200 | | 7200 | 44.10 | | | 2.9 | | | | 桩端压浆 | |
| 162 | 扬州京杭运河大桥 | B | 0.8 | 18.8 | 23.5 | 粉砂 | 0.60 | | 6075 | 4690 | 6075 | 45.85 | 38.70 | | 2.5 | | 3.0 | | 桩端压浆 | [104] |
| 163 | 苏州中心广场 | 5#-1 | 0.8 | 66.6 | 83.3 | 粉土夹粉质黏土 | | C45 | 12500 | | 12500 | 29.17 | | 13.64 | 2.0 | | | | 桩端压浆 | * |
| 164 | | 5#-2 | 0.8 | 66.6 | 83.3 | 粉土夹粉质黏土 | | C45 | 12500 | | 12500 | 16.58 | | 6.47 | 2.0 | | | | 桩端压浆 | |
| 165 | | 5#-3 | 0.8 | 66.6 | 83.3 | 粉土夹粉质黏土 | | C45 | 12500 | | 12500 | 22.48 | | 5.11 | 2.0 | | | | 桩端压浆 | |
| 166 | | 6#-1 | 0.8 | 68.8 | 86.0 | 粉土夹粉质黏土 | | C45 | 12000 | | 12000 | 24.85 | | 3.64 | 2.0 | | | | 桩端压浆 | |
| 167 | | 6#-2 | 0.8 | 68.8 | 86.0 | 粉土夹粉质黏土 | | C45 | 12000 | | 12000 | 27.17 | | 7.95 | 2.0 | | | | 桩端压浆 | |
| 168 | | 6#-3 | 0.8 | 68.8 | 86.0 | 粉土夹粉质黏土 | | C45 | 12000 | | 12000 | 22.61 | | 9.52 | 2.0 | | | | 桩端压浆 | |
| 169 | 天津香格里拉饭店 | S0 | 0.8 | 39.8 | 49.8 | 细砂 | | | | | 4200 | 35.00 | | | | | | | 未压浆 | [104] [76] |
| 170 | | S1 | 0.8 | 39.8 | 49.8 | 细砂 | | | | | 7200 | 15.00 | | | 0.8 | | | | 桩端压浆 | |
| 171 | | S3 | 0.8 | 39.8 | 49.8 | 细砂 | | | | | 7200 | 23.00 | | | 0.8 | | | | 桩端压浆 | |
| 172 | 塘沽玉皇中心 | AS1 | 0.8 | 45.0 | 56.3 | 粉质黏土 | | | | | 5400 | 15.00 | | | | | | | 未压浆 | [104] [76] |
| 173 | | AS2 | 0.8 | 45.0 | 56.3 | 粉质黏土 | | | | | 5400 | 18.00 | | | | | | | 未压浆 | |
| 174 | | CS3 | 0.8 | 45.0 | 56.3 | 粉质黏土 | | | | | 7523 | 19.00 | | | 0.6 | | | | 桩端压浆 | |
| 175 | | AS3 | 0.8 | 45.0 | 56.3 | 粉质黏土 | | | | | 7624 | 14.00 | | | 1.0 | | | | 桩端压浆 | |

续表

| 序号 | 工程名称 | 桩号 | $D$ (m) | $L$ (m) | $L/D$ | 持力层类别 | $W/C$ | C | $Q_{max}$ (kN) | $Q_b$ (kN) | $Q_u$ (kN) | $s$ (mm) | $s_b$ (mm) | $s_e$ (mm) | $G_{cb}$ (t) | $G_{cs}$ (t) | $P_{gb}$ (MPa) | $P_{gs}$ (MPa) | 压浆类型 | 文献来源 |
|---|---|---|---|---|---|---|---|---|---|---|---|---|---|---|---|---|---|---|---|---|
| 176 | 北京皂君庙电信楼 | S5 | 0.8 | 21.5 | 26.9 | 卵砾 | | | | | 6200 | | | | | | | | 未压浆 | [104] [76] |
| 177 | | S2 | 0.8 | 22.3 | 27.9 | 卵砾 | | | | | 10000 | | | | | | | | 桩端压浆 | |
| 178 | | S3 | 0.8 | 21.1 | 26.4 | 卵砾 | | | | | 10200 | | | | | | | | 桩端压浆 | |
| 179 | | S4 | 0.8 | 21.3 | 26.6 | 卵砾 | | | | | 13800 | | | | | | | | 组合压浆 | |
| 180 | | S6 | 0.8 | 21.6 | 27.0 | 卵砾 | | | | | 12800 | | | | | | | | 组合压浆 | |
| 181 | 杭州嘉和乐园 | 4# | 0.8 | 42.0 | 52.5 | 圆砾 | | | | | 4628 | 12.00 | | | | | | | 未压浆 | [104] [76] |
| 182 | | 1# | 0.8 | 42.0 | 52.5 | 圆砾 | | | | | 5746 | 12.00 | | | 1.2 | | | | 桩端压浆 | |
| 183 | | 2# | 0.8 | 42.0 | 52.5 | 圆砾 | | | | | 4492 | 12.00 | | | | | | | 未压浆 | |
| 184 | | 3# | 0.8 | 42.0 | 52.5 | 圆砾 | | | | | 5321 | 12.00 | | | 1.2 | | | | 桩端压浆 | |
| 185 | 汕头林百欣会展中心 | FS1 | 0.8 | 56.0 | 70.0 | 强风化岩 | | | | | 5000 | 8.00 | | | | | | | 未压浆 | [104] [76] |
| 186 | | TN2 | 0.8 | 56.0 | 70.0 | 强风化岩 | | | | | 6600 | 9.00 | | | 0.8 | | | | 桩端压浆 | |
| 187 | | FN2 | 0.8 | 56.0 | 70.0 | 强风化岩 | | | | | 6600 | 11.00 | | | 0.9 | | | | 桩端压浆 | |
| 188 | 天津人民保险公司 | S1 | 0.8 | 49.0 | 61.3 | 粉土 | | | | | 8400 | | | | | | | | 未压浆 | [104] [76] |
| 189 | | S2 | 0.8 | 49.0 | 61.3 | 粉土 | | | | | 8400 | | | | | | | | 未压浆 | |
| 190 | | S3 | 0.8 | 49.0 | 61.3 | 粉土 | | | | | 11000 | | | | | | | | 桩端压浆 | |
| 191 | 连云港 716 所 | S1 | 0.8 | 33.7 | 42.1 | 强风化岩 | | | | | 4400 | | | | | | | | 未压浆 | [104] [76] |
| 192 | | S2 | 0.8 | 33.7 | 42.1 | 强风化岩 | | | | | 6800 | | | | | | | | 桩端压浆 | |
| 193 | 龙海芦州批发市场 | S1 | 0.8 | 22.0 | 27.5 | 卵砾 | | | | | 1800 | | | | | | | | 未压浆 | [104] [76] |
| 194 | | S2 | 0.8 | 22.0 | 27.5 | 卵砾 | | | | | 2800 | | | | | | | | 桩端压浆 | |
| 195 | | S3 | 0.8 | 22.0 | 27.5 | 卵砾 | | | | | 4000 | | | | | | | | 组合压浆 | |
| 196 | 焦枝白河大桥 | 1# | 0.8 | 9.8 | 12.2 | 微风化岩 | | | | | 7600 | | | | | | | | 桩端压浆 | [104] [76] |
| 197 | | 2# | 0.8 | 9.8 | 12.2 | 微风化岩 | | | | | 3200 | | | | | | | | 未压浆 | |

续表

| 序号 | 工程名称 | 桩号 | $D$ (m) | $L$ (m) | $L/D$ | 持力层类别 | $W/C$ | C | $Q_{max}$ (kN) | $Q_b$ (kN) | $Q_u$ (kN) | $s$ (mm) | $s_b$ (mm) | $s_e$ (mm) | $G_{cb}$ (t) | $G_{cs}$ (t) | $P_{gb}$ (MPa) | $P_{gs}$ (MPa) | 压浆类型 | 文献来源 |
|---|---|---|---|---|---|---|---|---|---|---|---|---|---|---|---|---|---|---|---|---|
| 198 | 汕头龙湖乐园广场 | 244# | 0.8 | 42.3 | 52.9 | 强风化岩 | | | | | 7000 | 30.00 | | | | | | | 桩端压浆 | |
| 199 | | 363# | 0.8 | 39.6 | 49.5 | 强风化岩 | | | | | 7000 | 24.00 | | | | | | | 桩端压浆 | [104] |
| 200 | | 401# | 0.8 | 41.3 | 51.6 | 强风化岩 | | | | | 7000 | 16.00 | | | | | | | 桩端压浆 | [76] |
| 201 | | 38# | 0.8 | 42.8 | 53.5 | 强风化岩 | | | | | 6700 | 30.00 | | | | | | | 桩端压浆 | |
| 202 | 杭州利群大厦 | S1 | 0.8 | 34.5 | 43.1 | 圆砾卵石 | | C30 | | | 9936 | 15.80 | 1.07 | | 2.0 | | 1.0～2.0 | | 桩端压浆 | [70] |
| 203 | | S2 | 0.8 | 34.5 | 43.1 | 圆砾卵石 | | C30 | | | 9936 | 21.41 | 1.14 | | 2.0 | | 1.0～2.0 | | 桩端压浆 | |
| 204 | | S3 | 0.8 | 34.5 | 43.1 | 圆砾卵石 | | C30 | | | 7400 | 47.89 | 28.30 | | | | | | 未压浆 | |
| 205 | 淮河防汛调度设施楼工程 | 1# | 0.8 | 24.0 | 30.0 | 中风化岩石 | | | | | 6600 | | | | | | | | 未压浆 | [70] |
| 206 | | 2# | 0.8 | 20.4 | 25.5 | 中风化岩石 | | | | | 7800 | | | | 1.0 | | 1.0 | | 桩端压浆 | |
| 207 | 温州某综合楼工程 | S1 | 0.8 | 64.0 | 80.0 | 砂卵石 | | C30 | | | 5920 | 12.60 | | | | | | | 未压浆 | [70] |
| 208 | | S2 | 0.8 | 64.0 | 80.0 | 砂卵石 | | C30 | | | 7400 | 12.55 | | | 2.0 | | | | 桩端压浆 | |
| 209 | 温州中瑞曼哈顿 | S1 | 0.8 | 48.9 | 61.1 | 卵石 | | C30 | | | 7000 | 26.89 | | | | | | | 未压浆 | [70] |
| 210 | | S2 | 0.8 | 49.7 | 62.1 | 卵石 | | C30 | | | 7000 | 22.59 | | | | | | | 未压浆 | |
| 211 | | S3 | 0.8 | 49.7 | 62.1 | 卵石 | | C30 | | | 7000 | 37.82 | | | | | | | 未压浆 | |
| 212 | | S4 | 0.8 | 47.6 | 59.5 | 卵石 | | C30 | | | 7000 | 27.86 | | | | | | | 未压浆 | |
| 213 | | S5 | 0.8 | 49.5 | 61.8 | 卵石 | | C30 | | | 10000 | 24.17 | | | | | | | 桩端压浆 | |
| 214 | | S6 | 0.8 | 49.8 | 62.3 | 卵石 | | C30 | | | 10000 | 28.06 | | | | | | | 桩端压浆 | |
| 215 | | S7 | 0.8 | 50.5 | 63.1 | 卵石 | | C30 | | | 9550 | 26.98 | | | | | | | 桩端压浆 | |
| 216 | | S8 | 0.8 | 49.0 | 61.3 | 卵石 | | C30 | | | 10000 | 22.43 | | | | | | | 桩端压浆 | |
| 217 | | S9 | 0.8 | 48.2 | 60.3 | 卵石 | | C30 | | | 10000 | 20.30 | | | | | | | 桩端压浆 | |
| 218 | 杭州滨江区商业街 | S4 | 0.8 | 41.0 | 51.3 | 卵石 | | C35 | | | 5800 | 11.30 | 5.79 | | | | | | 未压浆 | [70] |
| 219 | | S1 | 0.8 | 41.0 | 51.3 | 卵石 | | C35 | | | 7600 | 9.37 | 4.99 | | | | | | 桩端压浆 | |
| 220 | | S2 | 0.8 | 41.0 | 51.3 | 卵石 | | C35 | | | 7600 | 11.96 | 5.03 | | | | | | 桩端压浆 | |

续表

| 序号 | 工程名称 | 桩号 | $D$ (m) | $L$ (m) | $L/D$ | 持力层类别 | $W/C$ | C | $Q_{max}$ (kN) | $Q_b$ (kN) | $Q_u$ (kN) | $s$ (mm) | $s_b$ (mm) | $s_e$ (mm) | $G_{cb}$ (t) | $G_{cs}$ (t) | $P_{gb}$ (MPa) | $P_{gs}$ (MPa) | 压浆类型 | 文献来源 |
|---|---|---|---|---|---|---|---|---|---|---|---|---|---|---|---|---|---|---|---|---|
| 221 | 杭州留学创业园 | S1 | 0.8 | 42.5 | 53.2 | 卵石 | | C25 | | | 8073 | 17.26 | 9.10 | | 2.0 | | 2.0 | | 桩端压浆 | [70] |
| 222 | | S2 | 0.8 | 44.2 | 55.3 | 卵石 | | C25 | | | 6210 | 35.76 | 6.42 | | | | | | 未压浆 | |
| 223 | | S3 | 0.8 | 44.0 | 55.0 | 卵石 | | C25 | | | 8073 | 21.73 | 3.03 | | 2.0 | | 2.0 | | 桩端压浆 | |
| 224 | 杭州高新某工程 | S1 | 0.8 | 40.0 | 50.0 | 卵石 | | C25 | | | 7100 | | | | | | | | 未压浆 | [70] |
| 225 | | S2 | 0.8 | 40.0 | 50.0 | 卵石 | | C25 | | | 8280 | 13.24 | | | | | | | 桩端压浆 | |
| 226 | | S3 | 0.8 | 40.0 | 50.0 | 卵石 | | C25 | | | 8487 | 9.95 | | | | | | | 桩端压浆 | |
| 227 | 上海河滨围城 | TP2 | 0.8 | 63.0 | 78.8 | 粉质黏土 | | C35 | 11000 | 850 | 11000 | 25.45 | | | 2.5 | | | | 桩端压浆 | [70] |
| 228 | | TP3 | 0.8 | 63.0 | 78.8 | 粉质黏土 | | C35 | 11000 | 647 | 11000 | 26.73 | | | 2.5 | | | | 桩端压浆 | |
| 229 | | TP4 | 0.8 | 63.0 | 78.8 | 粉质黏土 | | C35 | 8250 | | 8250 | 19.19 | | | | | | | 未压浆 | |
| 230 | 南京下关某工程 | C | 0.8 | 42.8 | 53.5 | 粉细砂 | | C25 | | | 4950 | 12.15 | | | 2.6 | | 0.6 | | 桩端压浆 | [70] |
| 231 | | D | 0.8 | 42.8 | 53.5 | 粉细砂 | | C25 | | | 4340 | 49.60 | | | | | | | 未压浆 | |
| 232 | 海宁海昌大厦 | 24# | 0.8 | 58.3 | 72.9 | 粉土 | | C25 | 6210 | 3312 | 6210 | 36.62 | 24.84 | 3.13 | | | | | 未压浆 | [70] |
| 233 | | 73# | 0.8 | 58.3 | 72.9 | 粉土 | | C25 | 7038 | 3312 | 6624 | 26.14 | 1.40 | 7.57 | 1.5 | | 3.0 | | 桩端压浆 | |
| 234 | 三门峡市苍龙大坝 | 1# | 0.9 | 13.6 | 16.0 | 砂砾 | | C40 | 1950 | 986 | 1950 | 19.89 | | | | | | | 未压浆 | [122] |
| 235 | | 2# | 0.9 | 14.4 | 16.9 | 砂砾 | 0.60 | C40 | 2850 | 1554 | 2850 | 39.28 | | | 1.0 | | | | 桩端压浆 | |
| 236 | | 3# | 0.9 | 14.9 | 17.5 | 砂砾 | 0.60 | C40 | 2850 | 825 | 2850 | 6.65 | | | 1.0 | | | | 桩端压浆 | |
| 237 | 上海某工程 | S1 | 0.9 | 44.5 | 52.4 | 粉质黏土 | | | 5600 | | 5200 | 14.64 | | 6.54 | | | | | 未压浆 | [123] |
| 238 | | S2 | 0.9 | 44.5 | 52.4 | 粉质黏土 | | | 9600 | | 9600 | 24.22 | | 13.61 | | | | | 组合压浆 | |
| 239 | | S3 | 0.9 | 44.3 | 52.1 | 粉质黏土 | | | 9600 | | 9600 | 25.86 | | 15.61 | | | | | 组合压浆 | |
| 240 | 天津国际航运大厦 | 8# | 0.9 | 62.0 | 72.9 | 粉质黏土 | | | | | 13750 | | | | | | | | 未压浆 | [101] |
| 241 | | 3# | 0.9 | 62.0 | 72.9 | 粉质黏土 | | | | | 17500 | | | | 0.7 | | | | 桩端压浆 | |
| 242 | | 20# | 0.9 | 62.0 | 72.9 | 粉质黏土 | | | | | 17500 | | | | 0.7 | | | | 桩端压浆 | |

续表

| 序号 | 工程名称 | 桩号 | D (m) | L (m) | L/D | 持力层类别 | W/C | C | $Q_{max}$ (kN) | $Q_b$ (kN) | $Q_u$ (kN) | s (mm) | $s_b$ (mm) | $s_e$ (mm) | $G_{cb}$ (t) | $G_{cs}$ (t) | $P_{gb}$ (MPa) | $P_{gs}$ (MPa) | 压浆类型 | 文献来源 |
|---|---|---|---|---|---|---|---|---|---|---|---|---|---|---|---|---|---|---|---|---|
| 243 | 上海花旗银行大厦 | T1 | 0.9 | 57.0 | 67.1 | 粉细砂 | | | 9400 | | 8460 | 21.98 | | | | | | | 未压浆 | [70] |
| 244 | | T2 | 0.9 | 57.0 | 67.1 | 粉细砂 | | | 11000 | | 11000 | 18.88 | | | | | | | 桩端压浆 | |
| 245 | | T3 | 0.9 | 57.1 | 67.2 | 粉细砂 | | | 14000 | | 14000 | 21.59 | | | | | | | 桩端压浆 | |
| 246 | | T4 | 0.9 | 57.1 | 67.2 | 粉细砂 | | | 11000 | | 11000 | 18.98 | | | | | | | 桩端压浆 | |
| 247 | 上海越洋广场 | TP5 | 0.9 | 70.0 | 82.4 | 粉细砂 | | C35 | 11500 | 1935 | 11500 | 54.80 | 47.50 | 1.94 | | | | | 未压浆 | [70] |
| 248 | | TP11 | 0.9 | 70.0 | 82.4 | 粉细砂 | | C35 | 11500 | 913 | 11500 | 36.90 | 27.90 | 2.75 | | | | | 未压浆 | |
| 249 | | TP12 | 0.9 | 70.0 | 82.4 | 粉细砂 | | C35 | 12000 | 341 | 12000 | 24.50 | 4.00 | | 2.5 | | | | 桩端压浆 | |
| 250 | 上海陆家嘴某工程 | S14-1 | 0.9 | 58.5 | 68.8 | 粉细砂 | | C40 | 10500 | 0 | 10500 | 21.00 | 0.00 | | | | | | 未压浆 | [70] |
| 251 | | S14-2 | 0.9 | 58.5 | 68.8 | 粉细砂 | | C40 | 12900 | 0 | 12900 | 14.00 | 0.00 | | 2.0 | | | | 桩端压浆 | |
| 252 | 南京中建大厦 | 2# | 0.9 | 59.0 | 69.4 | 粉砂 | | C35 | 9216 | | 7168 | 14.63 | | | | | | | 未压浆 | [70] |
| 253 | | 10# | 0.9 | 59.0 | 69.4 | 粉砂 | | C35 | 11264 | | 8192 | 19.09 | | | | | | | 未压浆 | |
| 254 | | 15# | 0.9 | 59.0 | 69.4 | 粉砂 | | C35 | 10240 | | 8192 | 24.50 | | | | | | | 未压浆 | |
| 255 | | 239# | 0.9 | 51.0 | 60.0 | 粉砂 | | C35 | | | 15000 | 34.37 | | | 2.0 | | 1.4～4.0 | | 桩端压浆 | |
| 256 | | 240# | 0.9 | 51.0 | 60.0 | 粉砂 | | C35 | | | 15000 | 36.27 | | | 2.0 | | 1.4～4.0 | | 桩端压浆 | |
| 257 | | 252# | 0.9 | 51.0 | 60.0 | 粉砂 | | C35 | | | 15000 | 32.64 | | | 2.0 | | 1.4～4.0 | | 桩端压浆 | |
| 258 | 上海金岸大厦 | S3-1 | 0.9 | 44.6 | 52.5 | 粉砂 | | | | | 5600 | 15.06 | | | | | | | 未压浆 | [70] |
| 259 | | S3-2 | 0.9 | 44.6 | 52.5 | 粉砂 | | | | | 9600 | 25.86 | | | | | | | 桩端压浆 | |
| 260 | | S4 | 0.9 | 44.6 | 52.5 | 粉砂 | | | | | 9600 | 24.22 | | | | | | | 桩端压浆 | |
| 261 | 杭州某工程 | 3-2# | 0.9 | 46.7 | 51.8 | 圆砾 | | C40 | 9100 | 3080 | 9100 | 18.32 | 4.98 | 7.55 | 2.5 | | | | 桩端压浆 | [118] |
| 262 | 杭州环城北路某工程 | B1 | 0.9 | 47.2 | 52.5 | 圆砾 | | C40 | 10010 | | 9100 | 13.63 | | 7.90 | 2.5 | | | | 桩端压浆 | [119] |
| 263 | | B2 | 0.9 | 46.7 | 51.8 | 圆砾 | | C40 | 10010 | | 9100 | 18.10 | | 17.50 | 2.5 | | | | 桩端压浆 | |
| 264 | 台州市城市港湾 | S1 | 0.9 | 76.8 | 85.3 | 卵石 | 0.5～0.8 | C35 | 13000 | | 13000 | 25.00 | | | 3.0 | | 2.0～4.0 | | 桩端压浆 | [120] |
| 265 | | S2 | 0.9 | 77.8 | 86.5 | 卵石 | 0.5～0.8 | C35 | 13000 | | 12500 | 28.83 | | | 3.0 | | 2.0～4.0 | | 桩端压浆 | |

续表

| 序号 | 工程名称 | 桩号 | $D$ (m) | $L$ (m) | $L/D$ | 持力层类别 | $W/C$ | C | $Q_{max}$ (kN) | $Q_b$ (kN) | $Q_u$ (kN) | $s$ (mm) | $s_b$ (mm) | $s_e$ (mm) | $G_{cb}$ (t) | $G_{cs}$ (t) | $P_{gb}$ (MPa) | $P_{gs}$ (MPa) | 压浆类型 | 文献来源 |
|---|---|---|---|---|---|---|---|---|---|---|---|---|---|---|---|---|---|---|---|---|
| 266 | 台州市城市港湾 | S4 | 0.9 | 77.5 | 86.1 | 卵石 |  | C35 | 10800 |  | 9791 | 40.00 |  |  |  |  |  |  | 未压浆 | [120] |
| 267 |  | 2# | 0.9 | 78.8 | 87.6 | 卵石 | 0.5～0.8 | C35 | 13000 |  | 13000 | 23.38 |  | 8.38 | 3.0 |  | 2.0～4.0 |  | 桩端压浆 |  |
| 268 |  | A-7# | 0.9 | 77.1 | 85.7 | 卵石 | 0.5～0.8 | C35 | 13000 |  | 13000 | 25.35 |  | 9.95 | 3.0 |  | 2.0～4.0 |  | 桩端压浆 |  |
| 269 | 某工程 | TP1 | 0.9 | 54.0 | 60.0 | 含砾中砂 |  |  | 6400 |  | 6400 | 106.68 |  |  |  |  |  |  | 未压浆 | [121] |
| 270 |  | TP2 | 0.9 | 54.0 | 60.0 | 含砾中砂 | 0.50 |  | 8000 |  | 8000 | 21.09 |  |  | 3.7 |  |  |  | 桩端压浆 |  |
| 271 |  | TP5 | 0.9 | 44.5 | 49.4 | 卵石 | 0.50 |  | 9000 |  | 9000 | 24.67 |  |  |  |  |  |  | 未压浆 |  |
| 272 | 苏州中心广场 | 3#-1 | 0.9 | 81.5 | 90.5 | 黏土 |  | C45 | 16000 |  | 16000 | 15.23 |  | 6.82 | 2.0 |  |  |  | 桩端压浆 | * |
| 273 |  | 3#-2 | 0.9 | 81.5 | 90.5 | 黏土 |  | C45 | 16000 |  | 16000 | 19.43 |  | 7.70 | 2.0 |  |  |  | 桩端压浆 |  |
| 274 |  | 4#-1 | 0.9 | 81.5 | 90.5 | 黏土 |  | C45 | 16000 |  | 16000 | 25.96 |  | 4.44 | 2.0 |  |  |  | 桩端压浆 |  |
| 275 |  | 4#-2 | 0.9 | 81.5 | 90.5 | 黏土 |  | C45 | 16000 |  | 16000 | 23.41 |  | 8.37 | 2.0 |  |  |  | 桩端压浆 |  |
| 276 |  | 7#-1 | 0.9 | 79.3 | 88.1 | 黏土 |  | C45 | 16000 |  | 16000 | 21.69 |  | 3.96 | 2.0 |  |  |  | 桩端压浆 |  |
| 277 |  | 7#-2 | 0.9 | 79.3 | 88.1 | 黏土 |  | C45 | 16000 |  | 16000 | 21.52 |  | 5.05 | 2.0 |  |  |  | 桩端压浆 |  |
| 278 | 福州某教学楼 | 2# | 0.9 | 28.7 | 31.9 | 强风化岩 |  | C25 |  |  | 6000 | 40.00 |  |  |  |  |  |  | 未压浆 | [70] |
| 279 |  | 30# | 0.9 | 30.3 | 33.7 | 强风化岩 |  | C25 |  |  | 7200 | 8.51 |  |  | 0.8 |  | 3.0 |  | 桩端压浆 |  |
| 280 | 温州某住宅楼工程 | 1# | 0.9 | 68.2 | 75.8 | 卵石 |  |  |  |  | 7900 | 15.90 |  |  |  |  |  |  | 未压浆 | [70] |
| 281 |  | 2# | 0.9 | 68.0 | 75.6 | 卵石 |  |  |  |  | 9600 | 16.00 |  |  | 2.5 |  | 4.0 |  | 桩端压浆 |  |
| 282 | 福州某大楼 | S8-1 | 0.9 | 54.0 | 60.0 | 含砾中砂 |  |  | 7200 |  | 6400 | 9.30 |  |  |  |  |  |  | 未压浆 | [70] |
| 283 |  | S8-2 | 0.9 | 54.0 | 60.0 | 含砾中砂 |  |  | 8000 |  | 8000 | 21.32 |  |  | 2.5 |  |  |  | 桩端压浆 |  |
| 284 | 杭州钱江新城 | S1 | 0.9 | 48.0 | 53.3 | 卵石 |  | C45 | 11660 |  | 11660 | 35.51 |  |  |  |  |  |  | 桩端压浆 | [70] |
| 285 |  | S2 | 0.9 | 46.0 | 51.1 | 卵石 |  | C45 | 11660 |  | 11660 | 36.42 |  |  |  |  |  |  | 桩端压浆 |  |
| 286 |  | S3 | 0.9 | 47.9 | 53.2 | 卵石 |  | C45 | 11660 |  | 11660 | 34.82 |  |  |  |  |  |  | 桩端压浆 |  |
| 287 |  | S4 | 0.9 | 46.5 | 51.7 | 卵石 |  | C45 | 9680 |  | 9680 | 30.83 |  |  |  |  |  |  | 未压浆 |  |

续表

| 序号 | 工程名称 | 桩号 | $D$ (m) | $L$ (m) | $L/D$ | 持力层类别 | $W/C$ | C | $Q_{max}$ (kN) | $Q_b$ (kN) | $Q_u$ (kN) | $s$ (mm) | $s_b$ (mm) | $s_e$ (mm) | $G_{cb}$ (t) | $G_{cs}$ (t) | $P_{gb}$ (MPa) | $P_{gs}$ (MPa) | 压浆类型 | 文献来源 |
|---|---|---|---|---|---|---|---|---|---|---|---|---|---|---|---|---|---|---|---|---|
| 288 | 上海仲盛商业中心 | 67# | 0.9 | 49.0 | 54.4 | 粉细砂 | | | | 157 | 5460 | | | | | | | | 未压浆 | [70] |
| 289 | | 133# | 0.9 | 49.0 | 54.4 | 粉细砂 | | | | 282 | 4550 | | | | | | | | 未压浆 | |
| 290 | | 232# | 0.9 | 49.0 | 54.4 | 粉细砂 | | | | 54 | 5460 | 7.81 | 1.29 | | | | | | 未压浆 | |
| 291 | | A1 | 0.9 | 49.0 | 54.4 | 粉细砂 | | | | 949 | 12000 | | | | 2.0 | | 2.0 | | 桩端压浆 | |
| 292 | | A2 | 0.9 | 49.0 | 54.4 | 粉细砂 | | | | 710 | 12000 | 15.94 | 2.31 | | 2.0 | | 2.0 | | 桩端压浆 | |
| 293 | | A3 | 0.9 | 49.0 | 54.4 | 粉细砂 | | | | 1206 | 12000 | | | | 2.0 | | 2.0 | | 桩端压浆 | |
| 294 | 汕头广银大厦 | 118# | 0.9 | 59.0 | 65.6 | 中风化岩 | | | | | 8910 | 18.00 | | | | | | | 桩端压浆 | [76] |
| 295 | 台州市城市港湾一期 | S3 | 1.0 | 78.0 | 79.6 | 卵石 | | C35 | 12000 | | 12500 | 31.99 | | | | | | | 未压浆 | [120] |
| 296 | 杭州某工程 | 2-1# | 1.0 | 47.2 | 47.2 | 圆砾 | | C40 | 10900 | 3770 | 10900 | 16.84 | 3.59 | 7.31 | 3.0 | | | | 桩端压浆 | [118] |
| 297 | 杭州城北某工程 | C1 | 1.0 | 48.9 | 48.9 | 圆砾 | | C40 | 11990 | | 10900 | 16.40 | | 9.80 | 2.5 | | | | 桩端压浆 | [119] |
| 298 | | C2 | 1.0 | 50.9 | 50.9 | 圆砾 | | C40 | 11990 | | 10900 | 21.50 | | 15.30 | 2.5 | | | | 桩端压浆 | |
| 299 | 苏州中心广场 | 8#-1 | 1.0 | 96.6 | 96.6 | 粉细砂 | | C45 | 30000 | | 30000 | 92.31 | | 33.57 | 4.0 | | | | 桩端压浆 | * |
| 300 | | 8#-2 | 1.0 | 96.6 | 96.6 | 粉细砂 | | C45 | 21000 | | 15000 | 29.10 | | 25.90 | | | | | 未压浆 | |
| 301 | | 9#-1 | 1.0 | 96.6 | 96.6 | 粉细砂 | | C45 | 30000 | | 27000 | 63.70 | | 17.62 | 4.0 | | | | 桩端压浆 | |
| 302 | | 9#-2 | 1.0 | 96.6 | 96.6 | 粉细砂 | | C45 | 28500 | | 27000 | 84.90 | | 35.10 | 4.0 | | | | 桩端压浆 | |
| 303 | 首都机场改扩建工程北区滑行道桥工程 | NO.1-1 | 1.0 | 40.0 | 40.0 | 卵石 | | | 7200 | | 3600 | 2.13 | | 4.23 | | | | | 未压浆 | [124] |
| 304 | | NO.2-1 | 1.0 | 40.0 | 40.0 | 卵石 | | | 18000 | | 3600 | 3.02 | | 8.53 | | | | | 未压浆 | |
| 305 | | NO.1-2 | 1.0 | 40.0 | 40.0 | 卵石 | 0.5～0.7 | | 7200 | | 14400 | 21.50 | | 2.38 | 1.8 | 2.4 | 4.5 | 2.0～3.0 | 组合压浆 | |
| 306 | | NO.2-2 | 1.0 | 40.0 | 40.0 | 卵石 | 0.5～0.7 | | 16800 | | 14400 | 17.56 | | 6.77 | 1.8 | 2.4 | 4.5 | 2.0～3.0 | 组合压浆 | |
| 307 | | NO.3 | 1.0 | 40.0 | 40.0 | 卵石 | 0.5～0.7 | | 19200 | | 14400 | 14.63 | | 9.01 | 1.8 | 2.4 | 4.5 | 2.0～3.0 | 组合压浆 | |
| 308 | | NO.4 | 1.0 | 40.0 | 40.0 | 卵石 | 0.5～0.7 | | 19200 | | 15600 | 48.89 | | 9.02 | 1.8 | 2.4 | 4.5 | 2.0～3.0 | 组合压浆 | |

续表

| 序号 | 工程名称 | 桩号 | $D$ (m) | $L$ (m) | $L/D$ | 持力层类别 | $W/C$ | C | $Q_{max}$ (kN) | $Q_b$ (kN) | $Q_u$ (kN) | $s$ (mm) | $s_b$ (mm) | $s_e$ (mm) | $G_{cb}$ (t) | $G_{cs}$ (t) | $P_{gb}$ (MPa) | $P_{gs}$ (MPa) | 压浆类型 | 文献来源 |
|---|---|---|---|---|---|---|---|---|---|---|---|---|---|---|---|---|---|---|---|---|
| 309 | 陕西信息大厦工程 | NO. 1-1 | 1.0 | 82.2 | 82.2 | 粉质黏土 | | | 27000 | 0 | 27000 | 47.58 | 0.00 | 28.05 | | | | | 未压浆 | [125] |
| 310 | | NO. 2-1 | 1.0 | 82.2 | 82.2 | 粉质黏土 | | | 27000 | 0 | 27000 | 45.04 | 0.00 | 27.36 | | | | | 未压浆 | |
| 311 | | NO. 3-1 | 1.0 | 82.2 | 82.2 | 粉质黏土 | | | 27000 | 0 | 27000 | 32.00 | 0.00 | 20.38 | | | | | 未压浆 | |
| 312 | | NO. 1-2 | 1.0 | 82.2 | 82.2 | 粉质黏土 | 0.55～0.6 | | 30600 | 0 | 30600 | 28.34 | 0.00 | | 4.0 | 3.0 | | | 组合压浆 | |
| 313 | | NO. 2-2 | 1.0 | 82.2 | 82.2 | 粉质黏土 | 0.55～0.6 | | 27000 | 0 | 27000 | 22.05 | 0.00 | | 1.6 | 1.4 | | | 组合压浆 | |
| 314 | | NO. 3-2 | 1.0 | 82.2 | 82.2 | 粉质黏土 | 0.55～0.6 | | 32400 | 0 | 32400 | 28.39 | 0.00 | | 1.6 | 1.4 | | | 组合压浆 | |
| 315 | 宁波嘉和中心 | 19# | 1.0 | 55.0 | 55.0 | 粉砂 | | C45 | 15000 | | 15000 | 16.78 | | | 3.0 | | 2.0～3.0 | | 桩端压浆 | [126] |
| 316 | | 20# | 1.0 | 54.4 | 54.4 | 粉砂 | | C45 | 15000 | | 15000 | 17.73 | | | 3.0 | | 2.0～3.0 | | 桩端压浆 | |
| 317 | | 21# | 1.0 | 55.0 | 55.0 | 粉砂 | | C45 | 5250 | | 3600 | 21.44 | | | | | | | 未压浆 | |
| 318 | | 21Z# | 1.0 | 55.0 | 55.0 | 粉砂 | | C45 | 15000 | | 15000 | 16.93 | 1.99 | | 3.0 | | 2.0～3.0 | | 桩端压浆 | |
| 319 | | 22# | 1.0 | 55.0 | 55.0 | 粉砂 | | C45 | 6000 | | 6000 | 24.68 | 19.80 | | | | | | 未压浆 | |
| 320 | 安阳某水泥厂工程 | 1# | 1.0 | 28.0 | 28.0 | 卵石 | | | 4800 | | 3000 | 42.00 | | 25.00 | | | | | 未压浆 | [127] |
| 321 | | 2# | 1.0 | 28.0 | 28.0 | 卵石 | | | 4200 | | 3000 | 39.00 | | 16.00 | | | | | 未压浆 | |
| 322 | | 3# | 1.0 | 28.0 | 28.0 | 卵石 | 0.60 | | 6300 | | 5100 | 28.23 | | | 4.5 | 3.6 | 4.0 | | 组合压浆 | |
| 323 | | 4# | 1.0 | 28.0 | 28.0 | 卵石 | 0.60 | | 6300 | | 5100 | 33.16 | | | 3.6 | 2.2 | 4.0 | | 组合压浆 | |
| 324 | 东方之门 | S1 | 1.0 | 83.8 | 83.8 | 黏土 | | C45 | 12000 | | 9414 | 41.70 | | 15.94 | | | | | 未压浆 | [128] |
| 325 | | S2 | 1.0 | 83.8 | 83.8 | 黏土 | | C45 | 15300 | | 12400 | 54.00 | | 16.16 | | | | | 未压浆 | |
| 326 | | ST4 | 1.0 | 83.8 | 83.8 | 黏土 | | C45 | 15060 | | 15060 | 31.10 | | 19.10 | 2.0 | | | | 桩端压浆 | |
| 327 | | ST5 | 1.0 | 83.8 | 83.8 | 黏土 | | C45 | 15500 | | 15500 | 33.59 | | 22.26 | 2.0 | | | | 桩端压浆 | |
| 328 | | ST6 | 1.0 | 83.8 | 83.8 | 黏土 | | C45 | 15500 | | 15500 | 37.66 | | 22.97 | 2.0 | | | | 桩端压浆 | |
| 329 | | SZ-T-1 | 1.0 | 95.1 | 95.1 | 粉细砂 | | C45 | 19300 | | 19300 | 36.77 | | 17.43 | 2.0 | | | | 桩端压浆 | |
| 330 | | SZ-T-2 | 1.0 | 95.1 | 95.1 | 粉细砂 | | C45 | 19300 | | 19300 | 35.26 | | 21.93 | 2.0 | | | | 桩端压浆 | |
| 331 | | SZ-T-3 | 1.0 | 95.1 | 95.1 | 粉细砂 | | C45 | 19300 | | 19300 | 35.73 | | 20.00 | 2.0 | | | | 桩端压浆 | |

续表

| 序号 | 工程名称 | 桩号 | $D$ (m) | $L$ (m) | $L/D$ | 持力层类别 | $W/C$ | C | $Q_{max}$ (kN) | $Q_b$ (kN) | $Q_u$ (kN) | $s$ (mm) | $s_b$ (mm) | $s_e$ (mm) | $G_{cb}$ (t) | $G_{cs}$ (t) | $P_{gb}$ (MPa) | $P_{gs}$ (MPa) | 压浆类型 | 文献来源 |
|---|---|---|---|---|---|---|---|---|---|---|---|---|---|---|---|---|---|---|---|---|
| 332 | 某超高层项目 | TP1 | 1.0 | 90.0 | 90.0 | 粉细砂 | | C45 | 39000 | 598 | 39000 | 69.38 | | 46.72 | | | | | 组合压浆 | [129] |
| 333 | | TP2 | 1.0 | 90.0 | 90.0 | 粉细砂 | | C45 | 23500 | 2467 | 23500 | 161.20 | 67.00 | 31.40 | | | | | 未压浆 | |
| 334 | | TP3 | 1.0 | 90.0 | 90.0 | 粉细砂 | | C45 | 30500 | 804 | 30500 | 54.19 | 4.00 | 42.10 | | | | | 桩端压浆 | |
| 335 | 九龙仓国金中心 | 4＃ | 1.0 | 90.1 | 90.1 | 粉砂 | | | 20300 | | 20300 | 144.00 | | | | | | | 桩端压浆 | [130] |
| 336 | | 5＃ | 1.0 | 90.1 | 90.1 | 粉砂 | | | 17200 | | 17200 | 105.00 | | | | | | | 桩端压浆 | |
| 337 | | SZ6 | 1.0 | 92.6 | 92.6 | 粉砂 | | | 30000 | | 30000 | 63.41 | | 3.00 | | | | | 桩端压浆 | |
| 338 | | SZ7 | 1.0 | 92.6 | 92.6 | 粉砂 | | | 30000 | | 30000 | 45.53 | | 5.00 | | | | | 桩端压浆 | |
| 339 | | SZ8 | 1.0 | 92.6 | 92.6 | 粉砂 | | | 30000 | | 30000 | 62.82 | | 5.00 | | | | | 桩端压浆 | |
| 340 | | SZ9 | 1.0 | 92.6 | 92.6 | 粉砂 | | | 30000 | | 30000 | 49.22 | | 7.00 | | | | | 桩端压浆 | |
| 341 | 宁波某工程 | 19＃ | 1.0 | 55.0 | 55.0 | 粉砂 | | C45 | 15000 | | 15000 | 16.78 | | 14.85 | 3.0 | | 2.0～3.0 | | 桩端压浆 | [131] |
| 342 | | 20＃ | 1.0 | 54.4 | 54.4 | 粉砂 | | C45 | 15000 | | 15000 | 17.73 | | 15.27 | 3.0 | | 2.0～3.0 | | 桩端压浆 | |
| 343 | | 21-1＃ | 1.0 | 55.0 | 55.0 | 粉砂 | | C45 | 15000 | | 3600 | 21.44 | | 10.09 | | | | | 未压浆 | |
| 344 | | 21-2＃ | 1.0 | 55.0 | 55.0 | 粉砂 | | C45 | 7200 | | 15000 | 16.93 | 1.99 | | 3.0 | | 2.0～3.0 | | 桩端压浆 | |
| 345 | | 22＃ | 1.0 | 55.0 | 55.0 | 粉砂 | | C45 | 10600 | | 6000 | 24.68 | 19.80 | 23.00 | | | | | 未压浆 | |
| 346 | | 3＃ | 1.0 | 88.0 | 88.0 | 含黏土砾砂 | | C45 | 14000 | | 8400 | 38.90 | | 13.60 | | | | | 未压浆 | |
| 347 | | 16＃ | 1.0 | 87.0 | 87.0 | 含黏土砾砂 | | C45 | 14000 | | 7000 | 36.57 | | 20.00 | | | | | 未压浆 | |
| 348 | | 11＃ | 1.0 | 87.5 | 87.5 | 含黏土砾砂 | | C45 | 20400 | | 15400 | 48.69 | | 25.60 | 3.0 | | 2.0～3.0 | | 桩端压浆 | |
| 349 | 苏州某高层建筑 | TP1 | 1.0 | 90.0 | 90.0 | 粉砂 | 0.55 | C45 | 39000 | 585 | 39000 | 69.38 | | 46.72 | 2.5 | 2.0 | | | 组合压浆 | [132] |
| 350 | | TP2 | 1.0 | 90.0 | 90.0 | 粉砂 | | C45 | 23500 | 1175 | 23500 | 161.20 | | 31.41 | | | | | 未压浆 | |
| 351 | | TP3 | 1.0 | 90.0 | 90.0 | 粉砂 | 0.55 | C45 | 30500 | 3203 | 30500 | 54.19 | | 42.10 | 2.5 | | | | 桩端压浆 | |
| 352 | 天津某超高层 | S1 | 1.0 | 98.0 | 98.0 | 粉质黏土 | 0.50 | | 42000 | 278 | 42000 | 47.62 | 19.13 | 35.82 | 3.5 | 1.5 | 2.0～3.0 | 1.5 | 组合压浆 | [133] |
| 353 | | S3 | 1.0 | 98.0 | 98.0 | 粉质黏土 | 0.50 | | 42000 | 988 | 42000 | 56.73 | 17.41 | 44.93 | 3.5 | | 2.0～3.0 | | 桩端压浆 | |
| 354 | | S4 | 1.0 | 98.0 | 98.0 | 粉质黏土 | 0.50 | | 42000 | 4133 | 42000 | 62.79 | 20.09 | 48.99 | 3.0 | | 2.0～3.0 | | 桩端压浆 | |

续表

| 序号 | 工程名称 | 桩号 | $D$ (m) | $L$ (m) | $L/D$ | 持力层类别 | $W/C$ | C | $Q_{max}$ (kN) | $Q_b$ (kN) | $Q_u$ (kN) | $s$ (mm) | $s_b$ (mm) | $s_e$ (mm) | $G_{cb}$ (t) | $G_{cs}$ (t) | $P_{gb}$ (MPa) | $P_{gs}$ (MPa) | 压浆类型 | 文献来源 |
|---|---|---|---|---|---|---|---|---|---|---|---|---|---|---|---|---|---|---|---|---|
| 355 | 天津明鸿广场 | TP1 | 1.0 | 69.0 | 69.0 | 粉土粉砂 | | | | | 18750 | 15.00 | | | | | | | 未压浆 | [100] [99] |
| 356 | | TP2 | 1.0 | 69.0 | 69.0 | 粉土粉砂 | | | | | 18750 | 18.00 | | | | | | | 未压浆 | |
| 357 | | TP3 | 1.0 | 70.0 | 70.0 | 粉土粉砂 | | | | | 20000 | 14.00 | | | 0.6 | | | | 桩端压浆 | |
| 358 | 某高层公寓楼 | S1 | 1.0 | 55.0 | 55.0 | 粉砂 | | C45 | 15000 | 8050 | 15000 | 16.93 | 1.99 | 10.61 | | | | | 桩端压浆 | [134] |
| 359 | | S2 | 1.0 | 55.0 | 55.0 | 粉砂 | | C45 | 10400 | 6470 | 10400 | 119.10 | 107.00 | 17.00 | | | | | 未压浆 | |
| 360 | 太原市双子塔 | S1 | 1.0 | 88.1 | 88.1 | 粉质黏土 | 0.50 | | 36300 | 1402 | 36300 | 42.60 | | 25.63 | 1.5 | 0.5 | 6.0 | 2.5 | 组合压浆 | [135] |
| 361 | 郑州市107辅道快速化工程 | BD10 | 1.0 | 48.0 | 48.0 | 粉质黏土 | 0.55～0.6 | C35 | 22000 | 1190 | 22000 | 23.70 | 12.30 | 8.50 | 3.0 | | 2.0～4.0 | | 桩端压浆 | [136] |
| 362 | | ND3 | 1.0 | 48.0 | 48.0 | 粉质黏土 | 0.55～0.6 | C35 | 22000 | 368 | 22000 | 29.45 | 3.95 | 9.85 | 3.0 | | 2.0～4.0 | | 桩端压浆 | |
| 363 | | ND6 | 1.0 | 48.0 | 48.0 | 粉质黏土 | 0.55～0.6 | C35 | 22400 | 729 | 22400 | 28.00 | 7.82 | 10.40 | 3.0 | | 2.0～4.0 | | 桩端压浆 | |
| 364 | 北京南洋大厦 | S4 | 1.0 | 22.0 | 22.0 | 卵砾 | | | | | 7500 | | | | | | | | 未压浆 | [76] |
| 365 | | S1 | 1.0 | 22.0 | 22.0 | 卵砾 | | | | | 18700 | | | | | | | | 组合压浆 | |
| 366 | | S2 | 1.0 | 22.0 | 22.0 | 卵砾 | | | | | 17000 | | | | | | | | 组合压浆 | |
| 367 | 汕头龙湖乐园广场 | 295# | 1.0 | 44.8 | 44.8 | 强风化岩 | | | | | 10000 | 23.00 | | | | | | | 桩端压浆 | [76] |
| 368 | 济南银河大厦 | 78# | 1.0 | 18.7 | 18.7 | 强风化闪长岩 | | | | | 8000 | 7.40 | | | | | | | 组合压浆 | [76] |
| 369 | | 80# | 1.0 | 15.8 | 15.8 | 强风化闪长岩 | | | | | 8000 | 11.00 | | | | | | | 组合压浆 | |
| 370 | | 99# | 1.0 | 16.8 | 16.8 | 强风化闪长岩 | | | | | 10400 | 16.00 | | | | | | | 组合压浆 | |
| 371 | | 101# | 1.0 | 22.6 | 22.6 | 强风化闪长岩 | | | | | 8000 | 11.00 | | | | | | | 组合压浆 | |
| 372 | 北京世界金融中心 | S108 | 1.0 | 23.2 | 23.2 | 卵砾 | | | | | 9000 | | | | | | | | 未压浆 | * |
| 373 | | C77 | 1.0 | 23.2 | 23.2 | 卵砾 | | | | | 16500 | 11.00 | | | 0.8 | | | | 桩端压浆 | |
| 374 | | C103 | 1.0 | 23.2 | 23.2 | 卵砾 | | | | | 16500 | 15.00 | | | 0.8 | 0.4 | | | 组合压浆 | |
| 375 | | C79 | 1.0 | 23.2 | 23.2 | 卵砾 | | | | | 16500 | 11.00 | | | 0.8 | 0.4 | | | 组合压浆 | |

续表

| 序号 | 工程名称 | 桩号 | $D$ (m) | $L$ (m) | $L/D$ | 持力层类别 | $W/C$ | C | $Q_{max}$ (kN) | $Q_b$ (kN) | $Q_u$ (kN) | $s$ (mm) | $s_b$ (mm) | $s_e$ (mm) | $G_{cb}$ (t) | $G_{cs}$ (t) | $P_{gb}$ (MPa) | $P_{gs}$ (MPa) | 压浆类型 | 文献来源 |
|---|---|---|---|---|---|---|---|---|---|---|---|---|---|---|---|---|---|---|---|---|
| 376 | 温州电力调度通信中心 | S1 | 1.0 | 59.0 | 59.0 | 全风化粉砂岩 | | | | | 12200 | 19.39 | 6.69 | | | | | | 未压浆 | [70] |
| 377 | | S2 | 1.0 | 58.0 | 58.0 | 全风化粉砂岩 | | | | | 12200 | 15.24 | 3.34 | | | | | | 桩端压浆 | |
| 378 | | 253# | 1.0 | 63.6 | 63.6 | 全风化粉砂岩 | | | | | 11600 | 18.74 | | | | | | | 桩端压浆 | |
| 379 | | 238# | 1.0 | 65.0 | 65.0 | 全风化粉砂岩 | | | | | 11600 | 22.00 | | | | | | | 桩端压浆 | |
| 380 | | S4 | 1.0 | 28.0 | 28.0 | 全风化粉砂岩 | | | | | 6600 | 14.72 | 3.32 | | | | | | 桩端压浆 | |
| 381 | | 432# | 1.0 | 32.1 | 32.1 | 全风化粉砂岩 | | | | | 6000 | 17.58 | | | | | | | 桩端压浆 | |
| 382 | 五都大桥 | A | 1.0 | 29.4 | 29.4 | 卵石 | | | | | 6650 | 39.00 | | | | | | | 未压浆 | [70] |
| 383 | | B | 1.0 | 14.4 | 14.4 | 卵石 | | | | | 9500 | 16.00 | | | 1.5 | | | | 桩端压浆 | |
| 384 | | C | 1.0 | 24.4 | 24.4 | 卵石 | | | | | 6100 | 19.00 | | | | | | | 未压浆 | |
| 385 | | D | 1.0 | 14.0 | 14.0 | 卵石 | | | | | 10450 | 17.50 | | | 1.5 | | | | 桩端压浆 | |
| 386 | 台州河西大厦 | 93# | 1.0 | 71.5 | 71.5 | 卵石 | | | 10000 | | 10000 | 13.61 | | | | | | | 桩端压浆 | [70] |
| 387 | | 105# | 1.0 | 71.7 | 71.7 | 卵石 | | | 10000 | | 10000 | 19.08 | | | | | | | 桩端压浆 | |
| 388 | | 67# | 1.0 | 72.8 | 72.8 | 卵石 | | | 9075 | | 9075 | 13.51 | | | | | | | 未压浆 | |
| 389 | | 40# | 1.0 | 73.5 | 73.5 | 卵石 | | | 9075 | | 9075 | 11.50 | | | | | | | 未压浆 | |
| 390 | 杭州乐阳大厦 | S1 | 1.0 | 48.0 | 48.0 | 砾卵石 | | C40 | 16800 | 5600 | 16800 | 23.24 | 2.99 | 16.38 | | | | | 桩端压浆 | [70] |
| 391 | | S3 | 1.0 | 47.6 | 47.6 | 砾卵石 | | C40 | 13500 | 8100 | 13500 | 46.30 | 28.93 | 10.79 | | | | | 未压浆 | |
| 392 | 宁波中心某综合楼 | SZH20 | 1.0 | 54.4 | 54.4 | 粉砂 | | C45 | 15000 | | 15000 | 16.78 | | | 3.5 | | 2.0～3.0 | | 桩端压浆 | [70] |
| 393 | | SZH22 | 1.0 | 55.0 | 55.0 | 粉砂 | | C45 | | | 6000 | 24.68 | | | | | | | 未压浆 | |
| 394 | 海盐南方水泥厂 | SZ1 | 1.0 | 63.0 | 63.0 | 粉砂 | | C40 | 8995 | 1429 | 8995 | 31.26 | 14.89 | | | | | | 未压浆 | * |
| 395 | | SZ2 | 1.0 | 63.0 | 63.0 | 粉砂 | 0.60 | C40 | 13351 | 3738 | 13351 | 34.32 | 8.19 | | 2.0 | 1.5 | 3.4 | 3.2 | 组合压浆 | |
| 396 | | SZ3 | 1.0 | 63.0 | 63.0 | 粉砂 | | C40 | 8995 | 1604 | 8995 | 24.81 | 8.32 | | | | | | 未压浆 | |
| 397 | | SZ4 | 1.0 | 63.0 | 63.0 | 粉砂 | 0.60 | C40 | 13423 | 2925 | 13423 | 32.72 | 7.70 | | 2.0 | 1.5 | 3.5 | 3.2 | 组合压浆 | |
| 398 | | SZ5 | 1.0 | 64.0 | 64.0 | 粉砂 | | C40 | 8971 | 1352 | 8971 | 25.36 | 8.59 | | | | | | 未压浆 | |

续表

| 序号 | 工程名称 | 桩号 | $D$ (m) | $L$ (m) | $L/D$ | 持力层类别 | $W/C$ | C | $Q_{max}$ (kN) | $Q_b$ (kN) | $Q_u$ (kN) | $s$ (mm) | $s_b$ (mm) | $s_e$ (mm) | $G_{cb}$ (t) | $G_{cs}$ (t) | $P_{gb}$ (MPa) | $P_{gs}$ (MPa) | 压浆类型 | 文献来源 |
|---|---|---|---|---|---|---|---|---|---|---|---|---|---|---|---|---|---|---|---|---|
| 399 | 海盐南方水泥厂 | SZ6 | 1.0 | 64.0 | 64.0 | 粉砂 | 0.60 | C40 | 13399 | 3163 | 13399 | 33.08 | 7.43 |  | 2.0 | 1.5 | 3.5 | 3.2 | 组合压浆 | * |
| 400 |  | A2-8 | 1.0 | 64.1 | 64.1 | 粉砂 | 0.60 | C40 |  |  | 12271 | 34.38 |  |  | 2.0 | 1.5 | 3.9 | 3.7 | 组合压浆 |  |
| 401 |  | A1-59 | 1.0 | 63.1 | 63.1 | 粉砂 | 0.60 | C40 |  |  | 12295 | 33.43 |  |  | 2.0 | 1.5 | 3.9 | 3.7 | 组合压浆 |  |
| 402 |  | A1-64 | 1.0 | 63.1 | 63.1 | 粉砂 | 0.60 | C40 |  |  | 12295 | 32.57 |  |  | 2.0 | 1.5 | 3.9 | 3.7 | 组合压浆 |  |
| 403 | 连镇铁路宝应特大桥 | 1-1# | 1.0 | 44.5 | 44.5 | 粉砂 |  | C35 | 10689 | 691 | 9107 | 17.74 | 10.07 |  |  |  |  |  | 未压浆 | * |
| 404 |  | 1-2# | 1.0 | 44.5 | 44.5 | 粉砂 | 0.50 | C35 | 21257 | 3006 | 20443 | 37.77 | 12.06 |  | 2.5 | 2.1 | 2.5 | 1.2～2.3 | 组合压浆 |  |
| 405 |  | 8-1# | 1.0 | 44.5 | 44.5 | 粉砂 |  | C35 | 11280 | 675 | 9691 | 20.81 | 10.07 |  |  |  |  |  | 未压浆 |  |
| 406 |  | 8-2# | 1.0 | 44.5 | 44.5 | 粉砂 | 0.50 | C35 | 21448 | 2802 | 20443 | 38.20 | 14.59 |  | 2.5 | 2.1 | 2.3 | 2.2～3.0 | 组合压浆 |  |
| 407 | 杭州德胜快速路工程 | SZ2 | 1.0 | 47.5 | 47.5 | 卵石 |  |  | 8806 |  | 8806 | 46.95 |  |  |  |  |  |  | 未压浆 | * |
| 408 |  | Pm6-2 | 1.0 | 48.5 | 48.5 | 卵石 | 0.5～0.6 |  | 13030 | 4720 | 13030 | 38.70 |  |  | 3.0 |  | 4.6 |  | 桩端压浆 |  |
| 409 | 合肥某超高层 | SZ-1# | 1.1 | 39.0 | 35.5 | 中风化泥质砂岩 |  | C50 | 27300 | 13390 | 27300 | 108.14 |  | 9.99 |  |  |  |  | 未压浆 | [137] |
| 410 |  | SZ-2# | 1.1 | 39.0 | 35.5 | 中风化泥质砂岩 |  | C50 | 29400 | 10026 | 29400 | 99.74 |  | 11.84 |  |  |  |  | 未压浆 |  |
| 411 |  | SZ-3# | 1.1 | 39.0 | 35.5 | 中风化泥质砂岩 |  | C50 | 27300 | 11196 | 27300 | 92.48 |  | 11.23 |  |  |  |  | 未压浆 |  |
| 412 |  | SZ-4# | 1.1 | 39.0 | 35.5 | 中风化泥质砂岩 |  | C50 | 36300 | 17866 | 36300 | 119.74 |  | 9.84 |  |  |  |  | 桩端压浆 |  |
| 413 |  | SZ-5# | 1.1 | 39.0 | 35.5 | 中风化泥质砂岩 |  | C50 | 36300 | 15187 | 36300 | 122.48 |  | 11.23 |  |  |  |  | 桩端压浆 |  |
| 414 |  | SZ-6# | 1.1 | 39.0 | 35.5 | 中风化泥质砂岩 |  | C50 | 36300 | 17593 | 36300 | 119.29 |  | 10.04 |  |  |  |  | 桩端压浆 |  |
| 415 | 中南中心 | SJZA | 1.1 | 110.0 | 100.0 | 粉细砂 |  | C55 | 32000 |  | 32000 | 11.82 |  | 6.77 | 4.5 |  | 1.5 |  | 组合压浆 | [138] |
| 416 |  | SJZB | 1.1 | 110.0 | 100.0 | 粉细砂 |  | C55 | 32000 |  | 32000 | 13.30 |  | 7.92 | 4.5 |  | 1.5 |  | 组合压浆 |  |
| 417 |  | SJZC | 1.1 | 110.0 | 100.0 | 粉细砂 |  | C55 | 32000 |  | 32000 | 11.35 |  | 6.53 | 4.5 |  | 1.5 |  | 组合压浆 |  |
| 418 |  | SJZD | 1.1 | 110.0 | 100.0 | 粉细砂 |  | C55 | 32000 |  | 32000 | 12.69 |  | 7.76 | 4.5 |  | 1.5 |  | 组合压浆 |  |
| 419 | 汕头广银大厦 | 921# | 1.1 | 59.1 | 53.7 | 中风化岩 |  |  |  |  | 12474 | 19.00 |  |  |  |  |  |  | 桩端压浆 | [76] |
| 420 |  | 105# | 1.1 | 60.8 | 55.3 | 中风化岩 |  |  |  |  | 12474 | 15.00 |  |  |  |  |  |  | 桩端压浆 |  |
| 421 | 杭州解百商场 | S1 | 1.1 | 35.8 | 32.5 | 砂砾 |  |  |  | 4346 | 13040 | 10.20 | 1.03 | 7.15 | 0.6 |  |  |  | 桩端压浆 | [70] |

续表

| 序号 | 工程名称 | 桩号 | $D$ (m) | $L$ (m) | $L/D$ | 持力层类别 | $W/C$ | C | $Q_{max}$ (kN) | $Q_b$ (kN) | $Q_u$ (kN) | $s$ (mm) | $s_b$ (mm) | $s_e$ (mm) | $G_{cb}$ (t) | $G_{cs}$ (t) | $P_{gb}$ (MPa) | $P_{gs}$ (MPa) | 压浆类型 | 文献来源 |
|---|---|---|---|---|---|---|---|---|---|---|---|---|---|---|---|---|---|---|---|---|
| 422 | 杭州解百商场 | S2 | 1.1 | 35.2 | 32.0 | 砂砾 | | | | 4346 | 13040 | 5.54 | 0.95 | | 1.7 | | | | 桩端压浆 | [70] |
| 423 | | S3 | 1.1 | 35.3 | 32.1 | 砂砾 | | | | 4968 | 12420 | 8.37 | 1.11 | 6.33 | | | | | 未压浆 | |
| 424 | 郑州市三环快速路工程 | HH-S1 | 1.2 | 38.0 | 31.7 | 粉土 | | C30 | 18000 | 1153 | 16800 | 9.65 | | 6.88 | | | | | 未压浆 | [139] |
| 425 | | HH-S2 | 1.2 | 38.0 | 31.7 | 粉土 | 0.55～0.6 | C30 | 22000 | 2408 | 22000 | 11.90 | | 8.20 | 3.0 | | 2.0～4.0 | | 桩端压浆 | |
| 426 | | HH-S3 | 1.2 | 38.0 | 31.7 | 粉土 | 0.55～0.6 | C30 | 24000 | 4205 | 24000 | 17.30 | | 9.12 | 3.0 | | 2.0～4.0 | | 桩端压浆 | |
| 427 | | XZ-S4 | 1.2 | 45.0 | 37.5 | 粉土 | 0.55～0.6 | C30 | 18000 | 576 | 18000 | 8.21 | | 6.08 | 3.0 | | 2.0～4.0 | | 桩端压浆 | |
| 428 | | XZ-S5 | 1.2 | 45.0 | 37.5 | 粉土 | | C30 | 18000 | 213 | 16000 | 11.40 | | 7.15 | | | | | 未压浆 | |
| 429 | | XZ-S6 | 1.2 | 45.0 | 37.5 | 粉土 | 0.55～0.6 | C30 | 18000 | 407 | 18000 | 8.08 | | 4.98 | 3.0 | | 2.0～4.0 | | 桩端压浆 | |
| 430 | | SL-S4 | 1.2 | 40.0 | 33.3 | 粉质黏土 | | C30 | 16000 | 1424 | 14000 | 10.40 | | 10.40 | | | | | 未压浆 | |
| 431 | | SL-S5 | 1.2 | 40.0 | 33.3 | 粉质黏土 | 0.55～0.6 | C30 | 18000 | | 18000 | 14.30 | | 9.03 | 3.0 | | 2.0～4.0 | | 桩端压浆 | |
| 432 | | SL-S6 | 1.2 | 40.0 | 33.3 | 粉质黏土 | 0.55～0.6 | C30 | 19000 | 2408 | 19000 | 11.90 | | 5.94 | 3.0 | | 2.0～4.0 | | 桩端压浆 | |
| 433 | 某快速路工程 | LH-S2 | 1.2 | 40.0 | 33.3 | 粉质黏土 | 0.55～0.6 | C30 | 18000 | | 18000 | 11.50 | | 8.62 | 3.0 | | 2.0～4.0 | | 桩端压浆 | [140] |
| 434 | | LH-S4 | 1.2 | 40.0 | 33.3 | 粉质黏土 | 0.55～0.6 | C30 | 16000 | | 14000 | 7.66 | | 6.50 | 3.0 | | 2.0～4.0 | | 桩端压浆 | |
| 435 | | LH-S5 | 1.2 | 40.0 | 33.3 | 粉质黏土 | | C30 | 16000 | | 14000 | 9.16 | | 7.93 | | | | | 未压浆 | |
| 436 | | LH-S7 | 1.2 | 40.0 | 33.3 | 粉质黏土 | | C30 | 12000 | | 10000 | 10.70 | | 6.60 | | | | | 未压浆 | |
| 437 | | BX-S4 | 1.2 | 45.0 | 37.5 | 粉质黏土 | 0.55～0.6 | C30 | 20000 | | 20000 | 12.60 | | 9.33 | 3.0 | | 2.0～4.0 | | 桩端压浆 | |
| 438 | | BX-S5 | 1.2 | 45.0 | 37.5 | 粉质黏土 | 0.55～0.6 | C30 | 20500 | | 20500 | 13.05 | | 8.94 | 3.0 | | 2.0～4.0 | | 桩端压浆 | |
| 439 | | BX-S6 | 1.2 | 45.0 | 37.5 | 粉质黏土 | | C30 | 12000 | | 10000 | 10.00 | | 4.00 | | | | | 未压浆 | |
| 440 | | FQ-S3 | 1.2 | 45.0 | 37.5 | 粉质黏土 | | C30 | 11200 | | 9600 | 9.28 | | 9.20 | | | | | 未压浆 | |
| 441 | | FQ-S4 | 1.2 | 45.0 | 37.5 | 粉质黏土 | 0.55～0.6 | C30 | 16000 | | 16000 | 27.10 | | 8.60 | 3.0 | | 2.0～4.0 | | 桩端压浆 | |
| 442 | | FQ-S5 | 1.2 | 45.0 | 37.5 | 粉质黏土 | 0.55～0.6 | C30 | 18000 | | 18000 | 8.97 | | 6.55 | 3.0 | | 2.0～4.0 | | 桩端压浆 | |
| 443 | 郑州市三环快速路工程南三环 | S1 | 1.2 | 45.0 | 37.5 | 粉土 | 0.60 | C30 | 18000 | | 18000 | 8.05 | | 4.93 | 2.8 | 2.0 | 3.5 | 1.5 | 组合压浆 | [141] |
| 444 | | S2 | 1.2 | 45.0 | 37.5 | 粉土 | 0.60 | C30 | 18000 | | 18000 | 8.26 | | 4.36 | 3.0 | 2.0 | 3.0 | 1.4 | 组合压浆 | |

续表

| 序号 | 工程名称 | 桩号 | $D$ (m) | $L$ (m) | $L/D$ | 持力层类别 | $W/C$ | C | $Q_{max}$ (kN) | $Q_b$ (kN) | $Q_u$ (kN) | $s$ (mm) | $s_b$ (mm) | $s_e$ (mm) | $G_{cb}$ (t) | $G_{cs}$ (t) | $P_{gb}$ (MPa) | $P_{gs}$ (MPa) | 压浆类型 | 文献来源 |
|---|---|---|---|---|---|---|---|---|---|---|---|---|---|---|---|---|---|---|---|---|
| 445 | 郑州市三环快速路工程南三环 | S3 | 1.2 | 45.0 | 37.5 | 粉土 | 0.60 | C30 | 18000 | | 18000 | 8.30 | | 6.16 | 3.5 | 2.2 | 1.0 | 1.5 | 组合压浆 | [141] |
| 446 | | S4 | 1.2 | 45.0 | 37.5 | 粉土 | 0.60 | C30 | 20000 | | 18000 | 9.54 | | 7.72 | 2.5 | | 2.5 | | 桩端压浆 | |
| 447 | | S5 | 1.2 | 45.0 | 37.5 | 粉土 | | C30 | 18000 | | 16000 | 11.20 | | 7.20 | | | | | 未压浆 | |
| 448 | | S6 | 1.2 | 45.0 | 37.5 | 粉土 | 0.60 | C30 | 20000 | | 18000 | 10.02 | | 7.03 | 2.2 | | 3.5 | | 桩端压浆 | |
| 449 | 山东滨德高速 | 1# | 1.2 | 22.0 | 18.3 | 粉细砂 | 0.4～0.6 | | 4112 | | 4112 | 9.21 | | 3.60 | 3.0 | | 1.5 | | 桩端压浆 | [142] |
| 450 | | 2# | 1.2 | 30.0 | 25.0 | 粉细砂 | | | 4112 | | 4112 | 14.90 | | 2.32 | | | | | 未压浆 | |
| 451 | | 3# | 1.2 | 22.0 | 18.3 | 粉细砂 | 0.4～0.6 | | 4112 | | 4112 | 10.02 | | 3.79 | 3.0 | | 1.5 | | 桩端压浆 | |
| 452 | | 4# | 1.2 | 30.0 | 25.0 | 粉细砂 | | | 4112 | | 4112 | 10.32 | | 2.42 | | | | | 未压浆 | |
| 453 | 五分干渠中桥 | 8-1# | 1.2 | 23.5 | 19.6 | 黏土 | | | 5200 | 203 | 4400 | 3.49 | | 2.95 | | | | | 未压浆 | [143] |
| 454 | | 13-1# | 1.2 | 16.2 | 13.5 | 粉砂 | | | 8000 | 1327 | 4800 | 8.23 | | 2.84 | | | | | 未压浆 | |
| 455 | | 8-2# | 1.2 | 23.5 | 19.6 | 黏土 | 0.55～0.6 | | 8700 | 513 | 8000 | 4.03 | | 11.26 | 1.1 | 0.8 | 6.0 | | 组合压浆 | |
| 456 | | 13-2# | 1.2 | 16.2 | 13.5 | 粉砂 | 0.55～0.6 | | 11000 | 3272 | 8400 | 8.19 | | 7.33 | 1.3 | 0.6 | 6.0 | | 组合压浆 | |
| 457 | 甬台温高速公路 | 1# | 1.2 | 55.4 | 46.2 | 卵石 | | C25 | 8000 | 2328 | 8000 | 17.79 | | 9.26 | | | | | 未压浆 | [144] |
| 458 | | 2# | 1.2 | 54.8 | 45.7 | 卵石 | | C25 | 11600 | 4249 | 11000 | 24.63 | | | | | | | 桩端压浆 | |
| 459 | | 3# | 1.2 | 55.4 | 46.1 | 卵石 | | C25 | 11400 | 4839 | 11000 | 25.69 | | | | | | | 桩端压浆 | |
| 460 | | 4# | 1.2 | 60.1 | 50.1 | 卵石 | | C25 | 8000 | 3335 | 8000 | 34.48 | | 12.80 | | | | | 未压浆 | |
| 461 | 长平高速公路 | 1# | 1.2 | 17.0 | 14.2 | 全风化泥岩 | 0.50 | | 10257 | | 10257 | 7.45 | | | 2.7 | | 2.0 | | 桩端压浆 | [145] |
| 462 | | 2# | 1.2 | 17.0 | 14.2 | 全风化泥岩 | 0.50 | | 8232 | | 8232 | 2.91 | | | 2.7 | | 2.0 | | 桩端压浆 | |
| 463 | | 3# | 1.2 | 17.0 | 14.2 | 全风化泥岩 | | | 8907 | | 8907 | 9.22 | | | | | | | 未压浆 | |
| 464 | 郑州市107辅道快速化工程 | BX3 | 1.2 | 40.0 | 33.3 | 粉质黏土 | 0.55～0.6 | C35 | 20800 | 1660 | 20800 | 13.80 | 3.66 | 9.19 | 3.6 | | 2.0～4.0 | | 桩端压浆 | [136] |
| 465 | | BX9 | 1.2 | 40.0 | 33.3 | 粉质黏土 | 0.55～0.6 | C35 | 22000 | 1240 | 22000 | 18.40 | 10.70 | 7.49 | 3.6 | | 2.0～4.0 | | 桩端压浆 | |
| 466 | | NX5 | 1.2 | 40.0 | 33.3 | 粉砂 | 0.55～0.6 | C35 | 22000 | 467 | 22000 | 21.55 | 4.47 | 10.45 | 3.6 | | 2.0～4.0 | | 桩端压浆 | |
| 467 | | NX7 | 1.2 | 40.0 | 33.3 | 粉砂 | 0.55～0.6 | C35 | 22000 | 605 | 22000 | 22.54 | 3.97 | 8.84 | 3.6 | | 2.0～4.0 | | 桩端压浆 | |

续表

| 序号 | 工程名称 | 桩号 | $D$ (m) | $L$ (m) | $L/D$ | 持力层类别 | $W/C$ | C | $Q_{max}$ (kN) | $Q_b$ (kN) | $Q_u$ (kN) | $s$ (mm) | $s_b$ (mm) | $s_e$ (mm) | $G_{cb}$ (t) | $G_{cs}$ (t) | $P_{gb}$ (MPa) | $P_{gs}$ (MPa) | 压浆类型 | 文献来源 |
|---|---|---|---|---|---|---|---|---|---|---|---|---|---|---|---|---|---|---|---|---|
| 468 | 扬州京杭运河大桥 | D | 1.2 | 32.5 | 27.1 | 砂黏土 | | | 7300 | | 7300 | 40.50 | | | | | | | 未压浆 | [104] |
| 469 | 杭州德胜快速路工程 | Pdd9-1 | 1.2 | 52.6 | 43.8 | 卵石 | | | 12504 | | 12504 | 35.81 | | | | | | | 未压浆 | * |
| 470 | | SZ3 | 1.2 | 46.5 | 38.8 | 卵石 | | | 18216 | | 18216 | 25.33 | | | | | | | 未压浆 | |
| 471 | | SZ4 | 1.2 | 46.5 | 38.8 | 卵石 | 0.5～0.6 | | 23362 | | 23362 | 33.23 | | | 3.5 | | 3.0 | | 桩端压浆 | |
| 472 | | Pm9-2 | 1.2 | 47.0 | 39.2 | 卵石 | 0.5～0.6 | | 18144 | 6846 | 18144 | 31.00 | | | 3.5 | | 3.8 | | 桩端压浆 | |
| 473 | 江海西路快速路工程 | Pm20-5 | 1.2 | 65.0 | 54.2 | 黏土 | | C30 | 17832 | 3554 | 17832 | 54.89 | 30.85 | | | | | | 未压浆 | * |
| 474 | | Pm22-2 | 1.2 | 54.0 | 45.0 | 粉质黏土 | 0.38 | C30 | 17840 | 5570 | 17840 | 23.73 | 3.01 | | 3.1 | | 3.5 | | 桩端压浆 | |
| 475 | | Pm100-5 | 1.2 | 55.7 | 46.4 | 黏土 | | C30 | 15024 | 3399 | 15024 | 45.89 | 28.50 | | | | | | 未压浆 | |
| 476 | | Pm130-2 | 1.2 | 53.9 | 44.9 | 粉土 | 0.60 | C30 | 18600 | 4732 | 18600 | 24.09 | 3.78 | | 3.1 | | 3.5 | | 桩端压浆 | |
| 477 | | Pm153-2 | 1.2 | 59.5 | 49.5 | 黏土 | | C30 | 17697 | 4499 | 17697 | 50.44 | 29.74 | | | | | | 未压浆 | |
| 478 | | Pm154-2 | 1.2 | 54.9 | 45.8 | 粉质黏土 | 0.50 | C30 | 17700 | 3943 | 17700 | 17.86 | 0.00 | | 2.6 | | 4.0 | | 桩端压浆 | |
| 479 | | Pws3-4 | 1.2 | 60.0 | 50.0 | 粉质黏土 | | C30 | 10080 | 1042 | 10080 | 34.88 | 21.18 | | | | | | 未压浆 | |
| 480 | | Pws2-2 | 1.2 | 55.0 | 45.8 | 粉质黏土夹粉土 | 0.38 | C30 | 17600 | 3203 | 17600 | 21.93 | 2.68 | | 3.2 | | 3.8 | | 桩端压浆 | |
| 481 | 苏通大桥 | NII-1 | 1.2 | 58.9 | 49.1 | 粉砂 | | C30 | 14649 | 2160 | 14037 | 29.79 | 16.19 | | | | | | 未压浆 | * |
| 482 | | NII-2 | 1.2 | 58.9 | 49.1 | 粉砂 | 0.50 | C30 | 20805 | 4583 | 20075 | 28.18 | 10.65 | | 2.8 | | 4.6 | | 桩端压浆 | |
| 483 | 银川北京路延伸及滨河黄河大桥 | SZ1-1 | 1.2 | 70.0 | 58.3 | 细砂 | | C35 | 24448 | 3119 | 24115 | 59.03 | 33.55 | | | | | | 未压浆 | * |
| 484 | | SZ1-2 | 1.2 | 70.0 | 58.3 | 细砂 | 0.50 | C35 | 29768 | 3827 | 29235 | 58.85 | 25.26 | | 1.0 | | 2.6 | | 桩端压浆 | |
| 485 | | SZ2-1 | 1.2 | 70.0 | 58.3 | 细砂 | | C35 | 22368 | 2169 | 22035 | 45.48 | 23.54 | | | | | | 未压浆 | |
| 486 | | SZ2-2 | 1.2 | 70.0 | 58.3 | 细砂 | 0.50 | C35 | 28688 | 3643 | 28155 | 49.07 | 17.13 | | 0.9 | | 2.5 | | 桩端压浆 | |
| 487 | | SZ3-1 | 1.2 | 70.0 | 58.3 | 细砂 | | C35 | 23702 | 3510 | 23368 | 56.67 | 32.10 | | | | | | 未压浆 | |
| 488 | | SZ3-2 | 1.2 | 70.0 | 58.3 | 细砂 | 0.50 | C35 | 28115 | 6494 | 27582 | 72.14 | 40.15 | | 1.2 | | 2.5 | | 桩端压浆 | |

续表

| 序号 | 工程名称 | 桩号 | $D$ (m) | $L$ (m) | $L/D$ | 持力层类别 | $W/C$ | C | $Q_{max}$ (kN) | $Q_b$ (kN) | $Q_u$ (kN) | $s$ (mm) | $s_b$ (mm) | $s_e$ (mm) | $G_{cb}$ (t) | $G_{cs}$ (t) | $P_{gb}$ (MPa) | $P_{gs}$ (MPa) | 压浆类型 | 文献来源 |
|---|---|---|---|---|---|---|---|---|---|---|---|---|---|---|---|---|---|---|---|---|
| 489 | 京沈客运专线顺义特大桥 | S1 | 1.3 | 30.2 | 24.2 | 粉质黏土 | 0.50 | | 14400 | 2225 | 13500 | 13.92 | | 5.75 | | | | | 未压浆 | [146] |
| 490 | | S2 | 1.3 | 30.3 | 24.2 | 粉质黏土 | 0.50 | | 26000 | 3550 | 25000 | 28.82 | | 13.53 | 8.5 | 2.5 | 5.0 | 3.0 | 组合压浆 | |
| 491 | | S3 | 1.3 | 30.1 | 24.1 | 粉质黏土 | 0.50 | | 7500 | 327 | 7500 | 3.28 | | 1.56 | 8.0 | 2.7 | 5.8 | 2.5 | 组合压浆 | |
| 492 | | S4 | 1.3 | 30.2 | 24.2 | 粉质黏土 | 0.50 | | 14250 | 1258 | 14250 | 10.24 | | 4.66 | 9.0 | 1.4 | 6.5 | 3.8 | 组合压浆 | |
| 493 | 西安咸阳渭河特大桥 | Sa1 | 1.3 | 25.0 | 19.2 | 中砂 | 0.75 | C25 | 26000 | 11946 | 26000 | 14.26 | | 10.38 | 3.0 | 0.5 | 1.6 | 1.2 | 组合压浆 | [147] |
| 494 | | Sb1 | 1.3 | 25.0 | 19.2 | 中砂 | 0.75 | C25 | 26000 | 11946 | 26000 | 13.25 | | 10.20 | 3.0 | 0.5 | 1.6 | 1.3 | 组合压浆 | |
| 495 | | Sc1 | 1.3 | 25.0 | 19.2 | 中砂 | 0.75 | C25 | 26000 | 11946 | 26000 | 12.83 | | 11.17 | 3.0 | 0.5 | 1.7 | 1.1 | 组合压浆 | |
| 496 | | Sa3 | 1.3 | 25.0 | 19.2 | 中砂 | | C25 | 18000 | 5309 | 18000 | 40.28 | | 6.78 | | | | | 未压浆 | |
| 497 | | Sb3 | 1.3 | 25.0 | 19.2 | 中砂 | | C25 | 18000 | 5309 | 18000 | 40.97 | | 6.67 | | | | | 未压浆 | |
| 498 | | Sc3 | 1.3 | 25.0 | 19.2 | 中砂 | | C25 | 18000 | 5309 | 18000 | 40.20 | | 8.40 | | | | | 未压浆 | |
| 499 | 汕头广银大厦 | 119# | 1.3 | 58.0 | 44.6 | 中风化岩 | | | | | 23800 | | | | | | | | 桩端压浆 | [76] |
| 500 | | 122# | 1.3 | 58.0 | 44.6 | 中风化岩 | | | | | 17100 | | | | | | | | 桩端压浆 | |
| 501 | 乐清湾大桥 | 7#-3-1# | 1.3 | 70.0 | 53.8 | 砾砂 | | C30 | 13134 | 4259 | 12634 | 39.62 | 25.37 | | | | | | 未压浆 | * |
| 502 | | 7#-3-2# | 1.3 | 70.0 | 53.8 | 砾砂 | 0.55 | C30 | 21121 | 6826 | 20451 | 44.54 | 19.63 | | 5.3 | | 3.3 | | 桩端压浆 | |
| 503 | | 3#-1-1# | 1.3 | 40.9 | 31.5 | 全风化凝灰岩 | | C30 | 14803 | 5749 | 14303 | 30.56 | 22.98 | | | | | | 未压浆 | |
| 504 | | 3#-1-2# | 1.3 | 40.9 | 31.5 | 全风化凝灰岩 | 0.50 | C30 | 21665 | 8958 | 21665 | 32.95 | 21.38 | | 6.2 | | 1.9 | | 桩端压浆 | |
| 505 | 东小江大桥 | 20-4# | 1.5 | 61.0 | 40.7 | 含黏性土圆砾 | 0.50 | C30 | 11600 | | 11600 | 6.74 | | 1.33 | 2.7 | 4.5 | 2.5 | 1.5 | 组合压浆 | [148] |
| 506 | | 22-4# | 1.5 | 61.0 | 40.7 | 含黏性土圆砾 | | C30 | 11600 | | 11600 | 13.30 | | 3.88 | | | | | 未压浆 | |
| 507 | 杭州第二长途电信枢纽大楼 | S1 | 1.5 | 44.0 | 29.3 | 砾石 | | | | 7763 | 18630 | 13.57 | 4.36 | | 6.0 | | 3.8 | | 桩端压浆 | [70] |
| 508 | | S2 | 1.5 | 40.0 | 26.7 | 砾石 | | | | 6521 | 14283 | 57.93 | 38.54 | 5.68 | | | | | 未压浆 | |
| 509 | | S3 | 1.5 | 43.8 | 29.2 | 砾石 | | | | 7763 | 18630 | 11.99 | 4.00 | 1.69 | | | | | 桩端压浆 | |
| 510 | 台州湾大桥 | SZ1-1 | 1.5 | 71.5 | 47.7 | 含黏性土圆砾 | | C35 | 15455 | 4341 | 15055 | 36.77 | 31.81 | | | | | | 未压浆 | * |
| 511 | | SZ1-2 | 1.5 | 71.5 | 47.7 | 含黏性土圆砾 | 0.48 | C35 | 25355 | 9771 | 23805 | 32.71 | 34.34 | | 5.0 | | 2.0～4.0 | | 桩端压浆 | |

续表

| 序号 | 工程名称 | 桩号 | $D$ (m) | $L$ (m) | $L/D$ | 持力层类别 | $W/C$ | C | $Q_{max}$ (kN) | $Q_b$ (kN) | $Q_u$ (kN) | $s$ (mm) | $s_b$ (mm) | $s_e$ (mm) | $G_{cb}$ (t) | $G_{cs}$ (t) | $P_{gb}$ (MPa) | $P_{gs}$ (MPa) | 压浆类型 | 文献来源 |
|---|---|---|---|---|---|---|---|---|---|---|---|---|---|---|---|---|---|---|---|---|
| 512 | 台州湾大桥 | SZ2-1 | 1.5 | 71.5 | 47.7 | 含黏性土圆砾 |  | C35 | 15455 | 4334 | 15055 | 33.15 | 28.42 |  |  |  |  |  | 未压浆 | * |
| 513 |  | SZ2-2 | 1.5 | 71.5 | 47.7 | 含黏性土圆砾 | 0.48 | C35 | 25955 | 9778 | 24405 | 39.35 | 34.34 |  | 5.0 |  | 2.0～3.5 |  | 桩端压浆 |  |
| 514 |  | SZ3-1 | 1.5 | 71.5 | 47.7 | 含黏性土圆砾 |  | C35 | 14305 | 3969 | 13905 | 30.81 | 26.73 |  |  |  |  |  | 未压浆 |  |
| 515 |  | SZ3-2 | 1.5 | 71.5 | 47.7 | 含黏性土圆砾 | 0.48 | C35 | 25955 | 9778 | 24405 | 39.93 | 33.92 |  | 5.0 |  | 2.3～3.5 |  | 桩端压浆 |  |
| 516 |  | SZ4-1 | 1.5 | 82.0 | 54.7 | 黏土 |  | C30 | 14201 | 1440 | 13531 | 39.94 | 21.63 |  |  |  |  |  | 未压浆 |  |
| 517 |  | SZ4-2 | 1.5 | 82.0 | 54.7 | 黏土 | 0.40 | C30 | 20503 | 3441 | 19833 | 54.27 | 29.38 |  | 2.8 |  | 3.2 |  | 桩端压浆 |  |
| 518 |  | SZ5-1 | 1.5 | 82.0 | 54.7 | 黏土 |  | C30 | 14201 | 1463 | 13531 | 39.90 | 22.58 |  |  |  |  |  | 未压浆 |  |
| 519 |  | SZ5-2 | 1.5 | 82.0 | 54.7 | 黏土 | 0.40 | C30 | 20503 | 3423 | 19833 | 49.39 | 24.50 |  | 3.0 |  | 3.1 |  | 桩端压浆 |  |
| 520 |  | SZ6-1 | 1.5 | 82.0 | 54.7 | 黏土 |  | C30 | 14201 | 1482 | 13531 | 39.12 | 21.98 |  |  |  |  |  | 未压浆 |  |
| 521 |  | SZ6-2 | 1.5 | 82.0 | 54.7 | 黏土 | 0.40 | C30 | 20503 | 3485 | 19833 | 51.78 | 26.89 |  | 3.1 |  | 3.0 |  | 桩端压浆 |  |
| 522 |  | 45#-3-1# | 1.5 | 72.0 | 48.0 | 粉质黏土 |  | C30 | 20349 | 3792 | 19949 | 37.58 | 21.12 |  |  |  |  |  | 未压浆 |  |
| 523 |  | 45#-3-2# | 1.5 | 72.0 | 48.0 | 粉质黏土 | 0.40 | C30 | 27449 | 7444 | 26749 | 46.98 | 22.00 |  | 4.8 |  | 4.3 |  | 桩端压浆 |  |
| 524 |  | 9#-1-1# | 1.5 | 57.0 | 38.0 | 粉质黏土 |  | C30 | 14651 | 1087 | 14351 | 23.40 | 14.40 |  |  |  |  |  | 未压浆 |  |
| 525 |  | 9#-1-2# | 1.5 | 57.0 | 38.0 | 粉质黏土 | 0.40 | C | 19901 | 3802 | 19301 | 31.66 | 18.14 |  | 5.8 |  | 2.1 |  | 桩端压浆 |  |
| 526 |  | 3#-1-1# | 1.5 | 76.6 | 51.1 | 砾砂 |  | C30 | 20302 | 3534 | 19602 | 34.51 | 21.62 |  |  |  |  |  | 未压浆 |  |
| 527 |  | 3#-1-2# | 1.5 | 76.6 | 51.1 | 砾砂 | 0.40 | C30 | 29178 | 8457 | 27978 | 38.31 | 20.35 |  | 3.3 |  | 4.2 |  | 桩端压浆 |  |
| 528 |  | 92#-0-1# | 1.5 | 79.0 | 52.7 | 粉质黏土 |  | C30 | 18915 | 2482 | 18215 | 30.82 | 21.18 |  |  |  |  |  | 未压浆 |  |
| 529 |  | 92#-0-2# | 1.5 | 79.0 | 52.7 | 粉质黏土 | 0.40 | C30 | 25990 | 6446 | 25390 | 39.02 | 23.91 |  | 5.6 |  | 1.7 |  | 桩端压浆 |  |
| 530 |  | 11#-5-1# | 1.5 | 66.8 | 44.5 | 黏土 |  | C30 | 17766 | 2276 | 16566 | 31.66 | 19.18 |  |  |  |  |  | 未压浆 |  |
| 531 |  | 11#-5-2# | 1.5 | 66.8 | 44.5 | 黏土 | 0.40 | C30 | 23616 | 5357 | 23016 | 37.43 | 22.92 |  | 5.6 |  | 2.0 |  | 桩端压浆 |  |
| 532 |  | 45#-5-1# | 1.5 | 65.1 | 43.4 | 粉质黏土 |  | C30 | 16509 | 2823 | 15724 | 27.18 | 15.34 |  |  |  |  |  | 未压浆 |  |
| 533 |  | 45#-5-2# | 1.5 | 65.1 | 43.4 | 粉质黏土 | 0.40 | C30 | 24224 | 4988 | 23524 | 37.54 | 21.21 |  | 5.0 |  | 5.3 |  | 桩端压浆 |  |
| 534 |  | 101#-5-1# | 1.5 | 97.7 | 65.1 | 粉质黏土 |  | C30 | 22808 | 2023 | 21892 | 32.89 | 16.19 |  |  |  |  |  | 未压浆 |  |

续表

| 序号 | 工程名称 | 桩号 | $D$ (m) | $L$ (m) | $L/D$ | 持力层类别 | $W/C$ | C | $Q_{max}$ (kN) | $Q_b$ (kN) | $Q_u$ (kN) | $s$ (mm) | $s_b$ (mm) | $s_e$ (mm) | $G_{cb}$ (t) | $G_{cs}$ (t) | $P_{gb}$ (MPa) | $P_{gs}$ (MPa) | 压浆类型 | 文献来源 |
|---|---|---|---|---|---|---|---|---|---|---|---|---|---|---|---|---|---|---|---|---|
| 535 | 台州湾大桥 | 101#-5-2# | 1.5 | 97.7 | 65.1 | 粉质黏土 | 0.40 | C30 | 31842 | 6849 | 31142 | 42.50 | 19.25 | | 5.3 | | 5.3 | | 桩端压浆 | * |
| 536 | | 32#-1-1# | 1.5 | 79.0 | 52.7 | 粉质黏土 | | C30 | 18779 | 2023 | 18079 | 31.83 | 19.51 | | | | | | 未压浆 | |
| 537 | | 32#-1-2# | 1.5 | 79.0 | 52.7 | 粉质黏土 | 0.40 | C30 | 25454 | 5359 | 24854 | 39.12 | 22.20 | | 4.6 | | 4.9 | | 桩端压浆 | |
| 538 | | 53#-0-1# | 1.5 | 78.0 | 52.0 | 粉砂 | | C30 | 17425 | 2641 | 16725 | 32.75 | 18.82 | | | | | | 未压浆 | |
| 539 | | 53#-0-2# | 1.5 | 78.0 | 52.0 | 粉砂 | 0.40 | C30 | 25225 | 6359 | 24575 | 40.48 | 24.40 | | 5.3 | | 4.1 | | 桩端压浆 | |
| 540 | | 21#-3-1# | 1.5 | 68.0 | 45.3 | 圆砾 | | C30 | 15916 | 2701 | 15216 | 24.97 | 13.49 | | | | | | 未压浆 | |
| 541 | | 21#-3-2# | 1.5 | 68.0 | 45.3 | 圆砾 | 0.40 | C30 | 23791 | 7085 | 22391 | 31.65 | 12.09 | | 8.2 | | 2.4 | | 桩端压浆 | |
| 542 | | 22#-1-1# | 1.5 | 65.0 | 43.3 | 卵石 | | C30 | 18780 | 4863 | 18080 | 29.44 | 15.15 | | | | | | 未压浆 | |
| 543 | | 22#-1-2# | 1.5 | 65.0 | 43.3 | 卵石 | 0.40 | C30 | 26655 | 8586 | 25255 | 38.86 | 17.00 | | 7.5 | | 3.2 | | 桩端压浆 | |
| 544 | 乐清湾大桥 | 16#-1-1 | 1.5 | 68.5 | 45.7 | 圆砾 | | C35 | 15517 | 6405 | 14901 | 34.93 | 23.63 | | | | | | 未压浆 | * |
| 545 | | 16#-1-2 | 1.5 | 68.5 | 45.7 | 圆砾 | 0.55 | C35 | 26655 | 10529 | 25709 | 42.45 | 23.32 | | 6.9 | | 2.7 | | 桩端压浆 | |
| 546 | | Y7-3-1# | 1.5 | 74.0 | 49.3 | 含黏性土碎石 | | C30 | 19650 | 2888 | 19300 | 36.17 | 23.24 | | | | | | 未压浆 | |
| 547 | | Y7-3-2# | 1.5 | 74.0 | 49.3 | 含黏性土碎石 | 0.55 | C30 | 32800 | 12105 | 31800 | 60.05 | 29.10 | | 6.8 | | 2.0 | | 桩端压浆 | |
| 548 | | 39#-5-1 | 1.5 | 43.0 | 28.7 | 角砾 | | C30 | 12289 | 5033 | 11889 | 38.13 | 31.19 | | | | | | 未压浆 | |
| 549 | | 39#-5-2 | 1.5 | 43.0 | 28.7 | 角砾 | 0.55～0.7 | C30 | 21509 | 8328 | 20506 | 42.98 | 31.03 | | 5.8 | | 1.5～3.2 | | 桩端压浆 | |
| 550 | | 60#-2-1 | 1.5 | 44.0 | 29.3 | 碎石 | | C30 | 13808 | 5687 | 13268 | 46.26 | 37.95 | | | | | | 未压浆 | |
| 551 | | 60#-2-2 | 1.5 | 44.0 | 29.3 | 碎石 | 0.55～0.7 | C30 | 21414 | 8598 | 20473 | 40.57 | 28.07 | | 4.8 | | 1.6～3.3 | | 桩端压浆 | |
| 552 | | 14#-2-1 | 1.5 | 29.8 | 19.9 | 角砾 | | C30 | 9042 | 3407 | 8510 | 41.92 | 37.97 | | | | | | 未压浆 | |
| 553 | | 14#-2-2 | 1.5 | 29.8 | 19.9 | 角砾 | 0.55～0.7 | C30 | 17628 | 7572 | 17628 | 42.96 | 35.61 | | 4.4 | | 2.0～4.0 | | 桩端压浆 | |
| 554 | | 12#-0-1 | 1.5 | 75.0 | 50.0 | 含黏性土角砾 | | C35 | 15668 | 6628 | 15151 | 51.87 | 36.28 | | | | | | 未压浆 | |
| 555 | | 12#-0-2 | 1.5 | 75.0 | 50.0 | 含黏性土角砾 | 0.55～0.7 | C35 | 23960 | 10647 | 23960 | 58.12 | 36.14 | | 3.8 | | 1.3～3.5 | | 桩端压浆 | |
| 556 | | 23#-5-1 | 1.5 | 67.0 | 44.7 | 黏土 | | C35 | 14877 | 6023 | 14390 | 39.82 | 26.79 | | | | | | 未压浆 | |
| 557 | | 23#-5-2 | 1.5 | 67.0 | 44.7 | 黏土 | 0.55～0.7 | C35 | 17515 | 7448 | 17515 | 44.72 | 27.81 | | 5.3 | | 1.1～3.5 | | 桩端压浆 | |

续表

| 序号 | 工程名称 | 桩号 | $D$ (m) | $L$ (m) | $L/D$ | 持力层类别 | $W/C$ | C | $Q_{max}$ (kN) | $Q_b$ (kN) | $Q_u$ (kN) | $s$ (mm) | $s_b$ (mm) | $s_e$ (mm) | $G_{cb}$ (t) | $G_{cs}$ (t) | $P_{gb}$ (MPa) | $P_{gs}$ (MPa) | 压浆类型 | 文献来源 |
|---|---|---|---|---|---|---|---|---|---|---|---|---|---|---|---|---|---|---|---|---|
| 558 | 乐清湾大桥 | 36#-5-1 | 1.5 | 66.0 | 44.0 | 含黏性土碎石 |  | C35 | 15944 | 6970 | 15424 | 49.68 | 35.92 |  |  |  |  |  | 未压浆 | * |
| 559 |  | 36#-5-2 | 1.5 | 66.0 | 44.0 | 含黏性土碎石 | 0.55～0.7 | C35 | 21573 | 8532 | 20883 | 41.10 | 19.87 |  | 3.8 |  | 1.2～3.5 |  | 桩端压浆 |  |
| 560 |  | 50#-Y1-1# | 1.5 | 47.8 | 31.9 | 黏土 |  | C30 | 10330 | 3843 | 9930 | 27.42 | 21.06 |  |  |  |  |  | 未压浆 |  |
| 561 |  | 50#-Y1-2# | 1.5 | 47.8 | 31.9 | 黏土 | 0.55 | C30 | 15505 | 5276 | 15005 | 35.29 | 25.83 |  | 5.6 |  | 2.9 |  | 桩端压浆 |  |
| 562 |  | 55#-Z1-1# | 1.5 | 59.7 | 39.8 | 粉质黏土 |  | C30 | 13400 | 3956 | 11281 | 20.40 | 18.58 |  |  |  |  |  | 未压浆 |  |
| 563 |  | 55#-Z1-2# | 1.5 | 59.7 | 39.8 | 粉质黏土 | 0.55 | C30 | 17181 | 5690 | 16621 | 34.02 | 21.38 |  | 5.5 |  | 3.5 |  | 桩端压浆 |  |
| 564 | 石首长江公路大桥 | SZY7-1 | 1.5 | 40.0 | 26.7 | 细砂 |  | C30 | 10995 | 1275 | 10645 | 29.00 | 24.44 |  |  |  |  |  | 未压浆 | * |
| 565 |  | SZY7-2 | 1.5 | 40.0 | 26.7 | 细砂 | 0.50 | C30 | 17273 | 2007 | 16923 | 31.25 | 24.21 |  |  | 2.5 |  | 2.7 | 桩侧压浆 |  |
| 566 |  | SZY8-1 | 1.5 | 40.0 | 26.7 | 细砂 |  | C30 | 11552 | 1104 | 10195 | 17.02 | 13.39 |  |  |  |  |  | 未压浆 |  |
| 567 |  | SZY8-2 | 1.5 | 40.0 | 26.7 | 细砂 | 0.50 | C30 | 20623 | 4805 | 20023 | 29.35 | 21.90 |  | 2.4 | 2.4 | 3.5 | 3.1 | 组合压浆 |  |
| 568 | 辽河特大桥 | SZ2 | 1.5 | 55.0 | 36.7 | 细砂 | 0.65 | C30 | 23708 | 5577 | 21858 | 33.49 | 28.61 |  | 1.0 |  | 3.5 |  | 桩端压浆 | * |
| 569 | 杭州湾跨海大桥 | 1-1# | 1.5 | 87.0 | 58.0 | 黏土 | 0.5～0.6 | C30 | 16357 | 1600 | 15547 | 30.99 | 46.18 |  |  |  |  |  | 未压浆 | * |
| 570 |  | 1-2# | 1.5 | 87.0 | 58.0 | 黏土 | 0.5～0.6 | C30 | 31043 | 7470 | 31043 | 98.14 | 65.44 |  | 3.7 |  | 1.5～4.0 |  | 桩端压浆 |  |
| 571 |  | SZ2 | 1.5 | 90.0 | 60.0 | 细砂 | 0.5～0.6 | C30 | 43048 | 6580 | 42567 | 87.77 | 42.66 |  | 3.0 |  | 2.0～4.0 |  | 桩端压浆 |  |
| 572 | 深圳市南山区后海天佶湾项目 | Z60-1 | 1.5 | 60.0 | 40.0 | 强风化花岗岩 | 0.50 | C45 | 39398 | 8916 | 39398 | 43.99 | 19.48 |  |  |  |  |  | 未压浆 | * |
| 573 |  | Z60-2 | 1.5 | 60.0 | 40.0 | 强风化花岗岩 | 0.50 | C45 | 84902 | 19004 | 84902 | 69.11 | 18.42 |  | 1.8 | 8.1 | 5.4 | 4.9 | 组合压浆 |  |
| 574 |  | Z71-1 | 1.5 | 70.0 | 46.7 | 强风化花岗岩 | 0.50 | C45 | 41469 | 8666 | 41469 | 49.29 | 19.60 |  |  |  |  |  | 未压浆 |  |
| 575 |  | Z71-2 | 1.5 | 70.0 | 46.7 | 强风化花岗岩 | 0.50 | C45 | 93577 | 20147 | 93577 | 53.17 | 18.12 |  | 6.3 | 10.7 | 5.7 | 4.4 | 组合压浆 |  |
| 576 |  | Z72-1 | 1.5 | 70.0 | 46.7 | 强风化花岗岩 | 0.50 | C45 | 40769 | 8127 | 40769 | 46.87 | 17.77 |  |  |  |  |  | 未压浆 |  |
| 577 |  | Z72-2 | 1.5 | 70.0 | 46.7 | 强风化花岗岩 | 0.50 | C45 | 97743 | 22397 | 97743 | 61.46 | 22.97 |  | 5.0 | 11.2 | 5.5 | 4.0 | 组合压浆 |  |
| 578 | 苏通大桥 | S1-1 | 1.5 | 84.0 | 56.0 | 细砂 |  | C35 | 24378 | 2200 | 23186 | 32.55 | 1.63 |  |  |  |  |  | 未压浆 | * |
| 579 |  | S1-2 | 1.5 | 84.0 | 56.0 | 细砂 | 0.60 | C35 | 39571 | 13424 | 39571 | 44.11 | 8.75 |  | 3.5 |  | 2.5 |  | 桩端压浆 |  |
| 580 |  | S2 | 1.5 | 69.0 | 46.0 | 粉砂 | 0.60 | C35 | 31309 | 6391 | 30409 | 71.80 | 30.29 |  | 2.5 |  | 2.5 |  | 桩端压浆 |  |

续表

| 序号 | 工程名称 | 桩号 | $D$ (m) | $L$ (m) | $L/D$ | 持力层类别 | $W/C$ | C | $Q_{max}$ (kN) | $Q_b$ (kN) | $Q_u$ (kN) | $s$ (mm) | $s_b$ (mm) | $s_e$ (mm) | $G_{cb}$ (t) | $G_{cs}$ (t) | $P_{gb}$ (MPa) | $P_{gs}$ (MPa) | 压浆类型 | 文献来源 |
|---|---|---|---|---|---|---|---|---|---|---|---|---|---|---|---|---|---|---|---|---|
| 581 | 苏通大桥 | S3-1 | 1.5 | 69.0 | 46.0 | 粉砂 | | C35 | 16872 | 1466 | 15970 | 40.09 | 26.90 | | | | | | 未压浆 | * |
| 582 | | S3-2 | 1.5 | 69.0 | 46.0 | 粉砂 | 0.60 | C35 | 32109 | 8156 | 32109 | 39.62 | 13.66 | | 4.0 | | 3.0 | | 桩端压浆 | |
| 583 | | NII-3 | 1.5 | 63.6 | 42.4 | 粉砂 | 0.50 | C30 | 29289 | 7717 | 28349 | 44.11 | 20.82 | | 2.0 | | 4.6 | | 桩端压浆 | |
| 584 | | NII-4 | 1.5 | 63.6 | 42.4 | 粉砂 | | C30 | 17907 | 2542 | 17629 | 48.53 | 38.02 | | | | | | 未压浆 | |
| 585 | 银川北京路延伸及滨河黄河大桥 | N5-1 | 1.5 | 50.0 | 33.3 | 泥岩 | | C35 | 30689 | 6356 | 30089 | 47.46 | 31.43 | | | | | | 未压浆 | * |
| 586 | | N5-2 | 1.5 | 50.0 | 33.3 | 泥岩 | 0.50 | C35 | 40476 | 10228 | 39409 | 57.39 | 28.78 | | 0.7 | | 2.5 | | 桩端压浆 | |
| 587 | 连镇铁路淮扬左线特大桥 | 7-1# | 1.5 | 56.5 | 37.7 | 黏土 | | C35 | 29883 | 3453 | 27644 | 30.33 | 21.15 | | | | | | 未压浆 | * |
| 588 | | 7-2# | 1.5 | 56.5 | 37.7 | 黏土 | 0.50 | C35 | 36765 | 6858 | 36765 | 35.53 | 13.06 | | 3.6 | 3.1 | 2.5 | 3.6 | 组合压浆 | |
| 589 | | 8-1# | 1.5 | 56.5 | 37.7 | 黏土 | | C35 | 27978 | 3450 | 26560 | 33.23 | 21.15 | | | | | | 未压浆 | |
| 590 | | 8-2# | 1.5 | 56.5 | 37.7 | 黏土 | 0.50 | C35 | 36765 | 6793 | 36765 | 30.56 | 12.64 | | 3.6 | 3.0 | 2.6 | 3.7 | 组合压浆 | |
| 591 | 南通滨江大桥 | P1 | 1.5 | 81.0 | 54.0 | 含砾粉细砂 | | | | | 20034 | | | | | | | | 未压浆 | * |
| 592 | | P2-1 | 1.5 | 81.0 | 54.0 | 含砾粉细砂 | | | | | 28571 | | | | | | | | 未压浆 | |
| 593 | | P2-2 | 1.5 | 81.0 | 54.0 | 含砾粉细砂 | | | | | 31170 | | | | | | | | 桩端压浆 | |
| 594 | 西安城市立交工程 | C17-1# | 1.5 | 45.0 | 30.0 | 粉质黏土 | | C25 | 17500 | 3924 | 16875 | 25.70 | 53.23 | | | | | | 未压浆 | * |
| 595 | | C17-2# | 1.5 | 45.0 | 30.0 | 粉质黏土 | 0.5～0.7 | C25 | 25268 | 9280 | 25268 | 48.50 | 38.76 | | 2.8 | | 10.0 | | 桩端压浆 | |
| 596 | | C20-1# | 1.5 | 45.0 | 30.0 | 粉质黏土 | | C25 | 17500 | 3659 | 16875 | 24.10 | 55.42 | | | | | | 未压浆 | |
| 597 | | C20-2# | 1.5 | 45.0 | 30.0 | 粉质黏土 | 0.5～0.7 | C25 | 24068 | 8205 | 24068 | 49.70 | 39.81 | | 3.8 | | 0.2 | | 桩端压浆 | |
| 598 | 宁海物流配送中心工程 | 56# | 1.6 | 9.3 | 5.8 | 卵石混粉质黏土 | | C45 | 10400 | | 10400 | 27.38 | | 5.18 | 5.0 | | | | 桩端压浆 | [70] |
| 599 | | 57# | 1.6 | 9.2 | 5.8 | 卵石混粉质黏土 | | C45 | 10400 | | 10400 | 31.58 | | 7.28 | 5.0 | | | | 桩端压浆 | |
| 600 | 乐清湾大桥 | 17#-2-1# | 1.6 | 69.6 | 43.5 | 砾砂 | | C30 | 20333 | 6888 | 19663 | 48.82 | 33.40 | | | | | | 未压浆 | * |
| 601 | | 17#-2-2# | 1.6 | 69.6 | 43.5 | 砾砂 | 0.50 | C30 | 32015 | 10761 | 31470 | 37.65 | 22.42 | | 8.2 | | 2.6 | | 桩端压浆 | |
| 602 | | 16#-1-1# | 1.6 | 57.6 | 36.0 | 黏土 | | C30 | 15141 | 4231 | 14641 | 40.18 | 33.12 | | | | | | 未压浆 | |
| 603 | | 16#-1-2# | 1.6 | 57.6 | 36.0 | 黏土 | 0.50 | C30 | 20879 | 5914 | 20209 | 37.29 | 24.32 | | 6.9 | | 2.3 | | 桩端压浆 | |

续表

| 序号 | 工程名称 | 桩号 | $D$ (m) | $L$ (m) | $L/D$ | 持力层类别 | $W/C$ | C | $Q_{max}$ (kN) | $Q_b$ (kN) | $Q_u$ (kN) | $s$ (mm) | $s_b$ (mm) | $s_e$ (mm) | $G_{cb}$ (t) | $G_{cs}$ (t) | $P_{gb}$ (MPa) | $P_{gs}$ (MPa) | 压浆类型 | 文献来源 |
|---|---|---|---|---|---|---|---|---|---|---|---|---|---|---|---|---|---|---|---|---|
| 604 | 上海长江大桥 | D1-1＃ | 1.6 | 82.0 | 51.2 | 含砾粉细砂 | | C30 | 17063 | 6700 | 16393 | 64.71 | 52.76 | | | | | | 未压浆 | * |
| 605 | | D1-2＃ | 1.6 | 82.0 | 51.2 | 含砾粉细砂 | 0.50 | C30 | 34035 | 13400 | 32695 | 66.04 | 41.88 | | 4.4 | | 8.0 | | 桩端压浆 | |
| 606 | | D2-1＃ | 1.6 | 86.4 | 54.0 | 含砾粉细砂 | | C30 | 22652 | 3299 | 21430 | 53.27 | 23.84 | | | | | | 未压浆 | |
| 607 | | D2-2＃ | 1.6 | 86.4 | 54.0 | 含砾粉细砂 | 0.50 | C30 | 45829 | 15753 | 44460 | 76.32 | 37.14 | | 4.6 | | 2.0～3.0 | | 桩端压浆 | |
| 608 | 滞洪区兼京杭运河特大桥 | 57＃-4 | 1.6 | 33.0 | 20.6 | 粉质黏土 | 0.50 | C30 | 22712 | 7515 | 22712 | 39.00 | 31.40 | | 4.0 | 3.6 | 2.0～2.6 | 1.6 | 组合压浆 | * |
| 609 | | 126＃-1 | 1.6 | 36.0 | 22.5 | 粗砂 | 0.50 | C30 | 26114 | 10896 | 26114 | 16.69 | 2.80 | | 4.8 | 3.9 | 2.2～4.3 | 1.3 | 组合压浆 | |
| 610 | | 130＃-3 | 1.6 | 34.0 | 21.3 | 粉质黏土 | 0.50 | C30 | 22156 | 8222 | 22156 | 35.92 | 27.92 | | 4.0 | 3.6 | 1.8～2.1 | 1.9 | 组合压浆 | |
| 611 | 伊河大桥 | 2＃ | 1.7 | 9.5 | 5.6 | 黏土夹姜石 | | | | | 4800 | | | | | | | | 未压浆 | * |
| 612 | | 3＃ | 1.7 | 9.5 | 5.6 | 黏土夹姜石 | | | | | 6200 | | | | | | | | 桩端压浆 | |
| 613 | 台州湾大桥 | 7＃-9-1＃ | 1.8 | 77.0 | 42.8 | 粉质黏土 | | C30 | 25056 | 2287 | 24056 | 27.78 | 14.43 | | | | | | 未压浆 | * |
| 614 | | 7＃-9-2＃ | 1.8 | 77.0 | 42.8 | 粉质黏土 | 0.40 | C30 | 35606 | 8300 | 34706 | 37.93 | 21.73 | | 5.6 | | 2.0 | | 桩端压浆 | |
| 615 | 石首长江公路大桥 | SZY5-1 | 1.8 | 54.0 | 30.0 | 细砂 | | C30 | 17405 | 2520 | 16905 | 26.95 | 21.47 | | | | | | 未压浆 | * |
| 616 | | SZY5-2 | 1.8 | 54.0 | 30.0 | 细砂 | 0.50 | C30 | 29291 | 6507 | 28291 | 30.47 | 16.22 | | 2.8 | 3.2 | 5.5 | 4.2 | 组合压浆 | |
| 617 | | SZY6-1 | 1.8 | 54.0 | 30.0 | 细砂 | | C30 | 17405 | 2340 | 16905 | 24.47 | 18.99 | | | | | | 未压浆 | |
| 618 | | SZY6-2 | 1.8 | 54.0 | 30.0 | 细砂 | 0.50 | C30 | 30091 | 6473 | 29091 | 28.32 | 18.67 | | 2.8 | 3.2 | 5.7 | 4.8 | 组合压浆 | |
| 619 | 七浦塘大桥 | ZS-1 | 1.8 | 75.5 | 41.9 | 中砂夹碎石 | | C25 | 24093 | 4309 | 22966 | 38.74 | 26.71 | | | | | | 未压浆 | * |
| 620 | | ZS-2 | 1.8 | 75.5 | 41.9 | 中砂夹碎石 | 0.5～0.7 | C25 | 31345 | 7793 | 30966 | 42.86 | 7.99 | | 2.5 | | | | 桩端压浆 | |
| 621 | 上海长江大桥 | C1-1 | 1.8 | 77.0 | 42.8 | 含砾粉细砂 | | C30 | 21188 | 3948 | 20448 | 61.25 | 53.64 | | | | | | 未压浆 | * |
| 622 | | C1-2 | 1.8 | 77.0 | 42.8 | 含砾粉细砂 | 0.50 | C30 | 48803 | 11830 | 46128 | 49.02 | 31.30 | | 6.8 | | 2.0～4.0 | | 桩端压浆 | |
| 623 | 苏通大桥 | N3-1 | 1.8 | 76.0 | 42.2 | 粗砂 | | C35 | 27761 | 2850 | 26766 | 56.75 | 39.78 | | | | | | 未压浆 | * |
| 624 | | N3-2 | 1.8 | 76.0 | 42.2 | 粗砂 | 0.60 | C35 | 42966 | 10460 | 41967 | 47.71 | 28.57 | | 2.0 | | 3.0 | | 桩端压浆 | |
| 625 | 滞洪区兼京杭运河特大桥 | 443＃-1 | 1.8 | 46.0 | 25.6 | 粗砂 | 0.50 | C30 | 18283 | 4356 | 18283 | 34.59 | 20.64 | | | | | | 未压浆 | * |
| 626 | | 443＃-3 | 1.8 | 31.0 | 17.2 | 粗砂 | 0.50 | C30 | 26339 | 8810 | 26339 | 15.24 | 3.32 | | 3.8 | 3.9 | 2.4～3.0 | 1.1 | 组合压浆 | |

续表

| 序号 | 工程名称 | 桩号 | $D$ (m) | $L$ (m) | $L/D$ | 持力层类别 | $W/C$ | C | $Q_{max}$ (kN) | $Q_b$ (kN) | $Q_u$ (kN) | $s$ (mm) | $s_b$ (mm) | $s_e$ (mm) | $G_{cb}$ (t) | $G_{cs}$ (t) | $P_{gb}$ (MPa) | $P_{gs}$ (MPa) | 压浆类型 | 文献来源 |
|---|---|---|---|---|---|---|---|---|---|---|---|---|---|---|---|---|---|---|---|---|
| 627 | 滞洪区兼京杭运河特大桥 | 446#-1 | 1.8 | 35.0 | 19.4 | 中砂 | 0.50 | C30 | 22809 | 9229 | 22809 | 35.75 | 29.02 | | 4.4 | 4.0 | 2.2～2.5 | 0.5 | 组合压浆 | * |
| 628 | 乐清湾大桥 | YE31-1 | 2.0 | 88.0 | 44.0 | 含黏性土圆砾 | | C35 | 29070 | 6023 | 26510 | 20.10 | 17.48 | | | | | | 未压浆 | * |
| 629 | | YE31-2 | 2.0 | 88.0 | 44.0 | 含黏性土圆砾 | 0.55～0.7 | C35 | 49063 | 9492 | 46311 | 35.61 | 12.55 | | 7.3 | | 3.0～4.0 | | 桩端压浆 | |
| 630 | | RE16-4-1# | 2.0 | 78.0 | 39.0 | 含黏性土圆砾 | | C35 | 27626 | 3550 | 26658 | 35.80 | 20.28 | | | | | | 未压浆 | |
| 631 | | RE16-4-2# | 2.0 | 78.0 | 39.0 | 含黏性土圆砾 | 0.55～0.7 | C35 | 38034 | 9770 | 36058 | 50.90 | 19.24 | | 4.5 | | 2.5～3.5 | | 桩端压浆 | |
| 632 | | RW2-1-1# | 2.0 | 90.0 | 45.0 | 含黏性土圆砾 | | C35 | 49495 | 3000 | 45312 | 47.85 | 17.35 | | | | | | 未压浆 | |
| 633 | | RW2-1-2# | 2.0 | 90.0 | 45.0 | 含黏性土圆砾 | 0.55～0.7 | C35 | 53138 | 5000 | 49578 | 44.00 | 9.54 | | 4.5 | | 3.0～4.0 | | 桩端压浆 | |
| 634 | | 12#-1-1 | 2.0 | 71.5 | 35.8 | 含黏性土圆砾 | | C35 | 23045 | 10128 | 22245 | 40.07 | 29.43 | | | | | | 未压浆 | |
| 635 | | 12#-1-2 | 2.0 | 71.5 | 35.8 | 含黏性土圆砾 | 0.55 | C35 | 33845 | 13997 | 32645 | 44.16 | 28.83 | | 7.5 | | 3.4 | | 桩端压浆 | |
| 636 | | 25#-1-1 | 2.0 | 77.5 | 38.8 | 卵石 | | C35 | 24618 | 10782 | 23540 | 45.80 | 34.14 | | | | | | 未压浆 | |
| 637 | | 25#-1-2 | 2.0 | 77.5 | 38.8 | 卵石 | 0.55 | C35 | 33956 | 13925 | 32428 | 40.21 | 24.47 | | 8.4 | | 5.5 | | 桩端压浆 | |
| 638 | 石首长江公路大桥 | SZ5-1 | 2.0 | 110.0 | 55.0 | 粉细砂 | | C35 | 53225 | 5989 | 52225 | 44.28 | 11.39 | | | | | | 未压浆 | * |
| 639 | | SZ5-2 | 2.0 | 110.0 | 55.0 | 粉细砂 | 0.65 | C35 | 102445 | 16768 | 101445 | 54.86 | 20.01 | | 3.8 | 6.0 | 9.6 | 2.8 | 组合压浆 | |
| 640 | | SZ6-1 | 2.0 | 115.0 | 57.5 | 粉细砂 | | C35 | 51899 | 4414 | 50899 | 40.34 | 6.73 | | | | | | 未压浆 | |
| 641 | | SZ6-2 | 2.0 | 115.0 | 57.5 | 粉细砂 | 0.65 | C35 | 100119 | 13846 | 99119 | 58.42 | 22.24 | | 3.7 | 6.2 | 10.2 | 3.2 | 组合压浆 | |
| 642 | | SZY1-1 | 2.0 | 50.0 | 25.0 | 细砂 | | C30 | 21921 | 4346 | 21321 | 31.03 | 24.21 | | | | | | 未压浆 | |
| 643 | | SZY1-2 | 2.0 | 50.0 | 25.0 | 细砂 | 0.50 | C30 | 30978 | 4401 | 30178 | 33.91 | 24.76 | | | 3.6 | | 3.9 | 桩侧压浆 | |
| 644 | | SZY2-1 | 2.0 | 50.0 | 25.0 | 细砂 | | C30 | 21646 | 4243 | 21046 | 27.74 | 21.56 | | | | | | 未压浆 | |
| 645 | | SZY2-2 | 2.0 | 50.0 | 25.0 | 细砂 | 0.50 | C30 | 37713 | 10148 | 36513 | 35.96 | 23.43 | | 4.0 | 3.0 | 4.2 | 2.7 | 组合压浆 | |
| 646 | | SZY3-1 | 2.0 | 52.0 | 26.0 | 细砂 | | C30 | 23276 | 4798 | 22676 | 28.07 | 20.33 | | | | | | 未压浆 | |
| 647 | | SZY3-2 | 2.0 | 52.0 | 26.0 | 细砂 | 0.50 | C30 | 38848 | 11413 | 37648 | 33.59 | 19.93 | | 3.6 | 3.4 | 4.3 | 2.8 | 组合压浆 | |
| 648 | | SZY4-1 | 2.0 | 52.0 | 26.0 | 细砂 | | C30 | 23276 | 4779 | 22676 | 28.80 | 21.06 | | | | | | 未压浆 | |

续表

| 序号 | 工程名称 | 桩号 | $D$ (m) | $L$ (m) | $L/D$ | 持力层类别 | $W/C$ | C | $Q_{max}$ (kN) | $Q_b$ (kN) | $Q_u$ (kN) | $s$ (mm) | $s_b$ (mm) | $s_e$ (mm) | $G_{cb}$ (t) | $G_{cs}$ (t) | $P_{gb}$ (MPa) | $P_{gs}$ (MPa) | 压浆类型 | 文献来源 |
|---|---|---|---|---|---|---|---|---|---|---|---|---|---|---|---|---|---|---|---|---|
| 649 | 石首长江公路大桥 | SZY4-2 | 2.0 | 52.0 | 26.0 | 细砂 | 0.50 | C30 | 38848 | 11390 | 37648 | 39.50 | 25.84 | | 3.6 | 3.4 | 4.2 | 2.9 | 组合压浆 | * |
| 650 | 杭州湾跨海大桥 | 2# | 2.0 | 100.0 | 50.0 | 黏土 | 0.5～0.6 | C30 | 40704 | 13330 | 39504 | 48.57 | 17.02 | | 7.8 | | 3.0～3.6 | | 桩端压浆 | * |
| 651 | 银川北京路延伸及滨河黄河大桥 | N6-1 | 2.0 | 55.0 | 27.5 | 泥岩 | | C35 | 62660 | 6089 | 61727 | 42.43 | 22.37 | | | | | | 未压浆 | * |
| 652 | | N6-2 | 2.0 | 55.0 | 27.5 | 泥岩 | 0.50 | C35 | 76847 | 9814 | 75047 | 49.25 | 24.15 | | 1.4 | | 2.5 | | 桩端压浆 | |
| 653 | 三官堂大桥及接线工程 | PM25-1 | 2.0 | 86.7 | 43.3 | 砾砂 | | C30 | 35152 | 1577 | 33312 | 29.41 | 9.74 | | | | | | 未压浆 | * |
| 654 | | PM25-2 | 2.0 | 86.7 | 43.3 | 砾砂 | 0.43 | C30 | 49407 | 7826 | 47942 | 42.21 | 10.39 | | 4.4 | | 7.6 | | 桩端压浆 | |
| 655 | | PM26-1 | 2.0 | 84.2 | 42.1 | 砾砂 | | C30 | 38847 | 6533 | 35644 | 32.33 | 12.37 | | | | | | 未压浆 | |
| 656 | | PM26-2 | 2.0 | 84.2 | 42.1 | 砾砂 | 0.43 | C30 | 54197 | 14849 | 52739 | 48.36 | 15.43 | | 4.3 | | 7.6 | | 桩端压浆 | |
| 657 | 石首长江公路大桥 | SZ1-2 | 2.2 | 90.0 | 40.9 | 粉细砂 | 0.65 | C35 | 81523 | 16615 | 79523 | 44.83 | 19.76 | | 4.4 | 7.4 | 5.0 | 2.0 | 组合压浆 | * |
| 658 | | SZ2-2 | 2.2 | 95.0 | 43.2 | 粉细砂 | 0.65 | C35 | 92844 | 23048 | 90843 | 49.81 | 31.49 | | 3.7 | 6.2 | 5.2 | 2.5 | 组合压浆 | |
| 659 | | SZ3-1 | 2.2 | 115.0 | 52.3 | 粉细砂 | | C35 | 46937 | 1903 | 45937 | 40.98 | 17.44 | | | | | | 未压浆 | |
| 660 | | SZ3-2 | 2.2 | 115.0 | 52.3 | 粉细砂 | 0.65 | C35 | 116937 | 14944 | 115537 | 54.85 | 20.30 | | 4.0 | 7.2 | 4.3 | 2.6 | 组合压浆 | |
| 661 | | SZ4-1 | 2.2 | 120.0 | 54.5 | 粉细砂 | | C35 | 58115 | 8859 | 57115 | 39.55 | 16.58 | | | | | | 未压浆 | |
| 662 | | SZ4-2 | 2.2 | 120.0 | 54.5 | 粉细砂 | 0.65 | C35 | 119343 | 17607 | 117943 | 55.03 | 17.47 | | 4.4 | 7.6 | 4.6 | 2.8 | 组合压浆 | |
| 663 | 温州大门大桥 | 46-1# | 2.2 | 122.0 | 55.5 | 黏土 | | C35 | 44136 | 9209 | 42880 | 78.60 | 65.11 | | | | | | 未压浆 | * |
| 664 | | 46-2# | 2.2 | 122.0 | 55.5 | 黏土 | 0.48 | C35 | 49717 | 12819 | 49275 | 68.84 | 35.49 | | 5.5 | | | | 桩端压浆 | |
| 665 | 上寨特大桥 | 12-2# | 2.2 | 56.0 | 25.5 | 粉质黏土 | 0.50 | C30 | 46682 | 14027 | 45016 | 42.51 | 25.62 | | 4.0 | | 4.2 | | 桩端压浆 | * |
| 666 | | 14-3# | 2.2 | 44.0 | 20.0 | 粉质黏土 | 0.50 | C30 | 48079 | 14074 | 46412 | 31.19 | 18.38 | | 3.0 | | 4.9 | | 桩端压浆 | |
| 667 | 中水特大桥 | 14-3# | 2.2 | 56.0 | 25.5 | 粉质黏土 | 0.50 | C30 | 50433 | 16933 | 50433 | 36.77 | 17.76 | | 5.0 | | 4.3 | | 桩端压浆 | * |
| 668 | | 15-2# | 2.2 | 55.0 | 25.0 | 粉质黏土 | 0.50 | C30 | 46916 | 13428 | 45248 | 37.42 | 20.89 | | 1.5 | | 5.8 | | 桩端压浆 | |
| 669 | 湟水河特大桥 | PM3-1 | 2.2 | 50.2 | 22.8 | 泥岩 | | | | 18097 | 80083 | 21.04 | 10.69 | | | | | | 未压浆 | * |
| 670 | | PM3-2 | 2.2 | 50.2 | 22.8 | 泥岩 | 0.5～0.7 | | | 22288 | 91342 | 20.14 | 10.46 | | 2.8 | | 6.2 | | 桩端压浆 | |

续表

| 序号 | 工程名称 | 桩号 | $D$ (m) | $L$ (m) | $L/D$ | 持力层类别 | $W/C$ | C | $Q_{max}$ (kN) | $Q_b$ (kN) | $Q_u$ (kN) | $s$ (mm) | $s_b$ (mm) | $s_e$ (mm) | $G_{cb}$ (t) | $G_{cs}$ (t) | $P_{gb}$ (MPa) | $P_{gs}$ (MPa) | 压浆类型 | 文献来源 |
|---|---|---|---|---|---|---|---|---|---|---|---|---|---|---|---|---|---|---|---|---|
| 671 | 河南新郑高速公路黄河大桥 | S1 | 2.2 | 62.3 | 28.3 | 细砂 | 0.60 | C25 | 48129 | 8062 | 48129 | 22.40 | | | 3.2 | 2.0 | 4.0 | 0.5～2.5 | 组合压浆 | * |
| 672 | | S2-1 | 2.2 | 62.0 | 28.2 | 细砂 | | C25 | 36400 | 5227 | 36400 | 29.10 | | | | | | | 未压浆 | |
| 673 | | S2-2 | 2.2 | 63.0 | 28.6 | 细砂 | 0.66 | C25 | 42700 | 4568 | 42700 | 19.70 | | | | 4.0 | | 1.2～1.9 | 桩侧压浆 | |
| 674 | | S3-1 | 2.2 | 62.3 | 28.3 | 细砂 | | C25 | 28400 | 7638 | 28400 | 19.90 | | | | | | | 未压浆 | |
| 675 | | S3-2 | 2.2 | 63.3 | 28.8 | 细砂 | 0.60 | C25 | 42500 | 10632 | 42500 | 19.50 | | | | 4.0 | | 0.5～2.5 | 桩侧压浆 | |
| 676 | | S4 | 2.2 | 62.1 | 28.2 | 细砂 | 0.60 | C25 | 44500 | 9039 | 44500 | 21.70 | | | 3.5 | | 2.0 | | 桩端压浆 | |
| 677 | | S5 | 2.2 | 62.4 | 28.3 | 细砂 | 0.61 | C25 | 43900 | 5823 | 43900 | 23.40 | | | 4.9 | | 5.4 | | 桩端压浆 | |
| 678 | | S6 | 2.2 | 62.2 | 28.3 | 细砂 | 0.65 | C25 | 48129 | 7354 | 48129 | 23.70 | | | 5.1 | 3.0 | 3.5 | 1.3～2.5 | 组合压浆 | |
| 679 | 宁海物流配送中心工程 | 16# | 2.4 | 10.3 | 4.3 | 卵石混粉质黏土 | | C45 | 20800 | | 20800 | 35.20 | | 7.10 | 5.0 | | | | 桩端压浆 | [70] |
| 680 | | 41# | 2.4 | 9.3 | 3.9 | 卵石混粉质黏土 | | C45 | 20800 | | 20800 | 37.72 | | 9.42 | 5.0 | | | | 桩端压浆 | |
| 681 | | 19# | 2.4 | 9.2 | 3.8 | 卵石混粉质黏土 | | C45 | 20800 | | 20800 | 53.91 | | | 5.0 | | | | 桩端压浆 | |
| 682 | | 42# | 2.4 | 9.2 | 3.8 | 卵石混粉质黏土 | | C45 | 20800 | | 20800 | 44.54 | | 11.14 | 5.0 | | | | 桩端压浆 | |
| 683 | 某单塔双索面斜拉桥 | S1-1 | 2.5 | 72.0 | 28.8 | 细砂 | | | 43300 | 7120 | 39900 | 35.90 | 35.20 | | | | | | 未压浆 | [149] |
| 684 | | S1-2 | 2.5 | 72.0 | 28.8 | 细砂 | | | 76300 | 23000 | 63320 | 39.20 | 39.20 | | | | | | 桩端压浆 | [148] |
| 685 | 乐清湾大桥 | YZ01-1 | 2.5 | 89.0 | 35.6 | 含黏性土圆砾 | | C35 | 24549 | 11921 | 23709 | 33.62 | 19.73 | | | | | | 未压浆 | * |
| 686 | | YZ01-2 | 2.5 | 89.0 | 35.6 | 含黏性土圆砾 | 0.55～0.7 | C35 | 50700 | 20106 | 49376 | 50.84 | 24.50 | | 10.3 | | 2.0～4.0 | | 桩端压浆 | |
| 687 | | YZ02-1 | 2.5 | 112.0 | 44.8 | 含黏性土圆砾 | | C35 | 47167 | 14397 | 46932 | 61.64 | 24.18 | | | | | | 未压浆 | |
| 688 | | YZ02-2 | 2.5 | 112.0 | 44.8 | 含黏性土圆砾 | 0.55～0.7 | C35 | 72963 | 26233 | 70680 | 81.62 | 26.57 | | 7.6 | | 4.0～5.0 | | 桩端压浆 | |
| 689 | | RZ4-26-1# | 2.5 | 111.0 | 44.4 | 含黏性土圆砾 | | C35 | 66027 | 10600 | 59852 | 42.40 | 18.65 | | | | | | 未压浆 | |
| 690 | | RZ4-26-2# | 2.5 | 111.0 | 44.4 | 含黏性土圆砾 | 0.55～0.7 | C35 | 86882 | 27300 | 83186 | 63.25 | 28.17 | | 5.5 | | 4.0～5.0 | | 桩端压浆 | |
| 691 | 辽河特大桥 | SZ1-1 | 2.5 | 110.9 | 44.3 | 细砂 | | C30 | 60725 | 3186 | 60725 | 72.22 | 8.91 | | | | | | 未压浆 | * |
| 692 | | SZ1-2 | 2.5 | 110.9 | 44.3 | 细砂 | 0.65 | C30 | 73616 | 7837 | 69677 | 43.59 | 27.51 | | 3.0 | | 12.0～13.0 | | 桩端压浆 | |
| 693 | 东海大桥 | PM336-1 | 2.5 | 110.0 | 44.0 | 粉细砂 | | C35 | 41287 | 6090 | 41275 | 51.73 | 37.12 | | | | | | 未压浆 | * |

续表

| 序号 | 工程名称 | 桩号 | $D$ (m) | $L$ (m) | $L/D$ | 持力层类别 | $W/C$ | C | $Q_{max}$ (kN) | $Q_b$ (kN) | $Q_u$ (kN) | $s$ (mm) | $s_b$ (mm) | $s_e$ (mm) | $G_{cb}$ (t) | $G_{cs}$ (t) | $P_{gb}$ (MPa) | $P_{gs}$ (MPa) | 压浆类型 | 文献来源 |
|---|---|---|---|---|---|---|---|---|---|---|---|---|---|---|---|---|---|---|---|---|
| 694 | 东海大桥 | PM336-2 | 2.5 | 110.0 | 44.0 | 粉细砂 | 0.44 | C35 | 53855 | 17600 | 52104 | 31.19 | 17.32 | | 8.0 | | 2.4～4.0 | | 桩端压浆 | * |
| 695 | | PM241-1 | 2.5 | 110.0 | 44.0 | 含砾粉细砂 | | C35 | 32001 | 0 | 29892 | 33.59 | 0.00 | | | | | | 未压浆 | |
| 696 | | PM241-2 | 2.5 | 110.0 | 44.0 | 含砾粉细砂 | 0.45 | C35 | 37841 | 5538 | 37841 | 18.48 | 2.76 | | 6.7 | | 8.0 | | 桩端压浆 | |
| 697 | 上海长江大桥 | FS1-1 | 2.5 | 107.9 | 43.1 | 含砾粉砂 | | C30 | 55935 | 4050 | 55260 | 66.60 | 11.12 | | | | | | 未压浆 | * |
| 698 | | FS1-2 | 2.5 | 107.9 | 43.1 | 含砾粉砂 | 0.50 | C30 | 112637 | 4320 | 109937 | 92.48 | 51.29 | | 9.7 | | 2.5～4.6 | | 桩端压浆 | |
| 699 | | FN1-1 | 2.5 | 104.9 | 41.9 | 粉质黏土 | | C30 | 58520 | 12150 | 57170 | 79.37 | 37.58 | | | | | | 未压浆 | |
| 700 | | FN1-2 | 2.5 | 104.9 | 41.9 | 粉质黏土 | 0.50 | C30 | 101619 | 37800 | 98919 | 79.94 | 48.83 | | 10.0 | | 1.5～3.7 | | 桩端压浆 | |
| 701 | | G1-1 | 2.5 | 95.2 | 38.1 | 含砾粉砂 | | C30 | 49225 | 14850 | 49225 | 76.91 | 48.34 | | | | | | 未压浆 | |
| 702 | | G1-2 | 2.5 | 95.2 | 38.1 | 含砾粉砂 | 0.50 | C30 | 87038 | 37800 | 84338 | 70.41 | 47.55 | | 9.7 | | 4.0 | | 桩端压浆 | |
| 703 | 苏通大桥 | Z2 | 2.5 | 125.0 | 50.0 | 粉砂 | 0.52 | C40 | 100274 | 14656 | 96481 | 77.64 | 33.12 | | 8.6 | | | | 桩端压浆 | * |
| 704 | | Z3 | 2.5 | 106.0 | 42.4 | 粗砂 | 0.53 | C40 | 99858 | 30761 | 96746 | 60.56 | 19.42 | | 11.0 | | | | 桩端压浆 | |
| 705 | | Z4-1 | 2.5 | 125.0 | 50.0 | 细砂 | | C35 | 59638 | 8485 | 59638 | 65.57 | 39.84 | | | | | | 未压浆 | |
| 706 | | Z4-2 | 2.5 | 125.0 | 50.0 | 细砂 | 0.55 | C35 | 101908 | 33375 | 101908 | 94.62 | 44.77 | | 10.3 | | | | 桩端压浆 | |
| 707 | | SZ2 | 2.5 | 114.0 | 45.6 | 砾砂 | 0.50 | C35 | 113404 | 36312 | 113404 | 65.99 | 22.88 | | 11.2 | | 4.8～6.5 | | 桩端压浆 | |
| 708 | | SZ6 | 2.5 | 126.0 | 50.4 | 细砂 | 0.53 | C35 | 111270 | 33085 | 111270 | 83.61 | 31.49 | | 12.0 | | 2.0～4.0 | | 桩端压浆 | |
| 709 | | SZ7 | 2.5 | 117.0 | 46.8 | 中砂 | 0.53 | C35 | 113206 | 38571 | 113206 | 75.43 | 28.96 | | 12.0 | | 1.5～2.7 | | 桩端压浆 | |
| 710 | 李子沟特大桥 | SZ1-1 | 2.5 | 40.0 | 16.0 | 全风化炭质页岩 | | C30 | 36874 | 9070 | 36874 | 17.59 | 10.29 | | | | | | 未压浆 | * |
| 711 | | SZ1-2 | 2.5 | 40.0 | 16.0 | 全风化炭质页岩 | 0.50 | C30 | 54287 | 13556 | 52274 | 25.46 | 15.30 | | 5.5 | 3.8 | 4.4 | 3.4 | 组合压浆 | |
| 712 | | 36-1# | 2.5 | 62.0 | 24.8 | 中风化炭质页岩 | | C30 | 26000 | 646 | 24000 | 26.30 | 17.77 | | | | | | 未压浆 | |
| 713 | | 36-2# | 2.5 | 62.0 | 24.8 | 中风化炭质页岩 | 0.50 | C30 | 50000 | 9078 | 48000 | 43.33 | 29.35 | | 5.8 | 4.2 | 1.8 | 2.5 | 组合压浆 | |
| 714 | 杭州湾跨海大桥 | 23-1# | 2.8 | 120.0 | 42.9 | 黏土 | 0.5～0.6 | C30 | 67233 | 21600 | 67233 | 134.48 | 105.62 | | | | | | 未压浆 | * |
| 715 | | 23-2# | 2.8 | 120.0 | 42.9 | 黏土 | 0.5～0.6 | C30 | 72909 | 28800 | 72909 | 41.02 | 9.99 | | 9.9 | | 2.0～4.0 | | 桩端压浆 | |
| 716 | | 25# | 2.8 | 120.0 | 42.9 | 黏土 | 0.5～0.6 | C30 | 80721 | 28182 | 80721 | 61.78 | 22.38 | | 7.0 | | 1.5～4.0 | | 桩端压浆 | |

注：表中文献来源 * 表示课题组亲自完成的后压浆桩静载试验。$D$ 为桩径；$L$ 为桩长；$L/D$ 为长径比；$W/C$ 为浆液水灰比；C 为桩身混凝土强度等级；$Q_{max}$ 为最大试验荷载；$Q_b$ 为极限端阻力；$Q_u$ 为极限承载力；$s$ 为桩顶沉降；$s_b$ 为桩端沉降；$s_e$ 为卸载回弹量；$G_{cb}$ 为桩端压浆水泥用量；$G_{cs}$ 为桩侧压浆水泥用量；$P_{gb}$ 为桩端终止压浆压力；$P_{gs}$ 为桩侧终止压浆压力。

# 附录二　后压浆桩工程的压浆实测数据资料

**699 根后压浆桩的实测数据汇总表**

**附表 2**

| 序号 | 工程名称 | 桩号 | $D$ (m) | $L$ (m) | $L/D$ | 持力层类别 | 桩侧主要土层 | $W/C$ | $G_{cb}$ (t) | $G_{cs}$ (t) | $P_{gb}$ (MPa) | $P_{gs}$ (MPa) | 压浆类型 | 文献来源 |
|---|---|---|---|---|---|---|---|---|---|---|---|---|---|---|
| 1 | 北京新机场西塔台工程 | S1 | 0.8 | 44.3 | 55.4 | 细砂 | 黏性土、粉细砂、细砂 | 0.5～0.6 | 1.6 | 1.7 | 6.0 | 2.0 | 组合压浆 | [98] |
| 2 | | S2 | 0.8 | 44.3 | 55.4 | 细砂 | 黏性土、粉细砂、细砂 | 0.5～0.6 | 1.6 | 1.7 | 6.0 | 2.0 | 组合压浆 | |
| 3 | | S3 | 0.8 | 44.3 | 55.4 | 细砂 | 黏性土、粉细砂、细砂 | 0.5～0.6 | 1.6 | 1.7 | 6.0 | 2.0 | 组合压浆 | |
| 4 | 石家庄宝能中心项目 | 17# | 0.8 | 36.0 | 45.0 | 粉质黏土 | 粉质黏土、细砂、中砂 | | 1.2 | 1.1 | | | 组合压浆 | [99] [98] |
| 5 | | 114# | 0.8 | 36.0 | 45.0 | 粉质黏土 | 粉质黏土、细砂、中砂 | | 1.2 | 1.1 | | | 组合压浆 | |
| 6 | | 121# | 0.8 | 36.0 | 45.0 | 粉质黏土 | 粉质黏土、细砂、中砂 | | 1.2 | 1.1 | | | 组合压浆 | |
| 7 | 天津国贸大厦 | 6# | 0.8 | 65.0 | 81.3 | 粉细砂 | 粉质黏土、粉土 | | 0.8 | | | | 桩端压浆 | [100] [99] |
| 8 | 上海江山大厦 | 116# | 0.8 | 70.0 | 87.5 | 细砂 | 粉质黏土、粉细砂 | | 0.8 | | | | 桩端压浆 | [101] |
| 9 | | 114# | 0.8 | 70.0 | 87.5 | 细砂 | 粉质黏土、粉细砂 | | 0.8 | 0.5 | | | 组合压浆 | |
| 10 | 天津鸿吉大厦 | 7# | 0.8 | 56.0 | 70.0 | 粉砂 | 黏性土、粉砂 | | 0.5 | | | | 桩端压浆 | [101] |
| 11 | | 10# | 0.8 | 56.0 | 70.0 | 粉砂 | 黏性土、粉砂 | | 0.6 | | | | 桩端压浆 | |
| 12 | 北京名人广场 | S1 | 0.8 | 25.0 | 31.3 | 卵石 | 粉质黏土和粉细砂互层 | | 0.4 | | | | 桩端压浆 | [100] |
| 13 | | S3 | 0.8 | 25.0 | 31.3 | 卵石 | 粉质黏土和粉细砂互层 | | 0.4 | | | | 桩端压浆 | |
| 14 | 武汉汉正街高层住宅 | 2# | 0.8 | 45.0 | 56.3 | 砾石 | 粉土、粉细砂 | | 0.8 | | | | 桩端压浆 | [100] |
| 15 | | 3# | 0.8 | 45.0 | 56.3 | 砾石 | 粉土、粉细砂 | | 0.8 | | | | 桩端压浆 | |
| 16 | | 4# | 0.8 | 45.0 | 56.3 | 砾石 | 粉土、粉细砂 | | 0.8 | | | | 桩端压浆 | |

续表

| 序号 | 工程名称 | 桩号 | $D$ (m) | $L$ (m) | $L/D$ | 持力层类别 | 桩侧主要土层 | $W/C$ | $G_{cb}$ (t) | $G_{cs}$ (t) | $P_{gb}$ (MPa) | $P_{gs}$ (MPa) | 压浆类型 | 文献来源 |
|---|---|---|---|---|---|---|---|---|---|---|---|---|---|---|
| 17 | 武汉汉正街高层住宅 | 5# | 0.8 | 45.0 | 56.3 | 砾石 | 粉土、粉细砂 | | 0.8 | 0.8 | | | 组合压浆 | [100] |
| 18 | 福州龙泉大厦 | S1 | 0.8 | 66.0 | 82.5 | 含砾粉土 | 淤泥、夹砂砾残积土 | | 1.5 | | | | 桩端压浆 | [100] |
| 19 | | S3 | 0.8 | 66.0 | 82.5 | 含砾粉土 | 淤泥、夹砂砾残积土 | | 1.8 | | | | 桩端压浆 | |
| 20 | | S5 | 0.8 | 66.0 | 82.5 | 含砾粉土 | 淤泥、夹砂砾残积土 | | 1.7 | | | | 桩端压浆 | |
| 21 | 天津华信大厦 | B | 0.8 | 50.0 | 62.5 | 粉土粉砂 | 粉质黏土 | | 0.4 | | | | 桩端压浆 | [100] |
| 22 | 天津长讯大楼 | B | 0.8 | 42.0 | 52.5 | 粉砂 | 黏性土 | | 0.4 | | | | 桩端压浆 | [100] |
| 23 | 上海老西门新苑 | S1 | 0.8 | 58.9 | 73.6 | 粉细砂 | 粉质黏土、粉细砂 | | 2.5 | | | | 桩端压浆 | [78] |
| 24 | | S2 | 0.8 | 58.7 | 73.4 | 粉细砂 | 粉质黏土、粉细砂 | | 2.5 | | | | 桩端压浆 | |
| 25 | | S3-2 | 0.8 | 58.4 | 73.0 | 粉细砂 | 粉质黏土、粉细砂 | | 2.5 | | | | 桩端压浆 | |
| 26 | 杭州绿城春江花月 | S2 | 0.8 | 36.5 | 45.6 | 圆卵砾石 | 粉质黏土、砂质粉土 | | 1.5 | | | | 桩端压浆 | [70] |
| 27 | | S6 | 0.8 | 36.2 | 45.2 | 圆卵砾石 | 粉质黏土、砂质粉土 | | 1.5 | | | | 桩端压浆 | |
| 28 | 杭州大剧院 | S2 | 0.8 | 43.0 | 53.8 | 圆砾 | 黏性土、砂质粉土、中砂 | | 1.5 | | 3.0 | | 桩端压浆 | [70] |
| 29 | 鹿城广场工程 | S1 | 0.8 | 49.4 | 61.7 | 卵石 | 粉质黏土、卵石 | | 3.5 | | 3.0 | | 桩端压浆 | [103] |
| 30 | | S2 | 0.8 | 48.8 | 61.0 | 卵石 | 粉质黏土、卵石 | | 3.5 | | 3.0 | | 桩端压浆 | |
| 31 | | S3 | 0.8 | 49.0 | 61.3 | 卵石 | 粉质黏土、卵石 | | 3.5 | | 3.0 | | 桩端压浆 | |
| 32 | | S4 | 0.8 | 50.5 | 63.1 | 卵石 | 粉质黏土、卵石 | | 3.5 | | 3.0 | | 桩端压浆 | |
| 33 | 温州新世纪商务大厦 | S1 | 0.8 | 51.2 | 64.0 | 卵石 | 淤泥、粉质黏土、圆砾 | | 1.5 | | 4.4 | | 桩端压浆 | [70] |
| 34 | | S2 | 0.8 | 52.3 | 65.4 | 卵石 | 淤泥、粉质黏土、圆砾 | | 1.5 | | 4.0 | | 桩端压浆 | |
| 35 | | S3 | 0.8 | 50.7 | 63.4 | 卵石 | 淤泥、粉质黏土、圆砾 | | 1.5 | | 4.3 | | 桩端压浆 | |
| 36 | | S5 | 0.8 | 52.2 | 65.2 | 卵石 | 淤泥、粉质黏土、圆砾 | | 1.5 | | 5.1 | | 桩端压浆 | |
| 37 | | S6 | 0.8 | 51.4 | 64.2 | 卵石 | 淤泥、粉质黏土、圆砾 | | 1.5 | | 5.7 | | 桩端压浆 | |
| 38 | 新乡共产渠铁路桥 | B | 0.8 | 15.0 | 18.8 | 细砂 | 砂黏土、粉砂、细砂 | 0.6 | 1.6 | | 3.0 | | 桩端压浆 | [104] |
| 39 | | D | 0.8 | 15.0 | 18.8 | 细砂 | 砂黏土、粉砂、细砂 | 0.6 | 1.5 | 0.5 | 3.0 | 2.0 | 组合压浆 | |

续表

| 序号 | 工程名称 | 桩号 | $D$ (m) | $L$ (m) | $L/D$ | 持力层类别 | 桩侧主要土层 | $W/C$ | $G_{cb}$ (t) | $G_{cs}$ (t) | $P_{gb}$ (MPa) | $P_{gs}$ (MPa) | 压浆类型 | 文献来源 |
|---|---|---|---|---|---|---|---|---|---|---|---|---|---|---|
| 40 | 温州南亚城市花园 | 35# | 0.8 | 43.9 | 54.9 | 卵砾石 | 淤泥质土、卵石 |  | 1.5 |  | 4.1 |  | 桩端压浆 | [70] |
| 41 |  | 105# | 0.8 | 43.8 | 54.8 | 卵砾石 | 淤泥质土、卵石 |  | 1.5 |  | 3.8 |  | 桩端压浆 |  |
| 42 |  | 94# | 0.8 | 47.0 | 58.7 | 卵砾石 | 淤泥质土、卵石 |  | 1.5 |  | 3.2 |  | 桩端压浆 |  |
| 43 |  | 112# | 0.8 | 47.2 | 59.0 | 卵砾石 | 淤泥质土、卵石 |  | 1.5 |  | 3.0 |  | 桩端压浆 |  |
| 44 | 温州安泰大厦 | S1 | 0.8 | 65.7 | 82.1 | 卵砾石 | 黏性土、中细砂夹黏性土 |  | 1.5 |  |  |  | 桩端压浆 | [70] |
| 45 |  | S2 | 0.8 | 67.4 | 84.3 | 卵砾石 | 黏性土、中细砂夹黏性土 |  | 1.5 |  |  |  | 桩端压浆 |  |
| 46 | 郑州某高层建筑 | S1 | 0.8 | 40.5 | 50.6 | 粉质黏土 | 粉土、粉细砂、中砂 | 0.55～0.6 | 2.5 | 1.5 | 2.2～2.6 | 1.0 | 组合压浆 | [107] |
| 47 |  | S2 | 0.8 | 40.5 | 50.6 | 粉质黏土 | 粉土、粉细砂、中砂 | 0.55～0.6 | 2.5 | 1.8 | 2.0～2.3 | 0.8～1.2 | 组合压浆 |  |
| 48 |  | S3 | 0.8 | 40.5 | 50.6 | 粉质黏土 | 粉土、粉细砂、中砂 | 0.55～0.6 | 2.5 | 2.5 | 2.0～2.4 | 1.0 | 组合压浆 |  |
| 49 |  | S4 | 0.8 | 40.0 | 50.0 | 粉质黏土 | 粉土、粉细砂、中砂 | 0.55～0.6 | 1.4 | 1.6 | 2.0～2.6 | 1.6 | 组合压浆 |  |
| 50 |  | S5 | 0.8 | 40.0 | 50.0 | 粉质黏土 | 粉土、粉细砂、中砂 | 0.55～0.6 | 1.6 | 1.6 | 2.0～2.4 | 1.8 | 组合压浆 |  |
| 51 |  | S6 | 0.8 | 40.0 | 50.0 | 粉质黏土 | 粉土、粉细砂、中砂 | 0.55～0.6 | 1.6 | 1.4 | 2.0～2.6 | 1.6 | 组合压浆 |  |
| 52 | 湖北某工程 | S2 | 0.8 | 24.5 | 30.6 | 砾石 | 黏性土、粉土 | 0.5 | 1.5 |  | 0.6 |  | 桩端压浆 | [108] |
| 53 |  | S3 | 0.8 | 24.5 | 30.6 | 砾石 | 黏性土、粉土 | 0.5 | 2.5 |  | 0.6 |  | 桩端压浆 |  |
| 54 |  | S4 | 0.8 | 24.5 | 30.6 | 砾石 | 黏性土、粉土 | 0.5 | 2.5 |  | 0.6 |  | 桩端压浆 |  |
| 55 |  | S5 | 0.8 | 24.5 | 30.6 | 砾石 | 黏性土、粉土 | 0.5 | 3.3 |  | 0.6 |  | 桩端压浆 |  |
| 56 |  | S6 | 0.8 | 24.5 | 30.6 | 砾石 | 黏性土、粉土 | 0.5 | 4.5 |  | 0.6 |  | 桩端压浆 |  |
| 57 | 丹东某工程 | S1 | 0.8 | 25.0 | 31.3 | 强风化花岗岩 | 粉质黏土、中粗砂 | 0.5 | 2.4 | 1.2 | 5.0 | 2.5 | 组合压浆 | [109] |
| 58 |  | S2 | 0.8 | 25.0 | 31.3 | 强风化花岗岩 | 粉质黏土、中粗砂 | 0.5 | 2.4 | 1.2 | 5.0 | 2.5 | 组合压浆 |  |
| 59 |  | S3 | 0.8 | 25.0 | 31.3 | 强风化花岗岩 | 粉质黏土、中粗砂 | 0.5 | 2.4 | 1.2 | 5.0 | 2.5 | 组合压浆 |  |
| 60 |  | S4 | 0.8 | 28.5 | 35.6 | 中风化花岗岩 | 粉质黏土、中粗砂 | 0.5 | 3.0 | 1.5 | 7.5 | 3.5 | 组合压浆 |  |
| 61 |  | S5 | 0.8 | 28.5 | 35.6 | 中风化花岗岩 | 粉质黏土、中粗砂 | 0.5 | 3.0 | 1.5 | 7.5 | 3.5 | 组合压浆 |  |
| 62 |  | S6 | 0.8 | 28.5 | 35.6 | 中风化花岗岩 | 粉质黏土、中粗砂 | 0.5 | 3.0 | 1.5 | 7.5 | 3.5 | 组合压浆 |  |

续表

| 序号 | 工程名称 | 桩号 | $D$ (m) | $L$ (m) | $L/D$ | 持力层类别 | 桩侧主要土层 | $W/C$ | $G_{cb}$ (t) | $G_{cs}$ (t) | $P_{gb}$ (MPa) | $P_{gs}$ (MPa) | 压浆类型 | 文献来源 |
|---|---|---|---|---|---|---|---|---|---|---|---|---|---|---|
| 63 | 太原市第二长途电信枢纽 | S11 | 0.8 | 45.0 | 56.3 | 粗砂夹砾石 | 粉质黏土、粉土 | 0.5 | 2.0 | 1.0 | 2.0 | 1.5 | 组合压浆 | [111] |
| 64 | | S21 | 0.8 | 45.0 | 56.3 | 粗砂夹砾石 | 粉质黏土、粉土 | 0.5 | 2.0 | 1.0 | 1.8 | 1.7 | 组合压浆 | |
| 65 | | S31 | 0.8 | 45.0 | 56.3 | 粗砂夹砾石 | 粉质黏土、粉土 | 0.5 | 2.0 | 1.0 | 2.0 | 1.5 | 组合压浆 | |
| 66 | | S41 | 0.8 | 45.0 | 56.3 | 粗砂夹砾石 | 粉质黏土、粉土 | 0.5 | 2.0 | 1.0 | 2.0 | 1.8 | 组合压浆 | |
| 67 | 郑州某工程 | 1# | 0.8 | 47.6 | 59.5 | 粉土 | 粉质黏土、粉土、细砂 | | 2.0 | | 2.0 | | 桩端压浆 | [112] |
| 68 | 邯郸飞宇大厦 | 100# | 0.8 | 35.0 | 43.8 | 粉质黏土 | 粉质黏土、中粗砂 | 0.6 | 1.4 | 1.1 | 2.1 | 1.9 | 组合压浆 | [113] |
| 69 | | 107# | 0.8 | 35.0 | 43.8 | 粉质黏土 | 粉质黏土、中粗砂 | 0.6 | 1.4 | 1.1 | 2.0 | 1.9 | 组合压浆 | |
| 70 | | 188# | 0.8 | 35.0 | 43.8 | 粉质黏土 | 粉质黏土、中粗砂 | 0.6 | 1.5 | 1.0 | 2.0 | 1.9 | 组合压浆 | |
| 71 | | 139# | 0.8 | 35.0 | 43.8 | 粉质黏土 | 粉质黏土、中粗砂 | 0.6 | 1.5 | 1.0 | 2 | 1.8 | 组合压浆 | |
| 72 | | 208# | 0.8 | 35.0 | 43.8 | 粉质黏土 | 粉质黏土、中粗砂 | 0.6 | 1.5 | 1.0 | 1.8 | 1.7 | 组合压浆 | |
| 73 | | 218# | 0.8 | 35.0 | 43.8 | 粉质黏土 | 粉质黏土、中粗砂 | 0.6 | 1.4 | 1.1 | 1.9 | 1.8 | 组合压浆 | |
| 74 | | 219# | 0.8 | 35.0 | 43.8 | 粉质黏土 | 粉质黏土、中粗砂 | 0.6 | 1.2 | 1.4 | 2.1 | 2 | 组合压浆 | |
| 75 | | 217# | 0.8 | 35.0 | 43.8 | 粉质黏土 | 粉质黏土、中粗砂 | 0.6 | 0.9 | 1.3 | 1.9 | 2.1 | 组合压浆 | |
| 76 | 廊坊文化艺术中心主题园 | ZY2 | 0.8 | 28.0 | 35.0 | 粉质黏土 | 粉质黏土、粉细砂 | 0.5～0.6 | 1.7 | | 6.0～10.0 | 6.0～10.0 | 组合压浆 | [114] |
| 77 | | ZY3 | 0.8 | 28.0 | 35.0 | 粉质黏土 | 粉质黏土、粉细砂 | 0.5～0.6 | 1.7 | | 6.0～10.0 | 6.0～10.0 | 组合压浆 | |
| 78 | | ZY4 | 0.8 | 28.0 | 35.0 | 粉质黏土 | 粉质黏土、粉细砂 | 0.5～0.6 | 1.7 | | 6.0～10.0 | 6.0～10.0 | 组合压浆 | |
| 79 | | 1# | 0.8 | 34.0 | 42.5 | 粉质黏土 | 粉质黏土、粉细砂 | 0.55 | 1.6 | 0.6 | 2.8～5.5 | 2.5～3.2 | 组合压浆 | |
| 80 | | 2# | 0.8 | 34.0 | 42.5 | 粉质黏土 | 粉质黏土、粉细砂 | 0.55 | 1.7 | 0.8 | 2.8～5.5 | 2.5～3.2 | 组合压浆 | |
| 81 | | 3# | 0.8 | 34.0 | 42.5 | 粉质黏土 | 粉质黏土、粉细砂 | 0.55 | 1.7 | 0.8 | 2.8～5.5 | 2.5～3.2 | 组合压浆 | |
| 82 | 西安某工程 | S1 | 0.8 | 52.0 | 65.0 | 粉质黏土 | 黄土、粉质黏土、中粗砂 | | 2.0 | 2.3 | | 5.0 | 组合压浆 | [115] |
| 83 | | S2 | 0.8 | 52.0 | 65.0 | 粉质黏土 | 黄土、粉质黏土、中粗砂 | | 2.0 | 2.3 | | 5.0 | 组合压浆 | |
| 84 | | S3 | 0.8 | 52.0 | 65.0 | 粉质黏土 | 黄土、粉质黏土、中粗砂 | | 2.0 | 2.3 | | 5.0 | 组合压浆 | |
| 85 | | S4 | 0.8 | 52.0 | 65.0 | 粉质黏土 | 黄土、粉质黏土、中粗砂 | | 2.0 | 2.3 | | 5.0 | 组合压浆 | |

续表

| 序号 | 工程名称 | 桩号 | $D$ (m) | $L$ (m) | $L/D$ | 持力层类别 | 桩侧主要土层 | $W/C$ | $G_{cb}$ (t) | $G_{cs}$ (t) | $P_{gb}$ (MPa) | $P_{gs}$ (MPa) | 压浆类型 | 文献来源 |
|---|---|---|---|---|---|---|---|---|---|---|---|---|---|---|
| 86 | 西安某工程 | S5 | 0.8 | 52.0 | 65.0 | 粉质黏土 | 黄土、粉质黏土、中粗砂 | | 2.0 | 2.3 | | 5.0 | 组合压浆 | [115] |
| 87 | | S6 | 0.8 | 52.0 | 65.0 | 粉质黏土 | 黄土、粉质黏土、中粗砂 | | 2.0 | 2.3 | | 5.0 | 组合压浆 | |
| 88 | 河南煤业化工集团科技研发中心项目工程 | SZ2 | 0.8 | 34.4 | 43.0 | 细砂 | 粉质黏土、粉土、细砂 | 0.45～0.6 | 1.5 | 1.5 | 2.0 | 1.5 | 组合压浆 | [116] |
| 89 | | SZ3 | 0.8 | 34.4 | 43.0 | 细砂 | 粉质黏土、粉土、细砂 | 0.45～0.6 | 1.5 | 1.5 | 2.0 | 1.5 | 组合压浆 | |
| 90 | | SZ4 | 0.8 | 34.4 | 43.0 | 细砂 | 粉质黏土、粉土、细砂 | 0.45～0.6 | 1.5 | 1.5 | 2.0 | 1.5 | 组合压浆 | |
| 91 | | SZ5 | 0.8 | 34.4 | 43.0 | 细砂 | 粉质黏土、粉土、细砂 | 0.45～0.6 | 1.5 | 1.5 | 2.0 | 1.5 | 组合压浆 | |
| 92 | 天津王顶堤村安置工程 | S2 | 0.8 | 46.5 | 58.2 | 粉质黏土 | 黏性土、粉土 | 0.55～0.6 | 1.4 | | 1.2～3.0 | | 桩端压浆 | [117] |
| 93 | 杭州某工程 | 5-1# | 0.8 | 48.9 | 61.1 | 圆砾 | 黏性土、砂质粉土 | | 2.0 | | | | 桩端压浆 | [118] |
| 94 | | 3-2# | 0.9 | 46.7 | 51.8 | 圆砾 | 黏性土、砂质粉土 | | 2.5 | | | | 桩端压浆 | |
| 95 | | 2-1# | 1.0 | 47.2 | 47.2 | 圆砾 | 黏性土、砂质粉土 | | 3.0 | | | | 桩端压浆 | |
| 96 | 杭州城北某工程 | A1 | 0.8 | 48.9 | 61.1 | 圆砾 | 黏性土、粉土、粉砂 | | 2.5 | | | | 桩端压浆 | [119] |
| 97 | | A2 | 0.8 | 47.7 | 59.6 | 圆砾 | 黏性土、粉土、粉砂 | | 2.5 | | | | 桩端压浆 | |
| 98 | | B1 | 0.9 | 47.2 | 52.5 | 圆砾 | 黏性土、粉土、粉砂 | | 2.5 | | | | 桩端压浆 | |
| 99 | | B2 | 0.9 | 46.7 | 51.8 | 圆砾 | 黏性土、粉土、粉砂 | | 2.5 | | | | 桩端压浆 | |
| 100 | | C1 | 1.0 | 48.9 | 48.9 | 圆砾 | 黏性土、粉土、粉砂 | | 2.5 | | | | 桩端压浆 | |
| 101 | | C2 | 1.0 | 50.9 | 50.9 | 圆砾 | 黏性土、粉土、粉砂 | | 2.5 | | | | 桩端压浆 | |
| 102 | 台州市城市港湾 | 42# | 0.8 | 78.1 | 97.6 | 卵石 | 黏性土 | 0.5～0.8 | 3.0 | | 2.0～4.0 | | 桩端压浆 | [120] |
| 103 | | 8# | 0.8 | 78.7 | 98.4 | 卵石 | 黏性土 | 0.5～0.8 | 3.0 | | 2.0～4.0 | | 桩端压浆 | |
| 104 | | B-9# | 0.8 | 77.1 | 96.4 | 卵石 | 黏性土 | 0.5～0.8 | 3.0 | | 2.0～4.0 | | 桩端压浆 | |
| 105 | 某工程 | TP3 | 0.8 | 51.0 | 63.8 | 含砾中砂 | 粉质黏土、中砂 | 0.50 | 3.7 | | | | 桩端压浆 | [121] |
| 106 | | TP4 | 0.8 | 42.5 | 53.1 | 卵石 | 粉质黏土、中砂 | | 2.9 | | | | 桩端压浆 | |
| 107 | 扬州京杭运河大桥 | B | 0.8 | 18.8 | 23.5 | 粉砂 | 砂黏土、粉砂 | 0.6 | 2.5 | | 3.0 | | 桩端压浆 | [105] |
| 108 | 苏州中心广场 | 5#-1 | 0.8 | 66.6 | 83.3 | 粉土夹粉质黏土 | 黏性土、粉土夹粉质黏土 | | 2.0 | | | | 桩端压浆 | * |

续表

| 序号 | 工程名称 | 桩号 | $D$（m） | $L$（m） | $L/D$ | 持力层类别 | 桩侧主要土层 | $W/C$ | $G_{cb}$（t） | $G_{cs}$（t） | $P_{gb}$（MPa） | $P_{gs}$（MPa） | 压浆类型 | 文献来源 |
|---|---|---|---|---|---|---|---|---|---|---|---|---|---|---|
| 109 | 苏州中心广场 | 5#-2 | 0.8 | 66.6 | 83.3 | 粉土夹粉质黏土 | 黏性土、粉土夹粉质黏土 | | 2.0 | | | | 桩端压浆 | * |
| 110 | | 5#-3 | 0.8 | 66.6 | 83.3 | 粉土夹粉质黏土 | 黏性土、粉土夹粉质黏土 | | 2.0 | | | | 桩端压浆 | |
| 111 | | 6#-1 | 0.8 | 68.8 | 86.0 | 粉土夹粉质黏土 | 黏性土、粉土夹粉质黏土 | | 2.0 | | | | 桩端压浆 | |
| 112 | | 6#-2 | 0.8 | 68.8 | 86.0 | 粉土夹粉质黏土 | 黏性土、粉土夹粉质黏土 | | 2.0 | | | | 桩端压浆 | |
| 113 | | 6#-3 | 0.8 | 68.8 | 86.0 | 粉土夹粉质黏土 | 黏性土、粉土夹粉质黏土 | | 2.0 | | | | 桩端压浆 | |
| 114 | 天津香格里拉 | S1 | 0.8 | 39.8 | 49.8 | 细砂 | 粉质黏土、粉土 | | 0.8 | | | | 桩端压浆 | [76] |
| 115 | | S3 | 0.8 | 39.8 | 49.8 | 细砂 | 粉质黏土、粉土 | | 0.8 | | | | 桩端压浆 | |
| 116 | 塘沽玉皇中心 | CS3 | 0.8 | 45.0 | 56.3 | 粉质黏土 | 黏性土、粉细砂 | | 0.6 | | | | 桩端压浆 | [76] |
| 117 | | AS3 | 0.8 | 45.0 | 56.3 | 粉质黏土 | 黏性土、粉细砂 | | 1.0 | | | | 桩端压浆 | |
| 118 | 杭州嘉和乐园 | 1# | 0.8 | 42.0 | 52.5 | 圆砾 | 粉土、粉砂 | | 1.2 | | | | 桩端压浆 | [76] |
| 119 | | 3# | 0.8 | 42.0 | 52.5 | 圆砾 | 粉土、粉砂 | | 1.2 | | | | 桩端压浆 | |
| 120 | 汕头林百欣会展中心 | TN2 | 0.8 | 56.0 | 70.0 | 强风化岩 | 淤泥质土、黏性土 | | 0.8 | | | | 桩端压浆 | [76] |
| 121 | | FN2 | 0.8 | 56.0 | 70.0 | 强风化岩 | 淤泥质土、黏性土 | | 0.9 | | | | 桩端压浆 | |
| 122 | 杭州利群大厦 | S1 | 0.8 | 34.5 | 43.1 | 圆砾卵石 | | | 2.0 | | 1.0～2.0 | | 桩端压浆 | [76] |
| 123 | | S2 | 0.8 | 34.5 | 43.1 | 圆砾卵石 | | | 2.0 | | 1.0～2.0 | | 桩端压浆 | |
| 124 | 淮河防汛调度设施楼工程 | 2# | 0.8 | 20.4 | 25.5 | 中风化岩石 | | | 1.0 | | 1.0 | | 桩端压浆 | [70] |
| 125 | 温州某综合楼工程 | S2 | 0.8 | 64.0 | 80.0 | 砂卵石层 | | | 2.0 | | | | 桩端压浆 | [70] |
| 126 | 杭州留学创业园 | S1 | 0.8 | 42.5 | 53.2 | 卵石层 | | | 2.0 | | 2.0 | | 桩端压浆 | [70] |
| 127 | | S3 | 0.8 | 44.0 | 55.0 | 卵石层 | | | 2.0 | | 2.0 | | 桩端压浆 | |
| 128 | 上海河滨围城 | TP2 | 0.8 | 63.0 | 78.8 | 粉质黏土 | | | 2.5 | | | | 桩端压浆 | [70] |
| 129 | | TP3 | 0.8 | 63.0 | 78.8 | 粉质黏土 | | | 2.5 | | | | 桩端压浆 | |
| 130 | 南京下关某工程 | C | 0.8 | 42.8 | 53.5 | 粉细砂 | | | 2.6 | | 0.6 | | 桩端压浆 | [70] |

续表

| 序号 | 工程名称 | 桩号 | $D$ (m) | $L$ (m) | $L/D$ | 持力层类别 | 桩侧主要土层 | $W/C$ | $G_{cb}$ (t) | $G_{cs}$ (t) | $P_{gb}$ (MPa) | $P_{gs}$ (MPa) | 压浆类型 | 文献来源 |
|---|---|---|---|---|---|---|---|---|---|---|---|---|---|---|
| 131 | 海宁海昌大厦 | 73# | 0.8 | 58.3 | 72.9 | 粉土 | | | 1.5 | | 3.0 | | 桩端压浆 | [70] |
| 132 | 三门峡市苍龙大坝 | 2# | 0.9 | 14.4 | 16.9 | 砂砾层 | 粉土、砂砾层 | 0.6 | 1.0 | | | | 桩端压浆 | [122] |
| 133 | | 3# | 0.9 | 14.9 | 17.5 | 砂砾层 | 粉土、砂砾层 | 0.6 | 1.0 | | | | 桩端压浆 | |
| 134 | 天津国际航运大厦 | 3# | 0.9 | 62.0 | 72.9 | 粉质黏土 | 黏性土、粉细砂 | | 0.7 | | | | 桩端压浆 | [101] |
| 135 | | 20# | 0.9 | 62.0 | 72.9 | 粉质黏土 | 黏性土、粉细砂 | | 0.7 | | | | 桩端压浆 | |
| 136 | 上海越洋广场 | TP12 | 0.9 | 70.0 | 82.4 | 粉细砂 | | | 2.5 | | | | 桩端压浆 | [70] |
| 137 | 上海陆家嘴某工程 | S14-2 | 0.9 | 58.5 | 68.8 | 粉细砂 | | | 2.0 | | | | 桩端压浆 | [70] |
| 138 | 南京中建大厦 | 239# | 0.9 | 51.0 | 60.0 | 粉砂 | | | 2.0 | | 1.4～4.0 | | 桩端压浆 | [70] |
| 139 | | 240# | 0.9 | 51.0 | 60.0 | 粉砂 | | | 2.0 | | 1.4～4.0 | | 桩端压浆 | |
| 140 | | 252# | 0.9 | 51.0 | 60.0 | 粉砂 | | | 2.0 | | 1.4～4.0 | | 桩端压浆 | |
| 141 | 杭州某工程 | 3-2# | 0.9 | 46.7 | 51.8 | 圆砾层 | 黏性土、砂质粉土 | | 2.5 | | | | 桩端压浆 | [118] |
| 142 | 杭州城北某工程 | B1 | 0.9 | 47.2 | 52.5 | 圆砾层 | 黏性土、粉土、粉砂 | | 2.5 | | | | 桩端压浆 | [119] |
| 143 | | B2 | 0.9 | 46.7 | 51.8 | 圆砾层 | 黏性土、粉土、粉砂 | | 2.5 | | | | 桩端压浆 | |
| 144 | 台州市城市港湾 | S1 | 0.9 | 76.8 | 85.3 | 卵石层 | 黏性土 | 0.5～0.8 | 3.0 | | 2.0～4.0 | | 桩端压浆 | [120] |
| 145 | | S2 | 0.9 | 77.8 | 86.5 | 卵石层 | 黏性土 | 0.5～0.8 | 3.0 | | 2.0～4.0 | | 桩端压浆 | |
| 146 | | 2# | 0.9 | 78.8 | 87.6 | 卵石层 | 黏性土 | 0.5～0.8 | 3.0 | | 2.0～4.0 | | 桩端压浆 | |
| 147 | | A-7# | 0.9 | 77.1 | 85.7 | 卵石层 | 黏性土 | 0.5～0.8 | 3.0 | | 2.0～4.0 | | 桩端压浆 | |
| 148 | 某工程 | TP2 | 0.9 | 54.0 | 60.0 | 含砾中砂层 | 粉质黏土、中砂 | 0.5 | 3.7 | | | | 桩端压浆 | [121] |
| 149 | 苏州中心广场 | 3#-1 | 0.9 | 81.5 | 90.5 | 黏土 | 黏性土、粉土夹粉质黏土 | | 2.0 | | | | 桩端压浆 | * |
| 150 | | 3#-2 | 0.9 | 81.5 | 90.5 | 黏土 | 黏性土、粉土夹粉质黏土 | | 2.0 | | | | 桩端压浆 | |
| 151 | | 4#-1 | 0.9 | 81.5 | 90.5 | 黏土 | 黏性土、粉土夹粉质黏土 | | 2.0 | | | | 桩端压浆 | |
| 152 | | 4#-2 | 0.9 | 81.5 | 90.5 | 黏土 | 黏性土、粉土夹粉质黏土 | | 2.0 | | | | 桩端压浆 | |
| 153 | | 7#-1 | 0.9 | 79.3 | 88.1 | 黏土 | 黏性土、粉土夹粉质黏土 | | 2.0 | | | | 桩端压浆 | |

续表

| 序号 | 工程名称 | 桩号 | $D$ (m) | $L$ (m) | $L/D$ | 持力层类别 | 桩侧主要土层 | $W/C$ | $G_{cb}$ (t) | $G_{cs}$ (t) | $P_{gb}$ (MPa) | $P_{gs}$ (MPa) | 压浆类型 | 文献来源 |
|---|---|---|---|---|---|---|---|---|---|---|---|---|---|---|
| 154 | 苏州中心广场 | 7#-2 | 0.9 | 79.3 | 88.1 | 黏土 | 黏性土、粉土夹粉质黏土 | | 2.0 | | | | 桩端压浆 | * |
| 155 | 福州某教学楼 | 30# | 0.9 | 30.3 | 33.7 | 强风化岩 | | | 0.8 | | 3.0 | | 桩端压浆 | [70] |
| 156 | 温州某住宅楼工程 | 2# | 0.9 | 68.0 | 75.6 | 卵石层 | | | 2.5 | | 4.0 | | 桩端压浆 | [70] |
| 157 | 福州某大楼 | S8-2 | 0.9 | 54.0 | 60.0 | 含砾中砂层 | | | 2.5 | | | | 桩端压浆 | [70] |
| 158 | 上海仲盛商业中心 | A1 | 0.9 | 49.0 | 54.4 | 粉细砂 | | | 2.0 | | 2.0 | | 桩端压浆 | [70] |
| 159 | | A2 | 0.9 | 49.0 | 54.4 | 粉细砂 | | | 2.0 | | 2.0 | | 桩端压浆 | |
| 160 | | A3 | 0.9 | 49.0 | 54.4 | 粉细砂 | | | 2.0 | | 2.0 | | 桩端压浆 | |
| 161 | 杭州某工程 | 2-1# | 1.0 | 47.2 | 47.2 | 圆砾层 | 黏性土、砂质粉土 | | 3.0 | | | | 桩端压浆 | [118] |
| 162 | 杭州城北某工程 | C1 | 1.0 | 48.9 | 48.9 | 圆砾层 | 黏性土、粉土、粉砂 | | 2.5 | | | | 桩端压浆 | [119] |
| 163 | | C2 | 1.0 | 50.9 | 50.9 | 圆砾层 | 黏性土、粉土、粉砂 | | 2.5 | | | | 桩端压浆 | |
| 164 | 苏州中心广场 | 8#-1 | 1.0 | 96.6 | 96.6 | 粉细砂 | 黏性土、粉质黏土夹粉细砂 | | 4.0 | | | | 桩端压浆 | * |
| 165 | | 9#-1 | 1.0 | 96.6 | 96.6 | 粉细砂 | 黏性土、粉质黏土夹粉细砂 | | 4.0 | | | | 桩端压浆 | |
| 166 | | 9#-2 | 1.0 | 96.6 | 96.6 | 粉细砂 | 黏性土、粉质黏土夹粉细砂 | | 4.0 | | | | 桩端压浆 | |
| 167 | 首都机场改扩建工程北区滑行道桥工程 | NO.1-2 | 1.0 | 40.0 | 40.0 | 卵石层 | 粉土、粉细砂 | 0.5～0.7 | 1.8 | 2.4 | 4.5 | 2.0～3.0 | 组合压浆 | [124] |
| 168 | | NO.2-2 | 1.0 | 40.0 | 40.0 | 卵石层 | 粉土、粉细砂 | 0.5～0.7 | 1.8 | 2.4 | 4.5 | 2.0～3.0 | 组合压浆 | |
| 169 | | NO.3 | 1.0 | 40.0 | 40.0 | 卵石层 | 粉土、粉细砂 | 0.5～0.7 | 1.8 | 2.4 | 4.5 | 2.0～3.0 | 组合压浆 | |
| 170 | | NO.4 | 1.0 | 40.0 | 40.0 | 卵石层 | 粉土、粉细砂 | 0.5～0.7 | 1.8 | 2.4 | 4.5 | 2.0～3.0 | 组合压浆 | |
| 171 | 陕西信息大厦工程 | NO.1-2 | 1.0 | 82.2 | 82.2 | 粉质黏土 | 黄土、中粗砂、粉质黏土 | 0.55～0.6 | 4.0 | 3.0 | | | 组合压浆 | [125] |
| 172 | | NO.2-2 | 1.0 | 82.2 | 82.2 | 粉质黏土 | 黄土、中粗砂、粉质黏土 | 0.55～0.6 | 1.6 | 1.4 | | | 组合压浆 | |
| 173 | | NO.3-2 | 1.0 | 82.2 | 82.2 | 粉质黏土 | 黄土、中粗砂、粉质黏土 | 0.55～0.6 | 1.6 | 1.4 | | | 组合压浆 | |
| 174 | 宁波嘉和中心 | 19# | 1.0 | 55.0 | 55.0 | 粉砂层 | 黏性土、砂质粉土 | | 3.0 | | 2.0～3.0 | | 桩端压浆 | [126] |
| 175 | | 20# | 1.0 | 54.4 | 54.4 | 粉砂层 | 黏性土、砂质粉土 | | 3.0 | | 2.0～3.0 | | 桩端压浆 | |
| 176 | | 21Z# | 1.0 | 55.0 | 55.0 | 粉砂层 | 黏性土、砂质粉土 | | 3.0 | | 2.0～3.0 | | 桩端压浆 | |

续表

| 序号 | 工程名称 | 桩号 | $D$ (m) | $L$ (m) | $L/D$ | 持力层类别 | 桩侧主要土层 | $W/C$ | $G_{cb}$ (t) | $G_{cs}$ (t) | $P_{gb}$ (MPa) | $P_{gs}$ (MPa) | 压浆类型 | 文献来源 |
|---|---|---|---|---|---|---|---|---|---|---|---|---|---|---|
| 177 | 安阳某水泥厂工程 | 3# | 1.0 | 28.0 | 28.0 | 卵石层 | 粉质黏土、粉土 | 0.6 | 4.5 | 3.6 | 4.0 |  | 组合压浆 | [127] |
| 178 |  | 4# | 1.0 | 28.0 | 28.0 | 卵石层 | 粉质黏土、粉土 | 0.6 | 3.6 | 2.2 | 4.0 |  | 组合压浆 |  |
| 179 | 东方之门 | ST4 | 1.0 | 83.8 | 83.8 | 黏土 | 黏性土、粉砂 |  | 2.0 |  |  |  | 桩端压浆 | [128] |
| 180 |  | ST5 | 1.0 | 83.8 | 83.8 | 黏土 | 黏性土、粉砂 |  | 2.0 |  |  |  | 桩端压浆 |  |
| 181 |  | ST6 | 1.0 | 83.8 | 83.8 | 黏土 | 黏性土、粉砂 |  | 2.0 |  |  |  | 桩端压浆 |  |
| 182 |  | SZ-T-1 | 1.0 | 95.1 | 95.1 | 粉细砂 | 黏性土、粉细砂 |  | 2.0 |  |  |  | 桩端压浆 |  |
| 183 |  | SZ-T-2 | 1.0 | 95.1 | 95.1 | 粉细砂 | 黏性土、粉细砂 |  | 2.0 |  |  |  | 桩端压浆 |  |
| 184 |  | SZ-T-3 | 1.0 | 95.1 | 95.1 | 粉细砂 | 黏性土、粉细砂 |  | 2.0 |  |  |  | 桩端压浆 |  |
| 185 | 宁波某工程 | 19# | 1.0 | 55.0 | 55.0 | 粉砂 | 粉质黏土、粉砂 |  | 3.0 |  | 2.0～3.0 |  | 桩端压浆 | [129] [131] |
| 186 |  | 20# | 1.0 | 54.4 | 54.4 | 粉砂 | 粉质黏土、粉砂 |  | 3.0 |  | 2.0～3.0 |  | 桩端压浆 |  |
| 187 |  | 21-2# | 1.0 | 55.0 | 55.0 | 粉砂 | 粉质黏土、粉砂 |  | 3.0 |  | 2.0～3.0 |  | 桩端压浆 |  |
| 188 |  | 11# | 1.0 | 87.5 | 87.5 | 含黏土砾砂 | 粉质黏土、粉砂 |  | 3.0 |  | 2.0～3.0 |  | 桩端压浆 |  |
| 189 | 苏州某高层建筑 | TP1 | 1.0 | 90.0 | 90.0 | 粉砂 | 黏性土、粉细砂 | 0.55 | 2.5 | 2.0 |  |  | 组合压浆 | [130] |
| 190 |  | TP3 | 1.0 | 90.0 | 90.0 | 粉砂 | 黏性土、粉细砂 | 0.55 | 2.5 |  |  |  | 桩端压浆 |  |
| 191 | 天津某超高层 | S1 | 1.0 | 98.0 | 98.0 | 粉质黏土 | 粉土、粉细砂、中砂 | 0.5 | 3.5 | 1.5 | 2.0～3.0 | 1.5 | 组合压浆 | [131] [133] |
| 192 |  | S3 | 1.0 | 98.0 | 98.0 | 粉质黏土 | 粉土、粉细砂、中砂 | 0.5 | 3.5 |  | 2.0～3.0 |  | 桩端压浆 |  |
| 193 |  | S4 | 1.0 | 98.0 | 98.0 | 粉质黏土 | 粉土、粉细砂、中砂 | 0.5 | 3.0 |  | 2.0～3.0 |  | 桩端压浆 |  |
| 194 | 天津明鸿广场 | TP3 | 1.0 | 70.0 | 70.0 | 粉土粉砂 | 黏性土、粉细砂 |  | 0.6 |  |  |  | 桩端压浆 | [100] [99] |
| 195 | 太原市双子塔 | S1 | 1.0 | 88.1 | 88.1 | 粉质黏土 | 粉质黏土、粉土、粉细砂 | 0.5 | 1.5 | 0.5 | 6.0 | 2.5 | 组合压浆 | [135] |
| 196 | 郑州市107辅道快速化工程 | BD10 | 1.0 | 48.0 | 48.0 | 粉质黏土 | 粉质黏土、粉土、粉细砂 | 0.55～0.6 | 3.0 |  | 2.0～4.0 |  | 桩端压浆 | [136] |
| 197 |  | ND3 | 1.0 | 48.0 | 48.0 | 粉质黏土 | 粉质黏土、粉砂、中细砂 | 0.55～0.6 | 3.0 |  | 2.0～4.0 |  | 桩端压浆 |  |
| 198 |  | ND6 | 1.0 | 48.0 | 48.0 | 粉质黏土 | 粉质黏土、粉砂、中细砂 | 0.55～0.6 | 3.0 |  | 2.0～4.0 |  | 桩端压浆 |  |

续表

| 序号 | 工程名称 | 桩号 | $D$ (m) | $L$ (m) | $L/D$ | 持力层类别 | 桩侧主要土层 | $W/C$ | $G_{cb}$ (t) | $G_{cs}$ (t) | $P_{gb}$ (MPa) | $P_{gs}$ (MPa) | 压浆类型 | 文献来源 |
|---|---|---|---|---|---|---|---|---|---|---|---|---|---|---|
| 199 | 北京世界金融中心 | C77 | 1.0 | 23.2 | 23.2 | 卵砾层 | 粉质黏土、砂砾 | | 0.8 | | | | 桩端压浆 | * |
| 200 | | C103 | 1.0 | 23.2 | 23.2 | 卵砾层 | 粉质黏土、砂砾 | | 0.8 | 0.4 | | | 组合压浆 | |
| 201 | | C79 | 1.0 | 23.2 | 23.2 | 卵砾层 | 粉质黏土、砂砾 | | 0.8 | 0.4 | | | 组合压浆 | |
| 202 | 五都大桥 | B | 1.0 | 14.4 | 14.4 | 卵石层 | | | 1.5 | | | | 桩端压浆 | [70] |
| 203 | | D | 1.0 | 14.0 | 14.0 | 卵石层 | | | 1.5 | | | | 桩端压浆 | |
| 204 | 宁波中心某综合楼 | SZH20 | 1.0 | 54.4 | 54.4 | 粉砂层 | | | 3.5 | | 2.0～3.0 | | 桩端压浆 | [70] |
| 205 | 海盐南方水泥厂 | SZ2 | 1.0 | 63.0 | 63.0 | 粉砂 | 黏性土、粉砂 | 0.6 | 2.0 | 1.5 | 3.4 | 3.2 | 组合压浆 | * |
| 206 | | SZ4 | 1.0 | 63.0 | 63.0 | 粉砂 | 黏性土、砂质粉土、粉砂 | 0.6 | 2.0 | 1.5 | 3.5 | 3.2 | 组合压浆 | |
| 207 | | SZ6 | 1.0 | 64.0 | 64.0 | 粉砂 | 黏性土、粉砂 | 0.6 | 2.0 | 1.5 | 3.5 | 3.2 | 组合压浆 | |
| 208 | | A2-8 | 1.0 | 64.1 | 64.1 | 粉砂 | 黏性土、粉砂 | 0.6 | 2.0 | 1.5 | 3.9 | 3.7 | 组合压浆 | |
| 209 | | A1-59 | 1.0 | 63.1 | 63.1 | 粉砂 | 黏性土、砂质粉土、粉砂 | 0.6 | 2.0 | 1.5 | 3.9 | 3.7 | 组合压浆 | |
| 210 | | A1-64 | 1.0 | 63.1 | 63.1 | 粉砂 | 黏性土、砂质粉土、粉砂 | 0.6 | 2.0 | 1.5 | 3.9 | 3.7 | 组合压浆 | |
| 211 | 连镇铁路宝应特大桥 | 1-2# | 1.0 | 44.5 | 44.5 | 粉砂 | 黏性土、粉砂 | 0.5 | 2.5 | 2.1 | 2.5 | 1.2～2.3 | 组合压浆 | * |
| 212 | | 8-2# | 1.0 | 44.5 | 44.5 | 粉砂 | 黏性土、粉砂 | 0.5 | 2.5 | 2.1 | 2.3 | 2.2～3.0 | 组合压浆 | |
| 213 | 杭州德胜快速路工程 | Pm6-2 | 1.0 | 48.5 | 48.5 | 卵石 | 粉质黏土、粉砂 | 0.5～0.6 | 3.0 | | 4.6 | | 桩端压浆 | * |
| 214 | 芦浦互通C匝道桥 | 3-3 | 1.0 | 44.0 | 4.4 | 全风化凝灰岩 | 淤泥、黏土 | 0.55 | 4.4 | | 1.43 | | 桩端压浆 | * |
| 215 | | 3-4 | 1.0 | 44.0 | 4.4 | 全风化凝灰岩 | 淤泥、黏土 | 0.55 | 4.8 | | 1.16 | | 桩端压浆 | |
| 216 | 中南中心 | SJZA | 1.1 | 110.0 | 100.0 | 粉细砂 | 黏性土、粉土、粉细砂 | | 4.5 | | 1.5 | | 组合压浆 | [138] |
| 217 | | SJZB | 1.1 | 110.0 | 100.0 | 粉细砂 | 黏性土、粉土、粉细砂 | | 4.5 | | 1.5 | | 组合压浆 | |
| 218 | | SJZC | 1.1 | 110.0 | 100.0 | 粉细砂 | 黏性土、粉土、粉细砂 | | 4.5 | | 1.5 | | 组合压浆 | |
| 219 | | SJZD | 1.1 | 110.0 | 100.0 | 粉细砂 | 黏性土、粉土、粉细砂 | | 4.5 | | 1.5 | | 组合压浆 | |
| 220 | 杭州解百商场 | S1 | 1.1 | 35.8 | 32.5 | 砂砾层 | | | 0.6 | | | | 桩端压浆 | [70] |
| 221 | | S2 | 1.1 | 35.2 | 32.0 | 砂砾层 | | | 1.7 | | | | 桩端压浆 | |

续表

| 序号 | 工程名称 | 桩号 | D (m) | L (m) | L/D | 持力层类别 | 桩侧主要土层 | W/C | $G_{cb}$ (t) | $G_{cs}$ (t) | $P_{gb}$ (MPa) | $P_{gs}$ (MPa) | 压浆类型 | 文献来源 |
|---|---|---|---|---|---|---|---|---|---|---|---|---|---|---|
| 222 | 郑州市三环快速路工程 | HH-S2 | 1.2 | 38.0 | 31.7 | 粉土 | 粉质黏土、粉土 | 0.55～0.6 | 3.0 |  | 2.0～4.0 |  | 桩端压浆 | [139] |
| 223 |  | HH-S3 | 1.2 | 38.0 | 31.7 | 粉土 | 粉质黏土、粉土 | 0.55～0.6 | 3.0 |  | 2.0～4.0 |  | 桩端压浆 |  |
| 224 |  | XZ-S4 | 1.2 | 45.0 | 37.5 | 粉土 | 粉质黏土、粉土、粉细砂 | 0.55～0.6 | 3.0 |  | 2.0～4.0 |  | 桩端压浆 |  |
| 225 |  | XZ-S6 | 1.2 | 45.0 | 37.5 | 粉土 | 粉质黏土、粉土、粉细砂 | 0.55～0.6 | 3.0 |  | 2.0～4.0 |  | 桩端压浆 |  |
| 226 |  | SL-S5 | 1.2 | 40.0 | 33.3 | 粉质黏土 | 粉土、细砂 | 0.55～0.6 | 3.0 |  | 2.0～4.0 |  | 桩端压浆 |  |
| 227 |  | SL-S6 | 1.2 | 40.0 | 33.3 | 粉质黏土 | 粉土、细砂 | 0.55～0.6 | 3.0 |  | 2.0～4.0 |  | 桩端压浆 |  |
| 228 | 某快速路工程 | LH-S2 | 1.2 | 40.0 | 33.3 | 粉质黏土 | 粉质黏土、粉土 | 0.55～0.6 | 3.0 |  | 2.0～4.0 |  | 桩端压浆 | [140] |
| 229 |  | LH-S4 | 1.2 | 40.0 | 33.3 | 粉质黏土 | 粉质黏土、粉土 | 0.55～0.6 | 3.0 |  | 2.0～4.0 |  | 桩端压浆 |  |
| 230 |  | BX-S4 | 1.2 | 45.0 | 37.5 | 粉质黏土 | 粉质黏土、粉土、粉细砂 | 0.55～0.6 | 3.0 |  | 2.0～4.0 |  | 桩端压浆 |  |
| 231 |  | BX-S5 | 1.2 | 45.0 | 37.5 | 粉质黏土 | 粉质黏土、粉土、粉细砂 | 0.55～0.6 | 3.0 |  | 2.0～4.0 |  | 桩端压浆 |  |
| 232 |  | FQ-S4 | 1.2 | 45.0 | 37.5 | 粉质黏土 | 粉质黏土、粉土、粉细砂 | 0.55～0.6 | 3.0 |  | 2.0～4.0 |  | 桩端压浆 |  |
| 233 |  | FQ-S5 | 1.2 | 45.0 | 37.5 | 粉质黏土 | 粉质黏土、粉土、粉细砂 | 0.55～0.6 | 3.0 |  | 2.0～4.0 |  | 桩端压浆 |  |
| 234 | 郑州市三环快速路工程南三环 | S1 | 1.2 | 45.0 | 37.5 | 粉土 | 粉质黏土、粉土、粉细砂 | 0.6 | 2.8 | 2.0 | 3.5 | 1.5 | 组合压浆 | [141] |
| 235 |  | S2 | 1.2 | 45.0 | 37.5 | 粉土 | 粉质黏土、粉土、粉细砂 | 0.6 | 3.0 | 2.0 | 3.0 | 1.4 | 组合压浆 |  |
| 236 |  | S3 | 1.2 | 45.0 | 37.5 | 粉土 | 粉质黏土、粉土、粉细砂 | 0.6 | 3.5 | 2.2 | 1.0 | 1.5 | 组合压浆 |  |
| 237 |  | S4 | 1.2 | 45.0 | 37.5 | 粉土 | 粉质黏土、粉土、粉细砂 | 0.6 | 2.5 |  | 2.5 |  | 桩端压浆 |  |
| 238 |  | S6 | 1.2 | 45.0 | 37.5 | 粉土 | 粉质黏土、粉土、粉细砂 | 0.6 | 2.2 |  | 3.5 |  | 桩端压浆 |  |
| 239 | 山东滨德高速 | 1# | 1.2 | 22.0 | 18.3 | 粉细砂 | 黏土、粉细砂 | 0.4～0.6 | 3.0 |  | 1.5 |  | 桩端压浆 | [142] |
| 240 |  | 3# | 1.2 | 22.0 | 18.3 | 粉细砂 | 黏土、粉细砂 | 0.4～0.6 | 3.0 |  | 1.5 |  | 桩端压浆 |  |
| 241 | 五分干渠中桥 | 8-2# | 1.2 | 23.5 | 19.6 | 黏土 | 粉质黏土、粉砂 | 0.55～0.6 | 1.1 | 0.8 | 6.0 |  | 组合压浆 | [143] |
| 242 |  | 13-2# | 1.2 | 16.2 | 13.5 | 粉砂 | 粉砂、砂质粉土 | 0.55～0.6 | 1.3 | 0.6 | 6.0 |  | 组合压浆 |  |
| 243 | 长平高速公路 | 1# | 1.2 | 17.0 | 14.2 | 全风化泥岩 | 粉质黏土、粗砂 | 0.5 | 2.7 |  | 2.0 |  | 桩端压浆 | [145] |
| 244 |  | 2# | 1.2 | 17.0 | 14.2 | 全风化泥岩 | 粉质黏土、粗砂 | 0.5 | 2.7 |  | 2.0 |  | 桩端压浆 |  |

续表

| 序号 | 工程名称 | 桩号 | $D$ (m) | $L$ (m) | $L/D$ | 持力层类别 | 桩侧主要土层 | $W/C$ | $G_{cb}$ (t) | $G_{cs}$ (t) | $P_{gb}$ (MPa) | $P_{gs}$ (MPa) | 压浆类型 | 文献来源 |
|---|---|---|---|---|---|---|---|---|---|---|---|---|---|---|
| 245 | 郑州市107辅道快速化工程 | BX3 | 1.2 | 40.0 | 33.3 | 粉质黏土 | 粉质黏土、粉土、粉细砂 | 0.55～0.6 | 3.6 | | 2.0～4.0 | | 桩端压浆 | [136] |
| 246 | | BX9 | 1.2 | 40.0 | 33.3 | 粉质黏土 | 粉质黏土、粉土、粉细砂 | 0.55～0.6 | 3.6 | | 2.0～4.0 | | 桩端压浆 | |
| 247 | | NX5 | 1.2 | 40.0 | 33.3 | 粉砂 | 粉质黏土、中细砂 | 0.55～0.6 | 3.6 | | 2.0～4.0 | | 桩端压浆 | |
| 248 | | NX7 | 1.2 | 40.0 | 33.3 | 粉砂 | 粉质黏土、中细砂 | 0.55～0.6 | 3.6 | | 2.0～4.0 | | 桩端压浆 | |
| 249 | 杭州德胜快速路工程 | SZ4 | 1.2 | 46.5 | 38.8 | 卵石 | 粉质黏土、砾砂 | 0.5～0.6 | 3.5 | | 3.0 | | 桩端压浆 | * |
| 250 | | Pm9-2 | 1.2 | 47.0 | 39.2 | 卵石 | 粉质黏土、砾砂 | 0.5～0.6 | 3.5 | | 3.8 | | 桩端压浆 | |
| 251 | 江海西路快速路工程 | Pm22-2 | 1.2 | 54.0 | 45.0 | 粉质黏土 | 黏性土、粉土 | 0.38 | 3.1 | | 3.5 | | 桩端压浆 | * |
| 252 | | Pm130-2 | 1.2 | 53.9 | 44.9 | 粉土 | 黏性土、粉土 | 0.6 | 3.1 | | 3.5 | | 桩端压浆 | |
| 253 | | Pm154-2 | 1.2 | 54.9 | 45.8 | 粉质黏土 | 黏性土、粉土 | 0.5 | 2.6 | | 4.0 | | 桩端压浆 | |
| 254 | | Pws2-2 | 1.2 | 55.0 | 45.8 | 粉质黏土夹粉土 | 粉质黏土、粉土 | 0.38 | 3.2 | | 3.8 | | 桩端压浆 | |
| 255 | 苏通大桥 | NII-2 | 1.2 | 58.9 | 49.1 | 粉砂 | 粉质黏土、粉砂 | 0.5 | 2.8 | | 4.6 | | 桩端压浆 | * |
| 256 | 银川北京路延伸及滨河黄河大桥 | SZ1-2 | 1.2 | 70.0 | 58.3 | 细砂 | 细砂 | 0.5 | 1.0 | | 2.6 | | 桩端压浆 | * |
| 257 | | SZ2-2 | 1.2 | 70.0 | 58.3 | 细砂 | 粉质黏土、细砂 | 0.5 | 0.9 | | 2.5 | | 桩端压浆 | |
| 258 | | SZ3-2 | 1.2 | 70.0 | 58.3 | 细砂 | 粉质黏土、细砂 | 0.5 | 1.2 | | 2.5 | | 桩端压浆 | |
| 259 | 玉环互通某道桥 | 3-1 | 1.2 | 50.1 | 4.2 | 含黏性土圆砾 | 淤泥、黏性土 | 0.55 | 3.1 | | 2.2 | | 桩端压浆 | * |
| 260 | | 3-2 | 1.2 | 50.1 | 4.2 | 含黏性土圆砾 | 淤泥、黏性土 | 0.55 | 3.2 | | 2.2 | | 桩端压浆 | |
| 261 | | 4-1 | 1.2 | 53.1 | 4.4 | 含黏性土圆砾 | 淤泥、黏性土 | 0.55 | 4.3 | | 0.7 | | 桩端压浆 | |
| 262 | | 4-2 | 1.2 | 53.1 | 4.4 | 含黏性土圆砾 | 淤泥、黏性土 | 0.55 | 4.3 | | 0.7 | | 桩端压浆 | |
| 263 | 芦浦互通C匝道桥 | 2-1 | 1.2 | 45.0 | 3.8 | 全风化凝灰岩 | 淤泥、黏土 | 0.55 | 5.4 | | 0.9 | | 桩端压浆 | * |
| 264 | | 2-2 | 1.2 | 45.0 | 3.8 | 全风化凝灰岩 | 淤泥、黏土 | 0.55 | 5.1 | | 1.3 | | 桩端压浆 | |
| 265 | | 3-2 | 1.2 | 44.0 | 3.7 | 全风化凝灰岩 | 淤泥、黏土 | 0.55 | 4.6 | | 1.2 | | 桩端压浆 | |
| 266 | 互通区主线2号桥 | R0-1 | 1.2 | 50.0 | 4.2 | 含黏性土碎石 | 淤泥、黏土、含黏性土碎石 | 0.55 | 3.9 | | 0.8 | | 桩端压浆 | * |
| 267 | | R0-2 | 1.2 | 50.0 | 4.2 | 含黏性土碎石 | 淤泥、黏土、含黏性土碎石 | 0.55 | 3.9 | | 0.8 | | 桩端压浆 | |

续表

| 序号 | 工程名称 | 桩号 | $D$ (m) | $L$ (m) | $L/D$ | 持力层类别 | 桩侧主要土层 | $W/C$ | $G_{cb}$ (t) | $G_{cs}$ (t) | $P_{gb}$ (MPa) | $P_{gs}$ (MPa) | 压浆类型 | 文献来源 |
|---|---|---|---|---|---|---|---|---|---|---|---|---|---|---|
| 268 | 互通区主线 2 号桥 | R0-3 | 1.2 | 50.0 | 4.2 | 含黏性土碎石 | 淤泥、黏土、含黏性土碎石 | 0.55 | 3.9 |  | 0.8 |  | 桩端压浆 | * |
| 269 | 乐清湾 MZ 匝道桥 | 40-1 | 1.2 | 61.0 | 5.1 | 圆砾 | 淤泥质土、黏土 | 0.5 | 4.2 |  | 1.1 |  | 桩端压浆 | * |
| 270 |  | 40-2 | 1.2 | 61.0 | 5.1 | 圆砾 | 淤泥质土、黏土 | 0.5 | 4.2 |  | 1.1 |  | 桩端压浆 |  |
| 271 |  | 40-3 | 1.2 | 61.0 | 5.1 | 圆砾 | 淤泥质土、黏土 | 0.5 | 3.8 |  | 1.3 |  | 桩端压浆 |  |
| 272 | 京沈客运专线顺义特大桥 | S2 | 1.3 | 30.3 | 24.2 | 粉质黏土 | 粉质黏土、粉土、中砂 | 0.50 | 8.5 | 2.5 | 5.0 | 3.0 | 组合压浆 | [146] |
| 273 |  | S3 | 1.3 | 30.1 | 24.1 | 粉质黏土 | 粉质黏土、粉土、中砂 | 0.50 | 8.0 | 2.7 | 5.8 | 2.5 | 组合压浆 |  |
| 274 |  | S4 | 1.3 | 30.2 | 24.2 | 粉质黏土 | 粉质黏土、粉土、中砂 | 0.50 | 9.0 | 1.4 | 6.5 | 3.8 | 组合压浆 |  |
| 275 | 西安咸阳渭河特大桥 | Sa1 | 1.3 | 25.0 | 19.2 | 中砂 | 中砂、粗砂 | 0.75 | 3.0 | 0.5 | 1.6 | 1.2 | 组合压浆 | [147] |
| 276 |  | Sb1 | 1.3 | 25.0 | 19.2 | 中砂 | 中砂、粗砂 | 0.75 | 3.0 | 0.5 | 1.6 | 1.3 | 组合压浆 |  |
| 277 |  | Sc1 | 1.3 | 25.0 | 19.2 | 中砂 | 中砂、粗砂 | 0.75 | 3.0 | 0.5 | 1.7 | 1.1 | 组合压浆 |  |
| 278 | 乐清湾大桥 | 7#-3-2# | 1.3 | 70.0 | 53.8 | 砾砂 | 黏性土 | 0.55 | 5.3 |  | 3.3 |  | 桩端压浆 | * |
| 279 |  | 3#-1-2# | 1.3 | 40.9 | 31.5 | 全风化凝灰岩 | 黏性土、全风化岩 | 0.50 | 6.2 |  | 1.9 |  | 桩端压浆 |  |
| 280 | 沙门互通 1 号桥 | R6-1 | 1.3 | 43.0 | 3.3 | 强风化凝灰岩 | 淤泥质土、黏土 | 0.55 | 3.6 |  | 3.2 |  | 桩端压浆 | * |
| 281 |  | R6-4 | 1.3 | 43.0 | 3.3 | 强风化凝灰岩 | 淤泥质土、黏土 | 0.55 | 3.6 |  | 2.2 |  | 桩端压浆 |  |
| 282 |  | L10-1 | 1.3 | 41.0 | 3.2 | 全风化凝灰岩 | 淤泥质土、黏土 | 0.55 | 3.7 |  | 1.4 |  | 桩端压浆 |  |
| 283 |  | L10-2 | 1.3 | 41.0 | 3.2 | 全风化凝灰岩 | 淤泥质土、黏土 | 0.55 | 3.1 |  | 2.0 |  | 桩端压浆 |  |
| 284 | 沙门互通 A 匝道桥 | 13-3 | 1.3 | 45.0 | 3.5 | 角砾 | 淤泥、粉质黏土、角砾 | 0.55 | 4.4 |  | 1.6 |  | 桩端压浆 | * |
| 285 |  | 14-1 | 1.3 | 45.0 | 3.5 | 角砾 | 淤泥、粉质黏土、角砾 | 0.55 | 3.8 |  | 1.6 |  | 桩端压浆 |  |
| 286 | 互通区主线 2 号桥 | R1-4 | 1.3 | 50.0 | 3.8 | 含黏性土碎石 | 淤泥、黏土、含黏性土碎石 | 0.55 | 4.0 |  | 1.2 |  | 桩端压浆 | * |
| 287 |  | R1-5 | 1.3 | 50.0 | 3.8 | 含黏性土碎石 | 淤泥、黏土、含黏性土碎石 | 0.55 | 4.3 |  | 1.0 |  | 桩端压浆 |  |
| 288 |  | R1-6 | 1.3 | 50.0 | 3.8 | 含黏性土碎石 | 淤泥、黏土、含黏性土碎石 | 0.55 | 4.0 |  | 1.1 |  | 桩端压浆 |  |
| 289 | 乐清湾 MZ 匝道桥 | R6-1 | 1.3 | 70.0 | 5.4 | 砾砂 | 淤泥质土、黏性土、中砂 | 0.5 | 3.4 |  | 1.7 |  | 桩端压浆 | * |
| 290 |  | R6-2 | 1.3 | 70.0 | 5.4 | 砾砂 | 淤泥质土、黏性土、中砂 | 0.5 | 3.3 |  | 1.5 |  | 桩端压浆 |  |

续表

| 序号 | 工程名称 | 桩号 | $D$ (m) | $L$ (m) | $L/D$ | 持力层类别 | 桩侧主要土层 | $W/C$ | $G_{cb}$ (t) | $G_{cs}$ (t) | $P_{gb}$ (MPa) | $P_{gs}$ (MPa) | 压浆类型 | 文献来源 |
|---|---|---|---|---|---|---|---|---|---|---|---|---|---|---|
| 291 | 乐清湾 MZ 匝道桥 | R6-3 | 1.3 | 70.0 | 5.4 | 砾砂 | 淤泥质土、黏性土、中砂 | 0.5 | 3.5 | | 2.8 | | 桩端压浆 | * |
| 292 | | R6-4 | 1.3 | 70.0 | 5.4 | 砾砂 | 淤泥质土、黏性土、中砂 | 0.5 | 3.7 | | 1.3 | | 桩端压浆 | |
| 293 | | L6-1 | 1.3 | 70.0 | 5.4 | 砾砂 | 淤泥质土、黏性土、中砂 | 0.5 | 2.6 | | 1.1 | | 桩端压浆 | |
| 294 | | L6-2 | 1.3 | 70.0 | 5.4 | 砾砂 | 淤泥质土、黏性土、中砂 | 0.5 | 4.2 | | 0.5 | | 桩端压浆 | |
| 295 | | L6-3 | 1.3 | 70.0 | 5.4 | 砾砂 | 淤泥质土、黏性土、中砂 | 0.5 | 4.3 | | 2.0 | | 桩端压浆 | |
| 296 | | L6-4 | 1.3 | 70.0 | 5.4 | 砾砂 | 淤泥质土、黏性土、中砂 | 0.5 | 4.4 | | 1.5 | | 桩端压浆 | |
| 297 | | 7-1 | 1.3 | 70.0 | 5.4 | 砾砂 | 淤泥质土、黏性土、中砂 | 0.5 | 4.4 | | 1.1 | | 桩端压浆 | |
| 298 | | 7-2 | 1.3 | 70.0 | 5.4 | 砾砂 | 淤泥质土、黏性土、中砂 | 0.5 | 2.9 | | 1.0 | | 桩端压浆 | |
| 299 | | 7-4 | 1.3 | 70.0 | 5.4 | 砾砂 | 淤泥质土、黏性土、中砂 | 0.5 | 4.5 | | 2.0 | | 桩端压浆 | |
| 300 | | 8-1 | 1.3 | 70.0 | 5.4 | 砾砂 | 淤泥质土、黏性土 | 0.5 | 4.3 | | 1.3 | | 桩端压浆 | |
| 301 | | 8-2 | 1.3 | 70.0 | 5.4 | 砾砂 | 淤泥质土、黏性土 | 0.5 | 3.8 | | 1.5 | | 桩端压浆 | |
| 302 | | 8-3 | 1.3 | 70.0 | 5.4 | 砾砂 | 淤泥质土、黏性土 | 0.5 | 4.1 | | 1.2 | | 桩端压浆 | |
| 303 | | 8-4 | 1.3 | 70.0 | 5.4 | 砾砂 | 淤泥质土、黏性土 | 0.5 | 4.1 | | 1.0 | | 桩端压浆 | |
| 304 | | 9-1 | 1.3 | 70.0 | 5.4 | 砾砂 | 淤泥质土、黏性土 | 0.5 | 4.4 | | 0.8 | | 桩端压浆 | |
| 305 | | 9-2 | 1.3 | 70.0 | 5.4 | 砾砂 | 淤泥质土、黏性土 | 0.5 | 4.4 | | 0.7 | | 桩端压浆 | |
| 306 | | 9-3 | 1.3 | 70.0 | 5.4 | 砾砂 | 淤泥质土、黏性土 | 0.5 | 4.2 | | 1.6 | | 桩端压浆 | |
| 307 | | 9-4 | 1.3 | 70.0 | 5.4 | 砾砂 | 淤泥质土、黏性土 | 0.5 | 4.2 | | 1.0 | | 桩端压浆 | |
| 308 | | 10-1 | 1.3 | 69.0 | 5.3 | 砾砂 | 淤泥质土、黏性土 | 0.5 | 3.8 | | 1.7 | | 桩端压浆 | |
| 309 | | 10-2 | 1.3 | 69.0 | 5.3 | 砾砂 | 淤泥质土、黏性土 | 0.5 | 2.7 | | 0.2 | | 桩端压浆 | |
| 310 | | 10-3 | 1.3 | 69.0 | 5.3 | 砾砂 | 淤泥质土、黏性土 | 0.5 | 3.6 | | 2.2 | | 桩端压浆 | |
| 311 | | 10-4 | 1.3 | 69.0 | 5.3 | 砾砂 | 淤泥质土、黏性土 | 0.5 | 4.3 | | 1.0 | | 桩端压浆 | |
| 312 | | 11-1 | 1.3 | 69.0 | 5.3 | 砾砂 | 淤泥质土、黏性土 | 0.5 | 4.5 | | 0.7 | | 桩端压浆 | |
| 313 | | 11-2 | 1.3 | 69.0 | 5.3 | 砾砂 | 淤泥质土、黏性土 | 0.5 | 4.4 | | 0.5 | | 桩端压浆 | |

续表

| 序号 | 工程名称 | 桩号 | $D$ (m) | $L$ (m) | $L/D$ | 持力层类别 | 桩侧主要土层 | $W/C$ | $G_{cb}$ (t) | $G_{cs}$ (t) | $P_{gb}$ (MPa) | $P_{gs}$ (MPa) | 压浆类型 | 文献来源 |
|---|---|---|---|---|---|---|---|---|---|---|---|---|---|---|
| 314 | 乐清湾 MZ 匝道桥 | 11-3 | 1.3 | 69.0 | 5.3 | 砾砂 | 淤泥质土、黏性土 | 0.5 | 4.0 | | 1.4 | | 桩端压浆 | * |
| 315 | | 11-4 | 1.3 | 69.0 | 5.3 | 砾砂 | 淤泥质土、黏性土 | 0.5 | 4.0 | | 1.6 | | 桩端压浆 | |
| 316 | | 12-1 | 1.3 | 69.0 | 5.3 | 砾砂 | 淤泥质土、黏性土 | 0.5 | 4.1 | | 0.8 | | 桩端压浆 | |
| 317 | | 12-2 | 1.3 | 69.0 | 5.3 | 砾砂 | 淤泥质土、黏性土 | 0.5 | 4.4 | | 1.0 | | 桩端压浆 | |
| 318 | | 12-3 | 1.3 | 69.0 | 5.3 | 砾砂 | 淤泥质土、黏性土 | 0.5 | 4.4 | | 1.1 | | 桩端压浆 | |
| 319 | | 12-4 | 1.3 | 69.0 | 5.3 | 砾砂 | 淤泥质土、黏性土 | 0.5 | 4.5 | | 1.0 | | 桩端压浆 | |
| 320 | | 13-1 | 1.3 | 69.0 | 5.3 | 砾砂 | 淤泥质土、黏性土 | 0.5 | 4.0 | | 0.8 | | 桩端压浆 | |
| 321 | | 13-2 | 1.3 | 69.0 | 5.3 | 砾砂 | 淤泥质土、黏性土 | 0.5 | 4.3 | | 1.2 | | 桩端压浆 | |
| 322 | | 13-3 | 1.3 | 69.0 | 5.3 | 砾砂 | 淤泥质土、黏性土 | 0.5 | 4.0 | | 1.1 | | 桩端压浆 | |
| 323 | | 13-4 | 1.3 | 69.0 | 5.3 | 砾砂 | 淤泥质土、黏性土 | 0.5 | 4.0 | | 0.8 | | 桩端压浆 | |
| 324 | 东小江大桥 | 22-4# | 1.5 | 61.0 | 40.7 | 含黏性土圆砾 | 粉质黏土、粉砂、中砂 | 0.5 | 2.7 | 4.5 | 2.5 | 1.5 | 组合压浆 | [148] |
| 325 | 杭州电信大楼 | S1 | 1.5 | 44.0 | 29.3 | 砾石层 | | | 6.0 | | 3.8 | | 桩端压浆 | [70] |
| 326 | 台州湾大桥 | SZ1-2 | 1.5 | 71.5 | 47.7 | 含黏性土圆砾 | 黏性土 | 0.48 | 5.0 | | 2.0～4.0 | | 桩端压浆 | * |
| 327 | | SZ2-2 | 1.5 | 71.5 | 47.7 | 含黏性土圆砾 | 黏性土 | 0.48 | 5.0 | | 2.0～3.5 | | 桩端压浆 | |
| 328 | | SZ3-2 | 1.5 | 71.5 | 47.7 | 含黏性土圆砾 | 黏性土 | 0.48 | 5.0 | | 2.3～3.5 | | 桩端压浆 | |
| 329 | | SZ4-2 | 1.5 | 82.0 | 54.7 | 黏土 | 黏性土 | 0.47 | 2.8 | | 3.2 | | 桩端压浆 | |
| 330 | | SZ5-2 | 1.5 | 82.0 | 54.7 | 黏土 | 黏性土 | 0.47 | 3.0 | | 3.1 | | 桩端压浆 | |
| 331 | | SZ6-2 | 1.5 | 82.0 | 55.7 | 黏土 | 黏性土 | 0.47 | 3.1 | | 3.0 | | 桩端压浆 | |
| 332 | | 45#-3-2# | 1.5 | 72.0 | 48.0 | 粉质黏土 | 淤泥、黏性土 | 0.4 | 4.8 | | 4.3 | | 桩端压浆 | |
| 333 | | 9#-1-2# | 1.5 | 57.0 | 38.0 | 粉质黏土 | 黏性土、粉土 | 0.4 | 5.8 | | 2.1 | | 桩端压浆 | |
| 334 | | 3#-1-2# | 1.5 | 76.6 | 51.1 | 砾砂 | 黏性土 | 0.4 | 3.3 | | 4.2 | | 桩端压浆 | |
| 335 | | 92#-0-2# | 1.5 | 79.0 | 52.7 | 粉质黏土 | 黏性土 | 0.4 | 5.6 | | 1.7 | | 桩端压浆 | |
| 336 | | 11#-5-2# | 1.5 | 66.8 | 44.5 | 黏土 | 黏性土 | 0.4 | 5.6 | | 2.0 | | 桩端压浆 | |

续表

| 序号 | 工程名称 | 桩号 | $D$ (m) | $L$ (m) | $L/D$ | 持力层类别 | 桩侧主要土层 | $W/C$ | $G_{cb}$ (t) | $G_{cs}$ (t) | $P_{gb}$ (MPa) | $P_{gs}$ (MPa) | 压浆类型 | 文献来源 |
|---|---|---|---|---|---|---|---|---|---|---|---|---|---|---|
| 337 | 台州湾大桥 | 45#-5-2# | 1.5 | 65.1 | 43.4 | 粉质黏土 | 黏性土、粉砂 | 0.4 | 5.0 | | 5.3 | | 桩端压浆 | * |
| 338 | | 101#-5-2# | 1.5 | 97.7 | 65.1 | 粉质黏土 | 黏性土、粉土 | 0.4 | 5.3 | | 5.3 | | 桩端压浆 | |
| 339 | | 32#-1-2# | 1.5 | 79.0 | 52.7 | 粉质黏土 | 黏性土 | 0.4 | 4.6 | | 4.9 | | 桩端压浆 | |
| 340 | | 53#-0-2# | 1.5 | 78.0 | 52.0 | 粉砂 | 黏性土、粉砂 | 0.4 | 5.3 | | 4.1 | | 桩端压浆 | |
| 341 | | 21#-3-2# | 1.5 | 68.0 | 45.3 | 圆砾 | 黏性土、圆砾 | 0.4 | 8.2 | | 2.4 | | 桩端压浆 | |
| 342 | | 22#-1-2# | 1.5 | 65.0 | 43.3 | 卵石 | 黏性土、细砂 | 0.4 | 7.5 | | 3.2 | | 桩端压浆 | |
| 343 | 乐清湾大桥 | 16#-1-2 | 1.5 | 68.5 | 45.7 | 圆砾 | 黏土、圆砾 | 0.55 | 6.9 | | 2.7 | | 桩端压浆 | * |
| 344 | | Y7-3-2# | 1.5 | 74.0 | 49.3 | 含黏性土碎石 | 黏性土、角砾 | 0.55 | 6.8 | | 2.0 | | 桩端压浆 | |
| 345 | | 39#-5-2 | 1.5 | 43.0 | 28.7 | 角砾 | 黏性土、圆砾 | 0.55～0.7 | 5.8 | | 1.5～3.2 | | 桩端压浆 | |
| 346 | | 60#-2-2 | 1.5 | 44.0 | 29.3 | 碎石 | 黏性土、砂砾 | 0.55～0.7 | 4.8 | | 1.6～3.3 | | 桩端压浆 | |
| 347 | | 14#-2-2 | 1.5 | 29.8 | 19.9 | 角砾 | 黏土、角砾 | 0.55～0.7 | 4.4 | | 2.0～4.0 | | 桩端压浆 | |
| 348 | | 12#-0-2 | 1.5 | 75.0 | 50.0 | 含黏性土角砾 | 黏性土、角砾 | 0.55～0.7 | 3.8 | | 1.3～3.5 | | 桩端压浆 | |
| 349 | | 23#-5-2 | 1.5 | 67.0 | 44.7 | 黏土 | 黏性土 | 0.55～0.7 | 5.3 | | 1.1～3.5 | | 桩端压浆 | |
| 350 | | 36#-5-2 | 1.5 | 66.0 | 44.0 | 含黏性土碎石 | 粉质黏土、角砾 | 0.55～0.7 | 3.8 | | 1.2～3.5 | | 桩端压浆 | |
| 351 | | 50#-Y1-2# | 1.5 | 47.8 | 31.9 | 黏土 | 黏土 | 0.55 | 5.6 | | 2.9 | | 桩端压浆 | |
| 352 | | 55#-Z1-2# | 1.5 | 59.7 | 39.8 | 粉质黏土 | 黏土 | 0.55 | 5.5 | | 3.5 | | 桩端压浆 | |
| 353 | 沙门互通 2 号桥 | R17-1 | 1.5 | 53.8 | 3.6 | 全风化凝灰岩 | 淤泥质土、黏土 | 0.55 | 3.1 | | 1.8 | | 桩端压浆 | * |
| 354 | | R17-2 | 1.5 | 53.8 | 3.6 | 全风化凝灰岩 | 淤泥质土、黏土 | 0.55 | 3.8 | | 2.1 | | 桩端压浆 | |
| 355 | 滨港大道分离式立交桥 | 25-1 | 1.5 | 38.0 | 2.5 | 粉砂 | 黏性土 | 0.55 | 5.0 | | 0.8 | | 桩端压浆 | * |
| 356 | | 25-2 | 1.5 | 38.0 | 2.5 | 粉砂 | 黏性土 | 0.55 | 5.2 | | 0.8 | | 桩端压浆 | |
| 357 | | 26-3 | 1.5 | 37.0 | 2.5 | 粉砂 | 黏性土 | 0.55 | 5.8 | | 0.6 | | 桩端压浆 | |
| 358 | | 26-4 | 1.5 | 37.0 | 2.5 | 粉砂 | 黏性土 | 0.55 | 4.7 | | 1.3 | | 桩端压浆 | |
| 359 | | 26-5 | 1.5 | 37.0 | 2.5 | 粉砂 | 黏性土 | 0.55 | 4.9 | | 1.7 | | 桩端压浆 | |

续表

| 序号 | 工程名称 | 桩号 | $D$ (m) | $L$ (m) | $L/D$ | 持力层类别 | 桩侧主要土层 | $W/C$ | $G_{cb}$ (t) | $G_{cs}$ (t) | $P_{gb}$ (MPa) | $P_{gs}$ (MPa) | 压浆类型 | 文献来源 |
|---|---|---|---|---|---|---|---|---|---|---|---|---|---|---|
| 360 | 漩门湾大桥 | L17-1 | 1.5 | 75.5 | 5.0 | 圆砾 | 淤泥质土、黏土、圆砾 | 0.55 | 4.4 | | 0.7 | | 桩端压浆 | * |
| 361 | | L17-2 | 1.5 | 75.5 | 5.0 | 圆砾 | 淤泥质土、黏土、圆砾 | 0.55 | 4.4 | | 1.5 | | 桩端压浆 | |
| 362 | | L17-3 | 1.5 | 75.5 | 5.0 | 圆砾 | 淤泥质土、黏土、圆砾 | 0.55 | 5.1 | | 0.7 | | 桩端压浆 | |
| 363 | 石首长江公路大桥 | SZY7-2 | 1.5 | 40.0 | 26.7 | 细砂 | 黏性土、细砂 | 0.5 | | 2.5 | | 2.7 | 桩侧压浆 | * |
| 364 | | SZY8-2 | 1.5 | 40.0 | 26.7 | 细砂 | 粉质黏土、细砂 | 0.5 | 2.4 | 2.4 | 3.5 | 3.1 | 组合压浆 | |
| 365 | 辽河特大桥 | SZ2 | 1.5 | 55.0 | 36.7 | 细砂 | 粉质黏土、细砂 | 0.65 | 1.0 | | 3.5 | | 桩端压浆 | * |
| 366 | 杭州湾跨海大桥 | 1-2# | 1.5 | 87.0 | 58.0 | 黏土 | 黏土、粉砂 | 0.5～0.6 | 3.7 | | 1.5～4.0 | | 桩端压浆 | * |
| 367 | | SZ2 | 1.5 | 90.0 | 60.0 | 细砂 | 黏土、细砂 | 0.5～0.6 | 3.0 | | 2.0～4.0 | | 桩端压浆 | |
| 368 | 深圳市南山区后海天佶湾项目 | Z60-2 | 1.5 | 60.0 | 40.0 | 强风化花岗岩 | 黏性土、全/强风化花岗岩 | 0.5 | 1.8 | 8.1 | 5.4 | 4.9 | 组合压浆 | * |
| 369 | | Z71-2 | 1.5 | 70.0 | 46.7 | 强风化花岗岩 | 黏性土、全/强风化花岗岩 | 0.5 | 6.3 | 10.7 | 5.7 | 4.4 | 组合压浆 | |
| 370 | | Z72-2 | 1.5 | 70.0 | 46.7 | 强风化花岗岩 | 黏性土、全/强风化花岗岩 | 0.5 | 5.0 | 11.2 | 5.5 | 4.0 | 组合压浆 | |
| 371 | 苏通大桥 | S1-2 | 1.5 | 84.0 | 56.0 | 细砂 | 粉质黏土、粉砂、细砂 | 0.6 | 3.5 | | 2.5 | | 桩端压浆 | * |
| 372 | | S2 | 1.5 | 69.0 | 46.0 | 粉砂 | 粉质黏土、粉砂 | 0.6 | 2.5 | | 2.5 | | 桩端压浆 | |
| 373 | | S3-2 | 1.5 | 69.0 | 46.0 | 粉砂 | 粉质黏土、粉砂 | 0.6 | 4.0 | | 3.0 | | 桩端压浆 | |
| 374 | | NII-3 | 1.5 | 63.6 | 42.4 | 粉砂 | 粉质黏土、粉砂 | 0.5 | 2.0 | | 4.6 | | 桩端压浆 | |
| 375 | 银川北京路延伸及滨河黄河大桥 | N5-2 | 1.5 | 50.0 | 33.3 | 泥岩 | 细砂、砂岩 | 0.5 | 0.7 | | 2.5 | | 桩端压浆 | * |
| 376 | 连镇铁路淮扬左线特大桥 | 7-2# | 1.5 | 56.5 | 37.7 | 黏土 | 黏性土 | 0.5 | 3.6 | 3.1 | 2.5 | 3.6 | 组合压浆 | * |
| 377 | | 8-2# | 1.5 | 56.5 | 37.7 | 黏土 | 黏性土 | 0.5 | 3.6 | 3.0 | 2.6 | 3.7 | 组合压浆 | |
| 378 | 西安城市立交工程 | C17-2# | 1.5 | 45.0 | 30.0 | 粉质黏土 | 黄土、粉质黏土、中砂 | 0.5～0.7 | 2.8 | | 10.0 | | 桩端压浆 | * |
| 379 | | C20-2# | 1.5 | 45.0 | 30.0 | 粉质黏土 | 黄土、粉质黏土、中砂 | 0.5～0.7 | 3.8 | | 0.2 | | 桩端压浆 | |
| 380 | 石首长江公路大桥四标段三处 | B6-0 | 1.5 | 41.0 | 27.3 | 黏土 | 黏性土 | 0.5 | 2.4 | 2.6 | 3.9 | 2.4 | 组合压浆 | * |
| 381 | | B6-1 | 1.5 | 41.0 | 27.3 | 黏土 | 黏性土 | 0.5 | 2.5 | 2.4 | 3.6 | 2.2 | 组合压浆 | |

续表

| 序号 | 工程名称 | 桩号 | $D$ (m) | $L$ (m) | $L/D$ | 持力层类别 | 桩侧主要土层 | $W/C$ | $G_{cb}$ (t) | $G_{cs}$ (t) | $P_{gb}$ (MPa) | $P_{gs}$ (MPa) | 压浆类型 | 文献来源 |
|---|---|---|---|---|---|---|---|---|---|---|---|---|---|---|
| 382 | 石首长江公路大桥四标段三处 | B6-2 | 1.5 | 41.0 | 27.3 | 黏土 | 黏性土 | 0.5 | 2.5 | 2.5 | 3.3 | 2.1 | 组合压浆 | * |
| 383 | 吊船湾大桥 | R7-1 | 1.5 | 73.3 | 4.9 | 含黏性土碎石 | 粉质黏土、含黏性土角砾 | 0.55 | 4.5 | | 0.8 | | 桩端压浆 | * |
| 384 | | R7-2 | 1.5 | 73.3 | 4.9 | 含黏性土碎石 | 粉质黏土、含黏性土角砾 | 0.55 | 4.3 | | 1.3 | | 桩端压浆 | |
| 385 | | R8-1 | 1.5 | 75.3 | 5.0 | 含黏性土角砾 | 粉质黏土、含黏性土角砾 | 0.55 | 6.3 | | 0.7 | | 桩端压浆 | |
| 386 | | R8-2 | 1.5 | 75.3 | 5.0 | 含黏性土角砾 | 粉质黏土、含黏性土角砾 | 0.55 | 6.0 | | 0.8 | | 桩端压浆 | |
| 387 | 乐清湾 MZ 匝道桥 | 39-2 | 1.5 | 64.0 | 4.3 | 圆砾 | 淤泥质土、黏土、圆砾 | 0.5 | 5.1 | | 0.2 | | 桩端压浆 | * |
| 388 | | 39-5 | 1.5 | 64.0 | 4.3 | 圆砾 | 淤泥质土、黏土、圆砾 | 0.5 | 5.0 | | 1.4 | | 桩端压浆 | |
| 389 | 宁海物流配送中心工程 | 56# | 1.6 | 9.3 | 5.8 | 卵石混粉质黏土 | 粉质黏土混圆砾 | | 5.0 | | | | 桩端压浆 | [70] |
| 390 | | 57# | 1.6 | 9.2 | 5.8 | 卵石混粉质黏土 | 粉质黏土混圆砾 | | 5.0 | | | | 桩端压浆 | |
| 391 | 乐清湾大桥 | 17#-2-2# | 1.6 | 69.6 | 43.5 | 砾砂 | 黏性土、中砂 | 0.5 | 8.2 | | 2.6 | | 桩端压浆 | * |
| 392 | | 16#-1-2# | 1.6 | 57.6 | 36.0 | 黏土 | 黏性土、细砂 | 0.5 | 6.9 | | 2.3 | | 桩端压浆 | |
| 393 | 玉环互通主线桥 | R9-1 | 1.6 | 64.0 | 4.0 | 含黏性土角砾 | 淤泥、黏土 | 0.55 | 4.7 | | 1.4 | | 桩端压浆 | * |
| 394 | | R9-2 | 1.6 | 64.0 | 4.0 | 含黏性土角砾 | 淤泥、黏土 | 0.55 | 4.4 | | 1.6 | | 桩端压浆 | |
| 395 | | R9-3 | 1.6 | 64.0 | 4.0 | 含黏性土角砾 | 淤泥、黏土 | 0.55 | 4.4 | | 1.8 | | 桩端压浆 | |
| 396 | 上海长江大桥 | D1-2# | 1.6 | 82.0 | 51.2 | 含砾粉细砂 | 粉土、粉砂 | 0.5 | 4.4 | | 8.0 | | 桩端压浆 | * |
| 397 | | D2-2# | 1.6 | 86.4 | 54.0 | 含砾粉细砂 | 砂质粉土、粉细砂 | 0.5 | 4.6 | | 2.0～3.0 | | 桩端压浆 | |
| 398 | 滞洪区兼京杭运河特大桥 | 57#-4 | 1.6 | 33.0 | 20.6 | 粉质黏土 | 粉质黏土、细砂、中粗砂 | 0.5 | 4.0 | 3.6 | 2.0～2.6 | 1.6 | 组合压浆 | * |
| 399 | | 126#-1 | 1.6 | 36.0 | 22.5 | 粗砂 | 黏性土、中粗砂 | 0.5 | 4.8 | 3.9 | 2.2～4.3 | 1.3 | 组合压浆 | |
| 400 | | 130#-3 | 1.6 | 34.0 | 21.3 | 粉质黏土 | 粉质黏土、中粗砂 | 0.5 | 4.0 | 3.6 | 1.8～2.1 | 1.9 | 组合压浆 | |
| 401 | 石首长江公路大桥一标段 | A1-0 | 1.6 | 46.0 | 28.8 | 细砂 | 黏土、细砂 | 0.5 | 2.6 | 2.4 | 3.8 | 2.4 | 组合压浆 | * |
| 402 | | A1-1 | 1.6 | 46.0 | 28.8 | 细砂 | 黏土、细砂 | 0.5 | 2.5 | 2.4 | 2.5 | 2.5 | 组合压浆 | |
| 403 | | A3-0 | 1.6 | 46.0 | 28.8 | 细砂 | 黏土、细砂 | 0.5 | 2.5 | 2.5 | 3.8 | 2.1 | 组合压浆 | |

续表

| 序号 | 工程名称 | 桩号 | $D$ (m) | $L$ (m) | $L/D$ | 持力层类别 | 桩侧主要土层 | $W/C$ | $G_{cb}$ (t) | $G_{cs}$ (t) | $P_{gb}$ (MPa) | $P_{gs}$ (MPa) | 压浆类型 | 文献来源 |
|---|---|---|---|---|---|---|---|---|---|---|---|---|---|---|
| 404 | 石首长江公路大桥一标段 | A3-1 | 1.6 | 46.0 | 28.8 | 细砂 | 黏土、细砂 | 0.5 | 2.5 | 2.4 | 3.5 | 1.9 | 组合压浆 | * |
| 405 | | A4-0 | 1.6 | 46.0 | 28.8 | 细砂 | 黏土、细砂 | 0.5 | 2.5 | 2.5 | 3.2 | 2.3 | 组合压浆 | |
| 406 | | A4-1 | 1.6 | 46.0 | 28.8 | 细砂 | 黏土、细砂 | 0.5 | 2.5 | 2.5 | 3.6 | 2.2 | 组合压浆 | |
| 407 | | D1-0 | 1.6 | 46.0 | 28.8 | 细砂 | 黏土、细砂 | 0.5 | 2.5 | 2.4 | 3.5 | 2.1 | 组合压浆 | |
| 408 | | D1-1 | 1.6 | 46.0 | 28.8 | 细砂 | 黏土、细砂 | 0.5 | 2.5 | 2.5 | 3.5 | 2.4 | 组合压浆 | |
| 409 | | R18-0 | 1.6 | 46.0 | 28.8 | 细砂 | 黏土、细砂 | 0.5 | 2.6 | 2.5 | 3.6 | 2.7 | 组合压浆 | |
| 410 | | R18-1 | 1.6 | 46.0 | 28.8 | 细砂 | 黏土、细砂 | 0.5 | 2.5 | 2.5 | 3.1 | 2.5 | 组合压浆 | |
| 411 | | R18-2 | 1.6 | 46.0 | 28.8 | 细砂 | 黏土、细砂 | 0.5 | 2.5 | 2.5 | 3.5 | 1.8 | 组合压浆 | |
| 412 | | L19-0 | 1.6 | 46.0 | 28.8 | 细砂 | 黏土、细砂 | 0.5 | 2.6 | 2.5 | 3.2 | 2.5 | 组合压浆 | |
| 413 | | L19-1 | 1.6 | 46.0 | 28.8 | 细砂 | 黏土、细砂 | 0.5 | 2.6 | 2.4 | 3.1 | 2.3 | 组合压浆 | |
| 414 | | L19-2 | 1.6 | 46.0 | 28.8 | 细砂 | 黏土、细砂 | 0.5 | 2.5 | 2.4 | 3.5 | 2.1 | 组合压浆 | |
| 415 | | L19-3 | 1.6 | 46.0 | 28.8 | 细砂 | 黏土、细砂 | 0.5 | 2.6 | 2.5 | 3.5 | 2.5 | 组合压浆 | |
| 416 | | R19-0 | 1.6 | 46.0 | 28.8 | 细砂 | 黏土、细砂 | 0.5 | 2.6 | 2.5 | 4.1 | 2.6 | 组合压浆 | |
| 417 | | R19-1 | 1.6 | 46.0 | 28.8 | 细砂 | 黏土、细砂 | 0.5 | 2.6 | 2.4 | 3.7 | 2.1 | 组合压浆 | |
| 418 | | R19-2 | 1.6 | 46.0 | 28.8 | 细砂 | 黏土、细砂 | 0.5 | 2.4 | 2.5 | 3.4 | 2.5 | 组合压浆 | |
| 419 | | R20-0 | 1.6 | 46.0 | 28.8 | 细砂 | 黏土、细砂 | 0.5 | 2.6 | 2.5 | 3.5 | 2.6 | 组合压浆 | |
| 420 | | R20-1 | 1.6 | 46.0 | 28.8 | 细砂 | 黏土、细砂 | 0.5 | 2.6 | 2.5 | 3.7 | 1.6 | 组合压浆 | |
| 421 | | R20-2 | 1.6 | 46.0 | 28.8 | 细砂 | 黏土、细砂 | 0.5 | 2.6 | 2.4 | 3.5 | 2.3 | 组合压浆 | |
| 422 | | R21-0 | 1.6 | 46.0 | 28.8 | 细砂 | 黏土、细砂 | 0.5 | 2.5 | 2.5 | 3.2 | 2.2 | 组合压浆 | |
| 423 | | R21-1 | 1.6 | 46.0 | 28.8 | 细砂 | 黏土、细砂 | 0.5 | 2.6 | 2.5 | 3.7 | 2.1 | 组合压浆 | |
| 424 | | R21-2 | 1.6 | 46.0 | 28.8 | 细砂 | 黏土、细砂 | 0.5 | 2.5 | 2.5 | 3.5 | 2.5 | 组合压浆 | |
| 425 | | R22-0 | 1.6 | 46.0 | 28.8 | 细砂 | 黏土、细砂 | 0.5 | 2.5 | 2.5 | 3.5 | 2.8 | 组合压浆 | |
| 426 | | R22-1 | 1.6 | 46.0 | 28.8 | 细砂 | 黏土、细砂 | 0.5 | 2.5 | 2.5 | 3.6 | 2.2 | 组合压浆 | |
| 427 | | R22-2 | 1.6 | 46.0 | 28.8 | 细砂 | 黏土、细砂 | 0.5 | 2.7 | 2.5 | 3.5 | 2.3 | 组合压浆 | |

续表

| 序号 | 工程名称 | 桩号 | $D$ (m) | $L$ (m) | $L/D$ | 持力层类别 | 桩侧主要土层 | $W/C$ | $G_{cb}$ (t) | $G_{cs}$ (t) | $P_{gb}$ (MPa) | $P_{gs}$ (MPa) | 压浆类型 | 文献来源 |
|---|---|---|---|---|---|---|---|---|---|---|---|---|---|---|
| 428 | 乐清湾某匝道桥 | 37-1 | 1.6 | 70.0 | 4.4 | 圆砾 | 淤泥质土、黏土、圆砾 | 0.5 | 5.6 | | 0.8 | | 桩端压浆 | * |
| 429 | | 37-2 | 1.6 | 70.0 | 4.4 | 圆砾 | 淤泥质土、黏土、圆砾 | 0.5 | 5.6 | | 1.0 | | 桩端压浆 | |
| 430 | | 38-1 | 1.6 | 70.0 | 4.4 | 圆砾 | 淤泥质土、黏土、圆砾 | 0.5 | 5.6 | | 0.7 | | 桩端压浆 | |
| 431 | | 38-2 | 1.6 | 70.0 | 4.4 | 圆砾 | 淤泥质土、黏土、圆砾 | 0.5 | 5.6 | | 0.6 | | 桩端压浆 | |
| 432 | 台州湾大桥 | 7#-9-2# | 1.8 | 77.0 | 42.8 | 粉质黏土 | 黏性土 | 0.4 | 5.6 | | 2.0 | | 桩端压浆 | * |
| 433 | 石首长江公路大桥 | SZY5-2 | 1.8 | 54.0 | 30.0 | 细砂 | 黏性土、细砂 | 0.5 | 2.8 | 3.2 | 5.5 | 4.2 | 组合压浆 | * |
| 434 | | SZY6-2 | 1.8 | 54.0 | 30.0 | 细砂 | 黏性土、细砂 | 0.5 | 2.8 | 3.2 | 5.7 | 4.8 | 组合压浆 | |
| 435 | 七浦塘大桥 | ZS-2 | 1.8 | 75.5 | 41.9 | 中砂夹碎石 | 粉质黏土、细砂 | 0.5～0.7 | 2.5 | | | | 桩端压浆 | * |
| 436 | 上海长江大桥 | C1-2 | 1.8 | 77.0 | 42.8 | 含砾粉细砂 | 黏土、砂质粉土、粉砂 | 0.5 | 6.8 | | 2.0～4.0 | | 桩端压浆 | * |
| 437 | 苏通大桥 | N3-2 | 1.8 | 76.0 | 42.2 | 粗砂 | 粉砂、细砂 | 0.6 | 2.0 | | 3.0 | | 桩端压浆 | * |
| 438 | 滞洪区兼京杭运河特大桥 | 443#-3 | 1.8 | 31.0 | 17.2 | 粗砂 | 粉质黏土、粗砂 | 0.5 | 3.8 | 3.9 | 2.4～3.0 | 1.1 | 组合压浆 | * |
| 439 | | 446#-1 | 1.8 | 35.0 | 19.4 | 中砂 | 粉质黏土、粉土、中砂 | 0.5 | 4.4 | 4.0 | 2.2～2.5 | 0.5 | 组合压浆 | |
| 440 | 石首长江公路大桥二标段 | 25-0 | 1.8 | 46.0 | 25.6 | 细砂 | 细砂 | 0.5 | 3.0 | 3.0 | 3.7 | 2.8 | 组合压浆 | * |
| 441 | | 25-1 | 1.8 | 46.0 | 25.6 | 细砂 | 细砂 | 0.5 | 2.9 | 3.4 | 3.1 | 2.5 | 组合压浆 | |
| 442 | | 25-2 | 1.8 | 46.0 | 25.6 | 细砂 | 细砂 | 0.5 | 2.9 | 3.0 | 3.6 | 2.4 | 组合压浆 | |
| 443 | | 25-3 | 1.8 | 46.0 | 25.6 | 细砂 | 细砂 | 0.5 | 3.0 | 3.0 | 2.7 | 2.0 | 组合压浆 | |
| 444 | | 25-4 | 1.8 | 46.0 | 25.6 | 细砂 | 细砂 | 0.5 | 2.9 | 3.0 | 2.8 | 2.2 | 组合压浆 | |
| 445 | | 25-5 | 1.8 | 46.0 | 25.6 | 细砂 | 细砂 | 0.5 | 3.0 | 3.0 | 3.5 | 2.4 | 组合压浆 | |
| 446 | | 23-0 | 1.8 | 46.0 | 25.6 | 细砂 | 细砂 | 0.5 | 3.0 | 3.0 | 3.1 | 2.3 | 组合压浆 | |
| 447 | | 23-1 | 1.8 | 46.0 | 25.6 | 细砂 | 细砂 | 0.5 | 2.9 | 3.0 | 3.5 | 2.2 | 组合压浆 | |
| 448 | | 23-2 | 1.8 | 46.0 | 25.6 | 细砂 | 细砂 | 0.5 | 3.0 | 3.2 | 3.5 | 2.3 | 组合压浆 | |
| 449 | | 23-3 | 1.8 | 46.0 | 25.6 | 细砂 | 细砂 | 0.5 | 3.0 | 3.0 | 3.0 | 2.4 | 组合压浆 | |
| 450 | | 23-4 | 1.8 | 46.0 | 25.6 | 细砂 | 细砂 | 0.5 | 3.0 | 3.0 | 3.5 | 2.5 | 组合压浆 | |

续表

| 序号 | 工程名称 | 桩号 | $D$ (m) | $L$ (m) | $L/D$ | 持力层类别 | 桩侧主要土层 | $W/C$ | $G_{cb}$ (t) | $G_{cs}$ (t) | $P_{gb}$ (MPa) | $P_{gs}$ (MPa) | 压浆类型 | 文献来源 |
|---|---|---|---|---|---|---|---|---|---|---|---|---|---|---|
| 451 | 石首长江公路大桥二标段 | 23-5 | 1.8 | 46.0 | 25.6 | 细砂 | 细砂 | 0.5 | 3.0 | 3.0 | 3.8 | 1.8 | 组合压浆 | * |
| 452 | | 31-0 | 1.8 | 46.0 | 25.6 | 细砂 | 细砂 | 0.5 | 3.0 | 3.0 | 3.7 | 2.5 | 组合压浆 | |
| 453 | | 31-1 | 1.8 | 46.0 | 25.6 | 细砂 | 细砂 | 0.5 | 3.0 | 3.0 | 3.5 | 2.3 | 组合压浆 | |
| 454 | | 31-2 | 1.8 | 46.0 | 25.6 | 细砂 | 细砂 | 0.5 | 3.0 | 3.1 | 3.1 | 2.5 | 组合压浆 | |
| 455 | | 31-3 | 1.8 | 46.0 | 25.6 | 细砂 | 细砂 | 0.5 | 3.0 | 3.0 | 3.5 | 2.4 | 组合压浆 | |
| 456 | | 31-4 | 1.8 | 46.0 | 25.6 | 细砂 | 细砂 | 0.5 | 3.0 | 3.0 | 3.5 | 2.3 | 组合压浆 | |
| 457 | | 31-5 | 1.8 | 46.0 | 25.6 | 细砂 | 细砂 | 0.5 | 3.0 | 3.1 | 3.2 | 2.6 | 组合压浆 | |
| 458 | | 30-0 | 1.8 | 46.0 | 25.6 | 细砂 | 细砂 | 0.5 | 3.0 | 3.0 | 3.3 | 2.8 | 组合压浆 | |
| 459 | | 30-1 | 1.8 | 46.0 | 25.6 | 细砂 | 细砂 | 0.5 | 3.0 | 3.1 | 3.8 | 1.7 | 组合压浆 | |
| 460 | | 30-2 | 1.8 | 46.0 | 25.6 | 细砂 | 细砂 | 0.5 | 3.0 | 3.0 | 3.3 | 2.5 | 组合压浆 | |
| 461 | | 30-3 | 1.8 | 46.0 | 25.6 | 细砂 | 细砂 | 0.5 | 3.0 | 3.0 | 3.7 | 2.8 | 组合压浆 | |
| 462 | | 30-4 | 1.8 | 46.0 | 25.6 | 细砂 | 细砂 | 0.5 | 3.0 | 3.0 | 3.6 | 2.2 | 组合压浆 | |
| 463 | | 30-5 | 1.8 | 46.0 | 25.6 | 细砂 | 细砂 | 0.5 | 3.0 | 3.1 | 3.5 | 2.4 | 组合压浆 | |
| 464 | | 29-0 | 1.8 | 46.0 | 25.6 | 细砂 | 细砂 | 0.5 | 3.0 | 3.0 | 3.9 | 2.6 | 组合压浆 | |
| 465 | | 29-1 | 1.8 | 46.0 | 25.6 | 细砂 | 细砂 | 0.5 | 3.0 | 3.0 | 3.5 | 2.2 | 组合压浆 | |
| 466 | | 29-2 | 1.8 | 46.0 | 25.6 | 细砂 | 细砂 | 0.5 | 3.0 | 3.1 | 3.1 | 2.4 | 组合压浆 | |
| 467 | | 29-3 | 1.8 | 46.0 | 25.6 | 细砂 | 细砂 | 0.5 | 3.0 | 3.0 | 3.7 | 2.2 | 组合压浆 | |
| 468 | | 29-4 | 1.8 | 46.0 | 25.6 | 细砂 | 细砂 | 0.5 | 3.0 | 3.0 | 3.8 | 2.5 | 组合压浆 | |
| 469 | | 29-5 | 1.8 | 46.0 | 25.6 | 细砂 | 细砂 | 0.5 | 3.0 | 3.1 | 3.5 | 2.5 | 组合压浆 | |
| 470 | | 28-0 | 1.8 | 46.0 | 25.6 | 细砂 | 细砂 | 0.5 | 3.1 | 3.0 | 3.3 | 2.7 | 组合压浆 | |
| 471 | | 28-1 | 1.8 | 46.0 | 25.6 | 细砂 | 细砂 | 0.5 | 3.0 | 3.0 | 3.2 | 1.6 | 组合压浆 | |
| 472 | | 28-2 | 1.8 | 46.0 | 25.6 | 细砂 | 细砂 | 0.5 | 3.0 | 3.1 | 3.5 | 1.9 | 组合压浆 | |
| 473 | | 28-3 | 1.8 | 46.0 | 25.6 | 细砂 | 细砂 | 0.5 | 3.0 | 3.0 | 3.9 | 2.5 | 组合压浆 | |

续表

| 序号 | 工程名称 | 桩号 | $D$ (m) | $L$ (m) | $L/D$ | 持力层类别 | 桩侧主要土层 | $W/C$ | $G_{cb}$ (t) | $G_{cs}$ (t) | $P_{gb}$ (MPa) | $P_{gs}$ (MPa) | 压浆类型 | 文献来源 |
|---|---|---|---|---|---|---|---|---|---|---|---|---|---|---|
| 474 | 石首长江公路大桥二标段 | 28-4 | 1.8 | 46.0 | 25.6 | 细砂 | 细砂 | 0.5 | 3.0 | 3.0 | 3.3 | 2.4 | 组合压浆 | * |
| 475 | | 28-5 | 1.8 | 46.0 | 25.6 | 细砂 | 细砂 | 0.5 | 3.0 | 3.0 | 3.8 | 2.3 | 组合压浆 | |
| 476 | | 27-0 | 1.8 | 46.0 | 25.6 | 细砂 | 细砂 | 0.5 | 2.9 | 3.2 | 3.5 | 2.8 | 组合压浆 | |
| 477 | | 27-1 | 1.8 | 46.0 | 25.6 | 细砂 | 细砂 | 0.5 | 3.0 | 3.0 | 4.0 | 2.5 | 组合压浆 | |
| 478 | | 27-2 | 1.8 | 46.0 | 25.6 | 细砂 | 细砂 | 0.5 | 3.0 | 3.2 | 3.4 | 2.3 | 组合压浆 | |
| 479 | | 27-3 | 1.8 | 46.0 | 25.6 | 细砂 | 细砂 | 0.5 | 3.0 | 3.1 | 3.8 | 2.1 | 组合压浆 | |
| 480 | | 27-4 | 1.8 | 46.0 | 25.6 | 细砂 | 细砂 | 0.5 | 3.1 | 3.1 | 3.5 | 2.6 | 组合压浆 | |
| 481 | | 27-5 | 1.8 | 46.0 | 25.6 | 细砂 | 细砂 | 0.5 | 2.9 | 3.0 | 3.2 | 2.1 | 组合压浆 | |
| 482 | 石首长江公路大桥三标段 | 170-0 | 1.8 | 47.0 | 26.1 | 细砂 | 细砂 | 0.5 | 3.0 | 3.1 | 4.2 | 2.5 | 组合压浆 | * |
| 483 | | 170-1 | 1.8 | 47.0 | 26.1 | 细砂 | 细砂 | 0.5 | 3.0 | 3.0 | 3.9 | 2.8 | 组合压浆 | |
| 484 | | 170-2 | 1.8 | 47.0 | 26.1 | 细砂 | 细砂 | 0.5 | 3.1 | 3.3 | 3.1 | 2.5 | 组合压浆 | |
| 485 | | 170-3 | 1.8 | 47.0 | 26.1 | 细砂 | 细砂 | 0.5 | 3.0 | 3.0 | 3.6 | 2.2 | 组合压浆 | |
| 486 | | 170-4 | 1.8 | 47.0 | 26.1 | 细砂 | 细砂 | 0.5 | 3.0 | 3.0 | 3.4 | 2.3 | 组合压浆 | |
| 487 | | 170-5 | 1.8 | 47.0 | 26.1 | 细砂 | 细砂 | 0.5 | 3.0 | 3.2 | 3.8 | 2.5 | 组合压浆 | |
| 488 | 石首长江公路大桥四标段一处 | 192-0 | 1.8 | 47.0 | 26.1 | 细砂 | 细砂 | 0.5 | 2.5 | 2.8 | 3.5 | 2.5 | 组合压浆 | * |
| 489 | | 192-1 | 1.8 | 47.0 | 26.1 | 细砂 | 细砂 | 0.5 | 3.0 | 3.0 | 3.8 | 2.1 | 组合压浆 | |
| 490 | | 192-2 | 1.8 | 47.0 | 26.1 | 细砂 | 细砂 | 0.5 | 3.0 | 3.1 | 4.2 | 2.8 | 组合压浆 | |
| 491 | | 192-3 | 1.8 | 47.0 | 26.1 | 细砂 | 细砂 | 0.5 | 2.9 | 3.1 | 3.7 | 1.8 | 组合压浆 | |
| 492 | | 192-4 | 1.8 | 47.0 | 26.1 | 细砂 | 细砂 | 0.5 | 3.0 | 3.0 | 3.9 | 2.5 | 组合压浆 | |
| 493 | | 192-5 | 1.8 | 47.0 | 26.1 | 细砂 | 细砂 | 0.5 | 3.0 | 3.1 | 4.3 | 2.6 | 组合压浆 | |
| 494 | 石首长江公路大桥四标段二处 | 2-0 | 1.8 | 50.0 | 27.8 | 细砂 | 淤泥质土、黏性土 | 0.5 | 2.6 | 2.5 | 3.5 | 2.5 | 组合压浆 | * |
| 495 | | 2-1 | 1.8 | 50.0 | 27.8 | 细砂 | 淤泥质土、黏性土 | 0.5 | 2.5 | 2.5 | 3.6 | 2.1 | 组合压浆 | |
| 496 | | 2-2 | 1.8 | 50.0 | 27.8 | 细砂 | 淤泥质土、黏性土 | 0.5 | 2.5 | 2.5 | 4.1 | 2.3 | 组合压浆 | |

续表

| 序号 | 工程名称 | 桩号 | $D$ (m) | $L$ (m) | $L/D$ | 持力层类别 | 桩侧主要土层 | $W/C$ | $G_{cb}$ (t) | $G_{cs}$ (t) | $P_{gb}$ (MPa) | $P_{gs}$ (MPa) | 压浆类型 | 文献来源 |
|---|---|---|---|---|---|---|---|---|---|---|---|---|---|---|
| 497 | 石首长江公路大桥四标段二处 | 2-3 | 1.8 | 50.0 | 27.8 | 细砂 | 淤泥质土、黏性土 | 0.5 | 2.5 | 2.5 | 3.5 | 2.3 | 组合压浆 | * |
| 498 | | 3-0 | 1.8 | 50.0 | 27.8 | 细砂 | 淤泥质土、黏性土 | 0.5 | 2.5 | 2.5 | 3.8 | 2.5 | 组合压浆 | |
| 499 | | 3-1 | 1.8 | 50.0 | 27.8 | 细砂 | 淤泥质土、黏性土 | 0.5 | 2.4 | 2.5 | 4.0 | 1.9 | 组合压浆 | |
| 500 | | 3-2 | 1.8 | 50.0 | 27.8 | 细砂 | 淤泥质土、黏性土 | 0.5 | 2.6 | 2.5 | 4.5 | 2.8 | 组合压浆 | |
| 501 | | 3-3 | 1.8 | 50.0 | 27.8 | 细砂 | 淤泥质土、黏性土 | 0.5 | 2.5 | 2.5 | 4.2 | 2.5 | 组合压浆 | |
| 502 | | 4-0 | 1.8 | 50.0 | 27.8 | 细砂 | 淤泥质土、黏性土 | 0.5 | 2.5 | 2.5 | 3.6 | 2.7 | 组合压浆 | |
| 503 | | 4-1 | 1.8 | 50.0 | 27.8 | 细砂 | 淤泥质土、黏性土 | 0.5 | 2.5 | 2.5 | 3.9 | 2.5 | 组合压浆 | |
| 504 | | 4-2 | 1.8 | 50.0 | 27.8 | 细砂 | 淤泥质土、黏性土 | 0.5 | 2.6 | 2.4 | 4.1 | 2.3 | 组合压浆 | |
| 505 | | 4-3 | 1.8 | 50.0 | 27.8 | 细砂 | 淤泥质土、黏性土 | 0.5 | 2.6 | 2.4 | 4.3 | 2.5 | 组合压浆 | |
| 506 | | 5-0 | 1.8 | 50.0 | 27.8 | 细砂 | 淤泥质土、黏性土 | 0.5 | 2.5 | 2.4 | 3.2 | 2.1 | 组合压浆 | |
| 507 | | 5-1 | 1.8 | 50.0 | 27.8 | 细砂 | 淤泥质土、黏性土 | 0.5 | 2.5 | 2.5 | 3.8 | 2.5 | 组合压浆 | |
| 508 | | 5-2 | 1.8 | 50.0 | 27.8 | 细砂 | 淤泥质土、黏性土 | 0.5 | 2.5 | 2.5 | 3.2 | 2.3 | 组合压浆 | |
| 509 | | 5-3 | 1.8 | 50.0 | 27.8 | 细砂 | 淤泥质土、黏性土 | 0.5 | 2.5 | 2.6 | 3.5 | 1.8 | 组合压浆 | |
| 510 | | 6-0 | 1.8 | 50.0 | 27.8 | 细砂 | 淤泥质土、黏性土 | 0.5 | 2.5 | 2.5 | 3.8 | 2.3 | 组合压浆 | |
| 511 | | 6-1 | 1.8 | 50.0 | 27.8 | 细砂 | 淤泥质土、黏性土 | 0.5 | 2.5 | 2.5 | 3.3 | 2.5 | 组合压浆 | |
| 512 | | 6-2 | 1.8 | 50.0 | 27.8 | 细砂 | 淤泥质土、黏性土 | 0.5 | 2.5 | 2.6 | 3.9 | 2.1 | 组合压浆 | |
| 513 | | 6-3 | 1.8 | 50.0 | 27.8 | 细砂 | 淤泥质土、黏性土 | 0.5 | 2.6 | 2.4 | 4.2 | 2.5 | 组合压浆 | |
| 514 | | 7-0 | 1.8 | 50.0 | 27.8 | 细砂 | 淤泥质土、黏性土 | 0.5 | 2.6 | 2.5 | 3.6 | 2.3 | 组合压浆 | |
| 515 | | 7-1 | 1.8 | 50.0 | 27.8 | 细砂 | 淤泥质土、黏性土 | 0.5 | 2.5 | 2.5 | 4.3 | 2.6 | 组合压浆 | |
| 516 | | 7-2 | 1.8 | 50.0 | 27.8 | 细砂 | 淤泥质土、黏性土 | 0.5 | 2.5 | 2.4 | 4.1 | 2.2 | 组合压浆 | |
| 517 | | 7-3 | 1.8 | 50.0 | 27.8 | 细砂 | 淤泥质土、黏性土 | 0.5 | 2.5 | 2.5 | 3.2 | 2.5 | 组合压浆 | |
| 518 | | 8-0 | 1.8 | 50.0 | 27.8 | 细砂 | 淤泥质土、黏性土 | 0.5 | 2.5 | 2.4 | 3.8 | 2.4 | 组合压浆 | |
| 519 | | 8-1 | 1.8 | 50.0 | 27.8 | 细砂 | 淤泥质土、黏性土 | 0.5 | 2.4 | 2.6 | 3.5 | 2.5 | 组合压浆 | |

续表

| 序号 | 工程名称 | 桩号 | $D$ (m) | $L$ (m) | $L/D$ | 持力层类别 | 桩侧主要土层 | $W/C$ | $G_{cb}$ (t) | $G_{cs}$ (t) | $P_{gb}$ (MPa) | $P_{gs}$ (MPa) | 压浆类型 | 文献来源 |
|---|---|---|---|---|---|---|---|---|---|---|---|---|---|---|
| 520 | 石首长江公路大桥四标段二处 | 8-2 | 1.8 | 50.0 | 27.8 | 细砂 | 淤泥质土、黏性土 | 0.5 | 2.4 | 2.5 | 3.6 | 2.2 | 组合压浆 | * |
| 521 | | 8-3 | 1.8 | 50.0 | 27.8 | 细砂 | 淤泥质土、黏性土 | 0.5 | 2.7 | 2.4 | 4.5 | 2.5 | 组合压浆 | |
| 522 | | 9-0 | 1.8 | 53.0 | 29.4 | 细砂 | 淤泥质土、黏性土 | 0.5 | 2.5 | 2.5 | 4.1 | 2.8 | 组合压浆 | |
| 523 | | 9-1 | 1.8 | 53.0 | 29.4 | 细砂 | 淤泥质土、黏性土 | 0.5 | 2.4 | 2.5 | 3.7 | 2.1 | 组合压浆 | |
| 524 | | 9-2 | 1.8 | 53.0 | 29.4 | 细砂 | 淤泥质土、黏性土 | 0.5 | 2.5 | 2.5 | 4.3 | 2.5 | 组合压浆 | |
| 525 | | 9-3 | 1.8 | 53.0 | 29.4 | 细砂 | 淤泥质土、黏性土 | 0.5 | 2.5 | 2.4 | 3.5 | 2.3 | 组合压浆 | |
| 526 | 李子沟特大桥 | 13#-01 | 1.8 | 40.0 | 22.2 | 炭质页岩泥化层 | 碎石土、卵石 | 0.5 | 3.9 | 3.0 | 2.8 | 1.5 | 组合压浆 | * |
| 527 | | 13#-02 | 1.8 | 40.0 | 22.2 | 炭质页岩泥化层 | 碎石土、卵石 | 0.5 | 4.2 | 3.0 | 3.5 | 1.9 | 组合压浆 | |
| 528 | | 13#-03 | 1.8 | 40.0 | 22.2 | 炭质页岩泥化层 | 碎石土、卵石 | 0.5 | 4.3 | 3.0 | 3.2 | 2.1 | 组合压浆 | |
| 529 | | 13#-04 | 1.8 | 40.0 | 22.2 | 炭质页岩泥化层 | 碎石土、卵石 | 0.5 | 4.2 | 3.1 | 3.6 | 2.5 | 组合压浆 | |
| 530 | | 13#-05 | 1.8 | 40.0 | 22.2 | 炭质页岩泥化层 | 碎石土、卵石 | 0.5 | 4.2 | 3.0 | 3.3 | 1.7 | 组合压浆 | |
| 531 | | 13#-06 | 1.8 | 40.0 | 22.2 | 炭质页岩泥化层 | 碎石土、卵石 | 0.5 | 4.0 | 3.0 | 3.5 | 1.7 | 组合压浆 | |
| 532 | | 13#-07 | 1.8 | 40.0 | 22.2 | 炭质页岩泥化层 | 碎石土、卵石 | 0.5 | 3.9 | 3.2 | 3.2 | 1.9 | 组合压浆 | |
| 533 | | 13#-08 | 1.8 | 40.0 | 22.2 | 炭质页岩泥化层 | 碎石土、卵石 | 0.5 | 4.1 | 3.2 | 3.5 | 2.4 | 组合压浆 | |
| 534 | | 13#-09 | 1.8 | 40.0 | 22.2 | 炭质页岩泥化层 | 碎石土、卵石 | 0.5 | 4.2 | 3.2 | 2.8 | 1.6 | 组合压浆 | |
| 535 | | 13#-10 | 1.8 | 40.0 | 22.2 | 炭质页岩泥化层 | 碎石土、卵石 | 0.5 | 4.3 | 3.2 | 3.2 | 1.6 | 组合压浆 | |
| 536 | | 13#-11 | 1.8 | 40.0 | 22.2 | 炭质页岩泥化层 | 碎石土、卵石 | 0.5 | 4.4 | 3.1 | 3.5 | 2.3 | 组合压浆 | |
| 537 | | 13#-12 | 1.8 | 40.0 | 22.2 | 炭质页岩泥化层 | 碎石土、卵石 | 0.5 | 4.4 | 3.1 | 3.6 | 1.7 | 组合压浆 | |
| 538 | | 13#-13 | 1.8 | 40.0 | 22.2 | 炭质页岩泥化层 | 碎石土、卵石 | 0.5 | 4.5 | 3.1 | 2.8 | 1.6 | 组合压浆 | |
| 539 | | 13#-14 | 1.8 | 40.0 | 22.2 | 炭质页岩泥化层 | 碎石土、卵石 | 0.5 | 4.4 | 3.1 | 3.4 | 2.1 | 组合压浆 | |
| 540 | | 13#-15 | 1.8 | 40.0 | 22.2 | 炭质页岩泥化层 | 碎石土、卵石 | 0.5 | 4.4 | 3.1 | 2.9 | 1.8 | 组合压浆 | |
| 541 | | 13#-16 | 1.8 | 40.0 | 22.2 | 炭质页岩泥化层 | 碎石土、卵石 | 0.5 | 4.6 | 3.1 | 3.5 | 2.5 | 组合压浆 | |
| 542 | | 13#-17 | 1.8 | 40.0 | 22.2 | 炭质页岩泥化层 | 碎石土、卵石 | 0.5 | 4.6 | 3.3 | 3.1 | 2.2 | 组合压浆 | |

续表

| 序号 | 工程名称 | 桩号 | $D$ (m) | $L$ (m) | $L/D$ | 持力层类别 | 桩侧主要土层 | $W/C$ | $G_{cb}$ (t) | $G_{cs}$ (t) | $P_{gb}$ (MPa) | $P_{gs}$ (MPa) | 压浆类型 | 文献来源 |
|---|---|---|---|---|---|---|---|---|---|---|---|---|---|---|
| 543 | 李子沟特大桥 | 13#-18 | 1.8 | 40.0 | 22.2 | 炭质页岩泥化层 | 碎石土、卵石 | 0.5 | 4.3 | 3.3 | 3.4 | 1.8 | 组合压浆 | * |
| 544 | | 13#-19 | 1.8 | 40.0 | 22.2 | 炭质页岩泥化层 | 碎石土、卵石 | 0.5 | 4.7 | 3.3 | 3.8 | 1.8 | 组合压浆 | |
| 545 | | 13#-20 | 1.8 | 40.0 | 22.2 | 炭质页岩泥化层 | 碎石土、卵石 | 0.5 | 4.5 | 3.3 | 3.5 | 2.1 | 组合压浆 | |
| 546 | | 13#-21 | 1.8 | 40.0 | 22.2 | 炭质页岩泥化层 | 碎石土、卵石 | 0.5 | 4.4 | 3.1 | 2.7 | 1.7 | 组合压浆 | |
| 547 | | 13#-22 | 1.8 | 40.0 | 22.2 | 炭质页岩泥化层 | 碎石土、卵石 | 0.5 | 4.2 | 3.1 | 3.2 | 2.1 | 组合压浆 | |
| 548 | | 13#-23 | 1.8 | 40.0 | 22.2 | 炭质页岩泥化层 | 碎石土、卵石 | 0.5 | 4.5 | 3.1 | 3.6 | 2.3 | 组合压浆 | |
| 549 | | 13#-24 | 1.8 | 40.0 | 22.2 | 炭质页岩泥化层 | 碎石土、卵石 | 0.5 | 4.3 | 3.1 | 3.8 | 2.5 | 组合压浆 | |
| 550 | | 13#-25 | 1.8 | 40.0 | 22.2 | 炭质页岩泥化层 | 碎石土、卵石 | 0.5 | 4.3 | 3.2 | 3.3 | 1.6 | 组合压浆 | |
| 551 | | 13#-26 | 1.8 | 40.0 | 22.2 | 炭质页岩泥化层 | 碎石土、卵石 | 0.5 | 4.5 | 3.1 | 3.5 | 1.8 | 组合压浆 | |
| 552 | | 13#-27 | 1.8 | 40.0 | 22.2 | 炭质页岩泥化层 | 碎石土、卵石 | 0.5 | 4.5 | 3.1 | 3.8 | 2.3 | 组合压浆 | |
| 553 | | 13#-28 | 1.8 | 40.0 | 22.2 | 炭质页岩泥化层 | 碎石土、卵石 | 0.5 | 4.4 | 3.2 | 3.2 | 1.8 | 组合压浆 | |
| 554 | | 13#-29 | 1.8 | 40.0 | 22.2 | 炭质页岩泥化层 | 碎石土、卵石 | 0.5 | 4.2 | 3.2 | 3.3 | 2.3 | 组合压浆 | |
| 555 | | 13#-30 | 1.8 | 40.0 | 22.2 | 炭质页岩泥化层 | 碎石土、卵石 | 0.5 | 4.5 | 3.1 | 3.6 | 2.4 | 组合压浆 | |
| 556 | | 13#-31 | 1.8 | 40.0 | 22.2 | 炭质页岩泥化层 | 碎石土、卵石 | 0.5 | 4.4 | 3.2 | 3.8 | 2.2 | 组合压浆 | |
| 557 | | 13#-32 | 1.8 | 40.0 | 22.2 | 炭质页岩泥化层 | 碎石土、卵石 | 0.5 | 4.5 | 3.2 | 2.9 | 1.9 | 组合压浆 | |
| 558 | | 13#-33 | 1.8 | 40.0 | 22.2 | 炭质页岩泥化层 | 碎石土、卵石 | 0.5 | 4.4 | 3.2 | 3.4 | 1.7 | 组合压浆 | |
| 559 | | 13#-34 | 1.8 | 40.0 | 22.2 | 炭质页岩泥化层 | 碎石土、卵石 | 0.5 | 4.6 | 3.2 | 3.6 | 1.6 | 组合压浆 | |
| 560 | | 13#-35 | 1.8 | 40.0 | 22.2 | 炭质页岩泥化层 | 碎石土、卵石 | 0.5 | 4.3 | 3.2 | 3.0 | 1.5 | 组合压浆 | |
| 561 | | 13#-36 | 1.8 | 40.0 | 22.2 | 炭质页岩泥化层 | 碎石土、卵石 | 0.5 | 4.3 | 3.1 | 3.1 | 1.9 | 组合压浆 | |
| 562 | | 13#-37 | 1.8 | 40.0 | 22.2 | 炭质页岩泥化层 | 碎石土、卵石 | 0.5 | 4.3 | 3.2 | 3.8 | 2.5 | 组合压浆 | |
| 563 | | 13#-38 | 1.8 | 40.0 | 22.2 | 炭质页岩泥化层 | 碎石土、卵石 | 0.5 | 4.3 | 3.1 | 3.5 | 1.6 | 组合压浆 | |
| 564 | | 13#-39 | 1.8 | 40.0 | 22.2 | 炭质页岩泥化层 | 碎石土、卵石 | 0.5 | 4.4 | 3.1 | 2.9 | 1.8 | 组合压浆 | |
| 565 | | 13#-40 | 1.8 | 40.0 | 22.2 | 炭质页岩泥化层 | 碎石土、卵石 | 0.5 | 4.2 | 3.1 | 3.4 | 1.6 | 组合压浆 | |
| 566 | | 13#-41 | 1.8 | 40.0 | 22.2 | 炭质页岩泥化层 | 碎石土、卵石 | 0.5 | 4.3 | 3.1 | 4.0 | 2.2 | 组合压浆 | |

续表

| 序号 | 工程名称 | 桩号 | $D$ (m) | $L$ (m) | $L/D$ | 持力层类别 | 桩侧主要土层 | $W/C$ | $G_{cb}$ (t) | $G_{cs}$ (t) | $P_{gb}$ (MPa) | $P_{gs}$ (MPa) | 压浆类型 | 文献来源 |
|---|---|---|---|---|---|---|---|---|---|---|---|---|---|---|
| 567 | 李子沟特大桥 | 13＃-42 | 1.8 | 40.0 | 22.2 | 炭质页岩泥化层 | 碎石土、卵石 | 0.5 | 3.5 | 3.0 | 3.8 | 2.4 | 组合压浆 | * |
| 568 | 乐清湾 MZ 匝道桥 | 30-2 | 1.8 | 68.0 | 3.8 | 全风化凝灰岩 | 淤泥、黏性土 | 0.5 | 6.1 | | 0.3 | | 桩端压浆 | * |
| 569 | | 31-1 | 1.8 | 68.0 | 3.8 | 全风化凝灰岩 | 淤泥、黏性土 | 0.5 | 6.2 | | 1.8 | | 桩端压浆 | |
| 570 | | 31-2 | 1.8 | 68.0 | 3.8 | 全风化凝灰岩 | 淤泥、黏性土 | 0.5 | 5.6 | | 2.6 | | 桩端压浆 | |
| 571 | | 32-1 | 1.8 | 66.0 | 3.7 | 全风化凝灰岩 | 淤泥、黏性土 | 0.5 | 6.2 | | 0.2 | | 桩端压浆 | |
| 572 | | 32-2 | 1.8 | 66.0 | 3.7 | 全风化凝灰岩 | 淤泥、黏性土 | 0.5 | 5.8 | | 1.5 | | 桩端压浆 | |
| 573 | | 33-1 | 1.8 | 66.0 | 3.7 | 全风化凝灰岩 | 淤泥、黏性土 | 0.5 | 5.7 | | 1.4 | | 桩端压浆 | |
| 574 | 乐清湾大桥 | YE31-2 | 2.0 | 88.0 | 44.0 | 含黏性土圆砾 | 淤泥、黏土、圆砾 | 0.55～0.7 | 7.3 | | 3.0～4.0 | | 桩端压浆 | * |
| 575 | | RE16-4-2＃ | 2.0 | 78.0 | 39.0 | 含黏性土圆砾 | 黏土、圆砾 | 0.55～0.7 | 4.5 | | 2.5～3.5 | | 桩端压浆 | |
| 576 | | RW2-1-2＃ | 2.0 | 90.0 | 45.0 | 含黏性土圆砾 | 黏土、圆砾 | 0.55～0.7 | 4.5 | | 3.0～4.0 | | 桩端压浆 | |
| 577 | | 12＃-1-2 | 2.0 | 71.5 | 35.8 | 含黏性土圆砾 | 黏土、圆砾 | 0.55 | 7.5 | | 3.4 | | 桩端压浆 | |
| 578 | | 25＃-1-2 | 2.0 | 77.5 | 38.8 | 卵石 | 黏土、圆砾 | 0.55 | 8.4 | | 5.5 | | 桩端压浆 | |
| 579 | 石首长江公路大桥 | SZ5-2 | 2.0 | 110.0 | 55.0 | 粉细砂 | 粉细砂 | 0.65 | 3.8 | 6.0 | 9.6 | 2.8 | 组合压浆 | * |
| 580 | | SZ6-2 | 2.0 | 115.0 | 57.5 | 粉细砂 | 黏土、粉细砂 | 0.65 | 3.7 | 6.2 | 10.2 | 3.2 | 组合压浆 | |
| 581 | | SZY1-2 | 2.0 | 50.0 | 25.0 | 细砂 | 细砂 | 0.50 | | 3.6 | | 3.9 | 桩侧压浆 | |
| 582 | | SZY2-2 | 2.0 | 50.0 | 25.0 | 细砂 | 细砂 | 0.50 | 4.0 | 3.0 | 4.2 | 2.7 | 组合压浆 | |
| 583 | | SZY3-2 | 2.0 | 52.0 | 26.0 | 细砂 | 细砂 | 0.50 | 3.6 | 3.4 | 4.3 | 2.8 | 组合压浆 | |
| 584 | | SZY4-2 | 2.0 | 52.0 | 26.0 | 细砂 | 细砂 | 0.50 | 3.6 | 3.4 | 4.2 | 2.9 | 组合压浆 | |
| 585 | 杭州湾跨海大桥 | 2＃ | 2.0 | 100.0 | 50.0 | 黏土 | 黏土、细砂 | 0.5～0.6 | 7.8 | | 3.0～3.6 | | 桩端压浆 | * |
| 586 | 银川北京路延伸及滨河黄河大桥 | N6-2 | 2.0 | 55.0 | 27.5 | 泥岩 | 细砂、砂岩 | 0.5 | 1.4 | | 2.5 | | 桩端压浆 | * |
| 587 | 三官堂大桥及接线工程 | PM25-2 | 2.0 | 86.7 | 43.3 | 砾砂 | 粉质黏土、中细砂、砾砂 | 0.43 | 4.4 | | 7.6 | | 桩端压浆 | * |
| 588 | | PM26-2 | 2.0 | 84.2 | 42.1 | 砾砂 | 粉质黏土、中细砂、砾砂 | 0.43 | 4.3 | | 7.6 | | 桩端压浆 | |

续表

| 序号 | 工程名称 | 桩号 | $D$ (m) | $L$ (m) | $L/D$ | 持力层类别 | 桩侧主要土层 | $W/C$ | $G_{cb}$ (t) | $G_{cs}$ (t) | $P_{gb}$ (MPa) | $P_{gs}$ (MPa) | 压浆类型 | 文献来源 |
|---|---|---|---|---|---|---|---|---|---|---|---|---|---|---|
| 589 | 乐清湾1号桥 | YE27#L-2 | 2.0 | 93.3 | 46.7 | 含黏性土圆砾 | 淤泥、黏土、圆砾 | 0.55~0.7 | 6.0 | | 3.7 | | 桩端压浆 | * |
| 590 | | YE27#L-3 | 2.0 | 93.3 | 46.7 | 含黏性土圆砾 | 淤泥、黏土、圆砾 | 0.55~0.7 | 6.0 | | 3.7 | | 桩端压浆 | |
| 591 | | YE27#L-4 | 2.0 | 93.3 | 46.7 | 含黏性土圆砾 | 淤泥、黏土、圆砾 | 0.55~0.7 | 6.1 | | 4.6 | | 桩端压浆 | |
| 592 | | YE28#R-1 | 2.0 | 90.0 | 45.0 | 含黏性土圆砾 | 淤泥、黏土、圆砾 | 0.55~0.7 | 6.5 | | 4.5 | | 桩端压浆 | |
| 593 | | YE28#R-2 | 2.0 | 90.0 | 45.0 | 含黏性土圆砾 | 淤泥、黏土、圆砾 | 0.55~0.7 | 6.5 | | 6.3 | | 桩端压浆 | |
| 594 | | YE28#R-3 | 2.0 | 90.0 | 45.0 | 含黏性土圆砾 | 淤泥、黏土、圆砾 | 0.55~0.7 | 6.4 | | 6.0 | | 桩端压浆 | |
| 595 | | YE28#R-4 | 2.0 | 90.0 | 45.0 | 含黏性土圆砾 | 淤泥、黏土、圆砾 | 0.55~0.7 | 6.3 | | 6.1 | | 桩端压浆 | |
| 596 | | YE30#R-2 | 2.0 | 88.0 | 44.0 | 含黏性土圆砾 | 淤泥、黏土、圆砾 | 0.55~0.7 | 6.0 | | 9.2 | | 桩端压浆 | |
| 597 | | YE30#R-3 | 2.0 | 88.0 | 44.0 | 含黏性土圆砾 | 淤泥、黏土、圆砾 | 0.55~0.7 | 6.2 | | 3.4 | | 桩端压浆 | |
| 598 | | YE30#R-4 | 2.0 | 88.0 | 44.0 | 含黏性土圆砾 | 淤泥、黏土、圆砾 | 0.55~0.7 | 6.0 | | 3.7 | | 桩端压浆 | |
| 599 | | YE31#R-1 | 2.0 | 90.3 | 45.2 | 含黏性土圆砾 | 淤泥、黏土、圆砾 | 0.55~0.7 | 6.0 | | 4.4 | | 桩端压浆 | |
| 600 | | YE31#R-3 | 2.0 | 90.3 | 45.2 | 含黏性土圆砾 | 淤泥、黏土、圆砾 | 0.55~0.7 | 6.0 | | 3.8 | | 桩端压浆 | |
| 601 | | YE33#L-2 | 2.0 | 91.0 | 45.5 | 含黏性土圆砾 | 淤泥、黏土、圆砾 | 0.55~0.7 | 6.1 | | 3.5 | | 桩端压浆 | |
| 602 | | YE33#L-3 | 2.0 | 91.0 | 45.5 | 含黏性土圆砾 | 淤泥、黏土、圆砾 | 0.55~0.7 | 6.0 | | 8.5 | | 桩端压浆 | |
| 603 | | YE33#L-4 | 2.0 | 91.0 | 45.5 | 含黏性土圆砾 | 淤泥、黏土、圆砾 | 0.55~0.7 | 6.0 | | 3.8 | | 桩端压浆 | |
| 604 | 漩门湾大桥 | R9-1 | 2.0 | 76.0 | 3.8 | 强风化凝灰岩 | 淤泥质土、黏土、圆砾 | 0.55 | 6.8 | | 0.7 | | 桩端压浆 | * |
| 605 | | R9-2 | 2.0 | 76.0 | 3.8 | 强风化凝灰岩 | 淤泥质土、黏土、圆砾 | 0.55 | 6.1 | | 1.5 | | 桩端压浆 | |
| 606 | | R9-3 | 2.0 | 76.0 | 3.8 | 强风化凝灰岩 | 淤泥质土、黏土、圆砾 | 0.55 | 5.8 | | 1.8 | | 桩端压浆 | |
| 607 | | L21-1 | 2.0 | 78.5 | 3.9 | 圆砾 | 淤泥、黏土、圆砾 | 0.55 | 4.7 | | 2.1 | | 桩端压浆 | |
| 608 | | L21-2 | 2.0 | 78.5 | 3.9 | 圆砾 | 淤泥、黏土、圆砾 | 0.55 | 5.1 | | 1.9 | | 桩端压浆 | |
| 609 | | L21-3 | 2.0 | 78.5 | 3.9 | 圆砾 | 淤泥、黏土、圆砾 | 0.55 | 4.5 | | 2.6 | | 桩端压浆 | |
| 610 | 石首长江公路大桥三标段 | 171-0 | 2.0 | 47.0 | 23.5 | 细砂 | 细砂 | 0.5 | 3.4 | 3.6 | 3.1 | 1.8 | 组合压浆 | * |
| 611 | | 171-1 | 2.0 | 47.0 | 23.5 | 细砂 | 细砂 | 0.5 | 3.5 | 3.5 | 3.5 | 2.2 | 组合压浆 | |

续表

| 序号 | 工程名称 | 桩号 | $D$ (m) | $L$ (m) | $L/D$ | 持力层类别 | 桩侧主要土层 | $W/C$ | $G_{cb}$ (t) | $G_{cs}$ (t) | $P_{gb}$ (MPa) | $P_{gs}$ (MPa) | 压浆类型 | 文献来源 |
|---|---|---|---|---|---|---|---|---|---|---|---|---|---|---|
| 612 | 石首长江公路大桥三标段 | 171-2 | 2.0 | 47.0 | 23.5 | 细砂 | 细砂 | 0.5 | 3.5 | 3.5 | 3.8 | 2.5 | 组合压浆 | * |
| 613 | | 171-3 | 2.0 | 47.0 | 23.5 | 细砂 | 细砂 | 0.5 | 3.5 | 3.5 | 3.6 | 2.8 | 组合压浆 | |
| 614 | | 171-4 | 2.0 | 47.0 | 23.5 | 细砂 | 细砂 | 0.5 | 3.5 | 3.5 | 3.5 | 2.4 | 组合压浆 | |
| 615 | | 171-5 | 2.0 | 47.0 | 23.5 | 细砂 | 细砂 | 0.5 | 3.5 | 3.5 | 3.8 | 2.5 | 组合压浆 | |
| 616 | | 172-0 | 2.0 | 47.0 | 23.5 | 细砂 | 细砂 | 0.5 | 3.5 | 3.7 | 3.7 | 2.4 | 组合压浆 | |
| 617 | | 172-1 | 2.0 | 47.0 | 23.5 | 细砂 | 细砂 | 0.5 | 3.5 | 3.6 | 3.5 | 2.5 | 组合压浆 | |
| 618 | | 172-2 | 2.0 | 47.0 | 23.5 | 细砂 | 细砂 | 0.5 | 3.6 | 3.5 | 3.8 | 2.1 | 组合压浆 | |
| 619 | | 172-3 | 2.0 | 47.0 | 23.5 | 细砂 | 细砂 | 0.5 | 3.5 | 3.7 | 3.9 | 2.6 | 组合压浆 | |
| 620 | | 172-4 | 2.0 | 47.0 | 23.5 | 细砂 | 细砂 | 0.5 | 3.4 | 3.6 | 3.5 | 2.2 | 组合压浆 | |
| 621 | | 172-5 | 2.0 | 47.0 | 23.5 | 细砂 | 细砂 | 0.5 | 3.6 | 3.5 | 3.3 | 2.6 | 组合压浆 | |
| 622 | | 173-0 | 2.0 | 47.0 | 23.5 | 细砂 | 细砂 | 0.5 | 3.5 | 3.5 | 3.1 | 1.6 | 组合压浆 | |
| 623 | | 173-1 | 2.0 | 47.0 | 23.5 | 细砂 | 细砂 | 0.5 | 3.4 | 3.5 | 3.3 | 1.8 | 组合压浆 | |
| 624 | | 173-2 | 2.0 | 47.0 | 23.5 | 细砂 | 细砂 | 0.5 | 3.6 | 3.6 | 3.4 | 2.5 | 组合压浆 | |
| 625 | | 173-3 | 2.0 | 47.0 | 23.5 | 细砂 | 细砂 | 0.5 | 3.5 | 3.6 | 3.1 | 2.4 | 组合压浆 | |
| 626 | | 173-4 | 2.0 | 47.0 | 23.5 | 细砂 | 细砂 | 0.5 | 3.5 | 3.6 | 4.1 | 2.8 | 组合压浆 | |
| 627 | | 173-5 | 2.0 | 47.0 | 23.5 | 细砂 | 细砂 | 0.5 | 3.5 | 3.6 | 3.9 | 2.6 | 组合压浆 | |
| 628 | 石首长江公路大桥 | SZ1-2 | 2.2 | 90.0 | 40.9 | 粉细砂 | 粉细砂 | 0.65 | 4.4 | 7.4 | 5.0 | 2.0 | 组合压浆 | * |
| 629 | | SZ2-2 | 2.2 | 95.0 | 43.2 | 粉细砂 | 粉细砂 | 0.65 | 3.7 | 6.2 | 5.2 | 2.5 | 组合压浆 | |
| 630 | | SZ3-2 | 2.2 | 115.0 | 52.3 | 粉细砂 | 黏土、粉细砂 | 0.65 | 4.0 | 7.2 | 4.3 | 2.6 | 组合压浆 | |
| 631 | | SZ4-2 | 2.2 | 120.0 | 54.5 | 粉细砂 | 黏土、粉细砂 | 0.65 | 4.4 | 7.6 | 4.6 | 2.8 | 组合压浆 | |
| 632 | 温州大门大桥 | 46-2# | 2.2 | 122.0 | 55.5 | 黏土层 | 黏土 | 0.48 | 5.5 | | | | 桩端压浆 | * |
| 633 | 上寨特大桥 | 12-2# | 2.2 | 56.0 | 25.5 | 粉质黏土 | 粉质黏土、卵石 | 0.50 | 4.0 | | 4.2 | | 桩端压浆 | * |
| 634 | | 14-3# | 2.2 | 44.0 | 20.0 | 粉质黏土 | 粉质黏土、卵石 | 0.50 | 3.0 | | 4.9 | | 桩端压浆 | |

续表

| 序号 | 工程名称 | 桩号 | $D$ (m) | $L$ (m) | $L/D$ | 持力层类别 | 桩侧主要土层 | $W/C$ | $G_{cb}$ (t) | $G_{cs}$ (t) | $P_{gb}$ (MPa) | $P_{gs}$ (MPa) | 压浆类型 | 文献来源 |
|---|---|---|---|---|---|---|---|---|---|---|---|---|---|---|
| 635 | 中水特大桥 | 14-3# | 2.2 | 56.0 | 25.5 | 粉质黏土 | 粉质黏土 | 0.50 | 5.0 | | 4.3 | | 桩端压浆 | * |
| 636 | | 15-2# | 2.2 | 55.0 | 25.0 | 粉质黏土 | 粉质黏土 | 0.50 | 1.5 | | 5.8 | | 桩端压浆 | |
| 637 | 湟水河特大桥 | PM3-2 | 2.2 | 50.2 | 22.8 | 泥岩 | 强风化、中风化泥岩 | 0.5～0.7 | 2.8 | | 6.2 | | 桩端压浆 | * |
| 638 | 河南新郑高速公路黄河大桥 | S1 | 2.2 | 62.3 | 28.3 | 细砂 | 砂质粉土、粉细砂、中砂 | 0.60 | 3.2 | 2.0 | 4.0 | 0.5～2.5 | 组合压浆 | * |
| 639 | | S2-2 | 2.2 | 63.0 | 28.6 | 细砂 | 砂质粉土、粉细砂、中砂 | 0.66 | | 4.0 | | 1.2～1.9 | 桩侧压浆 | |
| 640 | | S3-2 | 2.2 | 63.3 | 28.8 | 细砂 | 砂质粉土、粉细砂、中砂 | 0.60 | | 4.0 | | 0.5～2.5 | 桩侧压浆 | |
| 641 | | S4 | 2.2 | 62.1 | 28.2 | 细砂 | 砂质粉土、粉细砂、中砂 | 0.60 | 3.5 | | 2.0 | | 桩端压浆 | |
| 642 | | S5 | 2.2 | 62.4 | 28.3 | 细砂 | 砂质粉土、粉细砂、中砂 | 0.61 | 4.9 | | 5.4 | | 桩端压浆 | |
| 643 | | S6 | 2.2 | 62.2 | 28.3 | 细砂 | 砂质粉土、粉细砂、中砂 | 0.65 | 5.1 | 3.0 | 3.5 | 1.3～2.5 | 组合压浆 | |
| 644 | 宁海物流配送中心工程 | 16# | 2.4 | 10.3 | 4.3 | 卵石混粉质黏土 | 粉质黏土混圆砾 | | 5.0 | | | | 桩端压浆 | [70] |
| 645 | | 41# | 2.4 | 9.3 | 3.9 | 卵石混粉质黏土 | 粉质黏土混圆砾 | | 5.0 | | | | 桩端压浆 | |
| 646 | | 19# | 2.4 | 9.2 | 3.8 | 卵石混粉质黏土 | 粉质黏土混圆砾 | | 5.0 | | | | 桩端压浆 | |
| 647 | | 42# | 2.4 | 9.2 | 3.8 | 卵石混粉质黏土 | 粉质黏土混圆砾 | | 5.0 | | | | 桩端压浆 | |
| 648 | 乐清湾大桥 | YZ01-2 | 2.5 | 89.0 | 35.6 | 含黏性土圆砾 | 黏土、圆砾 | 0.55～0.7 | 10.3 | | 2.0～4.0 | | 桩端压浆 | * |
| 649 | | YZ02-2 | 2.5 | 112.0 | 44.8 | 含黏性土圆砾 | 黏性土、圆砾 | 0.55～0.7 | 7.6 | | 4.0～5.0 | | 桩端压浆 | |
| 650 | | YZ02-1 | 2.5 | 112.0 | 44.8 | 含黏性土圆砾 | 黏性土、圆砾 | 0.55～0.7 | 7.6 | | 4.5 | | 桩端压浆 | |
| 651 | | YZ02-2 | 2.5 | 112.0 | 44.8 | 含黏性土圆砾 | 黏性土、圆砾 | 0.55～0.7 | 7.5 | | 6.8 | | 桩端压浆 | |
| 652 | | YZ02-3 | 2.5 | 112.0 | 44.8 | 含黏性土圆砾 | 黏性土、圆砾 | 0.55～0.7 | 9.0 | | 3.8 | | 桩端压浆 | |
| 653 | | RZ4-26-2# | 2.5 | 111.0 | 44.4 | 含黏性土圆砾 | 粉质黏土、圆砾 | 0.55～0.7 | 5.5 | | 4.0～5.0 | | 桩端压浆 | |
| 654 | 辽河特大桥 | SZ1-2 | 2.5 | 110.9 | 44.3 | 细砂 | 粉质黏土、细砂 | 0.65 | 3.0 | | 12.0～13.0 | | 桩端压浆 | * |
| 655 | 东海大桥 | PM336-2 | 2.5 | 110.0 | 44.0 | 粉细砂 | 黏性土、粉细砂 | 0.44 | 8.0 | | 2.4～4.0 | | 桩端压浆 | * |
| 656 | | PM241-2 | 2.5 | 110.0 | 44.0 | 含砾粉细砂 | 黏土、砂质粉土、粉细砂 | 0.45 | 6.7 | | 8.0 | | 桩端压浆 | |
| 657 | 上海长江大桥 | FS1-2 | 2.5 | 107.9 | 43.1 | 含砾粉砂 | 砂质粉土、粉质黏土 | 0.5 | 9.7 | | 2.5～4.6 | | 桩端压浆 | * |

续表

| 序号 | 工程名称 | 桩号 | $D$ (m) | $L$ (m) | $L/D$ | 持力层类别 | 桩侧主要土层 | $W/C$ | $G_{cb}$ (t) | $G_{cs}$ (t) | $P_{gb}$ (MPa) | $P_{gs}$ (MPa) | 压浆类型 | 文献来源 |
|---|---|---|---|---|---|---|---|---|---|---|---|---|---|---|
| 658 | 上海长江大桥 | FN1-2 | 2.5 | 104.9 | 41.9 | 粉质黏土 | 粉质黏土、砂质粉土、粉砂 | 0.5 | 10.0 | | 1.5～3.7 | | 桩端压浆 | * |
| 659 | | G1-2 | 2.5 | 95.2 | 38.1 | 含砾粉砂 | 黏土、砂质粉土、粉细砂 | 0.5 | 9.7 | | 4.0 | | 桩端压浆 | |
| 660 | 苏通大桥 | Z2 | 2.5 | 125.0 | 50.0 | 粉砂 | 粉质黏土、粉细砂、中砂 | 0.52 | 8.6 | | | | 桩端压浆 | * |
| 661 | | Z3 | 2.5 | 106.0 | 42.4 | 粗砂 | 粉质黏土、粉细砂、中砂 | 0.53 | 11.0 | | | | 桩端压浆 | |
| 662 | | Z4-2 | 2.5 | 125.0 | 50.0 | 细砂 | 粉质黏土、粉细砂、中粗砂 | 0.55 | 10.3 | | | | 桩端压浆 | |
| 663 | | SZ2 | 2.5 | 114.0 | 45.6 | 砾砂 | 粉质黏土、细砂、中砂 | 0.5 | 11.2 | | 4.8～6.5 | | 桩端压浆 | |
| 664 | | SZ6 | 2.5 | 126.0 | 50.4 | 细砂 | 粉质黏土、细砂、中砂 | 0.53 | 12.0 | | 2.0～4.0 | | 桩端压浆 | |
| 665 | | SZ7 | 2.5 | 117.0 | 46.8 | 中砂 | 粉质黏土、粉细砂、中砂 | 0.53 | 12.0 | | 1.5～2.7 | | 桩端压浆 | |
| 666 | 李子沟特大桥 | SZ1-2 | 2.5 | 40.0 | 16.0 | 全风化炭质页岩 | 风化炭质页岩 | 0.5 | 5.5 | 3.8 | 4.4 | 3.4 | 组合压浆 | * |
| 667 | | 36-2# | 2.5 | 62.0 | 24.8 | 中风化炭质页岩 | 风化炭质页岩 | 0.5 | 5.8 | 4.2 | 1.8 | 2.5 | 组合压浆 | |
| 668 | | 12#-01 | 2.5 | 45.0 | 18.0 | 炭质页岩泥化层 | 碎石土、卵石 | 0.5 | 5.1 | 3.6 | 2.8 | 1.5 | 组合压浆 | |
| 669 | | 12#-02 | 2.5 | 45.0 | 18.0 | 炭质页岩泥化层 | 碎石土、卵石 | 0.5 | 6.1 | 3.7 | 3.2 | 1.8 | 组合压浆 | |
| 670 | | 12#-03 | 2.5 | 45.0 | 18.0 | 炭质页岩泥化层 | 碎石土、卵石 | 0.5 | 5.5 | 3.7 | 2.7 | 1.6 | 组合压浆 | |
| 671 | | 12#-04 | 2.5 | 45.0 | 18.0 | 炭质页岩泥化层 | 碎石土、卵石 | 0.5 | 6.1 | 3.7 | 3.3 | 2.1 | 组合压浆 | |
| 672 | | 12#-05 | 2.5 | 45.0 | 18.0 | 炭质页岩泥化层 | 碎石土、卵石 | 0.5 | 6.1 | 3.7 | 3.1 | 2.4 | 组合压浆 | |
| 673 | | 12#-06 | 2.5 | 45.0 | 18.0 | 炭质页岩泥化层 | 碎石土、卵石 | 0.5 | 5.7 | 3.6 | 3.5 | 1.8 | 组合压浆 | |
| 674 | | 12#-07 | 2.5 | 45.0 | 18.0 | 炭质页岩泥化层 | 碎石土、卵石 | 0.5 | 6.0 | 3.7 | 3.3 | 1.6 | 组合压浆 | |
| 675 | | 12#-08 | 2.5 | 45.0 | 18.0 | 炭质页岩泥化层 | 碎石土、卵石 | 0.5 | 5.9 | 3.7 | 3.5 | 1.9 | 组合压浆 | |
| 676 | | 12#-09 | 2.5 | 45.0 | 18.0 | 炭质页岩泥化层 | 碎石土、卵石 | 0.5 | 5.7 | 3.7 | 2.8 | 1.7 | 组合压浆 | |
| 677 | | 12#-10 | 2.5 | 45.0 | 18.0 | 炭质页岩泥化层 | 碎石土、卵石 | 0.5 | 6.0 | 3.6 | 3.2 | 2.0 | 组合压浆 | |
| 678 | | 12#-11 | 2.5 | 45.0 | 18.0 | 炭质页岩泥化层 | 碎石土、卵石 | 0.5 | 5.7 | 3.5 | 2.9 | 1.5 | 组合压浆 | |
| 679 | | 12#-12 | 2.5 | 45.0 | 18.0 | 炭质页岩泥化层 | 碎石土、卵石 | 0.5 | 6.2 | 3.7 | 3.3 | 1.6 | 组合压浆 | |
| 680 | | 12#-13 | 2.5 | 45.0 | 18.0 | 炭质页岩泥化层 | 碎石土、卵石 | 0.5 | 5.7 | 3.5 | 2.9 | 1.5 | 组合压浆 | |

续表

| 序号 | 工程名称 | 桩号 | $D$ (m) | $L$ (m) | $L/D$ | 持力层类别 | 桩侧主要土层 | $W/C$ | $G_{cb}$ (t) | $G_{cs}$ (t) | $P_{gb}$ (MPa) | $P_{gs}$ (MPa) | 压浆类型 | 文献来源 |
|---|---|---|---|---|---|---|---|---|---|---|---|---|---|---|
| 681 | 李子沟特大桥 | 12#-14 | 2.5 | 45.0 | 18.0 | 炭质页岩泥化层 | 碎石土、卵石 | 0.5 | 5.9 | 3.5 | 3.4 | 1.8 | 组合压浆 | * |
| 682 | | 12#-15 | 2.5 | 45.0 | 18.0 | 炭质页岩泥化层 | 碎石土、卵石 | 0.5 | 5.9 | 3.5 | 3.5 | 2.1 | 组合压浆 | |
| 683 | | 12#-16 | 2.5 | 45.0 | 18.0 | 炭质页岩泥化层 | 碎石土、卵石 | 0.5 | 5.6 | 3.4 | 3.3 | 2.2 | 组合压浆 | |
| 684 | | 12#-17 | 2.5 | 45.0 | 18.0 | 炭质页岩泥化层 | 碎石土、卵石 | 0.5 | 6.0 | 3.6 | 3.2 | 2.1 | 组合压浆 | |
| 685 | | 12#-18 | 2.5 | 45.0 | 18.0 | 炭质页岩泥化层 | 碎石土、卵石 | 0.5 | 5.9 | 3.5 | 3.6 | 1.6 | 组合压浆 | |
| 686 | | 12#-19 | 2.5 | 45.0 | 18.0 | 炭质页岩泥化层 | 碎石土、卵石 | 0.5 | 5.9 | 3.5 | 3.1 | 1.9 | 组合压浆 | |
| 687 | | 12#-20 | 2.5 | 45.0 | 18.0 | 炭质页岩泥化层 | 碎石土、卵石 | 0.5 | 6.2 | 3.8 | 2.9 | 1.7 | 组合压浆 | |
| 688 | | 12#-21 | 2.5 | 45.0 | 18.0 | 炭质页岩泥化层 | 碎石土、卵石 | 0.5 | 5.6 | 3.4 | 3.4 | 2.1 | 组合压浆 | |
| 689 | | 12#-22 | 2.5 | 45.0 | 18.0 | 炭质页岩泥化层 | 碎石土、卵石 | 0.5 | 5.9 | 3.5 | 3.8 | 2.2 | 组合压浆 | |
| 690 | | 12#-23 | 2.5 | 45.0 | 18.0 | 炭质页岩泥化层 | 碎石土、卵石 | 0.5 | 6.1 | 3.5 | 3.6 | 2.5 | 组合压浆 | |
| 691 | | 12#-24 | 2.5 | 45.0 | 18.0 | 炭质页岩泥化层 | 碎石土、卵石 | 0.5 | 5.9 | 3.5 | 2.8 | 1.6 | 组合压浆 | |
| 692 | | 12#-25 | 2.5 | 45.0 | 18.0 | 炭质页岩泥化层 | 碎石土、卵石 | 0.5 | 6.1 | 3.5 | 2.7 | 1.9 | 组合压浆 | |
| 693 | | 12#-26 | 2.5 | 45.0 | 18.0 | 炭质页岩泥化层 | 碎石土、卵石 | 0.5 | 5.9 | 3.5 | 3.1 | 1.7 | 组合压浆 | |
| 694 | | 12#-27 | 2.5 | 45.0 | 18.0 | 炭质页岩泥化层 | 碎石土、卵石 | 0.5 | 6.0 | 3.4 | 3.5 | 1.8 | 组合压浆 | |
| 695 | | 12#-28 | 2.5 | 45.0 | 18.0 | 炭质页岩泥化层 | 碎石土、卵石 | 0.5 | 6.3 | 3.7 | 3.5 | 1.6 | 组合压浆 | |
| 696 | | 12#-29 | 2.5 | 45.0 | 18.0 | 炭质页岩泥化层 | 碎石土、卵石 | 0.5 | 6.2 | 3.6 | 3.8 | 2.2 | 组合压浆 | |
| 697 | | 12#-30 | 2.5 | 45.0 | 18.0 | 炭质页岩泥化层 | 碎石土、卵石 | 0.5 | 6.0 | 3.4 | 3.2 | 1.6 | 组合压浆 | |
| 698 | 杭州湾跨海大桥 | 23-2# | 2.8 | 120.0 | 42.9 | 黏土 | 黏土、粉砂、细砂 | 0.5～0.6 | 9.9 | | 2.0～4.0 | | 桩端压浆 | * |
| 699 | | 25# | 2.8 | 120.0 | 42.9 | 黏土 | 黏土、粉砂、细砂 | 0.5～0.6 | 7.0 | | 1.5～4.0 | | 桩端压浆 | |

注：表中文献来源 * 表示课题组亲自完成的后压浆桩静载试验。$D$ 为桩径；$L$ 为桩长；$L/D$ 为长径比；$W/C$ 为浆液水灰比；$G_{cb}$ 为桩端压浆水泥用量；$G_{cs}$ 为桩侧压浆水泥用量；$P_{gb}$ 为桩端终止压浆压力；$P_{gs}$ 为桩侧终止压浆压力。

# 附录三　乐清湾1号桥部分墩位压浆过程压力情况

**乐清湾1号桥桩基础U形管压浆情况汇总**　　**附表3**

| 序号 | 桩号 | 桩径(mm) | 桩长(m) | 桩端压浆量(t) | 净水头压力(MPa) | 第一循环($W/C=0.7$) 终止压力(MPa) | 第二循环($W/C=0.6$) 终止压力(MPa) | 第三循环($W/C=0.55$) 终止压力(MPa) |
|---|---|---|---|---|---|---|---|---|
| 1 | YE27＃右幅-1 | 2000 | 93.3 | 6.0 | 1.01 | 3.80 | 3.97 | 4.28 |
| 2 | YE27＃右幅-2 | 2000 | 93.3 | 6.1 | 1.01 | 5.32 | 4.21 | 4.83 |
| 3 | YE27＃右幅-3 | 2000 | 93.3 | 6.0 | 1.01 | 3.80 | 3.54 | 5.81 |
| 4 | YE27＃右幅-4 | 2000 | 93.3 | 6.1 | 1.01 | 2.62 | 2.83 | 3.72 |
| 5 | YE27＃左幅-1 | 2000 | 93.3 | 6.0 | 1.01 | 3.95 | 2.85 | 3.78 |
| 6 | YE27＃左幅-2 | 2000 | 93.3 | 6.0 | 1.01 | 3.55 | 3.66 | 3.65 |
| 7 | YE27＃左幅-3 | 2000 | 93.3 | 6.0 | 1.01 | 3.34 | 3.46 | 3.65 |
| 8 | YE27＃左幅-4 | 2000 | 93.3 | 6.1 | 1.01 | 2.66 | 3.61 | 4.58 |
| 9 | YE28＃右幅-1 | 2000 | 90.0 | 6.5 | 0.98 | 5.21 | 4.47 | 4.45 |
| 10 | YE28＃右幅-2 | 2000 | 90.0 | 6.5 | 0.98 | 5.06 | 5.89 | 6.25 |
| 11 | YE28＃右幅-3 | 2000 | 90.0 | 6.4 | 0.98 | 3.99 | 6.73 | 6.00 |
| 12 | YE28＃右幅-4 | 2000 | 90.0 | 6.3 | 0.98 | 6.22 | 6.62 | 6.14 |
| 13 | YE28＃左幅-1 | 2000 | 90.0 | 6.4 | 0.98 | 4.34 | 4.00 | 3.69 |
| 14 | YE28＃左幅-2 | 2000 | 90.0 | 6.6 | 0.98 | 4.55 | 5.27 | 4.48 |
| 15 | YE28＃左幅-3 | 2000 | 90.0 | 6.3 | 0.98 | 2.48 | 3.17 | 3.31 |
| 16 | YE28＃左幅-4 | 2000 | 90.0 | 6.3 | 0.98 | 2.57 | 2.73 | 3.46 |
| 17 | YE29＃右幅-1 | 2000 | 90.0 | 6.5 | 0.98 | 4.90 | 5.10 | 5.33 |
| 18 | YE29＃右幅-2 | 2000 | 90.0 | 6.9 | 0.98 | 4.14 | 3.32 | 3.46 |
| 19 | YE29＃右幅-3 | 2000 | 90.0 | 6.0 | 0.98 | 4.61 | 3.59 | 3.67 |
| 20 | YE29＃右幅-4 | 2000 | 90.0 | 6.0 | 0.98 | 5.89 | 3.60 | 8.63 |
| 21 | YE29＃左幅-1 | 2000 | 90.0 | 6.1 | 0.98 | 4.63 | 3.42 | 3.71 |
| 22 | YE29＃左幅-2 | 2000 | 90.0 | 6.1 | 0.98 | 2.70 | 2.74 | 3.55 |
| 23 | YE29＃左幅-3 | 2000 | 90.0 | 6.0 | 0.98 | 4.48 | 3.84 | 5.11 |
| 24 | YE29＃左幅-4 | 2000 | 90.0 | 6.0 | 0.98 | 5.25 | 3.74 | 3.68 |
| 25 | YE30＃右幅-1 | 2000 | 88.0 | 6.0 | 0.96 | 3.40 | 2.86 | 3.13 |
| 26 | YE30＃右幅-2 | 2000 | 88.0 | 6.0 | 0.96 | 2.90 | 3.27 | 9.18 |
| 27 | YE30＃右幅-3 | 2000 | 88.0 | 6.2 | 0.96 | 4.45 | 2.80 | 3.41 |

续表

| 序号 | 桩号 | 桩径(mm) | 桩长(m) | 桩端压浆量(t) | 净水头压力(MPa) | 第一循环(W/C = 0.7)终止压力(MPa) | 第二循环(W/C = 0.6)终止压力(MPa) | 第三循环(W/C = 0.55)终止压力(MPa) |
|---|---|---|---|---|---|---|---|---|
| 28 | YE30#右幅-4 | 2000 | 88.0 | 6.0 | 0.96 | 2.59 | 2.88 | 3.74 |
| 29 | YE30#左幅-1 | 2000 | 88.0 | 6.0 | 0.96 | 2.89 | 2.99 | 4.73 |
| 30 | YE30#左幅-2 | 2000 | 88.0 | 6.4 | 0.96 | 3.53 | 2.92 | 3.68 |
| 31 | YE30#左幅-3 | 2000 | 88.0 | 6.0 | 0.96 | 3.48 | 3.59 | 3.88 |
| 32 | YE30#左幅-4 | 2000 | 88.0 | 6.0 | 0.96 | 3.34 | 3.40 | 3.67 |
| 33 | YE31#右幅-1 | 2000 | 90.3 | 6.0 | 0.98 | 3.38 | 3.88 | 4.39 |
| 34 | YE31#右幅-2 | 2000 | 88.0 | 7.3 | 0.96 | 2.85 | 3.67 | 3.75 |
| | | | | | | 2.91 | 3.54 | 5.11 |
| | | | | | | 2.82 | 3.08 | 3.29 |
| 35 | YE31#右幅-3 | 2000 | 90.3 | 6.0 | 0.98 | 2.80 | 2.89 | 3.75 |
| 36 | YE31#右幅-4 | 2000 | 90.3 | 6.0 | 0.98 | 2.53 | 6.70 | 3.84 |
| 37 | YE31#左幅-1 | 2000 | 90.3 | 6.0 | 0.98 | 2.30 | 2.53 | 4.04 |
| 38 | YE31#左幅-2 | 2000 | 90.3 | 6.1 | 0.98 | 3.65 | 3.11 | 6.00 |
| 39 | YE31#左幅-3 | 2000 | 90.3 | 6.0 | 0.98 | 1.84 | 4.07 | 4.21 |
| 40 | YE31#左幅-4 | 2000 | 90.3 | 6.0 | 0.98 | 4.93 | 4.46 | 3.71 |
| 41 | YE32#右幅-1 | 2000 | 91.0 | 6.0 | 0.99 | 2.80 | 3.37 | 3.48 |
| 42 | YE32#右幅-2 | 2000 | 91.0 | 6.0 | 0.99 | 3.55 | 4.36 | 3.91 |
| 43 | YE32#右幅-3 | 2000 | 91.0 | 6.0 | 0.99 | 3.12 | 2.80 | 3.83 |
| 44 | YE32#右幅-4 | 2000 | 91.0 | 6.1 | 0.99 | 3.42 | 3.52 | 3.86 |
| 45 | YE32#左幅-1 | 2000 | 91.0 | 6.0 | 0.99 | 4.42 | 2.93 | 4.09 |
| 46 | YE32#左幅-2 | 2000 | 91.0 | 6.0 | 0.99 | 3.18 | 3.27 | 3.52 |
| 47 | YE32#左幅-3 | 2000 | 91.0 | 6.0 | 0.99 | 2.23 | 3.30 | 3.53 |
| 48 | YE32#左幅-4 | 2000 | 91.0 | 6.0 | 0.99 | 3.36 | 4.22 | 4.03 |
| 49 | YE33#右幅-1 | 2000 | 91.0 | 6.0 | 0.99 | 3.71 | 3.43 | 3.85 |
| 50 | YE33#右幅-2 | 2000 | 91.0 | 6.0 | 0.99 | 4.42 | 3.70 | 3.85 |
| 51 | YE33#右幅-3 | 2000 | 91.0 | 24.1 | 0.99 | 3.29 | 3.81 | 5.18 |
| 52 | YE33#右幅-4 | 2000 | 91.0 | 6.0 | 0.99 | 3.25 | 3.42 | 3.62 |
| 53 | YE33#左幅-1 | 2000 | 91.0 | 6.0 | 0.99 | 3.45 | 3.29 | 3.56 |
| 54 | YE33#左幅-2 | 2000 | 91.0 | 6.1 | 0.99 | 3.18 | 3.27 | 3.52 |
| 55 | YE33#左幅-3 | 2000 | 91.0 | 6.0 | 0.99 | 7.30 | 7.13 | 8.48 |
| 56 | YE33#左幅-4 | 2000 | 91.0 | 6.0 | 0.99 | 2.67 | 3.70 | 3.75 |
| 57 | YZ2#-1 | 2500 | 112.0 | 7.6 | 1.19 | 8.43 | 4.44 | 4.51 |
| 58 | YZ2#-2 | 2500 | 112.0 | 7.5 | 1.19 | 8.82 | 7.20 | 6.79 |
| 59 | YZ2#-3 | 2500 | 112.0 | 9.0 | 1.19 | 2.48 | | 3.77 |

续表

| 序号 | 桩号 | 桩径(mm) | 桩长(m) | 桩端压浆量(t) | 净水头压力(MPa) | 第一循环(W/C = 0.7)终止压力(MPa) | 第二循环(W/C = 0.6)终止压力(MPa) | 第三循环(W/C = 0.55)终止压力(MPa) |
|---|---|---|---|---|---|---|---|---|
| 60 | YZ2#-4 | 2500 | 112.0 | 7.7 | 1.19 | 3.96 | 5.01 | 3.97 |
| 61 | YZ2#-5 | 2500 | 112.0 | 7.6 | 1.19 | 2.73 | 3.22 | 6.08 |
| 62 | YZ2#-6 | 2500 | 112.0 | 7.6 | 1.19 | 4.97 | 5.56 | 3.74 |
| 63 | YZ2#-7 | 2500 | 112.0 | 7.6 | 1.19 | 7.91 | 7.29 | 7.17 |
| 64 | YZ2#-8 | 2500 | 112.0 | 7.6 | 1.19 | 5.93 | 3.87 | 4.96 |
| 65 | YZ2#-9 | 2500 | 112.0 | 7.5 | 1.19 | 8.37 | 4.98 | 6.18 |
| 66 | YZ2#-10 | 2500 | 112.0 | 7.6 | 1.19 | 6.57 | 4.38 | 3.85 |
| 67 | YZ2#-11 | 2500 | 112.0 | 7.8 | 1.19 | 3.99 | 4.32 | 4.11 |
| 68 | YZ2#-12 | 2500 | 112.0 | 7.6 | 1.19 | 6.28 | 3.53 | 5.67 |
| 69 | YZ2#-13 | 2500 | 112.0 | 7.6 | 1.19 | 2.88 | 4.44 | 4.26 |
| 70 | YZ2#-14 | 2500 | 112.0 | 7.6 | 1.19 | 4.30 | 4.26 | 5.53 |
| 71 | YZ2#-15 | 2500 | 112.0 | 8.4 | 1.19 | 4.82 | 3.40 | 3.97 |
| 72 | YZ2#-16 | 2500 | 112.0 | 7.7 | 1.19 | 4.68 | 3.83 | 3.82 |
| 73 | YZ2#-17 | 2500 | 112.0 | 7.5 | 1.19 | 3.36 | 3.33 | 3.15 |
| 74 | YZ2#-18 | 2500 | 112.0 | 8.0 | 1.19 | 5.07 | 5.84 | 6.60 |

# 参考文献


［1］ 黄明聪，龚晓南，赵善锐. 钻孔灌注长桩试验曲线型式及破坏机理探讨［J］. 铁道学报，1998（4）：94-98.

［2］ Bruce D A. Enhancing the performance of large diameter piles by grouting（part 1）［J］. Ground Engineering，1986，5：9-16.

［3］ Bruce D A. Enhancing the performance of large diameter piles by grouting（part 2）［J］. Ground Engineering，1986，6：11-18.

［4］ Bolognesi A J L，Moretto O. Stage grouting preloading of large piles on sand［C］. Proceedings of 8th ICSME，Moscow，1973，2（1）：19-25.

［5］ Lizzi F，Viggiani C，Vinale F. Some experience with pre-loading cells at the base of large diameter bored piles［C］. Proceedings of the 7th Asian Regional Conference on Soil Mechanics and Foundation Engineering，Haifa，Israel，1983：265-270.

［6］ Sliwinski Z J，Fleming W G K. The integrity and performance of bored piles［C］. Piling and ground treatment，Thomas Telford Publishing，1984：211-223.

［7］ Mullins G，Dapp S D，Lai P. Pressure-grouting drilled shaft tips in sand［J］. New Technological and Design Developments in Deep Foundations，2000：1-17.

［8］ Dapp S D，Mullins G. Pressure grouting drilled shaft tips：Full-scale research investigation for silty and shelly sands［C］. Deep Foundations：An International Perspective on Theory，Design，Construction，and Performance，2002：335-350.

［9］ Lin S S，Lin T，Chang L T. A case study for drilled shafts base mud treatment［C］. New Technological and Design Developments in Deep Foundations，2000：46-58.

［10］ Thasnanipan N，Aye Z Z，Submaneewong C. Effectiveness of toe-grouting for deep-seated bored piles in Bangkok subsoil［C］. GeoSupport 2004：Drilled Shafts，Micropiling，Deep Mixing，Remedial Methods，and Specialty Foundation Systems，2004：561-572.

［11］ Gouvenot D，Gabaix J C. A new foundation technique using piles sealed by cement grout under high pressure［C］. Offshore Technology Conference，Texas，USA，1975：645-656.

［12］ Stocker M F. The influence of post grouting on the load bearing capacity of bored piles［C］. Proc. 8th European Conference on Soil Mechanics and Foundation Engineering，Balkema，Helsiniki，1983：167-170.

［13］ Joer H A，Randolph M F，Gunasena U. Experimental modeling of the shaft capacity of grouted driven piles［J］. Geotechnical Testing Journal，1998：159-168.

［14］ Sze J W C，Chan K M. Application of shaft grouting technique in deep foundations-Hong Kong experience［C］. Grouting and Deep Mixing，2012：1085-1094.

［15］ Thiyyakkandi S，McVay M，Bloomquist D，et al. Measured and predicted response of a new jetted and grouted precast pile with membranes in cohesionless soils［J］. Journal of Geotechnical and Geoenvironmental Engineering，2013，139（8）：1334-1345.

［16］ Thiyyakkandi S，McVay M，Lai P. Experimental group behavior of grouted deep foundations［J］. Geotechnical Testing Journal，2014，37（4）：621-638.

［17］ Thiyyakkandi S，McVay M，Neeraj C R. Full-scale axial load response of jetted and grouted precast piles in cohesionless soils［J］. Journal of Geotechnical and Geoenvironmental Engineering，2022，148（6）：04022030.

[18] 王俊生，张土文，严国柱. 钻孔灌注桩桩底状态对垂直承载力的影响及其处理途径 [J]. 建筑技术科研情报，1983 (6)：47-58.

[19] 吴礼广，徐登票. 钻孔灌注桩桩底后压浆的工程实践 [J]. 中南公路工程，2002，27 (2)：64-65.

[20] 张晓伟，牛敏照，唐水清. 如何提高桩底后压浆一次压浆成功率 [J]. 岩土工程界，2002，5 (4)：97.

[21] 杨耕，易良. 桩底压力压浆的大直径灌注桩在卵石地基上的应用 [J]. 施工技术，1993 (9)：12-13+31.

[22] 吴建康. 泥浆护壁钻孔灌注桩的桩底压力压浆 [J]. 建筑施工，1994，1 (2)：20-22.

[23] 祝经成. 灌注桩桩端压浆结合超声波检测新技术 [J]. 施工技术，1995 (9)：23-24.

[24] 沈保汉. 后压浆桩技术 (2) [J]. 工业建筑，2001，31 (6)：72-75.

[25] 刘金砺，祝经成. 泥浆护壁灌注桩后压压浆技术及其应用 [J]. 建筑科学，1996 (2)：13-18.

[26] 傅旭东，于志强. 钻孔桩桩底、桩侧后压力灌浆试验 [J]. 工业建筑，2000，30 (4)：45-49.

[27] 龚维明，戴国亮，黄生根. 大型深水桥梁钻孔桩桩端后压浆技术 [M]. 北京：人民交通出版社，2009.

[28] 王卫东，吴江斌，王向军，等. 桩侧后压浆抗拔桩技术的研究与应用 [J]. 岩土工程学报，2011，33 (S2)：437-445.

[29] 龚维明，戴国亮，万志辉，等. 海上大直径钢管桩桩侧压浆装置及其施工方法 [P]. 江苏：CN106223341A，2016-12-14.

[30] 万志辉，戴国亮，高鲁超，等. 灌注桩分布式桩侧后压浆装置与液压压浆组件及施工方法 [P]. 江苏省：CN111535302A，2020-08-14.

[31] 万志辉，殷翀，戴国亮，等. 海上钢管桩分布式后压浆装置与气式压浆组件及施工方法 [P]. 北京市：CN111501761A，2020-08-07.

[32] 戴国亮，龚维明，朱建民，等. 安阳至罗山高速公路黄河大桥试桩检测报告 [R]. 南京：南京东大自平衡桩基检测有限公司，2021.

[33] 戴国亮，龚维明，朱建民，等. 山东小清河复航工程淄博段荆家桥试桩检测报告 [R]. 南京：南京东大自平衡桩基检测有限公司，2021.

[34] 万志辉. 大直径后压浆桩承载力提高机理及基于沉降控制的设计方法研究 [D]. 南京：东南大学，2019.

[35] 霍凤民. 浅析泥皮对钻孔灌注桩承载力的影响 [J]. 地基基础工程，2002，12 (4)：35-39.

[36] 刘俊龙. 大口径灌注桩竖向承载力的影响因素及其评价 [J]. 工程勘察，2001，29 (2)：14-17.

[37] 李小勇，谢康和，曾国熙，等. 钻孔灌注桩泥浆护壁性状试验研究 [J]. 建筑结构，2000，30 (5)：21-23.

[38] 乔建伟. 混凝土灌注桩泥皮对承载力影响的探讨 [J]. 特种结构，2000，17 (4)：32-33.

[39] 戴斌. 钻孔灌注桩泥浆护壁工程性状研究 [J]. 铁道建筑技术，2003 (3)：36-38.

[40] 刘俊龙. 桩端沉渣对超长大直径钻孔灌注桩承载力影响的试验研究 [J]. 工程勘察，2000，28 (3)：8-11.

[41] 黄生根. 超长钻孔灌注桩后压浆技术研究 [D]. 南京：东南大学，2005.

[42] 刘小平. 巨厚层土中大直径超长钻孔灌注桩承载性状的应用研究 [D]. 湖南：中南大学，2003.

[43] 王志玲，等. 钻孔灌注桩的垂直承载性状试验研究 [M]. 北京：中国建材工业出版社，l996.

[44] 施锋. 某超高层建筑桩基检测结果分析 [M]. 北京：中国建材工业出版社，l996.

[45] 程良奎，张作瑂，张志银. 岩土加固实用技术 [M]. 北京：地震出版社，1994：179-180.

[46] 张作. 灌浆法·地基处理手册 [M]. 北京：中国建筑工业出版社，1988.

[47] 戴国亮，万志辉，竺明星，等. 基于黏度时变性的桩端压力浆液上返高度模型及工程应用 [J]. 岩土力学，2018，39 (8)：2941-2950.

[48] 阮文军. 压浆扩散与浆液若干基本性能研究 [J]. 岩土工程学报，2005，27 (1)：69-73.

[49] 秦鹏飞，符平，王春，等. 砂砾石土灌浆浆液扩散半径试验研究 [J]. 长江科学院院报，2014，31 (5)：84-86+101.

[50] 叶观宝. 地基加固新技术 [M]. 北京：机械工业出版社，2002：108-112.

[51] 沈保汉. 后压浆技术 (6) [J]. 工业建筑，2001，31 (10)：62-65.

[52] 刘利民，舒翔，能巨华. 桩基工程的理论进展与工程实践 [M]. 北京：中国建材工业出版社，2002：279-283.

[53] 李小青. 竖向荷载下后压浆桩承载性状的数值分析 [J]. 探矿工程 (岩土钻掘工程)，2000 (6)：9-11.

[54] Ruiz M E, Pando M A. Load transfer mechanisms of tip post-grouted drilled shafts in sand [C]. Proceedings of International Foundation Congress and Equipment Expo: Contemporary Topics in Deep Foundation, 2009: 23-30.

[55] Mullins G, Winters D. Post grouting drilled shaft tips: Phase II [R]. Final Report to the Florida Department of Transportation, 2004.

[56] 李昌驭. 钻孔灌注桩桩桩端后压浆工艺与机理研究 [D]. 南京：东南大学，2004.

[57] Au A S, Yeung A T, Soga K. Pressure-controlled cavity expansion in clay [J]. Canadian Geotechnical Journal, 2006, 43 (7): 714-725.

[58] Thiyyakkandi S. Study of grouted deep foundations in cohesionless soils [D]. University of Florida, 2013.

[59] Randolph M F, Wroth C P. Analysis of deformation of vertically loaded piles [J]. Journal of Geotechnical and Engineering Division, 1978, 104 (GT12): 1465-1488.

[60] 戴国亮，万志辉. 后压浆桩增强效应作用机制及荷载沉降关系研究 [J]. 岩土工程学报，2017，39 (12): 2235-2244.

[61] 建设部. 建筑桩基技术规范：JGJ 94—2008 [S]. 北京：中国建筑工业出版社，2008.

[62] 交通运输部. 公路桥涵地基与基础设计规范：JTG 3363—2019 [S]. 北京：中国建筑工业出版社，2019.

[63] 张忠苗，邹健，刘俊伟，等. 桩端后压浆浆液上返高度的理论研究 [J]. 岩土力学，2010，31 (8): 2535-2540.

[64] 黄生根. 钻孔灌注桩压浆后浆液沿桩侧上升高度及其对桩周土的作用方式研究 [J]. 岩土力学，2006，27 (增刊): 779-783.

[65] 房凯. 桩端后压浆过程中浆土相互作用及其对桩基性状影响研究 [D]. 杭州：浙江大学，2013.

[66] 孙锋，张顶立，陈铁林. 基于流体时变性的隧道劈裂压浆机制研究 [J]. 岩土工程学报，2011，33 (1): 88-93.

[67] 阮文军. 基于浆液黏度时变性的岩体裂隙压浆扩散模型 [J]. 岩石力学与工程学报，2005，24 (15): 2709-2714.

[68] 沈崇棠，刘鹤年. 非牛顿流体力学及其应用 [M]. 北京：高等教育出版社，1989.

[69] 杨志全，牛向东，侯克鹏，等. 流变参数时变性幂律型水泥浆液的柱形渗透压浆机制研究 [J]. 岩石力学与工程学报，2015，34 (7): 1415-1425.

[70] 张忠苗. 灌注桩后压浆技术及工程应用 [M]. 北京：中国建筑工业出版社，2009.

[71] 龚晓南. 土塑性力学 [M]. 杭州：浙江大学出版社，1999.

[72] 住房和城乡建设部. 建筑基桩自平衡静载试验技术规程：JGJ/T 403—2017 [S]. 北京：中国建筑工业出版社，2017.

[73] 黄生根，龚维明. 桩端压浆对超长大直径桩侧阻力的影响研究 [J]. 岩土力学，2006，27 (5): 711-716.

[74] 交通部. 公路桥涵地基与基础设计规范：JTG D63—2007 [S]. 北京：中国建筑工业出版社，2007.

[75] 刘金砺，高文生，祝经成. 后压浆灌注桩承载力性状及工程应用 [R]. 杭州：中国工程建设地下结构新进展及新规范学术报告会，1998: 62-79.

[76] 杨兴其. 桩基静压试验研究 [M]. 北京：中国铁道出版社，2002.

[77] 张家铭，汪稔，管典志. 桩底压浆灌注桩单桩极限承载力的估算 [J]. 土工基础，2003，17 (2): 34-35.

[78] 吴江斌，王卫东. 软土地区桩端后压浆灌注桩合理压浆量与承载力计算 [J]. 建筑结构，2007，37 (5): 114-116.

[79] 徐广民，刘凤奎，王文君，等. 后压浆灌注桩单桩极限承载力的液压模型 [J]. 力学与实践，2008，30 (5): 79-81.

[80] 史佩栋，等. 深基础工程特殊技术问题 [M]. 北京：人民交通出版社，2004.

[81] 刘利民，舒翔，能巨华. 桩基工程的理论进展与工程实践 [M]. 北京：中国建材工业出版社，2002.

[82] 石名磊，龚维明，季鹏，等. 基础工程 [M]. 南京：东南大学出版社，2002.

[83] Mullins G, Winters D, Steven D. Predicting end bearing capacity of post-grouted drilled shaft in cohesioniess soils [J]. Journal of Geotechnical and Geoenvironmental Engineering, 2006, 132 (4): 478-487.

[84] Florida Department of Transportation. Soils and Foundations Handbook [S]. Florida: State Materials Office

Gainesville，2012.

［85］ 杨敏，赵锡宏. 分层土中的单桩分析法［J］. 同济大学学报（自然科学版），1992，20（4）：421-428.

［86］ 戴国亮，龚维明，薛国亚，等. 超长钻孔灌注桩桩端后压浆效果检测［J］. 岩土力学，2006，27（5）：849-852.

［87］ Lin S S，Lin T，Chang L T. A case study for drilled shafts base mud treatment［C］. New Technological and Design Developments in Deep Foundations. Denver：ASCE，2000：46-58.

［88］ Ho C E. Base grouted bored pile on weak granite［C］. Grouting and Ground Treatment. New Orleans：ASCE，2003：716-727.

［89］ 王新志，汪稔，孟庆山，等. 南沙群岛珊瑚礁礁灰岩力学特性研究［J］. 岩石力学与工程学报，2008，27（11）：2221-2226.

［90］ 汪稔，宋朝景，赵焕庭，等. 南沙群岛珊瑚礁工程地质［M］. 北京：科学出版社，1997.

［91］ Reese L C，O'Neill M W. Drilled shafts：Construction and design［C］. Federal Highway Administration，Washington，1988.

［92］ Liu K F，Xie X Y，Luo Z，et al. Full-scale field load testing of long drilled shafts with enlarged base constructed in marine sediment. Marine Georesources & Geotechnology，2017，35（3）：346-356.

［93］ Nguyen M H，Fellenius，B H. Bidirectional cell tests on not-grouted and grouted large-diameter bored piles［J］. Journal of GeoEngineering Sciences，2015，2（3）：105-117.

［94］ Agarwal S L，Malhotra A K，Banerjee R L. Engineering properties of calcareous soils affecting the design of deep penetration piles for offshore structures［C］. Proceedings of 9th International Offshore Technology Conference，Houston，1977：503-512.

［95］ Datta M，Gulhati S K，Rao G V. An appraisal of the existing practice of determining the axial load capacity of deep penetration piles in calcareous sands［C］. Proceedings of 12th Annual Offshore Technology Conference，Houston，1980：119-130.

［96］ Nauroy J F，Letirant P. Driven piles and drilled and grouted piles in calcareous sands［C］. Proceedings of 17th Annual Offshore Technology Conference，Houston，1985：83-91.

［97］ Wees J A，Chamberlin R S. Khazzan Dubai No. 1：Pile design and installation［J］. Journal of Geotechnical and Geoenvironmental Engineering Division，1971（10）：1415-1429.

［98］ 曹冰心. 北京新机场西塔台桩端桩侧后压浆技术应用研究［D］. 北京：中国地质大学，2018.

［99］ 周志刚. 后压浆灌注桩承载性状研究及应用［D］. 北京：中国地质大学，2018.

［100］ 刘金砺，祝经成. 泥浆护壁灌注桩后压浆技术及其应用［J］. 建筑科学，1996（2）：13-18.

［101］ 祝经成. 泥浆扩壁灌注桩桩端后压装新技术的工程应用实例分析［J］. 建筑科学，1996（3）：50-52.

［102］ 金建明，陈赟，王仕方. 钻孔灌注桩桩底后压浆效果分析［J］. 工业建筑，2002，32（7）：39-42.

［103］ 张忠苗，张乾青. 后压浆抗压桩受力性状的试验研究［J］. 岩石力学与工程学报，2009，28（3）：475-482.

［104］ 傅旭东. 钻孔灌注桩桩底压力灌浆的工艺、效果及机理［J］. 桥梁建设，1999（1）：52-55.

［105］ 刘开富，方鹏飞，刘雪梅，等. 软土地区桩端后注浆灌注桩竖向承载性能试验研究［J］. 岩土工程学报，2013，35（S2）：1054-1057.

［106］ 王旭，赵善锐，丁小军. 砾卵石层中桩底灌浆钻孔灌注桩承载性质研究［J］. 岩石力学与工程学报，2003，22（S2）：2903-2907.

［107］ 刘纪峰，张会芝，王逢朝. 桩侧桩端联合后压浆提高承载力及其数值模拟［J］. 四川建筑科学研究，2011，37（4）：114-120.

［108］ 袁定安. 钻孔灌注桩低压力后压浆的应用研究［D］. 成都：西南交通大学，2002.

［109］ 赵建梅. 后压浆嵌岩桩竖向抗压承载力研究［D］. 阜新：辽宁工程技术大学，2014.

［110］ 汤永军. 软土地区超长钻孔灌注桩试验研究［D］. 南京：河海大学，2007.

［111］ 丁巧爱. 扩底后压浆灌注桩的现场试验研究［D］. 太原：太原理工大学，2002.

［112］ 何剑. 后压浆钻孔灌注桩承载性状试验研究［J］. 岩土工程学报，2002，24（6）：743-746.

[113] 张照炎. 后压浆钻孔灌注桩承载力分析及施工工艺研究 [D]. 邯郸：河北工程大学，2014.
[114] 王辉. 钻孔灌注桩后压浆技术在廊坊文化艺术中心项目的应用分析 [D]. 天津：天津大学，2014.
[115] 黄建涛. 黄土场地后压浆灌注桩承载性状研究 [D]. 西安：西安建筑科技大学，2014.
[116] 王小锋. 后压浆灌注桩现场试验与浆液扩散机理研究 [D]. 郑州：郑州大学，2013.
[117] 杨志武. 天津地区钻孔灌注桩后压浆技术与工程应用研究 [D]. 北京：中国地质大学，2014.
[118] 卓琼琼. 桩端后压浆大直径钻孔灌注桩承载力及工程特性的研究 [D]. 杭州：浙江大学，2012.
[119] 何景愈. 大直径后压浆桩尺寸效应、受力性状及残余应力研究 [D]. 杭州：浙江大学，2012.
[120] 王文. 钻孔灌注桩桩端后压浆技术及其在台州市的应用 [D]. 杭州：浙江大学，2008.
[121] 王志辉，刘斌，庄平辉. 砂卵石持力层桩端压浆灌注桩承载力与荷载传递规律 [J]. 工业建筑，31 (8)：40-42.
[122] 李敏. 后压浆灌注桩的工程特性研究 [D]. 西安：长安大学，2006.
[123] 纪小彬. 灌注桩后压浆作用机理研究 [D]. 北京：北京交通大学，2008.
[124] 孙立党. 钻孔灌注桩后压浆施工工艺研究及工程实例 [D]. 西安：长安大学，2010.
[125] 张小伟. 钻孔灌注桩后压浆技术的理论分析及试验研究 [D]. 西安：长安大学，2009.
[126] 张寒. 后压浆钻孔灌注桩承载性状分析 [D]. 杭州：浙江大学，2006.
[127] 方冬君. 后压浆灌注桩技术在粉煤灰地基中的应用研究 [D]. 武汉：湖北工业大学，2014.
[128] 严敏，芮明倬，李自强. 桩底后压浆超长灌注桩在东方之门工程中的应用 [J]. 建筑结构，2009，39 (S1)：778-780.
[129] 赵建忠，王干，兰宏亮. 苏州地区超长后压浆灌注桩承载力特性分析研究 [J]. 苏州科技学院学报（工程技术版），2012，25 (3)：19-22.
[130] 夏群. 超高层建筑中钻孔灌注桩后压浆技术分析及其应用 [J]. 工程勘察，2012，40 (11)：37-43.
[131] 张忠苗，喻君，张广兴. 根据不同桩长对比试验优化设计桩持力层的研究 [J]. 岩石力学与工程学报，2007，26 (S2)：4251-4257.
[132] 张春锋，王笑，姚文娟. 后压浆超长桩试验及极限承载力研究 [J]. 施工技术，2015，44 (7)：63-67.
[133] 杨进喜，丁永君. 后压浆超长钻孔灌注桩抗压承载力试验研究 [J]. 建筑结构，2014，44 (22)：86-89.
[134] 方鹏飞，姜珂，朱向荣，等. 软土地区桩端后压浆桩承载性状对比试验研究 [J]. 工程地质学报，2009，17 (2)：280-283.
[135] 文萌. 后压浆技术在超长灌注桩工程中的应用研究 [D]. 长春：吉林大学，2015.
[136] 付裕. 不同长径比桩端后压浆灌注桩承载性状对比试验研究 [D]. 郑州：郑州大学，2016.
[137] 李峰. 大吨位堆重静载荷试验在基桩承载力中的应用研究 [D]. 合肥：合肥工业大学，2017.
[138] 袁秦标，袁美翠，徐海龙. 苏州中南中心正循环钻孔气举反循环清孔试桩施工技术 [J]. 施工技术，2016，45 (7)：20-23.
[139] 陈静男. 桩端后压浆灌注桩竖向承载力提高机制的试验研究 [D]. 郑州：郑州大学，2013.
[140] 李永辉，朱翔，周同和. 桩端后压浆对大直径灌注桩影响的现场对比试验研究 [J]. 岩土力学，2016，37 (S2)：388-396.
[141] 张瀛文. 大直径后压浆灌注桩承载性状试验研究与数值分析 [D]. 郑州：郑州大学，2013.
[142] 张广鲁. 钻孔灌注桩后压浆技术在桥梁工程中的应用研究 [D]. 济南：山东建筑大学，2010.
[143] 王明太. 灌注桩后压浆技术在细粒土中的加固机理和应用研究 [D]. 上海：同济大学，2004.
[144] 余良德. 钻孔灌注桩桩底后压浆技术的研究 [D]. 南京：东南大学，2000.
[145] 刘迪. 长平高速公路通道桥钻孔灌注桩桩端后压浆的应用研究 [D]. 长春：吉林大学，2016.
[146] 白丁伟. 岩溶地区桥梁桩基后压浆承载性能研究 [D]. 成都：西南交通大学，2018.
[147] 高振鑫. 公路桥梁钻孔灌注桩后压浆技术应用研究 [D]. 西安：长安大学，2012.
[148] 乔文开. 深厚软基超长钻孔灌注桩后压浆关键技术研究 [D]. 淮南：安徽理工大学，2016.
[149] 储诚富，李小春，鹿立好，等. 无黏性土地区大直径超长钻孔灌注桩桩端压浆后的承载性能研究 [J]. 岩土工程学报，2011，33 (S2)：388-391.